橡胶沥青路面技术应用手册

孙祖望　陈舜明　张广春　金年喜◎主编

RUBBERIZED ASPHALT PAVEMENT TECHNOLOGY

USAGE HANDBOOK

人民交通出版社
China Communications Press

内 容 提 要

本书共分五篇,主要内容包括:导论、橡胶沥青结合料、橡胶沥青在热拌沥青混合料路面中的应用、橡胶沥青在喷洒型封层领域中的应用、橡胶沥青新技术。

本书可供道路设计、施工及科研人员使用,也可供相关专业研究生学习参考。

图书在版编目(CIP)数据

橡胶沥青路面技术应用手册 / 孙祖望等著. —— 北京 : 人民交通出版社, 2014.2

ISBN 978-7-114-09814-7

Ⅰ. ①橡… Ⅱ. ①孙… Ⅲ. ①橡胶沥青—沥青路面—技术手册 Ⅳ. ①U416.217-62

中国版本图书馆 CIP 数据核字(2013)第 195545 号

书　　名: 橡胶沥青路面技术应用手册
著 作 者: 孙祖望　陈舜明　张广春　金年喜
责任编辑: 韩亚楠
出版发行: 人民交通出版社
地　　址: (100011)北京市朝阳区安定门外外馆斜街 3 号
网　　址: http://www.ccpress.com.cn
销售电话: (010)59757973
总 经 销: 人民交通出版社发行部
经　　销: 各地新华书店
印　　刷: 北京市密东印刷有限公司
开　　本: 787×1092　1/16
印　　张: 26.25
字　　数: 626 千
版　　次: 2014 年 2 月　第 1 版
印　　次: 2014 年 2 月　第 1 次印刷
书　　号: ISBN 978-7-114-09814-7
定　　价: 88.00 元

前　言

随着国民经济的持续增长和人民生活水平的不断提高，我国汽车的社会保有量正在迅猛地扩张，每年会产生大量的废旧轮胎。如何处理这些废旧轮胎，避免其对环境的污染将日益成为社会广泛关注的问题。在废旧轮胎中含有大量天然橡胶、合成橡胶等多种高分子聚合物以及碳黑、抗氧化剂、填料、处理油等许多有益于改善沥青性能的材料。如果能利用废旧轮胎来改善沥青的性能，这不论对提高沥青路面的使用性能、降低造价还是在节约社会资源和环境保护方面都有着巨大的社会意义和经济价值。

将废旧轮胎橡胶屑应用于沥青路面是道路建设和养护中的一项绿色技术。近年来国家在实施"建设资源节约型、环境友好型社会"和转变经济增长方式等一系列可持续发展战略和政策的过程中，废旧轮胎的再生利用也获得了越来越多的重视。政府出台了一系列政策来推广常温下橡胶粉的生产技术和促进橡胶粉下游新产品的应用，其中就包括废轮胎橡胶屑在沥青路面修建和养护中的应用。

在国外，橡胶屑改性沥青技术，早在20世纪50年代就开始研究，目前广泛采用的湿法处理工艺，从McDonald湿法处理算起也有近40年的历史。经历了数十年的发展历程，橡胶沥青湿法处理工艺在技术上已完全成熟，它在国外的应用几乎涵盖了所有沥青工业的路用领域，包括密级配、断级配、开级配的沥青混合料，防水黏结层、应力吸收层、表面处治、封层等喷洒型的应用，以及桥面铺装、沥青路面与水泥路面的养护和翻修改造等领域，并已形成了成套的应用技术。

在国内，虽然早在20世纪80年代就开展过关于利用废旧轮胎改善沥青性能的研究，但橡胶沥青路面技术真正意义上的发展是从21世纪初引进国外技术开始的。随着中国公路建设如何走可持续发展道路命题的提出，在国家政策的指引下，我国橡胶沥青技术的推广应用有了迅速的发展，2005～2010年全国各地已经铺筑有4000余公里的橡胶沥青路面。在迅速发展的形势下，由于缺乏经验和规范性的要求，工程质量难免良莠不齐，为此许多省市编写了橡胶沥青路面设计、施工方面的技术指南与规范，它们对推动橡胶沥青路面技术的应用起到了很好的指导作用。但是这些指南和规范大都是根据自己已有的经验来编写，很少能从橡胶沥青应用于沥青路面各个领域全局的角度来阐述它们的技术要求，因而难免有某些局限性，也不乏相互矛盾之处。除此之外，对于规范性的文件来说，通常只是规定应做什么、应怎么做、应达到怎样的要求，而并不回答为什么要这样做的问题。但是对于规范的使用者来说，要用好规范不仅要知道应怎样做，而且还应知道为什么要这样做，因为规范不可能对实践中遇到的所有情况和细节都做出相应的规定，只有充分理解了规定的精神实质，才能更好地贯彻执行规范。

橡胶沥青技术对于我国公路界的许多工程技术人员来说还是一项新技术，在橡胶沥青的作用机理、本质属性，橡胶沥青路面的结构设计，橡胶沥青结合料和混合料的组成设计、制作工艺，以及施工技术、质量控制、试验标准等方面都还缺少必要的知识和应用经验，而对于目前已有的许多技术规范与指南也需要更好地理解各种技术要求提出的出发点和它们的应用条件。

本手册的编写正是基于上述背景下提出的，是为有关工程技术人员在路面工程中应用橡胶沥青技术而编写的一本实用性的辅导材料。手册回顾和分析了橡胶沥青技术发展过程中许多重要的文献资料，尽可能归纳和总结了国内外在橡胶沥青技术应用过程中的最新实践经验，其中也包括本书作者们近年来在橡胶沥青路面技术方面所做的研究与工程实践。

全书分为五篇二十二章，分别阐述橡胶沥青在热拌型和喷洒型沥青路面领域中的设计、生产、施工、质量检验以及养护维修方面的应用技术。

第一篇导论，是对橡胶沥青技术发展和应用的一个综合性的论述。

第二篇橡胶沥青结合料，阐述的内容是围绕着橡胶改性沥青和沥青—橡胶两种不同的湿法处理技术的作用机理、设计方法以及它们的生产工艺与质量控制展开的。

第三篇橡胶沥青在热拌沥青混合料路面中的应用，分别阐述橡胶沥青在热拌型沥青路面工程各个领域，包括路面结构设计、混合料组成设计、混合料的生产与施工、施工质量的控制与检验中的应用技术。

第四篇橡胶沥青在喷洒型封层领域中的应用，分别阐述橡胶沥青在喷洒型沥青路面各个领域，包括表面处治、防水黏结层、应力吸收层的设计、性能检验、施工工艺与设备、施工质量控制与检验中的应用技术。

第五篇橡胶沥青新技术，是关于橡胶沥青技术在21世纪以来的一些新发展。

在本书编写过程中，得到了许多同事的帮助和支持。杜莘和张京锋两位高工提供了许多宝贵的现场工程实践资料，任民、乐圆珍和戎冰曹诸君完成了大量的实验室试验工作，卫雪莉女士在收集翻译国外的文献资料方面付出了辛勤的劳动，人民交通出版社的韩亚楠女士为本书的编辑出版提供了很大支持和帮助，本书的作者们在此一并表示深切的谢意。

编著者

2013年11月

目　　录

第一篇　导　　论

第二篇　橡胶沥青结合料

第三篇　橡胶沥青在热拌沥青混合料路面中的应用

第四篇　橡胶沥青在喷洒型封层领域中的应用

第五篇　橡胶沥青新技术

附　　录

第一篇　导　　论

第一章　简要的历史发展

第一节　背　　景

随着国民经济的持续增长和人民生活水平的不断提高，我国汽车的社会保有量正在迅猛地扩张，每年会产生大量的废旧轮胎。堆放这些废旧轮胎不仅占用大量土地，还易引发自燃，将成为一个可能导致环境污染的社会问题。早在数十年前，废旧轮胎的处理已经成为许多发达国家的一个很大的社会问题。据1992年的统计，美国每年大约产生2.85亿条报废的轮胎，其中约有5500万条被做成再生橡胶，4200万条用作燃料来发电或以各种不同的方式（包括作为添加剂加入到热拌沥青混合料中）消耗于各种替代用途中。还有大约1.88亿条废旧轮胎被废弃成堆或填埋[1]。大量的废旧轮胎堆积如山，由于不透气，很容易引起自燃而导致严重的环境污染（图1-1-1）[1]。

a)

b)

图1-1-1　堆积如山的废旧轮胎和废旧轮胎引起的自燃

我国2005年废旧轮胎的生成量为1.2亿条，2006年达1.6亿条，目前每年产生的废旧轮胎大约为2.5亿条。虽然汽车保有量的大幅增长还是最近几年的事，废旧轮胎的累积增长还没有达到如国外泛滥成灾的程度，但随着时间的推移，废旧轮胎的处理问题也必将成为一个必须解决的社会问题。

废旧轮胎的处理可以有以下几种方式：

（1）作为燃料。通过与其他可燃材料配制成固体燃料，将废旧轮胎中的可燃物转变为热能，供火力发电或其他需要热能的场合。

（2）炼制再生橡胶。通过化学手段将磨成细粉的废旧轮胎的硫化橡胶在高温、高压下进行脱硫与降解，还原成塑性状态的再生橡胶。

(3)炼制燃油。通过热解作用从废旧轮胎中提炼燃料油。

(4)制作不同粒径的橡胶屑，供二次加工使用。

在上述几种废旧轮胎的再生利用方式中，作为燃料虽然是一种再生利用的方式，但将废旧轮胎中宝贵的化工资源焚烧掉了，而且还要解决燃气中有害物质的大气污染问题。炼制再生橡胶和炼制燃油这两种方式都存在着工艺复杂、能源消耗大和环境污染的问题，需要投入大量的设备和资金，因而不是一种环境友好型的再生利用方式。许多发达国家纷纷将此类高能耗、高污染的企业转移到发展中国家来生产。中国近年来出现的大量土法炼油和土法生产再生橡胶的小企业造成了极大的环境污染，土壤、植被、水源、大气遭到严重破坏，显然与国家转变经济增长方式的国策背道而驰。

在第四种再生利用方式中，除制作极细的供再生胶用的胶粉外，用常温方式生产的橡胶屑是一种能源消耗低、资金投入少、污染程度小的环境友好、资源节约型的废旧轮胎再生利用方式。不同粒径的橡胶屑有着广泛的用途，可以用于防水建材、橡胶地板、塑胶跑道、弹性路面、密封、缓冲材料等许多行业。其中，将废旧轮胎橡胶屑作为改性剂用来改善沥青材料的路用性能尤其是一种增值型的再生利用方式。

在废旧轮胎中，含有大量 SBR、天然橡胶等多种高分子聚合物以及碳黑、抗氧化剂、填料、处理油等许多有益于改善沥青性能的材料。如果能利用废旧轮胎来改善沥青的性能，这无论对提高沥青路面的使用性能、降低它的造价还是在节约社会资源和环境保护方面都有着巨大的社会意义和经济价值。

在国外，许多国家对废旧轮胎的再生利用问题都有相应的扶持政策。作为橡胶沥青技术发源地的美国，其国会在 1991 年通过了“ISTEA”法案(陆上综合运输经济法案)，其中，1038 条款中关于“应用含有橡胶再生材料的沥青路面”规定，自 1994 年起，各州凡全部或部分由联邦拨款生产的热拌沥青混合料中都必须有一定比例是加有废旧轮胎橡胶屑的，1994 年这一比例为 5%，以后每年递增 5%，至 1997(及随后)达到 20%。并规定，废旧轮胎橡胶屑的加入量至少为每美吨(1 美吨 =907.1849kg)混合料 20 磅(1 磅 =0.45kg)或每美吨结合料 300 磅(含量 15%)。美国加利福尼亚州的议会在 2009 年通过了用 5 年的时间将应用含有废旧轮胎橡胶屑沥青混合料的比例从目前的 20% 提高到 2013 年的 35%。

近年来，随着“建设资源节约型、环境友好型社会”和转变经济增长方式等一系列可持续发展战略和政策的实施，我国政府对废旧轮胎的再生利用也给予了越来越多的重视，2010 年工信部相继颁发了《轮胎产业政策》公告和《废旧轮胎综合利用指导意见》。前者规定了建立、健全废旧轮胎回收利用的管理制度和市场建设体系，后者则明确规定了要逐步扩大废旧轮胎橡胶粉的应用范围，推广常温下橡胶粉的生产技术和促进橡胶粉下游新产品的直接应用。其中就包括了橡胶粉改性沥青技术的应用。在交通运输部制定的公路交通行业“十二五”规划中也明确规定了在道路建设和养护中推广符合资源节约、节能减排的绿色技术，重点推广沥青路面再生和温拌、水泥路面就地利用、废旧轮胎橡胶利用等废旧路面材料的循环利用技术和施工工艺。

利用废旧轮胎橡胶屑作为改性剂的橡胶沥青技术一直是国内外公路界关注和讨论的热点。在国外经过 30 余年的发展已经是一项在道路的铺筑和维修养护中被广泛应用的成熟技术，在国内，近年来的发展和应用也十分迅速，是一项有着广阔应用前景和推广价值的路用新材料。

第二节 历史的起源与发展

利用橡胶来改善沥青性能的研究可以追溯到19世纪80年代[2],1804年在英国诞生了第一个将天然橡胶加入沥青中来改善沥青性能的专利。但是利用废旧轮胎橡胶屑作为改性剂来达到改善沥青性能的研究工作始于20世纪50年代。美国是橡胶沥青技术的开拓者,早在20世纪50年代,当时的美国公路局(Bureau Public Road, BPR)就进行了一项实验室的研究来评估“不同的橡胶材料对石油沥青性质的影响”。采用了14种不同的橡胶粉和3种不同的沥青(包括低比重、低硫、低沥青质的轻质沥青)材料。随后的研究是BPR的“橡胶沥青摊铺混合料的实验室研究”。这一研究采用了更为广泛的硫化和非硫化的橡胶材料,包括经处理的废旧轮胎材料、丁苯橡胶(SBR)、天然橡胶、聚丁二烯橡胶和反硫化的再生橡胶,并用湿式和干式的方法将它们加入到混合料中。此后对这一领域的兴趣和研究有了持续的增长[3]。

1960年,美国沥青研究所(Asphalt Institute)在芝加哥召开了第一次橡胶沥青研讨会[3]。20世纪50年代末~60年代初的研究工作主要还局限于实验室研究的范畴。橡胶沥青在沥青路面铺筑中的应用和实践是在20世纪60~70年代陆续开始的,并一开始就沿着“干法处理”和“湿法处理”两个方向发展。干法处理最早的实践是20世纪60年代后期两家瑞典公司(Skega AB和ABV)开发的橡胶屑改性沥青混合料,其商标名称为“Rubit™”。1978年,瑞典的技术在美国以“Plus Ride™”的商品名注册了专利,并先后由All Seasons Surfacing Corp、Plus-ride Asphalt Inc、Pave Tech Corp和Enviro Tire Inc等4家公司在美国进行市场运作[2]。地处寒带的阿拉斯加运输和市政设施管理局(AKDOT & PF)则是这一干法处理技术应用最多的州,AKDOT & PF在1976~1983年铺设了19个试验路段[3]。Plus Ride系统采用粗颗粒的橡胶屑(粒径1.7~6.4mm)作为集料的一部分加入到断级配的矿料中。由于大颗粒的橡胶屑有着很高的回弹能力,在车轮的碾压下可以将冻结在路表面上的薄冰破除,从而达到改善行驶的作用。此后,这一系统发展为所谓的“类集料干法处理”(Generic Dry Process)、“橡胶块沥青混凝土”(Chunk Rubber Asphalt Concrete)等[2]。

湿法处理的实际应用开始于20世纪60年代,美国Arizona州Phonix市的材料工程师Charles McDonald与当地的一家沥青公司(Sahuaro Petroleum)开发了一种将橡胶屑在高温沥青中拌和而成的高弹性路面坑槽修补材料,被称为“Band-Aid”。这是一种由黏结在石蜡油纸上的橡胶沥青作为黏结层,其上埋入有9.5mm的石屑组成的补坑材料(图1-1-2)[4]。随后,这种材料延伸用于表面处治作为黏结材料。1968年ADOT铺筑了第一条用沥青橡胶作为结合料的表面处治道路。1972年ADOT第一次将沥青—橡胶应用于应力吸收夹层(SAMI),并在1975年将它用于开级配的沥青混合料OGFC。

与此同时,Arizona州的另一家公司Arizona Refinery Company(ARCo)开发了一种类似的湿法处理技术。20世纪70年代初Sahuaro与ARCo合并申请了专利,并称之为“McDonald湿法处理工艺”[2]。

美国联邦公路总局(FHWA)自20世纪70年代中期开始介入橡胶沥青技术的应用。1976年第一次在FHWA的研究计划中正式列入了有关橡胶沥青的项目“论证示范项目No.37——废旧轮胎在公路建设中的应用”。项目安排了40个试验工程,重点考核CRM应用于表面处治和应力吸收层方面的现场性能。1983 年“试验项目 No.3(EP-3)——沥青添加剂”的重点之一是评估 CRM 发展为沥青混合料摊铺材料的可行性,这一项目随后于 1990 年转为“试验与评估项目 No.3(ET-3)”。ET-3 项目安排了 9 个试验路工程,重点评估 CRM 用于热拌沥青混合料的现场路用性能。1986 年 FHWA 发表了综合性的评述报告——“对沥青—橡胶摊铺材料的材料与结构特性的调查研究”(RD-86/027),对 1977 ~ 1984 年铺筑的 200 余个试验路段的现场性能进行了评估。1992 年 FHWA 发表了题为“美国的实践——废轮胎橡胶屑改性剂用于沥青摊铺材料的设计和施工”的研究报告(SA-92-623)。这一报告全面总结了美国将废轮胎橡胶屑改性剂应用于湿法和干法处理的橡胶沥青结合料和混合料的经验[2]。

a)沥青—橡胶的发明者 Charles McDonald

b)研发沥青—橡胶补坑材料(开发于1966年)

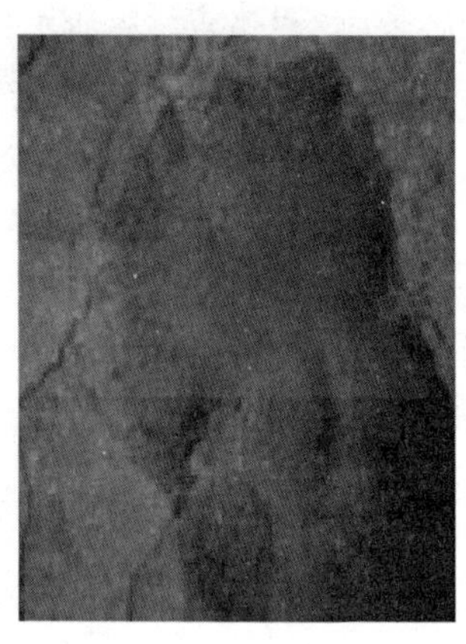

c)“Band-Aid”补坑材料

图 1-1-2　沥青—橡胶的发明者 Charles McDonald 和他的“Band-Aid”补坑材料

20 世纪 80 年代橡胶屑改性沥青技术开始在美国推广应用,并经历了 10 年的评估效果和积累经验的时期。在此期间,McDonald 湿法工艺的推广应用首先是在 Arizona 州和 California 州展开的,这两个州迄今为止也是沥青—橡胶结合料使用最多的州。至 1995 年加州已经修建有 100 余个沥青—橡胶混凝土工程,如果包括城镇和乡村的沥青—橡胶石屑封层,则使用沥青—橡胶技术的工程总数已超过了 400 个,至 2001 年已有 210 余个 RAC 工程遍及加州[3]。Arizona 州在 1974 ~ 1989 年铺设 1100km 表面处治和应力吸收层[4],1985 ~ 1992 年共铺筑了 35 个沥青—橡胶混合料路面工程[5]。

但是由于受专利技术限制的影响,在 1992 年之前,沥青—橡胶技术在美国并未得到迅速的传播。这一专利技术于 1992 年期满终止,从此沥青—橡胶技术的推广应用明显加快。图 1-1-3则展示了沥青—橡胶在 Arizona 州的发展情况[5]。从图1-1-3 中可以看到,从 1985 ~ 1992 年 8 年内在 Arizona 州共铺筑了 35 个沥青—橡胶路面工程,共计 23800t 沥青—橡胶。在 1992 年,McDonald 的专利终止后,沥青—橡胶技术得到了迅速的推广,从 1993 年之后的 7 年间,工程数量翻了 3.6 倍,至 1999 年达到了 163 个,沥青—橡胶的用量达到 238000t,约为 1992 年前总和的 10 倍。在图中还可以看到,随着专利的终结,沥青—橡胶的价格也下跌到只有早期的一半左右。

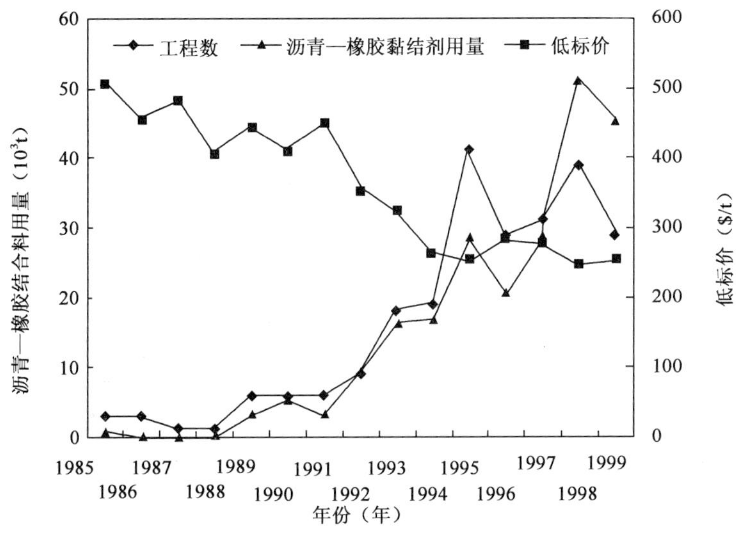

图 1-1-3 沥青—橡胶在美国 Arizona 州的发展情况

自 1995 年之后，橡胶屑改性沥青技术在美国的传播不论在规模还是范围上都有迅速的发展，迄今为止，美国已有 43 个州铺筑有各种类型的橡胶屑改性沥青试验工程（包括湿法和干法），其里程数超过 10000mi（1mi = 1.609344km），已经有 Arizona、California、Texas、Florida 等不少州的公路运输管理部门将橡胶沥青列为常用的沥青路面铺筑材料，并制定相应的设计和施工规范。与此同时，橡胶沥青技术也迅速地传播到南非、澳大利亚、加拿大、巴西以及西班牙、葡萄牙、法国等许多国家。

第三节 国内的应用与发展

在国内，有关废旧轮胎橡胶屑在路面工程中的应用研究开始于 20 世纪 80 年代初。当时许多科研单位和高校都曾经试用过干法处理的橡胶沥青混合料，也曾采用过搅拌混融和溶剂法的湿法处理工艺，但由于技术和成本上的原因没有取得很大成功。

20 世纪 80 年代末 ~ 90 年代初，我国开始引进国外的高分子聚合物改性沥青技术，在我国公路建设中新材料的应用主要集中在常规改性沥青技术的推广应用上。虽然废旧轮胎橡胶沥青的研究仍在继续，但并未引起公路界更多的重视，也没有取得更大的进展。

直至 20 世纪 90 年代末 ~ 21 世纪初，随着中国公路建设如何更加符合“建设资源节约型、环境和谐型社会”命题的提出，废旧轮胎橡胶屑在沥青路面中的应用再次成为我国公路界关注的热点。2001 年，在交通部公路科学研究院的主持下，交通部西部科技项目中列入了“废旧胶粉用于筑路的技术研究”。该项目的研究主要集中于，在采用 40 ~ 120 目细胶粉的条件下，对干法处理与湿法处理的橡胶沥青结合料和混合料的性能研究，并在广东中山、河北沧州、四川成都、山东德州、山东淄博等省、市铺筑了一系列试验路段。

2004 年，天津鑫业工贸发展公司采用多次高速剪切研磨的工艺制作橡胶改性沥青，用以替代常规的聚合物改性沥青，并在天津、河北、北京等地铺设了相当数量的试验路。类似的工作还有湖北国创科技公司开发的橡胶改性沥青。

可以说,在2005年以前,我国有关橡胶沥青技术的研究思路主要是沿着传统的改性沥青的思路进行的,因而希望采用细颗粒的橡胶粉和通过机械剪切研磨的方式使其尽可能多地溶融和分布在沥青中。

粗颗粒橡胶屑的沥青—橡胶技术真正意义上进入中国是2005年以后的事。2004~2005年,广州金邦创新环保科技公司和四川新筑路业发展公司相继从美国引进了采用McDonald湿法处理工艺的沥青—橡胶结合料制备设备,并在广东、四川、山东、湖北等地铺设了一系列试验路段。2005年,江苏省交通科学研究院与金邦公司合作成立了燕宁金邦发展公司,对沥青—橡胶技术进行了大量的研发与推广应用,并在江苏省多条高速公路、干线公路上铺设了多条试验路段。2006年,德国Degussa公司的TOR橡胶沥青引入我国,并在江苏省常熟、宜兴、南京,河北省石家庄,广东省广州等地铺设了试验路段。

随着国外沥青—橡胶制备设备的引进,诸如达刚、美通、新筑等多家企业都开始生产国产的沥青—橡胶制备设备,不少生产常规改性沥青设备的厂家,也纷纷推出了自己的产品,在很大程度上促使了沥青—橡胶技术在全国的推广应用。自2007年以来,已经涌现出一大批从事沥青—橡胶结合料的生产和施工企业。

在政策层面上,近年来,国家一直鼓励将废旧轮胎橡胶屑用于路面工程技术的应用。2007年交通部发布了《关于组织实施材料节约和循环利用专项行动计划的通知》,规定了在两年内完成铺筑60km橡胶沥青路面示范工程的任务。在国家政策的指引下,我国橡胶沥青技术的推广应用有了迅速地发展,根据不完全统计,2005~2010年,全国各地利用废旧轮胎生产的橡胶屑改性沥青在高速公路上已经铺筑了2116.5km,在国道、省道改建和养护工程上应用了1319.5km,在市政道路改造上应用了897.9km。

图1-1-4展示了橡胶沥青路面工程在高速公路、国(省)道改造、市政工程中应用里程的逐年增长情况。从图中可看到,在2006年前橡胶沥青技术的应用还处于少量试验路段的验证性阶段,自2006~2008年进入了小规模的试用阶段,而从2009年则开始进入大规模推广应用阶段,这也标志着橡胶沥青技术在国内的应用正越来越走向成熟。

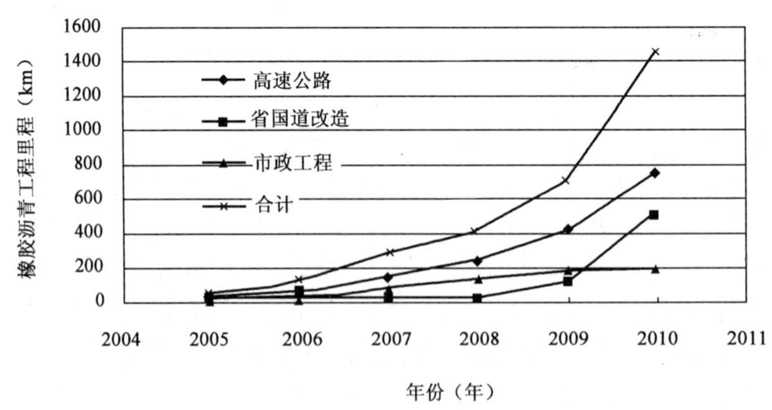

注:上述数据和图1-1-4中的资料由广州新粤沥青公司技术中心刘学女士提供。

图1-1-4　橡胶沥青路面工程在我国逐年增长情况

第四节　橡胶沥青材料的应用范围与优缺点

利用废旧轮胎制成的橡胶屑来改善沥青性能的研究已经有 50 余年的历史。湿法处理和干法处理是橡胶沥青技术发展的初期就出现的两个不同的研究方向。虽然在干法处理发展的初期也曾希望能起到改善沥青混合料性能的作用，但经过数十年的发展，干法处理已定位于以改善行驶性能为目的的应用，包括破冰路面、弹性降噪路面等，并分为“Plus Ride”、“类集料干法处理(Generic Dry Process)”、“橡胶块沥青混凝土(Chunk Rubber Asphalt Concrete)”3 大类。

湿法处理橡胶沥青可分为两大类，即以 McDonald 湿法工艺制作的沥青—橡胶(Asphalt-Rubber)和以高速剪切、研磨工艺制作的橡胶改性沥青结合料(Rubber Modified Binder)。它们可应用于各种类型的热拌沥青混合料作为高品质的热拌型结合材料，也可作为表面处治与封层用的优质喷洒型黏结材料。

热拌型橡胶沥青可用来生产各类热拌沥青混合料，包括密级配、断级配和开级配的混合料，它们可以用在新建的沥青路面中作为表面磨耗层或联结层，也可用在沥青路面和水泥路面的养护维修工程中作为不同厚度的罩面(包括薄层和超薄结构的罩面)。

喷洒型橡胶沥青可作为沥青路面、水泥混凝土路面、桥面铺装的防水黏结层，也可用在水泥混凝土路面的改造工程中作为应力吸收(夹)层用来防止和延缓反射裂缝的产生。在预防性养护中，喷洒型橡胶沥青的表面处治可用作沥青路面的保护层以防止裂缝、松散、泛油等病害的扩展。此外，也可用于交通量较低的城乡道路中作为沥青面层。

在各种以废旧轮胎橡胶屑作为改性剂的技术中，沥青—橡胶是技术上最为成熟。应用领域最为广泛的一种。厂拌掺和橡胶改性沥青的研究始于 20 世纪 80 年代中叶，它的发展历史相对要短一些，由于橡胶屑的用量较少，在美国早期修筑的路面效果不是十分理想。近年来，厂拌掺和橡胶改性沥青在采用高强度的处理工艺下，已可将橡胶屑用量提高到 12% ~15%。由于出发点和追求目标不同，这两种湿法处理的橡胶沥青在性能上各有优势和短处(参看第一篇第二章)，在应用上也找到了更适合自己特点的发展领域。

与普通沥青和常规聚合物改性沥青相比，厂拌掺和橡胶改性沥青是一种更为廉价而应用灵活、使用方便的结合料，它可以作为 SBR、SBS 等橡胶类聚合物改性沥青的替代品而用于改性沥青的各种应用场合，不仅可以用于表面层，也可用于中、下面层。它的施工和易性与常规改性沥青大体相当，其施工工艺也与常规改性沥青混合料类似，掌握起来不会有太多的困难。

与普通沥青和常规聚合物改性沥青相比，沥青—橡胶结合料是一种高品质低成本的结合料，它的优势如下：

(1)可以使用低成本的粗颗粒(1 ~2mm)橡胶屑，橡胶屑的用量可高达 20% 以上，降低了 AR 结合料的生产成本。

(2)杰出的黏弹性和坚韧性，可以全方位地改善沥青混合料的路用性能，具有良好的抗车辙、抗水损害、抗低温裂缝和反射裂缝的能力。

(3)高的结合料用量和沥青膜厚度，提高了路面的耐久性和抗疲劳寿命，在一定的条件下可适当减薄罩面的结构厚度，因而降低了路面建设和维修养护的成本。

它的缺点与局限性如下：

(1)在施工温度范围内的黏度要比普通沥青高很多，它的施工和易性较差，因此必须相应提高它的生产、摊铺、碾压的温度，由此将带来烟雾和异味污染。

(2)它的使用条件较为苛刻，对温度的敏感性很高，施工温度控制不好容易导致压实质量方面的问题。

(3)由于储存稳定性差，只能现场制作，无法长期储存，也不宜长距离运输。

(4)路面的结构厚度受一定限制，不宜很厚，更适宜用于表面磨耗层。

第二章　基本概念与综述

第一节　橡胶沥青的基本概念与术语

橡胶沥青技术的发展始于20世纪50年代中期,在橡胶沥青技术的发展过程中形成了一系列专门的术语,这些术语经过长时间的传播过程在国际上已经形成了共识。我国关于橡胶沥青的研究始于20世纪80年代,国家的改革开放刚起步,接触国外的信息不多,与国际上的交流也有限。当时形成的某些概念,与国际上已经形成的概念有差别,在进入21世纪后,国外的橡胶沥青技术开始进入我国,一些新的概念也随之引入国内。由于理解的不同,导致了业内在橡胶沥青技术的一些基本概念上产生了严重的混乱。因此,从历史发展的角度厘清橡胶沥青的一些基本概念与术语是十分必要的。

在橡胶沥青发展过程中,一开始就将废旧轮胎橡胶屑作为一种沥青材料和沥青混合料改性剂看待。因此,橡胶屑改性剂(Crumb Rubber Modifier, CRM)是最早出现的术语,它曾广泛地在湿法处理和干法处理技术中用来表示橡胶屑所起的改善沥青性能的作用,因而是废旧轮胎橡胶屑用作改善沥青材料及其混合料性能的改性剂的统称。在随后的发展中出现的用来代表橡胶屑的同义词有Ground Crumb Rubber(GCR)和Ground Tire Rubber(GTR),强调了不规则的磨碎状态的橡胶屑。湿法处理(Wet Process)和干法处理(Dry Process)是两种将橡胶屑与沥青结合在一起的处理方法,它们同样是在研究利用橡胶屑改性剂来改善沥青和沥青混合料性能研究的初期就出现的两个术语,代表着两种不同处理工艺的发展方向。

所谓湿法处理,是指任何一种在结合料加入烘干集料之前,先将橡胶屑与基质沥青掺和在一起的橡胶沥青结合料生产方法。

在湿法处理技术发展过程中出现了两种不同的思路。一种思路是沿着传统改性沥青的思路来考虑的,将橡胶屑看成类似SBR、SBS的橡胶类改性剂,希望橡胶颗粒完全融溶在沥青中,以便更好地吸收橡胶屑中的高分子聚合物来达到改善沥青性能的目的,并能进行工厂化的生产。这一类型湿法处理的橡胶沥青被称为橡胶改性沥青(Rubber Modified Asphalt),也称为厂拌掺和橡胶改性沥青(Terminal Blend Rubber Modified Asphalt)。另一种思路是让橡胶屑与沥青在高温下通过融胀反应制成一种复合材料,使其既有沥青的特性,又有固体橡胶颗粒的特性。这一湿法处理工艺被称为McDonald湿法工艺,按照McDonald湿法工艺制作的橡胶(化)沥青被称为沥青—橡胶(Asphalt-Rubber)。沥青—橡胶只能在现场制备,现制现用,制备好的沥青—橡胶结合料最好在4~6h用完,不能长期储存。

橡胶(化)沥青(Rubberized Asphalt)也是在湿法处理工艺发展的早期就出现的术语,在中文翻译中可以将其简化为橡胶沥青。虽然,它在最初来源于McDonald的湿法处理工艺,但在随后的发展过程中被引申为所有用橡胶屑改性剂(CRM)制成的沥青结合料,亦即所有用湿法处理工艺制备的结合料。因此,橡胶沥青的概念应该是所有用湿法工艺制作的橡胶屑改性沥青和沥青—橡胶结合料的统称。

橡胶(化)沥青包括厂拌掺和橡胶改性沥青与沥青—橡胶两种结合料。为了从本质上更好地表征沥青—橡胶结合料的特点,美国 ASTM 在它的术语标准 D8 中对沥青—橡胶作了以下的定义:"沥青—橡胶是由沥青、回收的废轮胎橡胶和某些添加剂掺和成的混合物,其中至少有总质量 15% 的橡胶成分,并在热沥青结合料中充分反应从而使橡胶颗粒膨胀。"[6]。这一定义包含以下 3 个要素,充分反映了沥青—橡胶作为一种两相材料的本质属性。

(1)沥青—橡胶是轮胎橡胶屑与基质沥青掺和而成的混合物。

(2)橡胶屑的比例至少应占结合料总量的 15%。

(3)橡胶屑在高温沥青中融胀,一部分为沥青中的轻质油分所融溶,而仍然保持着固体橡胶颗粒的核心。

美国橡胶路面协会(Rubber Pavements Association, RPA)在 2008 年 7 月于 Texas 州 EI PASO城召开的专题研讨会上,从机理和特征上进一步界定了这两种湿法处理方法的区别[7]。

橡胶改性沥青的特征主要有:

(1)细的橡胶屑(30 目/600μm 或更小的粒径)在炼制厂或沥青总站加入到沥青中。

(2)橡胶屑被制成可溶的、融解的、非粒子的。

(3)低的黏度和结合料用量。

(4)主要是一个结合料的改性过程。

(5)结合料吸收橡胶中的高分子聚合物。

(6)橡胶的含量可以在 0.1% ~10% 的范围内。

(7)试图使轮胎橡胶屑具有像沥青那样的性质。

沥青—橡胶的特征主要有:

(1)粗的橡胶屑(10 目/1.2mm 和更小的粒径)在沥青搅拌站加入沥青,并持续搅动直至达到平衡状态。

(2)橡胶屑仍然保持颗粒状态。

(3)高的黏度和沥青膜厚度。

(4)成为一种结合料的改性剂。

(5)橡胶含量为 15% ~22%。

由此可见,橡胶改性沥青与沥青—橡胶在作用机理、追求目标、制作工艺上是完全不同的两种类型的橡胶(化)沥青,不应将两者混为一谈,也不应将沥青—橡胶等同于橡胶沥青。在概念上,橡胶沥青并不完全等同于沥青—橡胶。橡胶(化)沥青是湿法处理的总称。

注:在国内不少文献中往往将橡胶沥青与沥青—橡胶混为一谈,这在概念上显然是不妥的,并将导致作用机理上完全不同的两种类型橡胶沥青(橡胶改性沥青与沥青—橡胶)在概念上的混乱。橡胶沥青是所有湿法处理工艺产品的总称,而沥青—橡胶只是橡胶沥青中的一个门类。

橡胶屑在沥青搅拌设备中的干法处理过程是将橡胶屑改性剂在沥青加入之前先与集料拌和,然后再与沥青一起拌和而成橡胶改性沥青混合料的生产工艺,因此,所谓干法处理,是指任何一种将干的橡胶屑和集料一起拌和,然后再加入结合料搅拌成橡胶沥青混合料的生产方法。

在干法处理的发展过程中,初期也曾希望将橡胶屑直接加入拌缸与烘干集料、沥青拌和后能起到改善沥青混合料性能的作用。但由于搅拌时间很短,在橡胶屑与沥青之间无法发生反应作用,因而“干法处理”通常对沥青结合料产生的改性作用十分有限。正是由于这一原因,“干法处理”在美国初期实施的一些试验路段没有取得很大成功。第一个在实际工程中应用的“干法处理”橡胶改性沥青混合料是两家瑞典公司(Skega AB 和 ABV)在美国的专利,其品牌名为“Plus Ride”。它采用粗颗粒的橡胶屑(粒径主要在 1.7 ~ 6.4mm)作为集料的一部分加入到断级配的矿料中。由于大颗粒的橡胶屑有很高的回弹能力,在车轮的碾压下可以将冻结在路表面上的薄冰破除,从而达到改善行驶性能的作用。此后,这一系统发展为“类集料干法处理”(Generic Dry Process)和“橡胶块沥青混凝土”(Chunk Rubber Asphalt Concrete)。

各类干法处理工艺的特点是能消耗更多的废旧轮胎和增加路面的弹性。虽然在拌和、储存、运输、铺筑过程中橡胶屑与沥青之间会有某些反应作用,但总的来说,它对沥青的改性作用是有限的,因而干法处理的效果明显不如湿法处理。由于橡胶屑集料的承载能力不如石料,加入较多的橡胶屑会对混合料的抗车辙、抗疲劳等力学性能产生负面影响,所以目前干法处理的橡胶改性沥青混合料主要用在低交通负荷的道路和广场、公园、人行道等作为弹性路面之用。

图 1-2-1 显示了在橡胶沥青技术中基本术语之间的关系。

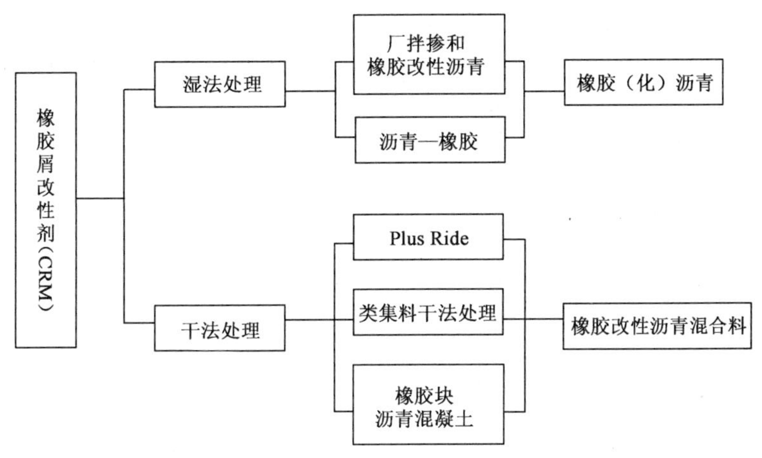

图 1-2-1 橡胶沥青技术基本术语之间的关系

在湿法处理工艺的发展过程中还有几个术语是需要明确定义的。在沥青—橡胶的生产工艺中,橡胶屑与基质沥青的融合作用(Interaction)、反应(Reaction)、融胀(Swelling)是经常提到的术语。在沥青—橡胶的范畴内,融合作用是指沥青和橡胶屑在高温下掺和在一起时发生的物理交换,它包含了橡胶屑颗粒在沥青中融胀和使结合料发育而达到要求的物理特性的过程。虽然融合作用也常称为反应,但它并不是一种化学反应,而只是一种物理的相互作用,在这一过程中橡胶屑从沥青中吸收芳香油和轻质馏分(低挥发或低活性分子),并释放出某些在生产橡胶时使用的类似油类的物质。融胀则是这种物理性质的相互作用过程的主要表现形式,在这一过程中,橡胶屑的表面部分被沥青中的轻质馏分所吸收融解,体积胀大,并释放出某些油分和形成一种凝胶(Gel)状的物质,但其核心仍保持着固体的颗粒。

橡胶屑的反硫化(Devulcanization)和解聚合(Depolymerization)则是在橡胶改性沥青生产工艺中常出现的术语。在橡胶改性沥青的生产过程中,已硫化的废轮胎橡胶屑通过高温、高压、长时间、机械剪切研磨等高强度的处理使交联状态的大分子聚合物断裂、降价，从弹性体脱硫后重新转变为塑性的生胶状态，被称为反硫化和解聚合。

在沥青—橡胶与橡胶改性沥青这两大类湿法处理的工艺中，高温融胀的物理反应过程和反硫化的解聚合化学反应过程实际是同时存在的，只是谁起主导作用的不同而已。前者物理融胀作用处于主导地位，而后者则是反硫化和解聚合作用处于主导地位。

在沥青—橡胶和橡胶改性沥青的发展中，还出现了不少工艺方法，如采用交联剂来改善沥青—橡胶的储存稳定性，采用化学活性剂来加强橡胶改性沥青工艺过程的反硫化作用等，但从作用原理上来看，可以归纳为湿法处理工艺的两大类不同的研究方向。

第二节　干法处理技术的发展与应用

早在20世纪40年代就有了利用干法处理技术来改善沥青混合料性能的尝试，当时美国的U. S. Rubber Reclaiming Co公司开发了一种商标名为“Ramflex”的脱硫橡胶材料，将它投入搅拌设备与沥青、集料一起拌和成橡胶改性沥青混凝土，并在1968年在美国密西西比州铺设一段试验路，但这一技术并未得到更多的推广应用[8]。在干法技术中第一个应用于实际工程的是瑞典的技术“Rubit”。1978年，瑞典技术以“Plus Ride”的商品名进入美国市场。“Plus Ride”的主要目标是破除路面的薄冰和改善抗滑性能。20世纪80年代末～90年代初，美国在“Plus Ride”的基础上进一步发展了“类集料”系统和“橡胶块混凝土”，希望进一步加强破冰性能，并提高与改善沥青混合料的其他力学性能（抗裂缝、抗疲劳等）[2]。

一、Plus Ride

1. 混合料的结构特点

“Plus Ride”的设计思路是，希望通过暴露在路表面上具有弹性的橡胶颗粒能在车轮荷载的作用下，使黏结在路表面上的薄冰破裂而失去与路面的黏结力。从这一设计思路出发，“Plus Ride”混合料的结构具有以下特点：

（1）采用较粗颗粒的橡胶屑以增强橡胶颗粒弹性变形的能力。表1-2-1展示了“Plus Ride”对橡胶屑的级配要求。从表中可见，橡胶屑的粒径分布是不连续的，并在1.68mm处有一很大的断点。1.68～6.35mm的粗颗粒占有60%～70%的比例，1.68～4.75mm的比例最大，约占50%。橡胶屑的用量通常为集料总质量的1%～6%，最常见的用量为3%。

“Plus Ride”系统的橡胶屑级配[9]　　表1-2-1

筛孔尺寸(mm)	质量通过率(%)			
	Plus Ride 1981	Alaska 1993	Minnesota 1993	Plus Ride 1990
6.35	100	100	100	100
4.75	100	76～100	76～100	76～88
1.68	28～40	28～36	28～42	28～42
0.85	—	10～24	16～24	16～42
0.425	0～6	—	—	—

(2)采用断级配的集料,降低细集料的比例,以便腾出空间来容纳橡胶颗粒。表 1-2-2 和图 1-2-2 展示了"Plus Ride"混合料的矿料级配和典型的级配曲线。从这些图表中可以看到,1.68 ~6.3mm 集料的比例很小,而在 9.5mm 处有一很大的断点,这为容纳 1.68 ~6.3mm 的橡胶屑提供了必要的空间。

"Plus Ride"系统的集料级配[9]　　表 1-2-2

筛孔尺寸(mm)	质量通过率(%)		
	Plus Ride 8	Plus Ride 12	Plus Ride 16
19	—	—	100
15.8	—	100	—
12.5	100	60 ~ 80	50 ~ 62
9.5	60 ~ 80	30 ~ 44	30 ~ 44
1.68	23 ~ 38	20 ~ 32	20 ~ 32
0.6	15 ~ 27	13 ~ 25	12 ~ 23
0.075	8 ~ 12	8 ~ 12	7 ~ 11
沥青用量(%)	8.0 ~ 9.5	7.5 ~ 9.0	7.5 ~ 9.0

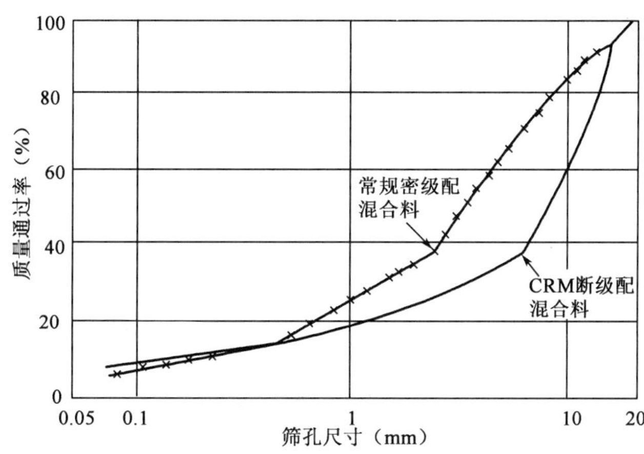

图 1-2-2 "Plus Ride"混合料的典型矿料级配曲线[9]

(3)要求富量的沥青砂浆来增强橡胶颗粒与集料的黏附力和充填混合料中的空隙,以使混合料具有必要的耐久性和密水性。在表 1-2-2 中还列出了"Plus Ride"系统粉料和沥青用量的范围,从表中可看到,粉料的用量大体上相当于 SMA 混合料的用量,而沥青的用量则比常规的 SMA 要高出 2% 左右。

2. 混合料的设计和技术标准

"Plus Ride"系统混合料的设计可以采用常规的马歇尔设计法,它对马歇尔稳定度与流值的要求与常规的密级配混合料大体相当。表 1-2-3 为 Chehovits J G 提出的"Plus Ride"混合料马歇尔试验的技术标准[10]。

在早期的"Plus Ride"系统中,橡胶屑的级配中只包含 1.7mm 以上的粗颗粒(表 1-2-1),但随后许多工程的经验证明,添加一部分较细颗粒的橡胶屑有利于改善混合料的耐久性和密水性[9]。因此,在1981年以后,增加了20%的0.85mm以下细颗粒橡胶屑,用以取代粗颗粒成分,到20世纪90年代这一比例更进一步增加至30%~40%。

"Plus Ride"混合料马歇尔设计技术标准[10] 表1-2-3

技术指标	试验方法	技术要求
击实次数(次)	—	75
空隙率(%)	AASHTO T166, T 209	2~4
稳定度(kN)	ASTM D1559	>8
流值(0.1mm)	ASTM D1559	<50
VMA(%)	—	>17
回弹劲度模量,25℃(MPa)	ASTM D4123	>689.5(100000psi)
残留强度比TSR(%)	AASHTO T283	>75

注:1psi=6.895kPa。

二、类集料干法处理(Generic Dry Process)

类集料干法处理也称TAK系统,是美国Oregon州立大学Takallou博士在"Plus Ride"系统基础上于20世纪80年代末提出的一种干法处理系统[11]。TAK系统的设计是将CRM作为一种集料与矿料合在一起组成一种密级配的热拌沥青混合料,故命名为"类集料(Generic)"干法处理技术。

1. 混合料的结构特点

TAK系统混合料的设计思想是希望混合料中的橡胶屑在发挥"弹性集料"功能的同时,能起到改善沥青结合料性能的作用。从这一考虑出发,TAK系统在混合料的结构上与"Plus Ride"相比,有如下一些不同的特点:

(1)TAK系统的橡胶屑不像"Plus Ride"那样是以粗粒径为主的间断级配,而是一种由粗颗粒与细颗粒橡胶屑组成的连续级配。粗的橡胶颗粒将起"弹性集料"的作用,承担破冰的功能,而细的橡胶屑将与热拌沥青发生"反应"而起到对结合料的改性作用。表1-2-4展示了TAK系统的橡胶屑级配[9-11]。从表中可见,TAK系统的橡胶屑是一种均匀的连续级配,这一级配以1.7mm筛孔为界,粗、细各占50%,1.7mm以上的粗颗粒主要起"弹性集料"的作用,而细颗粒中不仅包含0.825mm的细橡胶屑,而且30目以下的胶粉也占30%的含量,它们将主要起到改性的作用。

TAK系统的橡胶屑级配[9] 表1-2-4

筛孔尺寸(mm)	质量通过率(%)		
	Takallou[11]	Behovits[10]	NY DOT
6.3	100	—	100
4.75	97~98	100	—
3.1	—	—	75~85
2.36	—	70~100	—
1.70	32~49	—	45~55
1.18	—	40~66	—

续上表

筛孔尺寸(mm)	质量通过率(%)		
	Takallou[11]	Behovits[10]	NY DOT
0.85	20~37	—	30~40
0.6	—	20~35	—
0.425	8~14	—	0~10
0.3	6~10	5~15	—

(2)TAK 系统混合料的矿料级配是按密级配的原则来设计的,并按比例作了一些修正,以便容纳同样是按密级配原则设计的橡胶颗粒。表1-2-5是TAK系统的矿料级配范围,图1-2-3则是其典型的级配曲线[9]。

TAK 系统的集料级配[9] 表1-2-5

筛孔尺寸(mm)	质量通过率(%)		
	公称最大粒径(mm)		
	19	12.5	9.5
25	100	—	—
19	90~100	100	—
12.5	—	90~100	100
9.5	56~80	—	90~100
4.75	35~65	44~74	55~85
2.36	23~49	28~56	32~67
1.18	—	—	—
0.6	—	—	—
0.3	5~19	5~21	7~23
0.15	—	—	—
0.075	2~8	2~10	2~10

从表1-2-5中可以看到,矿料的级配是连续均匀的密级配。在图1-2-3中所展示的矿料级配曲线在4.75mm以下的细料部分让出了一部分比例,以便容纳按连续级配设计的橡胶屑颗粒,两者合成后应接近常规密级配混合料的级配曲线。表1-2-6展示了New York州试验路段采用的橡胶屑级配以及与矿料的合成级配[9]。

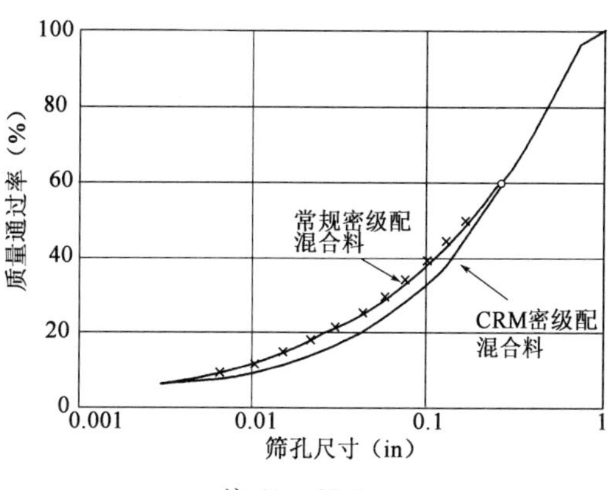

注:1in=25.4mm。

图1-2-3 TAK 系统混合料的典型矿料级配曲线

2. 混合料的设计和技术标准

TAK 混合料的橡胶屑—矿料的合成级配是按常规密级配热拌沥青混合料来设计的,因此混合料的设计也可借用常规的密级配热拌混合料的马歇尔设计法。表1-2-7是TAK系统混合料马歇尔设计技术标准[11]。

TAK 系统的橡胶屑—集料合成级配 表1-2-6

筛孔尺寸(mm)	质量通过率(%)	
	CRM	合成级配
19	—	100
12.5	—	95~100
6.3	100	65~85
3.1	75~85	36~65
1.7	45~55	—
0.85	30~40	15~39
0.425	0~10	8~27
0.220	—	4~16
0.075	—	2~6

TAK 混合料马歇尔设计技术标准 表1-2-7

技 术 指 标	试 验 方 法	技 术 要 求
击实次数(次)		50
空隙率(%)	AASHTO T166, T209	3~5
稳定度(kN)	ASTM D1559	>3.56
流值(0.1mm)	ASTM D1559	20~50
残留强度比 TSR(%)	AASHTO T283	>75

三、橡胶块沥青混凝土(Chunk Rubber Asphalt Concrete, CRAC)

在"Plus Ride"系统基础上发展干法技术的另一个方向是希望进一步加强"弹性集料"破裂黏结在路面上薄冰层的能力。20世纪90年代初作为SHRP计划的一部分,美国陆军寒冷地区工程研究试验所(CRREL)提出了一种橡胶块改性沥青混合料的新概念[12]。与"Plus Ride"系统相比,CRAC混合料的特点如下:

(1)加大了橡胶屑的粒径,其橡胶屑的级配有一很窄的粒径范围,为4.75~12.5mm,其中主要部分是4.75~9.5mm的粗颗粒,故称为橡胶块(Chunk Rubber)。

(2)加大了橡胶屑的用量,通常为集料总质量的3%~12%。

(3)橡胶颗粒是作为一种弹性集料加入到矿料中去的,它与矿料合成在一起组成一密级配的结构。

CRAC的上述特点大大加强了混合料弹性变形的能力,从而提高了破裂路面薄冰的能力。CRAC采用常规的马歇尔方法进行混合料设计,其最佳沥青用量随橡胶屑用量的增加而增大。当橡胶屑用量为3%时,最佳沥青用量约在6.5%;当橡胶屑用量为12%时,最佳沥青用量约在9.5%。

由于在CRAC混合料中包含很大数量的橡胶块,这些橡胶块的承载能力显然要低于碎石集料，因而 CRAC 混合料的承载能力通常会低于常规沥青混合料。从 CRAC 混合料的马歇尔试验来看，其稳定度会大大低于、而流值则大大高于常规的密级配沥青混合料，因而 CRAC 通常只适用于低交通流量的场合[13]。

四、干法处理技术在改善沥青性能方面的发展

如何提高干法处理技术在沥青改性方面的效果一直是干法处理技术发展中备受关注的问题，在 20 世纪 90 年代出现了许多有关这方面的研究[9,14-16]。

提高干法处理对沥青的改性效果主要通过以下 3 方面的措施来实现：

(1)采用细的或超细的橡胶粉来取代常规干法处理的粗颗粒橡胶屑。细的橡胶屑可以较为容易地与沥青在热拌混合料中发生反应。这种以细橡胶屑与矿料组成的密级配混合料是从“类集料”系统的基础上发展起来的，所以也常称它为“新类集料”(New Generic)系统。在这一系统中去掉了粗颗粒的橡胶屑，只余下 16 ~ 80 目细颗粒，因而混合料的“弹性集料”的功能将很少，其设计思路的重点是希望改善沥青结合料的性能。在 1990 ~ 1994 年，美国的 4 个州(Kansas、Iowa、Arkansas、Oklahoma)试用这种新 TAK 系统，铺筑了不少数量的试验工程。Kansas州在 1990 ~ 1992 年铺筑了 4 个试验工程，每个工程中有多个试验路段，采用 80 目的细胶粉和集料以及 AC10 号沥青一起拌和成橡胶改性沥青混合料。胶粉加入量为结合料质量的 5% ~ 12%(与集料的质量比为 0.5% ~ 1.5%)。Iowa 州在 1993 年铺筑了 1mi 的试验罩面工程，采用 50 目的橡胶屑，用量为 10%。Arkansas 和 Oklahoma 州于 1994 年在更大规模的试验工程上试用了这一新 TAK 系统，橡胶屑采用 80 目的细胶粉，加入量分别为集料质量的 1.5% 与 1%[15]。

“新类集料”系统的混合料采用马歇尔设计法，最佳沥青用量根据空隙率确定，其目标空隙率为 2% ~ 4%。

(2)延长混合料拌制后的养生时间和温度以强化橡胶屑在高温混合料中的融胀作用。在“Plus Ride”系统和 TAK 系统中，要求将集料的加热温度提高至 190 ~ 218℃，以便增强对细橡胶颗粒的融合作用，沥青的加热温度为 135 ~ 165℃，与常规沥青混合料并无太大差别。新 TAK 系统则要求沥青的加热温度较常规沥青混合料提高 10 ~ 30℃。在养生时间和温度方面，“Plus Ride”系统要求混合料在 160℃下养生 1h，而 TAK 系统则无此要求。虽然“Plus Ride”、TAK 和新 TAK 系统采取了一些措施来增强橡胶屑与沥青的融合作用，但这仍是十分有限的。在某些文献中报告了采用更高的温度和更长的混合料养生时间来加强对沥青的改性效果。美国 Anchorage 市的“材料与堤岸中心试验室”曾经用标号为 AC-2.5 的沥青在190.5℃下拌制混合料，制作两组马歇尔试件，一组不加橡胶屑，另一组外加 2% 的 0.850mm 的细橡胶屑。第二组试件进一步在 204℃下在烘箱内养生 45min。对两组试件进行回弹劲度模量与疲劳寿命试验的结果表明，第二组试件的回弹劲度模量与疲劳寿命分别比第一组高出 40% 和 45%[9]。

(3)采用对橡胶屑进行预处理(Pre-treatment)或预反应(Pre-reaction)的方法，使橡胶屑能比较容易地与沥青发生融合反应。例如，利用再生橡胶技术对橡胶屑进行降解活化处理，采用某些催化剂对橡胶屑进行预反应处理等。但是，这些方法大都要消耗很多的能量和采用高价位的化学添加剂，这显然将增加干法处理工艺的生产成本。

五、对干法处理技术的评估

干法处理技术虽然已有数十年的发展历史，也经历了多种不同方法的改进，但不论是在破冰的成效还是对沥青性能的改善方面，现有文献对干法处理技术的评估，尤其是对现场性能的评估仍然存在着很大的差异[9,15,17-22]。

在破裂路面薄冰的性能方面，虽然存在着不同的评价，但从许多实验室和现场性能研究的结果中，仍可归纳出以下共同结论：

(1)增大橡胶屑的粒径和增加橡胶屑的用量，可以加强“弹性集料”破冰和降噪能力，但加入较多的粗粒径橡胶屑会对混合料的抗车辙、抗疲劳等力学性能产生负面影响，从而将降低路面的承载能力，增加发生松散、裂缝、车辙等病害的风险。

(2)干法处理工艺铺筑的路面在交通荷载作用下的现场性能，虽然也有不少做得好的例子，但总体来说性能的变异性较大，其可靠性不如湿法处理的混合料路面。

在干法处理对沥青改性的效果方面，虽然存在差异甚至对立的评价，但多数研究工作都表明，由于橡胶颗粒没有获得充分的反应，干法处理对沥青的改性作用是有限的，其改性混合料的性能总体上不如湿法处理。

由于以上这些原因，目前干法处理技术主要定位于在广场、公园、人行道以及低交通负荷的道路上作为弹性路面使用。

干法处理技术虽然对沥青的改性作用有限，但它不需要庞大的制备设备，使用十分方便，这一优点有着很大的吸引力，而干法处理之所以不能有效地改善沥青性能的关键是缺少使橡胶颗粒与沥青充分融胀的条件。因此，如何将橡胶屑与沥青的融胀过程引入到干法处理中是干法处理技术进一步发展的一个重要方向(参看第五篇第一章)。

第三节　湿法处理技术的发展与应用

一、非搅动型湿法处理技术

非搅动型橡胶沥青湿法处理技术的起源可追溯到20世纪70年代，当时美国Arizona州的ARCo公司就开发过一种商品名为“Arm-R-Shield”的湿法处理工艺，它将经脱硫处理的橡胶屑与硫化的废轮胎橡胶屑一起加入到热沥青中进行融胀处理，希望再生橡胶能加强对基质沥青的改性作用。遗憾的是并没有达到预期的效果，在成本上还要增加脱硫处理的费用，因而并未得到推广使用。

非搅动型湿法处理技术实质性的进展是从20世纪80年代开始的[23]，发展非搅动型湿法处理技术的思路是希望制成一种均质的橡胶沥青结合料，它可以不需要搅动而长期储存。虽然将废旧轮胎进行脱硫处理可以实现这一目的，如前所述，它曾在湿法处理工艺的早期使用过，现在也还不断有这方面的尝试，但脱硫处理不仅要增加成本，而且在脱硫过程中由于老化会损失一部分橡胶的性能，因而不一定是一种好的思路。

由于CRM在高温沥青中融胀过程的本身就存在一定的脱硫和解聚作用，因而新的思路集中在如何加强橡胶屑在高温沥青中的解聚作用上，因此可以说，非搅动型湿法处理技术是在搅动型的基础上发展起来的。

加强橡胶屑在高温沥青中的脱硫和解聚作用可以通过以下 3 方面的措施来实现。

(1)采用超细粒径的橡胶屑。细颗粒的橡胶粉可以更快地在高温沥青中裂解和融溶在沥青中。

(2)减少橡胶屑的用量。较少的橡胶屑容易悬浮在沥青中,实际上用量在5%以下的细颗粒橡胶粉在沥青中可以不用搅动而只需通过在储存中常规的循环泵送就可以悬浮在沥青中。

(3)强化湿法处理的强度。提高湿法处理的温度,延长处理的时间,采用机械剪切、研磨的方法都可以加强橡胶颗粒的裂解和解聚作用。

在 20 世纪末和 21 世纪初,美国的 FDOT、TexDOT、ADOT、Caltrans 都发展有非搅动型的湿法处理技术,并制定了相应的规范。FDOT 采用 80 目的细胶粉和 5% ~10% 的用量制作非搅动型的橡胶改性沥青用于密级配和开级配的混合料中,但不允许用于应力吸收夹层(SAMI)。ADOT 的规范允许非搅动型的橡胶沥青结合料作为一种替代品使用在混合料中,但在等级上并不与高黏度的沥青—橡胶混合料相当。Caltrans 制定的非搅动型结合料的规范同样没有关于最低黏度的要求,也未规定橡胶屑的最低用量。在 FDOT、TexDOT、ADOT、Caltrans 的规范中都不允许在应力吸收夹层中采用非搅动型的橡胶改性沥青结合料,这显然是与应力吸收层要求更厚的沥青膜厚度和更高的结合料黏弹性有关。

在美国研究非搅动型湿法处理技术最多的州是 Texas 州。Texas 州运输研究所通过 5 年时间的研究提出了一种采用高强度处理的橡胶改性沥青制备工艺,这一处理工艺要求采用 260℃高温、6h 处理时间和 8000r/min 高速剪切的高强度处理条件[20]。

在实验室的试验当中采用 80 目的细橡胶屑和 10% 的加入量时可以使结合料的 PG 等级提高三级。这一高强度的湿法处理工艺在 2000 年应用于 Texas 州 League 城附近的州际公路 FM 1266 养护工程中,铺筑了长 6km 厚 3.8cm 的橡胶改性沥青罩面。在试验路的实际应用中,虽然要求的处理温度为 260℃,但实际上很难达到。这一试验工程的橡胶改性沥青是在最高处理温度为 221℃、处理时间为 6h、胶体磨的最终调整间隙为 100μm,橡胶屑粒径为 80 目,加入量分别为 8% 和 12%,基质沥青为 PG 64-22 的条件下制备的。对制备的橡胶改性沥青样品进行试验分析的结果见表 1-2-8[24]。

从表 1-2-8 中可以看到,与原样沥青相比,当橡胶屑用量为 8% 和 12% 时,橡胶改性沥青的 PG 等级分别提高了 1 和 2 个等级。在储存稳定性方面,表 1-2-8 的数据显示未能达到通常对常规改性沥青的技术要求(48h 软化点差小于 2.5℃),这表明仍有部分橡胶颗粒未能完全融溶在沥青中。由于很难做到使橡胶屑完全裂解而被沥青吸收,使结合料的储存稳定性完全达到常规橡胶改性沥青的同等水平,因而在美国各州的非搅动型橡胶沥青的技术规范中都没有对结合料的储存稳定性作出强制性的规定。

从表 1-2-8 还可以看到,随着橡胶屑用量的减少,储存稳定性会提高,这表明未完全融溶的橡胶颗粒在减少,因而目前非搅动型的橡胶改性沥青中橡胶屑用量通常规定为 5% ~10%。

在改善橡胶改性沥青的储存稳定性方面的另一个措施是在高强度的处理工艺中适当加入某些稳定剂,此时储存稳定性有可能提高至 48h,软化点差值达到 3 ~4℃[25]。

高强度处理橡胶改性沥青工程现场取样试验的性能指标　　表 1-2-8

技术指标	原样沥青	橡胶—改性沥青	
		8%橡胶屑用量	12%橡胶屑用量
基质沥青标号	AC-20	AC-20	AC-20
PG 等级	64－22	70－34	76－34
135℃旋转黏度(Pa·s)	0.4	1.2	2.2
48h 储存稳定性	—	—	—
顶部软化点(℃)	—	53.3	54.9
底部软化点(℃)	—	60	65.1
软化点差值(℃)	—	6.7	10.2

非搅动型湿法处理技术追求的目标是希望橡胶颗粒通过解聚合化而完全融溶于沥青中，但是解聚合化的结果则是完全丧失橡胶与沥青融胀后形成的两相材料的特性，而随伴着的是结合料黏度与弹性显著降低。

图 1-2-4 展示了 0.15～0.075mm 的细胶粉加入到高温沥青中，加入量为基质沥青的 20%，在 210℃高温处理下，黏度随处理时间而变化的情况。从图 1-2-4 中可以看到，结合料的黏度在 30min 时为 1970mPa·s，随着处理时间的增长，亦即橡胶颗粒解聚合化进程的发展，越来越多的橡胶颗粒融入高温沥青中，到 4h 时，结合料的黏度只有 30min 时的 27.3%，而随伴着软化点与回弹性的显著下降。

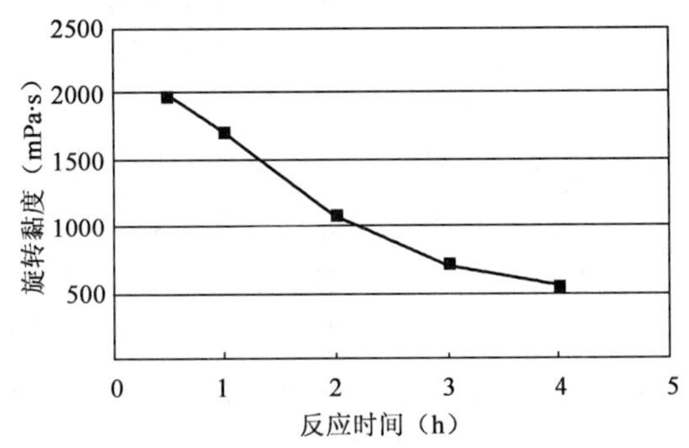

图 1-2-4　细胶粉橡胶沥青黏度随反应时间而变化的曲线

许多国内外的试验结果都表明，从总体性能来看，非搅动型制备的橡胶改性沥青通常会低于高黏度的沥青—橡胶结合料[20,26,27]。正因为如此，在美国，非搅动型橡胶改性沥青的应用范围主要定位于密级配的热拌沥青混合料[20,28]，而这一领域恰恰是沥青—橡胶结合料不适宜应用的领域。

在希望提高橡胶屑的用量而又能进行工厂化生产的场合，作为一种变通的手段，可以在拌和站的沥青储存罐中加装搅拌装置，在使用橡胶改性沥青之前进行适当的搅拌，使顶部与底部的结合料重新混合。此种生产方式虽然在严格的意义上不能作为非搅动型的湿法处理技术，但仍可归入厂拌橡胶改性沥青的范畴。在国内外都有采用此种生产方式的实例，此时橡胶屑的用量可增大至 15%～18%[23]。

进入 21 世纪，非搅动型湿法处理技术仍然围绕着如何提高橡胶屑的加入量和改善结合料的储存稳定性在发展。采用化学手段来改善橡胶改性沥青的性能是非搅动型湿法处理技术的一个重要发展方向，当前已可将橡胶改性沥青储存稳定性提高至 48h、软化点差值 3～4℃，而橡胶屑用量则可达到 15% 以上（参看第五篇第二章第一节）。

二、搅动型（高黏度）湿法处理技术的发展

搅动型湿法处理技术起源于美国 Arizona 州和 California 州的两个专利，前者是 1975 年和 1978 年 Sahuaro 和 ARCo 公司的名为“高弹性路面修补结合料”的专利（美国专利号：

3891585),后者则是一家 California 州的石油公司被授予的名为"橡胶化沥青摊铺材料及其应用"的专利(美国专利号:4069182)。这两项专利都是基于橡胶颗粒在高温沥青中融胀的湿法处理工艺,California 州的专利与 Arizona 州的专利主要的不同是,要求在橡胶屑中含有 25% 的高天然橡胶含量的废橡胶和在沥青中加入 1% ~6% 的芳香烃调和油。由于废旧轮胎中的天然橡胶含量有高有低,沥青中的芳香烃组分也有多有少,因此这两项湿法技术并无实质上的差别。在随后的发展中,这两种工艺通常被统称为 McDonald 湿法处理技术,前者称为"Type1",后者称为"Type2",但这两者之间上述的差别至今仍保持在 ADOT 和 Caltrans 的规范中。

在搅动型湿法处理工艺的发展过程中,美国 Florida 州的 Rouse Rubber Industries 公司在 20 世纪 80 年代末提出的"连续掺和工艺"(Continues Blending Technology)[9],是一种新的湿法融胀工艺。在 McDonald 湿法处理工艺中,沥青—橡胶是按"批量"(Batching)的方式生产的,橡胶屑与热沥青在一个搅拌—反应罐内进行融胀反应,达到要求的"反应时间"后,制成沥青—橡胶结合料以供生产之用。这种工艺需要两个反应罐轮流进行融胀反应,以保持生产的连续性。它的缺点是只能一批一批地生产沥青—橡胶结合料,无法随意调节设备的生产率。Rouse 提出的新工艺改变了按批生产的方式,采用连续作业的方式来组织沥青—橡胶的生产过程,在 Rouse 的设备中,基质沥青的加热、升温,橡胶屑和沥青的给料、搅拌、反应和成品料的输出都是连续进行的。沥青和橡胶屑的比例和搅拌—反应的时间则是按流量来控制的,因而结合料的生产可以像普通沥青一样连续不断地供应给沥青混合料拌和设备(参看第二篇第三章第二节)。由于在连续生产的过程中不可能非常正确地控制每一颗橡胶屑在沥青中的反应时间,因此 Rouse 工艺要求采用 180μm 的超细橡胶粉(80 目),其用量通常为基质沥青的 5% ~15% 。采用极细的胶粉加入到热沥青中去,不仅可以降低反应的温度,缩短反应的时间,同时也减小了橡胶粉对反应时间差别上的敏感性。此外,由于生产过程是连续进行的,已经达到规定黏度的成品料立即被输送至搅拌设备与集料进一步拌和成混合料,所以不存在等料和过度反应的问题。

在实际工程应用中,搅动型湿法处理技术最早开拓的领域是喷洒型的应用领域,Arizona 州在 1968 ~1972 年铺设了多条单层的石屑封层(SAM)和应力吸收夹层(SAMI)。由于结合料的黏度很高,不得不将结合料的温度提得很高,即便如此,当时的沥青洒布车在喷洒时仍然感到困难,所以从 1972 年开始使用煤油来稀释结合料以降低它的黏度[29]。经过早期试用,Arizona州在 20 世纪 70 年代中、后期开始在喷洒型的应用领域中较大规模推广使用 McDonald 的湿法处理工艺,自 1972 ~1978 年每年摊铺 SAM 封层约 48km,而 SAMI 的铺设规模约每年 80km[29]。

搅动型湿法处理技术在热拌沥青混合料中的应用,与喷洒型的应用相比,发展要缓慢一些。虽然 Arizona 州早在 1975 年铺设了第一条开级配的 AR 混合料路面,而 California 州则在 1980 年铺设了第一条密级配的 AR 混合料路面[2,3],但是在 20 世纪 80 年代 ~90 年代初,热拌型沥青—橡胶混合料的工程量并不大。据统计,Arizona 州截至 1989 年,在总的沥青—橡胶工程量中,热拌沥青混合料所用的沥青—橡胶只占 3% ,而 California 州整个 80 年代铺筑的 RAC 工程数量约为 20 个[29]。AR 在热拌型应用领域发展较慢的原因,显然与混合料的设计与性能评估比较复杂有关。

20 世纪 80 年代后期,美国 California 州和 Arizona 州开发了沥青—橡胶在断级配混合料中的应用。这种 AR 断级配混合料加大了矿料的空隙率，减少了 2.36mm 以下细料的用量，它的优点是可以容纳更多的沥青—橡胶结合料。

在 20 世纪 80 ~ 90 年代中叶，搅动型湿法处理技术经历了 10 年左右的评估其实验室和现场性能的时期。在此期间，美国许多大学、研究所和州运输管理局对沥青—橡胶结合料与混合料在实验室和现场进行了大量的研究工作，其中有两项重要的研究是必须提到的：一项是美国的沥青—橡胶生产商联合会（Asphalt Rubber Producers Group，ARPG）委托美国陆军工程师水道实验站（U. S. Army Corps of Engineers Waterways Experiment Station，WES）组织实施的为期两年（1990 ~ 1991 年）的沥青—橡胶研究项目“沥青—橡胶结合料与混合料的研究”[30]；另一项是美国加州的 Caltrans（California Department of Transportation）和南非的 CSIR（Division of Roads and Transport Technology of the Council of Scientific and Industrial Research）等单位组织的一个为期 5 年（1993 ~ 1997 年），耗资 900 万美元的联合研究项目“加利福尼亚州运输管理局路面加速试验研究”[31]。这两项研究对沥青—橡胶结合料和混合料以及沥青—橡胶路面的性能作了全面的评估，从而为沥青—橡胶技术的发展提供了基础性的研究成果，也为这一技术的工程应用与推广奠定了重要基础。

在 WEB 的研究中全面评估了沥青—橡胶结合料和混合料的高温、低温和疲劳性能。采用了由 3 种基质沥青 AC-5（针入度 114）、AC-20（针入度 44）、AC-40（针入度 27），以及由 AC-5 加调和油制备的 3 种沥青—橡胶结合料 AC-5R（17% 橡胶屑 + 83% AC-5）、AC-20R（17% 橡胶屑 + 83% AC-20）、AC-5RE（16% 橡胶屑 + 79% AC-5 + 5% 调和油），图 1-2-5 ~ 图 1-2-11 则是 WEB 的主要研究结果。

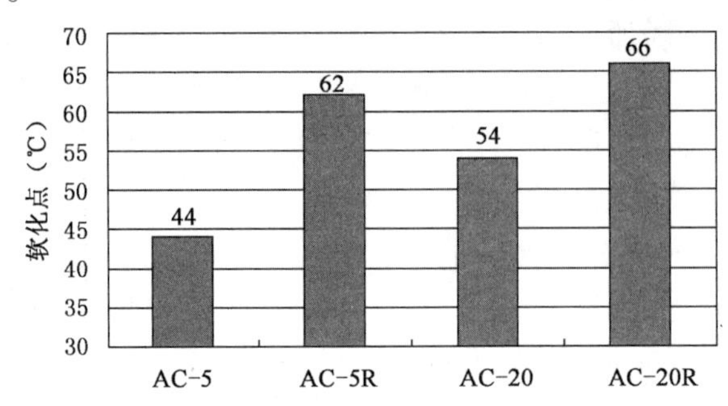

图 1-2-5　沥青—橡胶与普通沥青软化点比较

在图 1-2-5 ~ 图 1-2-7 中分别展示了反映 AR 结合料和混合料高温性能的软化点和在静载与反复荷载下的蠕变试验结果。从图 1-2-5 中可以看到，即使再软的沥青，其软化点仍可达到 62℃，而且软化点提高的幅度特别明显，比基质沥青提高了约 40%。当采用较硬的基质沥青时，软化点也随之提高。对于基质沥青为 AC-20 的沥青—橡胶黏结剂，其软化点可达 66℃。

从图 1-2-6 和图 1-2-7 中可以看到，沥青—橡胶混合料的静态和动态的永久变形均远小于普通沥青的变形。

在图 1-2-8 中，展示了 WEB 对不同结合料进行的反映结合料低温性能的拉伸蠕变试验结果。从这些图中可以看到，沥青—橡胶结合料与普通沥青相比较的一个重要特点：它在高温时比普通沥青硬，而在低温时却比普通沥青软。AC-5R 和 AC-20R 沥青—橡胶结合料在 −18℃（0 ℉，1℉ = 32 + 1.8 × ℃）时的拉伸劲度模量要比相应的基质沥青分别小 20% ~ 88%，这也显示了沥青—橡胶的温度敏感性远比普通沥青低。需要指出的是,当基质沥青较硬,所加入的橡胶屑又较多时(AC-20R),尽管沥青—橡胶的感温性较低,但在低温区内,AC-20R 比 AC-5 要高得多(图1-2-8),但对于 AC-5R 和 AC-5RE 来说,低温区的劲度模量却比 AC-5 低。这表明在寒冷地区,为了提供良好的低温抗裂性能,仍应采用较软的基质沥青来制作沥青—橡胶结合料。图 1-2-9 和图 1-2-10 则是对不同沥青混合料所进行的反映混合料低温性能的间接拉伸试验(劈裂试验)和约束试件收缩试验的结果。从图 1-2-9 中可以看到,加有橡胶屑的结合料的间接拉伸强度(劈裂强度)明显高于相应的普通沥青混合料,而在 -18℃(0 ℉)时,沥青—橡胶混合料的加载时间约为相应的基质沥青的两倍[30]。这就是说,在低温时沥青—橡胶混凝土可以更多地通过自己的黏弹性变形来吸收温度的收缩应力,即具有更好的低温抗开裂的性能。

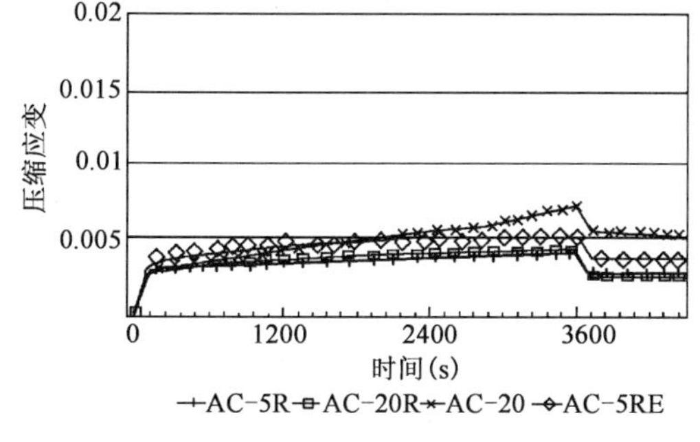

图 1-2-6 沥青—橡胶与普通沥青混合料静态蠕变试验结果比较

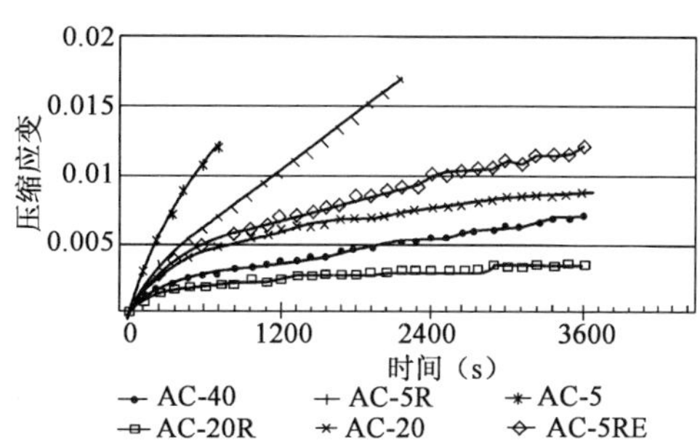

图 1-2-7 沥青—橡胶与普通沥青混合料动态蠕变试验结果比较

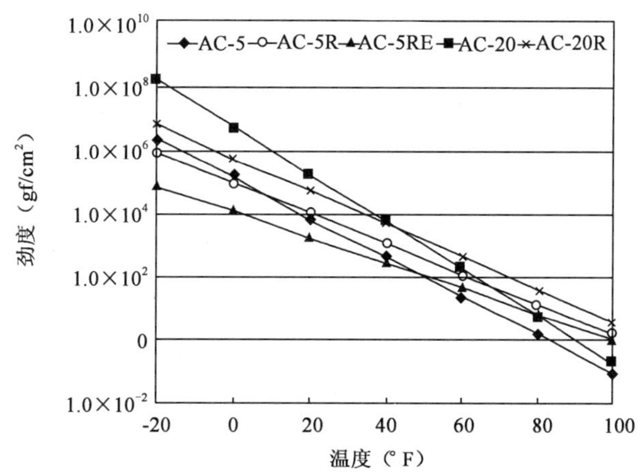

图 1-2-8 沥青—橡胶与普通沥青拉伸蠕变试验结果比较

这一结论可以更为清楚地在 WEB 所进行的约束试件的收缩试验结果中看到(图 1-2-10)。约束试件收缩试验的原理是将切割好的沥青混凝土试件放入环境箱内,在保持其长度不变的条件下,使环境温度从 5℃开始,以每小时下降 10℃的速率进行降温,在这一过程中不断地测定试件所受的荷载和试件表面的温度,从而获得试件应力随温度下降而增长的曲线。温度收缩应力变化曲线的规律大体上应该是这样的:当温度从 5℃开始下降时,试件的应力会以一个很慢的速率逐渐增大,这是由于在温度较高的区域,沥青混合料还保持着较软的黏弹性特性(较大的变形能力),温度收缩应力的很大一部分为应变引起的应力松弛所释放。随着温度的继续下降,沥青混合料会变得越来越硬,在到达某一点时将完全失去黏弹性体的特征而转变为一弹性模量很大的固体。此后,随着温度的下降,试件的应力将以一近似于等速率的模式急剧上升,这一转折点被称为"转折温度"(Transition Temperature)。

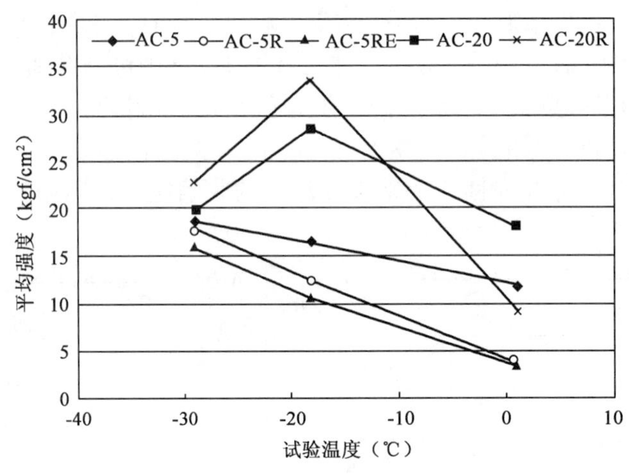

注:1kgf/cm² ≈0.1MPa。

图 1-2-9 沥青—橡胶与普通沥青混合料间接拉伸试验结果比较

从图 1-2-10 中可以看到,用 AC-5R 橡胶—沥青制作的试件的转折温度远较相应的基质沥青 AC-5 的转折温度低,大体上降低了 10℃左右。

从以上的讨论中,可以认为适当地选择较软的基质沥青,沥青—橡胶结合料及其混合料可以获得一良好的低温性能,但对于基质沥青较硬而加入的橡胶屑又较多时,沥青—橡胶对低温性能的改善是有限的。

图 1-2-11 是 WEB 对 AR 结合料进行的在常温下回弹性的试验结果。结合料的黏弹性代表了它吸收应力和变形的能力,反映了结合料抗疲劳和抗反射裂缝的性能。良好的黏弹性是沥青—橡胶结合料的一项重要特性。从图 1-2-11 显示的数据中可以看到,普通沥青是没有回弹性的,它的回弹系数是负值,AC-20R 沥青—橡胶的回弹性最好,可高达 32%,而采用针入度为 114 的软沥青制备的 AC-5R 则明显变差(只有 11%),掺有 5% 调和油的 AC-5RE 的回弹性也是负值。

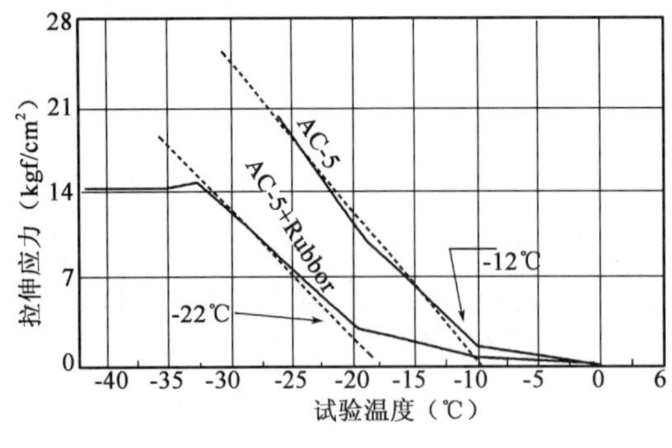

图 1-2-10 沥青—橡胶与普通沥青混合料低温收缩试验结果比较

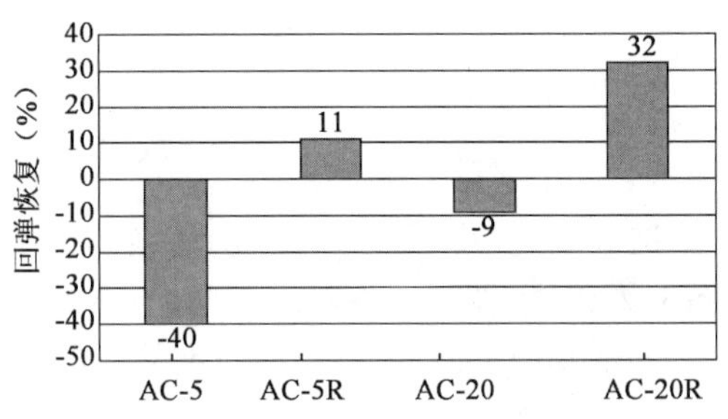

图 1-2-11 沥青—橡胶与普通沥青回弹性能比较

沥青—橡胶混合料优良的抗疲劳性能可更为明显地通过实物模拟加载试验展示出来。由美国加州运输管理局(Caltrans)主持,南非科学与工程研究院道路与运输技术分部(Division of Road and Transport Tecnology CSIR)、加州大学伯克莱分校(University of California of Berkeley)、Dynatest 咨询公司(Dynatest Consulting Inc)等单位参与的路面加速试验研究项目,旨在通过实物轮胎在实际路面上的模拟加载试验(Accelerated Pavement Test, APT)来评估沥青—橡胶热拌混合料路面的抗疲劳性能。此项目试验自 1993 年开始至 1997 年耗时 5 年,采用的模拟加载设备为南非 CSIR 开发的 HVS(Heavy Vehicle Simulator),它是一台重型车辆,在其底盘车架上安装有一可以用液压缸升降的试验梁架,在梁架上安装有一可前后移动的带试验轮胎的小车,试验轮胎采用标准尺寸的载货汽车轮胎(图 1-2-12、图 1-2-13)。

试验路面采用了 3 种不同厚度的密级配沥青混凝土(DGAC)和断级配沥青—橡胶混凝土(ARHM-GG)罩面,铺设在一条已有疲劳裂缝的旧路面上,试验是在两种路面温度(10℃ 和 5℃)和两种荷载(40kN 和 80kN)下进行的。试验路面的厚度和加载参数见表 1-2-9。表 1-2-10汇总了这一疲劳试验项目的结果。

图 1-2-12 HVS 重载车辆模拟加载试验设备

图 1-2-13 HVS 的实物加载车轮

试验路面与 HVS 加载参数 表 1-2-9

试验路面(mm)	HVS 加载参数		
	荷载(kN)	反复加载次数(次)	近似的当量单轴加载次数 ESALs
DGAC-75	40/80	175000/25000	175000/400000
ARHM-GG-38	40/80	175000/74000	175000/1184000
ARHM-GG-25	40/80	175000/62000	175000/992000

HVS 模拟加载疲劳试验结果汇总 表 1-2-10

加载次数(次)	荷载(kN)	罩面参数		
		DGAC 75 mm 厚度	ARHM-GG 38mm 厚度	ARHM-GG 25mm 厚度
0 ~ 100000	40	在 100000 次时出现细裂缝	没有发现裂缝	没有发现裂缝
10000 ~ 175000	40	在 175000 次时出现块状裂缝	没有发现裂缝	没有发现裂缝
荷载改为 80kN				
17500 ~ 200000	80	完全碎裂	没有发现裂缝	细裂缝
20000 ~ 237000	80	停止试验	没有发现裂缝	完全碎裂
表面温度降至 5℃				
23700 ~ 250000	80	停止试验	一半试验路面碎裂	停止试验

图1-2-14则展示了3种试验路面最终疲劳破坏的情况。

从表1-2-10和图1-2-14中可以看到,沥青—橡胶路面在厚度减薄一半的情况下其抗疲劳破坏的性能仍远胜于普通的密级配沥青混凝土。沥青—橡胶路面之所以具有极高的抗疲劳性能,除沥青—橡胶结合料本身抗疲劳性能的提高外,主要来源于沥青膜厚度的增加(结合料用量的增加)。

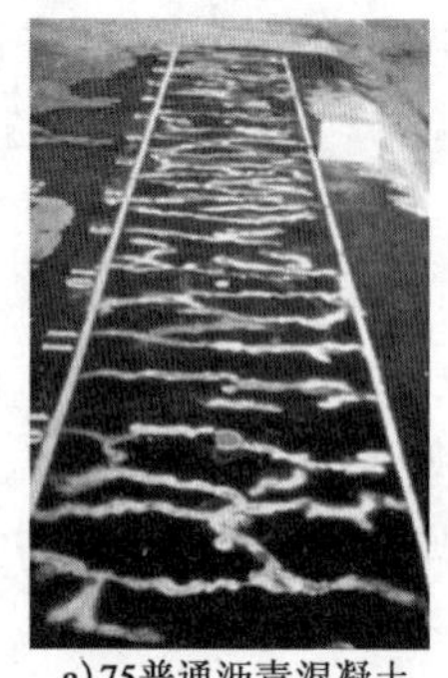
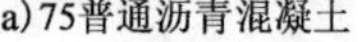
a)75普通沥青混凝土

b)38mm橡胶沥青混凝土

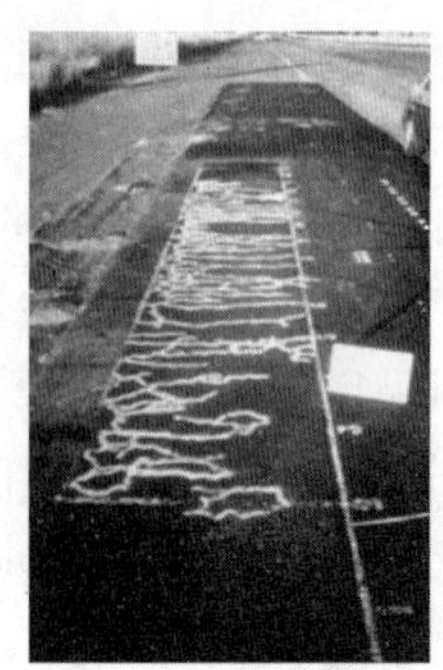
c)25mm沥青混凝土

图1-2-14　3种路面的最终疲劳破坏情况

这一研究项目的重要贡献是确认了沥青—橡胶混合料应用于路面的养护维修,尤其是在水泥路面的加铺改造中,存在着减薄路面设计厚度的巨大潜力。美国加州运输局(Caltrans)根据这一研究成果制定了《沥青—橡胶断级配热拌混合料厚度设计指南》(Asphalt Rubber Hot Mix-Gap Graded Thickness Determination Guide),并在大量的实际工程中验证了有关减薄路面的规定。

类似的在实际路面上进行的模拟加载试验还有美国联邦公路总局(FHWA)组织的在其Virginia的Turner-Fairbank公路研究中心进行的项目"对SuperPave分级特性的实物加速性能试验和结构验证"[32]、LaDOT在其Allen港路面研究基地(LPRF)进行的"路易斯安那ALF试验"[33]和伯克莱加州大学与Caltrans合作的研究项目"对几种橡胶沥青混合料罩面的性能评估"[23]。

图1-2-15　RTA开发的加速试验加载设施ALF

图1-2-15和图1-2-16是FHWA所用的澳大利亚道路与交通管理局(RTA)开发的加速试验加载设施ALF(Accelerated Loading Facility)和试验路段的结构图。FHWA项目的第一阶段是对7种不同类型的改性沥青热拌沥青混合料铺筑的路面进行实物模拟加载试验,这6种结合料制备的混合料分布在12个试验路段,7个路段铺层厚度为100m,5个为150mm(图1-2-16)。

为使试验结果具有可比性,所有类型结合料除CR-AZ、Fibers和SBS 64-40外、其PG等级的高温都调到PG-74-××。在施工过程中连续取样分析的结果表明,除CR-TB外,各型结合料的PG高温等级都在72~74,而CR-TB未达到预期要求(实际为PG 79-28),SBS 64-40的实际等级则为PG 71-38。显然,偏离原来的高温等级将会影响其抗车辙和抗疲劳试验的结果。图1-2-17~图1-2-19分别展示了这7种不同类型结合料抗疲劳和抗车辙性能的试验结果。

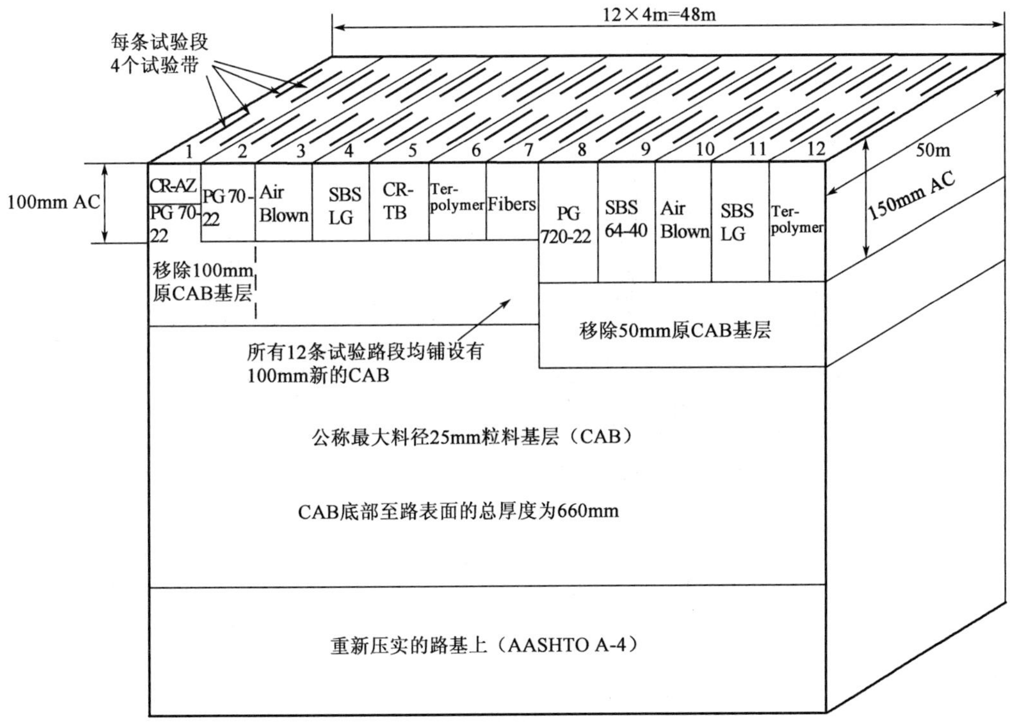

图 1-2-16 FHWA 项目的试验路段结构图

PG 70-22-未改性 PG 70-22 级沥青(控制参照物);CR-AZ-Arizona 沥青—橡胶;CR-TB-厂拌橡胶改性沥青;Terpolymer-乙烯三元共聚物改性沥青;SBS LG-线性接枝 SBS 改性沥青;SBS 64-40-PG 64-40 级的 SBS 改性沥青;Air Blown-氧吹沥青;Fibers-未改性 PG 70-22 级沥青加 0.2% 聚酯纤维(与矿料之质量比)

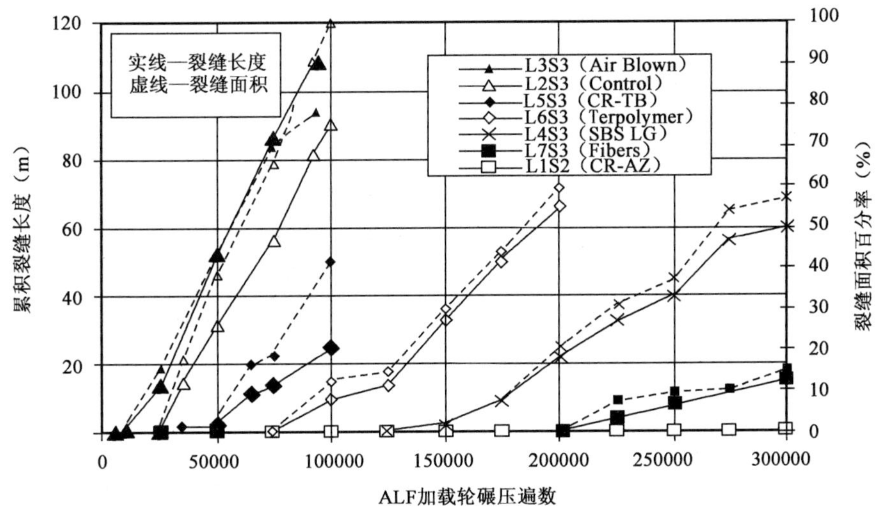

图 1-2-17 FHWA 项目疲劳试验的结果

Control-未改性 PG 70-22 级沥青(控制参照物);CR-AZ-Arizona 沥青—橡胶;CR-TB-厂拌橡胶改性沥青;Terpolymer-乙烯三元共聚物改性沥青;SBS LG-线性接枝 SBS 改性沥青;Air Blown-氧吹沥青;Fibers-未改性 PG 70-22 级沥青加 0.2% 聚酯纤维(与矿料之质量比)

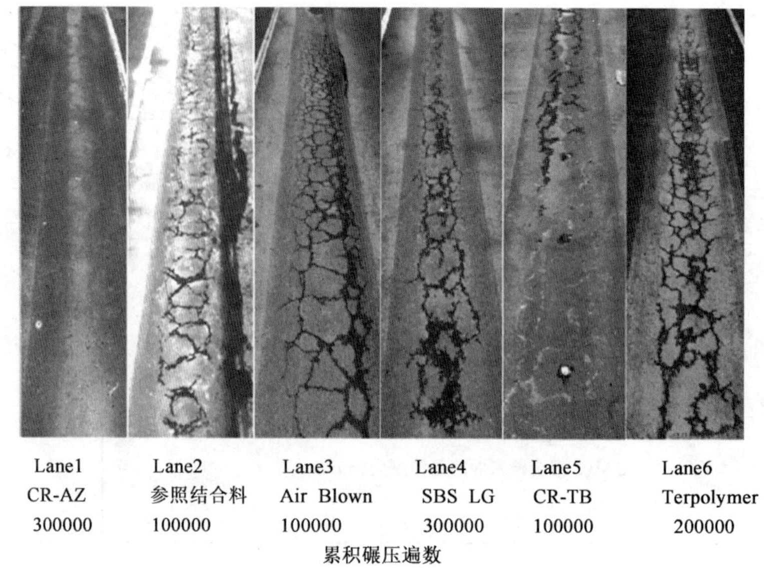

图 1-2-18 FHWA 项目疲劳试验终了时路面的龟裂情况

参照结合料-未改性 PG 70-22 级沥青(控制参照物);CR-AZ-Arizona 沥青—橡胶;CR-TB-厂拌橡胶改性沥青;Terpolymer-乙烯三元共聚物改性沥青;SBS LG-线性接枝 SBS 改性沥青;Air Blown-氧吹沥青

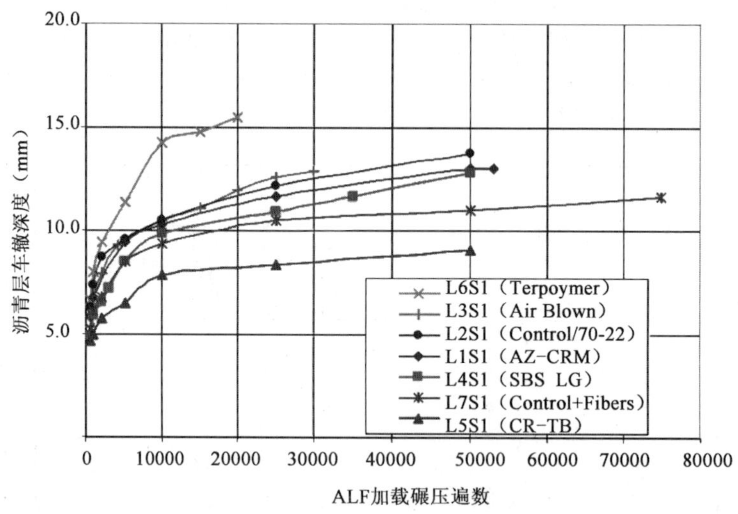

图 1-2-19 FHWA 项目车辙试验的结果

Control/70-22-未改性 PG 70-22 级沥青(控制参照物);AZ-CRM-Arizona 沥青—橡胶;CR-TB-厂拌橡胶改性沥青;Terpolymer-乙烯三元共聚物改性沥青;SBS-LG-线性接枝 SBS 改性沥青;Air Blown-氧吹沥青;Control + Fibers-未改性 PG 70-22 级沥青加 0.2% 聚酯纤维(与矿料之质量比)

Louisiana 州于 1998 ~ 2003 年采用同样的 ALF 设备在 Louisiana 州的路面研究所(LPRF)对湿法制备的沥青—橡胶路面进行了模拟加载试验。试验路段是在由 38″的填土路基和 10″稳定土组成的原路堤上铺设 8.5″的碎石基层,然后再加铺三层沥青混凝土面层。所有结构层的结构与厚度都是相同的,只是沥青混凝土面层分为由不同结合料拌制的混合料铺设的3个试验车道。图1-2-20是3个试验车道的路面结构,表1-2-11则是3个试验车道的沥青面层各结构层所用的结合料类型,其中两个车道采用了沥青—橡胶结合料,作为对比控制对象的第三车道则采用了弹性类的改性沥青结合料。

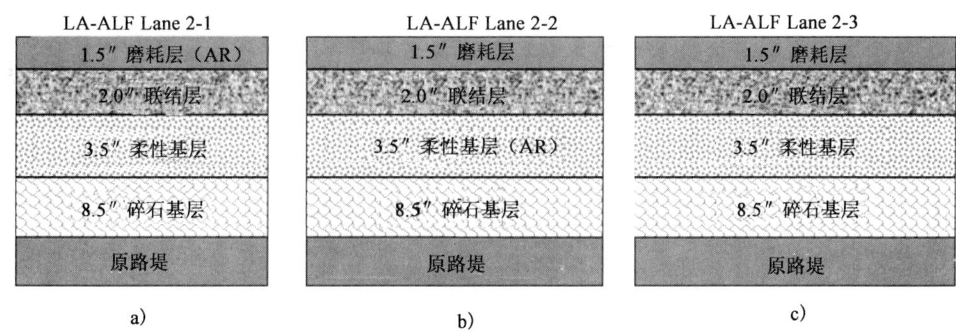

图1-2-20 3个试验车道的路面结构

Louisiana ALF 试验车道面层结构 表1-2-11

沥青面层结构	试验车道用结合料类型		
	Lane 2-1	Lane 2-2	Lane 2-3
磨耗层(厚度38mm)	PRM 沥青—橡胶	PAC 40 改性沥青	PAC 40 改性沥青
联结层(厚度51mm)	PAC 40 改性沥青	PAC 40 改性沥青	PAC 40 改性沥青
柔性基层(厚度89mm)	AC-30 普通沥青	PRM 沥青—橡胶	AC-30 普通沥青

表1-2-11中的PRM沥青—橡胶是由90%的AC-30基质沥青和10%的80目胶粉用Rouse连续拌和工艺制备的湿法处理沥青—橡胶结合料,PAC 40是一种由3%弹性类改性剂制成的改性沥青。

ALF的加载车轮为双轮结构,轮胎气压为724kPa,加载负荷在试验初始时为43kN,随后逐级增加至84.2kN(Lane2-1和Lane2-3)和94.4kN(Lane2-2),累计的加载次数分别为800000次和850000次,它们相当于3995600次和5549550次80kN当量标准轴载次数(80 kN ESALs),加载是在自然条件下进行的。

图1-2-21和图1-2-22分别展示了加载最终时车轮碾压道的平均车辙深度和车道横断面的车辙深度。从这些图中可以看到,采用沥青—橡胶混合料和常规改性沥青混合料铺设的磨耗层的车辙深度大体上在同一水平上,而采用沥青—橡胶结合料铺筑基层的试验车道(Lane2-2)却远低于其余两个试验车道。这一情况显然是由于前者是采用普通沥青AC-30混合料铺筑的基层,它抵抗车轮荷载的承载能力较弱,而导致基层在反复荷载作用下发生永久变形,即车辙主要是在柔性基层内形成的。

当加载试验结束时,在3个试验车道上均未观察到出现任何裂缝。

伯克莱加州大学路面研究中心的模拟加载试验是从2003年9月开始的,结束于2007年6月,耗时3.75年。采用的模拟加载设备同样是HVS,加载轮为双排载货汽车轮胎。试验研究的目的主要是考核加州厂拌橡胶改性沥青混合料的现场性能,作为比较的控制对象主要为普通沥青(AR 4000)的密级配混合料(AR 4000)和沥青—橡胶混合料(RAC-G)。试验分为两个阶段:第一阶段(2003 年 9~12 月)是车辙试验;第二阶段是考核延缓原路面裂缝反射的性能(试验路铺设在原路面有裂缝的区段)。

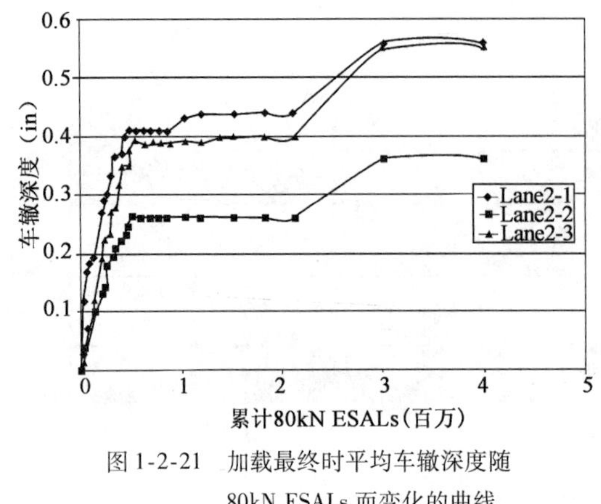

图 1-2-21　加载最终时平均车辙深度随 80kN ESALs 而变化的曲线

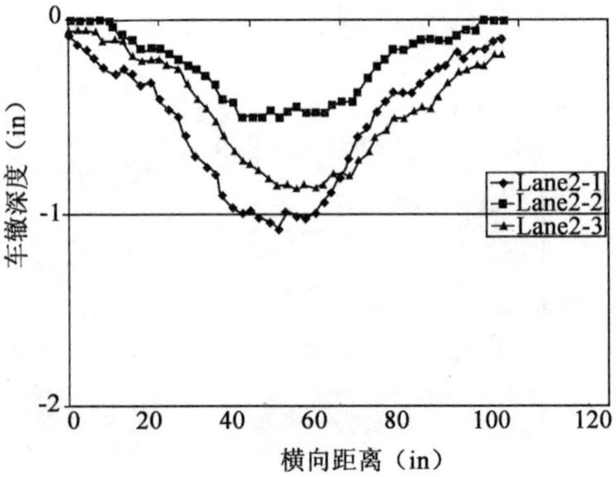

图 1-2-22　车辙深度的横断面

车辙试验是在以下条件下进行的:加载负荷 60kN,加载总次数 80000(相当于 455000ESALs);路面试验温度为 50℃ ±4℃(路表面下 50mm 处)。

裂缝试验是在以下条件下进行的:加载负荷在 60~100kN 逐级变化,加载总次数为 12.5 百万次(相当于 385 百万次 ESALs),路面试验温度在最初 1 百万次加载时为 20℃ ±4℃,随后降低至 15℃ ±4℃。

表 1-2-12 和表 1-2-13 分别显示了反射裂缝试验和车辙试验的结果。从表 1-2-12 中可以看到,不论是厂拌改性沥青混合料还是沥青—橡胶混合料的延缓反射裂缝的性能均远较密级配普通沥青混合料好。表 1-2-13 中车辙试验的结果却并不理想,主要原因是,车辙是在下承层路面内形成的,因而不能反映磨耗层的抗车辙性能(图 1-2-23)。

HVS 反射裂缝性能试验结果　　表 1-2-12

混合料类型	特性描述	评价参数	试验结果
MB4-G	5% GTR,厂拌掺和,断级配,45mm 厚,7.77% 油石比	反射裂缝达到 2.5/m² 时的 ESALs 次数	66×10^6 次后未见
	5% GTR,厂拌掺和,断级配,90mm 厚,7.77% 油石比		37×10^6 次后未见
MB4-15-G	15% 以上 GTR,厂拌掺和,断级配,45mm 厚,7.52% 油石比		88×10^6 次后未见
MAC-15TR-G	15% 以上 GTR,厂拌掺和,断级配,45mm 厚,7.52% 油石比		91×10^6 次后未见
RAC-G	沥青—橡胶湿法处理,8.49% 油石比		60×10^6 次
AR 4000-D	密级配热拌沥青混合料,6.13% 油石比		18×10^6 次

注:MB4-G、MB4-15-G、AR 4000-D 所用结合料由 Valero 公司提供,MAC-15TR-G 所用结合料由 Paramount 公司提供,RAC-G 所用结合料由 FNF/Valero 公司提供。

HVS 车辙性能试验结果　　表 1-2-13

混合料类型	特性描述	评价参数	试验结果
MB4-G	5% GTR,厂拌掺和,断级配,45mm 厚,7.77% 油石比	最大平均车辙深度达到 12.5mm 时的 ESALs 次数	3043
	5% GTR,厂拌掺和,断级配,90mm 厚,7.77% 油石比		1522
MB4-15-G	15% 以上 GTR,厂拌掺和,断级配,45mm 厚,7.52% 油石比		914
MAC-15TR-G	15% 以上 GTR,厂拌掺和,断级配,45mm 厚,7.55% 油石比		726
RAC-G	沥青—橡胶湿法处理,8.49% 油石比		2354
AR 4000-D	密级配热拌沥青混合料,6.13% 油石比		8266

注:MB4-G、MB4-15-G、AR 4000-D 所用结合料由 Valero 公司提供,MAC-15TR-G 所用结合料由 Paramount 公司提供,RAC-G 所用结合料由 FNF/Valero 公司提供。

在 20 世纪 90 年代中叶,随着美国 SHRP 计划的结束,许多研究所、大学开始采用 SuperPave 的方法来评价沥青—橡胶的性能,这些研究工作利用动态剪切流变试验(DSR Test)和弯曲梁流变试验(BBR Test)来评价橡胶沥青的高温、低温、抗疲劳和抗反射裂缝的性能[34-37]。

图 1-2-23　下承层变形引起的车辙

动态剪切流变仪测定的是沥青材料在交变剪切荷载作用下的动态剪切劲度复模量 G^* 和相位角 δ,DSR 试验所取得的 G^* 和 δ 代表了黏弹性材料在外部荷载作用下所做出的黏性和弹性的反应。G^* 越大表示材料的总变形量越小,材料就呈现为越硬;G^* 越小,材料的总变形量越大,材料就显得越软。δ 越大,则变量中的弹性部分越小,而黏性部分越大;相反,δ 越小,则总变形量的弹性部分越大,而黏性部分越小。

从抵抗永久变形的能力来说,首先是希望材料的总变形量要小,即 G^* 值要大。其次,由于总变形量中的弹性部分是可以恢复的,所以希望不可恢复的黏性部分变形要小,亦即相位角 δ 要小。因此 SuperPave 的试验体系用指标 $G^*/\sin\delta$ 值来表达结合料抵抗永久变形的能力,作为评价沥青材料高温性能的指标。图 1-2-24 是不同来源的资料所显示的沥青—橡胶结合料在不同老化条件、不同试验温度下的 DSR 试验中所获的 $G^*/\sin\delta$ 与基质沥青(不加 GTR)相应指标的比较。虽然由于所用的沥青材料和橡胶屑并不相同,因而在 $G^*/\sin\delta$ 的绝对值有很大差异,但从同一实验室所做的数据的比较中可以看到,沥青—橡胶结合料的这一指标要比相应的基质沥青高 4 ~ 8 倍,比常规的改性沥青也要高 3 ~ 4 倍。

在薄层的沥青路面中疲劳裂缝的产生通常认为是一个由应变来控制的现象,SuperPave 试验体系采用 $G^*\cdot\sin\delta$ 作为沥青材料抗疲劳性能的指标。在黏弹性的材料中 G^* 越大,为克服材料变形所需做的功越大,而在这一外力所做的功中,一部分功是由于弹性变形引起,这部分功在车轮反复作用下的应力循环中会储存在弹性体内;另一部分功是由不可恢复的黏性变形引起的，这部分功耗散在车轮反复加载的循环中，而转变成热耗散、塑性流动以及裂缝的产生和扩展所需的能量。因此 G^* 值越大，外力所做的总功越大，如 δ 角不变，则耗散在黏性变形中的功也越大。同时，如 G^* 不变则 δ 角越大，在外力所做的总功中耗散在黏性变形部分的功也越大。由此可见，指标 $G^* \cdot \sin\delta$ 代表了在应变为一常值的条件下，在车轮荷载的一个循环周期中耗散在黏弹性材料中的诱发产生疲劳裂缝的能量。

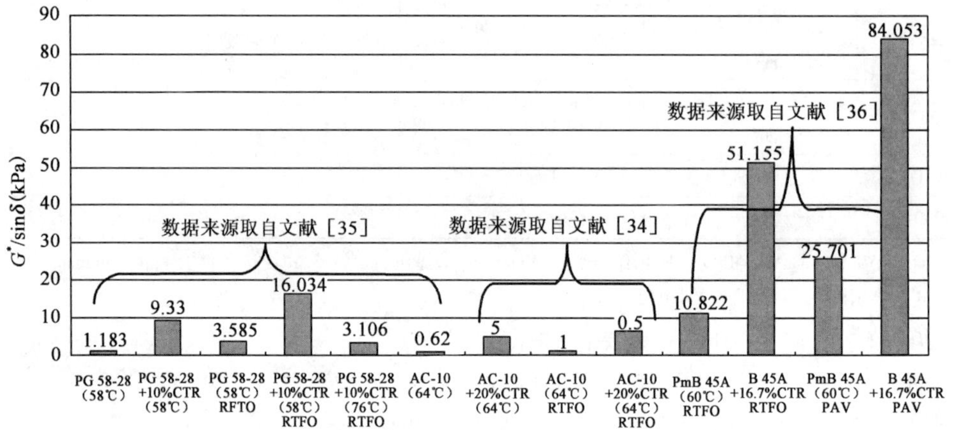

图 1-2-24 沥青—橡胶结合料与普通沥青、改性沥青 DSR 指标 $G^* \cdot \sin\delta$ 比较

图 1-2-25 是不同来源资料所显示的在不同试验温度下经 PAV 老化后的沥青—橡胶结合料的 $G^* \cdot \sin\delta$ 指标，从图 1-2-25 中可以看到，沥青—橡胶结合料的 $G^* \cdot \sin\delta$ 值明显比相应的基质沥青低，而 $G^* \cdot \sin\delta$ 值越低则表示越不容易诱发疲劳裂缝。

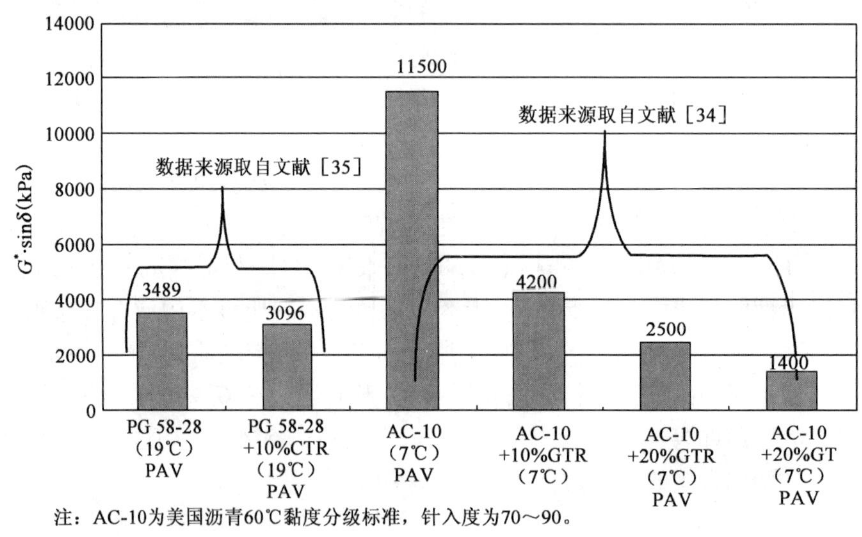

图 1-2-25 沥青—橡胶结合料与普通沥青、改性沥青 DSR 指标 $G^* \cdot \sin\delta$ 比较

SuperPave 试验体系采用弯曲梁流变试验仪（BBR）测定的低温下的蠕变劲度模量 $S(t)$ 和斜率 m 来评价沥青材料的低温抗裂性能。蠕变劲度模量代表了沥青材料吸收温度收缩变形的能

力，显然劲度模量越小，同样变形下的应力就越小，即越不容易发生开裂。从另一方面看，$S(t)$曲线的斜率代表了应力松弛的速率，斜率的增大表示劲度模量将随时间而更快地减小，从而增大吸收变形的能力而降低发生裂缝的风险。SuperPave 规范规定在 60s 时的蠕变劲度模量 S_{60} 和相应斜率 m_{60} 作为评价沥青材料低温性能的指标，并要求前者不大于 300MPa，而后者则不低于 0.3。

图 1-2-26 和图 1-2-27 显示了在不同老化条件、不同试验温度下的 BBR 试验所获得的沥青—橡胶结合料 S_{60} 和 m_{60} 值，以及与基质沥青相应指标的比较。从图 1-2-26 中可清楚地看到，沥青—橡胶结合料的低温劲度模量远低于相应的基质沥青，而其 m 值（图 1-2-27）则高于相应的基质沥青，并都能较好地满足 SuperPave 对 S 和 m 值的要求。

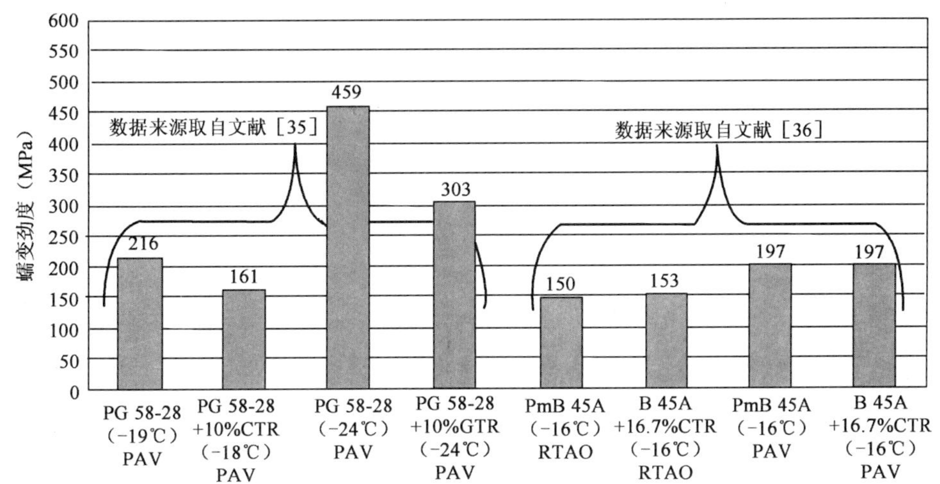

注：PmB 45为德国弹性类改性沥青标准，针入度≥20;B 45为德国普通沥青标准，针入度为35～50。

图 1-2-26 沥青—橡胶结合料与普通沥青、改性沥青 BBR 指标蠕变劲度比较

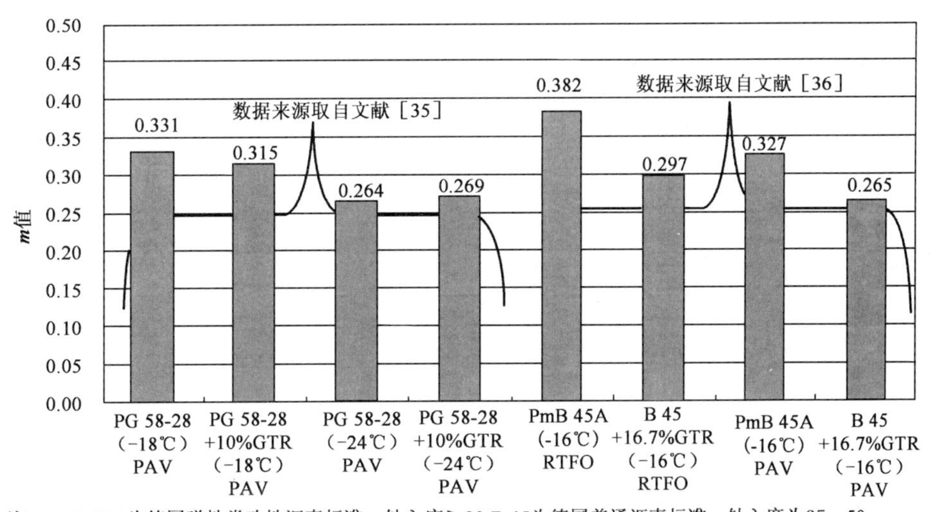

注：PmB 45A为德国弹性类改性沥青标准，针入度≥20;B 45为德国普通沥青标准，针入度为35～50。

图 1-2-27 沥青—橡胶结合料与普通沥青、改性沥青 BBR 指标 m 值比较

Clemson 大学的 S. J. Lee 等的研究工作采用了 3 种不同来源的基质沥青（表 1-2-14），两种不同生产工艺和级配的橡胶屑（表 1-2-15）和 0%、5%、10%、15%、20% 等 5 种不同的橡胶

屑用量（结合料总量之百分比），按 SuperPave 试验体系对橡胶沥青结合料的高温（抗车辙）、中温（抗疲劳）和低温（抗裂缝）性能进行了大量的试验研究[37]。

3 种不同基质沥青的特性 表 1-2-14

老化条件	特性指标	基质沥青来源		
		A	B	C
未老化原样沥青	旋转黏度@ 135℃（Pa·s）	0.703	0.472	0.430
	$G^*/\sin\delta$@ 64℃（kPa）	2.413	1.468	1.279
RTFO 后的沥青	$G^*/\sin\delta$@ 64℃（kPa）	6.075	2.575	2.810
RTFO + PAV 后的沥青	$G^*\cdot\sin\delta$@ 25℃（kPa）	3352.1	3573.4	4074.3
	S_{60}@ －12℃（MPa）	141.3	232.3	217.0
	m_{60}@ －12℃	0.339	0.321	0.307

两种来源的橡胶屑级配 表 1-2-15

橡胶屑加工工艺	通过下列筛孔（mm）质量百分率（%）					
	0.6	0.475	0.3	0.18	0.15	0.075
常温磨碎加工（Amb.）	100	82	75	41	10	0
低温冷冻加工（Cry.）	100	92	88	54	8	0

图 1-2-28 展示了不同试验组合的沥青—橡胶结合料的高温黏度（135℃）随橡胶屑用量而变化的情况，这一黏度代表了结合料的施工和易性。从图 1-2-28 中可以看到，作为沥青—橡胶结合料重要标志的高黏度特征，在采用较细的橡胶屑、较软的基质沥青和表面积较小而颗粒光滑的低温冷冻加工的橡胶是很难达到的。

图 1-2-29 ~ 图 1-2-31 分别展示了不同试验组合的沥青—橡胶结合料的高温、中温和低温性能随橡胶屑用量而变化的曲线。从这些图中可以看到，随着橡胶屑用量的增大，结合料的抗车辙、抗疲劳和抗裂缝的性能都得到了显著的改善。但其中有所不同的是，对于高温性能来说，随着橡胶屑用量的增大，各种不同试验组合的差别在增大，而对于中温和低温性能来说，随着橡胶屑用量的增大，这种差别在缩小。这表明沥青—橡胶结合料的高温性能对不同沥青和不同橡胶屑的材料特性更加敏感，而沥青—橡胶的中温和低温性能对基质沥青和橡胶屑材料特性的敏感程度则显然有所降低。

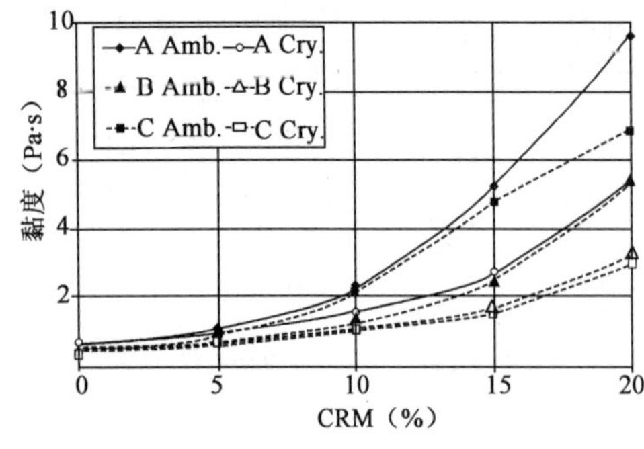

图 1-2-28　旋转黏度随橡胶屑用量而变化的曲线

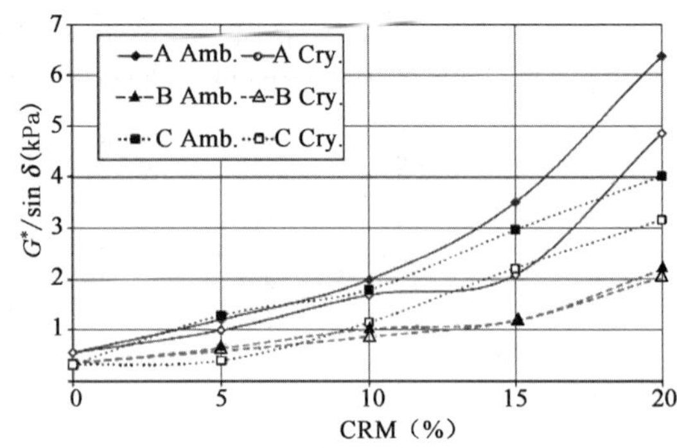

图 1-2-29　DSR 试验指标 $G^*/\sin\delta$（高温性能）随橡胶屑用量而变化的曲线

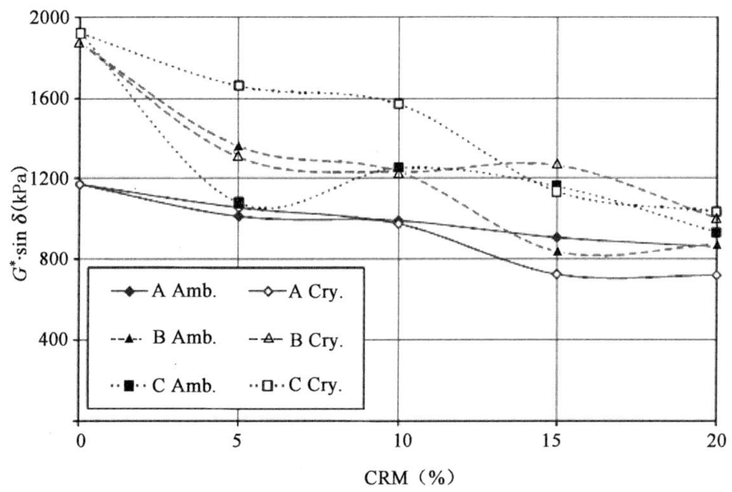

图 1-2-30 DSR 试验指标 $G^*\cdot\sin\delta$(中温性能)随橡胶屑用量而变化的曲线

从 20 世纪 80 年代以来，许多研究单位、使用部门对沥青—橡胶结合料的实验室和现场性能进行了大量的试验研究。这些不同来源、不同方法的研究中虽然在绝对数值上会有不少差异，甚至是互相矛盾的意见，但是从总体来看已经形成了一些重要的共识，这些共同的结论可以归纳如下：

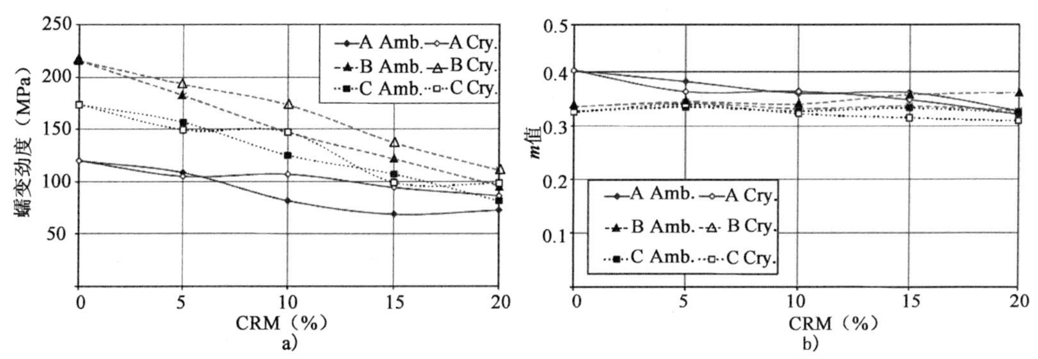

图 1-2-31 BBR 试验指标蠕变劲度和 m 值(低温性能)随橡胶屑用量而变化的曲线

(1)搅拌型湿法处理工艺最能发挥其优势的场合是采用高橡胶屑用量制备的高黏度沥青—橡胶结合料。这种高黏度的橡胶屑改性沥青结合料能大幅度地提高基质沥青的高温、中温和低温性能，其各项指标也明显地高于常规改性沥青的性能。

(2)这种高橡胶屑用量的沥青—橡胶结合料，由于存在着固体的橡胶颗粒，因而更加适合用于减少了细集料比例的矿料级配中(断级配和开级配类型的混合料)，而不适合应用于矿料间隙率较小的密级配混合料中。

(3)高黏度的沥青—橡胶容许在混合料中采用更高的结合料用量而不会发生析漏，通常可较常规的密级配混合料大 2%(与混合料之质量比)左右。高用量的结合料有助于提高混合料的耐久性、抗疲劳与抗反射裂缝的能力。

(4)高黏度的特点降低了混合料的施工和易性，导致要求更高的施工温度和严格控制温度的下降，这些会给沥青—橡胶路面的施工带来一定的困难。

(5)沥青—橡胶两相材料的特征,使它很难像常规的改性沥青那样长期保持结合料的均质状态,而只能在拌和站现场进行生产,现制现用,并且需要不停地搅动。

施工和易性和储存稳定性差,是沥青—橡胶固有特性带来的问题,如何改善沥青—橡胶施工和易性和延长储存的时间是搅动型湿法处理技术进一步发展中广泛关注的热点问题(参看第五篇第二章第二节)。

参 考 文 献

[1] Van Kirk J. Asphalt rubber hot mix-the wet process[R]. Sacramento California: Valley Slurry Seal Co. , 2000.

[2] Heitzman M A . Design and construction of asphalt paving materials with crumb rubber modifier[R]. Washington D. C. : Federal Highway Administration, 1992.

[3] California Department of Transportation. Asphalt rubber usage guide[R]. Sacramento California: California Department of Transportation, 2006.

[4] Way G B, et al. Asphalt-Rubber standard practice guide[R]. Tempe Arizona: Rubber Pavement Association , 2012.

[5] Way G B. OGFC meets CRM [R]. Phoenix Arizona: Arizona Department of Transportation, 2001.

[6] American Society for Testing and Materials Standard. ASTM D8-02 standard terminology relating to materials for roads and pavements[S]. West Conshohocken Pennsylvania: American Society for Testing and Materials, 2002.

[7] Carlson D. Welcome and introduction to asphalt-rubber[R]. EI Paso, Texas: Rubber Pavement Association , 2008.

[8] Theron Roschen. Report on the status of rubberized asphalt[R]. Sacramento California: Sacramento County Department of Environmental Review and Assessment, 1999.

[9] Gowda G V, et al. Effects of rubber on asphalt mixes[R]. Fayetteville Arkansas: University of Arkansas, 1997.

[10] Chehovits J G. Design methods for hot-mixed asphalt-rubber concrete paving materials[R]. Kansas Missouri :1989 National Seminar on Asphat-rubber, 1989.

[11] Takallou H B, et al. Effect of mix ingredient on behavior of rubber-modified mixes[R]. Juneau Alaska: Alaska Department of Transportation & Public Facilities, 1986.

[12] Eaton R A, et al. Use of scrap rubber in asphalt pavement surface[R]. Hanover New Hampshire: Cold Regions Research and Engineering Laboratory, 1991.

[13] Hossain M, et al. A study of chunk rubber from recycled tires as a road construction materials [R]. Manhattan Kansas: Kansas State University, 1995.

[14] Epps J A. Use of recycled rubber tires in highways[R]. Washington D. C. : Transportation Research Board, 1994.

[15] Buncher M S. Evaluating the effects of the wet and dry processes for including crumb rubber

modifier in hot mix asphalt [R]. Auburn Alabama: National Center for Asphalt Technology, 1995.

[16] TAKALLOU H B. Advances in technology of asphalt paving materials containing used tire rubber[R]. Tempe Arizona: Rubber Pavement Association, 1992.

[17] ELIZABETH A H, et al. Crumb rubber modified asphalt concrete in Oregon[R]. Salem Oregon: Oregon Department of Transportation, 2002.

[18] WILLIAM E E, et al. Resource recovery alternatives for waste tires in north Carolina[R]. Raleigh North Carolina: North Carolina State University , 1992.

[19] SERJI N AMIRKHAMAN Utilization of crumb rubber in asphalt concrete mixtures-south carolina' s experience[R]. Clemson South Carolina: Clemson University, 2001.

[20] CALIFORNIA Department of Transportation. Use of scrap tire rubber[R]. Sacramento California: California Department of Transportation, 2005.

[21] SAMUEL B C, et al. Evaluation of field projects using crumb rubber modified asphalt concrete[R]. Baton Rouge Louisiana: Louisiana State University, 2007.

[22] Recycled Materials Resource Center. User guidelines of byproducts and secondary use materials in pavement construction[R]. Madison Wisconsin: RMRC, 2008.

[23] LARRY SANTUCCI . Rubber road-waste tires find a home[R]. Berkeley California: University of California, 2009.

[24] GLOVER C J, et al. A comprehensive laboratory and field study of high-cure crumb rubber modified asphalt materials[R]. EI Paso Texas: Texas Transportation Institute, 2000.

[25] PEREZ-LEPE A, et al. Stability assessment through solubility and rheological measurements of GTR-modified bitumen[R]. Nanjing China: Proceedings of Asphalt-Rubber 2009 Conference, 2009.

[26] TREMBLAY J et al. Terminal blend asphalt rubber hot mix -Lowell-west field, VT route 100 [R]. Montpelier Vermont: Vermont Agency of Transportation, 2008.

[27] California Integrated Waste Management Board. Evaluation of terminal blend and warm mix asphalt technology applications[R]. Sacramento California: California Integrated Waste Management Board , 2008.

[28] CHARLES J G et al. High-cure crumb rubber modified asphalt for dense-graded mixes[R]. EI Paso Texas: Texas Transportation Institute, 2001.

[29] BROWN E R. Historical development[R]. Auburn Alabama: National Center for Asphalt Technology, 1993.

[30] GARY ANDERSON Research on asphalt-rubber binders and mixes[R]. Vicksburg Mississippi: Army Corps of Engineers Waterways Experiment station, 1992.

[31] NOKES W A, et al. Accelerated pavement testing program-test results[R]. Sacramento California: California Deportment of Transportation, 1996.

[32] XIEHENG QI, et al. Update on FHWA ALF tests of modified binder pavements[R]. Washington D. C. : Transportation Research Board, 2008.

[33] ROBERTS F L, et al. Comparative performance of rubber modified hot mix asphalt under ALF loading[R]. Baton Rouge Louisiana: Louisiana Transportation Research Center, 2003.

[34] HANSON D I. Characterization of CRM binder for using SHRP technology[R]. Auburn Alabama: National Center for Asphalt Technology, 1995.

[35] MANSOUR SOLAIMANIAN, et al. Evaluation of vestemmer reactive modifier in crumb rubber asphalt[R]. University Park Pennsylvania: Northeast Center of Excellence for Pavement Technology, 2003.

[36] K JOHANNSEN Binder test of bitumen with vestenamer [R]. Roggentin Germany:HEIDEN Laboratory,2005.

[37] LEE SOON-JAE, et al. The effect of crumb rubber modifier (CRM) on the performance properties of rubberized binders in HMA pavement[J]. Construction and Building Materials, 2008(22): 1368-1376.

第二篇　橡胶沥青结合料

第一章　橡胶沥青的作用机理

第一节　湿法处理橡胶沥青的类型和技术特征

如前所述，从橡胶屑与热沥青相互作用的机理来看，湿法处理的橡胶沥青可以分成在作用机理上完全不同的两大类，即橡胶改性沥青和沥青—橡胶。

橡胶改性沥青最为本质的特征是绝大部分橡胶屑都已消融在热沥青中而成为一种均质的结合材料[图 2-1-1a)]。从这一本质特征派生出的在材料要求、生产工艺、使用条件、应用领域等方面的特点，主要包括：

(1)要求采用至少 600μm 以下的细或超细粒径的废旧轮胎橡胶粉，因为细的胶粉可更容易地融溶于热沥青中。

(2)在生产工艺上，要求采用高强度的处理工艺，在这一处理过程中，橡胶颗粒会发生部分的反硫化和解聚合作用，从而消融于高温的沥青中。

(3)在储存的稳定性上，可以较长时间的储存而不降低其基本性能，不需要在使用过程中进行不断的搅动。

(4)可以进行工厂化的生产，而将制备好的成品结合料运往拌和站供用户直接使用。

(5)由于降低了结合料的高温黏度，可以获得与常规改性沥青类似的施工和易性。

(6)在应用领域方面，橡胶改性沥青更适合应用于密级配的沥青混合料。

沥青—橡胶结合料最为本质的特征是一种非均质的两相材料，橡胶颗粒虽然有一部分融溶在沥青中但仍然保持着固体颗粒的核心[图 2-1-1b)]。由这一本质特征派生出在材料要求、生产工艺、使用条件、应用领域等方面的特点，主要包括：

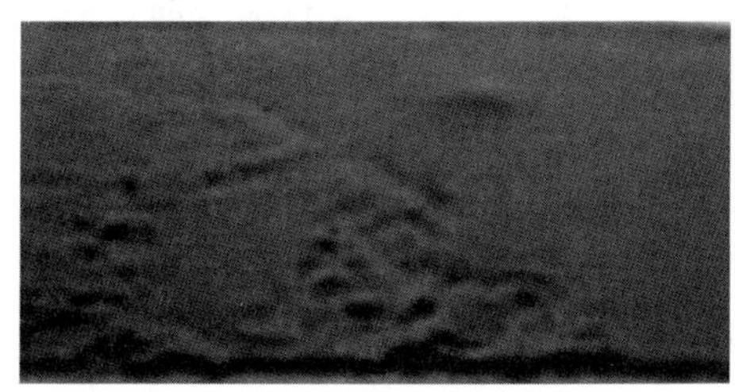

a)橡胶改性沥青

b)沥青—橡胶结合料

图 2-1-1　橡胶改性沥青和沥青—橡胶结合料的外观特征

(1)要求采用粗颗粒的橡胶屑，橡胶屑粒径分布的主要部分应在 0.3 ~ 1.18mm。

(2)在生产工艺上要求采用低强度的处理工艺，橡胶屑在热沥青中的反应主要是物理的融胀作用，在这一处理过程中橡胶屑仍然保持着固体颗粒的核心。

(3)沥青—橡胶只有在橡胶用量较大的状态下才能显示出它的优势,橡胶屑的用量与结合料总量之比通常应在15% ~20%。

(4)在使用条件上,沥青—橡胶结合料不能长期储存,只能现制现用,而且在使用过程中必须不断地搅拌以保持结合料性能的稳定。

(5)由于高用量的橡胶屑导致沥青—橡胶结合料的高黏度特性,这一方面使沥青—橡胶结合料在热拌型或喷洒型的应用中可大幅提高结合料的用量;另一方面则恶化了施工和易性,引起某些施工上的困难。

(6)沥青—橡胶结合料的优势应用领域是断级配和开级配的沥青混合料和表面处治与石屑封层。

第二节　橡胶改性沥青的作用机理

在湿法处理的过程中,橡胶屑与沥青之间的相互作用是一种很复杂的现象,尽管有多种不同的观点用来解释这一现象,而且也存在着一些没有完全弄清楚的问题,但是在多数文献中都认同,从机理上来看,橡胶屑在热沥青中的反应或融合作用可以分成两大类,即物理的融胀作用和化学的降解作用。在任何一种湿法处理工艺中,这两种现象实际上都是同时存在的。当处理工艺的强度较低时,即较低的处理温度、较短的反应时间、低速的搅拌混合时,物理的融胀过程占有主导地位。当处理工艺的强度很高时,即较高的处理温度、较长的处理时间、采用高强度机械剪切研磨时,则化学降解过程处于主导地位。

对于非搅动型的橡胶改性沥青来说,它的生产工艺要求橡胶屑在很高的温度下、很长的时间内,反复地经历机械的挤压、研磨和剪切作用。这一过程与采用高机械能和高温下进行再生橡胶的脱硫工艺十分类似。因此,从机理上来说,橡胶改性沥青的生产工艺实质上是一种使废旧轮胎橡胶粉在高温下反硫化和解聚合而消融于热沥青中的降解过程。

美国得克萨斯州A&M大学的Glover C J等在260℃的高温下采用高剪切的搅拌器对橡胶屑与沥青的混合物进行了高强度的处理,并对不同处理强度下,橡胶屑在沥青中的消融以及反硫化和解聚合的过程进行了大量试验研究[1]。Glover C J等的试验采用过滤和质量分析的方法来研究经高强度处理后,有多少橡胶屑的颗粒已经消融于沥青中,并认为当沥青中只含有粒径小于0.45μm的物质时,就可确认这些物质已消融于沥青中。在试验时首先将制备的橡胶沥青溶解于四氢呋喃的溶剂中,然后让其通过孔隙为0.45μm的滤膜,待滤膜上的溶剂挥发后,测出滤膜+滤出物的质量,扣去滤膜的原始质量,即为未溶解于沥青的橡胶屑质量,再根据原始试样的质量、橡胶屑在结合料中的含量即可计算出有多少橡胶材料已经消融于沥青中。试验的结果表明,40目的橡胶屑在260℃高温、4000r/min的高剪切和经过6.5h的处理之后约有90%已经消融于沥青中(图2-1-2)。

Glover C J等的试验还采用凝胶渗透色谱法(Gel Permeation Chromatography)来研究橡胶屑在热沥青中脱硫和解聚的过程。实验采用1000Å($1Å=10^{-10}m$)、500Å、50Å 3种孔隙尺寸的尺寸排阻柱管(Size Exclusion Column),并采用内黏度计(Intrinsic Viscometer)作为检测器。带橡胶沥青的四氢呋喃溶液以1mL/min的流速流经尺寸排阻柱管,排除和分离出不同分子量的物质,并通过计算机绘制出色谱图。

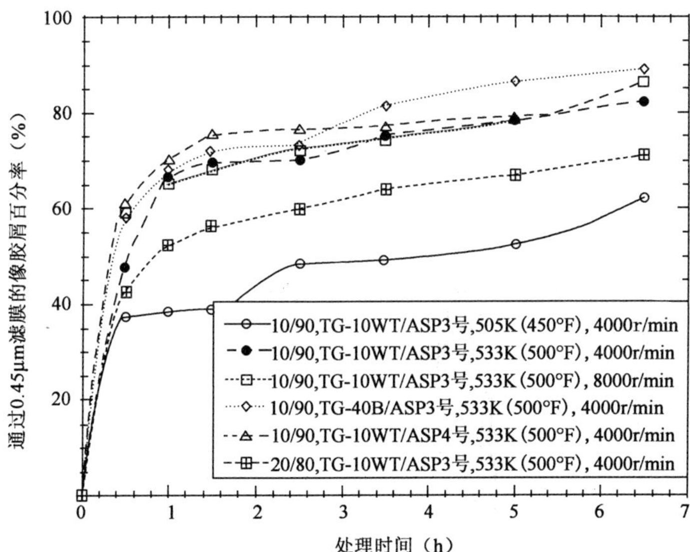

注：1.第1逗号前为橡胶屑与基质沥青的质量比。
2.第2逗号前为橡胶屑与基质沥青的编号。
3.第3逗号前为处理温度。
4.第4逗号前为高剪切转速。

图 2-1-2　在高强度处理过程中橡胶屑的消融情况

图 2-1-3 展示了在 260℃(500 ℉)高温和 4000r/min 的高剪切下，含有 10% 的 10 目橡胶屑的橡胶沥青结合料经受不同处理时间的色谱图。

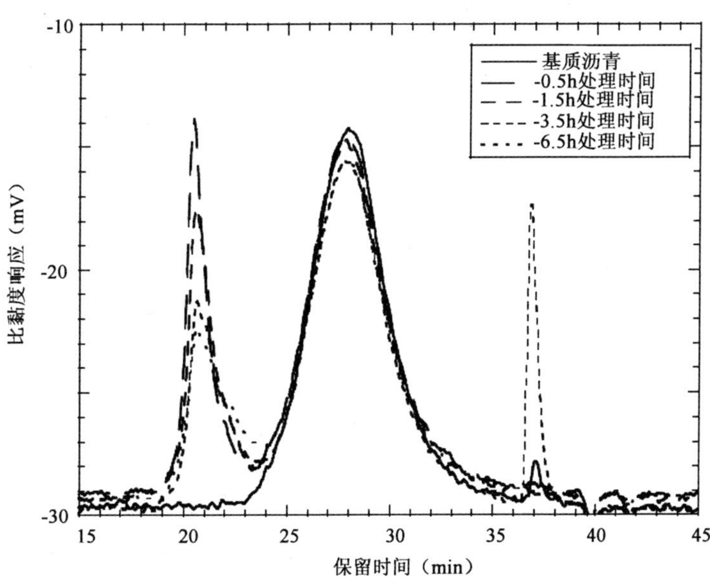

图 2-1-3　橡胶屑在高强度处理条件下的部分反硫化和解聚合过程

从图 2-1-3 中可以看到，首先出现在色谱图上的峰值是溶液中分子量较重的橡胶材料，第二个峰值则是分子量相对较小的沥青(注意：未加橡胶屑的基质沥青，如实线所示，是没有第一峰值的)。从图中还可看到，当处理时间为 0.5h 时，第一峰值最高，即分子量最大，而随着处理时间的增长,分子量逐渐下降,至6.5h时分子量降低至一半左右。这表明了在处理时间为0.5h时,橡胶颗粒已经开始脱硫但尚未完全降解,而随着处理时间的增长,解聚合的作用在增强,分子量也随降解的过程而减小,并更加与沥青融合成一体。

试验的结果还表明,在经受6.5h后的橡胶沥青结合料,在其溶液流经1000Å的柱管时已经不能检测到排阻物质了,这表明此时橡胶材料在沥青中的粒径实际上小于1000Å(0.1μm)。

在图2-1-3中还可看到,尽管经历了如此高强度的处理(260℃的高温、4000r/mim的高剪切研磨、6.5h的处理时间),在结合料中仍可检测到高分子量的橡胶材料,这表明仍有相当数量的橡胶颗粒并未完全降解与消融在沥青中,这也就是为什么橡胶改性沥青很难达到与常规改性沥青同样储存稳定性的主要原因。

第三节　沥青—橡胶结合料的作用机理

如前所述,沥青—橡胶湿法处理技术的出发点是要制成一种沥青与固体橡胶颗粒核心组成的两相材料。在沥青—橡胶结合料的处理过程中只有极少量的橡胶颗粒完全消融于沥青中,起主导作用的是物理融合作用,其制备工艺采用低强度融胀处理工艺,即采用低速率的搅拌,而不是高速的剪切研磨,融胀的时间也不能太长,而对废旧轮胎橡胶则要求采用粗粒径的橡胶屑。在这样的条件下,橡胶屑在热沥青中的融合作用是一种逐渐变化和发展的过程。图2-1-4展示了橡胶屑在高温沥青中融胀的3个阶段。第一阶段是橡胶屑与沥青物理融合作用的开始阶段,橡胶屑的表面与沥青中的轻质油分开始融溶,但是橡胶屑的固体颗粒只有很少一部分参与反应,显得融胀不足。第二阶段是融胀适宜的阶段,橡胶屑相当大的部分已经参与反应,而仍然保持着固体颗粒的核心,这是沥青—橡胶结合料所要求的融胀状态,此时结合料具有很高的黏度。当橡胶屑在高温沥青中继续融胀时,橡胶屑被沥青中轻质油分融解的部分越来越多,而固体颗粒核心则越来越小。此时呈现为图2-1-4中的第三阶段,显示出过度融胀的状态,而结合料的高温黏度也随之下降。

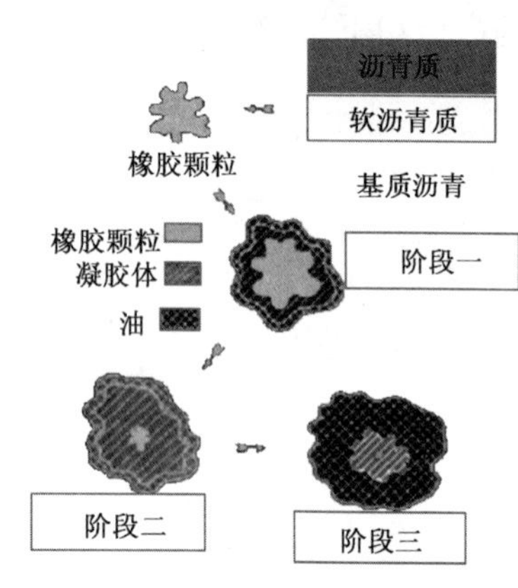

图2-1-4　沥青与橡胶屑的反应过程

从图2-1-4中可以看到,橡胶屑与沥青的这种物理融合作用对结合料性能影响的本质是那些表面被轻质油分融溶形成的一种其核心仍保持着固体颗粒状态的凝胶体物质。它们悬浮在高温沥青的液相中,增大了结合料的流动阻力,导致结合料黏度的大幅提升,当它们与矿料一起拌和成混合料时,这些包裹橡胶颗粒的凝胶体将会增大集料之间的摩擦阻力,而大大增强混合料抵抗外力推移的能力。除此之外,基质沥青本身由于轻质油分被橡胶屑所吸收而减少了软沥青质的比例,也将导致其稠度的提高。

当橡胶屑在热沥青中的融胀过程进入过度融胀的第三阶段时(图2-1-4),有相当一部分橡胶屑已完全消融于沥青中,发生部分的反硫化作用,并释放出某些在生产橡胶时使用的类似油类的物质。此时,包裹橡胶屑的凝胶体和固体颗粒的核心都会缩小,而其物理融胀作用则将大大衰减和削弱。

在进一步分析经过融胀的橡胶颗粒对结合料性能的影响时,可以指出这种影响实际上是由两方面的因素组成的。一种因素是橡胶屑表面吸收轻质油分,融溶成凝胶体的物质;另一种因素则是橡胶固体颗粒的核心。即橡胶屑与沥青相互作用的影响,一部分是由于橡胶表面与轻质油分的融合效应引起的,而另一部分则是由固体橡胶颗粒核心的粒子效应贡献的。而且,在这两种效应之间存在交互作用,只有在某种最佳状态下,这两种效应的综合作用将达到最大,因此在沥青—橡胶结合料的制备工艺中一个十分重要的问题是控制橡胶屑与热沥青物理融合作用的程度。

图 2-1-5 展示了不同融胀程度对沥青—橡胶结合料黏度的影响。从图 2-1-5 中可以看到,对于粒径为 0.15 ~ 0.075mm 的很细的橡胶屑在 210℃ 的处理温度下,橡胶颗粒会很快消融在沥青中,随伴着黏度的急剧下降,同样粒径的橡胶屑在低强度处理下,其黏度的下降速率则显得十分缓慢。

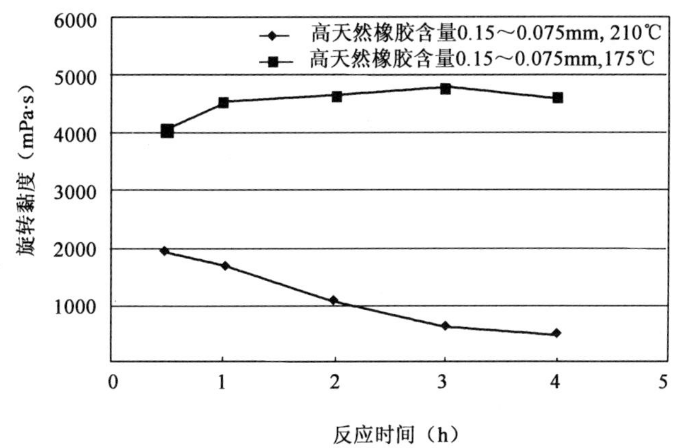

图 2-1-5　细粒径橡胶屑的不同融胀程度对沥青—橡胶结合料黏度的影响

第二章　橡胶沥青结合料的设计

第一节　橡胶改性沥青的设计

一、橡胶屑与基质沥青相容性

橡胶屑与基质沥青相容性是指橡胶屑能否消融并均匀地弥散在沥青中而不发生分层、离析。橡胶屑与基质沥青之间的相容性对橡胶改性沥青的性能有着重要影响，因而是橡胶改性沥青设计中的一个至关重要的问题。

与各种高分子聚合物改性沥青一样，橡胶改性沥青的相容性可以通过颗粒分布的显微结构形态、颗粒的储存稳定性（即静止状态下是否会发生离析），以及结合料的各项性能是否长期保持稳定不变等方面来评价。

影响橡胶屑与沥青相容性的因素主要有：

（1）橡胶屑和沥青的化学组成。

（2）橡胶屑的物理形态——橡胶屑细度。

（3）橡胶屑与沥青湿法处理的工艺参数。

（4）添加剂的作用。

图2-2-1展示了不同程度相容性橡胶改性沥青结合料的显微结构形态，从图中可以看到图2-2-1a）的相容性最差，橡胶屑以较粗的粒径分布在基质沥青中，图2-2-1b）则是中等程度的分布，图2-2-1c）显示了相容性良好的橡胶改性沥青显微结构，此时橡胶颗粒以微米级的状态分布在沥青中[2]。

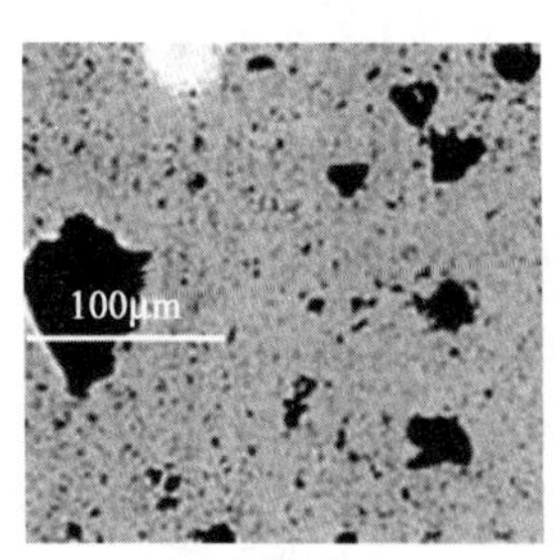

a）粗的分布

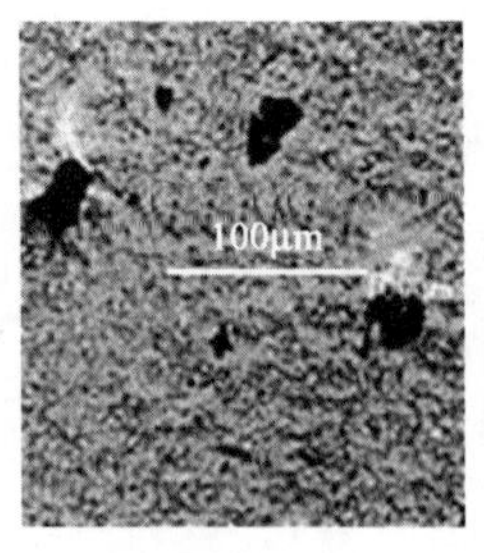

b）中等的分布

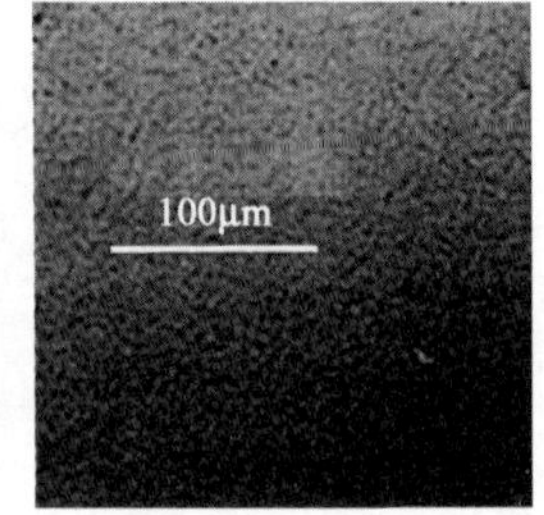

c）细的分布

图2-2-1　不同程度相容性的橡胶改性沥青结合料显微形态

图2-2-2则显示了不同处理强度与相容性的关系，图2-2-2a）是80目的胶粉在200℃温度下，以低剪切的方法处理1h的显微结构，从图中可以看到，橡胶屑以粒径100μm左右的颗粒悬浮在沥青中，沥青底板的结构是均匀的，两者有很大的差距，因而橡胶颗粒显然处于不稳定

的状态，只有不断扰动才能保持悬浮状态。图 2-2-2b）由于加有调和油，从而使相容性有所改善，但橡胶颗粒仍处于不稳定状态。图 2-2-2c）和图 2-2-2d）由于经受了高速剪切的强化处理，不仅橡胶颗粒的粒径大大减小而呈均匀的弥散状态，而且由于大量橡胶材料消融入沥青中，沥青底板变得粗糙而呈现网状的结构，其中图 2-2-2d）的相容性为最好[2]。

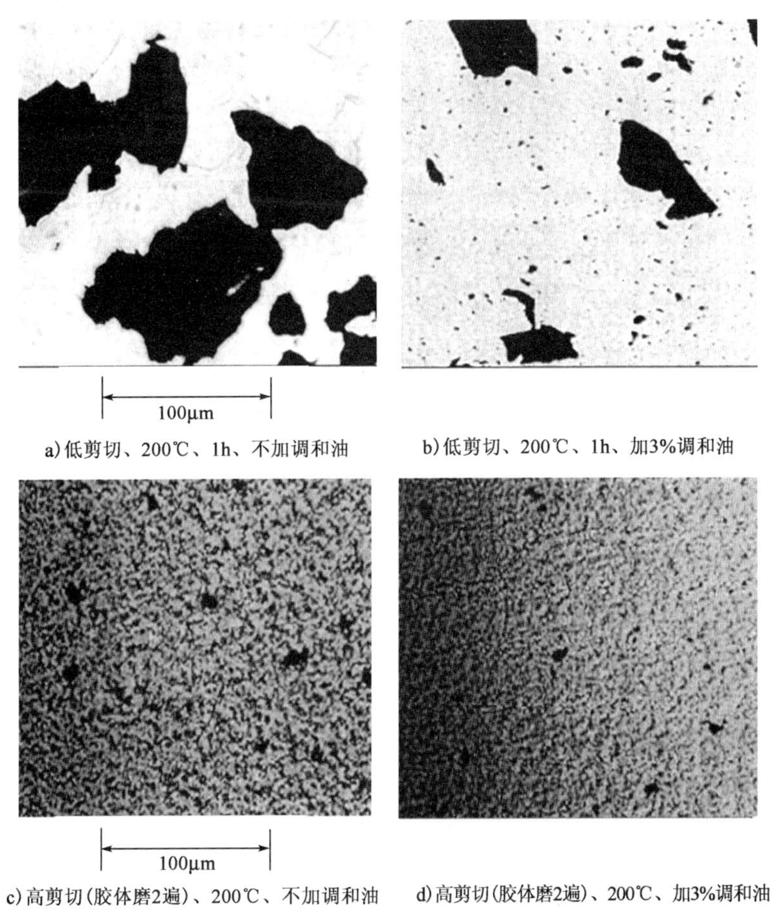

图 2-2-2　在不同处理强度下橡胶屑与沥青相容性

从沥青的化学组成来看，硬的沥青质是不能与橡胶屑产生融合作用的，而只有软沥青质中的轻质油分才能与橡胶屑发生反应和融合作用。因此，含有较高芳香油组分的沥青与橡胶屑的相容性更好，从这一意义上来说，较软的沥青更适宜于制备橡胶改性沥青。

对于橡胶屑来说，废旧轮胎橡胶屑中含有天然橡胶和丁苯橡胶、氯丁橡胶等多种合成橡胶的成分。如前所述，人工合成橡胶与沥青的相容性都不如天然橡胶好，因此在废旧轮胎橡胶屑中，天然橡胶含有的成分越高，则与沥青的相容性将越好。

橡胶改性沥青湿法处理的强度对改善橡胶改性沥青的相容性同样有着显著的作用。从图 2-2-2中可以看到，采用低速剪切工艺与采用胶体磨高速剪切工艺有着截然不同的效果。除了提高机械剪切强度，提高处理的温度、延长处理的时间都将有助于改善橡胶屑与沥青的相容性。

橡胶屑细度对橡胶屑与沥青的相容性也有重要影响，细的橡胶颗粒显然更容易消融于热沥青中，本书作者在 210℃的高温下对粒径为 100 ~ 200 目细胶粉进行强化处理的结果表明，随着处理时间的增长，细的橡胶颗粒将很快消融于热沥青中，随伴着黏度的急剧下降（图 2-2-3）。

在橡胶改性沥青的制备过程中添加某些添加剂也将有助于提高橡胶改性沥青的相容性。最常用的添加剂是调和油，它是一种以芳香油为主要馏分的轻质油，可以用来调节沥青的软、硬程度。早在 20 世纪 70 年代美国加州的经验已经表明添加适当比例（如 2% ~16%）的调和油会有助于橡胶屑在热沥青中的融胀过程[3]。加入调和油对改善橡胶改性沥青相容性的效果也可以在比较图 2-2-2a）和图 2-2-2b）以及比较图 2-2-2c）和图 2-2-2d）中得到证实。

除调和油外，还可以通过添加某些化学反应剂、稳定剂、活性剂等添加剂来强化橡胶屑在热沥青中的脱硫和解聚作用，改善结合料储存稳定性，这些都会有助于提高橡胶改性沥青的相容性（参看第五篇第二章第一节）。

二、橡胶改性沥青设计的基本原则——合理地平衡结合料各项性能之间的关系

在橡胶改性沥青的储存稳定性及其基本的高、中、低温性能之间，由于受到多种因素的复杂影响，而处于相互联系又相互制约之中。

从提高结合料储存稳定性的要求出发，希望采用高强度的处理工艺来强化橡胶屑的反硫化和解聚合作用，使橡胶屑的固体颗粒尽可能多地消融于沥青中。但是与常规 SBR、SBS 橡胶类改性沥青不同的是橡胶颗粒在热沥青中融溶的过程存在着粒子作用。如前所述，橡胶屑对改善结合料性能的贡献是由两部分组成的。一部分是由融溶于沥青中的橡胶材料所起的改性作用；另一部分则是由悬浮于沥青的固体粒子所起的作用。这种粒子作用将随着橡胶屑含量的增大而更明显地表现出来。因此，要求橡胶颗粒完全消融于沥青中，就有可能大大降低结合料的基本性能，尤其是它的高温性能。

许多试验研究的结果都表明，随着处理强度的加大，结合料的高温性能会有较大的损失[4]。图 2-2-4 是 Eanzotto L 有关处理温度对结合料软化点影响所作的研究。从图中可见，在采用 25% 的 60 目的轮胎打磨废橡胶的条件下，软化点随着处理温度的增加而下降，当处理温度从 200℃ 上升至 260℃ 时，软化点下降了 33%，已降至与基质沥青同等的水平[5]。

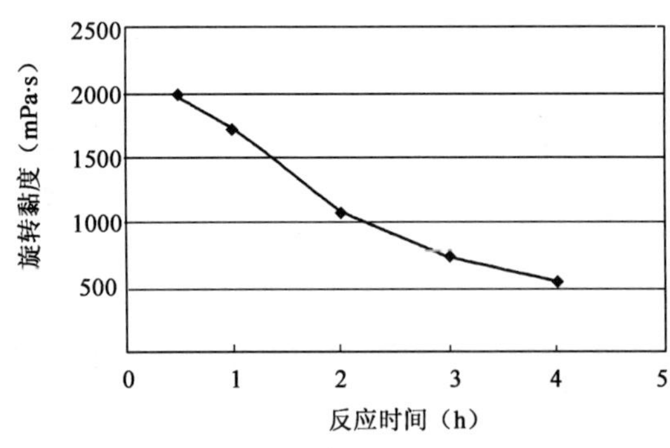

图 2-2-3　橡胶颗粒在热沥青中的消融反映为结合料黏度的急剧下降

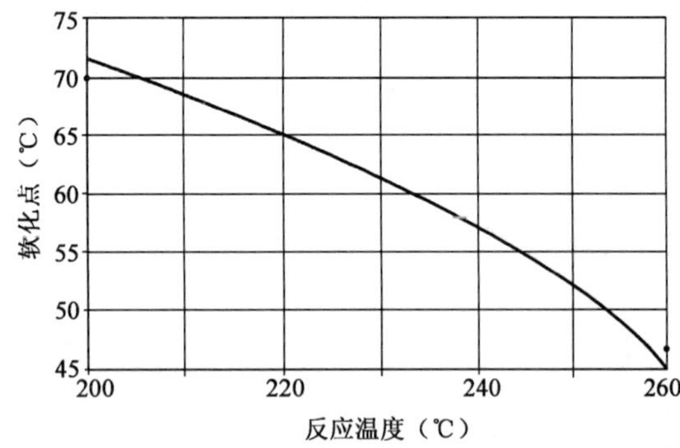

图 2-2-4　软化点随处理温度的增加而下降

Glover C J 对高强度处理橡胶改性沥青的研究也反映出类似的情况，Glover C J 在他的研究文献的结论中指出："采用更高的剪切搅拌、更高的处理温度将进一步促使橡胶颗粒的断裂和聚合物链接与交联结构的消融。结合料的黏度会随着更强的处理而降低，但仍能高于基质

沥青。与低剪切处理相比,高强度处理会导致热拌混合料黏度和抗车辙性能的下降,但高温黏度则可下落到满足高温黏度的规范要求,而低温性能的提高则较好。”[1] 图 2-2-5 和图 2-2-6 分别显示了在 DSR 试验中代表高温性能的 $G^*/\sin\delta$ 和代表弹性的相位角 δ 在不同处理强度下的比较。从图中可以看到,处理强度较低条件下的 $G^*/\sin\delta$ 和 δ 均比处理强度高的要更好。图 2-2-7 是 BBR 试验的低温性能指标和低温劲度的对比情况,处理强度较高条件下的低温性能并不比低处理条件的差,甚至还稍有提高。

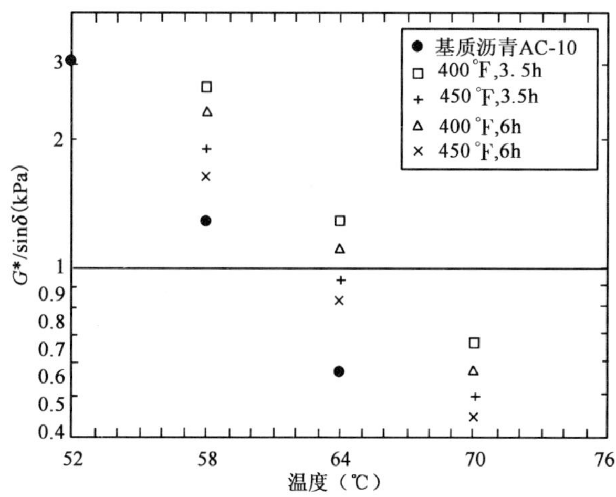

图 2-2-5　不同处理强度下 $G^*/\sin\delta$ 的比较

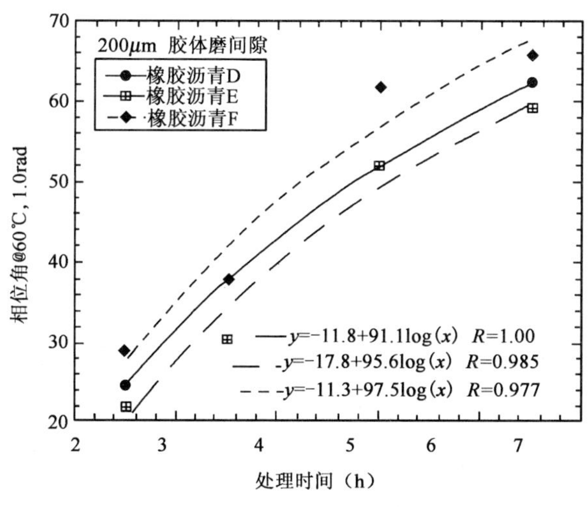

图 2-2-6　不同处理强度下相位角 δ 的比较

从提高结合料基本性能的角度来看,希望提高橡胶改性沥青中的橡胶屑用量,但这一要求与改善储存稳定性之间也是有矛盾的。提高橡胶屑的用量将更多地增加悬浮在沥青中的固体颗粒,这将加剧其与基质沥青的分离趋势,显然不利于改善结合料的储存性能。Glover C J 等对高强度处理橡胶沥青的现场性能研究表明,12% 的橡胶屑用量的橡胶沥青,其 48h 的软化点差要比 8% 橡胶屑用量的结合料高出 3.5℃。

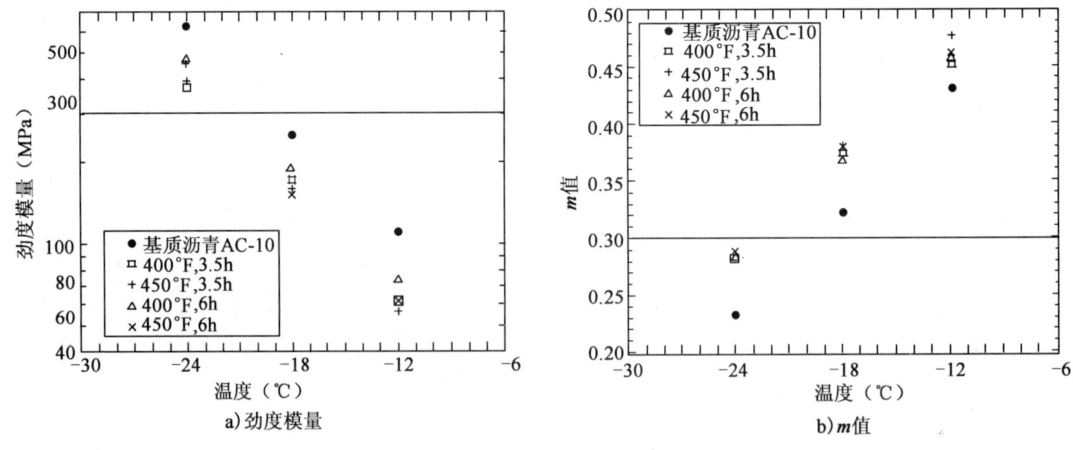

图 2-2-7　不同处理强度下橡胶沥青低温性能的比较

由此可见，对于橡胶改性沥青来说，也并不是橡胶颗粒消融于沥青中越彻底越好。因此合理地兼顾和平衡储存稳定性与结合料高温、中温、低温性能之间的关系是橡胶改性沥青设计中的一条重要原则。

此外，废轮胎橡胶屑的成分在平衡橡胶改性沥青的各项性能中也发挥着重要的作用。橡胶屑中天然橡胶含量高不仅有利于改善橡胶屑与基质沥青的相容性，同时也可以提升融溶于沥青中橡胶材料对沥青所起的改性作用，从而补偿由于高强度处理对基质沥青性能的损失。图 2-2-8 是我们对天然橡胶含量不同的橡胶屑在采用 20%（与基质沥青之比）0.15～0.075mm 的橡胶粉和 210℃温度的处理条件下，结合料黏度随处理时间变化曲线的对比试验结果。从图 2-2-8 中可以看到，天然橡胶含量高的料样其高温黏度大大优于天然橡胶含量低的料样。

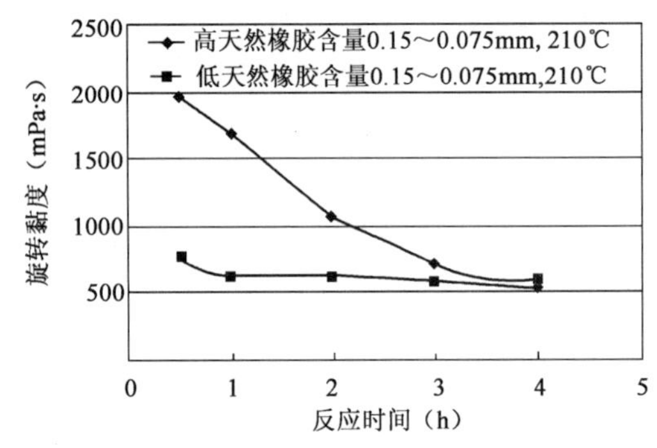

图 2-2-8　天然橡胶含量对橡胶沥青黏度的影响

根据以上讨论，可以对橡胶改性沥青结合料的设计归纳以下一些基本原则：

（1）宜选择天然橡胶含量高的废旧轮胎橡胶作为橡胶改性沥青的原材料。必要时可添加 25% 左右的高天然橡胶含量的废旧橡胶，如废网球、高性能的橡胶垫、轮胎的打磨废料，以及大型乘用车和载货汽车的废轮胎等制作的橡胶屑。

（2）橡胶屑的加工宜达到 50～100 目的细度，以降低结合料的处理温度和加快胶粉融入沥青中。橡胶屑的用量宜选择在 10%～15%。

（3）基质沥青应根据气候、温度、交通量等工程应用条件来选择。对用于寒冷地区的结合料宜选择较软的 90 号沥青，必要时还可添加 2%～3% 的调和油。对用于炎热地区的结合料宜选用 70 号沥青。

（4）应合理地控制处理强度，处理温度宜在 200～220℃。橡胶颗粒脱硫、降解的程度以满足工厂化生产为准，可允许在拌和场通过循环流动的方式使尚未完全消融的细颗粒在沥青中保持悬浮的状态。

(5)鉴于在结合料的储存稳定性以及高温、中温、低温性能之间存在着矛盾的关系,在设计结合料时应根据实际的应用条件,合理地兼顾和平衡结合料各项性能之间的关系。

三、橡胶改性沥青结合料的技术标准

由于橡胶改性沥青是通过高强度的处理工艺将轮胎橡胶屑中的橡胶烃高分子聚合物弥散、溶融在沥青中来实现对基质沥青性能的改善的,因此它在实质上是一种类似 SBR、SBS 等橡胶类的改性沥青。橡胶改性沥青在制备工艺上、改性的效果上都与常规的橡胶类改性沥青类同,因而其技术要求通常也可以沿用常规橡胶类高分子聚合物改性沥青的技术标准。

在美国许多州的规范将非搅动型橡胶沥青的技术要求归入到聚合物改性沥青的规范中,也有一些州直接按基于性能分级的 SuperPave PG 分级标准制定非搅动型橡胶沥青的技术规范。表 2-2-1 展示了美国橡胶沥青应用最广的 4 个州规范对非搅动型橡胶改性沥青制定的技术标准[3]。从这些州标准中可看到,TxDOT、FDOT 和市政工程绿书的规范是按常规聚合物改性沥青的规范来制定非搅动型橡胶改性沥青技术要求的,而 ADOT 和 Caltrans 则直接按 PG 分级标准规定橡胶改性沥青的技术要求,ADOT 规定一种 PG 76-22TR 的橡胶改性沥青,Caltrans 则规定了 PG 64-28TR 和 PG 76-22TR 两种技术规格。

需要指出的是,在上述各州的规范中都没有规定橡胶改性沥青储存稳定性的要求,这显然是与难以为橡胶改性沥青的储存稳定性规定一项统一的标准有关,因而放宽了对它的储存稳定性的要求,而只是规定它在使用时的性能应达到的要求。

根据我国的实际情况,橡胶改性沥青结合料的技术标准可参照《公路沥青路面施工技术规范》(JTG F40—2004)关于橡胶类改性沥青的技术要求执行,只是不宜规定对储存稳定性和溶解度的要求(表 2-2-2)。

美国州运输管理局规范对非搅动型橡胶改性沥青制定的技术标准　　表 2-2-1

技术指标	ADOT	Caltrans		市政工程绿书	TxDOT	FDOT	
	PG 76 - 22TR	PG 64 - 28TR	PG 76 - 22TR	MAC - 10TR	AC - 20 - 5TR	ARB 5	ARB 12
原样物理性质							
基质沥青等级							
橡胶屑含量(结合料总重之比)(%)		≥10	≥10	≥10	≥5		
橡胶屑含量(基质沥青质量之比)(%)	≥9					≥5	≥12
融胀温度范围(℃)						150 ~ 170	150 ~ 170
最小融胀时间(min)						10	15
旋转黏度@规定测量温度℃(Pa·s)	≤3.0@135	≤3.0@135	≤3.0@135			≥0.4@150	≥1.0@150

续上表

技术指标	ADOT	Caltrans		市政工程绿书	TxDOT	FDOT	
	PG76－22TR	PG64－28TR	PG76－22TR	MAC－10TR	AC－20－5TR	ARB 5	ARB 12
动力黏度@60℃(0.1Pa·s)				≥5000	≥2000		
运动黏度@135℃(Pa·s)				≤1.0	≤1.0		
针入度@25℃、100g、5s(0.1mm)				40～60	75～115		
针入度@4℃、200g、60s(0.1mm)				≥20			
软化点范围(环球法)(℃)	≥60			≥53	≥49		
弹性恢复@10℃(%)	≥55				≥55		
闪点(℃)		230	230				
溶解度(%)		97.5	97.5				
$G^*/\sin\delta$@76℃@10rad/s(kPa)	≥1.0		≥1.0				
相位角 δ@76℃@10rad/s(°)	≤75						
$G^*/\sin\delta$@64@10rad/s(kPa)		≥1.0					
RTFO 残留物试验							
$G^*/\sin\delta$@76℃@10rad/s(kPa)	≥2.2		≥2.2				
$G^*/\sin\delta$@64℃@10rad/s(kPa)		≥2.2					
动力黏度@60℃(0.1Pa·s)				≥20000			
运动黏度@135℃($10^{-6}m^2/s$)				≤1500			
针入度@25℃、100g、5s(0.1mm)				20～40	TFOT60～100		
针入度比@25℃、100g、5s(%)				≥50			
针入度@4℃、200g、60s(0.1mm)				≥14			
质量损失(%)		≤1.0	≤1.0				
PAV 残留物试验							
$G^*/\sin\delta$@31℃@10rad/s(kPa)	≥5000		≥5000				
$G^*/\sin\delta$@22℃@10rad/s(kPa)		≥5000					
蠕变劲度模量 S@－12℃,60s(MPa)	≤300		≤300				
m 值@－12℃,60s	≥0.300		≥0.300				
蠕变劲度模量 S@－18℃,60s(MPa)		≤300			≤300		
m 值@－18℃,60s		≥0.300			≥0.300		

橡胶改性沥青结合料的技术标准　　表 2-2-2

技术指标	单位	技术要求		试验方法
		上面层	中、下面层	
针入度(25℃,5s,100g)	0.1mm	40~60	60~80	JTG E20 T0604
针入度指数 PI	—	≥0	≥ -0.4	JTG E20 T0604
延度 5℃,5cm/min	cm	≥20	≥30	JTG E20 T0605
软化点 $T_{R\&B}$	℃	≥60	≥55	JTG E20 T0606
运动黏度 135℃	Pa·s	<3	<3	JTG E20 T0625 或 T0619
闪点	℃	≥230	≥230	JTG E20 T0611
溶解度	%	实测记录	实测记录	JTG E20 T0607
弹性恢复 25℃	%	≥75	≥65	JTG E20 T0662
储存稳定性离析,48h 软化点差异	℃	实测记录	实测记录	JTG E20 T0661
TFOT(或 RTFOT)后残留物				
质量变化	%	≤ ±1.0	≤ ±1.0	JTG E20 T0610 或 T0609
针入度 25℃	%	≤65	≤60	JTG E20 T0604
延度 5℃	cm	≥15	≥20	JTG E20 T0605

注:JTG E20 是指《公路工程沥青及沥青混合料试验规程》(JTG E20—2011)。

第二节　沥青—橡胶结合料的设计

一、影响沥青—橡胶结合料性能因素的分析

橡胶屑与热沥青的相互作用是一种十分复杂的物理和化学过程,影响这一过程的因素众多,它们来自以下 3 个方面:

(1)基质沥青,包括它的化学组成与物理特性。

(2)橡胶屑,包括它的化学组成、粒径的大小与级配、加入沥青中的比例。

(3)橡胶屑在热沥青中处理的工艺参数,包括处理的温度、时间和搅拌的强度。

影响沥青—橡胶结合料的因素不仅众多,而且各因素之间大都存在着交互作用的关系。因此,即使按照多因素的正交试验方法也很难设计出一种能全面反映各因素的综合作用、又实际可行的试验方案。

由于以上这些原因,在实际工作中只能根据基质沥青、橡胶屑等原材料的实际供应条件,选择几种有限的沥青—橡胶结合料的配方方案,通过实验室的评估进行比选和优化。此时,了解哪些因素是主要的影响因素,哪些因素之间存在着明显的交互作用,这些交互作用的强烈程度如何,对于正确地选择和比选、优化配方方案有着重要意义。

国外由不同研究单位在不同的基质沥青、不同的橡胶屑来源、不同的橡胶屑粒径、不同的工艺条件下,所进行的试验都表明橡胶屑的用量与基质沥青是两个影响沥青—橡胶结合料性能的最主要的因素,不论在何种试验条件下,它们的影响都是显著的[6-9](参看第一篇第二章图 1-2-28 和图 1-2-5)。

在国内近几年来对沥青—橡胶结合料进行的试验研究，所获得结果也是类似的[10-13]。

在文献[9]、[10]中对以70号和50号基质沥青制作的TOR沥青—橡胶结合料进行了一系列试验研究。图2-2-9～图2-2-12分别展示了AR结合料170℃的旋转黏度、25℃的锥入度、软化点和25℃的回弹性随橡胶屑用量而变化的关系。

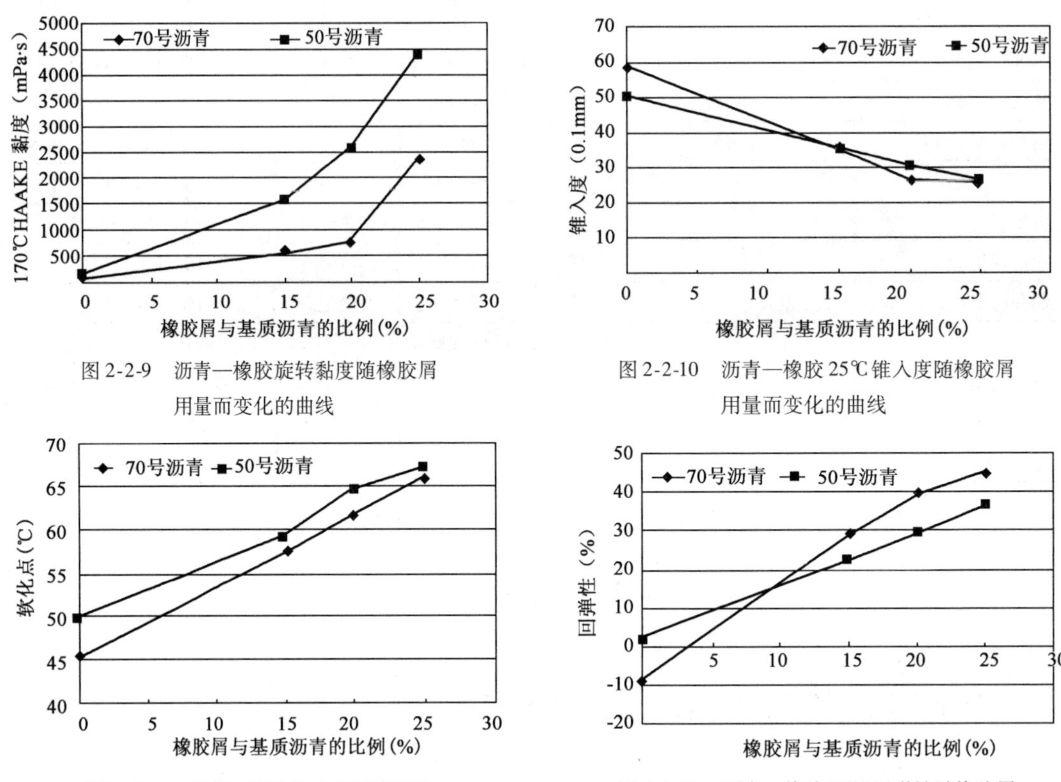

图2-2-9　沥青—橡胶旋转黏度随橡胶屑用量而变化的曲线

图2-2-10　沥青—橡胶25℃锥入度随橡胶屑用量而变化的曲线

图2-2-11　沥青—橡胶软化点随橡胶屑用量而变化的曲线

图2-2-12　沥青—橡胶25℃回弹性随橡胶屑用量而变化的曲线

从图2-2-9中可以看到，不论是对基质沥青为70号或50号的AR结合料，当橡胶屑用量在刚开始增加的区段，结合料黏度的增长速率是很缓慢的，只有当沥青中融胀的橡胶颗粒增多至某一程度时，结合料的黏度才会急剧增大。而这一增长曲线的转折点显然与基质沥青的软硬程度有关，对于稠度较低的基质沥青制作的AR结合料，这一转折点发生在橡胶屑用量更高之处。

从图2-2-9中还可看到，在基质沥青的稠度与橡胶屑用量间存在着明显的交互作用，当橡胶屑用量为零时50号沥青的黏度只比70号沥青大50mPa·s，但是当加入一定数量的橡胶屑后，用50号沥青与70号沥青制作的AR结合料之间的黏度差随着橡胶屑用量的增大在扩大，当橡胶用量为25%时，前者的黏度要比后者大2000mPa·s。

以上关于AR结合料黏度与基质沥青稠度和橡胶屑用量之间关系以及基质沥青与橡胶屑用量之间交互作用的讨论同样可以在国外发表的许多试验资料中看到（参看第一篇第二章图1-2-28）。

从图2-2-10中可以看到，不论是用70号沥青或50号沥青制作的AR结合料，在25℃锥入度与橡胶屑用量之间基本上为一线性的关系，而且虽然70号基质沥青的锥入度（59×0.1mm）高于50号沥青（50.7×0.1mm），但在加入橡胶屑后，前者锥入度的下降速率明显高于后者，因而对橡胶屑用量为15%、20%和25%的结合料，两者的锥入度基本上处在同一水平上。在图2-2-10中同样可以看到，在基质沥青与橡胶屑用量之间存在着明显的交互作用，只是它不像结合料黏度那样是一种正向的交互作用，而是负向的交互作用，即随着橡胶屑用量的增加，在用70号沥青与50号沥青制作的AR结合料之间，锥入度的差距在缩小。

在反映AR结合料高温性能的指标——软化点随橡胶屑用量而变化的曲线中（图2-2-11），同样可以看到类似图2-2-10的线性增长关系和在基质沥青与橡胶屑用量之间的交互作用。在图2-2-11中还可看到，虽然用50号沥青制作的AR结合料的软化点的增长速率要低于用70号沥青制作的AR结合料，但降低的水平不大，因而当橡胶屑用量在20%和25%时，前者的软化点仍比后者分别高出2.7℃和1.4℃。这表明在对结合料高温性能有较高要求的场合，当施工和易性容许时，选用标号更低的基质沥青仍会是有利的。

在表征AR结合料在常温下弹性的指标——25℃回弹性随橡胶屑用量而变化的曲线中（图2-2-12），可以看到与图2-2-10、图2-2-11类似的线性变化和交互作用的规律，所不同的是采用较高标号基质沥青（70号）制作的AR结合料与较低标号基质沥青（50号）制作的结合料相比，前者回弹性的增长速率远较后者高。虽然前者（不加橡胶屑的基质沥青）的回弹性为-9.1%，而后者则为+1.8%，高出前者10.9%，但当橡胶屑用量增加到10%以上时前者的回弹性反而超过后者，当橡胶屑用量为25%时前者的回弹性高出后者7.8%，这一规律提示着用稠度较低的基质沥青制备的沥青—橡胶将具有更好的弹性恢复性能。因此，对于需要更强的抗反射裂缝能力和低温性能的场合，宜选用较高标号的基质沥青来制作。

在以上的讨论中并没有涉及基质沥青与橡胶屑之间的相容性问题，实际上即使是同一标号的基质沥青，由于其组分的不同，橡胶屑在热沥青中融合作用的效果是不同的。图2-2-13～图2-2-16分别展示了用两种不同来源的70号沥青，针入度为72的SK-70号和针入度为69的滨州-70号制作的TOR沥青—橡胶结合料的性能比较。从以上图中可以看到，70号滨州沥青是一种较硬的沥青，但是它的相容性不如70号SK沥青，所以当橡胶屑用量较低时（如15%时），不论是旋转黏度、25℃锥入度、软化点还是25℃回弹性，70号滨州沥青都明显优于70号SK沥青。但随着橡胶屑用量的提高，各项指标的增长速率在下降，当橡胶屑用量为20%时各项指标已很接近，当橡胶屑用量继续增长时，后者的指标将高于前者。因此，在选择基质沥青时，在同标号的沥青中不仅要考虑其原样的指标，而且还应考虑它与橡胶屑的相容性以及橡胶屑用量的综合影响。

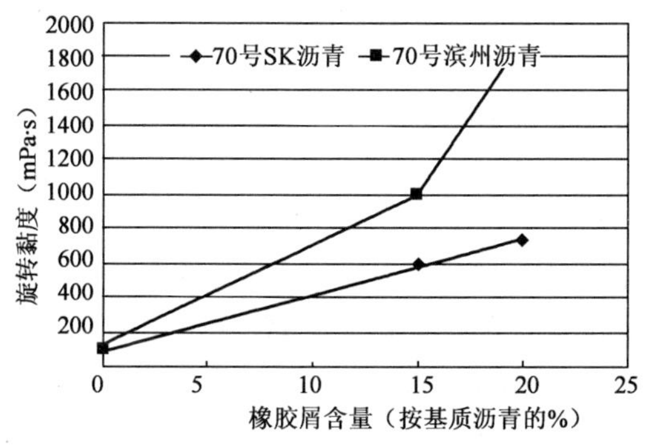

图2-2-13　不同来源70号沥青旋转黏度的比较

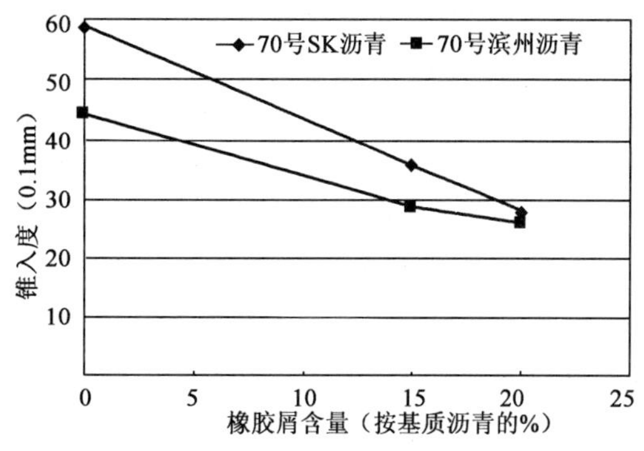

图2-2-14　不同来源70号沥青锥入度的比较

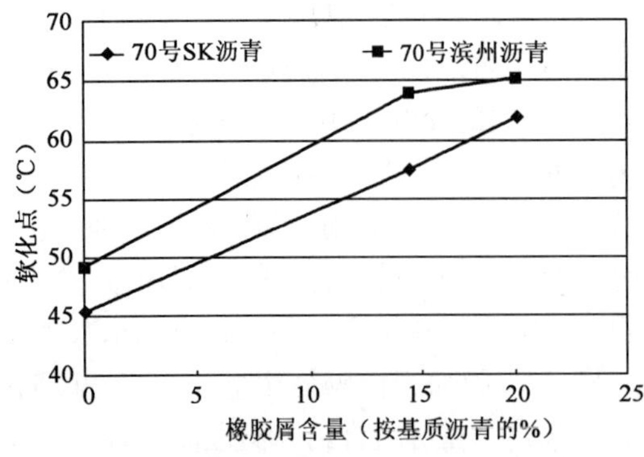

图 2-2-15 不同来源 70 号沥青软化点的比较

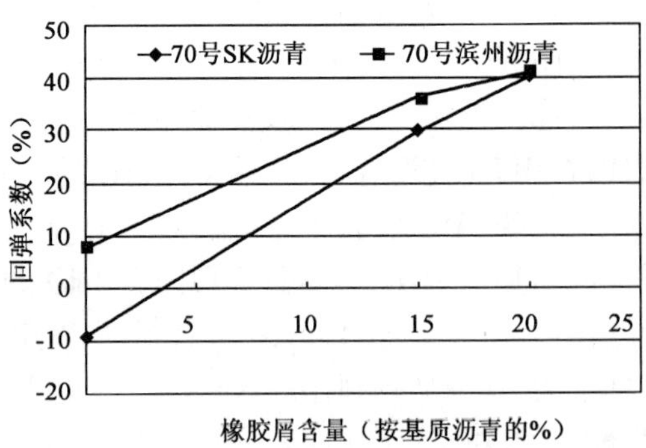

图 2-2-16 不同来源 70 号沥青回弹性的比较

文献[12]中的试验资料同样显示出橡胶屑的用量和基质沥青是两个影响 AR 结合料性能最主要的因素，采用 70 号沥青和 20% 橡胶屑制作 AR 结合料在试验温度为 82℃时其 DSR 的 $G^*/\sin\delta$值可高达 7.601kPa 而 BBR 的劲度模量 S 值在 −18℃时则只有 92MPa（表 2-2-3）。

江苏交科院的沥青—橡胶结合料性能试验资料　　表 2-2-3

试验参数			70 号基质沥青					90 号基质沥青
			胶粉掺量（占结合料总量之百分比，%）					胶粉掺量（%）
			12	16	18	20	24	20
针入度，25℃，100g，5s（0.1mm）			41.9	38.0		28.6	27.8	
软化点，环球法（℃）			60.7	65.6		72.6	89.5	
弹性恢复，25℃（%）			81	86		89	92	
177℃旋转黏度（Pa·s）			1.30	1.90	2.00	8.10		
SHRP 试验指标		试验温度（℃）						
DSR	原样 $G^*/\sin\delta$（kPa）	82	1.505	3.226		7.601	13.715	5.292
	RTFO 后 $G^*/\sin\delta$（kPa）	82	2.862	5.341		8.246	18.126	5.035
	PAV 后 $G^*\sin\delta$（kPa）	31	427	339		291	337	192
BBR	S（MPa）	−18	216	144		92	50	89
	m	−18	0.300	0.312		0.327	0.332	0.380

关于橡胶屑化学和物理特性对沥青—橡胶结合料性能的影响，在化学成分方面主要是橡胶碳氢化合物的总量尤其是其中天然橡胶的含量，在物理性能方面则主要是橡胶屑的粒径与级配。在讨论橡胶屑中天然橡胶含量和橡胶屑粒径与级配对 AR 结合料性能的影响时，需要强调指出的是，在天然橡胶含量的多少、橡胶颗粒的粗细与基质沥青的相容性以及结合料制备的工艺参数——融胀温度和反应时间之间存在着复杂的交互作用关系。这种复杂的交互作用主要是由于橡胶颗粒在热沥青中的融胀过程存在着两方面的影响因素造成的。如前所述，在橡胶颗粒与热沥青的物理融合作用中存在着两种不同的效应，即橡胶屑与轻质油分的融合效应和固体橡胶颗粒的粒子效应，而这两种效应对基质沥青的相容性、融胀温度和反应时间的敏感性是不同的，有时甚至是相互矛盾的。

美国 Clemson 大学土木工程系 Putman 等的研究工作曾希望对上述两种不同的效应进行定量化的分解[14]。这一研究工作将制备好的沥青—橡胶结合料用 80 目(0.18mm)的筛网在保持 149℃的温度下过滤 30min。然后将未经过滤的和经过过滤的 AR 结合料分别测定各项性能指标,并按照下式计算融合效应(Interaction Effect)和粒子效应(Particle Effect)的量化指标 IE 和 PE:

IE =(经过滤的结合料指标 - 基质沥青指标)/基质沥青指标

PE =(未经过滤的结合料指标 - 经过滤的结合料指标)/基质沥青指标

Putman 等的试验采用 3 种不同来源的 PG 等级均为 PG 64 - 22 的沥青作为基质沥青,由于原油来源的不同,它们的组分是有差异的。制作 AR 结合料的橡胶屑来源相同,其粒径分别为 0.85 ~ 1.18mm,0.425 ~ 0.6mm,0.18 ~ 0.3mm。橡胶屑的用量分别为 0%、10% 和 15%(占结合料总质量之百分比)。

沥青—橡胶结合料是在以下条件下在实验室制作的:

(1)基质沥青加热至 182℃。

(2)橡胶屑在沥青中的拌和温度为 177℃。

(3)采用径向叶轮搅拌器以 700r/min 转速搅拌 30min。

(4)搅拌结束后的 AR 结合料自然冷却至室温保持 24h,然后重新加热至要求温度进行试验。

表 2-2-4 和表 2-2-5 是这一研究工作主要结果的汇总。表 2-2-4 是未经过滤和经过过滤的 AR 结合料的 135℃旋转黏度的试验结果,以及按融合效应 IE 和按粒子效应 PE 计算的 135℃旋转黏度的试验结果。表 2-2-5 则是未经过滤和经过过滤的 AR 结合料 DSR 试验的动态剪切劲度复模量 G^* 的试验结果,以及按融合效应 IE 和按粒子效应 PE 计算的复模量 G^* 的试验结果。

AR 结合料 135℃旋转黏度的试验结果　　表 2-2-4

试样	基质沥青来源	135℃旋转黏度(Pa·s)						
		基质沥青	+10% CRM 的 AR 结合料			+15% CRM 的 AR 结合料		
			20 目	40 目	80 目	20 目	40 目	80 目
未经过滤试样	A	0.703	2.332	2.560	2.709	4.796	5.471	5.974
	B	0.472	1.553	1.409	1.447	2.832	3.524	3.892
	C	0.430	1.467	1.365	1.455	3.047	3.512	3.803
经过滤后试样	A	0.628	0.913	0.934	0.951	1.105	1.164	1.149
	B	0.476	0.546	0.545	0.554	0.599	0.623	0.626
	C	0.430	—	0.558	0.572	0.593	0.606	0.614
试样的 IE 效应指标	A		0.45	0.49	0.51	0.76	0.85	0.83
	B		0.15	0.14	0.16	0.26	0.31	0.31
	C		—	0.30	0.33	0.38	0.41	0.43
试样的 PE 效应指标	A		2.26	2.58	2.80	5.87	6.85	7.65
	B		2.12	1.81	1.88	4.69	6.09	6.86
	C		—	1.87	2.05	5.71	6.76	7.45

AR 结合料 DSR 试验的动态剪切劲度复模量 G^* 的试验结果　　表 2-2-5

试　样	基质沥青来源	DSR 试验的 64℃ 动态剪切劲度模量 G^*（kPa）						
		基质沥青	+10% CRM 的 AR 结合料			+15% CRM 的 AR 结合料		
			20 目	40 目	80 目	20 目	40 目	80 目
未经过滤试样	A	1.955	6.864	6.928	6.034	10.179	10.116	9.578
	B	1.537	3.662	3.265	3.312	5.451	5.606	5.070
	C	1.361	—	3.908	3.875	6.119	5.727	5.074
经过滤后试样	A	2.038	3.716	3.978	3.760	4.990	5.179	4.803
	B	1.565	1.899	1.834	1.850	2.140	2.387	2.375
	C	1.341	—	2.024	2.263	2.287	2.405	2.290
试样的 IE 效应指标	A		0.82	0.95	0.85	1.45	1.54	1.36
	B		0.21	0.17	0.18	0.37	0.53	0.52
	C		—	0.51	0.69	0.71	0.79	0.71
试样的 PE 效应指标	A		1.55	1.45	1.12	2.55	2.42	2.35
	B		1.13	0.91	0.93	2.12	2.06	1.72
	C		—	1.40	1.20	2.86	2.48	2.08

Putman 等的试验工作的缺点首先是橡胶屑在热沥青中的融胀时间只有 30min，没有反映 AR 结合料性能指标与处理时间的关系，而 30min 对粗颗粒橡胶屑来说反应时间过短，有可能反应不够充分。其次，采用 80 目的筛网对 AR 结合料进行过滤，所得到的过滤物只是由于轻质油分被橡胶颗粒吸收而导致沥青中软沥青质的减少、变稠而产生的效应，以及少量橡胶完全消融于沥青中发生反硫化、解聚合带来的改性作用，后者在沥青—橡胶工艺的低处理条件下所占的比重应该是很小的。因此，上述试验并没能真正将融合效应与粒子效应分离开来（要将这两种效应完全分开是十分困难的），而保留在筛网上的物质中仍包含了很大一部分包裹在固体橡胶颗粒核心外部由于橡胶屑表面被轻质油分融胀、体积膨胀而形成的凝胶状物质，而在经筛网过滤后的物质中也会有一些微小的粒子存在。由此可见文献[13]中的粒子效应 PE 实际上仍然包含着相当部分的融合效应，而它们的作用也并不像 Putman 设想的那样在结合料中只起着某种填料（Filler）的作用。尽管这一试验并没有真正将两种效应完全分离开，但 Putman 等的工作仍然给了我们许多有价值的启迪：

第一，从表 2-2-4 和表 2-2-5 中可以看到，经过过滤后所得的结合料其 135℃ 旋转黏度和 64℃ 的动态剪切劲度模量 G^* 都大幅度地减少了，以 A 型沥青与 15% 20 目橡胶屑制作的结合料为例，将未经过滤结合料的指标与基质沥青指标的比值和经过滤后结合料指标与基质沥青指标的比值进行比较，对于旋转黏度，从前者的 6.82 倍（4.796/0.703）下降到后者的 1.76 倍（1.105/0.628），对于 G^* 则从前者的 5.10 倍（10.179/1.955）下降至后者的 2.45 倍（4.990/2.038）。这一情况更为清晰地反映在 IE 和 PE 指标的计算数据中，同样以 A 型沥青与 15% 20 目橡胶屑制作的结合料为例，对于旋转黏度，IE 的效应只占总效应的 11.5%；对于 G^*，IE 效应占总效应的 36.3%。这意味着由于基质中轻质油分减少而导致的结合料稠度增大的影响只占总效应中很小的部分，而对结合料性能的影响大部分来源于物理融合过程中形成的包裹着固体颗粒核心的凝胶体物质。

第二,从表2-2-4和表2-2-5中还可看到,在经过过滤后的AR结合料的试验数据中,不论是黏度还是G^*,对于橡胶屑的粒径都很不敏感,没有明显的规律,数值上的差异也很小。在表中,影响过滤后的AR结合料性能的主要因素是基质沥青的性能和橡胶屑的用量,尤其是基质沥青表现的影响尤为显著,这显然与基质沥青中轻质油分的含量有关。对于轻质油分含量多的沥青(A型),油分更多地被吸收,其黏度和G^*值的增加也更大。

第三,从PE效应的试验数据中可以看到,在分离了基质沥青稠度提高的影响之后,橡胶屑粒径对AR结合料性能影响的规律更加清晰了。对于135℃的黏度来说,细颗粒橡胶屑制作的AR结合料的黏度比粗颗粒橡胶屑高,但对于表征结合料高温性能的G^*值来说正好相反,粗颗粒的橡胶屑优于细颗粒。这表明在施工温度下测定的AR结合料的黏度并不能完全代表结合料在路面使用温度下的性能,前者更为直接的反映是结合料的施工和易性。

第四,在比较不同基质沥青制作的AR结合料的PE指标时,可以看到对于G^*值来说,轻质油分较低的基质沥青制作的结合料对橡胶屑粒径的敏感性更高,即粗、细粒径制作的结合料的G^*值之间的差异更大。此种现象可以解释为当橡胶屑与沥青相容性不太高时,在物理融胀过程中将会更加彰显出固体橡胶颗粒的作用,这提示了在通常情况下,尤其是采用的橡胶屑其天然胶含量不高时,选用较粗颗粒的橡胶屑是更为合理的。

为了弄清基质沥青与橡胶屑的相容性、橡胶屑粒径与物理融胀的工艺条件(融胀温度与反应时间)之间的交互作用关系,本书作者采用不同天然胶含量的橡胶屑在不同的融胀温度与处理时间下的AR结合料性能进行了一系列试验研究,在所有的试验中橡胶屑的用量均为基质沥青质量的20%。图2-2-17~图2-2-21是这些试验结果的汇总。

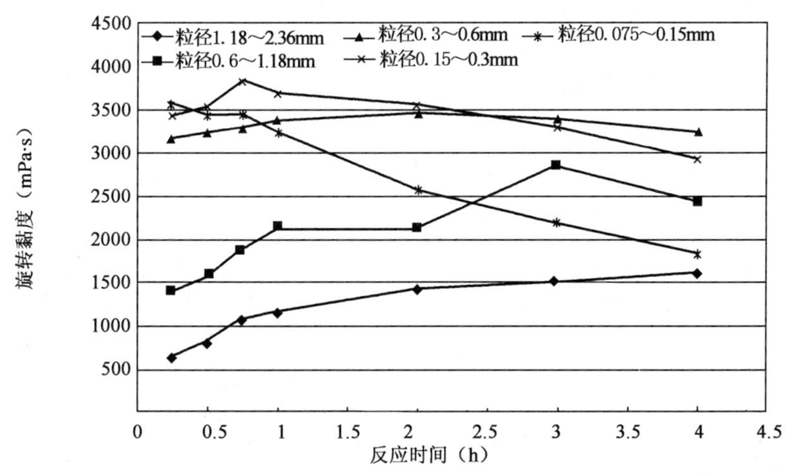

图2-2-17　在190℃处理温度下,不同粒径橡胶屑制备的AR结合料的黏—时曲线

图2-2-17展示了采用不同粒径的高天然橡胶含量橡胶屑,在处理温度为190℃时,制备的AR结合料的旋转黏度随处理时间而变化的曲线。从图2-2-17中可以看到,采用粒径为1.18~2.36mm粗颗粒橡胶屑制备的AR结合料,其旋转黏度随着处理时间的增长在不断地增大,这表明由于橡胶屑的颗粒较粗,其比表面积相对较少,需要更长的时间使橡胶屑获得充分的融胀。对于0.6~1.18mm的橡胶屑的AR结合料有着类似的融胀过程,只是黏度增长的速率更

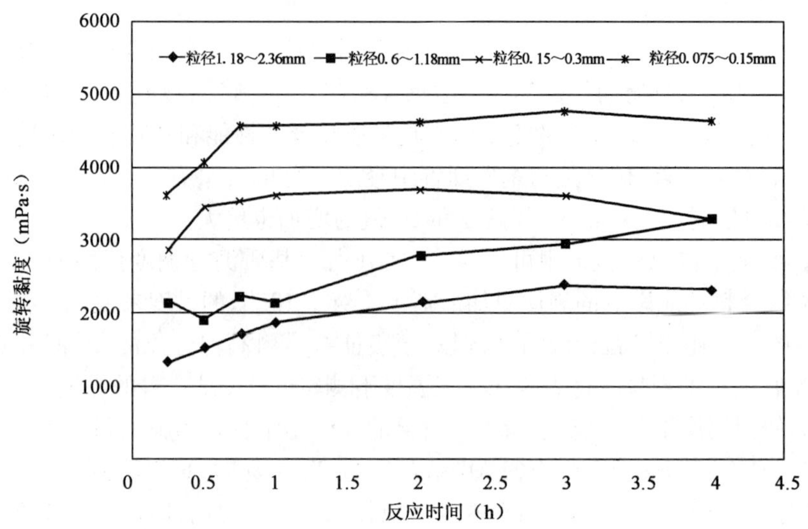

图 2-2-18　在 175℃处理温度下，不同粒径橡胶屑制备的 AR 结合料的黏—时曲线

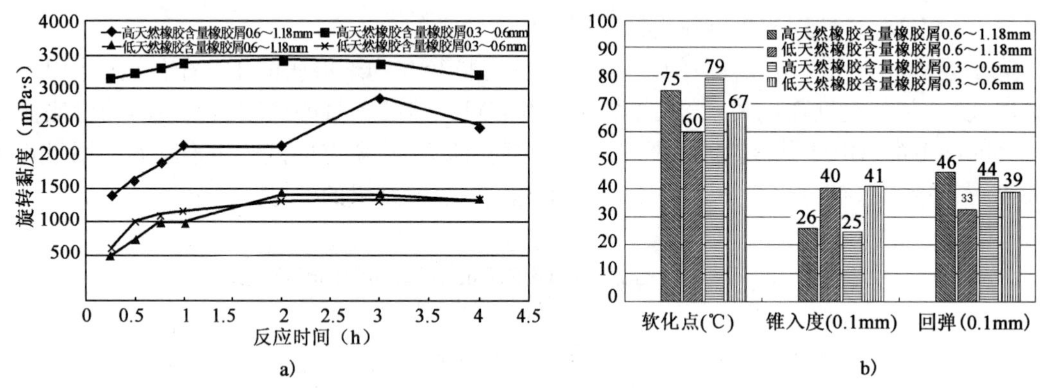

图 2-2-19　不同天然橡胶含量橡胶屑制备的 AR 结合料的路用性能比较

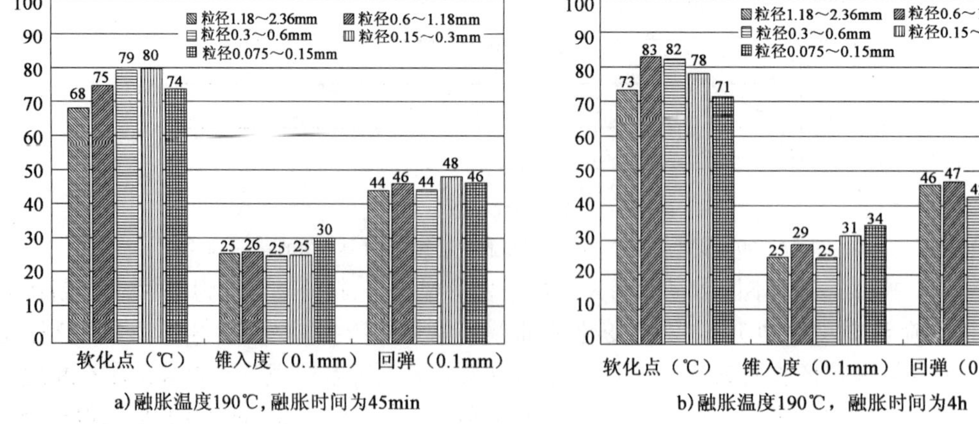

图 2-2-20　不同粒径高天然橡胶含量橡胶屑制备的 AR 结合料路用性能比较

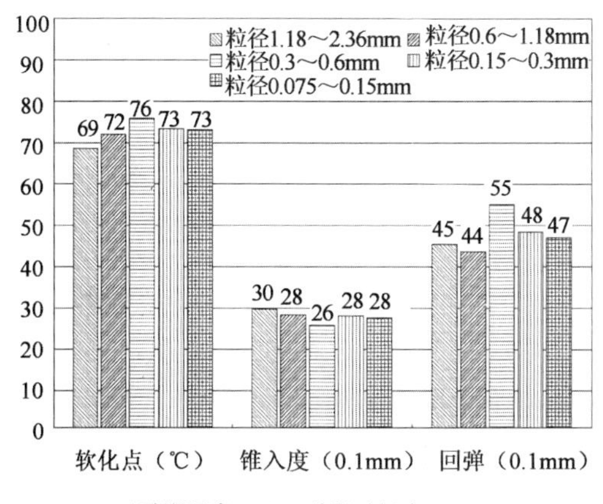

a)融胀温度175℃，融胀时间为45min

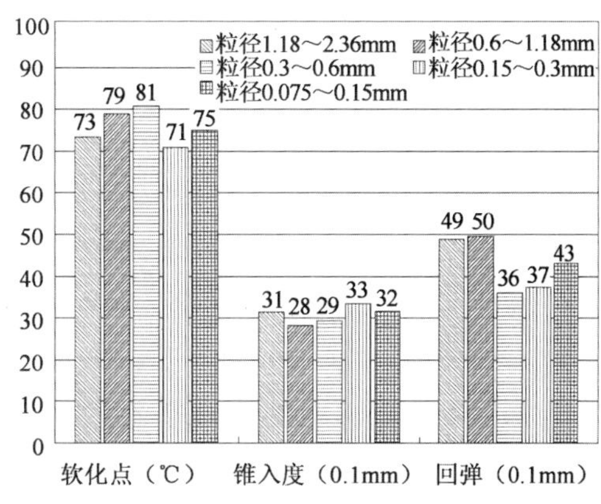

b)融胀温度175℃，融胀时间为4h

图 2-2-21　不同粒径高天然橡胶含量橡胶屑制备的 AR 结合料路用性能比较

快。当橡胶屑的粒径进一步减少时，橡胶屑在基质沥青中的融胀过程开始出现了质的变化，由于橡胶屑的粒径较小，一方面随着处理时间的增加，有更多的橡胶屑表面融胀而形成的凝胶体在促使结合料黏度的增大；而另一方面则由于固体橡胶颗粒的核心在缩小，削弱了粒子作用对结合料黏度增长的贡献。因此，从图 2-2-17 中可以看到，采用粒径 0.3 ~ 0.6mm 橡胶屑制备的 AR 结合料，其黏度随着处理时间的增加，开始是上升的，在 2h 左右达到了最高点，然后开始下降。这一趋势在采用更细的粒径为 0.15 ~ 0.3mm 的橡胶屑时就显得更为明显，当处理时间达到 45min 左右时黏度即达到了最高值，然后以较快速率在下降。当采用粒径为 0.075 ~ 0.15mm的橡胶粉制备 AR 结合料时，同样在 190℃的处理温度下，胶粉的融胀过程发展十分迅速，在 15min 时黏度就高达 3525mPa·s，而随后由于橡胶固体颗粒核心很快消溶在沥青中，而使结合料的黏度急速下降，到 4h 时黏度下降了约 50%。

图 2-2-18 是在图 2-2-17 相同条件下，改变处理温度为 175℃时所得到的 AR 结合料黏度随处理时间而变化的曲线。在图 2-2-18 中可以看到，对于较粗颗粒的橡胶屑(1.18 ~ 2.36mm 和 0.6 ~ 1.18mm)，AR 结合料黏度的增长具有类似的单调增长规律，只是增长的速率更慢。对于细颗粒的橡胶屑(0.15 ~ 0.3mm 和 0.075 ~ 0.15mm)，则由于处理温度较低，融胀过程发展缓慢，在 4h 处理时间内已看不到黏度急剧下降的趋势了。

在图 2-2-17 和图 2-2-18 中还可以看到 AR 结合料的黏度随着橡胶屑粒径减小而增大的规律，即采用细颗粒橡胶屑制备的结合料的黏度明显高于采用粗颗粒橡胶屑的场合，但这并不意味着细颗粒橡胶屑的 AR 结合料在路面使用温度下的性能就比粗颗粒橡胶屑的 AR 结合料好。后者由于存在较粗的固体橡胶颗粒核心而增强了抵抗外力推移的能力，因而在路面使用温度下的性能通常表现得比前者更好[图 2-2-20b)]。这一试验结果与文献[14]中 Putman 的试验结果是完全一致的。由此可见，AR 结合料在融胀温度下的黏度只能代表结合料的施工和易性，而并不能代表结合料在路面使用温度下的性能，过细的橡胶屑将导致结合料很高的高温黏度，从而恶化它的施工和易性。因此，在比较采用不同粒径橡胶屑制备的 AR 结合料的性能时，仅仅根据结合料的高温黏度来评价其路用性能是没有意义的，只有在采用相同粒径的橡胶屑和相同的处理条件下，AR 结合料的高温黏度才能比较正确地反映结合料路用性能的高低。图 2-2-19a) 和图 2-2-19b) 分别展示了采用不同天然橡胶含量橡胶屑制备的 AR 结合料在 190℃融胀温度下的黏—时曲线以及反应时间 45min 后取样测定的软化点、锥入度和回弹性。从图 2-2-19a) 中可以看到，高天然橡胶含量橡胶屑制备的 AR 结合料的高温黏度明显高于低天然橡胶含量橡胶屑制备的 AR 结合料，而在图 2-2-19b) 中前者在路面使用温度下的各项指标也都相应优于后者。

图 2-2-20a) 和图 2-2-20b) 则分别展示了采用不同粒径的高天然橡胶含量橡胶屑，在处理温度为 190℃时制备的 AR 结合料在融胀时间为 45min 和 4h 时取样测定的软化点、锥入度和回弹性的比较。从图 2-2-20a) 中可以看到，粒径 0.3 ~ 0.6mm 和 0.15 ~ 0.3mm 橡胶屑制备的 AR 结合料的各项指标表现最好，但在图 2-2-20b) 中，经过 4h 的高温融胀处理后，粒径 0.6 ~ 1.18mm 橡胶屑制备的 AR 结合料的各项指标最优。这表明对于 190℃的处理温度，采用较粗的橡胶屑更为有利。

图 2-2-21a) 和图 2-2-21b) 分别展示了采用不同粒径的高天然橡胶含量橡胶屑，在处理温度为 175℃时制备的 AR 结合料在融胀时间为 45min 和 4h 时取样测定的软化点、锥入度和回弹性的比较。从这些图中可看到，由于降低了处理的温度，橡胶屑在热沥青中的融胀过程变缓，45min 处理时间测定的各项指标明显差于 4h 处理时间的各项指标，而对于不同粒径的橡胶屑来说，不论是 45min 还是 4h 料样的各项指标，表现最好的是用粒径 0.3 ~ 0.6mm 橡胶屑制备的 AR 结合料。

在比较采用较高的处理温度（190℃）较粗的橡胶屑（0.6 ~ 1.18mm）与采用较低的处理温度（175℃）较细的橡胶屑（0.3 ~ 0.6mm）的融胀效果时，从图 2-2-17 ~ 图 2-2-21 的数据中，可以看到前者在路面使用温度下的各项指标以及它的施工和易性方面，总体上都稍优于后者。

从以上的试验结果中可以看到，在沥青与橡胶屑的相容性、橡胶屑的粒径、融胀的温度、反应的时间之间存在着强烈的交互作用，而且这种交互作用对 AR 结合料的高温、中温和低温性能的影响是不同的。正因为如此，不同的试验条件、不同的性能指标就可能得出不同的试验结论，这一点尤其容易反映在橡胶屑粒径对结合料性能的影响上。这就是为什么不同文献对橡胶屑粒径的选择存在很大差异的原因，例如文献[13]认为橡胶屑的最佳粒径为 80 目的细粉，文献[15]则认为 40 ~ 60 目的粒径为最佳，而文献[12]则建议采用 20 目的粗颗粒橡胶屑。

在上述试验结果的分析中，可以得出一些重要的结论：

(1) AR 结合料的高温黏度（在融胀温度或施工温度范围内的黏度）主要反映的是结合料的施工和易性，并不能完全代表它的路用性能，只有在采用相同粒径的橡胶屑和相同的处理条件下，AR 结合料的高温黏度才能比较正确地反映结合料路用性能的高低。因此在评价 AR 结合料的路用性能时，应全面评估在路面使用温度下结合料的高温、中温和低温性能。

(2) 在基质沥青与橡胶屑的相容性、橡胶屑的粒径、融胀的温度、反应的时间之间存在着强烈的交互作用，对选择基质沥青标号、橡胶屑粒径、融胀温度、反应时间，提出一种适用于任何情况下的最佳值，是没有实际意义的，而只能在具体的应用条件下，通过试验获得一种相对优化的方案。

通过本节对影响沥青—橡胶结合料性能因素的分析与讨论，可以看到由于影响因素众多而复杂，对于沥青—橡胶结合料来说，不可能有一固定不变的最佳配方，一个配方在某处效果良好，在另外的条件下不一定就能获得具有所要求物理、力学特性的 AR 结合料。可以有许多种配伍材料的组合处于技术要求的范围内，但它们的性能指标是不同的，而同一性能要求也可通过各种因素的不同组合来实现。因此，只能根据实际的应用条件，通过对多种设计方案的试验评估来优化沥青—橡胶结合料的设计配方，这就是为什么对于沥青—橡胶结合料来说必须进行专门设计和实验室评估的原因所在。沥青—橡胶结合料设计的目的是根据气候、交通负荷等路面的应用条件和原材料的供应条件，合理地选择基质沥青、橡胶屑和添加剂以及它们之间的比例，确定橡胶屑的粒径和级配，设定结合料制备过程的工艺参数，使基质沥青与橡胶屑之间有较好的相容性、必要的施工和易性和储存稳定性，并通过实验室的试验来评估所设计的结合料是否达到了预期的路用性能。

二、基质沥青的选择

基质沥青的选择通常是根据气候条件和与橡胶屑的相容性来考虑的。从气候条件来考虑，较软的沥青其延伸、变形的能力较高，因而有利于提高沥青—橡胶的低温性能，而较硬的沥青其抵抗变形的能力较强，因而有利于提高沥青—橡胶的高温性能。从相容性的角度考虑，软的沥青轻质油分的比例高，有利于橡胶颗粒的融胀，而硬的沥青其轻质油分的比例低，它与橡胶屑的相容性相对较差。因此，太硬的沥青不宜用作沥青—橡胶结合料的基质沥青，通常以选择中等或中等偏软的沥青为宜。

美国 ASTM D6114《沥青—橡胶结合料标准规范》(Standard Specification for Asphalt-rubberbinder)中将橡胶沥青分为适用于不同气候条件的 3 个等级(表 2-2-6)[16]。ASTM D6114 并未明确规定哪一类型的沥青—橡胶应该用哪一等级的基质沥青，而只是说明了Ⅰ型(适用于炎热的气候)应用较硬的基质沥青，Ⅱ型(适用于温和的气候)则应用较Ⅰ型更软的基质沥青，而Ⅲ型(适用于寒冷的气候)则应采用最软的基质沥青，也可能还需加入某些软化沥青的添加剂，以获得所要求的物理特性。

从表 2-2-6 的技术指标中也可以看出，对于适用炎热地区的沥青—橡胶结合料应选用较硬的基质沥青，而对于适用寒冷地区的结合料则应选用较软的基质沥青。

美国 ASTM D6114 对沥青—橡胶结合料的技术要求　　表 2-2-6

结合料特性指标①	试验方法	各类型技术要求		
		Ⅰ型	Ⅱ型	Ⅲ型
表观黏度(175℃)(cP)②、③	ASTM D2196	1500～5000	1500～5000	1500～5000
针入度(25℃、100g、5s)(0.1mm)	ASTM D5	25～75	25～75	50～100
针入度(4℃、200g、60s)(0.1mm)	ASTM D5	≥10	≥15	≥25
软化点(环球法)(℃)	ASTM D36	≥57.2	≥54.4	≥51.7
回弹恢复(25℃)(%)	ASTM D5329	≥25	≥20	≥10
闪点(℃)	ASTM D93	≥232.2	≥232.2	≥232.2
TFOT 残留物试验④	ASTM D1754			
针入度比(4℃、200g、60s)(%)	ASTM D5	≥75	≥75	≥75

注：①参考 ASTM D6144 附录的气候条件。

②Brookfield 黏度仪读其峰值读数(不论指针式还是数字式)，对 LV 型用 3 号转子，转速 12r/min，对 RV 型和 HA 型用 3 号转子，转速 20r/min。

③也可用 Rion(Haake)旋转式黏度仪，用 1 号转子，应与布氏黏度仪校正。

④也可用 RTFO，试验方法 D2872，如在有争议的场合，则应用 TFOT 为准。

美国 Arizona 州的规范则对于上述 3 种等级的沥青—橡胶结合料规定了相应基质沥青的 PG 等级：Ⅰ型采用 PG 64 – 16；Ⅱ型采用 PG 58 – 22；Ⅲ型采用 PG 52 – 28(表 2-2-7)[17]。

美国 Arizona 州对沥青—橡胶结合料的技术要求　　表 2-2-7

黏结剂特性指标[A]	试验方法	各类型技术要求		
		Ⅰ型	Ⅱ型	Ⅲ型
基质沥清 PG 等级		PG 64 – 16	PG 58 – 22	PG 52 – 28
Haake 旋转黏度(177℃)(Pa·s)	—	1.5 ~ 4.0	1.5 ~ 4.0	1.5 ~ 4.0
针入度(4℃、200g、60s)(0.1mm)	ASTM D5	≥10	≥15	≥25
软化点(环球法)(℃)	ASTM D36	57.2	54.4	51.7
回弹恢复(25℃)(%)	ASTM D5329	≥30	≥25	≥15

美国加州原来的标准(Caltrans Standard Specifications)规定主要采用按 RTFO 老化后黏度分级标准的 AR 4000 作为沥青—橡胶结合料的基质沥青[18]。AR 4000 是一种中等硬度的石油沥青，它的基本性能相当于 SuperPave 分级的 PG 58-22。2006 年后改为采用 SuperPave 的 PG 分级标准，同时规定在高原山区、高原沙漠等容易发生低温裂缝的地区采用 PG 58-22 等级的普通沥青作为基质沥青，而在沿海、盆地、平原沙漠等较热的地区则采用 PG 64-16 非改性沥青作为基质沥青[19]。

为了调节沥青—橡胶的稠度，加州的规范建议采用添加调和油的方法来改变基质沥青的劲度，或采用更软的基质沥青。

从以上的资料中可以看到，美国对基质沥青的要求，一方面是气候较热的地区，所采用的基质沥青应较硬，对于较冷的地区，所采用的基质沥青应较软；另一方面，由于沥青—橡胶结合料的温度敏感性较低，它对基质沥青劲度的要求可不必像普通沥青那样严格。

在沥青—橡胶结合料的设计中，按我国的标准，基质沥青通常宜采用 A 级沥青，其标号可根据气候、交通等使用条件按表 2-2-8 的要求来选择。

基质沥青的选择　　表 2-2-8

气候区域	热区	温区	寒区
沥青标号	50 ~ 70 号沥青	70 ~ 90 号沥青	90 ~ 110 号沥青

三、橡胶屑的技术要求

对橡胶屑的技术要求主要包括以下 3 个方面。

1. 对废旧轮胎原材料的要求

由于橡胶屑中合成橡胶与天然橡胶含量对 AR 结合料的性能有重要影响，而各种不同用途的轮胎的合成橡胶烃与天然橡胶的含量是不一样的，应选用那些橡胶烃和天然橡胶含量高的废旧轮胎作为制作橡胶屑的原材料。图 2-2-22 是轿车轮胎的典型组成结构。

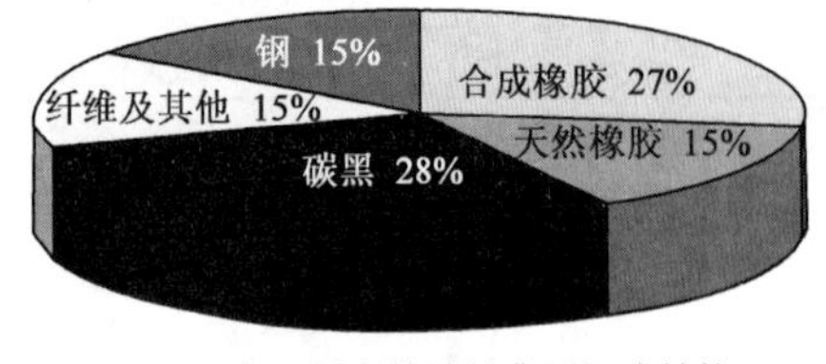

图 2-2-22　轿车轮胎的典型组成结构

在各种用途的轮胎中，大型乘用车辆、载货汽车，由于重载、行驶速度高、安全性要求高因而所用轮胎中天然橡胶含量高，通常可占50%～70%，对再生胶的用量则有严格限制。轻型客车和轻型载货汽车的轮胎，它们中的合成橡胶的用量要占60%～80%，而天然橡胶的含量占20%～40%。这两类废旧轮胎是生产轮胎橡胶屑的主要来源，其中载货汽车和大型乘用车辆、轮胎的打磨废料是生产废旧轮胎橡胶屑的优质原料。

用于各种低速车辆的轮胎，例如拖拉机、叉车、土方工程机械上的轮胎通常会有很大比重的再生橡胶，其弹性、延展性以及与沥青的相容性远低于天然橡胶，因而不宜作为生产轮胎橡胶屑的原材料。

高天然橡胶含量的橡胶屑还可来源于废网球、高品质的橡胶垫等含有较多天然橡胶的橡胶制品。

对于橡胶屑化学成分的要求，主要是橡胶碳氢化合物总量、合成橡胶、天然橡胶含量的要求，这些成分对橡胶屑在热沥青中的融合过程有着重要的影响。据调查，在美国大部分承包商都没有对橡胶屑的化学成分进行检验，而主要是依靠橡胶屑供应商提供的试验资料来选用，这种情况大概与橡胶屑化学成分的分析需要专门的设备与技术有关[20]。但在美国的某些州和城市的规范中对橡胶屑的化学成分还是有严格规定要求的，而这些技术要求大体上是类似的(表2-2-9)。

美国规范对橡胶屑化学成分的质量要求　　表2-2-9

化学成分含量(%)	Caltrans		市政工程绿书		Sacramento城	FDOT
	普通橡胶屑	高天然橡胶含量橡胶屑	普通橡胶屑	高天然橡胶含量橡胶屑	高天然橡胶含量橡胶屑	普通橡胶屑
丙酮抽出物	6～16	4～16	6～16	4～16	4～16	≤25
灰分	≤8	—	≤8	—	—	8～10
碳黑	28～38	—	28～38	—	—	20～40
橡胶碳氢化合物	42～65	≥50	42～65	≥50	≥50	40～55
天然橡胶	28～38	40～48	22～39	40～48	40～48	16～45

2. 对橡胶屑加工方法和成品料物理特性的要求

橡胶屑加工方法对AR结合料性能的影响主要涉及橡胶颗粒的形状和表面积。形状不规则、表面粗糙有毛刺、比表面积大的橡胶屑更有利于在沥青中融胀，因此用于制备沥青—橡胶的废旧轮胎橡胶屑应采用符合上述要求的加工方法来生产。

在各种废旧轮胎橡胶屑的加工方法中可以分成低温加工和常温加工两大类。低温加工的生产工艺需要利用液态氮将50mm左右的橡胶块冷却至它的玻璃化温度(约-80℃)之下，使它如同玻璃一样变脆，然后通过一反击式或锤式磨将其粉碎成细屑。冲击破碎可以生产出6mm～30目的粗颗粒橡胶屑，通过进一步的研磨则可生产出40～200目的精细胶粉。冷冻法生产的橡胶屑表面光滑如玻璃，比表面积小，与热沥青融合作用的接触面小，所以不宜作为制作沥青—橡胶的原材料。在国外，只允许低温加工的橡胶屑作为供进一步常温加工用的粗原料来使用。

常温加工的橡胶屑加工工艺是在常温状态进行的，虽然在加工过程中由于摩擦功的原因会使橡胶颗粒的温度有所增大。目前常温加工的方法主要有以下几种：

1)螺杆挤压法(Screw Extruder or Press)

它通过双螺杆辊筒的对滚来剪切和挤压橡胶条,使之挤出成橡胶颗粒。这一方法生产的橡胶颗粒为粗原料的大颗粒橡胶屑。

2)粒化加工法(Granulator)

切粒加工法采用旋转的刀片将剪切成条状的橡胶条切成橡胶颗粒。粒化机生产的橡胶屑呈形状均匀的立方体,表面光而比表面积小,所以也不适宜用于制作沥青—橡胶,而只能作为粗原料来使用,虽然通过多次粒化也能生产出较细的橡胶屑。

3)辊碾破碎法(Cracker Mill)

这是目前最常用的供生产沥青—橡胶结合料用的橡胶屑加工方法,它采用剪切和撕拉的方法,让经粗加工的橡胶材料通过一对具有波纹状沟槽表面,以不同速度相对旋转的辊筒撕裂成细小的橡胶颗粒(图2-2-23)。这一加工方法可将橡胶颗粒加工成4~40目(4.75~0.425mm)不同粒径的橡胶屑。用这种方法加工出来的橡胶屑是以撕裂、剪切的方式形成的,形状不规则而带有毛刺,部分呈细长形而有相对较高的比表面积,它们比较适合于作为制备沥青—橡胶结合料用的橡胶屑。

图2-2-23 辊碾破碎机

4)微粉磨法(Micro Mill)

如要求进一步降低橡胶屑的粒径则需采用研磨加工的方式。微粉磨通常为平面磨,它通过一转动磨盘与固定磨盘的相对运动来剪切和研磨橡胶颗粒,使之细化。此种加工方法可生产出40~120目的精细胶粉。

除此之外,在常温加工方法中还有一些,诸如溶剂湿法粉碎法、臭氧粉碎法、高压爆破粉碎法等,有些不适合于生产沥青—橡胶结合料用的橡胶屑,有些还处于发展之中,目前均未在生产中获得广泛应用。

采用各种加工方法生产的成品料橡胶屑均不应含有纤维、钢丝等杂质,其物理特性应满足表2-2-10的要求。

轮胎橡胶屑物理特性的技术要求 表2-2-10

技术指标	质量要求	技术指标	质量要求
纤维含量(%)	≤0.5	颗粒的单边长度(mm)	≤4.75
钢丝含量(%)	≤0.01	滑石粉或碳化钙含量(%)	≤3
相对密度	1.1~1.2	其他杂质含量(%)	0

注:橡胶屑物理特性的试验方法可参看附录2。

3. 对橡胶屑粒径与级配的要求

从本节的讨论中,可以看到在橡胶屑粒径与橡胶屑化学成分(合成橡胶与天然橡胶的含量)、基质沥青的相容性、融胀的温度和时间之间存在着强烈的交互作用,而且这种交互作用对AR结合料的高温、中温和低温性能的影响是不同的。因此,在讨论橡胶屑粒径的选择时不应孤立地来考虑“最佳粒径”的问题,而必须结合其他条件一并综合地进行合理的选择。

对于用于热拌混合料的 AR 结合料，尤其是对抗车辙能力有较高要求的场合，应选择较粗的橡胶屑，其粒径的大部分应在 30～16 目(0.6～1.18mm)的范围内。对于合成橡胶含量多而天然胶含量相对较少的橡胶(如轿车轮胎制作的橡胶屑)，为了增加融胀的效果，在选用粗粒径橡胶屑的同时，应提高融胀的温度。对于天然橡胶含量高的橡胶屑，由于对处理强度的敏感性高，可采用粒径以 50～16 目(0.3～1.18mm)为主的橡胶屑，并应适当降低融胀的温度，以避免橡胶屑过快地消融于沥青中。

对用于喷洒型的 AR 结合料，由于喷洒温度通常高达 190～200℃，因而应采用粗颗粒的橡胶屑，以便在较长时间内保持结合料性能的稳定性。对于应力吸收层来说，增强 AR 结合料的黏弹性是需要重点考虑的因素，因而采用天然胶含量高的橡胶屑或在合成橡胶含量高的橡胶屑中添加 25% 左右粒径较细的高天然橡胶含量橡胶屑，常常是必要的。

表 2-2-11 列出了美国 4 个主要应用橡胶沥青的州运输管理局规范对橡胶屑粒径与级配的规定。从表 2-2-11 中可以看到，Caltrans 只规定一种粗颗粒的橡胶屑，其主要的部分分布在 0.6～2mm(30～10 目)，它既可用于热拌沥青混合料也可用于喷洒型的应用领域，其他 3 个州运输管理局的规范都将橡胶屑的粒径与级配分成 2 个或 3 个等级。

美国 4 个州运输管理局规范对橡胶屑粒径与级配规定　　表 2-2-11

筛孔尺寸(mm)	通过筛孔的质量百分率(%)									
	Caltrans 和市政工程绿书		ADOT		TxDOT			FDOT		
	普通	高天然橡胶	A 型	B 型	A 级	B 级	C 级	A 型	B 型	C 型
2.36 8 目	100	100	100		100					
2.00 10 目	98～100	100	95～100	100	95～100	100				
1.18 16 目	45～75	95～100	0～10	65～100		70～100	100			100
0.60 30 目	2～10	35～85		20～100		25～60	90～100		100	70～100
0.425 40 目							45～100			
0.3 50 目	0～6	10～30		0～45	0～10			100	40～60	20～40
0.15 100 目	0～2	0～4						50～80		
0.075 200 目	0	0～1		0～5		0～5				

ADOT 规定 A 型(16～10 目)用于供表面处治和应力吸收层(SAMI)用的 AR 结合料中，B 型(50～16 目)用于供断级配与开级配混合料用的 AR 结合料中。TxDOT 规定 A 级(50～10 目)用于沥青—橡胶的裂缝填封料，B 级(30～16 目)用于供表面处治和应力吸收层(SAMI)用的 AR 结合料，对于橡胶沥青 SMA 混合料(SMAR)和透水性磨耗层(PFC)混合料则可以用 B 级也可用 C 级(40 目为主的细粒式橡胶屑)，对用于常规热拌沥青混合料和作为改性沥青使用的 AC-20-5TR 则只用 C 级。FDOT 的规范规定细粒径的 A 型(100～50 目)和 B 型(40～30 目)为供制作非搅动型橡胶改性沥青用的橡胶屑，此类橡胶沥青通常作为 PG 76-22 等级的常规结合

料用于磨耗层的混合料中,而粗粒径的C型橡胶屑(50~16目)则规定用于应力吸收层(SAMI)。

从美国各州规范提供的橡胶屑规格和用途规定中可以看到一些选择橡胶屑粒径和级配的基本原则:

(1)对用于断级配和开级配混合料的高黏度沥青—橡胶结合料应选用粗粒径的橡胶屑。

(2)对用于非搅动型的橡胶改性沥青结合料应选用细粒径的橡胶屑。

(3)对于常规的密级配和SMA混合料,由于其级配没有很大空间来容纳结合料中的固体橡胶颗粒,则宜用细粒径的橡胶屑。

(4)对用于表面处治和应力吸收夹层的AR结合料,由于需要很高的加热温度,过细的橡胶屑会很快消融于热沥青中而导致结合料性能的下降,应选用粗颗粒的橡胶屑。

四、工艺参数的确定

制备沥青—橡胶结合料的工艺参数主要为融胀的温度、处理的时间和搅动的速度。由于不需要通过机械的剪切来降低橡胶屑的粒径,在AR结合料的制备过程中,机械搅动的作用主要是使橡胶屑能均匀地悬浮在热沥青中而不至于沉淀至容器的底部,所以只需采用低速的搅拌即可。

关于融胀的温度与处理的持续时间,如前所述,它们与橡胶屑的化学成分和粒径级配之间有着强烈的交互作用。因此只能在基质沥青与橡胶屑已选定的条件下通过实验室的评估来合理确定融胀温度和处理时间。此时,总的原则是应在沥青—橡胶结合料整个应用的时间段内始终保持稳定的结合料性能。有很多情况下,某一配方能在45min反应时间结束时获得很好的结合料性能,但随着时间的延续,AR结合料的性能却急剧下降。图2-2-24是上述情况的一个实例,它展示了用两种不同粒径和级配的橡胶屑制作的AR结合料的黏—温特性。从图中可以看到,级配较粗的14目的橡胶屑在反应时间45min结束后在4h储存时间内的黏度基本保持在同一水平上。对于级配较细的50目的橡胶屑来说,在反应30min后,黏度已到达它的最大值,这一最大值明显要比14目橡胶屑的最大黏度高出许多,但是在随后的储存时间里黏度却迅速地衰减,至4h后,黏度下降了将近一半。显然从施工的角度来看,宁可用较粗的14目橡胶屑而不希望出现如图2-2-24中50目曲线的情况,因为后者的最大黏度虽然比前者高16.1%,但是经历4h的储存时间后,黏度只有前者的66.7%。

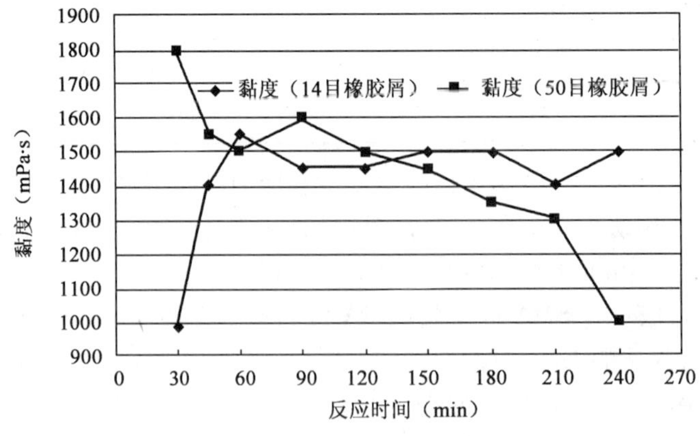

图2-2-24 不同粒径和级配的橡胶屑制作的AR结合料的黏—温特性

由此可见，确定合理的工艺参数不仅要测定AR结合料在反应时间结束时的性能，而且还应评估所设计的AR结合料在整个使用时间中能否保持较长时间的稳定。一般来说，沥青—橡胶结合料的性能，至少应能在6h内保持稳定不变，24h内也不应下降至超出AR结合料特性规定的指标范围(参看表2-2-12的实例)。

沥青—橡胶结合料的黏度—时间特性记录实例　　表2-2-12

基本性能指标	反应时间(min)					45min特性技术要求
	45	90	240	360	1440	
Haake黏度@190℃(Pa·s×10^{-3})	2400	2800	2800	2800	2100	1500～4000
锥入度@25℃(0.1mm)	39	—	46	—	50	25～70
回弹恢复@25℃(%)	27	—	33	—	23	≥18
软化点@环球法(℃)	59.0	59.5	59.5	60.0	58.5	52～74

在表2-2-13中列出了美国一些州运输管理局规范规定制备沥青—橡胶结合料的工艺参数[3]。

美国州运输管理局规范规定制备沥青—橡胶结合料的工艺参数　　表2-2-13

州运输管理局规范	ADOT	Caltrans	市政工程绿书	FDOT
融胀温度范围(℃)	160～190	190～218	190～218	170～190
最小融胀时间(min)	60	45	45	30

从表2-2-13中可以看到，Caltrans规定的工艺参数处理强度最高，它要求在190～218℃的范围内反应45min。ADOT规定的融胀温度为160～190℃，反应的时间为60min，而FDOT规范规定的融胀温度为170～190℃，反应时间则为30min。将表2-2-13中的工艺参数与表2-2-11中橡胶屑粒径的规定相对照，不难看出，选择较粗粒径的橡胶屑，其要求的融胀温度较高、反应时间较长，而选择细粒径的橡胶屑，则融胀温度与反应时间均相应较低。根据实际的经验，对于粒径大部分为30～16目的橡胶屑，融胀温度定为190℃±5℃，反应时间45min是比较合理的。

五、沥青—橡胶结合料的性能评估与技术标准

如前所述沥青—橡胶结合料是一种两相材料，它与普通的沥青结合料或常规的改性沥青有着许多本质上的不同，因此在进行性能的实验室评估时，不论在试验方法或是评价指标方面都存在着一些重要的差异。现在世界各国对沥青—橡胶结合料评价指标和技术要求的相关标准，基本上都来源于美国的标准。而美国各州规范的标准则大体上可分为两大类：一类是从ASTM D6114中演化而来的；另一类则是以Caltrans规范为代表的技术标准。

ASTM D6114(表2-2-6)规定的沥青—橡胶结合料技术标准与普通沥青和常规改性沥青技术标准最大差别如下：

(1)增加了175℃的旋转黏度指标，它是反映AR结合料高黏弹性的一个重要参数。

(2)取消了延度指标，而增加了反应AR结合料低温性能的4℃、200g、60s的低温针入度指标。

(3)用25℃的回弹性取代了常规改性沥青弹性恢复性质的指标,这是因为由于结合料中存在着橡胶的固体颗粒,它不能像改性沥青那样将试件拉得很长而不断,因而常规的弹性恢复试验不能真正反映 AR 结合料的弹性性质。

表 2-2-14 是美国一些州运输管理局对沥青—橡胶结合料制定的技术标准[3]。从表2-2-14中可以看到,TxDOT 的技术标准采用的是 ASTM D6114 的标准,ADOT 的技术标准基本上也采用了 ASTM D6114 的各项指标,只是作了某些简化,删除了 TFOT 残留物试验,对某些技术要求做了微小的改动,FDOT 则只有一项旋转黏度的指标,Caltrans 的技术标准则不论在评价指标上还是在技术要求都有较大差别。

美国州运输管理局对沥青—橡胶结合料制定的技术标准 表 2-2-14

技术指标	ADOT			Caltrans① 市政工程绿书②		TxDOT			FDOT
	1	2	3	1	2	Ⅰ	Ⅱ	Ⅲ	ARB 20
橡胶屑来源:废旧轮胎(ST)	ST	ST	ST	75% ST	75% ST	ST	ST	ST	ST
高天然橡胶(HN)	—	—	—	25% HN	25% ST	—	—	—	—
基质沥青等级	PG 64-16	PG 58-22	PG 58-28	PG 58-22 (AR 4000)	PG 64-16	AC-10 或 AC-20	AC-10 或 AC-20	AC-10 或 AC-20	PG 64-16
橡胶屑含量(结合料总重之比)(%)				20 ± 2	20 ± 2	≥15	≥15	≥15	
橡胶屑含量(基质沥青质量之比)(%)	≥20	≥20	≥20						≥20
调和油(基质沥青质量之比)(%)	不容许	不容许	不容许	2 ~ 6	2 ~ 6	可用	可用	可用	可用
融胀温度范围(℃)	160 ~ 190	160 ~ 190	160 ~ 190	190 ~ 218 (190 ~ 226)	190 ~ 218				170 ~ 190
最小融胀时间(min)	60	60	60	45	45				30
用于混合料/封层的旋转黏度@规定温度(Pa·s)	1.5 ~ 4.0/ 1.5 ~ 4.0 @177	1.5 ~ 4.0/ 1.5 ~ 4.0 @177	1.5 ~ 4.0/ 1.5 ~ 4.0 @177	1.5 ~ 4.0/ 1.5 ~ 3.0 @190	1.5 ~ 4.0/ 1.5 ~ 3.0 @190	2.5 ~ 5.0/ @175	2.5 ~ 5.0/ 1.5 ~ 5.0 @175	/1.5 ~ 5.0 @175	/≥1.5 @175
针入度@25℃、100g、5s(0.1mm)						25 ~ 75	25 ~ 75	25 ~ 75	
针入度@4℃、200g、60s(0.1mm)	≥10	≥15	≥25			≥10	≥15	≥25	
锥入度@25℃、150g、5s(0.1mm)				25 ~ 70	25 ~ 70				
软化点范围(环球法)(℃)	≥57	≥54	≥52			≥57	≥54	≥52	
回弹性@25℃,回弹(%)	≥25	≥20	≥15	≥18	≥18	≥25	≥20	≥15	
TFOT 后残留针入度比@4℃、200g、60s(0.1mm)						≥75	≥75	≥75	

注:①Caltrans 规定 PG 58-22 用于高山和高原沙漠气候区,PG 64-16 用于沿海、河谷、盆地、南部低山和低海拔地区。

②市政工程绿书基本上仿照 Caltrans 的技术标准,括弧内为不同之处。

Caltrans 规范(表 2-2-15)与 ASTM D6114 的最大区别有两点:

一是将旋转黏度的测试温度从 175℃提高到了 190℃,这显然是与加州规范要求的融胀温度较高有关。

Caltrans 沥青—橡胶结合料的技术标准　　表 2-2-15

试验指标	试验方法	技术要求	
		最小	最大
Haake 黏度@190℃（Pa·s×10^{-3}）	Caltrans LP－11	1500	4000
锥入度@25℃（0.1mm）	ASTM D217	25	70
回弹恢复@25℃（%）	ASTM D5329	18	—
软化点，环球法（℃）	D36	52	74

二是用25℃锥入度取代了25℃针入度，这是因为固体橡胶颗粒的存在会影响针入度试验数据的稳定性，用25℃锥入度来替代针入度更能真实地反映AR结合料这种两相材料在常温下的稠度。

Caltrans 规范采用了4项指标来表征沥青—橡胶结合料的基本性能。其中190℃的旋转黏度代表了AR结合料在外力作用下抵抗流动的阻力，它反映了结合料的施工和易性，同时也在一定程度上反映了结合料的黏弹性。25℃锥入度则反映了AR结合料在常温下的稠度，代表了结合料的软、硬程度。软化点则代表了AR结合料在沥青路面工作温度下的高温性能。25℃回弹性则代表了AR结合料在常温下的弹性性质，它反映了结合料抗疲劳破坏和抗反射裂缝的能力。

Caltrans 关于沥青—橡胶结合料的技术标准，比较注重方便于在实际工程中的应用，在使用上有着某些独特的优点。

（1）将旋转黏度的测量温度定在190℃，这不论对于热拌型还是喷洒型的沥青—橡胶结合料都是一种常用的生产和储存温度，成品料取样后可直接进行测定，不须重新加热或冷却，而使用手持式的Haake黏度计，操作迅速，因而十分方便。

（2）25℃锥入度比针入度对影响AR结合料性能的因素更为敏感，其测量稳定性也比后者更好，因而可以更真实地反映沥青—橡胶结合料在常温下的稠度。图2-2-25展示了WES采用针入度与锥入度方法对同样的试样进行对比试验的结果[6]。从图2-2-25中可以看到，针入度对不同稠度结合料的反应是不灵敏的，AC-5R与AC-5的针入度只差0.1mm，AC-40与AC-20相比也只差0.1mm，而加有16.7%橡胶屑的AC-20R的稠度反而比基质沥青AC-20更软，前者为25（0.1mm）、后者为20（0.1mm）。相对于针入度而言，锥入度对不同试样的敏感性则要高得多，因而其规律性也好得多，加有橡胶屑的结合料的稠度明显比不加的硬，而基质沥青AC-40的稠度也明显硬于AC-20。

（3）25℃的回弹性能更好地反映AR结合料的弹性性质，它代表了结合料的抗疲劳和抗反射裂缝的能力，而且使用起来十分方便。

（4）Caltrans 的技术标准更适用于采用粗颗粒橡胶屑，尤其是合成橡胶屑含量高而天然胶含量相对较低的橡胶屑制作的沥青—橡胶结合料。

根据近几年来国内在多个实际工程中使用 Caltrans 沥青—橡胶结合料技术标准的经验，它使用的试验仪器设备操作简单而方便，在生产中具有很强的实用性。

Caltrans 的技术标准规定了软化点的上限，从我们在广东地区的使用经验来看，沥青—橡胶结合料的软化点高于74℃是完全可能的，规定其上限将限制AR结合料的高温性能。至于对适合于寒冷地区使用的沥青—橡胶结合料,其软化点可选用标准的下限。

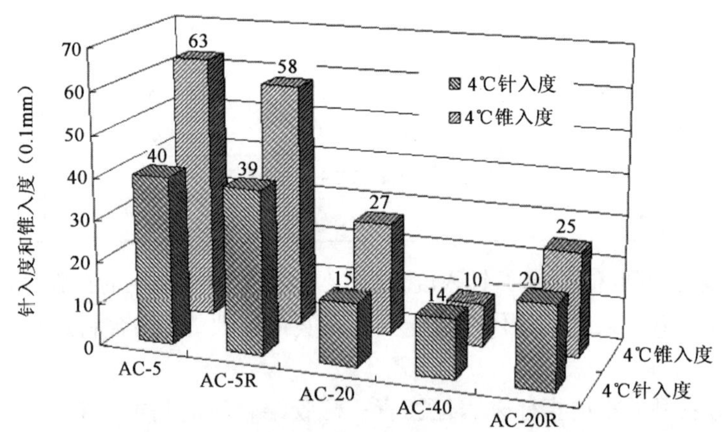

图 2-2-25　采用针入度与锥入度方法测定的结合料稠度

在文献[14]中汇集了国内有关橡胶沥青结合料的一些地方性的以及研究单位和企业制定的技术标准,这些标准大都来源于美国的 ASTM D6114,但是与 ASTM D6114 不同的是用弹性恢复(Elastic Recovery)来取代回弹性(Resilience)。

对于沥青—橡胶这样的两相材料来说,用弹性恢复来评价它的弹性性质和用 5℃(或 4℃)的延度指标来评价它的低温性能是值得商榷的。显然,这两项指标来源于常规改性沥青的技术标准,但是由于沥青—橡胶是一种在沥青中悬浮着橡胶颗粒的两相材料,它的作用机理与作为一种均质材料的改性沥青有着很大的不同,因此一些评价普通沥青与改性沥青特性的常用指标,例如常温延度和低温延度、脆点、弹性恢复系数等往往不能真实地反映出沥青—橡胶黏结剂的实际性能。如果说普通沥青和改性沥青在常温(25℃)和低温(5℃)下的延度是以数十厘米至 100cm 计的,那么对于沥青—橡胶结合料来说则通常只有几厘米至十几厘米。这是因为后者不可能像改性沥青那样拉得很长而不断,但是将它拉伸至一定的伸长量却需要更大的力和功,因此沥青—橡胶在测力延度仪上的表现通常都比常规的改性沥青更好。同样的原因,沥青—橡胶结合料位伸至 10cm 时的弹性很可能不如普通的改性沥青,但是它在毫米级上的弹性却会明显地优于改性沥青。

在文献[6]美国 WES 的研究报告中对沥青—橡胶的 4℃ 和 25℃ 的延度进行了很多试验,它在报告的结论中明确指出:"本项研究表明延度试验不适用于沥青—橡胶这样类型的结合料。"

表 2-2-16 是德国 HEIDEN 实验室对 45 号普通沥青、SBS 改性沥青、沥青—橡胶和 TOR 沥青—橡胶等 4 种结合料物理性质所做的对比试验资料[21]。从表 2-2-16 中可以看到,SBS 改性沥青的 25℃ 延度高达 87cm,而常规沥青—橡胶(GmB 30/45)与 TOR 沥青—橡胶(GVmB 30/45)分别只有 11cm 与 9cm。同样,SBS 改性沥青的弹性恢复系数都比常规沥青—橡胶与 TOR 沥青—橡胶更高。但表 2-2-16 的试验资料同时却显示出常规沥青—橡胶与 TOR 沥青—橡胶在测力延度仪上测定的功可达 0.957J 和 0.990J,而 SBS 改性沥青则只有 0.446J,当比较两者 DSR 和 BBR 的试验结果时,后者也远不如前者。

德国 HEIDEN 实验室对 4 种结合料物理性质的对比试验结果　　表 2-2-16

指　　标	普通沥青 B 30/45	SBS 改性沥青 PmB 45A	橡胶沥青 (20%橡胶屑) GmB 30/45 搅拌 30min	TOR 橡胶沥青 (20%橡胶屑) GVmB 30/45 搅拌 30min
针入度(0.1mm)	42	55	30	29
软化点(环球法)(℃)	55	55.8	69.4	71.0
脆点(℃)	-9	-15		
25℃延度(cm)		87	11	9
密度(g/cm³)	1.044	1.023	1.051	1.049
25℃弹性恢复(%)		80	77	78
-16℃弯曲梁流变试验(BBR)(弯曲蠕变劲度模量 S)(MPa)	177	124	154	156
-16℃弯曲梁流变试验(BBR)(蠕变曲线斜率 m)	0.36	0.423	0.306	0.300
25℃力延度试验(Force Ductitity Test)(J)	0.166	0.446	0.957	0.990
60℃动态剪切流变试验(DSR)(剪切模量 G^*)(Pa)	6850	7046	25953	34835
60℃动态剪切流变试验(DSR)(相位角 δ)(°)	78.5	69.3	58.4	57.3

江苏交科院用常规改性沥青指标对加 10%橡胶屑的 TOR 沥青—橡胶所做的试验也显示出类似的结果(表 2-2-17)[22]。从表 2-2-17 的数据中可以看到,5℃的延度和弹性恢复的指标分别只有 0.9cm 和 35%,远未达到 SBS 改性沥青的技术要求,前者要求不小于 30cm,后者要求不小于 65%。

用常规改性沥青指标对沥青—橡胶结合料所做的试验结果　　表 2-2-17

试验项目	基质沥青试验值	橡胶沥青试验值	技术要求		试验规范
			基质	SBS 改性	
针入度(25℃,100g,5s)(0.1mm)	64	53.2	60~80	60~80	T0604—2000
针入度指数 PI	-1.12	0.43	-1.5~+1.0	≥-0.4	T0604—2000
延度(5℃,5cm/min)(cm)	—	0.9	—	≥30	T0605—1993
延度(10℃,5cm/min)(cm)	28	—	≥20	—	T0605—1993
延度(15℃,5cm/min)(cm)	>150	—	≥100	—	T0605—1993
软化点 $T_{R\&B}$(℃)	48.0	52.8	≥46	≥55	T0606—2000
动力黏度 60℃(Pa·s)	197	430	≥180	—	T0625—2000
运动黏度 135℃(Pa·s)	0.3812	0.6500	—	≤3.0	T0625—2000
含蜡量(%)	1.9	—	≤2.2	—	T0615—2000
密度(15℃)(g/cm³)	1.0242	—	实测	—	T0603—1993
闪点(℃)	346	358	≥260	≥230	T0611—1993
溶解度(%)	99.82	—	≥99.5	≥99	T0607—1993
弹性恢复 25℃(%)	—	35	—	≥65	T0662—2000

续上表

试验项目	基质沥青试验值	橡胶沥青试验值	技术要求		试验规范
			基质	SBS 改性	
离析(℃)	—	10.8	—	≤2.5	T0661—2000
TFOT 后残留物					
质量损失(%)	0.08	-0.07	≤ ±0.8	≤ ±1.0	T0609—1993
针入度比 25℃(%)	66.5	77.3	≥61	≥60	T0604—2000
延度(5℃,5cm/min)(cm)	—	0.8	—	≥20	T0605—1993
延度(10℃,5cm/min)(cm)	6	—	≥6	—	T0605—1993
延度(15℃,5cm/min)(cm)	28	—	—	—	T0605—1993

由此可见,用常规改性沥青的指标来评价 AR 结合料并不能反映沥青—橡胶结合料的真实性能。关于究竟应采用何种指标来表征 AR 结合料的低温性能是一个需要探讨的问题,除了 BBR 试验外,在常规的沥青试验方法中,4℃或5℃的蠕变劲度也许是一项值得考虑的指标。

表 2-2-18 是在 Caltrans 技术标准的基础上,结合我国的经验推荐使用的沥青—橡胶结合料技术标准,有关 AR 结合料的低温性能的指标则有待进一步的论证。

沥青—橡胶结合料技术标准 表 2-2-18

试验指标	试验方法	技术要求			
		热拌沥青混合料			表面处治与封层
		热区	温区	寒区	
旋转黏度@190℃(mPa·s)	附录2	1500~4000			2000~3000
锥入度@25℃(0.1mm)	附录2	25~40	40~55	55~70	40~55
回弹恢复@25℃(%)	附录2	≥30	≥25	≥20	≥25
软化点@环球法(℃)	JTG E20 T0606	≥70	≥60	≥50	≥60

注:JTG E20 是指《公路工程沥青及沥青混合料试验规程》(JTG E20—2011)。

第三章　橡胶沥青的生产与质量控制

第一节　橡胶改性沥青的生产与质量控制

一、橡胶改性沥青的生产工艺与设备

橡胶改性沥青的生产与质量控制与SBR、SBS等常规橡胶类改性沥青并无原则的区别，其生产工艺可采用批量式的混融工艺，也可采用连续式的混融工艺。

图2-3-1是批量式混融工艺的基本工艺过程，其主要的制作阶段通常包括：

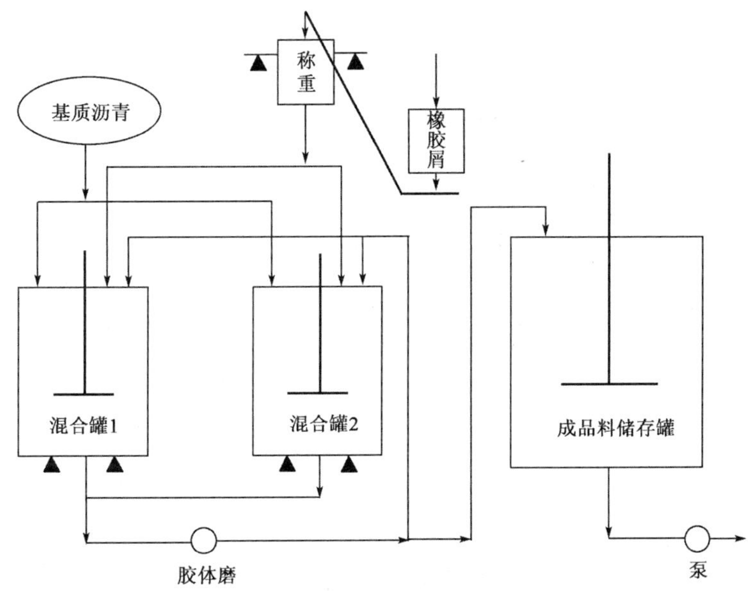

图2-3-1　橡胶改性沥青的批量式混融生产工艺

(1)基质沥青的加热、升温。

(2)沥青、橡胶屑、添加剂的计量。

(3)基质沥青与橡胶屑以及添加剂的预混。

(4)橡胶屑在沥青中的弥散。

(5)橡胶屑与沥青的反应。

(6)储存和运输。

其中橡胶屑在沥青中的分散和反应过程是最重要的阶段，橡胶屑与沥青的混合物将在胶体磨或高速剪切机中经过若干次循环研磨后达到要求的细度与分散均匀度。

除传统的批量式生产设备外,近年来还发展了连续式的生产工艺和设备。连续式生产工艺的基本工艺流程如图 2-3-2 所示,其主要制作过程包括:

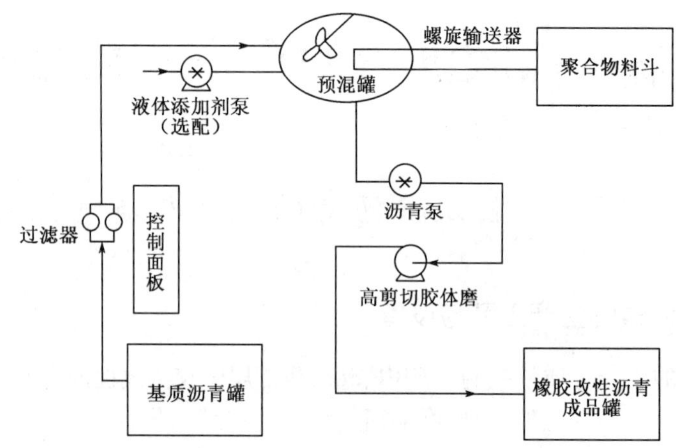

图 2-3-2　橡胶改性沥青的连续式混融生产工艺

(1)基质沥青的连续加热过程(如换热器加热过程)。

(2)沥青、橡胶屑、添加剂的连续计量过程。

(3)基质沥青与橡胶屑以及添加剂的预混过程。

(4)橡胶屑在沥青中的分散和反应过程。

(5)储存和运输。

为保证橡胶屑在沥青中的混融质量,在连续式的混融工艺中通常采用多级的高速剪切机或胶体磨来实现一次性连续研磨过程。图 2-3-3 是美国 DALWORTH 公司开发的连续式橡胶改性沥青制备设备以及高剪切的连续胶体磨,它不仅可生产橡胶改性沥青,也可生产常规的 SBR、SBS 改性沥青以及 SBS 与橡胶屑的复合改性沥青。

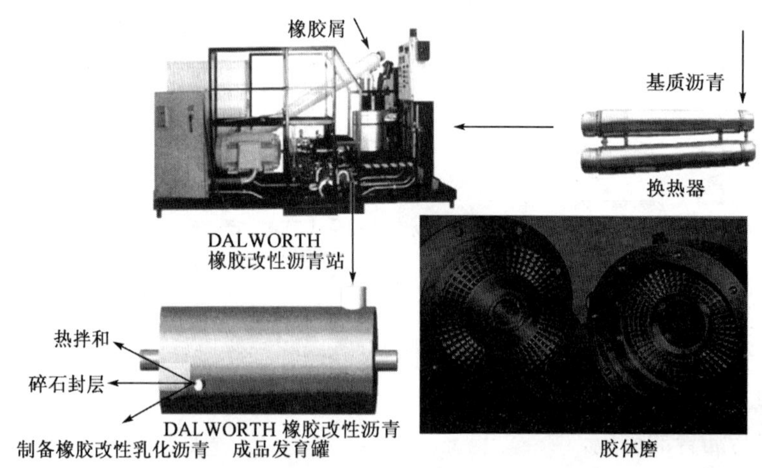

图 2-3-3　连续式橡胶改性沥青制备设备以及高剪切的连续胶体磨

橡胶改性沥青生产设备通常与常规改性沥青生产设备是通用的,但需根据橡胶改性沥青的工艺要求来调试其工艺过程的参数——处理温度与时间。它们受基质沥青的组成、橡胶屑的成分、细度与用量，以及剪切研磨的速度与遍数等多种因素的影响，需要通过试验来确定，为避免基质沥青的过多老化，通常采用210℃ ±5℃的处理温度是比较合理的。

二、橡胶改性沥青的质量控制

橡胶改性沥青结合料在投入生产前宜首先在实验室的小型试验设备上按设计的配方进行试验，并根据试验的结果进行调整，直到符合设计要求为止。通过实验室的试验来确定适宜的加工温度、反应时间等工艺条件，并制订详细的生产工艺和操作规程，用以指导大批量的生产。

经实验室验证后的橡胶改性沥青配方和工艺还需在生产设备上通过试生产对工艺过程作出进一步调整后，方可确定为正式生产用的配方和生产工艺。橡胶改性沥青结合料在实验室的调整过程和试生产以及正式生产过程中，其质量均需符合第二篇第二章表2-2-2规定的各项技术标准。橡胶改性沥青结合料在生产过程中的质量检验通常按每批成品结合料进行，各种原材料的质量检验项目与检测频度可参看第三篇第八章第一节。

第二节　沥青—橡胶结合料的生产与质量控制

一、沥青—橡胶结合料的生产工艺与设备

沥青—橡胶结合料的生产工艺和设备由于没有高速剪切、研磨的工序，因而要比常规改性沥青的生产工艺与设备更为简单。由于对橡胶屑的用量和工艺参数的控制的要求较为严格，通常宜采用批量式的生产工艺，图2-3-4是它的基本工艺流程，其主要的工艺步骤包括以下几点：

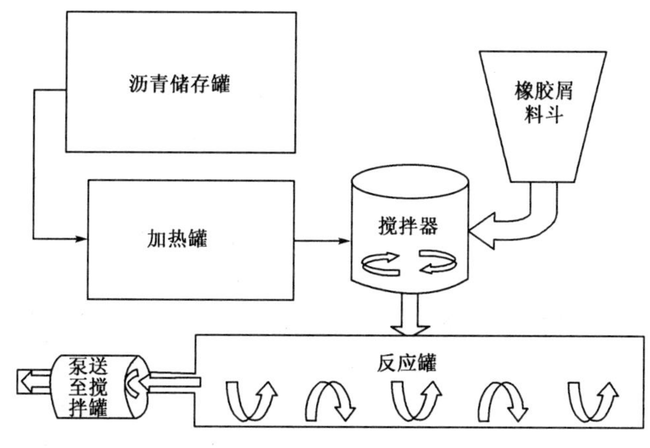

图2-3-4　沥青—橡胶结合料的批量式生产工艺

(1)基质沥青的加热、升温。

(2)沥青、橡胶屑、添加剂的计量。

(3)基质沥青与橡胶屑以及添加剂的预混。

(4)橡胶屑在沥青中的融胀与反应。

对沥青—橡胶结合料生产设备的基本技术要求通常包括以下一些方面。

(1)沥青储存罐

沥青储存罐应有足够的容量以满足连续生产沥青—橡胶结合料的需要。罐体应有良好的保温材料裹覆,各种管道应有导热油的保温装置。储存罐内的沥青应有导热油的加热和升温系统以及控制温度的功能,并有显示温度的仪表。沥青储存罐在结合料生产过程中供应的沥青温度宜控制在150～160℃的范围内。

(2)沥青加热器

沥青加热器应具有快速加热升温的功能,其生产能力应与沥青和橡胶屑搅拌装置的生产能力相匹配,并满足连续生产的需要。沥青加热器的罐体和各种管道应是“绝热”和保温的。考虑到当冷的橡胶屑加入到热沥青中时的降温作用(一般将降温4～10℃),在结合料的生产过程中,在加入橡胶屑之前基质沥青宜加热至200～210℃范围内。由于加热温度较高,沥青加热器必须有严格的温度控制系统和防止沥青着火的装置。温度自动控制系统的控制精度宜为设定值±3℃,并带有温度指示和自动记录的仪表。

(3)橡胶屑给料装置

橡胶屑给料装置应具有计量的功能,以保证加入的橡胶屑与基质沥青之间保持恒定的比例关系。称重装置可以采用皮带秤(连续计量)也可采用计量料斗(批量计量)。前者可通过皮带输送器,后者则可通过螺旋给料器将计量后的橡胶屑送入搅拌装置,并能改变其输送的速率。给料装置还应考虑在生产过程中需要经常地对橡胶屑进行取样的要求。

(4)沥青与橡胶屑的混合(搅拌)装置

混合装置应具有将基质沥青与橡胶屑进行充分、均匀搅拌的功能。装置还应装备有基质沥青的泵入系统,这一泵送系统应装备有流量的计量装置,并能改变其输送速率以适应橡胶屑输入量的要求,使两者保持规定的比例关系。混合装置还应该装备有显示各个成分输送速率的指示器和累积计量的指示器。材料的输送速率应按保证材料充分搅拌的原则来确定,搅拌器不应有搅拌不到的死角。搅拌装置应具备温度的控制和显示功能,如果搅拌器本身没有加热系统,则可通过调节基质沥青的加热温度来对搅拌温度进行调节。搅拌温度宜控制在180～210℃的范围内,在搅拌过程中温度的变化不应超过±5℃,且在180～210℃这一范围内。

(5)沥青—橡胶的反应罐和储存罐

沥青—橡胶的反应罐和储存罐宜做成“两位一体”的,即两个相同的罐可以交替使用。沥青—橡胶反应—储存罐应具有将搅拌好的沥青和橡胶屑混合物保持在一定的温度和时间范围内进行融胀反应的功能,并应通过不断地搅动,来防止橡胶屑的固体颗粒下沉,使之均匀地分布在基质沥青中,已经反应好的成品沥青—橡胶可作为供应沥青搅拌设备用的结合料。此时反应罐应改作储存罐之用。储存罐同样应具有温度的控制和结合料搅动的功能。由于需要长时间的保温,反应罐和储存罐均应装备有加热装置与温度的自动控制系统。反应的温度宜保持在180～210℃的范围内,并在规定的温度下保持45～60min反应时间,储存温度可降低至180～195℃的范围。反应罐和储存罐应配备有反应温度、反应时间和储存时间的指示仪表和记录装置。与基质沥青的加热罐一样,沥青—橡胶的反应罐和储存罐同样应具有罐体“绝热”和保温的要求。沥青—橡胶的反应罐和储存罐上还应装备有专门泵送高黏度流体的沥青泵(参看第三篇第八章图3-8-1)。

除批量生产工艺外,国外沥青—橡胶结合料的生产也有采用连续式生产工艺的。1989年美国Rouse Rubber Industries公司开发了一种沥青—橡胶结合料的连续式掺和新工艺,并于

1990 年在 Florida 州铺筑了试验路。与 McDonald 湿法工艺相比,它采用较少的 CRM 和更细的橡胶屑。Rouse 公司自制的专用设备可将 40 ~ 80 目的细橡胶屑按 5% ~15% 的比例连续地掺和到 AC-5 或 AC-10 的沥青中去,在边拌和边反应的连续过程中生产出 AR 结合料来。采用细级配的橡胶屑可以在更低的温度下更快地完成与基质沥青的反应过程。

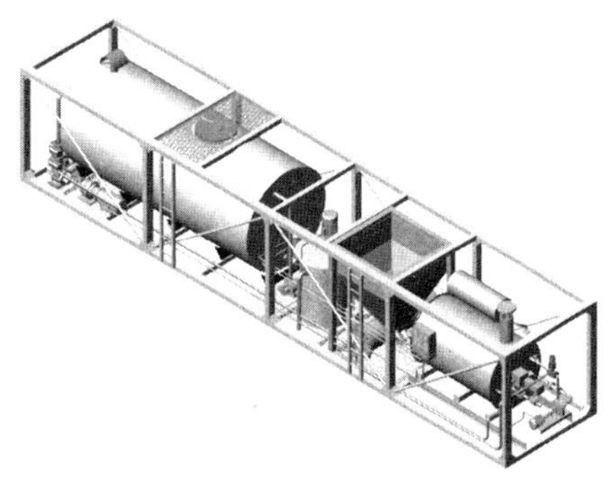

图 2-3-5　美国 PHOENIX 的连续式沥青—橡胶拌和设备

图 2-3-5 是美国 PHOENIX 公司生产的连续式沥青—橡胶拌和设备。连续式掺和工艺的好处是设备的结构简单、体积小,但要求用较细的橡胶屑,而沥青—橡胶的均匀性也较难保证,因而并未得到更多推广应用,主要还是用于小型和对质量要求较低的场合。

二、沥青—橡胶结合料的延期使用与再加热

沥青—橡胶结合料的生产工艺是一种现制现用的现场生产工艺,制作好的成品结合料应即时投入使用,一批制作好的成品料在沥青混合料的生产过程中保持的时间不应超过 6h(在 45min 的反应周期结束后),成品结合料在使用过程中的温度必须保持在规定的温度上。

如果预计沥青—橡胶结合料延期至 4h 之后才会使用,应停止加热,结合料将自由冷却,虽然对不同的保温储存罐,其结合料的冷却速率可能会不一样,但只要结合料冷却到 180℃以下,则再次启动使用时就必须重新加热,使其温度上升到 180 ~210℃的范围内。

一批成品结合料持续储存的时间一般不宜超过 10h(在储存期间内仍需不断地搅动),再加热的次数不应超过 2 次。当再次启动使用时,必须重新检验结合料的黏度,以验证其是否处于规定的范围内。

如果储存时间较长(有时可能会过夜),在再加热重新使用时应额外添加 10% 以上的橡胶屑并在 180 ~210℃的温度范围内搅拌和反应 45min,以重新建立起沥青—橡胶的黏度至规定的范围。

三、沥青—橡胶结合料的质量控制

沥青—橡胶结合料的质量控制主要应包括原材料的质量控制、结合料生产过程工艺参数的控制和成品 AR 结合料的质量检验等 3 部分。

制备沥青—橡胶结合料的基质沥青宜选用 A 级石油沥青,并按 A 级石油沥青的路用性能检验其各项技术指标,橡胶屑的级配、物理特性、化学成分应符合第二篇第二章第二节的各项技术要求。

沥青—橡胶结合料的设计配方经实验室的评估验证后,在实际生产之前应通过试拌,检验其对生产过程工艺上的适应性。在试拌过程中可对工艺参数作适当的调整,使其各项指标达到设计要求的路用性能,并确定为正式生产的设计配方和生产工艺。

沥青—橡胶成品料的质量检验宜按每批(每罐)成品结合料进行,其检测的项目应包括旋转黏度、锥入度、软化点、回弹性等 4 项,并应符合表 2-2-18 的质量要求。

在正式生产过程中,由于各种因素变化的影响,AR 结合料的性能指标会有一定波动,但

应控制在一定范围内。由于黏度是影响 AR 结合料最为敏感的指标，可将它作为控制结合料生产质量的控制指标。在 AR 结合料的整个生产过程中其黏度的变化不宜超过 ±500mPa·s。通常认为当黏度的变化超过设计值的 ±500mPa·s 或在融胀过程中的变化趋势有改变时，这提示着 AR 结合料的原材料组成有可能与原设计发生了改变[18]。在 AR 结合料的正常生产过程宜按每小时一次定时检查结合料的黏度。

表 2-3-1 是美国 Caltrans 规范在对基质沥青、橡胶屑等原材料和沥青—橡胶成品料的质量控制要求（检验项目和取样与试验频度），可供参考。

橡胶沥青结合料生产过程中原材料的质量控制 表 2-3-1

材　　料	质量控制项目	取样和试验频度
橡胶屑	化学成分	每 250 美吨
	级配及物理特性	每载货汽车或每 20 美吨
沥青—橡胶结合料	黏度（190℃）	每批每小时取样 4L
基质沥青	规范特性	每 200 美吨（在料源地或拌和站）
调和油	规范特性	每 25 美吨（在料源地或拌和站）

在 AR 结合料生产质量的控制中，一张记录有原材料的来源与规格、它们在结合料中的用量、AR 结合料的融胀温度与起始时间、每小时检测黏度的数据与检测温度、结合料生产批次与储存罐的温度记录等生产数据的生产报表对于沥青—橡胶结合料的生产质量控制是非常有帮助的。AR 结合料生产报表的示例见表 2-3-2。

沥青—橡胶成品结合料生产报表示例 表 2-3-2

<table>
<tr><td colspan="2">工程名称</td><td colspan="5"></td></tr>
<tr><td colspan="2">生产日期</td><td colspan="5"></td></tr>
<tr><td colspan="2">结合料生产负责人</td><td colspan="5"></td></tr>
<tr><td colspan="2">检测负责人</td><td colspan="5"></td></tr>
<tr><td colspan="7">原材料及结合料的配方</td></tr>
<tr><td colspan="2">原材料</td><td colspan="2">原材料的来源与特性说明</td><td colspan="3">结合料配方</td></tr>
<tr><td colspan="2">基质沥青</td><td colspan="2"></td><td colspan="3"></td></tr>
<tr><td colspan="2">调和油</td><td colspan="2"></td><td colspan="3">按基质沥青质量：</td></tr>
<tr><td colspan="2">已掺和调和油的基质沥青</td><td colspan="2"></td><td colspan="3">按沥青—橡胶结合料总量：</td></tr>
<tr><td colspan="2">废旧轮胎橡胶屑（CRM）</td><td colspan="2"></td><td colspan="3">按沥青—橡胶结合料总量：</td></tr>
<tr><td colspan="2">高天然橡胶含量橡胶屑
（Hi Nat）</td><td colspan="2"></td><td colspan="3">按沥青—橡胶结合料总量：</td></tr>
<tr><td colspan="2">其他添加剂</td><td colspan="2"></td><td colspan="3"></td></tr>
<tr><td colspan="7">沥青—橡胶结合料生产过程黏度检测记录</td></tr>
<tr><td>批次循环
起始时间①</td><td>批次号</td><td>储存罐内
黏结剂温度（℃）</td><td>结合料
测试温度②
（℃）</td><td>结合料
测定黏度② Pa·s
（$\times10^{-3}$）</td><td>测试
时间</td><td>备注</td></tr>
<tr><td></td><td></td><td></td><td></td><td></td><td></td><td></td></tr>
<tr><td></td><td></td><td></td><td></td><td></td><td></td><td></td></tr>
<tr><td></td><td></td><td></td><td></td><td></td><td></td><td></td></tr>
</table>

注：①批次循环起始时间是指结合料储存罐已充满且黏结剂温度已达到（190 ±2）℃的时刻。

②黏度测试应在（190 ±2）℃的条件下进行。

参考文献

[1] Glover C J, et al. A comprehensive laboratory and field study of high-cure crumb rubber modified asphalt materials[R]. EI Paso Texas: Texas Transportation Institute, 2000.

[2] Holleran G, et al. Asphalt rubber in chip seals, slurry, microsurfacing and hot mix[R]. Sacramento California: Valley Slurry seal Co. , 1998.

[3] California Department of Transportation. Asphalt rubber usage guide[R]. Sacramento California: California Department of Transportation, 2006.

[4] Zanzotto L, et al. Development of rubber / asphalt binders by depolymerization / devulcanization of scrap tires in asphalt[R]. Washington D. C. : Transportation Research Record, 1996.

[5] Lee Soon-Jae, et al. The effect of crumb rubber modifier (CRM) on the performance properties of rubberized binders in HMA pavement[J]. Construction and Building Materials. 2008 (22): 1368 ~ 1376.

[6] Gary Anderson. Research on asphalt-rubber binders and mixes[R]. Vicksburg Mississippi: Army Corps of Engineers Waterways Experiment Station, 1992.

[7] Mansour Solaimanian, et al. Evaluation of vestemmer reactive modifier in crumb rubber asphalt [R]. University Park Pennsylvania: Northeast Center of Excellence for Pavement Technology, 2003.

[8] Buncher M S. Evaluating the effects of the wet and dry processes for including crumb rubber modifier in hot mix asphalt [R]. Auburn Alabama: National Center for Asphalt Technology, 1995.

[9] 广州市政集团沥青工程公司. 高抗车辙性能 TOR 沥青—橡胶粘结剂和混合料实验室研究报告[R]. 广州:广州市政集团沥青工程公司,2010.

[10] 陈舜明,杜苹,金年喜,等. 新一代的橡胶沥青——TOR 沥青—橡胶及其路用性能的实验室评估[J]. 建设机械技术与管理,2011(4).

[11] 曹荣吉,陈荣生. 橡胶沥青工艺参数对其性能影响的试验研究[R]. 南京:2009 国际橡胶沥青大会论文集,2009.

[12] 王旭东,李美江,路凯冀. 橡胶沥青及混凝土应用成套技术[M]. 北京:人民交通出版社,2008.

[13] Putman B J. Crumb rubber modification of binders-Interaction and particle effects[J]. Road Materials and Pavement Design, 2006(10).

[14] 吕伟民,等. 橡胶沥青路面技术[M]. 北京:人民交通出版社,2011.

[15] American Society for Testing and Materials Standard. ASTM D6114-09 Standard Specification for Asphalt-Rubber Binder[S]. West Conshohocken Pennsylvania: American Society for Testing and Materials, 2009.

[16] Arizona Department of Transportation Standard. Standard specifications for road and bridge construction section 1009 asphalt-rubber material[S]. Phoenix Arizona : Arizona Department

of Transportation , 2010.

[17] California Department of Transportation Standard. Specification special provision 10-1 rubberized asphalt concrete[S]. California Department of Transportation, 2005.

[18] California Department of Transportation. Asphalt rubber usage guide[R]. Sacramento California: California Department of transportation, 2006.

[19] Hicks R G, et al. Quality control for asphalt rubber binders and mixes[R]. Tempe Arizona: Rubber Pavement Association , 2000.

[20] HEIDEN Laboratory. Test report No 13/2005 [R]. Roggentin Germany: HEIDEN Laboratory,2005.

[21] 江苏交通科学研究院中心实验室. 沥青试验报告(No 011006210)[R].南京:江苏交通科学研究院,2006.

第三篇　橡胶沥青在热拌沥青混合料路面中的应用

第一章　橡胶沥青路面的结构设计

如前所述，橡胶改性沥青与沥青—橡胶这两大类橡胶沥青结合料在机理上存在着本质的差异，因此用它们拌制的两大类橡胶沥青混合料——橡胶改性沥青混合料和沥青—橡胶混合料，在热拌沥青混合料路面结构设计中的优势应用领域也不尽相同。橡胶改性沥青混合料的应用优势是密级配的沥青混合料，更适用于结构性的沥青面层，而沥青—橡胶混合料的应用优势是断级配和开级配的混合料，更适合于功能性的沥青面层。

第一节　用于中、下面层的橡胶沥青结构层

从原则上来说，作为一种改性的沥青混合料，不论是橡胶改性沥青混合料还是沥青—橡胶混合料都可以用在沥青面层的任何结构层，但这两大类橡胶沥青混合料在不同结构层的应用优势是不同的。

橡胶改性沥青作为一种 SBR、SBS 等橡胶类聚合物改性沥青的替代品，它的物理性质和力学性质与常规改性沥青相类似。因而用它拌制的混合料的力学性能，包括作为结构设计依据的劲度模量，应该与 SBS 等橡胶类改性沥青混合料相近。由此可以推断橡胶改性沥青混合料可作为常规改性沥青混合料的替代品应用于沥青面层的各个结构层，其结构层厚度也可比照改性沥青混合料结构层的厚度来确定。

目前国内沥青路面的基本结构主要还是以半刚性基层沥青路面为主，沥青面层通常为二层或三层的结构，中、下面层主要采用密级配沥青混凝土。对于半刚性基层来说，面层将承受更大的剪切应力，而且较大的剪切应力主要发生 5 ~ 12cm 的深度内[1]。由于中、下面层承受着较大的剪切应力，更容易发生车辙变形，因而具有较高的抗车辙能力是中、下面层结构设计中要考虑的重要因素。除此之外，半刚性基层沥青路面还有两个常见的早期病害：一是半刚性基层抗水损害的能力较弱，被水浸泡后发生唧浆、变软、下沉导致沥青路面出现坑洞、网裂；二是半刚性基层容易产生干缩裂缝，收缩裂缝导致沥青面层产生反射裂缝。

因此在中、下面层的结构设计中，对中、下面层的基本要求是抗车辙、抗水损害（密水性）和抗反射裂缝。在 20 世纪 90 年代的高速公路和一级公路结构设计中大都采用 4cm + 5cm + 6cm 三层式的结构，面层总厚度为 15cm，中、下面层的混合料多为 AC-20 和 AC-25 的密级配沥青混合料。这种结构形式在我国车辆严重超重的情况下，很快出现车辙、水损害和反射裂缝等早期病害。进入 21 世纪，国内许多省市在设计高速公路半刚性基层的沥青面层时采取了一系列加强和改进的措施，这些措施大体上可分为 3 个方面：

（1）加厚了沥青面层，面层的总厚度从原有 15cm 加厚至 18cm，大多采用 4cm + 6cm + 8cm 或 5cm + 6cm + 7cm 的三层式结构。

(2)在中、下面层中采用高温性能良好的SBS改性沥青作为密级配混合料的结合料。

(3)在中、下面层中采用骨架嵌挤密实型的混合料结构,以加强其抗剪切推移的能力,并保证良好的密水性,通常可采用SMA-20、SMA-25的混合料,也可采用所谓"空隙体积填充型混合料",后者与SMA混合料的主要区别在于用细集料代替沥青玛蹄脂来充填骨架空隙[2]。

从加强材料性能的角度来说,在上述各项措施中采用橡胶沥青作为结合料都是一种在费用—效益上具有优势的选择,它能较好地满足上、中、下面层对密水性、抗剪切、抗裂缝的要求。

在两大类橡胶沥青混合料中橡胶改性沥青混合料的优势是可以在不改变矿料级配的条件下,取代SBS改性沥青混合料作为密级配、SMA和其他骨架密实型的混合料,灵活地应用于中、下面层的混合料。

沥青—橡胶混合料具有良好的抗疲劳和抗反射裂缝的性能,但同时要求使用较高的结合料用量,它的结合料用量通常要高出普通沥青混合料2%~3%,因而其成本费用也将相应提高。此外,沥青—橡胶混合料用于结构性承载层,其结构层的抗疲劳性能与结构层的厚度有关,它更适合用于30~45mm的薄层结构,当结构层厚度超过60mm后,它与普通密级配沥青混合料相比已经没有更大的性能优势了。

因此,当应用于中、下面层时,橡胶改性沥青混合料不论在性能和成本费用上都比沥青—橡胶混合料具有更大的优势。

第二节　用于磨耗层的橡胶沥青结构层

作为沥青面层表面的磨耗层,除一定的承载能力外,更重要的是满足功能性方面的要求,包括平整度、抗滑性、耐磨性与耐久性、抵抗温度与收缩应力的能力以及保护下层路面不受水浸入的能力。在这些性能方面,沥青—橡胶混合料都有着自己独特的优势。

在第一篇第二章有关搅动型湿法处理的发展中曾提到美国加州运输管理局根据试验路的工程实践和HVS实物模拟加载试验的结果,确认了沥青—橡胶混合料应用于路面维修中,存在着减薄路面设计厚度的巨大潜力。

实际上加州运输管理局自20世纪80年代初就开始在加州的一些公路和城市道路的维修工程中进行了AR混合料的路面减薄结构试验。1983年Caltrans在RT-395公路上铺设了三段采用减薄结构的AR混合料试验路段,以及作为比较对象的按常规厚度设计的若干段普通沥青混合料的试验段(图3-1-1)[3]。在随后的年月里,Caltrans在许多干线公路和Costa Mesa、Whiffier、Los Angle等城市的水泥路面上铺设三层或二层式的沥青—橡胶混合料罩面(图3-1-2)[3],这些工程都经受了十余年时间的考验,表明减薄结构的罩面可以获得与常规不减薄厚度的密级配沥青混合料罩面同等的甚至更长的寿命。截至2000年,在加州已经成功地铺设有超过750个减薄结构的维修工程项目[4]。

1992年Caltrans制定了《沥青—橡胶热拌混合料厚度设计指南》。为了验证减薄设计结构的有效性,Caltrans在1993~1997年组织实施了由加州大学伯克莱分校等4个单位参加的HVS现场实物模拟试验,这一模拟试验的结果确认了减薄结构设计的有效性[4]。

加里福尼亚州取得的成功,引起了美国公路界的很大兴趣,Caltrans的设计人员常常被问到一些类似的问题,它们是以下几点:

(1)用于路面维修的AR混合料罩面的减薄结构设计能否用于新建的路面或长寿命路面的设计?

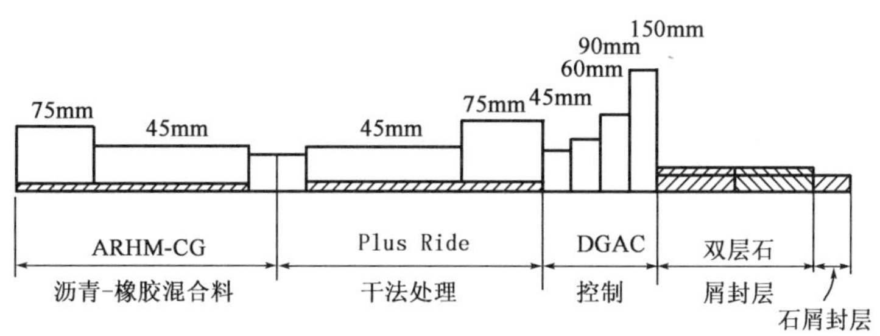

图3-1-1　Caltrans在RT-395公路上的试验路段

图3-1-2　在水泥路面上铺设的三层式沥青—橡胶混合料罩面

(2)在新建路面或罩面工程中AR混合料的结构厚度最大能到多少?它们能否超过60mm而不至于出现任何性能方面的问题?

(3)在AR混合料路面上能否被其他混合料覆盖为罩面?而现行的罩面结构设计是否还可应用?

(4)AR混合料是否可以再生利用?

为解决这些问题,Caltrans组织了一个两阶段的研究计划。第一阶段的任务是从理论上弄清橡胶沥青混合料应用于新建路面与结构性罩面的设计准则,并为橡胶沥青混合料在加州设计实践中的应用提供一临时性的建议。之所以为临时性的是因为最终的结果和结论需要在5

年的现场试验路段观察期结束后才能得出，根据现场试验研究的结果，它们有可能做出某些修正[5]。

注：第二阶段工作尚未见有报道。

第一阶段理论工作的研究报告发表于2005年12月，试验路段铺设在位于Firebaugh镇附近的州际公路RT-33上，铺设时间为2004年6月。试验工程是一项沥青路面的罩面工程，所有试验路段选择在病害的类型、范围和严重程度是类似的区段，这些区段的基层与路基应该没有诸如唧浆、沉陷等严重的结构性损坏，而且各试验段的弯沉是均匀的并处在同一水平上。整个试验区域包括了9个采用不同混合料和不同罩面厚度的试验路段（表3-1-1）[6]。

RT33 Firebaugh试验路段的布置 表3-1-1

试验路段序号	混合料类型（代号）	结合料类型与处理方法	铺层厚度（mm）	试验路段长度（m）
1	沥青—橡胶混合料（RAC-G）	A-R湿法处理	90	300
2	沥青—橡胶混合料（RAC-G）	A-R湿法处理	45	1000
3	橡胶改性混合料（RUMAC-GG）	CRM干法处理	45	1000
4	橡胶改性混合料（RUMAC-GG）	CRM干法处理	90	700
5	橡胶改性沥青混合料（MB-G）	RMB厂拌掺和	45	1000
6	橡胶改性沥青混合料（MB-G）	RMB厂拌掺和	90	700
7	橡胶改性沥青混合料（MB-D）	RMB厂拌掺和	90	700
8	橡胶改性沥青混合料（MB-D）	RMB厂拌掺和	45	1000
9	密级配沥青混合料（DGAC-A）	控制对比段	90	250

第一阶段的研究工作主要是采用了两种方法来研究橡胶沥青混合料应用于新建路面和结构性罩面的设计准则和性能分析。第一种方法是通过橡胶沥青混合料的黏聚性试验来比较作为加州柔性路面设计方法主要依据的橡胶沥青混合料与普通密级配沥青混合料的砾石系数（Gravel Factor）G_f。

注：砾石系数是Caltrans柔性路面设计所采用的一种经验性设计方法中的一个结构当量的换算系数。这一方法以粒料底基层的抵抗交通荷载之承载能力为基础，将不同结构层的抵抗交通荷载的承载能力转换为相当于粒料底基层之承载能力，称之为砾石当量GE（Gravel Equivalent），而每个结构层的GE是通过砾石系数G_f与结构厚度的乘积进行转换的，即总的路面当量承载能力GE为：

$$\begin{aligned} GE &= GE_{AC} + GE_{AB} + GE_{SB} \\ &= G_{fAC} \times d_{AC} + G_{fAB} \times d_{AB} + 1 \times d_{SB} \end{aligned} \tag{3-1-1}$$

式中：GE——路面的砾石当量；

GE_{AC}、GE_{AB}、GE_{SB}——分别为沥青面层、基层和底基层的砾石当量；

G_{fAC}、G_{fAB}、G_{fSB}——分别为沥青面层、基层和底基层的砾石系数（$G_{fSB}=1$）；

d_{AC}、d_{AB}、d_{SB}——分别为沥青面层、基层和底基层的结构厚度。

第二种方法是采用建立在多层弹性理论基础上的力学—经验法，通过一系列回归模型来确定橡胶沥青混合料的劲度模量、沥青面层底部的拉应力和疲劳寿命，这些模型是由加州大学伯克莱分校的路面研究中心(UC PPRC)开发的。在比较橡胶沥青混合料与密级配沥青混合料的结构性罩面的性能时,对 PPRC 的模型作了某些补充,以便能采用 Caltrans 现行的确定罩面结构厚度的原则与方法[5]。

文献[5]的主要研究结果可汇总为以下几部分:

(1)利用黏聚力试验测定橡胶沥青混合料的砾石系数 G_f 的结果。

在 Caltrans 的砾石当量设计方法中,是按照密级配沥青混合料(DGAC)与砾石底基层的材料性能的当量关系将沥青面层的承载能力换算为砾石当量的承载能力 GE_{AC} 的。其换算的依据为不同材料的承载能力与用 ASTM D1560 的黏聚力试验方法测定的有效黏聚力值(Cohesion Value)之间存在着 0.2 次方的关系,即认为

$$G_{fAC} = \left(\frac{C}{20}\right)^{0.2} \tag{3-1-2}$$

式中:G_{fAC}——沥青混合料的砾石系数;

C——沥青混合料的有效黏聚力值,g/in;

20——砾石材料的黏聚力值,g/in。

黏聚力测量值(Cohesiometer Value)是采用 Hveem 黏聚力仪(Cohesiometer)测定的表征沥青混合料黏聚性的力学指标,它通过流动的钢珠以 1800g/min 的速率来加载一由沥青混合料试件形成的悬臂梁,直至其断裂或弯曲屈服(图 3-1-3)。

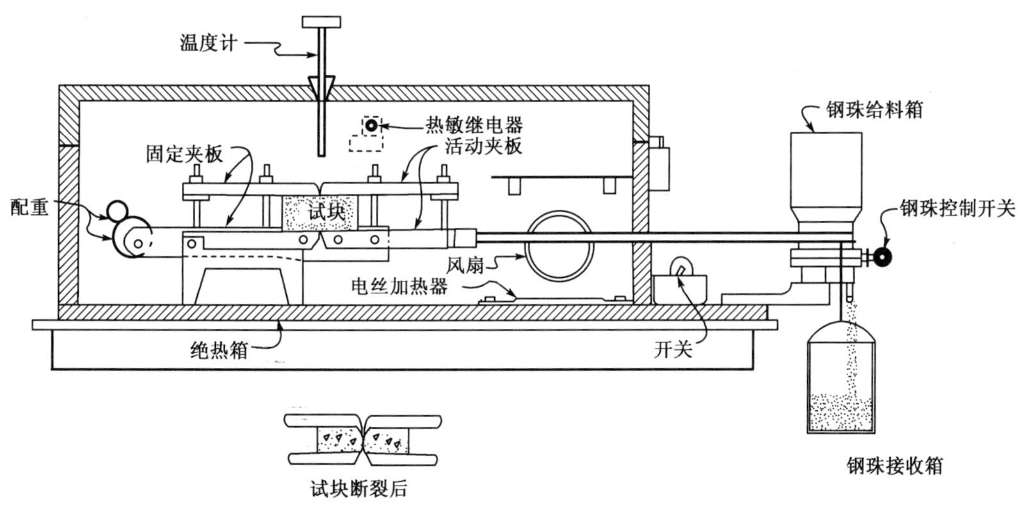

图 3-1-3　Hveem 黏聚力仪工作原理

为考虑路面温度和交通量的影响,Caltrans 的设计方法规定采用 22℃(72 ℉)测定的黏聚力测量值,并计算用以确定沥青混合料砾石系数的有效黏聚力值:

$$C_0 = C_T\left(\frac{5.14}{TI}\right)^{2.5} \tag{3-1-3}$$

式中:C_0——有效黏聚力值,g/in;

C_T——路面平均温度(72 ℉)下的黏聚力测量值,lb/in(1lb/in = 17.858kg/m);

TI——交通指数。

文献[5]的研究对断级配沥青橡胶混合料 RAC-G、干法处理橡胶改性混合料 RUMAC、断级配橡胶改性沥青混合料 MB-G、密级配橡胶改性沥青混合料 MB-D 以及作为比较对象的密级配沥青混合料 DGAC 等 5 种混合料测定了它们的黏聚力测量值和相应的试件空隙率(表 3-1-2)。

5 种混合料的黏聚力测量值 表 3-1-2

混合料类型	试件 1		试件 2		试件 3		试件 4		平均黏聚力测量值(g/in)	平均空隙率测量值(%)
	黏聚力测量值(g/in)	空隙率测量值(%)	黏聚力测量值(g/in)	空隙率测量值(%)	黏聚力测量值(g/in)	空隙率测量值(%)	黏聚力测量值(g/in)	空隙率测量值(%)		
RAC-G	773	4.9	529	5.1	548	6.4	864	4.9	679	5.3
RUMAC	604	3.4	672	2.5	502	4.0	316	3.1	524	3.3
MB-G	454	3.4	648	3.5	452	3.6	470	3.1	506	3.4
MB-D	814	3.8	789	3.8	623	3.9	743	3.1	742	3.7
DGAC	558	3.3	505	3.8	595	4.2	491	3.9	537	3.8

从表 3-1-2 中可以看到,在各种类型的混合料中,除 RAC-G 外,其余的各型混合料的空隙率都在 3.5% 左右,只有沥青—橡胶混合料试件的空隙率要高出 2% 左右,为补偿由于空隙率增大而导致黏聚力测量值的减少,采用外插法计算了在 3.5% 时 RAC-G 的平均黏聚力测量值为 1100g/in。按各种类型混合料的平均黏聚力测量值计算了各种材料砾石系数 G_f,其结果显示在图 3-1-4 中。

从图 3-1-4 中可以看到,干法处理的橡胶改性混合料 RUMAC、断级配的橡胶改性沥青混合料 MB-G 与密级配的沥青混合料 DGAC 的黏聚力测量值十分接近,而 RAC-G 与 MB-D 混合料的 G_f 值明显高于 DGAC 之值,其中 RAC-G 的 G_f 值最高。这表明,从材料的承载能力来说沥青—橡胶混合料明显优于普通的密级配沥青混合料。

(2)采用力学—经验法计算 RAC-G 和 DGAC 混合料沥青面层底部拉应变与疲劳寿命的结果。

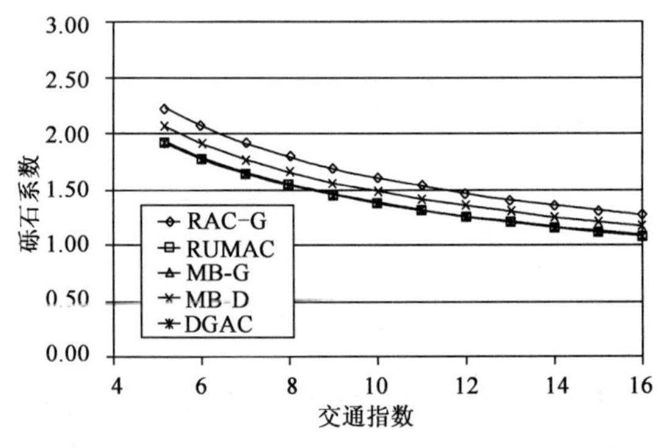

图 3-1-4 各种类型混合料砾石系数 G_f

用黏聚力测量值求取的 G_f 值只代表了橡胶沥青混合料的材料性能,当橡胶沥青混合料取代常规密级配沥青混合料铺设在沥青路面上后,有可能改变沥青路面各结构层的受力状况。文献[5]的研究工作采用了 3 个回归模型来分析橡胶沥青结构层的受力状况。

①确定橡胶沥青混合料劲度模量(动态)的回归模型。

这一模型是在归纳了大量试验数据后建立的,它考虑了不同类型的混合料(普通密级配混合料和橡胶沥青混合料),不同的级配(密级配和断级配),不同压实方法(现场压实试件、现场拌制混合料实验室压实、实验室拌制混合料实验室压实)、养生条件(老化、未老化、水浸泡)、沥青含量、空隙率、试验温度等参数的影响。

文献[5]在以下条件下计算了普通沥青和橡胶改性沥青在20℃时的劲度模量。

a. 基质沥青:除 MB 外采用 AR 4000(MB 由专门炼制厂供应)。

b. 压实试件:现场压实。

c. 养生条件:未经老化。

d. 结合料含量:DGAC 为4.8%,RAC-G 为7.9%。

e. 空隙率:DGAC 为4%与6%,RAC-G 为6%。

f. 加载时混合料平均温度:20℃。

表3-1-3 为上述条件下确定的 DGAC 和 RAC-G 混合料的劲度模量。

普通沥青和沥青—橡胶混合料的劲度模量 表3-1-3

混合料类型	DGAC		RAC-G
空隙率(%)	4	6	6
劲度模量(MPa)	8032	7300	3862

从表3-1-3 中可以看到,由于 AR 结合料良好的黏弹性,在常温下沥青—橡胶混合料的劲度模量明显小于普通混合料,这一规律同样可以在用间接拉伸试验直接测定的试验结果中看到(表3-1-4)[1]。

不同类型混合料的劲度模量 表3-1-4

测试温度(℃)	混合料动态劲度模量(MPa)				
	低剂量橡胶沥青混合料	高剂量橡胶沥青混合料	干法处理橡胶沥青混合料	普通沥青混合料	SBS 改性沥青混合料
-15	23820	21009	20350	25120	25812
5	12574	11507	12125	14779	14259
20	5656	5038	5660	7174	5325
40	1655	2010	1809	1807	1447

从表3-1-4 列出的不同试验温度下橡胶沥青混合料劲度模量的试验数据表明,在常温和低温下(20℃、5℃、-15℃)测定的劲度模量明显低于普通沥青和常规改性沥青混合料的劲度模量,而在高温(40℃)下的劲度模量,情况正好相反,前者高于后者。

②确定沥青面层底部拉应力的回归模型。

文献[5]采用 LEAP-2(Layered Elastic Analysis Program)计算机程序来计算沥青面层底部纤维的拉应变,加载的模型如图3-1-5 所示。

表3-1-5 是沥青面层底部拉应变的计算结果。从表3-1-5 中可看到,采用6cm 厚度的 RAC-G来替代同等厚度的普通沥青混合料 DGAC,两者在沥青面层底部的拉应变相差不大(前者略低一些),但是对于将 RAC-G 减薄一半或将 DGAC 厚度减薄一半的场合,它们的拉应变都大大增加了,表现同样不好的是将 RAC-G 直接铺设在粒料基层上的情况,其底部的拉应变要比 DGAC 高出40%~50%。显然,沥青面层应力/应变状况的恶化还会加重下承层(DGAC 结构层和粒料基层)的负担,从而缩短它们的使用寿命。

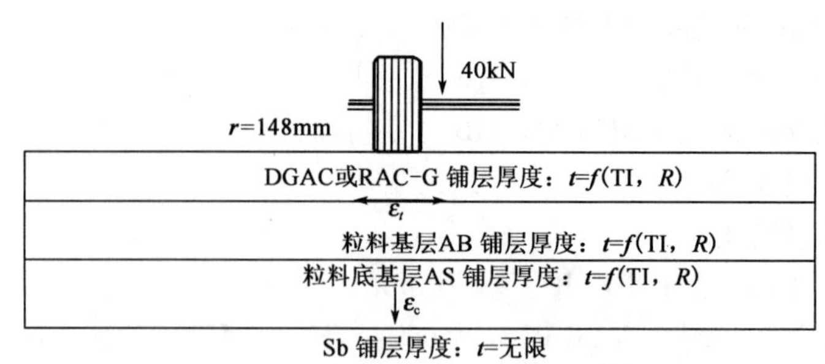

图 3-1-5 沥青面层加载模型

沥青面层底部拉应变计算结果 表 3-1-5

交通指数 TI	路基土壤 R 值	混合料类型									
		DGAC（空隙率＝4%）		DGAC（空隙率＝6%）		RAC-G/DGAC（空隙率＝6%）		1/2 RAC-G/DGAC（空隙率＝6%）		RAC-G（空隙率＝6%）	
		厚度（mm）	应变	厚度（mm）	应变	厚度（mm）	应变	厚度（mm）	应变	厚度（mm）	应变
5	5	60	237	60	244	—	—	—	—	60	278
	15	60	233	60	240	—	—	—	—	60	280
	25	60	227	60	234	—	—	—	—	60	276
	40	60	227	60	235	—	—	—	—	60	283
8	5	120	137	120	145	60/60	152	30/60	187	120	199
	15	120	135	120	143	60/60	152	30/60	187	120	199
	25	120	135	120	142	60/60	152	30/60	188	120	199
	40	120	132	120	139	60/60	149	30/60	186	120	197
12	5	180	83	180	88	60/120	95	60/60	143	180	129
	15	189	82	189	87	60/120	94	60/60	144	189	129
	25	180	82	180	87	60/120	94	60/60	144	180	129
	40	189	81	189	86	60/120	94	60/60	144	189	129
16	5	—	—	—	—	—	—	—	—	—	—
	15	240	55	240	59	60/180	63	60/120	93	240	89
	25	240	55	240	58	60/180	63	60/120	93	240	89
	40	240	54	240	58	60/180	62	60/120	93	240	89

注：R 值为表征饱水状态下的路基土壤在车轮荷载作用下抵抗变形能力的参数，TI 为表征每一车道上交通荷载强度（ESALs）的指数，TI＝5 对应于 4710～10900 ESALs，TI＝8 对应于 288000～487000 ESALs，TI＝12 对应于 9490000～13500000 ESALs，TI＝16 对应于 112000000～144000000 ESALs。

③沥青面层疲劳寿命的预测模型。

这一模型同样是在大量实验室试验数据基础上建立的回归模型，它考虑的影响参数与劲度回归模型的参数是相同的，只是增加了一个主变量，沥青混合料的最大拉应力（它通常在沥青混合料联结层的底部），其加载条件与以前计算拉应变的条件也相同。

图 3-1-6 展示了利用这一模型分析的不同类型混合料的疲劳寿命(循环加载次数)与拉应变之间的关系。

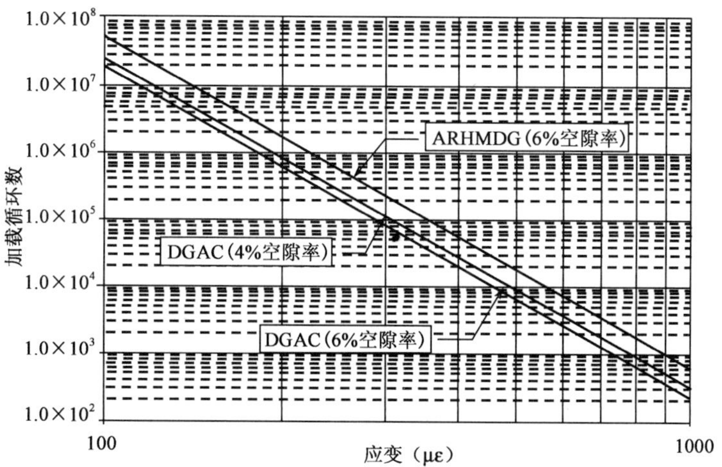

图 3-1-6　不同类型混合料的疲劳寿命(循环加载次数)与拉应变之间关系

从图 3-1-6 中可以看到,在同等的应变水平下,AR 混合料的疲劳寿命明显高于普通热拌沥青混合料,但是当应变水平增大时 RAC-G 混合料的疲劳寿命将随着应变水平的增强而减小,因此当 RAC-G 与 DGAC 的应变水平不同时,前者的寿命就有可能反而不如后者。

表 3-1-6 展示了在不同结构厚度下对普通沥青混合料面层与沥青—橡胶混合料面层的疲劳寿命预测结果。从表 3-1-6 中可以看到,在 RAC-G 的铺层厚度为 60mm 时,它的疲劳寿命明显高于同等铺层厚度 DGAC,当铺层厚度增加至 120 ~ 180mm 和 240mm 时,RAC-G 铺层的疲劳寿命大大低于 DGAC 铺层的寿命,这是因为 RAC-G 混合料疲劳性能良好的优势被由于拉应变增大而带来的劣势所抵消的结果。

普通沥青混合料与沥青—橡胶混合料面层的疲劳寿命预测结果　　表 3-1-6

TI&*R* 值		混合料类型					
		DGAC（空隙率 =4%）		DGAC（空隙率 =6%）		RAC－G（空隙率 =6%）	
TI	*R*	面层厚度（mm）	疲劳寿命（循环数 ×1000）	面层厚度（mm）	疲劳寿命（循环数 ×1000）	面层厚度（mm）	疲劳寿命（循环数 ×1000）
5	5	60	347	60	227	60	324
	15	60	377	60	247	60	313
	25	60	429	60	279	60	336
	40	60	429	60	274	60	397
8	5	120	5160	120	2956	120	1684
	15	120	5553	120	3165	120	1684
	25	120	5553	120	3074	120	1684
	40	120	6203	120	3640	120	1770

续上表

TI&R 值		混合料类型					
		DGAC（空隙率 =4%）		DGAC（空隙率 =6%）		RAC - G（空隙率 =6%）	
TI	R	面层厚度（mm）	疲劳寿命（循环数×1000）	面层厚度（mm）	疲劳寿命（循环数×1000）	面层厚度（mm）	疲劳寿命（循环数×1000）
12	5	180	61051	180	34640	180	14264
	15	189	64810	189	36647	189	14264
	25	180	64810	180	36647	180	14264
	40	189	68850	189	38796	189	14264
16	5	—	—	—		—	
	15	240	463994	240	248505	240	88865
	25	240	463994	240	270349	240	88865
	40	240	507912	240	270349	240	88865

注：R 值为表征路基土壤在车轮荷载作用和饱水状态下抵抗变形能力的参数，TI 为表征每一车道上交通荷载强度（ESALs）的指数，TI =5 对应于 4710 ~ 10900 ESALs，TI =8 对应于 288000 ~ 487000 ESALs，TI =12 对应于 9490000 ~ 13500000 ESALs，TI =16 对应于 112000000 ~ 144000000 ESALs。

文献[5]由此得出了以下两点结论：

a. 在新建路面中不宜采用减薄结构的沥青—橡胶混合料。

b. 在新建路面中沥青—橡胶混合料结构层的厚度不宜超过 60mm。

（3）采用 M-E 法预测在结构性罩面中沥青—橡胶混合料的疲劳性能。

文献[5]的研究工作采用了与新建路面相同的疲劳寿命预测模型来研究沥青—橡胶混合料在原路面上加铺罩面时的性能。这一工作主要包括以下两方面的内容：

①沥青—橡胶混合料（RAC-G）与热拌沥青混合料（DGAC）在结构性罩面场合下的疲劳性能的比较及其与结构厚度之间的关系。

②如何将 M-E 分析所得的结果转化为与 Caltrans 现行柔性路面罩面设计方法相适应的，可直接应用于沥青—橡胶罩面设计的形式。

这一研究工作的结论与新建路面是类似的：对 RAC-G 混合料在结构性罩面中的应用，其最佳的优势是用于 30 ~ 45mm 的薄层罩面，沥青—橡胶混合料抗疲劳性能的优势将随着其结构厚度的增加而减小，当厚度超过 60 ~ 70mm 后，沥青—橡胶混合料与常规热拌沥青混合料相比已经没有更多优势了，此时采用 DGAC 混合料将更为有利。

根据上述研究结果文献[5]提出了一个沥青—橡胶混合料应用于结构性罩面时，确定罩面铺层厚度的图表式设计方法（图 3-1-7）。

这一图表式设计方法的要点如下：

①按 Caltrans 砾石当量的罩面结构厚度设计方法确定用普通密级配热拌沥青混合料（DGAC）所需的砾石当量 GE_{DGAC}。

注：Caltrans 的罩面结构厚度设计方法是根据原沥青路面表面测定的弯沉与由设计的交通指数要求确定的弯沉值之差来计算罩面所需的砾石当量，将此砾石当量除以 DGAC 的砾石系

数 G_{fAC} 则可确定所需 DGAC 罩面的结构厚度，其设计方法可参看本章第三节注。

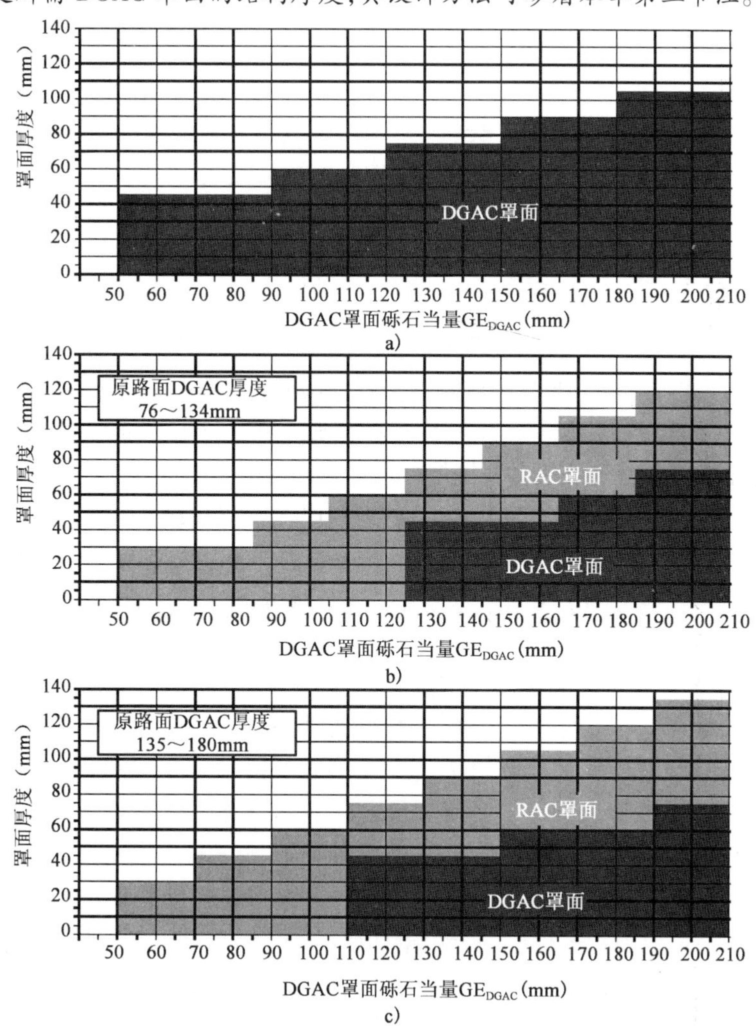

图 3-1-7　AR 混合料结构性罩面铺层厚度设计图表

②在图 3-1-7a）中，按所需的 DGAC 砾石当量 GE_{DGAC} 求得采用普通热拌密级配混合料所需的罩面结构厚度 DOV_{DGAC}。

③在图 3-1-7b）和图 3-1-7c）中，根据原路面的厚度（76 ~ 134mm 和 135 ~ 180mm），分别求取沥青—橡胶混合料（RAC-G）铺层和密级配混合料铺层的厚度。当所需的 GE_{DGAC} 的水平较低时，只需一层 RAC-G 混合料，当所需的 GE_{DGAC} 值较大时，则需要先铺设一层 DGAC 混合料，然后再在其上铺设 RAC-G 混合料的铺层。

文献[5]的研究工作的临时性结论是建立在实验室试验基础上的分析计算结果，它与沥青—橡胶混合料的现场性能可能还会有差异，而且它与现有的某些现场实物模拟试验结果也存在着某些矛盾，例如与 FHWA 用 ALF 所做的试验结果（参看第一篇第二章第三节），但是文献[5]所作出的某些重要推断仍可以给我们带来很多启示。因此，从审慎的角度出发，在新建路面的结构层中应用沥青—橡胶混合料时，以下一些建议可能是必要的。

①沥青—橡胶混合料不宜直接铺设在粒料基层上(图 3-1-8)。

②沥青—橡胶混合料最具有优势的应用场合是沥青路面和水泥路面的磨耗层,铺层的最佳厚度为 30 ~ 60mm(图 3-1-8)。

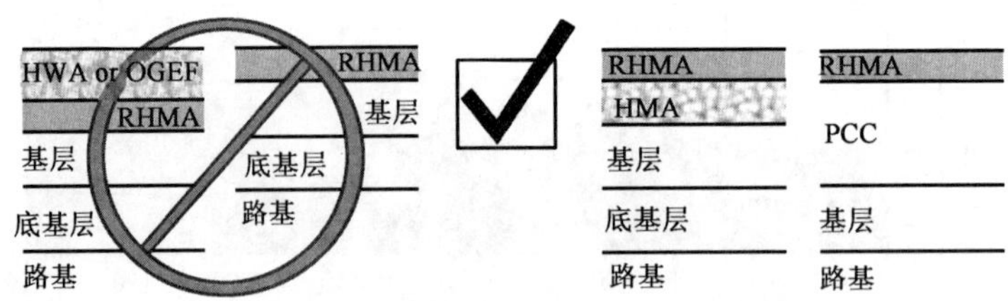

图 3-1-8　AR 混合料不适宜和适宜的铺设方式

③在新建沥青路面中采用沥青—橡胶混合料铺层时,不宜采用减薄厚度的设计。

④沥青—橡胶混合料宜铺设于常规热拌沥青混合料(HMA)铺层之上,而不宜反之将 HMA 混合料铺设在沥青—橡胶混合料铺层之上。

⑤用于排水性路面的沥青—橡胶混合料的铺层厚度不宜超过 45mm。

第三节　橡胶沥青在水泥路面加铺改造工程中的应用

水泥路面加铺改造工程是橡胶沥青的一个优势应用领域。在水泥路面的加铺改造工程中,反射裂缝往往是需要解决的主要问题,在橡胶改性沥青与沥青—橡胶两类橡胶沥青结合料中,后者的黏弹性更优于前者。因此,在水泥路面的加铺改造中,不论是用于应力吸收层还是热拌沥青混合料都应优先采用沥青—橡胶结合料。在本章第二节中曾讨论了沥青—橡胶混合料在新建路面中的应用,对于沥青—橡胶在罩面工程中的应用,主要有两种形式:一种是在原路面上直接铺设沥青—橡胶混合料罩面层;另一种是在原路面上先铺一层沥青—橡胶应力吸收层,然后再在其上铺设沥青—橡胶混合料罩面层。Caltrans 在 2001 年出版的"柔性路面修复手册"中,规定了在罩面工程的结构厚度设计中采用沥青—橡胶混合料的结构厚度减薄设计方法[7]。在文献[7]中规定了对于结构性罩面和以延迟反射裂缝为目的的罩面层可分别采用表 3-1-7 和表 3-1-8 所示的结构厚度减薄设计方法。这一方法是建立在当量厚度的基础上的,首先按加州常规密级配热拌沥青混合料来设计所需的罩面结构厚度,然后按表 3-1-7 或表 3-1-8 来确定当采用沥青—橡胶混合料时罩面层的结构厚度。

沥青—橡胶混合料 RAC-G 的结构当量厚度　　表 3-1-7

结 构 厚 度 (mm)		
密级配沥青混合料 DGAC	断级配沥青—橡胶混合料 RAC-G	在 SAMI 上加铺断级配沥青—橡胶混合料 RAC-G
45	30	—
60	30	—
75	45	30
90	45	30
105	60	45

续上表

结构厚度（mm）		
密级配沥青混合料 DGAC	断级配沥青—橡胶混合料 RAC-G	在 SAMI 上加铺断级配沥青—橡胶混合料 RAC-G
120	60	45
135	45①	60
150	45②	60
165	60①	45③、⑤
180	60②	45④、⑤

注：①先铺 45mm 厚新的 DGAC，再铺 RAC-G（见⑤）。

②先铺 60mm 厚新的 DGAC，再铺 RAC-G（见⑤）。

③先铺 45mm 厚新的 DGAC：一层 SAMI-R，再铺 45mm 厚 RAC-G。

④先铺 60mm 厚新的 DGAC：一层 SAMI-R，再铺 45mm 厚 RAC-G。

⑤如果已有路面是开级配沥青混合料，在铺新的 DGAC 前应先将它铣刨掉，因此必须重新计算因铣刨导致的结构层减薄所需的铺层厚度。

沥青—橡胶混合料 RAC-G 延缓反射裂缝的当量厚度　　表 3-1-8

结构厚度（mm）		
密级配沥青混合料 DGAC	断级配沥青—橡胶混合料 RAC-G	在 SAMI 上加铺断级配沥青—橡胶混合料 RAC-G
45	30	—
60	30	—
75	45	—
90	45	—
105①	45 或 60②	30 或 45③

注：①加利福尼亚州公路局规定一般情况下最多在原 AC 路面上加铺 105mm 厚的 DGAC 来延缓反射裂缝的扩张。

②如果裂缝宽 < 3mm，加铺 45mmDGAC；如果裂缝 ≥ 3mm 或者下承层路面是 CTB、LCB 或 PCC 上面加铺 60mm DGAC。

③如果裂缝宽度 ≥ 3mm 或者下承层是未经处理的材料，上面加铺 30mm；如果裂缝宽度 ≥ 3mm，下承层为 CTB、LCB 或 PCC，上面可加铺 45mm；如果裂缝宽度 < 3mm，则不要铺筑 SAMI-R。

注：Caltrans 柔性路面罩面结构厚度的设计方法是一种经验设计法，其设计方法的流程如图 3-1-9 所示。

它包括了以下一些基本步骤[8]：

根据预测的二轴、三轴、四轴、五轴载货汽车在这一道路上的年平均交通量（AADTT）和这些载货汽车交通量在不同车道上的分布因素以及路面的设计寿命（10 年、20 年、40 年）来确定各个车道的交通指数 TI。

对原路面的弯沉进行调查，取若干个具有代表性的试验路段，进行路表面弯沉的测定，对每一测试路段测定的弯沉值进行统计分析，计算这一测试路段的平均弯沉值和与弯沉值的累积频率达 80% 相应的弯沉值 D_{80}（即低于 D_{80} 的弯沉值测点数占 80%，而超过 D_{80} 的测点数占 20%），对于正态分布的测量值来说，D_{80} 计算式为：

$$D_{80} = \overline{D} + 0.84S_D \tag{3-1-4}$$

式中：D_{80}——弯沉测定中与累积概率为80%相应的弯沉值；

$\overline{D}$——测试路段的平均弯沉；

S_D——测试路段中所有测试点弯沉值的标准差。

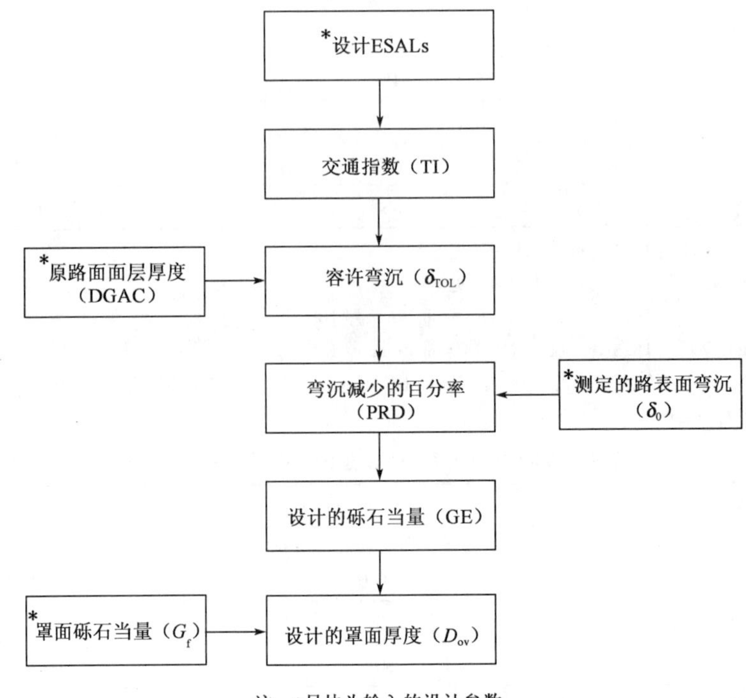

图3-1-9　Caltrans柔性路面罩面结构厚度设计方法的流程图

在此基础上，将邻近的测试路段进行归类，凡D_{80}值、沥青厚度、基层材料、交通指数都是相近的，则可归为同一类，并可采用相同的修复方法进行罩面，并以各测试段的平均D_{80}作为该类原路面剩余承载能力的评价指标。

根据原路面沥青面层的厚度和设计的交通指数，查表确定容许的路表面弯沉TDS，它的含意是当路面以这样的弯沉值为振幅经受反复的交通荷载作用时，路面发生疲劳破坏将先于设计的交通荷载(TI)。

将每一类原路面的承载能力评价指标平均D_{80}与要求的TDS值相比较。如前者小于后者，则原路面强度足够，不须进行罩面，如前者大于后者，则计算需要补强的弯沉值差值PRD：

$$\text{PRD}=\frac{\text{平均}\,D_{80}-\text{TDS}}{\text{平均}\,D_{80}} \tag{3-1-5}$$

式中：PRD——要求补强的路表面弯沉差值；

平均D_{80}——该类原路面的平均D_{80}值；

TDS——该类原路面容许的路表面弯沉。

根据PRD查表确定该原路面需要补强的砾石当量GE；

确定所需补强的罩面层结构厚度t：

$$t = \frac{GE}{G_f} \tag{3-1-6}$$

式中：t——所需补强的罩面层结构厚度；

GE——所需补强的砾石当量；

G_f——罩面层材料的砾石系数，对密级配沥青混合料，$G_f = 1.9$。

2005 年 Caltrans 根据多层弹性理论对沥青—橡胶混合料罩面层所进行的分析结果提出了沥青—橡胶混合料罩面层结构厚度的确定方法（图 3-1-7）[5]。从图 3-1-7 中可以看到，除罩面层厚度小于 60mm 时 AR 混合料的罩面厚度小于 HMA 外，当罩面层厚度较大时，上面层采用 AR 混合料的结构总厚度反而要比 HMA 大，这一结果并不符合许多铺设 AR 混合料的试验路段的现场性能和实物模拟试验的结果，因而是值得商榷的。在 Caltrans 出版的“公路设计手册”2008 年版本中也没有将文献[5]的方法作为橡胶—沥青结构性罩面的厚度设计方法[8]。在这一版本中只是明确规定了用于新建路面磨耗层的沥青—橡胶混合料 RAC-G 的结构厚度应为 30～60mm，RAC-O 的结构厚度的最大值为 45mm。在结构性罩面的厚度设计中并没有提及沥青—橡胶混合料的砾石系数 G_f 的数值，也未提及沥青—橡胶混合料用于结构性罩面时是否可以减薄结构厚度，或不应减薄的问题，只是没有列入 2001 年“柔性路面修复手册”中表 3 关于减薄设计的规定。

因此，沥青—橡胶混合料应用于结构性罩面的厚度问题仍然是一个需要进一步探讨的问题。

对于沥青—橡胶混合料应用于以延缓反射裂缝为目的的罩面设计，Caltrans 在 2008 年版本的“公路设计手册”中规定了减薄结构厚度的方法，它与 Caltrans 的 2001 年“柔性路面修理手册”中表 4 的规定基本上是一致的（表 3-1-9）。

以延缓反射裂缝为目的之罩面设计的当量结构厚度　　表 3-1-9

密级配沥青混合料（HMA）当量结构厚度（mm）	沥青—橡胶混合料（RHMA-G）当量结构厚度（mm）	铺设在 SAMI 上的沥青—橡胶混合料（RHMA-G）当量结构厚度（mm）
45	30	—
60	30	—
75	45	—
90	45	—
105	（1）对裂缝 < 3mm 的原路面，$t = 45$； （2）对裂缝 ≥ 3mm 的原路面，$t = 60$； （3）对下承层为 CTB、LCB 或刚性路面，$t = 60$	（1）对裂缝 < 3mm 的原路面，不需采用 SAMI； （2）对裂缝 < 3mm 的原路面和下承层为未处理的粒料基层，t = SAMI + 30； （3）对裂缝 > 3mm 的原路面和下承层为 CTB、LCB 或刚性路面，t = SAMI + 45mm RHMA-G
135	T = 45mm HMA + 45mm RHMA-G	T = SAMI + 60mm RHMA

需要指出的是，以上关于 Caltrans 罩面设计的结构厚度都是针对柔性基层而言的，对于在水泥路面上铺设的沥青—橡胶混合料结构层，其应力的状态会与柔性基层有很大不同，通常最

大应力不是出现在沥青面层的底部。因此，对于刚性路面来说，铺设在其上的沥青—橡胶混合料结构性罩面应该存在着减薄厚度的潜力，至少对于原水泥路面状况较好，或以延缓反射裂缝为主要目的的罩面，表3-1-7和表3-1-8关于沥青—橡胶混合料减薄结构厚度的设计仍应该是有效的。

第四节　橡胶沥青在混凝土桥面铺装中的应用

橡胶沥青在桥面铺装中主要应用于混凝土桥梁的防水黏结层和桥面铺装的混合料。对于钢桥面铺装来说，除铺装的上面层可以考虑采用橡胶沥青混合料外，橡胶沥青作为一种黏结材料，不论是橡胶改性沥青防水黏结层还是沥青—橡胶防水黏结层都还不能满足钢桥面铺装十分恶劣的工作条件，所以通常不宜用于钢桥面的铺装结构中。

混凝土桥梁的沥青铺装层通常可以比钢桥面铺装做得更厚一些，铺装的最大厚度为90～120mm，最小铺装层厚度为30mm。铺装结构可以是单层的或双层的结构。单层结构的铺装厚度通常为40～50mm，极限铺装厚度为30mm。双层铺装结构通常用于高速公路、一级公路和中等交通量以上的道路桥梁上，铺装的总厚度为90～120mm，上面层30～50mm，下面层50～70mm，在下面层与混凝土桥面之间应设有防水黏结层。为便于施工，桥面铺装的下面层通常与路面的中面层等厚，而桥面铺装的上面层则通常与路面的上面层等厚。

铺装的上面层宜采用沥青—橡胶混合料来铺设，下面层通常可采用普通沥青、改性沥青或橡胶改性沥青混合料。铺装层与混凝土桥面之间的防水黏结层，对于重交通、特重交通条件宜采用沥青—橡胶结合料，对于中等和较轻的交通条件也可采用橡胶改性沥青结合料，铺层之间的黏层可采用普通乳化沥青黏层油。

第二章　橡胶沥青混合料设计的基本原则

第一节　材 料 要 求

用于制备橡胶沥青的基质沥青应采用 A 级的优质石油沥青。在各种矿料的技术要求方面，常规热拌沥青混合料对粗、细集料的各项质量要求基本上能满足生产橡胶沥青混合料的需要，只是由于大部分橡胶沥青混合料的矿料级配对 0.075mm 以下的细料用量有着严格限制(通常在 0% ~5%)，因而对 0 ~3mm 细集料粉料的含量应有更严格的要求，最好不要超过 10% ~12%。

在橡胶屑的技术要求方面，主要应从橡胶屑的化学成分、物理特性和级配特性 3 方面规定橡胶屑的质量要求(参看第二篇第二章第二节)。

在对橡胶屑化学成分的技术要求中，最主要是天然橡胶和合成橡胶含量，根据我国轮胎橡胶屑的来源，希望总碳氢化合物含量能达 50% 以上，天然橡胶含量能达 30% 以上。

橡胶屑物理特性的质量要求主要是对纤维、钢丝、滑石粉等杂质含量的限制，它们会影响与沥青之间的融胀，通常纤维含量应小于或等于 0.01%，钢丝含量应小于或等于 0.05%，滑石粉含量应小于或等于 3%。橡胶屑的相对密度宜在 1.10 ~1.20，比重过轻会导致浮于沥青表面而不利于它们在沥青中的分布与融合，用辊碾破碎机加工的橡胶屑通常是细长形的，它的比表面积大于立方体，有利于橡胶屑表面与沥青之间的相互作用，但它的比表面积也不应过大，其单边长度不宜超过 3 ~4mm。

在橡胶屑的级配特性方面，对用于橡胶改性沥青的橡胶屑不须有级配的要求，可以只有粒径方面的要求，即要求采用细颗粒的胶粉，粒径不宜大于 0.3mm。

对于沥青—橡胶结合料来说，应采用粗颗粒的橡胶屑，其粒径范围应主要处于 0.3 ~1.18mm，级配对沥青—橡胶结合料性能的影响并不敏感，可容许在较大范围内变化。

橡胶改性沥青和沥青—橡胶成品料的质量应符合第二篇第二章表 2-2-2 和表 2-2-18 的技术要求。

第二节　沥青混合料设计的基本原则

各类橡胶沥青混合料应遵循热拌沥青混合料设计的基本原则进行，它们包括以下几点：

(1)橡胶沥青混合料的配合比设计应包括混合料组成设计和性能检验两部分。

(2)橡胶沥青混合料的组成设计应包括原材料的选用与特性试验、矿料级配组成设计、最佳沥青用量的确定等 3 项。

(3)橡胶沥青混合料配合比设计应通过目标配合比设计、生产配合比设计、生产配合比验证等3个阶段来完成。

目标配合比设计的目的是为了优选原材料和矿料级配,并为生产配合比提供各种矿料的比例和最佳油石比的目标值,目标配合比设计应按以下顺序进行:

(1)根据应用的场合和使用要求确定橡胶沥青混合料的类型,并选择集料、结合料、填料和其他外掺剂等原材料,对它们进行材料特性的试验,通过不同方案的对比,确定最终选用的各种原材料。

(2)根据确定的混合料类型和不同的面层结构层,按各不同类型橡胶沥青混合料选择矿料级配。

(3)对进入拌和场作为生产用的各种矿料取样,作为目标配合比设计用的矿料,以确保配合比设计用料与正式生产用料的一致性。

在对各种矿料进行筛分分析时应尽可能避免在取样与缩分过程中带来的变异性,因此不仅是所取的料样应有一定数量以保证其代表性,而且筛分的试样也应有必要的数量来保证试样的代表性。《公路工程集料试验规程》(JTG E42—2005)T0302 中规定的筛分用的试样数量过小,需要经多次缩分才能获得,这不能不影响筛分试样,尤其是粒径较大集料试样的代表性[9]。因此,筛分试样的数量不应过少,宜按表3-2-1 规定的数量进行缩分。

筛分和密度试验所需最少试样数量 表3-2-1

公称最大粒径(方孔筛)(mm)	试样数量(kg)		公称最大粒径(方孔筛)(mm)	试样数量(kg)	
	筛分试验	密度试验		筛分试验	密度试验
2.36	0.3	1	16	3	3
4.75	0.5	2	19	5	3
9.5	1	2	26.5	10	4
13.5	2	2	31.5	15	5

(4)对初选的设计级配方案,应按不同类型橡胶沥青混合料的要求,进行配合比设计和相应的试验检验,并根据试验结果最终确定优选的矿料配合比和最佳沥青用量。

(5)按最终确定的矿料配合比、最佳沥青用量和不同类型橡胶沥青混合料性能检验的要求,进行混合料的性能检验,配合比设计检验的结果应符合相应的技术要求。目标配合比设计完成后,应提出目标配合比设计报告,作为生产配合比设计的依据。

生产配合比设计的目的是为了在实际的生产条件下,能生产出符合目标配合比设计要求的沥青混合料来。应通过对搅拌设备运行参数的调整使所生产的沥青混合料尽可能地接近目标配合比的要求,又获得在实际生产过程中可以实现的矿料级配与最佳沥青用量。生产配合比设计应按以下顺序进行:

(1)冷集料的级配调试。

冷集料的级配调试应从拌和场料堆或冷料仓中取样,进行筛分试验,按各粒径段的筛分曲线,参照目标配合比确定的各粒径段的用量比例计算矿料的合成级配曲线,矿料的合成级配曲线应与目标配合比的合成级配基本一致。如两者相差较大,则应调整各粒径段的用量比例,使之符合目标配合比的合成级配，必要时应重新进行目标配合比设计。

按这一比例调节各冷料仓的冷料供给比例，并从斜皮带上截取1m左右的料样，进行筛分分析，计算冷料混合料的级配曲线。如这一曲线与目标配合比不一致应调节各冷料仓供料比例，使之符合要求。

（2）热集料的级配调试。

热集料的级配调试应按最终确定的各冷料仓供料比例，在搅拌设备标定生产能力的条件下进行。各热料仓的取样应待热集料的生产稳定后再进行，并将各热料仓中开始生产时不稳定阶段的热集料放掉，废弃不用。各热料仓的取样应在全宽度上进行，以减少仓内材料离析的影响。

考察各热料仓的料位是否基本均衡，对各热料仓进行取样和筛分分析，并与目标配合比的设计级配进行对比，根据各热料仓料位的均衡状况和矿料级配与设计级配一致性的状况调整热集料配合比（必要时也可适当调整各冷料仓的供料比例），并再次对各热料仓进行取样分析，按上述方法通过多次调整热集料的配合比直至既满足目标配合比设计级配的要求又能保证各热料仓均衡供料。

热集料的合成级配曲线应在0.075mm、2.36mm、4.75mm、最大公称粒径以及4.75mm至最大公称粒径之间的1～2个筛孔处与设计级配完全吻合或非常接近，并避免在0.3～0.6mm处出现“驼峰”。

对各热料仓料样筛分试验（用水洗法）和密度试验的试样数量宜符合表3-2-1的要求。

（3）进行马歇尔试验和混合料性能检验。

按最终确定的矿料配合比和最佳沥青用量进行马歇尔试验，并按不同类型橡胶沥青混合料性能检验的要求，进行混合料的性能检验，如混合料的各项性能均符合相应的技术要求，即完成生产配合比设计。生产配合比设计完成后，应提出生产配合比设计报告。

生产配合比的验证应分成试拌和试铺两个阶段来进行，并遵循以下原则：

（1）生产配合比的设计结果应通过在搅拌设备上进行试拌来验证。试拌的混合料最初几锅应废弃不用（宜不少于5锅），然后进行取样，立即制作马歇尔试件（试件数量不少于5个），并进行马歇尔试验以及沥青的抽提分析。在生产配合比的试拌过程中还应对各热料仓（在采用间歇式搅拌设备时）进行取样筛分，并进行矿料的级配分析。

（2）根据试拌的结果，允许对生产配合比作出某些微调，最佳沥青用量的调整幅度不宜超过±0.2%，矿料合成级配的各关键筛孔的通过率应符合或接近设计级配，如发现矿料的级配变化过大，应查找原因，必要时应重新进行配合比设计。

（3）试拌确定的生产配合比还应通过试铺进行验证。试铺阶段所检验的主要是混合料组成在生产过程中的稳定性和成品料的温度、和易性是否能满足施工的要求。试拌确定的生产配合比在试铺工作中通常不宜再作调整。

（4）通过试拌、试铺的生产配合比将最终确定为生产用的标准生产配合比，标准配合比在生产过程中不应随意变更，并根据质量控制要求确定在施工中容许偏离标准配合比的波动范围，用以检查混合料的生产质量。当原材料发生变化而导致混合料的矿料级配和马歇尔技术指标较大偏离标准生产配合比时，应及时调整配合比，必要时应重新进行配合比设计。

第三节 橡胶沥青混合料的类型与设计特点

常规的热拌沥青混合料通常可按其矿料的级配特点分为密级配、断级配和开级配等 3 种类型(图 3-2-1)。在密级配沥青混合料中矿料是以连续级配的形式,即矿料中各级粒径的矿料,由小到大按比较均匀的比例来组成一种矿料之间空隙较小的矿料混合料。在此种矿料混合料中加入适当的沥青后可以形成空隙率为 3% ~5%、密水性良好的密实型沥青混合料。在这样的沥青混合料中,粗集料以悬浮的状态分布于较细集料之中,所以从混合料的结构来看是一种典型的悬浮密实结构。

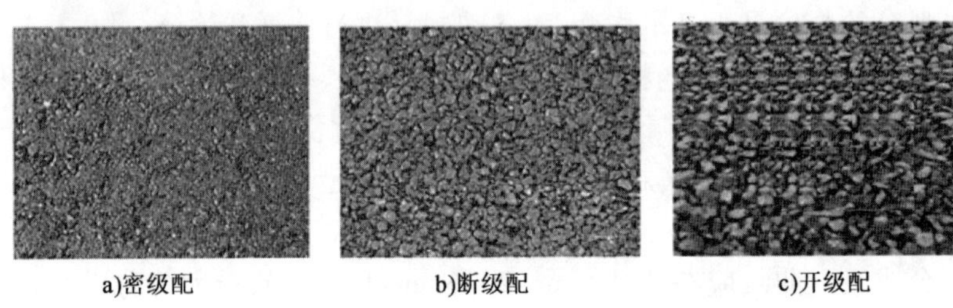

图 3-2-1 密级配、间断级配和开级配热拌沥青混合料

对于断级配的沥青混合料来说,其矿料的级配是不连续的,在某一档或几档粒径范围内没有或只有少量比例的矿料,这就为形成粗集料骨架嵌挤结构创造了一定的条件。因此,常规热拌沥青混合料的断级配矿料通常都对应于骨架密实结构的沥青混合料。但需要指出的是断级配的混合料不一定都能形成骨架的嵌挤结构,因为它需要满足一定的条件。

开级配的沥青混合料则是一种以一档、二档同一粒径均匀分布的矿料级配与沥青组成的混合料,在此种沥青混合料中细料很少,粗集料没有细料的支撑,只能依靠颗粒之间嵌挤的摩擦力和沥青的黏结力来保证沥青混合料的稳定结构。开级配沥青混合料具有很大空隙率,是一种典型的骨架空隙结构型混合料。

关于沥青—橡胶混合料,美国采用与常规沥青混合料同样的概念将其分为 3 种,即密级配、断级配、开级配沥青橡胶混凝土(Rubberized Asphalt Concrete Type D、Type G、Type O)。对于橡胶改性沥青混合料,由于橡胶改性沥青是一种均质的结合料,用它拌制的混合料完全可以采用与常规热拌沥青混合料相同的矿料与沥青的组成结构,形成密级配的橡胶改性沥青混合料、断级配的橡胶改性沥青 SMA 混合料和开级配的橡胶改性沥青排水性混合料。

对于沥青—橡胶混合料来说,由于混合料中除矿料的粒径外,还加入固体橡胶颗粒的成分,因而简单地按矿料级配来分类,往往不能完全反映沥青—橡胶混合料的性质。

在目前应用最为广泛的断级配沥青—橡胶混合料中,最为典型和具有代表性的矿料级配当推美国 California 州和 Arizona 州规范中建议的矿料级配(表 3-2-2)[10-11]。

在表 3-2-2 中 California 州规定的设计级配范围比较窄,Arizona 州的要稍宽一些,但它们的中值基本上是一致的。此类矿料级配的设计出发点,是希望尽可能提高结合料的用量,使混合料获得更高的耐久性和疲劳寿命。将表 3-2-2 中的矿料级配与同样是断级配的 SMA 相比,就可以看到前者矿料级配与后者的差别,它们主要表现在以下几点:

断级配沥青—橡胶混合料的矿料级配　表3-2-2

筛孔尺寸(mm)	公称最大粒径12.5mm				公称最大粒径19mm			
	California州规范		Arizona州规范		California州规范		Arizona州规范	
	通过左列筛孔质量百分率(%)		通过左列筛孔质量百分率(%)		通过左列筛孔质量百分率(%)		通过左列筛孔质量百分率(%)	
	范围	中值	范围	中值	范围	中值	范围	中值
19	—	—	100	100	—	—	100	100
12.5	—	—	90~100	95	83~87	85	80~100	90
9.5	83~87	85	83~87	85	65~70	62.5	65~80	72.5
4.75	33~37	35	28~42	35	33~37	35	28~42	35
2.36	18~22	20	14~22	18	18~22	20	14~22	18
0.6	8~12	10	8~12	10	8~12	10	—	—
0.075	—	—	2~3	2.5	—	—	0~2.5	1.25

(1)4.75mm以上粗集料的比例明显小于SMA的级配。

(2)与SMA的矿料级配相比在粗集料中较细的料多而较粗的料少。

(3)2.36~4.75mm的细集料的比例明显大于SMA相应粒径段的比例，而在2.36~4.75mm的粒径上并没有明显的间断点。

(4)0.075mm以下的粉料的用量很小，与SMA高达10%左右的粉料用量形成鲜明的对比。

上述矿料级配结构的特点是希望在密级配的基础上通过增粗减细，在混合料中形成更大的矿料间隙率，以便能容纳更多的结合料和留出一定的空间供填放固体的橡胶颗粒之用。因此，虽然从矿料的级配上来看是一种断级配，但是如果将橡胶颗粒的级配考虑在内，则表3-2-2所示的沥青—橡胶混合料实际上是一种悬浮密实结构的混合料。

图3-2-2是此种悬浮密实结构的沥青—橡胶混合料与SMA混合料的矿料级配曲线的比较，表3-2-3则是其马歇尔试件和粗集料骨架间隙率的试验结果。从表3-2-3中可以看到，在8%的结合料用量下空隙率为4.45%、VMA为20.5%、VFA为78.3%的悬浮密实结构的沥青—橡胶混合料其骨架粗集料在捣实状态下的松装间隙率VCA_{DRC}为41.38%，而马歇尔试件的骨架粗集料的间隙率VCA_{mix}则为48.21%，已经大大超过了VCA_{DRC}的数值。

悬浮密实型沥青—橡胶混合料马歇尔试件密度和粗集料骨架间隙率　表3-2-3

试件序号	AR用量 P_b(%)	表干密度 γ_f	吸水率 S_a(%)	理论密度 γ_t	空隙率VV(%)	矿料间隙率VMA(%)	沥青饱和度VFA(%)	VCA_{DRC}(%)	VCA_{mix}(%)
8.7-1	8.00	2.340	0.4	2.452	4.6	20.6	77.7	41.38	48.29
8.7-2	8.00	2.342	0.4		4.5	20.5	78.2		48.23
8.7-3	8.00	2.342	0.4		4.5	20.5	78.1		48.24
8.7-4	8.00	2.344	0.5		4.4	20.5	78.4		48.20
8.7-5	8.00	2.348	0.5		4.2	20.3	79.1		48.10
平均值		2.343	0.436		4.45	20.50	78.29	41.38	48.21

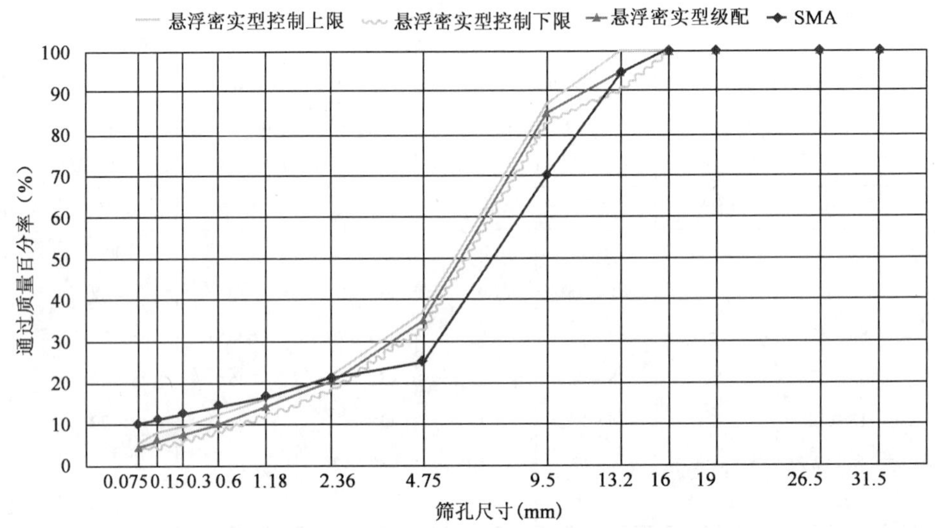

图3-2-2　悬浮密实型沥青—橡胶混合料与SMA混合料矿料级配曲线的比较

显然，按图3-2-2所示的矿料级配制备的AR混合料不可能实现粗集料的嵌挤结构，尽管矿料级配有一定的间断性，但实质上仍属于悬浮密实结构的类型。图3-2-3是马歇尔试件切开的剖面图。从图中可以明显地看到粗集料被沥青—橡胶和细料撑开的情况，显示出明显的悬浮密实型混合料的结构特征。

图3-2-3　悬浮密实结构沥青—橡胶混合料试件剖面图

由此可见，表3-2-2所示的断级配矿料与常规的密级配矿料相比，虽然降低了2.36mm和4.75mm细集料的通过率，但并未形成粗集料的骨架嵌挤结构，因而其对应的沥青—橡胶混合料实质上仍然是一种悬浮密实结构的沥青混合料，而常规的密级配矿料级配，由于不能提供足够的空间来容纳固体的橡胶颗粒，因而不适合用于沥青—橡胶混合料。因此，对于沥青—橡胶混合料来说更为合理的是按沥青混合料的结构类型来进行分类，即将沥青—橡胶混合料分为悬浮密实型（ARHM-G）、骨架密实型（ARHM-S）和骨架空隙型（ARHM-O）等3种。

各种沥青—橡胶混合料，有着一些共同的特点：沥青—橡胶结合料是一种高黏度、具有良好黏弹性的结合料，用它拌制的混合料可以采用很高的用量而不会发生沥青的析漏，结合料的用量通常要高出普通沥青混合料2%。由于结合料本身的黏弹性良好而用量又高，因此沥青—橡胶混合料有着良好的弹性，在外力的作用下会发生较大的弹性变形，而变得难以压实。此外，沥青—橡胶混合料由于需要容纳固体的橡胶颗粒，其0.075mm以下的粉料用量和2.36mm以下细集料的用量都明显少于普通密级配的沥青混合料。

沥青—橡胶混合料上述这些结构上的特点使得设计常规沥青混合料时的性能指标、技术标准、检验方法，在许多方面不能适应沥青—橡胶混合料的性质特点，而需要进行必要的修正，这些设计上的特点主要包括以下几方面：

1. 混合料稳定度的检验

由于沥青—橡胶混合料良好的黏弹性，混合料的马歇尔稳定度会大大低于普通沥青混合料而其流值则会大大高于普通沥青混合料，但这并不意味着沥青—橡胶混合料的结构稳定性就低于普通沥青混合料。因此，不宜再将马歇尔稳定度与流值作为考核沥青—橡胶混合料稳定性的技术指标。

2. 混合料压实度与空隙率的控制标准

沥青—橡胶混合料是一种有弹性的材料，用冲击压实的方法很难将其完全压实。在实验室采用常规击实法制备的马歇尔试件的密度往往会低于现场压路机碾压的混合料密度。实际上，由于 AR 混合料的弹性性质，击实好的马歇尔试件在冷却过程中体积不仅不会收缩，反而会向外回弹。根据我们的经验，这种回弹量在试件的厚度上常可达到 1 ~ 2mm，这就导致马歇尔试件的空隙率往往偏大。因此，用实验室的马歇尔试件密度作为标准密度来控制现场 AR 混合料铺层的压实度，其结果往往是铺层现场的空隙率过大。

因此，对于沥青—橡胶混合料的现场压实度控制，不宜再采用实验室的马歇尔试件密度作为标准密度，更为合理的是按 AR 混合料的理论密度来计算现场铺层的压实度，或直接采用现场空隙率作为现场压实质量的控制标准。

3. 沥青—橡胶混合料的设计方法

虽然沥青—橡胶混合料的设计方法仍可沿用常规沥青混合料的设计方法，例如马歇尔方法、维姆方法等，但是考核的指标和技术标准必须根据沥青—橡胶混合料的特点加以调整：

(1) 如前所述，稳定度、流值类指标已无法反映 AR 混合料的结构稳定性，不能再作为 AR 混合料设计的主要技术指标，AR 混合料的设计更为合理的是采用体积设计法，其主要考核的指标是矿料间隙率 VMA 与有效空隙率 VV_e。

(2) 由于需要足够的空间来容纳固体的橡胶颗粒和更多的结合料用量，因而矿料的间隙不仅需要大于普通的密级配沥青混合料，而且也会比常规 SMA 混合料的 VMA 更大。

(3) 由于空隙率对沥青—橡胶混合料的性能有着重要的影响而且非常敏感，空隙率的少量变化即可引起 AR 混合料性能的较大变化，因此在 AR 混合料的设计中，结合料的最佳用量主要应由目标空隙率来决定。

(4) 为改善用击实法制作的试件不能很好反应现场碾压过程的缺点，可以改用更能模拟现场压实过程的压实方法来成型混合料试件用以代替马歇尔试件，作为测定和评价 AR 混合料体积指标的载体，例如 SGC、GTM 等。

表 3-2-4 列出了美国 4 个主要应用橡胶沥青的州运输管理局制定的沥青—橡胶混合料设计的技术标准。从表 3-2-4 中可看到，大多数州的规范都只对 AR 混合料提出体积指标的要求，只有 Caltrans 保留了维姆稳定度的要求，只是将对密级配沥青混合料的稳定度不小于 37 的要求降低为 23。此外，从表中还可看到多数州都采用更能模拟现场压实过程的压实方法来制作测量混合料体积指标的试件。由于压实方法的差异，所给出的空隙率要求也是不同的，其

中马歇尔设计法的目标空隙率最高，这显然与击实法的压实密度较其他方法低有关。

美国沥青—橡胶混合料的技术标准 表 3-2-4

州 规 范	Caltrans	市政工程绿书	ADOT	TexDOT	FDOT
混合料类型	RAC-G	RAC-G	ARAC(断级配)	SMAR	开级配 PFC
设计方法	维姆设计法	维姆设计法	马歇尔设计法	体积设计法	SuperPave 设计法
试件压实方法	加州揉搓压实机	加州揉搓压实机	马歇尔击实法(双面75次)	德州旋转压实机(TGC, N_{des} = 75)	SuperPave 旋转压实机(SGC, N_{des} =50)
矿料间隙率 VMA (%)	≥18	≥18	≥19	≥19	—
空隙率 V_a (%)	目标空隙率 4	3~6	5.5±1.0	目标相对压实度 97(与最大理论密度之百分比)	18~22
结合料吸率(%)	—	—	0~1	—	—
维姆稳定度	≥23	≥23(25)	—	—	—

注：Caltrans 对常规密级配沥青混合料维姆稳定度的要求为不小于 37，市政工程绿书对维姆稳定度的要求与 Caltrans 基本相同，括弧内为对最大公称粒径为 19mm 混合料的要求。

在常规的沥青混合料设计中另一个用来控制混合料耐久性与结构稳定性的重要指标是混合料的粉胶比，对于密级配沥青混合料，粉胶比宜控制在 0.8~1.2 的范围内，过高的粉胶比会影响混合料的耐久性，而过低的粉胶比则会导致混合料结构的不稳定。但是，对于沥青—橡胶混合料来说，由于其高的结合料用量和低的粉料含量，上述粉胶比的要求显然是不适用的，更为合理的是采用沥青膜的厚度范围来控制各类沥青—橡胶混合料的耐久性与稳定性之间的平衡关系。

4. 沥青—橡胶混合料的性能检验

《公路沥青路面施工技术规范》(JTG F40—2004)有关常规沥青混合料抗水损害性能、低温抗裂性能和密水性的检验方法和技术要求对沥青—橡胶混合料是同样适用的，唯一需审视的是沥青—橡胶混合料的抗车辙性能检验。这是因为，由于沥青—橡胶混合料良好的弹性，使现行《公路工程沥青及沥青混合料试验规程》(JTG E20—2011)T0719“沥青混合料车辙试验”的方法不能真实地反映 AR 混合料的抗车辙能力。不仅是我们所做的试验[13]，而且国内许多单位对沥青—橡胶混合料的车辙试验结果大体上都在 1500~3000 次/mm[12]。

为了弄清楚问题的症结所在，本书作者曾对沥青—橡胶混合料车辙试验的方法和技术标准进行过专题的研究[13]。这一工作首先是分析了对于相同组成的混合料，影响车辙试验结果的因素，它们可以列出如下：

(1)试验的温度；

(2)试件的厚度和尺寸；

(3)施加于试验轮的负荷；

(4)试验轮的尺寸、材质以及与试件的接触面积或接地压强；

(5)试验轮的运动速度和行程;

(6)试件混合料的压实密度和空隙率。

在《公路工程沥青及沥青混合料试验规程》(JTG E20—2011)T0719 的试验规范中对前 5 项都作了明确的规定和容许的偏差范围,因而在试验时这些因素都应该处于受控状态。但是对于混合料的压实密度和空隙率却并无明确的规定,只是在 T0703 沥青混合料试件轮碾成型方法的规范中规定了试件的压实度应达到马歇尔标准密实度的(100 ±1)%,而并没有按照混合料的最大理论密度来规定试件的压实密度和空隙率。由于混合料马歇尔试件的密度和空隙率有可能在较大的范围内变化,再加上车辙试件的压实度容许在(100 ±1)% 范围内变动,则供车辙试验用试件的空隙率就有可能在很大范围内变化。这是在现行规范下车辙试验的结果往往存在很大离散性的重要原因。

对于沥青—橡胶混合料来说,试件压实度和空隙率对车辙试验的影响就更为严重。在反复进行车辙试验的过程中,我们发现沥青—橡胶混合料是一种对压实密度非常敏感的混合料,混合料能否得到充分压实直接影响到混合料抗车辙的能力,而我国目前沿用的车辙试验设备和方法很难保证沥青—橡胶混合料获得充分和必要的压实。首先是因为作为压实标准的马歇尔试件密度本身往往低于现场铺层所能达到的密实度。其次,在用国内通用的轮碾成型机制作试件时,虽然规范规定按马歇尔密度的 103% 来称取制作试件的混合料数量,但由于沥青—橡胶混合料的压实性能较差,很多材料被挤出试模以外而并没有真正进入试模成型为试件。由于以上一些原因,用现行的轮碾法成型的试件,其空隙率常可高达 6% ~7%,从而导致车辙试验的动稳定度急剧下降,而完全不能反映实际沥青—橡胶路面的抗车辙能力。

有鉴于此,为进一步分析沥青—橡胶混合料空隙率对车辙试验结果的影响,在 APA 试验机上进行了不同空隙率对车辙深度影响的试验。车辙试验的试件采用旋转压实仪(SGC)上制作的圆形试件,这种方法可以精确地控制压实高度,从而可以通过改变提供给试模的混合料数量来控制试件的空隙率。施加于试件上的荷载为 70kg,气囊气压为 0.7MPa ±0.05MPa,碾轮往返速度为 42cycle/min,试验温度为 60℃,试件在经受 10000 次碾压后测量其车辙深度。

为了揭示压实密度和空隙率对 TOR 沥青—橡胶混合料车辙试验的影响,对相同配方的 TOR 沥青—橡胶混合料在旋转压实仪上采用同一工艺制作若干不同压实密度的试件。

图 3-2-4 是不同压实密度的试件经碾压后呈现不同车辙深度的情况。图 3-2-5 是根据对不同压实密度试件的试验结果绘制的车辙深度随试件空隙率而变化的图,在图中还绘制了试验数据的回归曲线。从图 3-2-5 中可看到车辙深度随空隙率的增大而呈现出急剧增长的趋势,这一趋势可用指数函数来拟合。对试验数据进行拟合处理的回归方程表达为:

$$h = 0.6541e^{0.4602V_a}$$

式中:h——碾压 10000 次后的车辙深度,mm;

V_a——混合料的空隙率,%。

试验数据拟合处理的结果还表明在车辙深度与试件空隙率之间存在着十分良好的相关关系,其相关系数 R 高达 0.995。

从上述回归方程中可以看到:当空隙率在 4% 以下时碾压 10000 次的车辙深度不超过 4mm;当空隙率大于 5% 后,车辙深度呈急剧上升的态势;当空隙率为 6% 时,车辙深度可高达 10.3mm[13]。

图 3-2-4　不同车辙深度的沥青—橡胶混合料试件

同样的趋势反映在国外用 APA 试验机对 AR 混合料进行车辙试验的结果上，图 3-2-6 是文献[14]对用含有 10% 的 40 目橡胶屑的沥青—橡胶制作的有不同空隙率的 AR 混合料在 APA 试验机上进行车辙试验所获得的结果。从图 3-2-6 中可以看到，车辙深度随试件空隙率的增大而急剧上升的情况，当空隙率在 2.8% 时的车辙深度为 2.7mm 左右，空隙率在 4.2% 时的车辙深度为 4.5mm 左右，而当空隙率增大至 5.5% 时，车辙深度可升高到 7mm 左右。

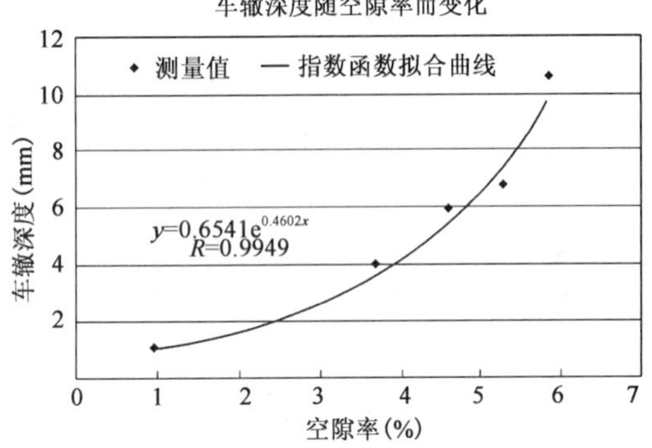

图 3-2-5　车辙深度随试件空隙率而变化的规律

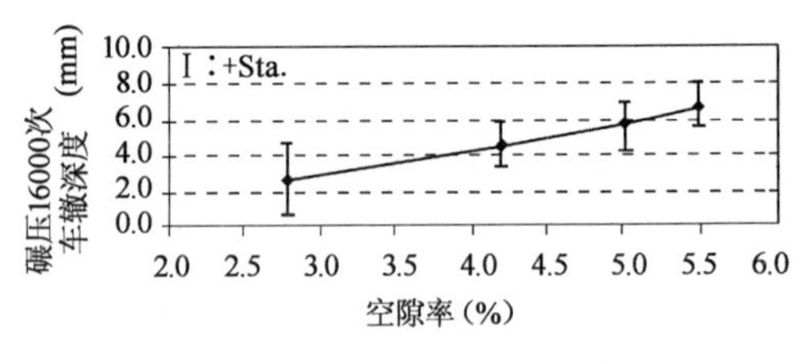

图 3-2-6　沥青—橡胶混合料车辙深度随试件空隙率的增大而上升的情况

图 3-2-7 是文献[15]对普通 PG 64-22、PG 76-22、3% SBS 改性沥青、10% 和 15% AR 结合料与相同矿料级配制备的 4 种沥青混合料，在 APA 试验机上进行车辙试验的结果。

从图 3-2-7 中可以看到，普通沥青混合料和 SBS 改性沥青混合料对空隙率的敏感性较差，它们的车辙深度与空隙率之间相关性很弱，相关系数 R^2 只有 0.241 和 0.165，而 AR 混合料与空隙率之间的相关关系则十分明显，呈现出车辙深度随空隙率的增大而增长的明显趋势。

以上的试验数据鲜明地显示了沥青—橡胶混合料是一种对压实密度十分敏感的材料。这一特点给出的启示如下：对于沥青—橡胶混合料这样高黏弹性的材料，要想获得正确的车辙试验结果，在试验时严格控制试件的空隙率是十分必要的。同时也表明，对于沥青—橡胶混合料来说，在施工中严格控制铺层的现场空隙率是非常重要的。

除对试件空隙率的控制没有严格的要求外，T0719 试验方法的本身也存在着一些严重的缺点。首先，试件的动稳定度是根据 15min，即碾压 630 次区间车辙深度之差计算出来的，如此窄小的区间对于具有较强抗车辙能力的试件来说，车辙深度的变化是很小的。例如，假设试件的动稳定度为 3000 次/mm，则 630 次碾压区间的车辙变化只有 0.21mm，这种变化完全可能淹没在车辙深度试验误差的范围之内。需要指出的是，这里所说的试验误差并不是指位移传感器的测量误差，而是指由于试件表面起伏不平、试验轮表面可能黏附有沥青等随机因素导致的测量误差（试验不是在一块刨平的钢板上进行碾压）。图 3-2-8 是在 Hamburg 车辙仪上测定的轮迹带上均匀分布的 11 个测点的平均值的散布情况及其回归曲线。从图中可以看到，测点平均值散布带的宽度本身就有 0.2 ~ 0.3mm，因而微小的车辙深度变化完全可能淹没在试验的误差中。

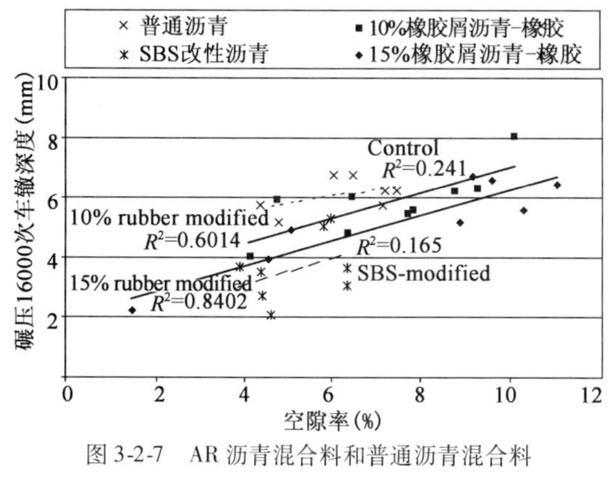

图 3-2-7　AR 沥青混合料和普通沥青混合料对空隙率的敏感性

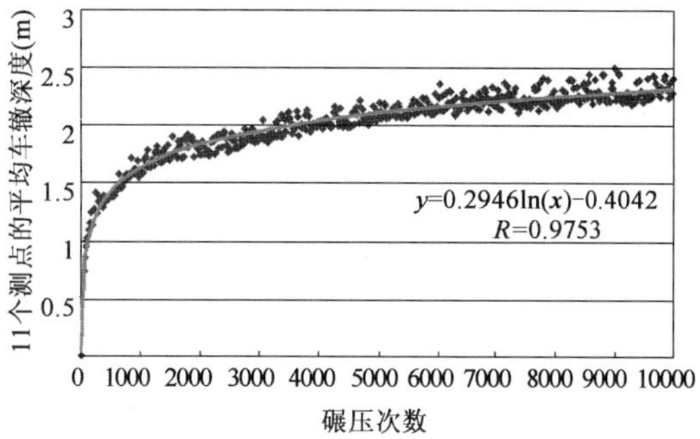

图 3-2-8　微小的车辙深度变化可能淹没在试验误差中

因此，关于车辙试验的动稳定度可以到达 6000 ~ 7000 次/mm，甚至超过 10000 次/mm 的报道是缺乏可信度的，因为它在碾压 630 次的区间内，车辙深度的变化小到了只有零点零几毫米，这一变化值已远小于测量误差的范围（图 3-2-8）。

其次，计算动稳定度的区间是 45 ~ 60min，即碾压 1890 ~ 2520 次，这一区间对于橡胶沥青混合料或其他改性沥青混合料来说，正处在车辙深度变化曲线的斜率急剧变化的过渡过程，即使试验数据没有任何误差而是绝对正确的，它仍有很大可能会由于原始的起点不一样和斜率的变化不一样而导致完全错误的判断结果。在图 3-2-9 上展示了在相同的动稳定度下，在随后碾压过程中可能产生的完全不同的试验结果。在图中，1、2、3、4 这 4 条曲线切割通过 45 ~ 60min 两条垂直线区间的高度之差，即 60min 与 45min 时的车辙深度之差 Δh 是相等的，这意味着这 4 条曲线的动稳定度是完全相同的，但在 60min 以后车辙深度的进展情况却可以是完全不同的。

图 3-2-9 中的曲线 1，其斜率急剧变化的转折点在不到 45min 线的附近，随后曲线进入斜率变化很小的稳定变化段。在曲线 2 上，过渡到稳定变化段的转折点在 45 ~ 60min 线之间，这两条曲线虽然在 45 ~ 60min 区间有着相等的车辙深度之差，但是由于 60min 之后的平稳变化段的斜率不同，在比较它们在碾压 10000 次后的车辙深度时，曲线 2 就可能大大低于曲线 1。曲线 3 虽然它过渡段的斜率变化转折点也是在靠近 45min 线附近，而在 45 ~ 60min 区间的 Δh 值也与曲线 1 相等，但是由于它在转折处的原始车辙深度要小于曲线 1，因而尽管在 60min 之

后两者平稳变化段的斜率相同,但曲线 3 的车辙深度始终会比曲线 1 小。曲线 4 的转折点是在靠近 60min 线的附近,所以它的平稳变化段的斜率比曲线 2 更小,再加上转折处的原始车辙深度要比曲线 1 和曲线 2 小,曲线 4 在 60min 后的车辙深度将会是 4 条曲线中最小的。

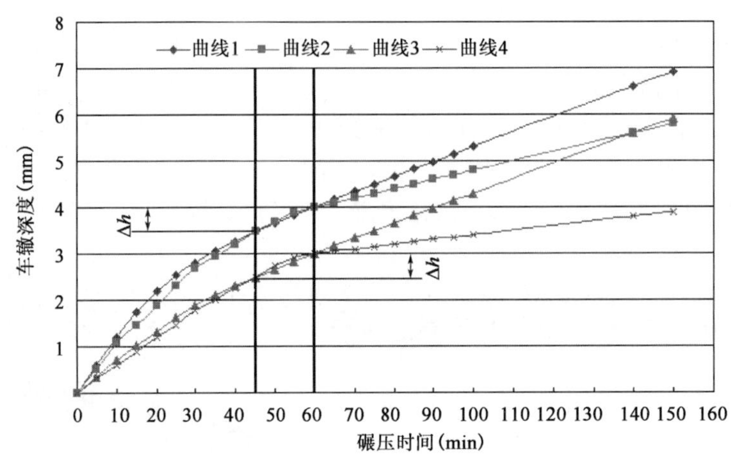

图 3-2-9　在相同的动稳定度下,可能产生完全不同的试验结果

从以上的分析中可以看到,以 45 ~ 60min(相当于碾压 630 次)这样狭窄的区间计算的动稳定度来表征沥青混合料的抗车辙性能是非常不科学的,也是很不可靠的。现行规范提出的车辙试验方法和国内目前普遍采用的车辙试验设备都是 20 世纪 80 年代从日本引进的。当时还很少应用改性沥青的材料,沥青路面的面层材料主要是普通沥青的热拌混合料,其车辙试验的动稳定度只有每毫米几百次,在碾压 1890 ~ 2520 次的车辙深度的变化量可以有 1mm 左右,因此此种车辙试验方法对普通热拌沥青混合料还是可以适用的。但是随着改性沥青等新沥青材料的大量使用,上述试验方法与设备已很难适应试验高性能沥青混合料的车辙性能要求了。在过去 20 余年期间国外的车辙试验方法与设备已经有了很大进步。目前在欧洲和美国采用最多的是 Hamburg、APA 和 FRT 等 3 种车辙试验设备,它们都能严格地控制试件的空隙率,因而应该比国内现行的车辙试验设备更适合于沥青—橡胶混合料的车辙试验。以下将简要地介绍它们的试验方法和相应的检验标准。

1. Hamburg 车辙试验机

Hamburg 车辙试验机最早是 20 世纪 70 年代由德国汉堡的 Esso 公司开发的,当时称为"Esso 轮辙形成装置(Esso Wheel Tracking Device)"。随后由汉堡市的市政交通部门制定了考核沥青混合料是否具有低的车辙敏感性的试验方法。最初的 EWTD 规定试件在 40℃ 或 50℃ 的水中碾压 9540 次,随后汉堡市政局将碾压次数增加至 19200 次,并提出了在 10000 次左右发生水损害(沥青膜剥落)的概念,使 EWTD 不仅用于抗车辙性能试验,还用于评价沥青混合料的抗水损害能力。

在随后的年代里,汉堡车辙试验机(Hamburg Wheel Tracking Device,HWTD)被世界许多国家广泛地使用于评价沥青混合料的抗车辙性能,并制定了相应的试验方法和检验标准。

Hamburg 车辙试验机采用固定不动的台面和运动的加载轮总成,试件用熟石膏固定在钢制的试模中，试模成对地固定在台面上，两个加载轮由曲柄连杆机构驱动可沿着试件表面纵向做前后的往复运动，加载轮对试件的压力由加载轮总成的配重提供，试件与台面一起浸没在带一定温度热水的水槽中(图 3-2-10)。HWTD 的基本结构和试验参数如下：

(1)试验轮为钢轮，直径 203.5mm，宽 47mm；

(2)试验荷载为 685N(试件的接触压力约为 0.73MPa)；

(3)试验轮的行程约为 230mm；

(4)试验轮每分钟的循环次数为(53 ±2)次/min(相当于 1.1km/h 的平均速度)；

(5)试件尺寸：长 × 宽 = 320mm × 260mm，厚度为 40mm、80mm、120mm、150mm，也可采用直径 250mm 的芯样试件；

(6)试验介质：40℃或 50℃水浴；

a)

b)

图 3-2-10　汉堡车辙试验机

(7)平行试件数量：一次试验的平行试件为 2 块；

(8)试件碾压次数：20000 次(10000 个循环)。

HWTD 的另一项试验功能是评价沥青混合料抗水损害能力，当试件在水中浸泡并经受反复碾压的过程中，存在着沥青膜开始剥落和削弱集料颗粒之间黏结力的倾向。这一倾向在车辙深度变化曲线上的反映如下：车辙曲线在经过一段缓慢增长的过程后，发展至某一转折点时，车辙深度的变化会突然加快而曲线的斜率则明显增大。图 3-2-11 展示了在浸水的车辙试验中车辙深度增长的典型过程。从图中可以看到，在最初碾压 1000 次的范围内，车辙深度以较快的速率在增长，这是一个车辙处混合料的压密区，随后车辙深度的变化转入一渐变的蠕变区(Creep)，此时车辙以很小的变化速率在缓慢地变化。当碾压次数增长至一定数值时，沥青剥落的影响开始明显显示，此时车辙深度变化的速率

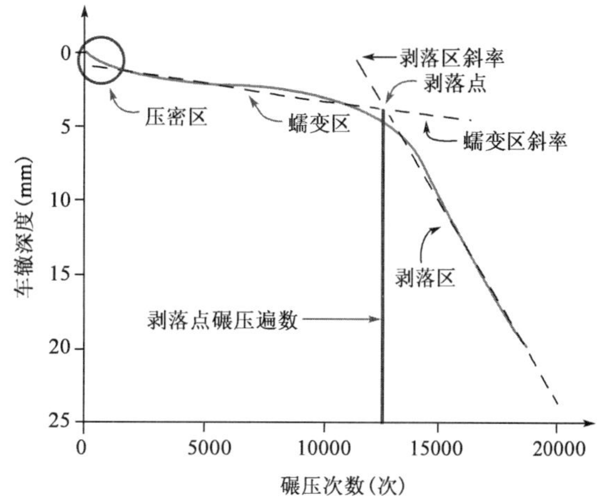

图 3-2-11　浸水车辙试验的车辙深度变化曲线

会发生一个转折而进入剥落区。将蠕变区拟合直线与剥落区拟合直线的交点作为车辙深度变化的转折点，称为剥落（影响）点[Stripping(Infleetion)Point]。在上述车辙深度的变化曲线中，蠕变区代表了沥青混合料在车轮反复碾压下发生的永久性变形，剥落区则代表了沥青混合料发生水损害的过程，而剥落点则是这两个变化区的转折点。因此，剥落点的车辙深度和蠕变区的斜率可以用来评价沥青混合料的车辙敏感性，而与剥落点相应的碾压次数与剥落区的线性斜率则可用来评价沥青混合料对水损害的敏感性。

在汉堡市政交通局原先试验方法中并没有规定试件的空隙率要求，也未规定试件压实成型的方法。在其后的发展中，开发了与 HWTD 配套的制备试件的压实装置——一种线性揉搓压实机(Linear Kneading Compactor)，沥青混合料装入钢制的试模中，一系列垂直放置的钢板压在混合料上部，钢制的滚轮在钢板顶部滚动碾压，通过钢板将作用力一块钢板、一块钢板地传递给混合料，压实力在每一时刻主要只作用在一块钢板上(图 3-2-12)。

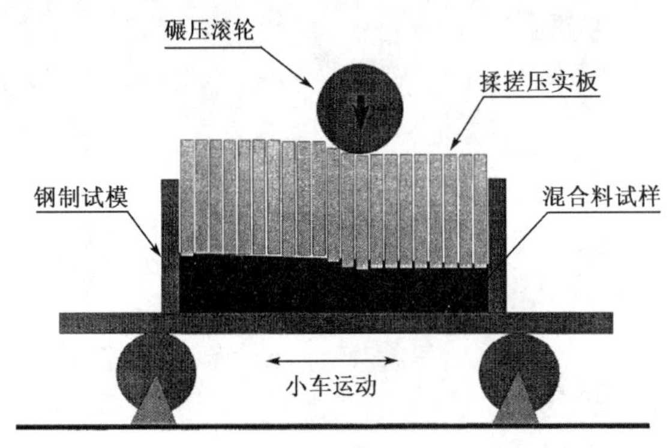

a)

b)

图 3-2-12　线性揉搓压实机

线性揉搓压实机之所以称为“线性”是因为在横向的作用是一直线，而之所以是“揉搓”是因为每一块钢板对混合料施加的是一种揉搓力，即在任何一给定时刻只有一狭条的混合料被压缩(图 3-2-12)。这种揉搓压实作用的好处是可以防止由于过度压实而使集料压碎，它的另一好处是可以根据所要求试件的空隙率和混合料的理论密度方便地计算出要加入试模中的沥青混合料质量。

在使用 Hamburg 车辙试验机的过程中，许多国家根据本国的情况作了某些局部的修改，它们主要是以下几点：

(1)增加了在空气介质中进行试验的方法；

(2)将钢轮改为钢轮外包有橡胶层的橡胶轮，以降低钢轮压碎集料的风险；

(3)加载负荷改为 710N 或 70kgf；

(4)规定了试件空隙率的要求；

(5)增加了 50mm 试件厚度的规定。

关于试件空隙率的要求，美国的 CDOT 对密级配的 HMA 规定为 7% ±1%，TexDOT 对密级配 HMA 和 SMA 以及 SMAR 混合料均规定为 7% ±1%，美国联邦公路局总局的公路研究中心则规定对密级配 HMA 试件的空隙率要求为 7% ±1%，对 SMA 混合料则要求为 5.5% ±0.5%。在欧洲的一些国家中对车辙试件的空隙率大都控制得比美国要小，例如德国规定试件的密度为马歇尔密度的100% ±1%。

关于车辙试验检测标准，德国汉堡市最早的标准为碾压19200次的车辙深度应小于或等于4mm，美国CDOT的标准为碾压10000次时车辙深度应小于或等于4mm，20000次时应小于或等于10mm，TexDOT则为20000次时应小于或等于12mm。

2. APA沥青路面试验机

APA沥青路面试验机（Asphalt Pavement Analyzer）是美国PTI公司于20世纪90年代在GLWT（Georgia Loaded Wheel Tester）基础上开发的一种多功能的试验设备，它可以对沥青混合料进行车辙试验、水损害试验和疲劳裂缝试验。试验机可以同时进行3个300mm×125mm×75mm的矩形条状试件或6个直径150mm、厚75mm的圆柱形试件的试验。试件通过试模固定在不动的台面上，带有3个加载轮的车架在曲柄连杆机构的驱动下，沿着轨道做平行于台面的前后往复直线运动。带有凹槽的加载轮通过充气胶管压在试件上，胶管中的空气压力通过空压机储气罐保持压力恒定。3个加载轮的荷载除自身的质量外，通过3个恒定压力的气囊提供。试件可以在恒温的空气中进行车辙试验，也可浸泡在恒温的水中进行水损害试验（图3-2-13），在进行车辙试验时，美国AASHTO TP63规定的主要结构与试验参数如下：

（1）试验轮为钢轮，通过直径为19mm的充气橡胶管碾压试件；

（2）试验荷载为445N，胶管充气压力为689kPa；

（3）试验轮行程约为412mm；

（4）试验轮循环次数为44.4次/min（相当于0.61m/s的平均速度）；

（5）试件尺寸：直径×高=150mm×75mm的旋转压实试件（SGC）；

（6）试验介质：空气，试验温度60～72℃；

图3-2-13　APA沥青路面试验机

（7）平行试件数量：一次试验的平行试件为6个；

（8）试件碾压次数16000次（8000个循环）。

虽然在APA试验机上也可采用条形试件进行车辙试验，由于与之配套的试件振动压实机是以压实能量来控制压实度的，而无法精确控制试件的空隙率，因此APA的车辙试验大多采用圆形试件。AASHTO TP63规定采用旋转压实机成型的SGC圆柱形试件，要求的空隙率为7% ±1%，并规定试验报告以50次、8000次（4000个循环）、16000次（8000个循环）的平均车辙深度以及50～8000次的车辙曲线斜率、8000～16000次车辙曲线的斜率来表征试验混合料的车辙敏感性和水损害敏感性，但AASHTO TP63并没有规定车辙试验合格的标准。在美国各州运输局的规范中有关车辙敏感性的检验标准大多只规定碾压16000次（8000个循环）后的车辙深度，而且各州标准相差很大，例如NDOT的规定是8000个循环后容许的车辙深度为8mm，而ODOT的检验标准则规定如下[16]：

（1）对于交通量为3级，结合料采用PG 64-22或PG 64-28的混合料，容许车辙深度为6mm；

（2）对于交通量为3级，结合料采用PG 70-22或PG 70-28的混合料，容许车辙深度为5mm；

(3)对于交通量为4级,结合料采用PG 64-22或PG 64-28的混合料,容许车辙深度为5mm；

(4)对于交通量为4级,结合料采用PG 70-22或PG 70-28的混合料,容许车辙深度为4mm。

3. FRT车辙试验机

FRT试验机(France Rutting Tester)是法国道桥试验中心于20世纪80年代开发的用来评价热拌沥青混合料抗车辙性能试验的实验室试验设备。试验机可以同时进行两个长×宽=500mm×180mm的条形试件,厚度为20~100mm,常用的厚度为50mm和100mm,前者用于磨耗层的混合料,后者则用于柔性基层的混合料。混合料的公称最大粒径限制为不超过20mm,这是因为试模相对载荷轮的宽度较小,大粒径的集料会由于边界效应被挤向上方,而导致影响试件的正确压实。试件用熟石膏固定在试模中,而试模则固定在不动的台面上,两个加载轮为一光面的充气轮胎,它可沿着台面做高度不变的往复直线运动,轮胎与试件间的压力,来自台面下方的液压千斤顶,它可以使台面沿着垂直轨道上升,使加载轮以一恒定荷载压在试件上(图3-2-14)。FRT在法国已经应用了20余年,它的主要结构与试验参数如下:

图3-2-14 FRT车辙试验机

(1)试验轮为光面的充气轮胎,直径×宽度=415mm×110mm,在钢板上的充气压力为600kPa±30kPa；

(2)试验荷载为5000N±50N(左右试件与轮胎的接触压力为0.50~0.55MPa)；

(3)试验轮的行程为760mm；

(4)试验轮循环次数为67cycle/min(相当于7km/h的平均速度)；

(5)试件尺寸:长×宽×高为500mm×180mm×50mm(用于表面磨耗层)或500mm×180mm×100mm(用于柔性基层)；

(6)试验介质:空气,试验温度为60℃(对于基层混合料,试验温度也可降至50℃)；

(7)平行试件数量:一次试验的平行试件为2件；

(8)试件碾压次数:对用于磨耗层混合料为6000次(3000个循环),对用于基层混合料为60000次(30000个循环)。

与FRT配套的试件压实机FPC(French Plate Compactor)采用与FRT同样的光面轮胎的碾

压轮，试验机的基本结构是与 FRT 类似的（图 3-2-15）。沥青混合料试样盛放在一试模中，其深度应大于试件的名义厚度，以便有足够的体积存放松散的试样。试模的底板是活动的，它可由安装于其下方的液压千斤顶驱动而上、下移动。碾轮的压力是由千斤顶向上的顶推力产生的。试件一面受碾轮的来回碾压而逐步变得密实，一面逐步减少试件的厚度。试件的压实厚度由底板表面至试模顶面（即加载轮的运动表面）的距离来控制，根据试件要求的空隙率与混合料的理论密度可计算出要求试件的压实厚度。在法国的规范中，试件的空隙率通常控制在3%左右。试件压缩至规定厚度后，在试件的顶面放上一块钢板，然后再用碾轮碾压数次，使试件获得一平整的表面。

a)

b)

图 3-2-15　与 FRT 配套的 FPC 试件压实机

关于车辙试验的检验标准，法国规范和加拿大魁北克省运输部（Ministry of Transportation of Quebec）规范规定：对 50mm 厚的热拌沥青混合料试件，容许的车辙深度为碾压 6000 次（3000 个循环）时小于或等于 10mm，或与试件原始厚度之比小于或等于 20%；对 100mm 厚的试件，容许的车辙深度为碾压 60000 次（30000 个循环）时小于或等于 10mm，或与试件原始厚度之比小于或等于 10%[17]。

在上述 3 种车辙试验设备中 Hamburg 车辙试验机，由于能精确地控制试件的空隙率以及试验的误差小、重复性好，是世界各地使用最为广泛的一种检验沥青混合料车辙敏感性的试验设备，它的最大特点如下：

一是试件是由滚轮通过碾压一系列薄板将压力传递到沥青混合料来进行压实的（图 3-2-12）。此种碾压方式既很好地模拟了压路机碾压沥青路面的实际工况，又能准确地控制试件的压实度（空隙率）。

二是试件可以放在空气介质中进行，也可以放在水中进行。

三是在运动中车辙深度的检测是多点的平均值（通常为 10 ~ 25 个点）作为碾压一次的车辙深度，而整个碾压过程的车辙深度变化曲线是由大量数据经统计回归计算而得出的。每次试验将平行做两个试件，取两个试件回归曲线的平均值作为最终的试验结果，从而大大提高了试验的精度和可重复性。

这些特点对于橡胶沥青混合料显得尤为重要，因此 HWTD 是一种比较适合于检验橡胶沥青混合料车辙性能的试验设备。

欧洲标准EN 12697-22车辙试验(Test Method for Hot Mix Asphalt——Part 22:Wheel Tracking)[18]是在吸收了德国HWTD和法国FRT试验方法的基础上形成的。EN 12697-22的试验规程规定有适用3种试件尺寸的试验设备,包括小型(320mm×260mm)、大型(500mm×180mm)、超大型(700mm×500mm)。其中小型试件的试验方法主要参考德国HWTD试验标准,而大型试件的试验方法则主要参考法国FRT的试验标准。

小型试件主要用于磨耗层,小型试件的试验方法分为A和B两种类型。B方法中的水中试验用于检验沥青混合料水损害敏感性的试验,空气介质中的试验则主要用于检验沥青混合料抗车辙性能的试验,也更加适合于橡胶沥青混合料的车辙敏感性试验。

为验证采用EN 12697-22中的空气介质B方法的可行性,我们在Hamburg车辙试验设备上,对悬浮密实结构和骨架密实结构的沥青—橡胶混合料以及常规的SBS改性沥青SMA混合料进行了对比性的车辙试验。

Hamburg车辙试验机和试件滚轮成型机为美国PMW公司生产的Wheel Tracking Machine 4.5和PMW型Roller Compactor。3种混合料按设计的配合比在实验室拌和机上拌制后倒入成型机试模后碾压成型,3种试件用的混合料质量按预期空隙率为4%和混合料的理论密度确定。

试件成型后,待冷却至室温后进行脱模。脱模后的试件首先测量厚度,并用表干法测定其毛体积密度、空隙率等各项体积指标,每个试件的各项体积参数列于表3-2-5内。从表3-2-5的数据中可以看到,用线性揉搓压实机成型的车辙试件可以非常精确地控制试件的压实度和空隙率。

试件的体积参数 表3-2-5

混合料类型	试件序号	试件尺寸长×宽(mm)	平均厚度(mm)	毛体积相对密度	最大理论相对密度	空隙率(%)	马歇尔压实度(%)
ARHM-G-13	1号(左)	320×260	48.5	2.367	2.449	3.4	101.0
	1号(右)		49.5	2.361		3.6	100.8
	2号(左)		52.0	2.349		4.1	100.3
	2号(右)		52.3	2.350		4.1	100.3
ARHM-S-13	3号(左)	320×260	51.3	2.393	2.501	4.3	100.7
	3号(右)		51.5	2.393		4.3	100.7
	4号(左)		51.8	2.409		3.7	101.4
	4号(右)		51.6	2.405		3.8	101.2
SMA 13	5号(左)	320×260	52.2	2.424	2.516	3.7	100.0
	5号(右)		52.1	2.419		3.9	99.8

经密度测定后的试件装入车辙试验机的试模内,夹紧后安装在试验机的平台上,经5h左右的恒温加热,达到规定温度后开始进行车辙试验,试验的碾压总次数为10000次(5000个循环)。车辙试验的试验条件列于表3-2-6。

图3-2-16是悬浮密实型沥青—橡胶混合料第二组左、右两个试件的车辙深度变化曲线。从这些试验曲线中可以看到,车辙深度的变化是平稳的,车辙深度变化曲线的斜率在进入5000次碾压后就进入了完全平稳的线性变化阶段,因而10000次碾压后的车辙深度已足以反

映出混合料抗车辙性能。由于在某个特定时刻的车辙深度是由经过多次平均和整个过程的回归曲线来确定的，因此按碾压 5000 ~ 10000 次区间计算的动稳定度的试验误差也小得多，而由于这一区间处于车辙深度变化曲线的线性区段，因而比按处于过渡区间的 1890 ~ 2520 次计算的动稳定度更能反映试件的真实抗车辙能力。

车辙试验的试验条件　　表 3-2-6

试验设备	PMW 滚轮成型机 PMW Hamburg 车辙试验机	试验设备	PMW 滚轮成型机 PMW Hamburg 车辙试验机
试验介质	空气	试验轮荷载	700N
试验温度	60℃	试验频率	42 次/min
试验轮($D \times B$)	钢轮(203mm × 47mm)	试验时碾压总次数	10000(5000 个循环)

图 3-2-17 则是 3 种混合料各组试件碾压 10000 次后的平均车辙深度和线性段动稳定度，从图中可以看到，3 种混合料的车辙深度和线性段动稳定度有着明显的差别。

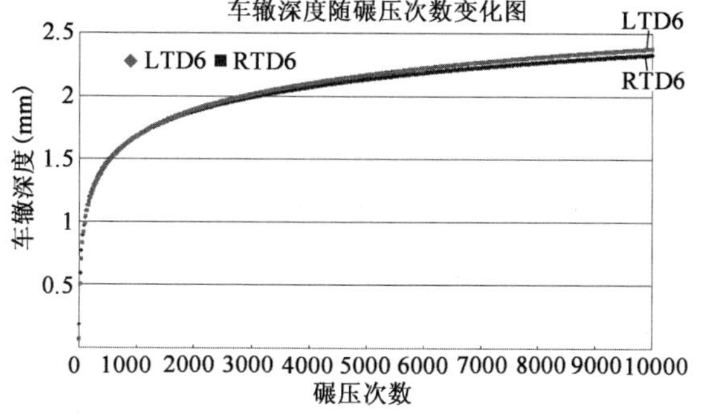

图 3-2-16　第二组试件左、右两个试件的车辙深度变化曲线

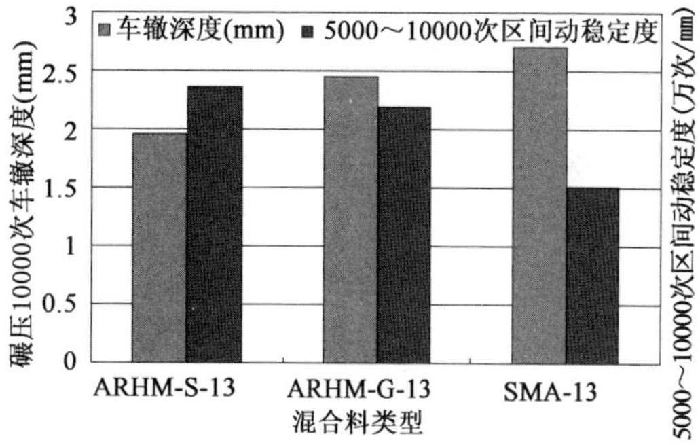

图 3-2-17　3 种混合料的平均车辙深度和线性段动稳定度

图 3-2-18 是动稳定度与 10000 次碾压后的车辙深度之间的相关性检验，从图中可以看到，两者之间的相关系数 R 为 0.82，显示了较好的相关性。

通过以上的试验验证可以认为以下几点：

(1)采用 Hamburg 车辙试验机来检验橡胶沥青混合料的抗车辙性能是可行的；

(2)对于密实型的橡胶沥青混合料规定试件的空隙率为 4% ±0.5% 是合理的；

(3)考虑到碾压 20000 次约需 8h 的时间，而对于橡胶沥青混合料来说在 5000(2500 个全循环) ~ 10000 次(5000 个循环)车辙深度的增长规律基本上是线性的，因此为节省试验时间，将总的碾压次数规定为 10000 次，并以 5000 ~ 10000 次的车辙回归曲线的线性斜率或动稳定度和碾压 10000 次之后的平均车辙深度作为检验橡胶沥青混合料的车辙敏感性指标也是可行的。

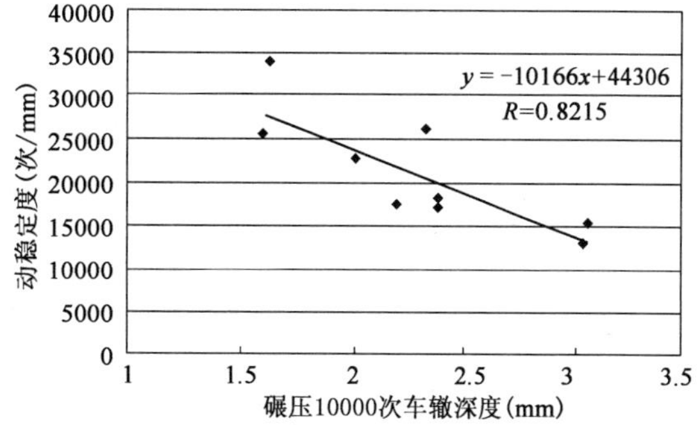

图 3-2-18　按 5000 ~ 10000 次区间计算的动稳定度与 10000 次车辙深度之间的相关关系

第三章　密级配橡胶改性沥青混合料设计

第一节　密级配橡胶改性沥青混合料的结构原理与技术特点

密级配橡胶改性沥青混合料由于其橡胶屑已大部融溶于沥青中，因而在结构上与常规的密级配沥青混合料并无原则的区别。如前所述，密级配沥青混合料是一种典型的悬浮密实型沥青混合料。它的矿料结构是一种连续而均匀变化的级配，因而在与适量的结合料相配合后能形成空隙率较小的密实结构。因此密实性与均匀性是密级配沥青混合料最主要的结构特点，这种混合料的结构强度主要是靠结合料的黏结作用以及粗、中、细集料互相支撑、嵌挤和充填而形成的。它具有较高的压缩强度和良好的密水性，但抵抗水平剪切的能力相对较差，并容易受温度的影响。

密级配沥青混合料是一种传统的沥青混合料，在国内外目前仍有大量的应用，尤其是用于中、下面层中。近些年来随着美国 SuperPave 技术的引进，国内开始对密级配混合料的矿料设计提出了增粗减细，使之形成 S 形曲线的尝试，以改善密级配沥青混合料的抗车辙性能。但需要指出的是，此种改善不应有损于密级配沥青混合料的均匀性与密水性的基本技术特征。文献[19]通过大量实验室与现场的试验研究表明，仅仅依靠控制空隙率而放弃级配均匀性的原则来设计密级配沥青混合料并不能保证密级配沥青混合料良好密水性的技术特点，这是导致许多按 SuperPave 原则设计的沥青混合料发生水损害病害的重要原因，它指出“即使空隙率相同但空隙体积的结构不同，形成连通空隙的混合料就透水；形成封闭空隙的混合料就不透水，体积指标的这个缺陷要通过混合料级配控制来克服”。文献[19]批评了要求矿料级配形成 S 形曲线上的盲目性倾向，提出在设计密级配沥青混合料时应以密水性、均匀性为第一目标，适当增粗减细的设计原则，并通过混合料的体积指标和级配控制两个方面来保证密级配沥青混合料的技术特点。以上这些设计原则对密级配橡胶改性沥青混合料同样是完全适用的。表 3-3-1 是文献[19]建议的密级配沥青混合料的矿料级范围，可供设计密级配橡胶改性沥青混合料时参考。

密级配橡胶改性沥青混合料级配范围　　表 3-3-1

混合料类型		通过下列筛孔(mm)的质量百分率(%)											
		26.5	19	16	13.2	9.5	4.75	2.36	1.18	0.6	0.3	0.15	0.075
TRHMA-D-25	上限	100	90	85	75	63	48	40	31	24	16	12	7
	下限	95	80	65	55	43	22	16	12	8	5	4	3
	中值	97.5	85	75	65	53	35	28	21.5	16	10.5	8	5

续上表

混合料类型		通过下列筛孔(mm)的质量百分率(%)											
		26.5	19	16	13.2	9.5	4.75	2.36	1.18	0.6	0.3	0.15	0.075
TRHMA-D-20	上限		100	92	85	72	58	47	34	26	18	12	7
	下限		95	78	65	48	28	18	13	10	7	4	3
	中值		97.5	85	75	60	43	32.5	23.5	18	12.5	8	5
TRHMA-D-20C	上限		100	92	85	72	53	44	32	24	18	12	7
	下限		95	78	65	48	23	16	12	10	7	4	3
	中值		97.5	85	75	60	38	30	22	17	12.5	8	5
TRHMA-D-16	上限			100	85	68	46	35	29	23	18	13	8
	下限			95	65	47	28	18	15	12	8	6	4
	中值			97.5	75	57.5	37	26.5	22	17.5	13	9.5	6
TRHMA-D-16C	上限			100	90	70	44	35	29	23	18	13	8
	下限			95	70	50	26	18	15	12	8	6	4
	中值			97.5	80	60	35	26.5	22	17.5	13	9.5	6
TRHMA-D-13	上限				100	80	48	36	29	22	16	11	8
	下限				95	60	26	17	15	10	6	4	4
	中值				97.5	70	37	26.5	22	16	11	7.5	6
TRHMA-D-13C	上限				100	75	45	35	25	17	14	10	7
	下限				95	55	24	15	12	8	5	5	3
	中值				97.5	65	34.5	25	18.5	12.5	9.5	7.5	5

注:TRHMA-D-××C 代号意义:TRHMA-D 为密级配橡胶改性沥青混合料;××为公称最大粒径(mm);C 为粗粒式。

第二节　密级配橡胶改性沥青混合料的马歇尔设计方法

马歇尔设计方法是一种传统的沥青混合料设计方法,它是与维姆方法(Hveem Design Method)一起在20世纪30年代开发形成,并至今仍在广泛使用的沥青混合料设计方法。这两种设计方法共同的原理是希望通过某些经验性的试验方法在沥青混合料的耐久性与稳定性之间寻找合理的平衡点,来确定混合料合理的沥青用量。沥青用量对混合料耐久性和稳定性的影响是一种矛盾的关系。当沥青用量为零时,混合料的结构强度是靠集料之间的摩擦力和嵌挤力形成的,当混合料中加入适量沥青后,混合料的结构强度会由于沥青与集料颗粒之间的黏结力而增强而变得更加稳定。因此随着沥青用量的增加,在开始时混合料的稳定性会增大,此时,沥青将裹覆在集料颗粒的表面形成一层极薄的沥青膜,起着加强颗粒之间黏结力的作用。但当沥青用量进一步增大时,多余的沥青在较高的温度下会起到某种"润滑"作用而降低集料颗粒之间的摩擦力与嵌挤力,导致沥青混合料高温稳定性的急剧下降。因此,沥青混合料稳定性随沥青用量而变化的规律是先以缓慢的速率增长,达最大稳定度后将以较快速率下降(图3-3-1)。混合料的耐久性与集料的沥青膜厚度有着密切的关系,当混合料中的沥青较少时，裹覆集料颗粒的沥青膜厚度过薄，它们在空气、水等自然环境的作用下很容易变硬、老化、发脆而丧失其黏结能力。随着沥青膜厚度的增加，沥青黏结材料的老化、变硬的速率会明显变缓，从而大大提高混合料的耐久性。当沥青膜厚度增加至一定程度时，它对延缓结合料老化、发脆的作用有所减弱，而其耐久性的增长速率也将随之减弱。因此，沥青混合料耐久性随沥青用量而变化的规律是两头增长速率缓慢而中间增长速率高的变化曲线（图3-3-1）。

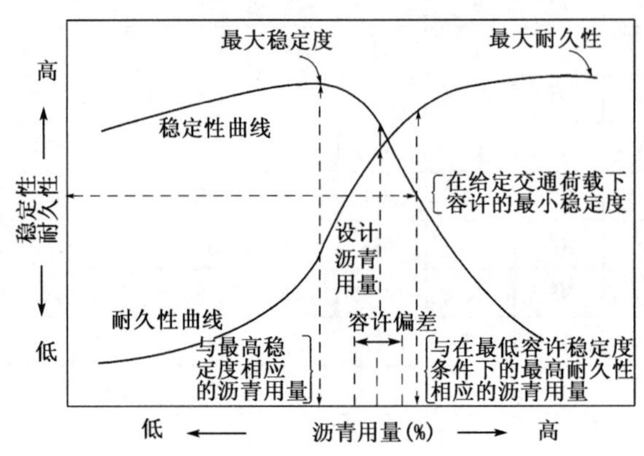

图3-3-1　马歇尔设计方法的原理

马歇尔设计方法最早是1939年由美国密西西比州公路局的沥青工程师Bruce Marshall开发的，随后美国陆军WES缘起于加强机场跑道的承载能力于1943年对马歇尔设计方法进行了一系列实验室与现场的试验研究，包括马歇尔击实试验的方法（次数、锤重、形状、试模等），实验室性能与现场性能的对应关系，选择最佳沥青用量的方法等，并提出了混合料设计方法的技术标准（Criteria），为现在使用的马歇尔设计方法奠定了基础。

马歇尔设计方法主要包括了以下几个步骤。

（1）原材料的选择与评估。

原材料的选择与评估包括各种矿料和结合料的选择，它们的特性试验，是否满足质量要求等。

（2）矿料级配的选择。

根据密级配混合料均匀性、密水性的技术要求合理选择矿料级配，可以密级配矿料范围的中值作为初试级配，通过实验室的试验再作进一步的比较、调整，最终确定矿料的设计级配。

（3）制作马歇尔试件。

在最终确定的矿料设计级配的基础上，以预估的结合料用量为中值，按0.5%为间隔制作5组马歇尔试件。

（4）密度—空隙率分析。

对压实成型的马歇尔试件进行各项体积指标的测定，包括毛体积相对密度（γ_f）、最大理论相对密度（γ_t）、空隙率（VV）、矿料间隙率（VMA）、沥青填隙率（VFA）等体积指标的计算。

（5）马歇尔稳定度—流值试验。

在马歇尔试验仪上测定试件的稳定度MS和流值FL。

（6）绘制γ_f、VV、VMA、VFA、MS、FL随沥青用量而变化的曲线，并检查曲线变化的合理性：

①空隙率通常随结合料用量的增加而减少；

②矿料间隙率通常为一下凹形的曲线，在某个结合料用量处有一最低点；

③沥青填隙率通常随结合料用量的增大而增大；

④毛体积相对密度通常随沥青用量的增大而增大，有时可能有最大值，但它应出现在稳定度最大值之后；

⑤马歇尔稳定度通常为上凸曲线，在某个结合料用量处有一最大值；

⑥马歇尔流值通常随结合料用量的增加而增大。

（7）确定最佳结合料用量。

马歇尔设计方法最初是依靠马歇尔试验的稳定度来控制沥青用量的，以保证沥青混合料必要的耐久性与稳定性，沥青用量的上限由容许的最低稳定度来控制，沥青用量的下限由最高稳定度来控制（图 3-3-1）。但随后发现混合料的一些重要的体积指标，如空隙率、矿料间歇率、沥青填隙率等对混合料的性能有着重要影响，矿料应有足够的空隙来容纳结合料，混合料在充填结合料后必须留有足够的空隙以提供路面在使用过程中交通荷载对混合料的进一步压密所需的空间，同时混合料又应保持一定的密实性，防止由于空隙过大而使有害的空气与水进入混合料内部。

因此，结合料最佳用量的确定需要综合考虑和平衡各种因素的影响。目前通常采用的确定最佳结合料用量的方法可分为两种。一种是选择一个可以代表综合考虑各种因素的目标空隙率，根据目标空隙率来确定最佳结合料用量，然后再验证各项其他的指标是否在容许的范围内。例如美国 AI 的马歇尔设计方法采用一折中的空隙率 4%，作为确定最佳结合料用量的依据，然后进一步检验各项马歇尔指标是否均在容许的范围内，而对于交通荷载对压密混合料的影响则用不同击实次数来调节（对轻、中、重交通的击实次数分别为 30、50、75）。

另一类则是直接采用对各项指标进行平均化的方法来确定最佳结合料用量，以某一平均指标作为确定最佳结合料用量的依据。例如日本是以能满足各项马歇尔指标的沥青用量范围的中值来确定最佳结合料用量的，美国的"Hot-Mix Asphalt Paving"手册则以与最大密度、4%的空隙率、75% 的 VFA 和与最大马歇尔稳定度相对应的沥青用量的平均值作为确定最佳沥青用量的依据。我国《公路沥青路面施工规范》（JTG F40—2004）则吸收了日本和美国的方法，采用双重平均的方法来确定最佳沥青用量，既取 4 项指标的平均值 OAC_1，又取满足各项指标的沥青用量范围的中值 OAC_2，然后再取 OAC_1 与 OAC_2 的平均值作为确定最佳沥青用量的依据。

对于密级配橡胶改性沥青混合料来说，马歇尔设计方法的各项步骤与常规的密级配沥青混合料没有原则区别，只是考虑到橡胶改性沥青的黏度较高，击实次数宜取双面 75 次，混合料设计方法的具体程序可参照附录 3 进行，设计指标的技术标准可参照对常规改性沥青混合料技术要求的规定。

马歇尔设计方法经过数十年的应用与发展，加深了对这一设计方法的认识，也积累了许多重要的经验与原则。这些认识、经验与原则对密级配橡胶改性沥青混合料的设计同样是十分重要的。

（1）马歇尔设计法是一种经验性的设计方法，在马歇尔试验的性能与现场性能之间没有直接的联系。为使实验室的试验能反映沥青混合料在交通荷载作用下的现场表现，一个重要的关键是使实验室试件的压实状态（密度与空隙率）能与现场经受一定交通荷载作用后的沥青混凝土的压实状态保持一致。因此实验室在制作马歇尔试件所施加的压实功应根据交通荷载的轻重来确定。如果实验室施加的压实功过轻,而现场交通荷载较重,混合料经受施工设备的碾压和随后交通荷载压密后所形成的密度将大于实验室试件的密度,而现场空隙率会过小则有可能导致混合料的不稳定甚至泛油[图 3-3-2b)]。反之,如果实验室施加的压实功过重,而现场交通荷载较轻,混合料经受交通荷载作用后的密度小于实验室试件的密度,则现场空隙率会过大,而设计油石比会过小,从而导致裹覆集料的沥青膜过薄而降低混合料耐久性,而过大的空隙率则可能造成混合料透水并加速沥青膜的老化和剥落[图 3-3-2c)]。

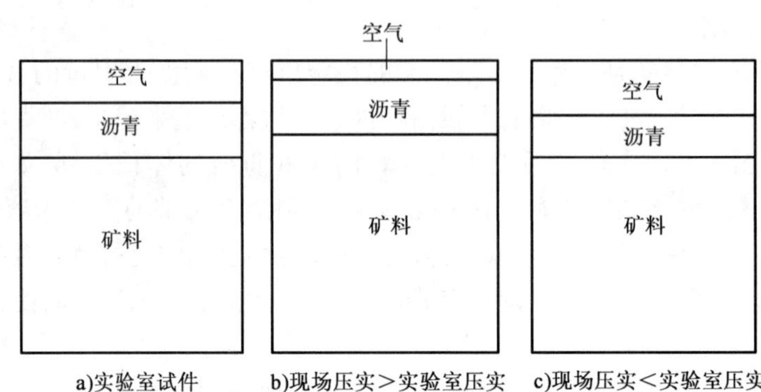

图 3-3-2 实验室试件压实状态与现场沥青混凝土压实状态的关系

由于施工完成后的热沥青混合料路面在交通荷载的持续作用下还会有一个继续压密和稳定的过程,因此在沥青路面施工碾压时的现场空隙率的控制应稍稍高于混合料设计的目标空隙率,以便有可能来容纳混合料继续压密和沥青热膨胀所需要的空间。这一现场空隙率与设计空隙率的差值,显然与压实设备的压实能力有关,随着重型压实设备的使用,这一差值应适当减小。除此之外,调整目标空隙率也可有限地适应不同交通荷载的需要,例如为适应重载交通对沥青混凝土较大的压实作用,可适当提高实验室试件的目标空隙率。反之,为适应较轻的交通荷载,则可适当减小目标空隙率。

(2)马歇尔设计方法是针对密级配沥青混合料开发的,粗、中、细颗粒的集料相互镶嵌形成一密实的矿料结构,是此种混合料的基本特征。密级配混合料的理念是,沥青混合料最好的矿料级配是一种能使得矿料获得最紧密排列的结构,此种最大密度的矿料结构能通过颗粒之间的相互支撑作用而增加抵抗车轮垂直压力的稳定性,并减少矿料之间的空隙而使空气和水分不易进入混合料内部,从而保持它的密封性。因此,最大密度线(MDL)是密级配混合料矿料级配设计最基本的参照,它是由不同粒径的集料从大到小逐级充填而形成的。然而,由于需要提供必要的空间让沥青能裹覆在集料颗粒上形成足够厚度的沥青膜以保证混合料的耐久性,同时还要留出一定空间,供沥青受热膨胀和继续压密之需,以避免混合料在车轮碾压下发生泛油和失去稳定性。实际可用的密级配曲线必须离开最大密度线一定的距离,以增加矿料之间的空隙(VMA),并形成一连续而均匀变化的矿料级配曲线,从而保证密级配沥青混合料均匀性、密实性的基本技术要求。一般来说,规范给出的密级配矿料的级配范围是考虑到不同空隙率的需要,它的中值代表了在常用矿料密度和平均空隙率下的密级配曲线,因此中值线可以作为密级配矿料级配设计的初选级配,以中值线作为参照对象是密级配沥青混合料均匀性、密实性的重要保证。

(3)马歇尔设计方法中的稳定度试验也是针对密级配沥青混合料而来的。马歇尔稳定度试验是模拟密级配混合料在承受车轮的垂直压力后在横向产生的拉应力破坏,而并没有很好反映沥青混合料的剪切强度。实验室试件的马歇尔稳定度与现场铺设混合料的稳定性和抗车辙性能之间并无很大的关联性,因为现场混合料的抗车辙稳定性在很大程度上与混合料抵抗水平推力的能力有关。因而不能将马歇尔稳定度作为评价沥青混合料抗车辙稳定性高、低的主要标准,在密级配沥青混合料的组成设计中稳定度更主要的是作为参与确定最佳沥青用量的指标之一在起作用。

除此之外,马歇尔稳定度更不能作为不同类型沥青混合料稳定性横向比较的技术标准,因为断级配、开级配的沥青混合料的矿料结构和强度形成的原理与密级配沥青混合料有很大差别,它们的马歇尔稳定度往往都低于密级配的沥青混合料。

马歇尔设计方法的另一个局限性是它的冲击压实方法与现场施工中的碾压方法有很大的不同,在实验室制作的马歇尔试件中,集料颗粒的排列与现场铺层中的排列是不一样的。此外,冲击压实方法对于许多弹性好的改性沥青混合料往往由于回弹的影响而达不到要求的密实度,因而导致现场的压实度反而高出实验室设计的压实度。在此种情况下,更为合理的是采用理论最大密度作为控制现场压实度的标准。

(4)关于矿料密度对沥青混合料体积指标的影响。体积指标的分析是马歇尔设计方法的重要环节,理解各项体积指标之间以及它们与质量指标之间的关系,对于正确分析体积指标对沥青混合料性能的影响有着重要的意义。

在沥青混合料的设计中,如空隙率、矿料间隙率、沥青膜厚度等都是建立在体积关系的基础上的指标,而矿料的通过率、沥青的含量、油石比等是建立在质量基础上的指标,体积指标与质量指标之间的关系则是通过密度的概念联系起来的。弄清楚这三者之间的关系,对于正确分析它们对沥青混合料性能的影响是十分重要的。图3-3-3展示了各项体积指标与质量指标之间关系。

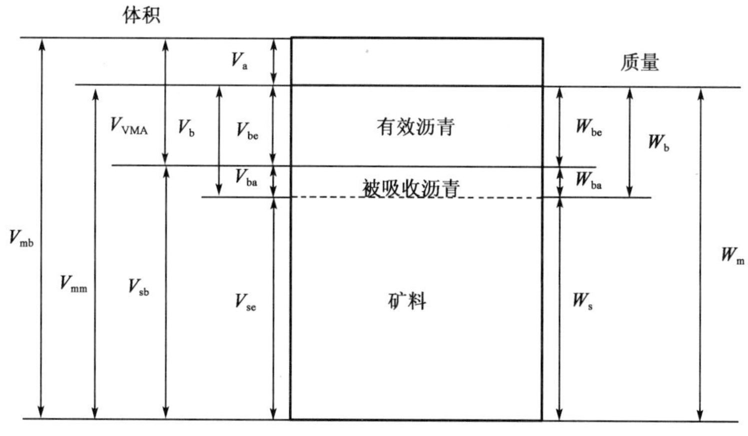

图3-3-3　混合料体积指标与质量指标之间的关系

V_a-空气体积;V_{be}-有效沥青体积;V_{ba}-被吸收沥青体积;V_{se}-矿料有效体积;V_b-沥青体积;V_{VMA}-矿料间隙体积;V_{sb}-矿料毛体积;V_{mm}-混合料除去空隙后的体积;V_{mb}-压实混合料的毛体积;W_{be}-有效沥青质量;W_{ba}-被吸收沥青质量;W_s-矿料质量;W_b-沥青质量;W_m-混合料质量

体积指标与质量指标之间的关系是通过密度联系起来的,以下是已经熟知的沥青混合料的一些主要体积指标的表达式:

$$\begin{cases} VV = \left(1 - \frac{\gamma_f}{\gamma_t}\right) \times 100 \\ VMA = \left(1 - \frac{\gamma_f}{\gamma_{sb}} \times p_s\right) \times 100 \\ VFA = \left(1 - \frac{VV}{VMA}\right) \times 100 \end{cases} \tag{3-3-1}$$

式中:VV——沥青混合料空隙率;

VMA——沥青混合料矿料间隙率;

VFA——沥青混合料有效沥青填隙率(有效沥青饱和度);

γ_f——沥青混合料的毛体积相对密度;

γ_t——沥青混合料的最大理论相对密度;

γ_{sb}——矿料合成毛体积相对密度。

在上文所涉及的矿料结构与沥青混合料结构的讨论中,实际上指的都是它们的体积结构,即不同粒径矿料之间的体积关系,以及它们与沥青之间的体积关系。但是如前所述,混合料设计所确定的矿料通过率和最佳沥青用量和油石比都是不同粒径矿料之间以及矿料与沥青之间的质量关系。这样就产生了一个问题:当质量与体积的关系发生变化时,即混合料各组成成分的密度发生变化时,会不会影响我们原先按照各组成成分的体积关系设计好的混合料结构,包括不同粒径集料的互相嵌挤、沥青裹覆矿料颗粒表面的沥青膜厚度等体积关系。

首先,对于矿料级配通过率来说,如果不同粒径矿料的密度是相同的话则它们的质量通过率与体积通过率是相同的,即不论矿料的密度有大有小,不同粒径矿料之间的体积关系是不变的。对于沥青来说,虽然不同来源沥青的相对密度会有些差别,但这些差别与矿料相对密度的变化相比是可以忽略不计的。对矿料与沥青之间的体积关系,由于两者的密度相差很大,而且矿料的密度可以在很大范围内发生变化,则矿料相对密度的变化将可能对沥青混合料的体积指标带来很大影响。以下将分别就矿料密度的变化对 VV、VMA 和 VFA 的影响进行分析和讨论。

①对空隙率的影响。

从图 3-3-3 中可见:

$$VV = \frac{V_a}{V_{mb}} \times 100 = \frac{V_{mb} - V_{sb} - V_{be}}{V_{mb}} \times 100 = \left(1 - \frac{V_{sb} + V_{be}}{V_{mb}}\right) \times 100 = \left[1 - \left(1 + \frac{V_{be}}{V_{sb}}\right) \times \frac{V_{sb}}{V_{mb}}\right] \times 100$$

设 γ_{sb}为矿料的合成毛体积相对密度,γ_b 为沥青的密度,则:

$$V_{sb} = W_s / \gamma_{sb}$$
$$V_{be} = W_{be} / \gamma_b$$

将 V_{sb}与 V_b 代入 VV 的表达式,可得:

$$VV = \left[1 - \left(1 + \frac{W_{be}}{W_s} \times \frac{\gamma_{sb}}{\gamma_b}\right) \times \frac{V_{sb}}{V_{mb}}\right] \times 100 = \left[1 - \left(1 + p_{ae} \times \frac{\gamma_{sb}}{\gamma_b}\right) \times \frac{V_{sb}}{V_{mb}}\right] \times 100 \tag{3-3-2}$$

$$p_{ae} = W_{be}/W_s$$

式中：p_{ae}——沥青混合料的有效油石比。

如果矿料的毛体积与沥青混合料毛体积的比例保持不变（V_{sb}/V_{mb} = 常数），在表达式（3-3-2）中可见，当矿料密度变大，而要求混合料中各项体积关系仍能保持不变，即混合料的各成分的体积结构保持不变，就必须降低油石比 p_{ae}，使有效沥青的体积保持不变。而只有使 $p_{ae} \times \gamma_{sb}$ 保持不变，才能使沥青混合料的空隙率 VV 保持不变。当矿料合成毛体积相对密度 γ_{sb} 变大的同时，不降低 p_{ae} 值，则有效沥青与矿料的体积比将加大，而随伴着空隙率的减小。这是因为矿料密度的增加，意味着同样体积矿料的质量在增大，由于有效沥青的用量是按矿料的质量比来计算的，所以油石比 p_{ae} 保持不变，即意味着沥青用量的加大，多余的沥青将充填在矿料剩余的间隙中，使混合料的空隙率降低，而沥青膜的厚度增大，从而有可能导致降低沥青混合料的稳定性和泛油。反之，如矿料的密度变小，而油石比仍保持不变，则会导致沥青用量的减小和空隙率的增大，从而有可能降低沥青混合料的耐久性和密水性。

从以上讨论中得出的结论是，当采用高密度矿料时最佳沥青用量应适当降低，而采用低密度的矿料时最佳沥青用量则应适当增大。

②对矿料间隙率的影响。

从图 3-3-3 中可得 VMA 体积关系的表达式：

$$\text{VMA} = \frac{V_{mb} - V_{sb}}{V_{mb}} \times 100 = \left(1 - \frac{V_{sb}}{V_{mb}}\right) \times 100 \tag{3-3-3}$$

从表达式（3-3-3）中可看到，只要 V_{sb}/V_{mb} 保持不变，不论矿料的合成毛体积相对密度 γ_{sb} 是多大，VMA 都是一常数。这一结论虽然在式（3-3-1）VMA 的表达式中没有直接反映出来，但可以证明在 $\text{VMA} = \left(1 - \frac{\gamma_{mb}}{\gamma_{sb}} \times p_s\right)$ 的表达式中，只要 V_{sb}/V_{mb} 保持不变，则乘数 $\frac{\gamma_{mb}}{\gamma_{sb}} \times p_s$ 为一常数。

由于：
$$p_s = \frac{W_s}{W_s + W_b}, \gamma_{mb} = \frac{W_s + W_b}{V_{mb}}, \gamma_{sb} = \frac{W_s}{V_{sb}}$$

所以：
$$\frac{\gamma_{mb}}{\gamma_{sb}} \times p_s = \frac{\dfrac{(W_s + W_b)}{V_{mb}}}{\dfrac{W_s}{V_{sb}}} \times p_s = \frac{W_s + W_b}{W_s} \times \frac{V_{sb}}{V_{mb}} \times p_s =$$

$$\frac{1}{p_s} \times \frac{V_{sb}}{V_{mb}} \times p_s = \frac{V_{sb}}{V_{mb}}$$

在以上讨论中得出的结论是矿料密度的变化对矿料间隙率 VMA 是没有影响的。

③对沥青填隙率（沥青饱和度）的影响。

从图 3-3-3 中 VFA 的体积关系中可知：

$$\text{VFA} = \frac{V_{be}}{V_{VMA}} \times 100 = \frac{V_{be}}{V_{mb} - V_{sb}} \times 100 \tag{3-3-4}$$

对式（3-3-4）的分子、分母各除以 V_{sb}，并将密度的表达式 $\gamma_{sb} = \frac{W_s}{V_{sb}}$、$\gamma_b = \frac{W_{be}}{V_{be}}$ 代入式（3-3-4），则 VFA 可改写为：

$$\mathrm{VFA}=\frac{\dfrac{V_{be}}{V_{sb}}}{\dfrac{V_{mb}}{V_{sb}}-1}\times 100=\frac{\dfrac{\dfrac{W_{be}}{\gamma_b}}{\dfrac{W_s}{\gamma_{sb}}}}{\dfrac{V_{mb}}{V_{sb}}-1}\times 100=\frac{\dfrac{W_{be}\gamma_{sb}}{W_s\gamma_b}}{\dfrac{V_{mb}}{V_{sb}}-1}\times 100$$

设有效沥青的油石比 $p_{ae}=W_{be}/W_s$，则 VFA 的表达式最终可写为：

$$\mathrm{VFA}=\frac{p_{ae}\gamma_{sb}}{\left(\dfrac{V_{mb}}{V_{sb}}-1\right)\gamma_b}\times 100 \tag{3-3-5}$$

从表达式(3-3-5)中可以看到，当矿料合成毛体积相对密度 γ_{sb} 变大时，要保持混合料结构的体积关系保持不变，即 VFA 保持不变，则必须降低有效沥青的油石比 p_{ae}，使有效沥青体积与矿料毛体积之比 V_{be}/V_{sb} 保持不变。

当矿料的密度发生变化，而 p_{ae} 值仍保持不变，则对于密度高的矿料会使 VFA 增大、有效沥青过多而导致沥青混合料不稳定和泛油的风险，反之，对于密度低的矿料会使 VFA 减小、有效沥青过少导致沥青膜厚度减薄，从而降低沥青混合料的耐久性。

以上的讨论得出了同样的结论：

当采用高密度矿料时最佳沥青用量应适当降低，而采用低密度矿料时，最佳沥青用量应适当增大。

(5)关于矿料级配的连续性、均匀性对沥青混合料连通空隙率的影响，空隙率是沥青混合料设计中最重要的一个体积指标，过大的空隙率将导致路面透水而加速沥青膜在空气与水作用下的老化，并削弱混合料抵抗水损害的能力。但是空隙率的大小并不能完全代表沥青混合料的透水性的高低，同样空隙率的混合料有的可能是透水的，有的却可以是不透水的。这是因为混合料中的某些空隙由于被沥青和细料堵塞而没有与其他空隙构成水流通的通道，只有那些连通的空隙才能起到渗水的作用。

美国许多按照 SuperPave 方法设计的沥青混合料现场空隙率达到 6% 时就可能是透水的[20,21]，而按照连续级配原则设计的混合料，现场孔隙率在 7% 左右一般是不透水的。美国 NCAT 为研究按 SuperPave 方法设计的路面的现场空隙率对路面透水性的影响，对 5 种公称最大粒径的混合料按不同的空隙率铺筑了试验路段，并测定了现场的空隙率和透水性[20]。

图 3-3-4 是这 5 种沥青混合料的设计级配曲线，表 3-3-2 则是 4 种粗混合料铺层在现场空隙率为 6% 时的透水性。

4 种沥青混合料在现场空隙率为 6% 时的透水性 表 3-3-2

沥青混合料类型	透水性系数(10^{-5}cm/s)	沥青混合料类型	透水性系数(10^{-5}cm/s)
NMAS 9.5mm(粗)	6	NMAS 19.0mm(粗)	140
NMAS 12.5mm(粗)	40	NMAS 25.0mm(粗)	1200

注：6% 空隙率的透水性系数由透水性系数随空隙率而变化的回归曲线求得。

从表 3-3-2 中可以看到，除 9.5mm 的混合料外，其余混合料都是透水的，尤其是 19mm 和 25mm 的沥青混合料其透水性已经十分严重。文献[21]指出，许多学者的研究都表明粗级配的 SuperPave 混合料的透水性明显高于按密级配原则设计的混合料，前者在空隙率超过 7% 后，透水性会急剧增长，而后者在空隙率大于 7% 时仍然是不透水的。密级配沥青混合料之所以不容易透水，得益于它的粗、中、细颗粒逐级相互充填而形成的密实结构，由于有较多的细料和沥青，它们会在混合料内部形成许多封闭的小空隙，混合料的连通空隙率较小，因而在同样的空隙率下，它们比 S 形曲线的 SuperPave 混合料透水性要小。近几年来，国内在设计密级配沥青混合料时为了增加抗车辙的能力，参照 SuperPave 的设计方法，希望将矿料的级配曲线设计成 S 形的。这一倾向是值得商榷的，实际上 SuperPave 的混合料设计为改善抗变形的能力，是采取了多种措施的，例如要求采用棱角性好的粗集料和细集料，限制集料中针片状的比例，限制河砂的使用，避免级配曲线在 0.3 ~ 1.18mm 出现“驼峰”等，而 S 形的曲线只是其中的一项。如果片面强调 S 形的曲线则有可能使设计的混合料，提高抗车辙的性能有限，而却导致透水的风险。因此在设计密级配橡胶改性沥青混合料时，仍应遵循密级配混合料参照中值线的基本原则，保证级配的连续性和均匀性，只有在此前提下才可适当地减细增粗。

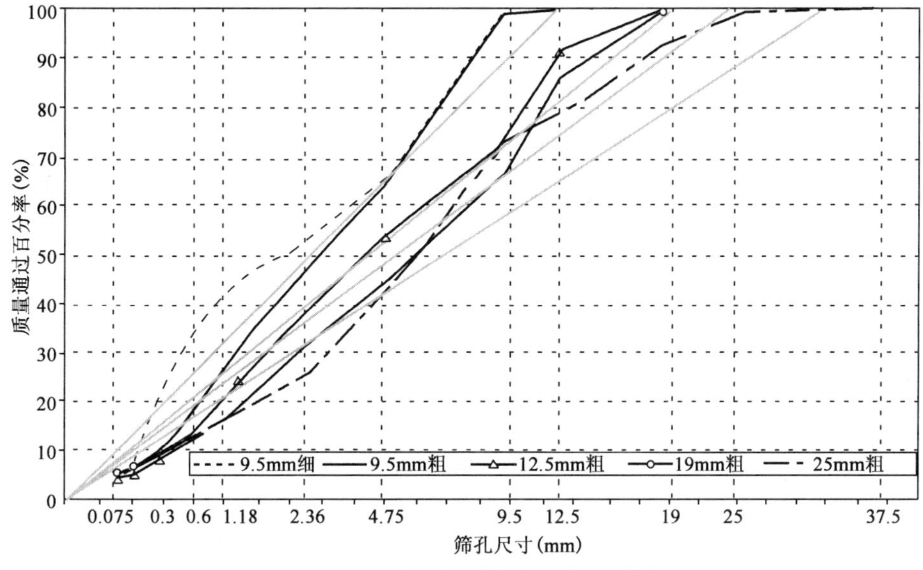

图 3-3-4 5 种沥青混合料的设计级配曲线

第三节 密级配橡胶改性沥青混合料的性能检验与技术标准

对于设计好的密级配沥青混合料规定需要进行性能检验的项目，在国外的规范中虽然有不同的规定，但有两个项目，即混合料抵抗永久变形的性能和抵抗水损害的性能通常都包括在内。我国的规范《公路沥青路面施工技术规范》(JTG F40—2004)规定了 4 个性能检验项目，即高温稳定性检验、水稳定性检验、低温抗裂性能检验和渗水系数检验。这些对于橡胶改性沥青混合料也都是必须的，有关的试验方法和检验标准除车辙试验外均可参照《公路沥青路面施工技术规范》(JTG F40—2004)有关改性沥青混合料要求进行。有关车辙试验的方法由于国内现行标准的试验方法不适合橡胶沥青混合料的特点，可采用第三篇第二章推荐的 Hamburg车辙试验方法，其试验方法可参考附录 4。

关于 Hamburg 车辙试验方法的检验标准，欧洲标准 EN 13108－1《Bituminous Mixtures—Material Specification——Part 1：Asphalt Concrete》对于设计轴荷载小于 13t 的密级配热拌沥青混合料路面的抗车辙变形的技术要求规定两项检验的技术指标，即最大车辙曲线线性段斜率 WTS_{AIR}和最大相对车辙深度 PRD_{AIR}，它们分别为 12 个等级和 8 个等级（表 3-3-3、表 3-3-4）[22]。EN 13108－1——Part 1 所以规定多个等级的技术标准显然是考虑到要满足不同结合料性能和不同使用条件的需要，在使用时可供不同的场合和要求选用。此外，表 3-3-3 和表 3-3-4 所列的两项检验指标的控制值并不是相互对应的，最大相对车辙深度 PRD_{AIR}的规范值显然比 WTS_{AIR}更为严格，这是因为在欧洲有些国家（例如英国）是采用 WTS_{AIR}作为抗车辙变形的检验指标的，而另外一些国家则采用 PRD_{AIR}作为检验指标。对于密级配橡胶改性沥青混合料的抗车辙变形的检验指标可将车辙曲线碾压 5000～10000 次线性段的动稳定度 DS_{AIR}不低于 4000 次/mm 作为控制值，而与之对应的碾压 10000 次车辙深度 RD_{AIR}的控制值应不大于 5mm（试件厚度 50mm）。

EN 13108-1 对车辙曲线线性段斜率的技术标准

（小型试验设备，B 方法，空气介质）　　表 3-3-3

最大车辙曲线线性段斜率（$mm/10^3$ 荷载循环）	WTS_{AIR}等级	最大车辙曲线线性段斜率（$mm/10^3$ 荷载循环）	WTS_{AIR}等级
0.03	$WTS_{AIR\ 0.03}$	0.40	$WTS_{AIR\ 0.40}$
0.05	$WTS_{AIR\ 0.05}$	0.50	$WTS_{AIR\ 0.50}$
0.07	$WTS_{AIR\ 0.07}$	0.60	$WTS_{AIR\ 0.60}$
0.10	$WTS_{AIR\ 0.10}$	0.80	$WTS_{AIR\ 0.80}$
0.15	$WTS_{AIR\ 0.15}$	1.00	$WTS_{AIR\ 1.00}$
0.30	$WTS_{AIR\ 0.30}$	无要求	$WTS_{AIR\ NR}$

注：适用于设计轴荷载小于 13t。

EN 对加载 10000 个循环相对车辙深度的技术要求

（小型试验设备，B 方法，空气介质）　　表 3-3-4

最大相对车辙深度（%）	PRD_{AIR}等级	最大相对车辙深度（%）	PRD_{AIR}等级
1.0	$PRD_{AIR\ 1.0}$	5.0	$PRD_{AIR\ 5.0}$
1.5	$PRD_{AIR\ 1.5}$	7.0	$PRD_{AIR\ 7.0}$
2.0	$PRD_{AIR\ 2.0}$	9.0	$PRD_{AIR\ 9.0}$
3.0	$PRD_{AIR\ 3.0}$	无要求	$PRD_{AIR\ NR}$

注：适用于设计轴荷载小于 13t。

第四章　SMA 橡胶改性沥青混合料设计

橡胶改性沥青 SMA 混合料是一种由粗集料的骨架和富量的橡胶改性沥青砂浆组成的骨架嵌挤密实型混合料，它与常规的 SMA 混合料并无本质的区别，只是所用的结合料是橡胶改性沥青。

SMA 混合料起源于德国，1960 年左右，它最早应用于桥面铺装上，作为一种不透水和高耐久性的表面磨耗层。到了 20 世纪 70 年代，德国开始将其用于重交通的高速公路上，取得了很大成功，尤其是很好经受了冬天防滑埋钉轮胎碾压的考验。德国的成功经验迅速在欧洲传播开来，首先是北欧的瑞典、挪威、丹麦、芬兰等国，接着是中欧的法国、奥地利、瑞士、荷兰诸国，至 20 世纪 90 年代末，欧洲的大部分国家都已制定了 SMA 的规范标准。

在 SMA 技术的发展中，美国有着自己独特的贡献。美国是在 20 世纪 90 年代初引入 SMA 技术的，1990 年 11 月美国的公路部门组织了一个沥青路面的考察团赴欧洲，对欧洲用于高速公路的新技术进行了为期 14 天的考察。考察团对欧洲已经成功使用的 SMA 混合料留下了深刻的印象，在回国后考察团的一些成员就开始研究如何应用这一欧洲的新技术。1991 年年初，美国联邦公路总局（FWHA）建立了一个包括某些考察团成员和 NCAT 等研究机构在内的技术工作组来研究和制定一项 SMA 材料、设计与施工的技术指南，这一工作完成于 1993 年，并于 1994 年由 NAPA 正式出版[23]。美国 AASHTO 在 2000 年发布了 MP8-00"Specification for Designing Stone Matrix Asphalt"和 PP41-00 "Practice for Designing Stone Maxtrix Asphalt（SMA）"两项暂行标准，并经数次修改后于 2008 年转为正式的标准，即 M325-08"Specification for Stone Matrix Asphalt（SMA）"和 R46-08"Practice for Designing Stone Matrix Asphalt（SMA）"[24,25]。

美国在引进欧洲技术的基础上对 SMA 技术作了进一步的改进，这些改进主要表现在以下 3 方面：

（1）突出了粗集料嵌挤结构的特征，包括以下几点：

①提出了粗集料石碰石接触（Stone to Stone Contact）的概念；

②将 SMA 的名称改为 Stone Matrix Asphalt（碎石骨架沥青），强调了形成碎石骨架的特点；

③提出了判断混合料是否实现了石碰石接触的判据和试验方法。

（2）提出了混合料体积设计的概念，包括以下几点：

①集料体积通过率的概念；

②严格控制空隙率和矿料间隙率的要求；

③足够多的沥青砂浆形成密实型混合料的条件。

（3）将 SMA 技术应用于更粗的混合料。

在德国 SMA 混合料是很细的，其规格只有公称粒径为 5mm、8mm 和 11mm 3 种。美国成功地将 SMA 技术扩展到中、下面层，美国的 SMA 规格曾有 5 种公称最大粒径，即 25mm、19mm、12.5mm、9.5mm、4.75mm，后来去掉了 25mm 和 4.75mm，剩下粗、中、细 3 种规格。较粗的SMA混合料将增加混合料的构造深度和抗滑性能，也将有利于加强混合料抵抗水平推力的能力。

我国的SMA技术是在20世纪90年代中期由德国引入的。在20世纪90年代中期修筑的第一批SMA试验路多数都出现了泛油的缺陷，究其原因主要是对SMA混合料的结构原理缺乏深刻理解导致的。当时修筑的这些试验路完全按德国的SMA规范来设计、施工，德国地处凉爽的温带，冬季无寒冬、夏季无酷暑，气温大起大落的情况很少，冬季平均温度平原与低地为1.5℃、山区为-6℃，夏季平均温度平原低地为18℃、南方山谷为20℃。由于气候条件良好，为尽可能提高沥青膜的厚度，以保证沥青路面更高的抗疲劳性能和耐久性，德国SMA混合料的规范规定了很高的最小沥青用量（6.5%~7.2%），而且当时的德国SMA规范并没有将最少沥青用量与集料的密度挂钩，而只有一个统一的最小沥青用量要求，设计的空隙率指标也未与交通荷载的轻重相关联，而只有一个2%~4%的指标。我国在20世纪90年代中期修筑的SMA试验路不论采用何种密度的粗集料普遍都按德国的标准来要求，结合料的用量大多设计在6.5%左右，而设计空隙率多在3%左右[26]。由于沥青用量过大，而设计空隙率又偏小，导致在高温季节经受车轮重载碾压时，出现普遍的泛油现象。

在20世纪90年代后期，我国SMA技术的发展开始吸收美国的经验，通过去美国的考察和请美国专家到中国进行讲学，对SMA混合料的结构原理与设计方法有了更好的了解。

2000年以后我国开始大规模推广应用SMA混合料。在广泛总结各地SMA试验工程经验、教训的基础上，2005年1月颁布实施的《公路沥青路面施工技术规范》（JTG F40—2004）将SMA作为热拌沥青混合料的一种标准类型，并对它的矿料级配、配合比设计的技术标准、设计方法作出了相应的规定。我国SMA的规范是在吸收了美国经验的基础上形成的，但根据我国的实际情况对某些指标作了微小的调整。

我国SMA混合料的技术标准与美国规范的不同之处主要有以下几个方面：

（1）对不易击碎的硬质集料马歇尔试件的击实次数，允许增加到双面75次；

（2）设计空隙率为3%~4%，比美国规范稍小；

（3）对高温稳定性较高的重交通或炎热地区，空隙率允许放宽到4.5%，VMA允许放宽到16.5%；

（4）增加了肯塔堡飞散试验用以控制最小结合料用量；

（5）沥青析漏试验采用谢伦堡试验方法，允许的析漏损失小于或等于0.2%，试验方法和析漏指标较美国的网篮法宽；

（6）美国规范有按不同集料密度规定的最小沥青用量要求；

（7）美国现行规范采用SGC旋转压实试件，只规定体积指标的要求，以最大理论密度作为压实度标准，没有马歇尔稳定度与流值的要求。

第一节　SMA橡胶改性沥青混合料的结构原理与技术特点

理想的SMA混合料是希望压实成型后的沥青混合料结构具有以下形式：其粗集料在裹覆沥青膜后能形成石碰石的嵌挤结构，而在粗集料的骨架空隙中能充填满由细集料、矿粉与沥青组成的沥青砂浆，而只留出少量的空隙供在车轮荷载的碾压下进一步容纳被挤出的沥青砂浆，并最终形成一粗集料骨架嵌挤而沥青砂浆密封其空隙的稳定不透水的密实结构。从结构原理上看,SMA 混合料与密级配沥青混合料有着很大的不同之处。密级配沥青混合料是由裹覆着沥青膜的粗、细集料逐级充填而形成的,每一级集料均被更细的集料支撑着而形成密实的结构,而 SMA 混合料的结构是由两部分组成的,第一部分是形成嵌挤结构的粗集料骨架,第二部分是充填在其空隙中的沥青砂浆(图 3-4-1)。

a)密级配沥青混合料

b)SMA混合料

图 3-4-1　密级配沥青混合料与 SMA 混合料的比较

SMA 混合料的这种结构特点使它在混合料的设计和施工方面形成了一系列不同于密级配混合料的技术特点。

(1)SMA 混合料的结构是建立在粗集料与沥青砂浆的体积关系的基础上的,它与集料、沥青的质量或密度无关。这种体积关系可以由图 3-4-2 来说明,当一定直径的固体圆球(代表粗集料)以最紧密的方式排列在一立方体内,则立方体内的空隙 V(代表粗集料的骨架空隙)是由立方体的体积减去圆球体积决定的,而与圆球是钢制的、木制的还是塑料制作的无关。当空隙 V 中充填一部分沥青砂浆时,其剩余的空隙 V_a 则是由空隙 V 减去沥青砂浆的体积决定的,也与沥青砂浆的质量或密度无关。因此,SMA 混合料的组成设计应该是一种体积设计的方法,从理论上来说,矿料的级配应该是一种体积级配,并用体积通过率来表示,而不是像密级配混合料那样用质量通过率来表示,沥青的用量也应该用体积用量来表示,而不是用质量比例来表示。但是由于集料的筛分试验和最佳沥青用量的试验都是通过称重来测定的,这就存在着一个质量与体积的换算问题。对于结合料来说,因为只有一种结合料,只要已知它的密度其换算系数就是一个常量,而对于集料来说,通常是由若干种规格矿料合成的,只有当各种规格矿料的密度相同时其换算系数才是一常数,即只有当各种规格集料的密度相同时才可用质量通过率来代替体积通过率。

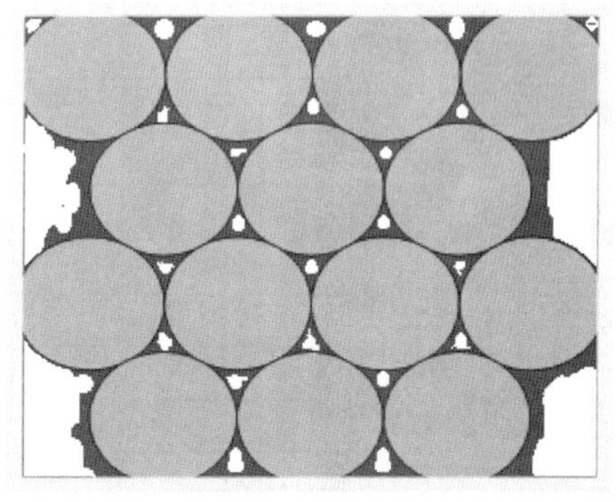

图 3-4-2　粗集料与沥青砂浆体积关系的示意图

(2)在结合料用量与集料用量的关系上,如果采用质量的比例关系(油石比),则它们的密度将会影响两者之间的体积关系。如果说,不同来源沥青的密度虽然有差异,但其差异较小可以忽略不计的话,那么对矿料来说不同来源和品种的矿料,它们的密度可以相差很大,因而其影响是必须考虑的。因为对于相同体积的矿料,密度大的矿料其质量也大,如果采用同样的油石比,则沥青的体积将相应增大,导致更多的沥青充填在骨架空隙中而减少了混合料的空隙率,从而增加泛油的风险。反之密度小的矿料,如采用同样的油石比,则沥青的体积将相应减小而导致混合料空隙率增大,从而增加渗水的风险。因此,当采用高密度的矿料时应适当减小油石比,而当采用低密度的集料时就应适当提高油石比。同样的理由,在 SMA 混合料的设计中规定一个统一的最小结合料用量显然是不合理的,这也是导致我国早期 SMA 路面发生泛油或渗水的重要原因之一。

(3)在 SMA 混合料的矿料级配曲线上,最关键的筛孔是骨架分界筛孔,它的通过率坐标在矿料级配图上的位置,决定了级配曲线的基本走势,而不像密级配混合料是由 3 ~4 个关键筛孔共同决定的。而骨架分界筛孔的通过率则是由形成粗集料骨架石碰石和必要的矿料间隙空间这两个基本条件决定的。因此,对于 SMA 混合料来说,矿料级配范围与中值不像对密级配混合料那样显得十分重要(图 3-4-3)。SMA 矿料级配设计的核心是确定骨架分界筛孔的通过率,这一通过率的约束条件是必须满足 $VCA_{mix} < VCA_{DRC}$ 和 VMA >17% 的要求。虽然规范给出的 4.75mm 筛孔的通过率范围较宽(带宽为 12% ~14%),但实际可能满足上述约束条件的范围是很窄的。技术规范对骨架分界筛孔的通过率之所以定得较宽是考虑到适应各种不同比重和类型的矿料所需,并不是只要在这一的范围内就可以用,也不是说范围的中值就是最好的。这也是我国和国外不少国家的规范仍然采用质量通过率来设计 SMA 混合料矿料级配的原因,因为粗集料骨架分界筛孔的通过率最终还是通过它的体积结构来确定的,矿料的级配范围只是为适应矿料的不同密度而设置的。

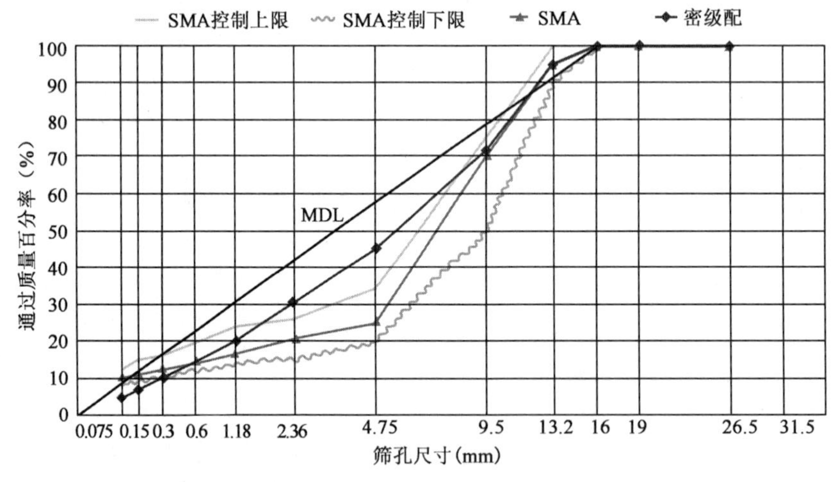

图 3-4-3　SMA 混合料与密级配沥青混合料矿料级配的比较

(4)虽然 SMA 混合料的设计方法本质上是一种体积设计法,但在我国和国外的规范大多仍采用马歇尔试验方法来确定混合料的各项体积指标。用于 SMA 混合料的马歇尔试验方法与密级配沥青混合料存在着本质的区别,这里马歇尔稳定度与流值不再是考核的主要指标。在 SMA 混合料的马歇尔试验方法中,最重要的指标如下:

①空隙率 V_a(VV);

②矿料间隙率 VMA;

③混合料中粗集料的骨架间隙率 VCA_{mix};

④混合料的沥青析漏损失率。

SMA 马歇尔试验方法与密级配沥青混合料马歇尔试验方法另一个重要的不同是最佳沥青用量的确定。在 SMA 马歇尔试验方法中最佳沥青用量的确定是直接对应设计空隙率来求取的,而不像密级配混合料的试验方法那样,根据密度最大值、稳定度最大值和与设计空隙率相对应的沥青用量的平均值来求取。

(5)在 SMA 混合料的现场碾压过程中,压实能量的控制对 SMA 铺层实现粗集料的骨架嵌挤密实结构有着十分重要的影响。现场压实的 SMA 混合料应该既能形成骨架粗集料的石碰石嵌挤结构,又能将混合料的空隙控制在适度的范围内,使之既不渗水又不泛油。从机理上来说,松铺 SMA 混合料中空隙率的减少不像密级配混合料那样是通过碾压过程中集料的重新排列、压密将空气挤出来而形成密实结构,SMA 混合料空隙率的减小在很大程度上是靠沥青砂浆在骨架空隙中的充填作用实现的。因此,对 SMA 混合料的压实要求应该是"适度压实",而不是"尽量压实",只要当混合料中的骨架粗集料压实至石碰石时,压实过程就应终止,此时粗集料已经形成嵌挤状态,继续加大压实的能量,只能有两个结果,一是将粗集料压碎破坏其嵌挤结构,二是将沥青砂浆唧浆至表面形成泛油。SMA 混合料对过度压实的敏感性比密级配混合料更高,密级配混合料的过度压实表现为铺层表面振松,而 SMA 混合料的过度压实则表现为铺层表面泛油。当混合料骨架间隙中没有足够的沥青砂浆来充填,而在施工中企图通过加强压实来克服铺层的渗水,就往往会造成铺层某些部位是渗水的,而某些部位则严重泛油。图 3-4-4展示了一例 SMA 混合料设计和施工中的实例,图 3-4-4a)是碾压成型后的 SMA 路面,呈现出大片严重的泛油区域,外观十分难看,但同时存在着不少严重透水的部位,图 3-4-4b)和图 3-4-4c)则是透水部位和泛油部位的局部照片。SMA 混合料所用的集料为玄武岩,矿料的合成毛体积相对密度为 2.809,生产配合比的设计结果:空隙率为 4.0%、矿料间隙率为 16.6%、VCA_{mix}为 39.87%、VCA_{DRC}为 40.97%、VFA 为 76.2%、沥青用量为 5.57%(油石比 5.9%)、粉料用量为 11%。混合料在现场碾压成型后发现渗水率过高,施工人员认为是由于压实不足造成的,因而将振动压实遍数加多至 8 遍(4 个来回),结果导致透水与泛油两种缺陷同时并存在于用同一混合料铺设的 SMA 路面上。

经过我们的分析,认为透水是混合料设计不当导致的,而泛油则是过度压实造成的。沥青用量 5.57% 明显偏低,按照美国规范的规定,对于合成毛体积相对密度为 2.80 的矿料,最小的沥青用量应为 5.9%(油石比为 6.27%),由于沥青偏少,粉料用量相对较高,使粉胶比高达 1.97。低的沥青用量导致的是粗集料沥青膜厚度的减小,而高的粉胶比则削弱了沥青砂浆密封粗集料骨架间隙的能力,因此尽管设计空隙率为 4%,但由于连通空隙率的增大,仍然有可能导致大范围的渗水。通过对已铺路面压实密度的拉网检测,发现现场铺层密度和空隙率的分布十分离散,图 3-4-5a)展示了铺层密度的分布图,最低的密度只有 $2.3g/cm^3$,而最高的密度可高达 $2.7g/cm^3$,相应的空隙率范围为 11.4% ~0%,其中有 22.4% 的测点空隙率大于 7.5%,27.4% 的测点空隙率小于 2%,这显然是由于过度压实造成,并意味着有 22.4% 的区域可能是透水的,而有 27.4% 的区域则可能是泛油的。

根据这一分析,决定将沥青用量提高至 5.9%(油石比 6.27%)、粉料用量降低至 10%,将振动压路机碾压遍数限制在 3 ~4 遍(1 个半 ~2 个来回),经过这样调整,同样级配的混合料碾压成型后,现场压实密度的分布变得均匀多了[图 3-4-5b)]。密度的范围在 2.4 ~2.55g/cm^3,90% 的测点的空隙率控制在 3.5% ~6%,透水与泛油的问题也都解决了。

a)沥青用量过小和过度压实造成的既有透水又有泛油的 SMA 路面

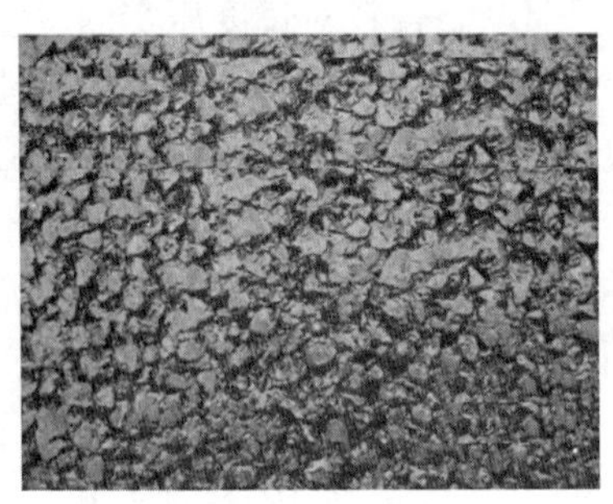

b)路面透水的部位

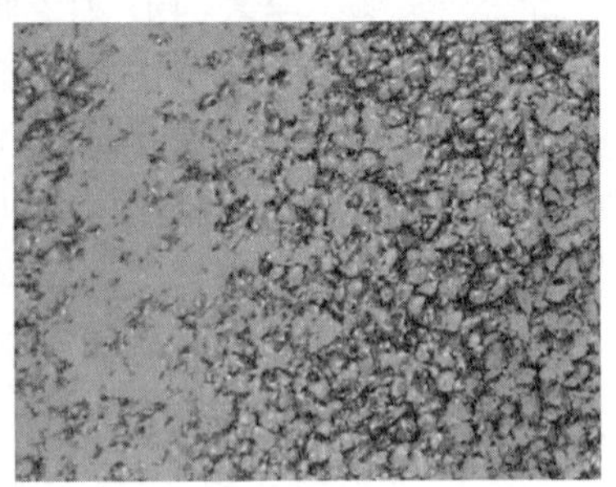

c)路面泛油的部位

图 3-4-4 透水与泛油同时并存在同一混合料铺设的 SMA 路面上

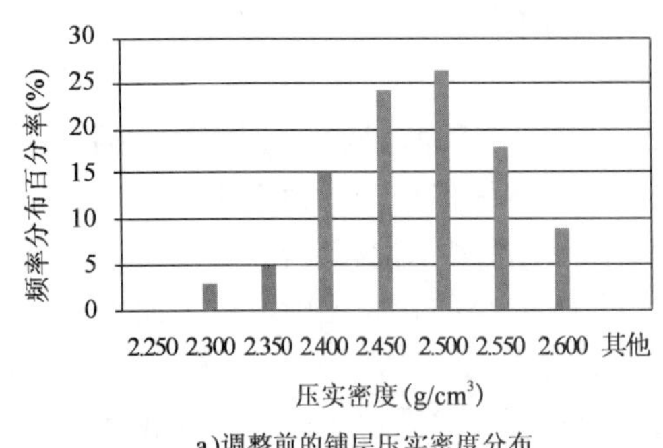

a)调整前的铺层压实密度分布

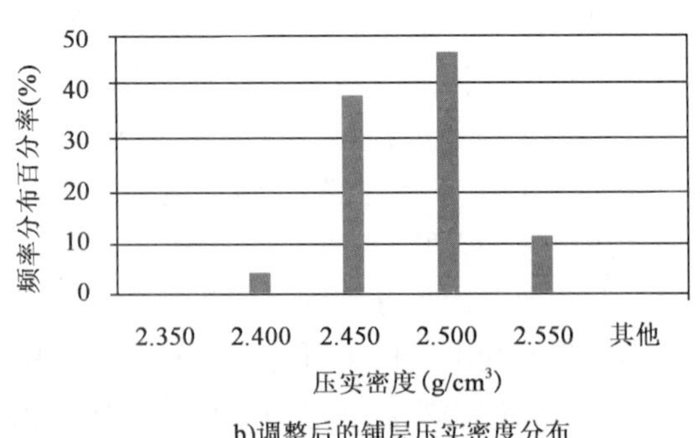

b)调整后的铺层压实密度分布

图 3-4-5 SMA 铺层压实密度分布实例

从这一实例中可以看到,美国规范要规定最小的沥青用量是有道理的,不仅是为了保证 SMA 铺层较高的抗疲劳性能和耐久性,同时也是为了提高 SMA 混合料的密水性。此外,对现场空隙率的控制也是十分必要的,对现场空隙率的控制不仅要限制它的上限,同时应限制它的下限，根据我们的经验将 SMA 铺层的现场空隙率控制在 3.5% ~6.5% 的范围内是合理的，如果现场空隙率能有 90% 以上的比例控制在这一范围内，则可以保证铺层既不透水又不泛油，图 3-4-6 是一个良好的 SMA 铺层压实度与空隙分布的实例，它在 75m 长度范围测取 5 个点的渗水系数，最大为 46mL/min，最小为 9mL/min，平均值为 21.6mL/min。

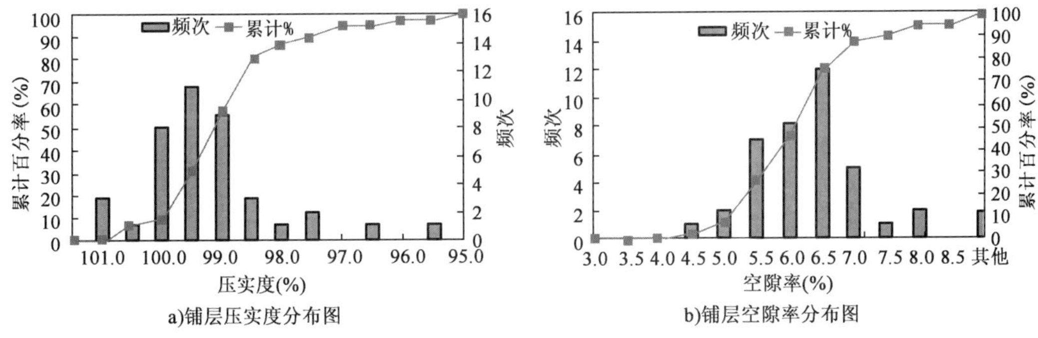

图 3-4-6　一个设计施工良好的 SMA 铺层压实度与空隙率分布示例

(6)压实成型后的 SMA 路面，由于混合料的沥青用量高，在经受交通荷载的碾压时需要比密级配混合料留有更多的空间，供混合料继续压密之需。我国早期铺筑的 SMA 混合料发生大面积泛油，现场空隙率过小常常是一个重要原因。因此对 SMA 混合料铺层的现场空隙率的下限同样需要严格控制，一般认为 SMA 在施工阶段的现场空隙率最小不应小于 3%。在美国许多州规范中都制定有将 SMA 混合料的现场压实度和现场空隙率与工程款支付标准挂钩的规定。表 3-4-1 与表 3-4-2 展示了美国 TexDOT“公路、道路与桥梁施工和养护技术规范”346 款“沥青玛蹄脂碎石(SMA)按实验室试件压实度和现场空隙率确定产品支付款调节系数的规定”[27]。

与成品混合料实验室试件压实度相对应的支付款调节系数　　表 3-4-1

成品料实验室试件压实度与设计压实度的绝对偏差(%)	产品支付款调节系数	成品料实验室试件压实度与设计压实度的绝对偏差(%)	产品支付款调节系数
0.0	1.100	0.8	1.025
0.1	1.100	0.9	1.013
0.2	1.100	1.0	1.000
0.3	1.086	1.1	0.900
0.4	1.075	1.2	0.800
0.5	1.060	1.3	0.700
0.6	1.050	>1.3	铲除重铺
0.7	1.038		

注：对于 SMA 和 SMAR，实验室旋转压实试件的设计压实度($N_{des}=75$)分别为 96% 和 97%(相对于最大理论相对密度)。

与现场空隙率相对应的工程支付款调节系数　　表 3-4-2

现场空隙率(%)	工程支付款调节系数	现场空隙率(%)	工程支付款调节系数
<2.7	铲除重铺	5.4	1.030
2.7	0.700	5.5	1.025
2.8	0.740	5.6	1.020
2.9	0.780	5.7	1.015
3.0	0.820	5.8	1.010
3.1	0.860	5.9	1.005
3.2	0.900	6.0	1.000
3.3	0.940	6.1	0.985
3.4	0.980	6.2	0.970
3.5	1.020	6.3	0.955
3.6	1.060	6.4	0.940
3.7	1.100	6.5	0.925
3.8	1.100	6.6	0.910
3.9	1.100	6.7	0.895
4.0	1.100	6.8	0.880
4.1	1.095	6.9	0.865
4.2	1.090	7.0	0.850
4.3	1.085	7.1	0.835
4.4	1.080	7.2	0.820
4.5	1.075	7.3	0.805
4.6	1.070	7.4	0.790
4.7	1.065	7.5	0.775
4.8	1.060	7.6	0.760
4.9	1.055	7.7	0.745
5.0	1.050	7.8	0.730
5.1	1.045	7.9	0.715
5.2	1.040	8.0	0.700
5.3	1.035	>8.0	铲除重铺

从表 3-4-1 中可以看到，拌和站生产的成品 SMA 混合料，其实验室旋转压实试件的压实度（试件毛体积相对密度与最大理论相对密度之百分比）在设计压实度 ±0.9% 的范围内均可获得奖励。当抽检的 SMA 成品混合料实验室旋转压实试件的压实度在设计压实度 ±0.2% 的范围内，支付款调节系数最高，为 1.1（可获 10% 的奖励）；当成品料压实度为设计压实度 ±1.0% 时，调节系数等于 1.000，不奖不罚；当成品料压实度与设计压实度偏差超过 1.0% 后，调节系数小于 1；当这一偏差超过 ±1.3% 时，当天工程所铺设的 SMA 混合料铺层将作为废品处理，铲除重铺。从表 3-4-2 中则可看到类似奖罚规定，当现场空隙率在 3.5% ~5.9% 的范围

内，支付款调节系数均大于1；当现场空隙率为3.7%～4.0%时，可获得10%的最高奖励（调节系数=1.100）；当现场空隙率在2.7%～3.40%和6.1%～8%的范围内，支付款调节系数均小于1；当现场空隙率小于2.7%或大于8%，则工程将作为废品，必须铲除重铺。

从TexDOT SMA规范对现场空隙率的规定中可以看到，对于SMA铺层的现场压实度，不仅规定有下限的要求，而且也有上限的要求，它的合格界限为94%～96.5%（相当于空隙率为6%～3.5%）。当现场压实度在92%～94%或96.5%～97.3%（相当于空隙率在6%～8%和2.7%～3.5%）的范围内是作为次品处理的，最高的处罚为只能获得70%的工程款；而当现场压实度低于92%或高于97.3%（相当于空隙高于8%或低于2.7%）则作为废品处理，必须铲除重铺。

美国不少州的规范都有类似的规定，例如MnDOT对SMA铺层现场压实度的合格标准为93%～97%，这一点与我国规范只规定现场压实度的下限是不同的。对于容易导致泛油的SMA混合料来说，规定现场压实度的上限具有重要意义，值得我们在工作中参考。

第二节　SMA橡胶改性沥青混合料的体积设计方法

橡胶改性沥青SMA混合料是一种骨架密实型的混合料，混合料设计的基本要求就是如何实现使混合料形成骨架密实结构的3个基本条件：

（1）粗集料形成石碰石的骨架嵌挤结构；

（2）骨架空隙充满足够数量的沥青砂浆而只留少量的空隙；

（3）结合料充分裹覆在矿料表面而不发生析漏。

根据上述要求，橡胶改性沥青SMA混合料的设计从原材料选择、矿料的级配设计、最佳沥青用量的确定到生产配合比的设计、调试和验证，都应尽可能更好地满足骨架密实结构的要求。

橡胶改性沥青混合料应采用体积设计方法，马歇尔试件只是它的载体，马歇尔稳定度与流值只有参考作用，不应作为考核的主要指标。这种体积设计法的流程展示在图3-4-7中。

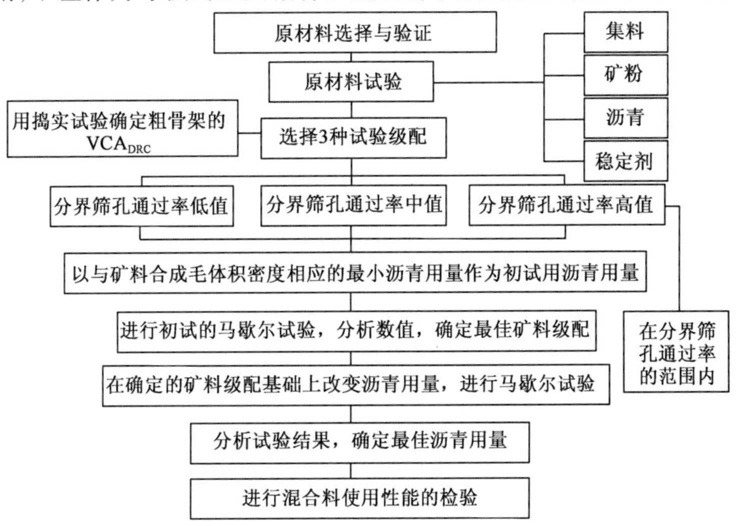

图3-4-7　橡胶改性沥青SMA混合料设计流程图

橡胶改性沥青 SMA 混合料的设计包括以下 5 个主要步骤：

(1)原材料的选择与评估。选择原材料并进行验证试验。

(2)矿料级配设计。确定一能确保粗集料骨架形成石碰石嵌挤结构和要求矿料间隙率的矿料级配。

(3)马歇尔试验。在已定矿料级配的基础上改变沥青用量，根据马歇尔试验的结果确定各项体积指标。

(4)最佳沥青用量的确定。根据设计空隙率确定最佳沥青用量，并验证混合料各项技术指标是否符合技术标准。

(5)混合料的性能检验。按照确定的配合比制备 SMA 混合料试件，进行抗车辙、抗水损害、抗低温裂缝、密水性和析漏等混合料的路用性能检验。

①原材料的选择与评估。

在粗集料的技术要求方面，形成石碰石的结构是 SMA 是否成功的关键，因此对粗集料的耐久性、坚韧性、棱角性应有比普通沥青混合料更高的要求。通常应选用玄武岩、辉绿岩等坚硬石料破碎轧制的集料，其各项特性应符合《公路沥青路面施工技术规范》(JTG F40—2004)用于沥青面层的技术要求。

在 SMA 混合料中，细集料的作用是更好地充填粗集料的骨架空隙，并帮助粗集料保持相互嵌挤的位置，因而细集料同样要求具有良好的棱角性和耐久性，宜采用轧制的机制砂，尽量少用天然河砂。由于细集料中的粉料(≤0.075mm)多混有尘土，对 SMA 中沥青砂浆(Asphalt Mortar)的抗永久变形、抗疲劳和抗水损害性能有不良影响，因而对细集料中≤0.075mm 成分应有更为严格的限制，不宜超过 12%。

SMA 混合料中的结合料和矿粉是用来形成沥青砂浆(Asphalt Mortar)的，它是使 SMA 混合料具有更厚的沥青膜厚度和更高的耐久性与抗疲劳强度的主要因素。由于沥青的用量高，高黏度的沥青可更好地防止沥青的析漏，所以虽然 SMA 混合料也可采用普通沥青，但使用橡胶改性沥青的效果会更好。矿粉的质量对沥青砂浆的质量同样有重要影响，矿粉应是干燥的、自由流动的、无杂质的、破碎的碱性矿石粉，它的塑性指数不应超过 4。布袋除尘器中的回收粉，由于其塑性高和含有黏土成分不宜在 SMA 中用作填料。

纤维稳定剂是用来吸附沥青，防止析漏的，其吸油性能以及其他质量应符合《公路沥青路面施工技术规范》(JTG F40—2004)对纤维稳定剂有关的技术要求。木质素纤维的用量不宜低于混合物料总量的 0.3%，矿物纤维不宜低于 0.4%，并由析漏试验结果来确定。析漏试验可采用谢伦堡法[《公路工程沥青及沥青混合料试验规程》(JTG E20—2011)T0732]，析漏损失指标应小于 0.2%，也可采用网篮法(ASTM D6390)进行评价，析漏损失指标应小于 0.3%，后者较前者更为严格。

②矿料级配设计

如前所述，骨架分界筛孔的通过率是影响粗集料骨架石碰石嵌挤结构和矿料间隙率 VMA 最重要的因素。在国外的规范中，SMA 混合料的矿料级配范围欧洲明显偏细，而美国则相对较粗，表 3-4-3 ~ 表 3-4-5 中分别列出了德国 ZTV Asphalt-Stb 07(2007 年版)、美国 AASHTO M325-08(2008 年版)和中国 JTG F40—2004(2004 年版)规定的 SMA 矿料级配范围。美国的矿料级配为体积级配，并规定只有各档集料的毛体积相对密度的差异不超过 0.2 才可将质量级配作为体积级配使用。

德国 ZTV Asphalt-Stb 07 规定的 SMA 矿料级配范围　表 3-4-3

混合料类型	通过下列筛孔(mm)的质量通过率(%)					
	16	11.2	8	5.6	2	0.063
SMA 11S	100	90~100	50~65	35~45	20~30	8~12
SMA 8S		100	90~100	35~55	20~30	8~12
SMA 5S			100	90~100	30~40	7~12
SMA 8N		100	90~100	35~60	20~30	7~12
SMA 5N			100	90~100	30~40	7~12

美国 AASHTO M325-08 规定的 SMA 矿料级配范围　表 3-4-4

混合料类型	通过下列筛孔(mm)的体积通过率(%)									
	25	19	12.5	9.5	4.75	2.36	1.18	0.6	0.3	0.075
SMA 19	100	90~100	50~88	25~60	20~28	16~24	—	—	—	8~11
SMA 12.5		100	90~100	50~80	20~35	16~24	—	—	—	8~11
SMA 9.5			100	70~95	30~50	20~30	≤21	≤18	≤15	8~12

中国 JTG F40—2004 规定的 SMA 矿料级配范围　表 3-4-5

混合料类型	通过下列筛孔(mm)的体积通过率(%)											
	26.5	19	16	13.2	9.5	4.75	2.36	1.18	0.6	0.3	0.15	0.075
SMA 20	100	90~100	72~92	62~82	40~55	18~30	13~22	12~20	10~16	9~14	8~13	8~12
SMA 16		100	90~100	65~85	45~65	20~32	15~24	14~22	12~18	10~15	9~14	8~12
SMA 13			100	90~100	50~75	20~34	15~26	14~24	12~20	10~16	9~15	8~12
SMA 10				100	90~100	28~60	20~32	14~26	12~22	10~18	9~16	8~13

注:JTG F40—2004 是指《公路沥青路面施工技术规范》。

图 3-4-8 是德国 SMA 11S 的矿料级配曲线范围。从图 3-4-8 中可以看到,骨架分界筛孔(5.6mm)的通过率范围为 35% ~45%,它在矿料级配曲线图上的坐标离 MDL 线相对较近,VMA 也相对较小,这一通过率范围是很难实现粗集料骨架石碰石嵌挤结构的,而美国和中国的骨架分界筛孔(4.75mm)的通过率范围要低得多,分别为 20% ~35% 和 20% ~34%,离 MDL 线相对较远,而 VMA 也相对较高,这显然是为了更好地获得粗集料的石碰石嵌挤结构。

如前所述,规范给出的矿料级配范围是为了满足不同密度矿料的需要,并不是在此范围内的级配都可用,也不是其中值为最好。矿料级配设计应根据满足粗集料骨架石碰石嵌挤结构和矿料间隙率不小于 17% 的条件来确定:

$$VCA_{mix} < VCA_{DRC}$$
$$VMA \geq 17\% \quad (3\text{-}4\text{-}1)$$

式中:VCA_{mix}——马歇尔试件粗集料骨架间隙率,%;

VCA_{DRC}——粗集料在捣实状态下骨架间隙率,%;

VMA——马歇尔试件矿料间隙率,%。

选择何种矿料级配才能满足上述条件,只能依靠试凑法来确定,此时可在分界筛孔

(4.75mm)的通过率范围内选择高、中、低3组矿料级配作为初试用的矿料级配，制作马歇尔试件，进行马歇尔试验，选择一组最接近上述条件的矿料级配，然后在此基础上再对级配作适当调整。

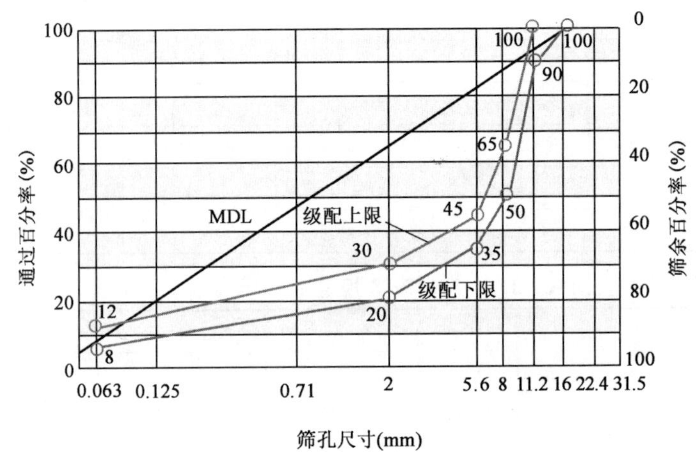

图3-4-8　德国SMA 11S的矿料级配曲线范围

③马歇尔试验。

如前所述，SMA混合料的马歇尔试验已经失去了用于检验密级配混合料稳定性的意义，马歇尔试件只是作为一个载体用于测定混合料的体积指标和进行密度—空隙率分析。在各国SMA混合料的技术标准中，马歇尔稳定度与流值大都已不作为考核指标。对于橡胶改性沥青SMA混合料，击实次数应取双面75次，混合料的拌和与击实温度可参照常规改性沥青SMA混合料确定。

在对压实成型的马歇尔试件进行各项体积指标的测定与计算中，除毛体积相对密度(γ_f)、最大理论相对密度(γ_t)、空隙率(VV)、矿料间隙率(VMA)、沥青填隙率(VFA)等体积指标之外，还有VCA_{DRC}与VCA_{mix}两项重要指标。

VCA_{DRC}应由骨架粗集料的捣实试验测定的骨架粗集料在捣实状态下的毛体积相对密度γ_s和骨架粗集料的合成毛体积相对密度γ_{CA}确定，其计算式为：

$$\gamma_{CA}=\frac{P_1+P_2+\cdots+P_n}{\frac{P_1}{\gamma_1}+\frac{P_2}{\gamma_2}+\cdots+\frac{P_n}{\gamma_n}} \tag{3-4-2}$$

式中：P_1、P_2、…、P_n——分别为粗集料骨架部分各种集料在全部矿料级配中的比例，%；

γ_1、γ_2、…、γ_n——分别为粗集料骨架部分各种集料相应的毛体积相对密度。

需要注意的是，P_1、P_2、…、P_n只是骨架筛孔以上粗集料的比例，并未包括以下部分的粗集料以及细集料、矿粉部分的比例，因而它们之和不应等于100%。VCA_{DRC}计算式为：

$$VCA_{DRC}=\left(1-\frac{\gamma_s}{\gamma_{CA}}\right)\times 100 \tag{3-4-3}$$

式中：γ_s——按矿料配合比组成的矿料混合料中的粗集料骨架部分在捣实状态下的毛体积相对密度；

γ_{CA}——粗集料骨架部分的合成毛体积相对密度。

VCA_{mix}计算式为：

$$VCA_{mix} = \left(100 - \frac{\gamma_f}{\gamma_{CA}} \times P_{CA}\right)$$

$$P_{CA} = \frac{BP \times (100 - P_b)}{100} \quad (3\text{-}4\text{-}4)$$

式中：P_{CA}——混合料中骨架粗集料占混合料总重的比例，%；

BP——骨架分界筛孔的筛上百分率，%；

P_b——结合料含量，%；

γ_f——马歇尔试件的毛体积相对密度；

γ_{CA}——粗集料骨架部分的合成毛体积相对密度。

为确保形成骨架粗集料的嵌挤结构，最终确定的矿料级配宜保证：

$$VCA_{DRC} - VCA_{mix} \geq 1\% \sim 1.5\% \quad (3\text{-}4\text{-}5)$$

在美国和德国的规范中都规定有最小沥青用量的标准，美国的规范 AASHTO M325 规定了与矿料合成毛体积密度相对应的最小沥青用量要求（表 3-4-6）。如前所述，规定最小的沥青用量不仅是为了赋予 SMA 混合料必要的抗疲劳和抗老化的耐久性，而且也是为了保证混合料良好的密水性。虽然我国的规范没有最小沥青用量的规定，但表 3-4-6 在实际工作中还是有很好参考价值的。

沥青用量与集料合成毛体积相对密度之间的关系　　表 3-4-6

集料合成毛体积相对密度	2.40	2.45	2.50	2.55	2.60	2.65	2.70	2.75	2.80	2.85	2.90	2.95	3.00
最小沥青用量（%）	6.8	6.7	6.6	6.5	6.3	6.2	6.1	6.0	5.9	5.8	5.7	5.6	5.5

初试用的马歇尔试件可根据矿料的合成毛体积相对密度按表 3-4-6 所列的最小沥青用量制备。对 3 组矿料级配的马歇尔试件进行密度和各项体积指标的测定与计算，选择最符合 $VCA_{DRC} - VCA_{mix} \geq 1\% \sim 1.5\%$ 和 VMA≥17% 条件的一组作为设计矿料级配。如不能完全满足上述条件，则可按以下原则对矿料级配进行某些调整，重做马歇尔试件和密度测定，直到满足上述条件为止。

a. VMA 过小，可增大粗集料的用量，即降低分界筛孔（4.75mm）的通过率或（和）减少粉料用量。

b. VV 过大，可增加结合料用量。如结合料用量不宜再增大，则可适当增加粉料用量，或当 VMA 较大时，可适当增加分界筛孔（4.75mm）的通过率。

c. VCA_{mix}过大，可适当降低分界筛孔（4.75mm）的通过率。

④最佳沥青用量的确定。

在确定的矿料级配的基础上，以查表 3-4-6 所得的最小沥青用量为中值，选择中值 ±0.3 ~0.4% 两个沥青用量制作马歇尔试件（每组 5 个试件）进行试验，获取各组沥青用量下的 VV、VMA、VCA_{mix}等各项马歇尔指标。

以 VV、VMA、VCA_{mix}为纵坐标，沥青用量为横坐标，绘制 VV、VMA、VCA_{mix}随沥青用量变化的曲线(图3-4-9)。根据所期望的设计空隙率直接确定最佳沥青用量(设计空隙率以4% ~ 4.5%为宜)。

验证混合料各项技术指标是否满足技术标准要求,如均能满足,即完成配合比设计。橡胶改性沥青SMA混合料设计的具体程序可参照附录3进行,设计指标的技术标准则可参照对常规改性沥青SMA混合料的规定《公路沥青路面施工技术规范》(JTG F40—2004)。

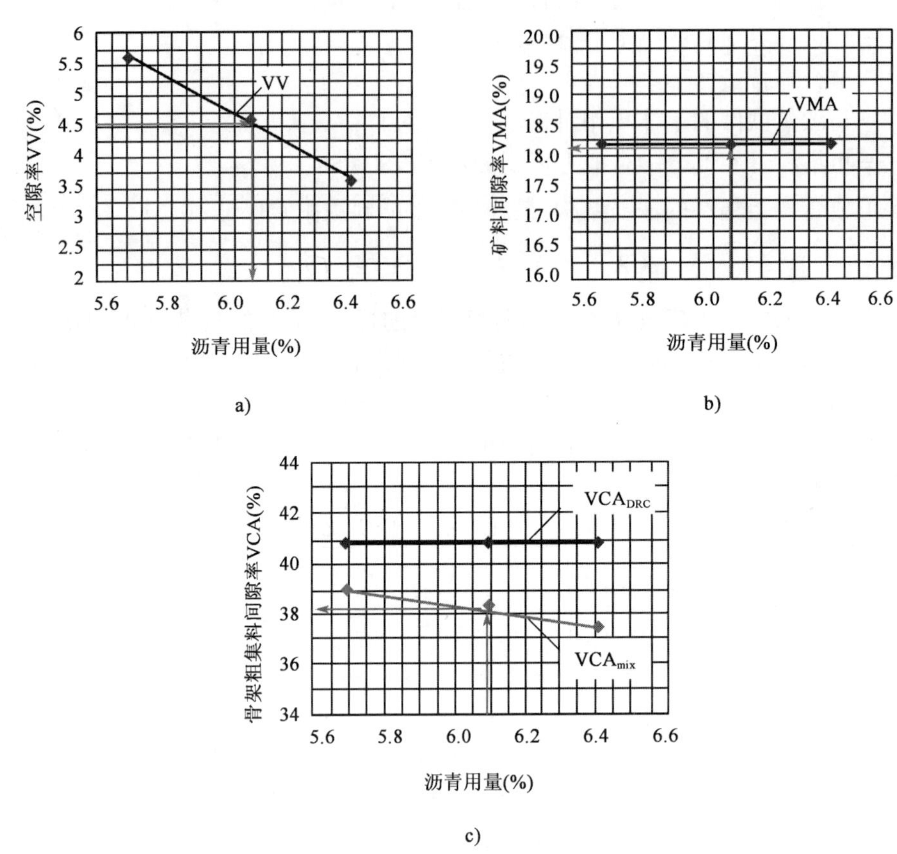

图3-4-9　VV、VMA、VCA_{mix}、VCA_{DRC}随结合料用量而变化的曲线

第三节　SMA橡胶改性沥青混合料的性能检验与技术标准

橡胶改性沥青SMA混合料设计完成后,其性能检验必须符合规范要求的技术标准。在欧洲以德国为代表的技术规范ZTV Asphalt - StB中,SMA混合料的技术标准从1984年版开始经1990年版、1994年版、1998年版、2001年版至2007年版的修改有了不少变化。主要的变化是在2007年对2001年版所作的修正。这些修正包括以下几点:

(1)规定了各类SMA混合料适用的道路等级:

①SMA 11S和SMA 8S适用于高速公路和Ⅰ、Ⅱ、Ⅲ级道路;

②SMA 8N适用于Ⅳ、Ⅴ、Ⅵ级道路;

③SMA 5N 适用于Ⅶ道路。

(2)将最小沥青用量与集料密度相关联,即对基本的最小沥青用量乘以考虑集料密度的因子 α。

(3)降低了混合料的设计空隙率和现场空隙率,设计空隙率从原来的3.0% ~4.0%降为2.5% ~3.0%(SMA 11S 和 SMA 8S),现场空隙率从原来的≤6%降为≤5%。

(4)增加了对混合料沥青饱和度和抗车辙性能的指标(待定)。

(5)增加了在 SMA 成型表面可加铺一层细砂的规定。

表3-4-7 和表3-4-8 分别列出了 ZTV Asphalt-Stb 01 和 Stb 07 关于 SMA 混合料的技术标准。从新版标准的变化中可看到,德国的 SMA 技术有了不少更切合实际和符合本国情况的发展。

德国 ZTV Asphalt-Stb 01 关于 SMA 的技术标准 表3-4-7

技术指标	混合料类型			
马歇尔试件	0/11S	0/8S	0/8	0/5
结合料用量(%)	≥6.5	≥7.0	≥7.0	≥7.2
稳定剂用量(%)	0.3 ~1.5	0.3 ~1.5	0.3 ~1.5	0.3 ~1.5
击实温度(℃)	135 ±5*	135 ±5*	135 ±5*	135 ±5*
空隙率(%)	3.0 ~4.0	3.0 ~4.0	2.0 ~4.0	2.0 ~4.0
SMA 铺层				
铺层厚度(cm)	3.5 ~4.0	3.0 ~4.0	2.0 ~4.0	2.0 ~3.0
摊铺量(kg/m²)	85 ~100	70 ~100	45 ~100	45 ~75
现场压实度(%)	≥97	≥97	≥97	≥97
现场空隙率(%)	≤6.0	≤6.0	≤6.0	≤6.0

注:* 表示如采用改性沥青则击实温度为(145 ±5)℃。

德国 ZTV Asphalt-Stb 07 关于 SMA 的技术标准 表3-4-8

技术指标	混合料类型				
沥青混合料	SMA 11S	SMA 8S	SMA 5S	SMA 8N	SMA 5N
最小结合料用量(×α)(%)	6.6	7.2	7.4	7.2	7.4
稳定剂(纤维素)用量(%)	0.3	0.3	0.3	0.3	0.3
马歇尔试件空隙率(%)	2.5 ~3.0	2.5 ~3.0	2.0 ~3.0	2.0 ~4.0	
沥青饱和度(VFA)(%)	待定	待定	待定	待定	待定
相对车辙深度(%)	待定	待定			
SMA 铺层					
铺层厚度(cm)	3.5 ~4.0	3.0 ~4.0	2.0 ~4.0	1.5 ~3.0	1.5 ~3.0
摊铺量(kg/m²)	85 ~100	70 ~100	30 ~50	50 ~85	50 ~75
现场压实度(%)	≥97	≥97	≥97	≥97	≥97
现场空隙率(%)	≤5.0	≤5.0	≤5.0	≤5.0	≤5.0

表3-4-9列出了美国AASHTO M325和TxDOT Item 346关于SMA混合料的技术标准。表3-4-10则是参照我国《公路沥青路面施工技术规范》(JTG F40—2004)关于SMA混合料的技术标准推荐的橡胶改性沥青SMA混合料的技术标准。表3-4-10中没有列入肯塔堡飞散试验指标,对于橡胶改性沥青SMA混合料,由于其黏度较高,肯塔堡飞散试验实际均能满足,因而可以不做。

美国AASHTO M325和TxDOT Item 346关于SMA混合料的技术标准 表3-4-9

技术指标	AASHTO M325	TxDOT Specification Item 346	
	SMA	SMA	SMAR
SGC旋转碾压数 N_{des}	100①	75	75
设计空隙率(%)	4②		
实验室试件设计压实度(%)		96	97
沥青结合料用量(%)	≥6③	6~7③	≤10
纤维用量(%)		0.2~0.5	
橡胶屑用量(%)			≥15
矿料间隙率VMA(%)	≥17	≥17.5	≥19
粗集料骨架间隙率 VCA_{mix}	< VCA_{DRC}		
间接拉伸强度比	≥80		
间接拉伸强度(干@压实度=93±1%)(MPa)		0.586~1.379	0.586~1.379
析漏率(%)	≤0.3	≤0.2	≤0.2
Hamburg车辙深度(20000次)(mm)		≤12.5④	≤12.5④

注:①当集料的洛杉矶磨耗值小于30%,N_{des}值为75。

②对低交通量或气候寒冷区的道路,设计空隙率可低于4%,但不得低于3%。

③SMA的结合料用量通常应为6%~7%,结合料用量小于6%时将影响SMA混合料的耐久性,当混合料的设计无法达到6%的最小用量时,可按AASHTO R46的相应条款根据集料的合成毛体积相对密度降低结合料用量。

④试验条件为:152mm ϕ62厚的圆形试件;压实度(93±1)%;50℃试验温度;水介质。

TRSMA橡胶改性沥青混合料马歇尔试验技术标准 表3-4-10

试验项目	技术要求	试验方法
马歇尔试件尺寸(mm)	ϕ101.6mm×63.5mm	JTG E20③ T0702
马歇尔试件击实次数	两面击实50次①	JTG E20 T0702
空隙率VV(%)	3~4.5	JTG E20 T0705
矿料间隙率VMA(%)	≥17.0	JTG E20 T0705
粗集料骨架间隙率 VCA_{mix}	< VCA_{DRC}	JTG E20 T0705
沥青饱和度VFA(%)	75~85	JTG E20 T0705
稳定度(kN)	≥6.0	JTG E20 T0709
沥青析漏试验的结合料损失②(%)	≤0.1	JTG E20 T0732
沥青析漏试验的结合料损失(%)	≤0.3	ASTM D6390

注:①对于强度高的集料马歇尔试件击实次数可采用75次。

②沥青析漏试验可采用JTG E20 T0732或ASTM D6390的方法,后者可参看附录4。

③JTG E20是指《公路工程沥青及沥青混合料试验规程》(JTG E20—2011)。

关于橡胶改性沥青混合料各项使用性能的检验:美国 AASHTO M325 规定抗水损害性能检验;TxDOT 346 规定抗水损害性能和高温抗变形性能检验;欧洲标准规定的检验项目有抗水损害性能、抗防滑钉轮胎磨耗性能、抗高温变形性能等 3 项。对于机场和易着火的场合还应检验着火性、抗燃油损害、抗除冰剂腐蚀等 3 项。我国《公路沥青路面施工技术规范》(JTG F40—2004)关于 SMA 混合料使用性能的检验项目包括抗高温变形性能、低温抗裂性能、抗水损害性能、密水性能等 4 项,除高温抗变形性能外,常规 SMA 混合料检验方法和技术标准均能适用于橡胶改性沥青混合料。对于高温抗变形试验,由于《公路沥青路面施工技术规范》(JTG F40—2004)的车辙试验方法不适于橡胶改性沥青混合料,可采用第三篇第二章推荐的 Hamburg车辙试验方法,其试验方法可参考附录 4。

关于车辙试验的评价指标和技术标准,EN 13108 - 5"Bituminous Mixtures—Material Specifications——Part 5: Stone Mastic Asphalt"对设计轴载小于 13t 的 SMA 路面规定了两项检验的技术指标,即最大车辙曲线线性段斜率 WTS_{AIR}和最大相对车辙深度 PRD_{AIR},它们的技术标准分别为 12 个等级和 5 个等级,前者各等级的技术标准与密级配混合料相同(表 3-3-3),后者如表 3-4-11 所示。

加载 10000 个循环相对车辙深度的技术标准

(小型试验设备,B 方法,空气介质)　　表 3-4-11

最大相对车辙深度(%)	PRD_{AIR}等级	最大相对车辙深度(%)	PRD_{AIR}等级
1.0	$PRD_{AIR\ 1.0}$	3.0	$PRD_{AIR\ 3.0}$
1.5	$PRD_{AIR\ 1.5}$	5.0	$PRD_{AIR\ 5.0}$
2.0	$PRD_{AIR\ 2.0}$		

注:适用于设计轴载荷小于 13t。

需要指出的是,WTS_{AIR}与 PRD_{AIR}两项检验指标控制值的等级并不是相互对应的,PRD_{AIR}的检验标准比 WTS_{AIR}更加严格。欧洲标准之所以规定多个等级和两项检验指标是为了满足各成员国的不同需要。对橡胶改性沥青 SMA 混合料的抗车辙变形的检验指标,可将车辙曲线碾压 5000 ~ 10000 次线性段的动稳定度 DS_{AIR}不低于 5000 次/mm 作为控制值,而与之对应的碾压 10000 次车辙深度 RD_{AIR}的控制值应不大于 4mm(试件厚度 50mm)。

第五章　悬浮密实型沥青—橡胶混合料设计

第一节　悬浮密实型沥青—橡胶混合料的结构原理与技术特点

在第三篇第二章第三节中曾讨论了目前应用最为广泛的断级配沥青—橡胶混合料与同样为断级配的SMA混合料的差别，并指出前者并没有形成骨架粗集料石碰石的嵌挤结构，因而实质上是一种悬浮密实结构的混合料。但是这种悬浮密实型混合料与常规的密级配混合料仍然有着很大差异。图3-5-1展示了悬浮密实型沥青—橡胶混合料矿料级配曲线与常规密级配曲线的比较。

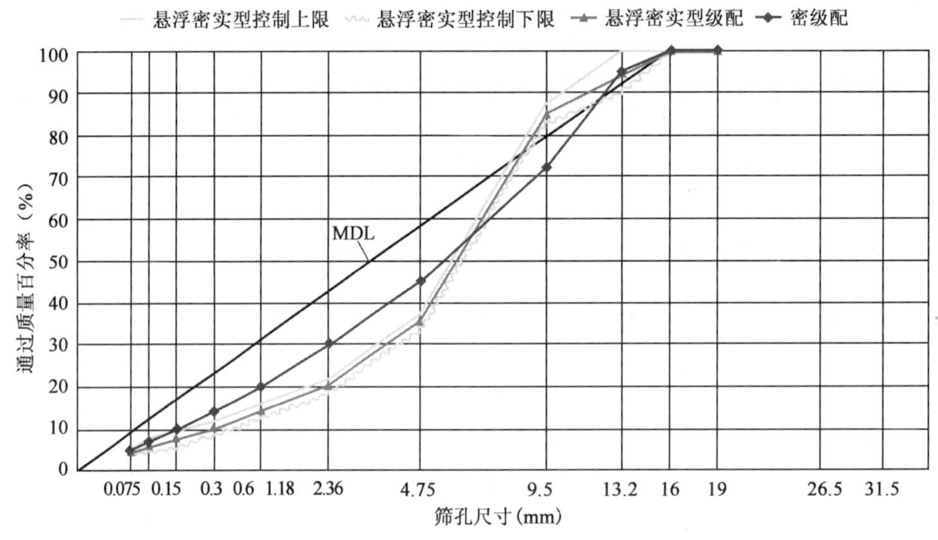

图3-5-1　悬浮密实型沥青—橡胶混合料与常规密级配混合料的矿料级配曲线的比较

从图3-5-1中可以看到，悬浮密实型混合料的级配曲线是在密级配曲线基础上减少了2.36mm以下细集料的比例和9.5mm以上的粗集料的比例形成的，从而使2.36～9.5mm中间粒径的比例占绝大部分（约65%）。按照这一原则调整的级配曲线呈现出明显的S形特征，这种S形的级配曲线一方面增大了矿料之间的空隙，从而可以容纳更多的带有固体颗粒的沥青—橡胶结合料；另一方面由于增强了粗集料之间的嵌挤作用而提高了抵抗水平荷载（抗车辙）的能力。此种S形悬浮密实结构沥青—橡胶混合料的特点如下：

（1）具有较高的矿料间隙率，VMA通常可达18%～20%，可以有更多的空间来容纳固体的橡胶颗粒。

（2）要求采用很高的结合料用量，沥青—橡胶的含量通常可高达7%～9%，从而大大增加了裹覆粗集料的沥青膜厚度，使之可高达20～25μm。

(3)由于沥青—橡胶的高黏度可以容许采用很少的0.075mm以下粉料和不用稳定剂也不会导致沥青的析漏，混合料的有效粉胶比通常在0.4~0.7的范围内。

(4)强烈的S形曲线提高了粗集料之间的嵌挤与摩擦作用，增强了密实结构混合料的抗车辙能力。

悬浮密实结构沥青—橡胶混合料的优势是在获得更高的耐久性和疲劳寿命的同时，可以保持较高抵抗永久变形和车辙的能力，因而一直是目前各类沥青—橡胶混合料中应用最为广泛的一种。它良好的抗疲劳的性能在许多现场模拟试验中得到了验证(参看第一篇第二章图1-2-14和图1-2-18)，图3-5-2a)和图3-5-2b)则展示了它在实验室Hamburg模拟试验设备的试验结果。从图3-5-2中可以看到，悬浮密实型混合料在经受了10000次碾压后的车辙深度约为2.5mm，而在5000~10000次区间计算的动稳定度则约为22000次/mm。这些数据显示了悬浮密实型沥青—橡胶混合料，由于结合料的高黏度和S形的矿料级配，其抗车辙的能力较常规的密级配沥青混合料要好得多。

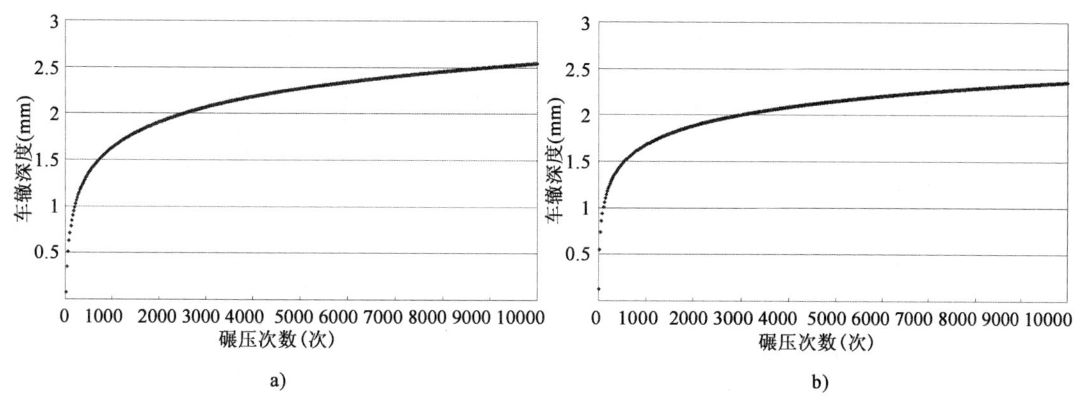

图3-5-2　悬浮密实型沥青—橡胶混合料的车辙试验曲线

第二节　悬浮密实型沥青—橡胶混合料的马歇尔设计方法

悬浮密实型沥青—橡胶混合料通常仍采用马歇尔设计方法，但马歇尔试验的稳定度和流值已不能真实地反映混合料的稳定性了，马歇尔试件只是作为一个载体用于混合料体积指标的分析。需要指出的是，由于沥青—橡胶结合料良好的回弹性，采用冲击压实的方法，会引起混合料体积的反弹。对于马歇尔击实试验来说，即使采用双面击实75次，仍然很难达到现场实际的压实程度，在正确的碾压工艺下，现场的压实密度通常都会超过马歇尔试件的压实密度。从这一角度看，采用能更加符合现场压实密度的实验室压实方法应该是更为合理的，例如美国的Caltrans采用Hveem搓揉压实机来成型压实试件，TexDOT和FDOT则采用旋转压实机来制备压实试件。

悬浮密实型沥青混合料的马歇尔设计方法仍可按原材料的选择、矿料级配设计、制作马歇尔试件、进行各项体积指标的计算和密度—空隙率分析、马歇尔稳定度试验以及确定最佳结合料用量等各项步骤进行。

有关各类橡胶沥青混合料对原材料选择的要求已在第三篇第二章第一节内作了说明。关于矿料级配的设计可按表3-5-1的规定进行。

悬浮密实型沥青—橡胶混合料级配范围　　表3-5-1

混合料类型		通过下列筛孔(mm)的质量百分率(%)										
		19	16	13.2	9.5	4.75	2.36	1.18	0.6	0.3	0.15	0.075
ARHM-G-16	上限	100	100	87	70	37	22	16	12	9.5	8	3
	下限		90	83	65	33	18	12	8	5.5	4	2
	中值		95	85	67.5	35	20	14	10	7.5	6	2.5
ARHM-G-13	上限		100	100	87	37	22	16	12	9.5	8	3
	下限			90	83	33	18	12	8	5.5	4	2
	中值			95	85	35	20	14	10	7.5	6	2.5

注:ARHM－G－××代号意义:ARHM－G为断级配(悬浮密实型)沥青—橡胶混合料;××为公称最大粒径(mm)。

在制作马歇尔试件时,关键是沥青—橡胶混合料的拌和与击实温度。在美国的规范中压实试件的制作温度通常为拌和温度149～163℃;击实温度143～149℃。在这样温度下制作马歇尔试件,往往得不到充分压实,从而导致VMA的数值偏大。如混合料设计的目标空隙率不变,则势必要增加结合料用量而导致过大的沥青—橡胶用量。根据我们的经验,沥青—橡胶混合料马歇尔试件的拌和温度宜为170～180℃,击实温度宜控制在160～170℃范围内。

关于最佳结合料用量的确定,鉴于马歇尔稳定度已失去其原来的意义,因而应直接根据设计的目标空隙率来确定,即将与目标空隙率相对应的结合料用量作为悬浮密实型沥青—橡胶混合料的最佳结合料用量。

有关悬浮密实型沥青—橡胶混合料马歇尔设计方法的具体程序可参照附录3的规定进行,当各项设计指标满足有关技术标准的要求时,混合料的设计即告完成。

关于混合料设计的技术标准,最主要的技术指标是混合料的空隙率和矿料间歇率,这两项指标显然与混合料试件的压实方法有关。当采用马歇尔击实方法成型试件时,考虑到沥青—橡胶混合料的回弹性,应适当增加空隙率与矿料间隙率的数值。当采用旋转压实等能更好模拟现场压实的试件成型方法时,则应适当减小空隙率与矿料间歇率的数值。例如在美国,采用马歇尔击实方法的Arizona州规范规定的空隙率范围为5.5%±1%,VMA则不小于19%;采用搓揉压实方法的Caltrans规范则规定目标空隙率的范围为3%～5%,VMA则不小于18%;而采用旋转压实方法的TexDOT则规定设计的目标空隙率为4%,VMA则不小于18.5%。

如前所述,对沥青—橡胶混合料来说,马歇尔稳定度已不能作为评价混合料稳定性的指标,而更为合理的是采用沥青膜平均裹覆厚度来评价混合料的稳定性与耐久性。过高的沥青膜厚度将导致泛油的倾向,而过低的沥青膜厚度将影响混合料的耐久性,悬浮密实型沥青—橡胶混合料的平均沥青膜厚度宜控制在20～25μm的范围内。

关于沥青膜厚度的计算方法,在《公路沥青路面施工技术规范》(JTG F40—2004)中沥青膜厚度计算式为:

$$h = \frac{P_b}{A}$$

式中：h——沥青膜厚度；

P_b——沥青用量；

A——比表面积。

这一计算公式是从日本引入的，它虽然简单，但其物理意义很不明确，也不符合量纲方程齐次的原则，即物理方程两边的量纲应相等的原则。从上述公式看，公式左边 h 的量纲为长度[L]，右边的 P_b 为无量纲的比值，而 A 则为单位质量的面积，其量纲为[L^2/M]，因而公式右边的量纲应为[M/L^2]，公式左、右边的量纲显然是不相等的，亦即：

$$[L] \neq [M/L^2]$$

更为合理的计算沥青膜平均厚度的方法是按单位体积混合料中有效沥青的体积来计算（参看附录3）。

注：有关各种沥青膜厚度计算方法的讨论可参看第三篇第七章第四节。

根据这些年来对悬浮密实型沥青—橡胶混合料的工程实践经验，推荐的悬浮密实型沥青—橡胶混合料马歇尔设计方法的技术标准列于表3-5-2。

悬浮密实型沥青—橡胶混合料马歇尔试验技术标准　　表3-5-2

试验项目	单位	技术要求	试验方法
马歇尔试件尺寸	mm	ϕ101.6mm×63.5mm	JTG E20 T0702
马歇尔试件击实次数	—	两面击实75次	JTG E20 T0702
空隙率 VV	%	4～6	JTG E20 T0705
矿料间隙率 VMA	%	≥18.0	JTG E20 T0705
参考信息			
稳定度	kN	≥3.6	JTG E20 T0709
流值	0.1mm	≥30	JTG E20 T0709
沥青(结合料)的吸收率	%	0～1.0	
平均沥青膜厚度	μm	20～25	附录3
粉胶比		0.4～0.7	附录3

注：JTG E20是指《公路工程沥青及沥青混合料试验规程》(JTG E20—2011)。

第三节　悬浮密实型沥青—橡胶混合料的性能检验与技术标准

悬浮密实型沥青—橡胶混合料使用性能的检验同样应包括高温抗车辙性能、低温抗裂性能、抗水损害性能和密水性等4方面的性能检验。表3-5-3列出了推荐的悬浮密实型沥青—橡胶混合料性能检验的技术标准。表中水稳定性的技术要求是参照《公路沥青路面施工技术规范》(JTG F40—2004)有关改性沥青混合料的要求确定的，渗水系数的技术要求和车辙试验的技术要求则是根据悬浮密实型沥青—橡胶混合料的设计实践的经验确定的。

悬浮密实型沥青—橡胶混合料性能检验技术要求 表3-5-3

试验项目	技术要求		试验方法
	按5000~10000次区间计算的动稳定度	10000次后车辙深度	
Hamburg车辙试验	≥7000次/mm	≤3.5mm	EN 12967-22（小型试件;B法在空气中试验）
水稳定性:浸水马歇尔试验残留稳定度冻融劈裂试验残留强度比	≥85% ≥80%		JTG E20 T0709 JTG E20 T0729
渗水系数	≤60mL/min		JTG E20 T0730

注:1. Hamburg车辙试验条件:试验介质为空气;试验温度为60℃;试验轮（$D \times B$）为橡胶轮（203mm×47mm）;试验轮荷载为70kgf;试验速度为42次/min;试验总次数为10000次;试件尺寸为320mm×260mm;试件空隙率为4%±0.5%。

2. Hamburg车辙试验方法可参看附录4。

3. JTG E20是指《公路工程沥青及沥青混合料试验规程》(JTG E20—2011)。

第六章　骨架密实型沥青—橡胶混合料设计

第一节　骨架密实型沥青—橡胶混合料的结构原理与技术特点

悬浮密实型沥青—橡胶混合料的设计出发点是希望提高沥青—橡胶结合料的用量，使混合料获得更高的耐久性与疲劳寿命，它的矿料结构，虽然采取了减少细集料和公称最大粒径下一档粗集料的用量，以增强其中间粗集料之间的嵌挤作用，但仍属于悬浮密实型的结构。如能在其结构的基础上将它改为骨架密实结构的混合料，则应有可能获得更好的抗车辙性能。

骨架密实型沥青—橡胶混合料是近几年来在悬浮密实型沥青—橡胶混合料基础上发展起来的一种新型断级配橡胶—沥青混合料。此种沥青—橡胶混合料的设计出发点是希望在形成粗集料嵌挤结构的基础上适当地降低结合料的用量，以获得更高的抗车辙性能并减小沥青—橡胶混合料的生产成本，但同时仍然保持着沥青—橡胶混合料的基本特点：粗颗粒的橡胶屑和高的橡胶屑用量，高的沥青膜厚度与低的粉胶比，以及良好的耐久性与疲劳寿命。

按照这一思路，首先，为使粗集料获得石碰石的嵌挤结构，需要将骨架分界筛孔(4.75mm)的通过率降低至满足 $VCA_{mix} < VCA_{DRC}$ 的条件，并如同 SMA 混合料那样使骨架分界筛孔以上至公称最大粒径的各档骨架粗集料形成较为均匀的分布。其次，为使矿料有足够的空隙容纳粗颗粒橡胶屑的固体颗粒，则需要像悬浮密实型沥青—橡胶混合料那样保持较低的2.36mm 细集料的通过率。但进行上述调整的结果必然会导致矿料间隙率 VMA 的增大，从而需要更多的 AR 结合料来充填多余的空隙。为避免过大的结合料用量，最后的调整则是适当的增加 0.075mm 以下粉料的用量，用以填充矿料间的空隙，降低 VMA 的数值。

文献[28]按照上述原则设计了一种新型的骨架密实型沥青—橡胶混合料，并在 Hamburg 车辙试验设备上对悬浮密实型、骨架密实型沥青—橡胶混合料以及常规 SBS 改性沥青 SMA 混合料进行了一系列的对比性试验，以验证此种新型的骨架嵌挤结构沥青—橡胶混合料的抗车辙性能。

所设计的骨架密实型沥青—橡胶混合料的矿料级配以及作为对比试验用的悬浮密实型的 AR 混合料和 SMA 混合料的矿料级配列于表 3-6-1。

3 种混合料的矿料级配　　表 3-6-1

混合料类型	通过下列筛孔(mm)的质量百分率(%)									
	16	13.2	9.5	4.75	2.36	1.18	0.6	0.3	0.15	0.075
悬浮密实型 ARHM-G-13	100	98.1	84.4	35.1	20.0	13.5	9.1	6.9	5.6	4.5
骨架密实型 ARHM-S-13	100	94.4	62.6	25.5	19.0	13.0	8.9	6.8	5.6	4.5
SBS 改性沥青 SMA 13	100	94.4	62.6	25.5	20.0	16.4	13.9	12.7	11.7	10.0

对这3种试验用混合料均按各自的级配要求进行了配合比的设计，表3-6-2是3种混合料马歇尔试验的最佳结合料用量与相应的各项体积指标。

3种混合料马歇尔试验的最佳结合料用量和各项体积指标的平均值 表3-6-2

混合料类型	最佳结合料用量 P_b(%)	毛体积相对密度 γ_f	最大理论相对密度 γ_t	空隙率 VV(%)	矿料间隙率 VMA(%)	沥青饱和度 VFA(%)	VCA_{DRC} (%)	VCA_{mix} (%)
悬浮密实型 ARHM-G-13	8.0	2.343	2.449	4.3	20.5	78.9	41.4	48.2
骨架密实型 ARHM-S-13	7.0	2.376	2.501	5.0	19.0	73.8	40.8	39.5
SBS改性沥青 SMA 13	6.0	2.415	2.516	4.0	16.0	74.9	40.3	37.6

文献[28]对上述3种混合料的抗车辙性能进行了对比性试验。试验用的集料为玄武岩，沥青—橡胶结合料由83.3%的70号沥青+16.7%的橡胶屑+4.5% TOR（与橡胶屑之质量比）制成，SMA混合料用的结合料为3%的SBS壳牌改性沥青。车辙试验在美国PMW公司生产的Wheel Tracking Machine 4.5上进行，试件采用PMW的线性揉搓压实机碾压成型。Hamburg车辙试验的条件如表3-6-3所示。

Hamburg车辙试验条件 表3-6-3

试验条件							
试验介质	试验温度	试验轮（D×B）	试验轮荷载	试验轮碾压速度	试验轮碾压总次数	试件尺寸（长×宽×厚）	试件空隙率
空气	60℃	钢轮 200×47mm	70kgf	42次/min	10000	320mm×260mm×50mm	4.0%±0.5%

表3-6-4列出了3种混合料10个试件的车辙试验结果。从表3-6-4的试验数据中可看到骨架密实型沥青—橡胶混合料具有最强的抗车辙性能，其次是悬浮密实型沥青—橡胶混合料，第三则是SMA混合料。

3种混合料试件在Hamburg车辙试验机上的试验结果 表3-6-4

混合料类型	试件序号	空隙率（%）	在下列碾压次数下的车辙深度(mm)				按5000~10000次区间计算的动稳定度(次/mm)
			1890 (45min)	2520 (60min)	5000	10000	
悬浮密实型沥青—橡胶混合料（ARHM-G-13）	1号(左)	3.4	2.28	2.41	2.75	3.08	15408
	1号(右)	3.6	1.49	1.58	1.80	2.01	22967
	2号(左)	4.1	1.86	1.94	2.13	2.33	25562
	2号(右)	4.1	1.87	1.96	2.17	2.38	23776
	平均值	3.8	1.87	1.97	2.21	2.45	21928

续上表

混合料类型	试件序号	空隙率(%)	在下列碾压次数下的车辙深度(mm)				按5000～10000次区间计算的动稳定度(次/mm)
			1890(45min)	2520(60min)	5000	10000	
骨架密实型沥青—橡胶混合料(ARHM-S-13)	3号(左)	4.3	1.50	1.62	1.91	2.19	17403
	3号(右)	4.3	1.49	1.58	1.41	1.61	25536
	4号(左)	3.7	1.59	1.35	1.49	1.64	33647
	4号(右)	3.8	1.71	1.83	2.10	2.38	17889
	平均值	4.0	1.50	1.59	1.73	1.96	23626
SMA改性沥青混合料(SMA 13)	5号(左)	3.7	1.67	1.79	2.08	2.38	16989
	5号(右)	3.9	2.14	2.30	2.67	3.05	13214
	平均值	3.8	1.91	2.05	2.38	2.71	15106

此种新型的骨架密实型沥青—橡胶混合料有着以下一些技术特点：

(1)从矿料结构来看，它是综合了SMA和悬浮密实型混合料矿料结构特点的结果。图3-6-1展示了骨架密实型与悬浮密实型沥青—橡胶混合料和SMA混合料在矿料结构上的异同。从图3-6-1中可以看到，在骨架分界筛孔(4.75mm)以上部分的粗集料是按照SMA混合料的结构来设计的，从而可以满足骨架粗集料之间石碰石嵌挤结构的条件。在2.36mm筛孔以下的细集料则是按照悬浮密实型沥青—橡胶混合料的结构设计的，它通过减少细集料的用量来保证容纳固体颗粒所需的空间。适当增加0.075mm以下的粉料则是为了补偿由于降低了骨架分界筛孔(4.75mm的通过率)而造成的矿料间的多余空隙。

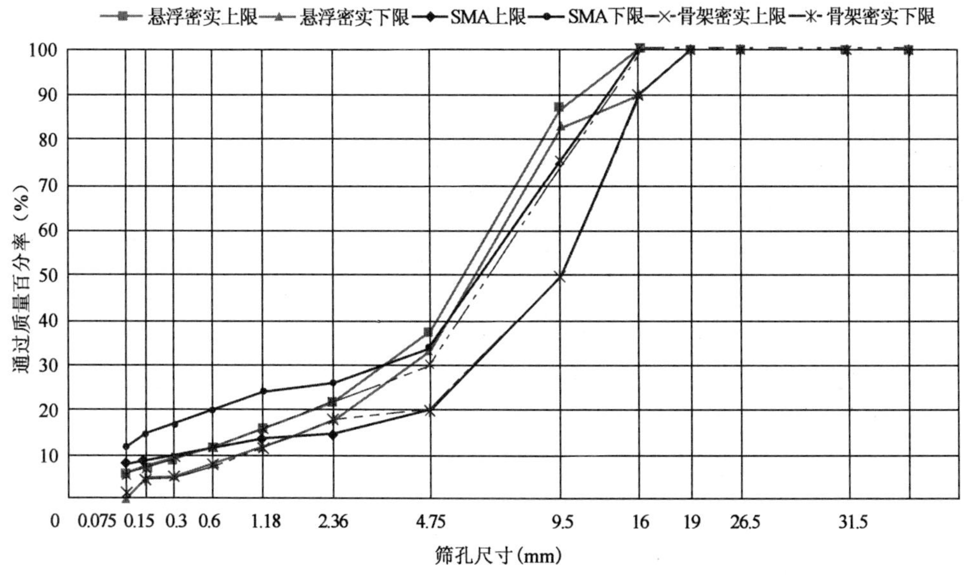

图3-6-1　骨架密实型与悬浮密实型沥青—橡胶混合料在矿料结构上的异同

(2)骨架密实型沥青—橡胶混合料与悬浮密实型的AR混合料相比,适当降低了结合料的用量,在骨架密实型AR混合料中的沥青用量通常规定在6% ~7.5%的范围内(表3-6-2)。由于实现了粗集料石碰石的嵌挤结构,又适当降低了结合料用量,使此种新型的沥青—橡胶混合料具有更高的稳定性和抵抗变形与抵抗水平推力的能力,从而可以获得很高的抗车辙性能。

图3-6-2是3种混合料试件经碾压10000次后的车辙外观,用目测的方法也可分辨出车辙深度最浅的是骨架密实结构的沥青—橡胶混合料,其次是悬浮密实结构沥青—橡胶混合料,最后是SBS改性沥青SMA混合料。

a)骨架密实型，VV=4.3%　　b)悬浮密实型，VV=4.1%

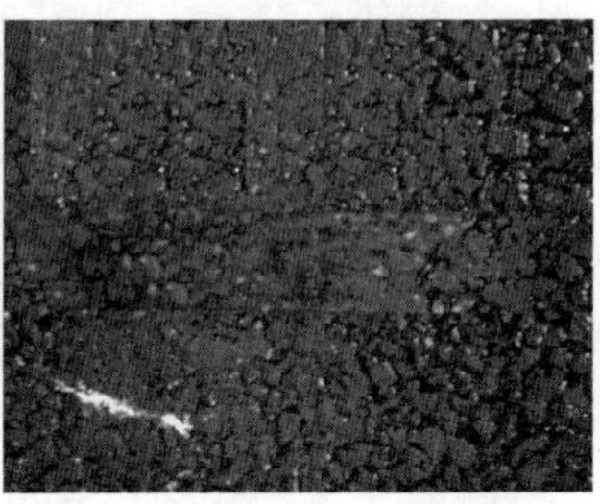

c)SMA，VV=3.7%

图3-6-2　3种混合料试件经碾压10000次后的车辙

(3)骨架密实型沥青—橡胶混合料虽然适当降低了AR结合料的用量,但仍较普通的密级配沥青混合料和常规的改性沥青混合料具有更高的沥青膜厚度和更低的粉胶比。表3-6-5是根据表3-6-1和表3-6-2所列的矿料级配和结合料用量计算的3种混合料的沥青膜厚度和粉胶比。从表3-6-5中可以看到,骨架密实型AR混合料的沥青膜厚度虽然低于悬浮密实型AR混合料,但仍远高于常规的改性沥青SMA混合料。

3种混合料沥青膜厚度和粉胶比的比较　　表3-6-5

指标 \ 混合料类型	悬浮密实型 ARHM-G-13	骨架密实型 ARHM-S-13	SBS改性沥青 SMA 13
平均沥青膜厚度(μm)	19.7	17.0	7.59
粉胶比	0.64	0.74	1.98

表3-6-6是悬浮密实型、骨架密实型AR混合料与密级配沥青混合料和改性沥青SMA混合料沥青膜厚度与粉胶比范围的比较。从表3-6-6中可以看到,尽管适当降低了结合料用量,但骨架密实型沥青—橡胶混合料的沥青膜厚度仍然远远高于密级配和SMA混合料,这意味着这一新型的AR混合料仍然可保持有较高的耐久性和抗疲劳性能。

不同类型沥青混合料沥青膜厚度和粉胶比的比较　　表3-6-6

指标 \ 混合料类型	悬浮密实结构的沥青—橡胶混合料	骨架密实结构的沥青—橡胶混合料	普通密级配沥青混合料	SMA结构改性沥青混合料
平均沥青膜厚度(μm)	20~25	13~17	6~8	8~10
粉胶比	0.4~0.7	0.6~0.9	0.8~1.2	1.6~1.9

(4)骨架密实型沥青—橡胶混合料由于适当地降低了结合料的用量,从而大大降低了它的生产成本,表3-6-7比较了骨架密实型沥青—橡胶混合料与普通密级配改性沥青混合料与改性沥青SMA混合料的生产成本[28]。从表3-6-7中可以看到,当AR结合料用量为7.0%左右时骨架密实型AR混合料的生产成本大体与常规SMA混合料相当或略低,当AR结合料用量为6.0%左右时,它的生产成本可比SMA混合料低10%左右,而与普通密级配改性沥青混合料相比则仅高出不到4%~5%。此种生产成本上的优势是这一新型沥青—橡胶混合料的重要优点,它更加适合于中国的国情,也大大有利于沥青—橡胶混合料在我国进一步的推广应用。

骨架密实型AR混合料与SMA和改性沥青密级配混合料生产成本比较　　表3-6-7

混合料类型	3% SBS改性沥青 SMA混合料 (结合料用量5.7%)	17% GTR骨架密实型 AR混合料 (AR用量7.1%)	17% GTR骨架密实型 AR混合料 (AR用量6.1%)	3% SBS改性沥青 密级配混合料 (结合料用量4.8%)
混合料单价/ SMA单价	100%	99.3%	90.9%	86.8%

与上述骨架密实型沥青—橡胶混合料类似的嵌挤型结构还有江苏交科院提出的"新型断级配沥青—橡胶混合料"[29]。表3-6-8是江苏交科院给出的AR-AC13S混合料的矿料级配范围,它将4.75mm筛孔的通过率降低至18%~30%,2.36mm筛孔的通过率降低至10%~22%,0.075mm粉料用量为0~5%,并要求VMA必须大于20%。上述两种骨架密实型沥青—橡胶混合料虽然在骨架粗集料的嵌挤结构方面是相同的,但它们的设计出发点却并不相同。江苏交科院的断级配沥青—橡胶混合料AR-AC13S的设计出发点是希望"在保持较好的高温稳定性、水稳定性的前提下,具有突出的低温抗裂性能、抗疲劳性能"[29]。

江苏交科院AR-AC13S混合料的矿料级配范围　　表3-6-8

AR-AC13S	通过下列筛孔(mm)的质量百分率(%)					
	16	13.2	9.5	4.75	2.36	0.075
级配上限	100	100	70	30	22	5
级配下限	100	90	50	18	10	0

江苏交科院的断级配沥青—橡胶混合料突出了高VMA的要求,以期加入更多的AR结合料,从而进一步提高混合料的抗裂和抗疲劳性能。为此,大幅度降低了4.75mm和2.36mm筛孔的通过率,并采用很低的0.075mm以下的粉料用量(表3-6-8),在这样的矿料级配下,混合料的矿料间隙率通常会高于20%,而为达到要求空隙率的结合料用量将高达8.5%以上。因此AR-AC13S型沥青—橡胶混合料是一种高抗疲劳抗裂性能的混合料,但由于高的沥青用量将会给混合料的高温性能带来某些负面影响,也将大大提升它的生产成本。

第二节　骨架密实型沥青—橡胶混合料的体积设计方法

骨架密实型沥青—橡胶混合料是一种粗集料嵌挤结构的混合料，如前所述，形成嵌挤结构的条件是由混合料组分的体积构成所决定的。因此，骨架密实型沥青—橡胶混合料的设计如同 SMA 混合料那样需要采用体积设计法。

骨架密实型沥青—橡胶混合料的矿料级配范围可按表 3-6-9 选取，混合料设计步骤与 SMA 混合料并无原则区别，只是由于 AR 结合料的高黏度，在混合料中不须添加纤维稳定剂也不须进行析漏试验。体积设计方法的具体程序可参照附录 3 进行。确定最佳结合料用量的目标空隙率可按 4% ~4.5% 确定，设计完成的沥青—橡胶混合料应满足表 3-6-10 的技术标准。

骨架密实型沥青—橡胶混合料级配范围　　表 3-6-9

混合料类型		通过下列筛孔(mm)的质量百分率(%)											
		26.5	19	16	13.2	9.5	4.75	2.36	1.18	0.6	0.3	0.15	0.075
ARHM-S-16	上限		100	100	85	65	30	22	16	12	9.5	8	6
	下限			90	65	45	20	18	12	8	5.5	4	2
	中值			95	75	55	25	20	14	10	7.5	6	4
ARHM-S-13	上限			100	100	75	30	22	16	12	9.5	8	6
	下限				90	50	20	18	12	8	5.5	4	2
	中值				95	62.5	25	20	14	10	7.5	6	4

注：ARHM-S－××代号意义：ARHM－S 为骨架密实型沥青—橡胶混合料；××为公称最大粒径(mm)。

骨架密实型沥青—橡胶混合料马歇尔试验技术标准　　表 3-6-10

试验项目	单位	技术要求	试验方法
马歇尔试件尺寸	mm	ϕ101.6mm×63.5mm	JTG E20 T0702
马歇尔试件击实次数	—	两面击实 75 次	JTG E20 T0702
空隙率 VV	%	4~4.5	JTG E20 T0705
矿料间隙率 VMA	%	≥18.0	JTG E20 T0705
粗集料骨架间隙率 VCA_{mix}	—	$< VCA_{DRC}$	JTG E20 T0705
参考信息			
稳定度	kN	≥3.6	JTG E20 T0709
平均沥青膜厚度	μm	13~17	附录 3
粉胶比	—	0.6~0.9	附录 3

注：JTG E20 是指《公路工程沥青及沥青混合料试验规程》(JTG E20—2011)。

第三节　骨架密实型沥青—橡胶混合料的性能检验与技术标准

骨架密实型沥青—橡胶混合料的使用性能检验同样应包括高温抗车辙性能、低温抗裂性能、抗水损害性能与密水性等4方面,并应符合表3-6-11规定的技术要求。

骨架密实型沥青—橡胶混合料性能检验技术要求　　表3-6-11

试验项目	技术要求		试验方法
	按5000~10000次区间计算的动稳定度	10000次后车辙深度	
Hamburg车辙试验	≥9000次/mm	≤3mm	EN 12967-22（小型试件;B法在空气中试验）
水稳定性:浸水马歇尔试验残留稳定度 冻融劈裂试验残留强度比	≥85% ≥80%		JTG E20 T0709 JTG E20 T0729
渗水系数	≤80mL/min		JTG E20 T0730

注:1. Hamburg车辙试验条件:试验介质为空气;试验温度为60℃;试验轮($D \times B$)为橡胶轮(203mm×47mm);试验轮荷载为70kgf;试验速度为42次/min;试验总次数为10000次;试件尺寸为320mm×260mm;试件空隙率为4%±0.5%。

2. Hamburg车辙试验方法可参看附录4。

3. JTG E20是指《公路工程沥青及沥青混合料试验规程》(JTG E20—2011)。

第七章　骨架空隙型沥青—橡胶混合料设计

骨架空隙型沥青—橡胶混合料是一种大空隙的混合料,它通常用在排水性路面上。排水性路面是指具有20%左右大空隙率,并在内部形成有连通的排水通道,能将雨水迅速排出路面之外的沥青面层(图3-7-1)。这种路面在美国常称为开级配抗滑磨耗层(Open-Graded Friction Course,OGFC)或透水性磨耗层[Permeable (Pervious) Friction Course,PFC],在欧洲称为多孔性混合料(Porous Asphalt),在日本则称为排水性路面(Drainage Pavement)。

图3-7-1　排水性路面与普通路面在雨天时行车情况的比较

第一节　排水性沥青路面概述

一、简要的历史发展

早在20世纪30~40年代,美国就已开始研究、应用开级配混合料路面了,在美国有关OGFC的实践可追溯到20世纪30年代,初期的出发点是为改善潮湿多雨地区路面的抗滑性能。最早的OGFC是从石屑封层演变来的,为克服石屑在高速车轮带动下脱落和撞击汽车风窗玻璃的缺点,将单一粒径的石屑放入搅拌设备中与沥青拌和后再铺设至原路面上。这种混合料被称为开级配厂拌石屑封层(Open-Graded Plant Mix Seal Coat)。随后,发现此种开级配路面可以用来降低车辆雨天行驶时的水滑和水雾飞溅现象,而命名为开级配磨耗层(OGFC)[30]。在欧洲透水性路面最早出现在英国,当时称为透水碎石路面(Pervious Macadam),这一技术来源于美国的抗滑磨耗层,20世纪50年代由英国的PSA公司引进用于英国的军用机场,用来解决飞机跑道的水漂和滑移问题[31]。在当时的英国,这种透水路面没有更多地用于公路上,但却在5~10年的时间内迅速推广到法国、比利时、荷兰、奥地利、瑞士等许多欧洲国家的公路铺筑上[32]。

美国早期的 OGFC 路面的设计空隙率较小，通常只有 15% 左右，其着眼点为改善路面的摩擦性能，而排水性能相对较差，混合料的矿料级配通常不能构成粗集料的嵌挤结构，结合料大多使用普通沥青，确定混合料最佳沥青用量的方法也很繁复[33]。在 20 世纪 90 年代美国引进了欧洲的经验，美国的 NCAT 对 1974 年 FHWA 公布的 OGFC 设计方法进行了总结，提出了新一代的 OGFC 路面，美国的 GDOT、TexDOT 等州运输管理局则在学习欧洲技术的基础上开发了自己的透水性路面。在美国，这些新一代的排水性路面也常称为多孔性欧洲型混合料(Porous European Mix)和透水性抗滑磨耗层(Permeable Friction Course)[34-36]。

美国新一代 OGFC 混合料设计的主要改进点如下：

(1)将设计空隙率提高至 20% 左右；

(2)提出了骨架粗集料石碰石的结构要求；

(3)细集料和粉料的用量进一步减小；

(4)提出了用析漏试验和飞散试验(Cantabro Test)来限制沥青最大和最小用量的方法；

(5)强调了采用改性沥青结合料的必要性。

在排水性路面发展过程中，一个标志性的进步是高黏度改性沥青的开发。为克服排水性路面寿命短的缺点，1990 年后，日本、欧洲等国大力发展了高黏度的改性沥青作为排水性路面的结合料，使路面寿命可延长至 10 ~ 12 年。这种高黏度的结合料大都采用高含量热塑性橡胶类高聚物作为改性剂，其含量通常高达 6% ~ 12%[37]。"高黏度改性沥青"的概念是日本首先提出的，日本在 20 世纪 80 年代引进欧洲的技术后，发现常规的聚合物改性沥青仍难抵挡日本冬寒夏暑气候条件下对排水性路面的严酷考验，因而转向以高黏度改性沥青为核心来开发自己的排水性路面，并取得了很好的成效[38]。1996 年，日本决定在所有高速公路上都要加铺一层排水性沥青铺装层，排水性路面得到了普遍的推广应用。在欧洲类似的高黏度改性沥青在 20 世纪 80 年代末也已开发成功，例如壳牌的 Cariphalte 牌高含量 SBS 改性沥青，其 SBS 含量为 6% ~ 7%，软化点可高达 90℃[39]。

在发展排水性路面高黏度结合料方面，美国将更多的注意力放在开发高黏度的沥青—橡胶结合料上，美国的 Caltrans、ADOT 等州运输管理局开发了橡胶屑用量占结合料总量 20% 以上，结合料用量达 8.5% ~ 10% 的高用量沥青—橡胶结合料，用于开级配的抗滑磨耗层(RACO-HB)[40]。

多孔性混合料另一项重要功能是它对降低轮胎在路面上滚动噪声的作用。轮胎在路面上滚动时发出的噪声主要来源于两个方面：

(1)轮胎与路面之间的冲击振动与摩擦发出的噪声。

(2)轮胎在滚动时，空气在轮胎花纹与路面之间形成的封闭空间中受到抽吸、挤压与释放(即所谓"气泵"效应)产生的噪声。

多孔性混合料由于空气可以在连通空隙中顺畅地流动，减小了轮胎花纹与路面之间的空气压力，因而可大大降低"气泵"效应产生的噪声。以粗集料为主，形成相对平坦的表面也有助于降低轮胎与路面冲击振动和摩擦的噪声。

欧洲在 20 世纪 70 年代开始研究排水性路面的降噪功能，提出了安静路面(Quite Pavement)的概念。所谓“安静路面”,欧洲许多国家规定的标准是要求将交通噪声降低到75dB以下[41]。在加强排水路面降噪功能的研究中,欧洲在20世纪90年代开发了一些新的路面结构,其中最为典型的是双层多孔性排水路面新结构。双层多孔性排水路面是由上、下两层组成的,上层通常为厚度15~25mm、粒径4~8mm的细粒式表面层,下层则为粒径13mm、厚30~50mm的多孔性下面层(图3-7-2)。

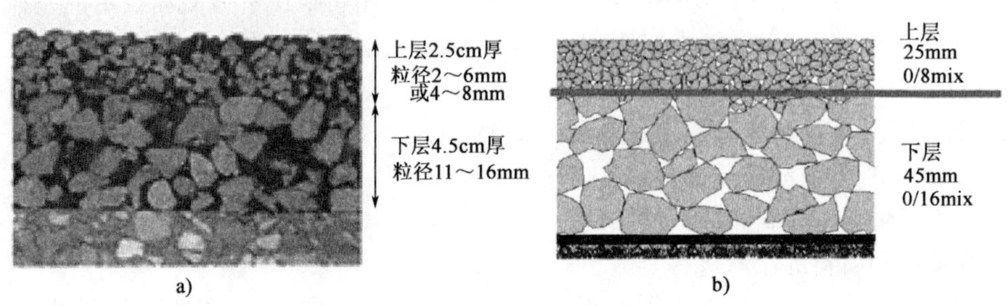

图3-7-2　双层排水性路面的结构

双层排水性路面的优点如下:

(1)多孔性的细粒式表面层对于被高速滚动车轮挤压的空气具有更强的节流作用,因而降噪的效果将更为显著;

(2)进入路面的尘土将被滞留在上面层内,而较为容易被车轮的泵吸作用所带出,从而具有更强的自洁性能;

(3)上层路面对下层路面起着保护性的作用。

“安静路面”的概念与双层排水路面概念的提出,是排水性路面发展中又一项具有标志性意义的进展。双层排水路面不仅在排水性路面的结构上是一项创新,而且还带动了薄层和超薄结构路面在施工工艺和设备方面的一系列重大变革。为了解决超薄结构排水路面散热快、结合料黏度高、粗集料容易压碎等一系列不利的碾压条件,在施工工艺上提出在热铺层上摊铺热铺层一次碾压成型的新概念(Hot on Hot)[42]。为了实现这一新工艺,在设备开发方面也出现了一些重要的新技术,日本新澙铁工所率先开发了双层摊铺机(图3-7-3),紧接着欧洲的Dynapac公司也推出了自己的双层摊铺机(图3-7-4),而德国的Vogele公司则提出了串联式摊铺列车(In-LinePave)的新概念(图3-7-5)[42]。

双层排水路面在降噪功能方面具有明显的效果,表3-7-1展示了单层和双层排水路面降噪效果的比较[41],由于其良好的降噪性能,使它成为安静路面最主要的技术支持,这一新技术很快传至日本并在日本迅速获得了推广应用,也引起了美国很大的兴趣与关注[43]。

单层和双层排水路面降噪效果的比较　　表3-7-1

排水性路面类型	单层多孔性路面	双层多孔性路面上层粒径2~8mm	双层多孔性路面上层粒径2~6mm	双层多孔性路面上层粒径4~8mm
相对密级配路面噪声降低的分贝数	≈3.5dB	5~6dB	6~7dB	≈6dB

注:降噪效果是在车速为110~130km/h下测定的。

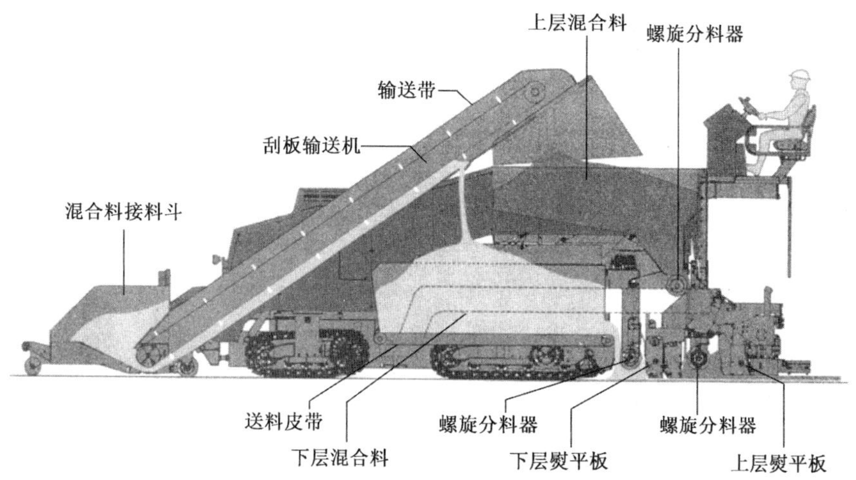

图 3-7-3　日本新潟铁工所的双层摊铺机

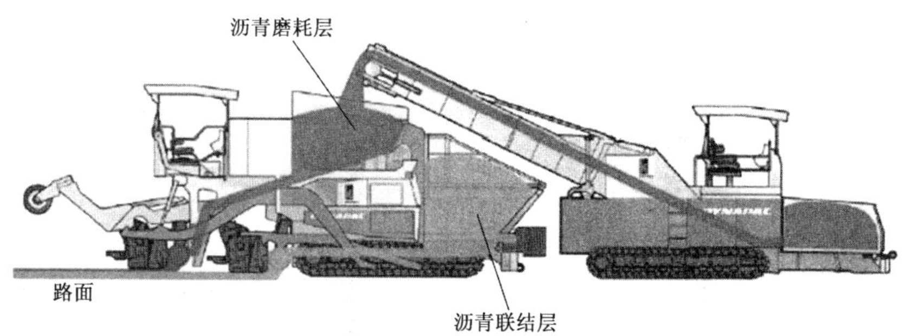

图 3-7-4　Dynapac 公司的双层摊铺机

图 3-7-5　Vogele 公司的串接式摊铺列车

在中国,排水性路面虽在 20 世纪 80 ~ 90 年代已铺筑有少量试验路段,但均未获得成功,真正意义上的发展是在 21 世纪初引进国外技术之后。2003 年陕西在西安咸阳机场高速路上采用日本高黏度改性沥青修筑了 13km 的排水性路面,是我国第一条排水性路面,随后江苏省在 2005 年铺筑了 17km(盐通高速)、2008 年铺筑了 21km(宁杭高速)的排水性路面。在市政建设方面,排水性路面应用于城市道路上最积极的探索者是上海浦东路桥公司,他们自 2002

年引进日本 TPS 高黏度改性沥青在浦东北路铺筑了 1.4km 的排水性路面后，研发成功了自己的直投式高黏度改性沥青 RST，并坚持不懈地在浦东地区进行排水性路面的实践应用，先后在高科东路、外环线环南一大道、中环线机场北通道等道路上铺筑有近百公里的排水性路面，2010 年上海世博会园区的全部道路都铺装了排水性路面[38]。

排水性路面在中国虽然还处于探索和试验的起步阶段，但已引起了我国公路界越来越大的兴趣和关注，近年来陆续出版了不少论述排水降噪路面的专著[38,44-45]。

二、排水性路面的优缺点与橡胶沥青排水性路面的特点

排水性路面的优点主要表现在安全性的改善和环境效益两方面。

1. 安全性的改善

(1)改善雨天行车时可能产生的轮胎与路面之间的滑水现象(Aquaplaning)。

滑水也称水漂，是一种发生于轮胎在有水路面上高速滚动时产生的液体动力效应，它与高速旋转滑动轴承的流体动力润滑理论和滑水板在水面上高速滑行的机理是一样的(图 3-7-6 ~ 图 3-7-8)。

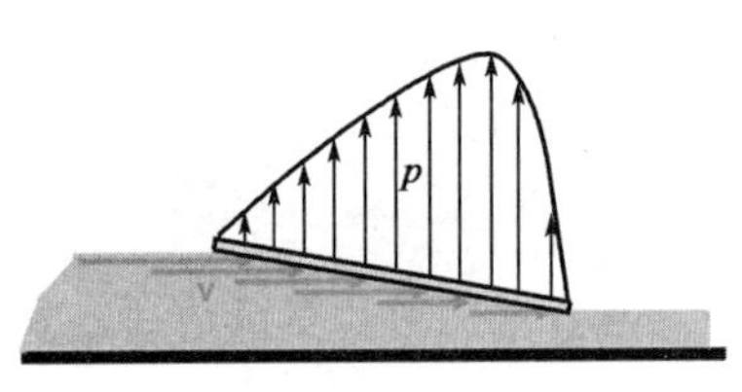

图 3-7-6　滑动轴承的流体动力润滑

图 3-7-7　滑水板在水面上高速滑行

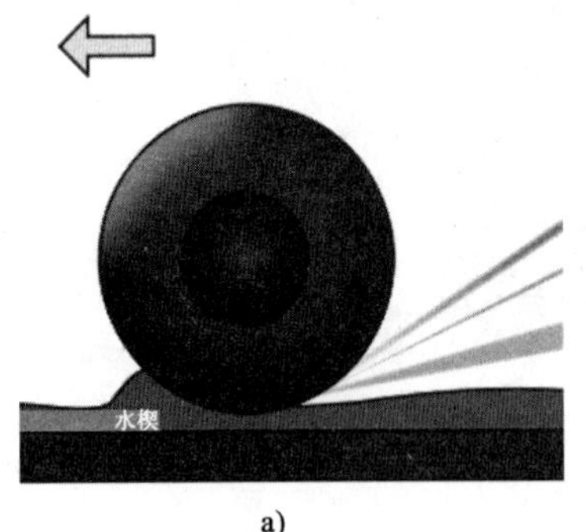

a)

b)

图 3-7-8　轮胎与汽车的滑水现象

排水性路面由于雨水可从排水通道迅速排出路面之外，而无法形成水膜，因而大大降低了车辆高速行驶可能出现滑水现象的风险。

(2)减轻或消除雨天行车时产生的飞溅与水雾。

在雨天行车时，前方车辆飞溅的水花与水雾，极大地影响后方车辆驾驶员的视野和清晰度。排水性路面迅速排除路表面积水的功能可以极大地减轻或消除飞溅的水花与水雾。

(3)改善夜间尤其是雨天夜间行车时反射的眩光。

在夜间尤其在雨天的夜间行车时,磨光的沥青路面在车灯的照射下会产生镜面反射而造成眩光(Glare)。眩光对驾驶员的视觉有很大影响,导致不能辨别前方的物体和带来眼睛的不适感,同样是导致行车事故的重要原因。

(4)排水性路面由于表面粗糙、构造深度大,路表面的摩擦阻力较大,尤其是潮湿表面的摩擦性能与抗滑阻力均比密级配路面要好。

由于以上 4 方面的因素使排水性路面的行车安全性得以大幅度的改善,据日本、美国、欧洲的统计资料,排水性路面的行车事故要比普通路面少得多[44-46]。

2. 环境效益

1)降低交通噪声

在环境效益方面,排水路面最大的优点是它的降噪作用。车辆行驶的噪声主要来源于 3 个方面:一是车辆本身发出的噪声,包括动力传动系统的噪声和金属结构件振动发出的噪声;二是轮胎在路面上滚动发出的噪声;三是车辆在行驶中扰动空气发出的空气动力学噪声。第一类和第三类噪声除车辆金属结构振动发生的噪声与路面的不平整有关外,基本上与路面的结构状态没有关系。第一类噪声中占主导地位的是发动机的进排气和运转时发生的噪声,它们与车速也基本无关,而车辆的空气动力学噪声则只有在车速较高时才能表现出来。轮胎在路面上滚动发出的噪声与路面的结构、状态有着密切的关系,而且随着车辆行驶速度的提高而增大。

如前所述,轮胎的滚动噪声主要是轮胎对路面的冲击与摩擦以及轮胎与路面间发生的空气动力效应引起的,其中轮胎与路面间的空气动力效应起着主要作用。它是由于轮胎在路面上滚动时,在花纹与路面之间形成封闭空间的过程中,抽吸、挤压与泵出空气形成的,通常被称为气泵效应(Pumping Effect),这种由气泵效应产生的噪声,由于泵吸过程中的喇叭效应(Horn Effect)和共振效应(Helmholtz Resonance)而被进一步放大(图 3-7-9)[47]。轮胎与路面间的这种空气动力效应与车辆的行驶速度有着强烈的相关性,因而当车速超过 55km/h 后,轮胎滚动噪声将成为交通噪声的主要来源。

排水性路面由于大空隙率的空气通道可以大大降低轮胎滚动时的空气动力效应,这种降噪作用在车辆高速行驶时将显得尤为明显。

2)降低路面雨水径流中的污染物含量

车辆在雨中行驶,尤其是在暴雨中行驶,雨水强烈的飞溅和水雾,不断地冲刷车辆的底部和外表,以及路面的松散物,使路表面的雨水径流中包含相当数量的悬浮固体颗粒、油脂、金属微粒等污染物。对于常规不透水路面,雨水将带着这些污染物沿着路面泄入路边的排水沟或雨水井内。

排水性路面降低雨水径流污染的作用主要是由两方面的因素形成的:第一方面由于排水路面减少了雨水的飞溅和水雾而减轻了雨水对车辆和路面的冲刷作用,因而使雨水径流中所含的污染物得以降低;第二方面的原因是多孔性的路面结构如同一层过滤材料,发挥着过滤作用,使雨水径流中的一部分污染物停留和累积在路面的空隙中,而不致随着雨水排入边沟。

美国得克萨斯州大学所做的研究工作表明,根据在 Austin 城 14km 的环城高速公路上两个试验段(常规的密级配路面和透水路面 PFC)所进行的为期 3 年对雨水径流中污染物跟踪监测的结果,透水性路面对改善雨水质量有很大的好处[48]。表 3-7-2 是这一研究工作的统计结果。从表中可见,透水路面所采集的雨水样本中的总固体悬浮物(TSS),总的铜、铅、锌等金属的平均含量要比不透水路面低得多。

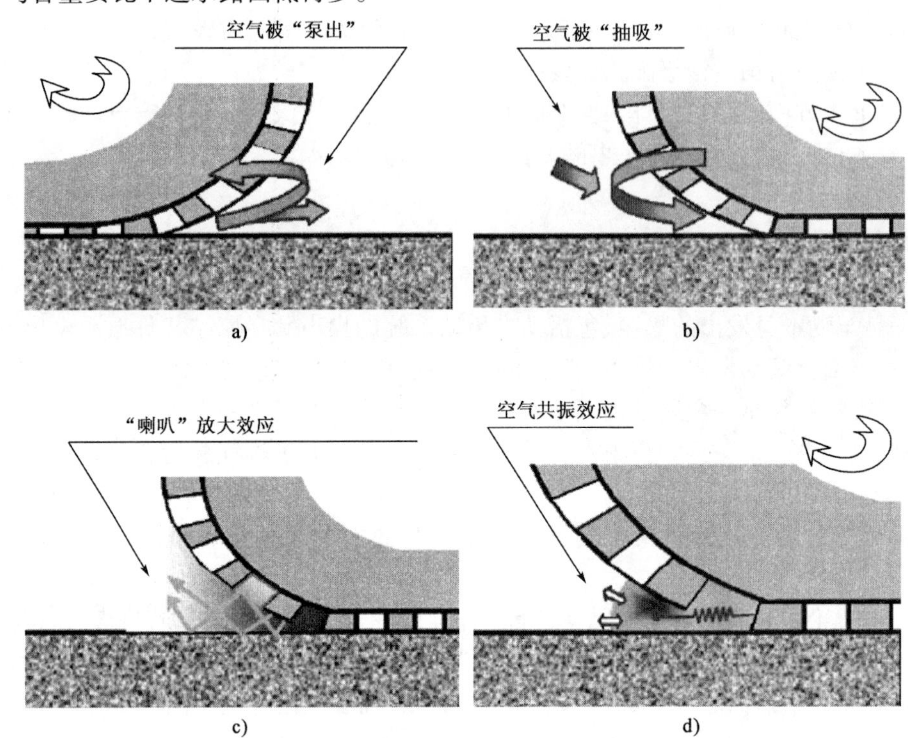

图 3-7-9　轮胎与路面间的空气动力效应

常规沥青路面与透水路面(PFC)雨水中污染物含量的比较　　表 3-7-2

污染物含量	常规沥青路面	透水路面(PFC)	平均降低率(%)	置信概率
总固体悬浮物(TSS)(mg/L)	117.8	9.7	92	>0.999
铜总含量(μg/L)	26.8	13.1	51	>0.962
铅总含量(μg/L)	12.6	1.3	90	>0.999
锌总含量(μg/L)	167.4	43.2	74	>0.999

注:金属总含量为未溶解的和溶解的金属量的总和。

3)降低路表面温度和减轻热岛效应

排水性路面的表面空隙大,减少了在阳光照射下的吸热面积,空气在混合料内部众多的空隙中起着隔热作用,而连通的空隙又能提供空气流动的通道,在车轮的泵吸作用和风的自然流动下可将混合料吸收的一部分热量带走,形成某种散热作用。因此,排水性路面的路表温度会比密级配沥青路面低 1.5 ~2℃[38]。

黑色的沥青路面是一种良好的吸热材料,白天在阳光的照射下会吸收大量热量,就像一个热量的储存库，当环境温度低于路面温度时，储存的热量就会释放出来。这种储热与放热的作用在有大量沥青路面覆盖的城市中显得尤为突出，是形成城市所谓“热岛”效应的重要因素。因此降低沥青路面的温度将有助于减轻城市的热岛效应。

排水性路面的缺点主要表现在以下方面：

(1)结构耐久性较差。

排水性路面的结构耐久性通常都会低于普通的密级配沥青路面。这种耐久性方面的不足主要表现在路面的崩解性病害上，首先是路面集料出现脱落、松散，而且这种松散一旦出现会发展得很快，迅速形成大范围的龟裂和坑洞，导致结构性的破坏(图3-7-10)。

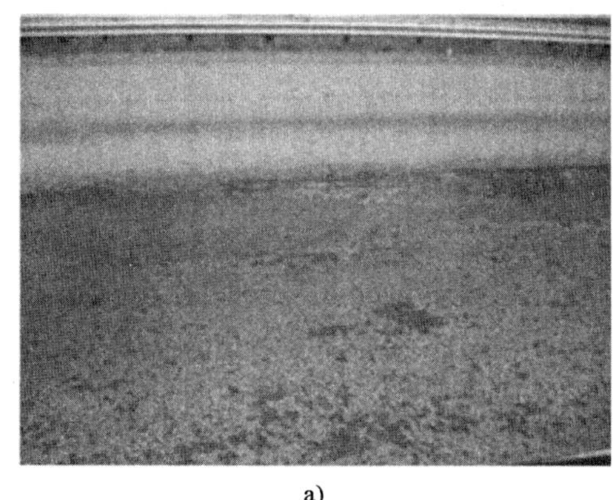

a)

b)

图3-7-10 排水性路面的松散与龟裂

导致排水路面结构耐久性不如密级配路面的主要原因可以解释如下：混合料中细料很少，粗集料之间的结构强度主要靠相互之间的嵌挤和结合料的黏结力来保证。粗集料之间的空隙，由于缺少细料的充填而使沥青膜直接暴露在空气中，它们不断地经受着雨水和空气的冲刷，以及阳光、紫外线的照射，因而更加容易老化、发脆和剥落，从而逐渐失去黏结能力。粗集料由于失去细料支撑，一旦沥青膜的黏结力减弱就很容易在车轮的碾压和推挤下发生松散、脱落或形成龟裂。图3-7-10是排水性路面发生严重松散和龟裂的情况。

早期的排水性路面常常只有5~7年的寿命，在采用高黏度改性沥青后，其寿命虽可增加至10年左右，但仍不如密级配的沥青路面。

(2)功能性方面的衰退。

排水性路面的透水和降噪功能会随着时间的推移而逐渐衰退。造成功能衰退的原因是路面混合料中的空隙被尘土、污染物堵塞，缩小了水和空气的流通通道。据西班牙的经验，在重交通条件下两年就会导致严重堵塞[36]。瑞士的资料表明，在一般情况下，多孔性路面的排水性能在3年之内将下降40%~70%[49]。

(3)冬季养护困难。

排水性路面由于路表面的空隙较大，其表面温度较密级配沥青路面要低，因而存在着冷凝和冰冻更快、持续时间更长的趋势。盐类等除冰剂有可能由于掉入表面空隙，而需要加大撒布的数量和频率。这些都将造成冬季养护的困难和成本的增高。除此之外，防滑链等轮胎的防滑装置和除雪设备也比密级配路面更容易造成对路面的损伤。

(4)工程成本和费用的增高。

排水性路面的工程成本和费用,通常要大大高于密级配沥青混合料路面。寿命周期成本增高的因素一方面是由于使用高性能的结合料而增大了每吨混合料的成本,另一方面排水性路面的使用寿命又相对较短。根据美国的资料,每吨 OGFC 混合料的成本要高于 DGHMA 10% ~80%,而使用寿命则只有 DGHMA 的 50% ~100%[36]。

除此之外,排水性路面通常作为一种功能性的养护层不能对路面提供结构强度方面的贡献,因而在路面结构设计中排水层的厚度通常不计入路面结构层的总厚度中,这也间接地增加了工程的成本。

在评估排水性路面的经济效益时还应指出,排水性路面由于交通事故的减少、交通噪声的降低、行车速度的提高、汽车油耗与轮胎磨耗的降低等优点,也会给社会带来相当可观的间接经济效益。

对于采用沥青—橡胶作为结合料的排水性路面来说,除以上的优缺点外,与采用其他类型的结合料相比,还可以指出以下一些独特的优势与不足:

(1)在结构耐久性方面的优势。

由于沥青—橡胶结合料在 170 ~190℃ 的温度下仍可保持较高的黏度,使它在很高温度下,即使不用稳定剂仍不会导致沥青的析漏,这就为采用高结合料用量的排水性路面创造了条件。骨架空隙型沥青—橡胶混合料的结合料用量通常为 7% ~10%,混合料的平均沥青膜厚度可达 35 ~50μm,是常规排水性混合料的沥青膜厚度的 2.5 ~3.5 倍。如此大的沥青膜厚度使开级配的沥青—橡胶混合料具有很高的抗水损害能力和更好的耐久性。美国的经验表明,采用沥青—橡胶结合料的 OGFC 路面在裂缝、车辙等病害以及抗滑性能和平整度的衰减方面都比 DGHMA 和常规的 OGFC 有更好的表现[50-51]。

(2)在降噪性能方面的优势。

在降噪作用方面,采用沥青—橡胶结合料的排水路面具有独特的优势。沥青—橡胶结合料良好的黏弹性,使它用于悬浮密实结构混合料时,在降低轮胎/路面的噪声方面已可比普通密级配沥青路面低 2 ~3dB。将沥青—橡胶与开级配的多孔性混合料结合起来则可使降噪的效果变得更好。

美国 ADOT 于 2007 年 12 月组织了一次大规模的噪声测试,对 1999 年铺筑的 5 种试验路面,即欧洲型透水混合料路面(PEM)、SMA 混合料路面、沥青—橡胶 OGFC 路面(AR-ACFC)、改性沥青 OGFC 路面(P-ACFC)、ADOT 的标准 OGFC 路面(ACFC),进行了轮胎/路面噪声的测定[52]。

每种路面都分成若干测试路段(总的测试路段为 32 个),分别按 100km/h、120km/h、135km/h 3 种车速进行了噪声测定。测定的结果表明,在 3 种速度下 AR-ACFC 路面的噪声都是最小的,图 3-7-11 展示了 100km/h 速度下 5 种路面各试验段测定的平均噪声水平。

奥地利的一个合作研究项目于 2008 年对单层多孔性混合料、双层多孔性混合料、低噪声 SMA 混合料 3 种新型降噪路面的降噪效果进行了一项专门的研究测试工作[53]。试验路铺设在 Tyrol 附近的 A12 高速公路上,包括以下 8 个不同混合料结构的表面层:

①LSMA 8-R,公称最大粒径 8mm 的 SMA 橡胶改性沥青低噪声路面。

②LSMA 11-R,公称最大粒径 11mm 的 SMA 橡胶改性沥青低噪声路面。

③LSMA 11-pmA，公称最大粒径 11mm 的 SMA 改性沥青低噪声路面。

④ZDA-pmA，双层改性沥青多孔性混合料路面。

⑤ZDA-R，双层橡胶改性沥青多孔性混合料路面。

⑥DA8-R，公称最大粒径 8mm 的单层橡胶改性沥青多孔性混合料路面。

⑦pmAB 11，公称最大粒径 11mm 的改性沥青密级配混合料路面。

⑧SMA 11，公称最大粒径 11mm 的 SMA 混合料路面。

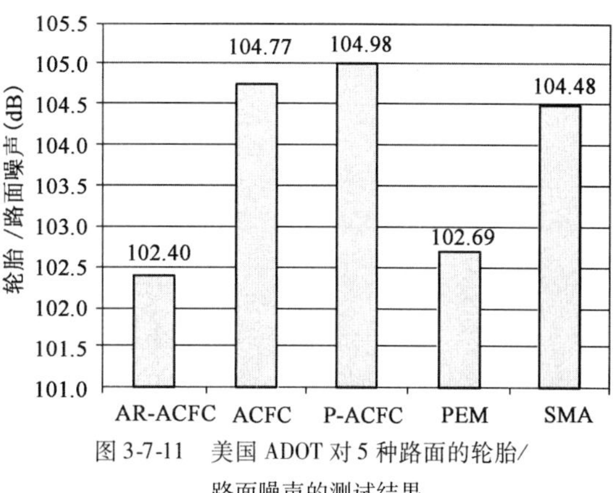

图 3-7-11 美国 ADOT 对 5 种路面的轮胎/路面噪声的测试结果

注:后两种是作为对比参照用的常规沥青路面。

噪声的测试采用了两种方法：一种是路旁统计法 SPB(Statistical Pass-By Methodology)；另一种是紧贴法 CPX(Close-Proximity Methodology)。SPB 法采用 ISO 11819-1 标准，CPX 法采用奥地利的 RVS. 11. 06. 64 标准和 ISO 的 ISO 11819-2 标准两种标准。路旁统计测试在试验路面铺筑完成后按 ISO 11819-1 连续进行了 24 个月的统计测试，轮胎滚动噪声的测试则在试验路面铺筑完成后，按 70km/h 和 100km/h 两种行车速度进行。

图 3-7-12 展示了 SPB 法测试的结果。从图 3-7-12 中可以看到，以常规的 SMA 路面作为参照对象，3 种新型的降噪路面都有较为明显的降噪效果，而以橡胶沥青为结合料的降噪路面效果尤为显著，其中低噪声橡胶沥青 SMA 路面可降低 2.5 ~ 3dB，单层橡胶沥青多孔性路面可降低噪声 2dB。最突出的是以橡胶沥青为结合料的双层多孔性路面，它比 SMA 路面可降低噪声高达 8dB，比同样的双层结构的改性沥青多孔性路面也高出 1.2dB。

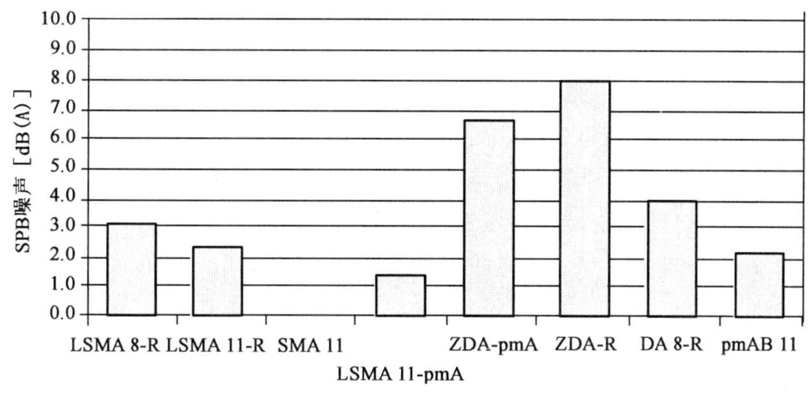

图 3-7-12 SPB 法测定的 8 种混合料铺层相对 SMA 路面降噪效果的比较

图 3-7-13 则展示了用 CPX 法测试的结果，同样显示出用橡胶沥青作为结合料的双层多孔性路面是 8 种路面中轮胎/路面噪声最小的，它比 SMA 路面可降低 4 ~ 5dB。

(3)在经济效益方面的优势。

沥青—橡胶结合料是一种高性能低成本的结合料，橡胶屑的主要来源是报废的旧轮胎，其成本远低于SBS等橡胶类的改性剂。即使混合料中结合料的用量高达8%～9%，其生产成本仍可比高黏度的改性沥青低10%～20%，这对于降低排水性路面的工程造价有着重要意义。

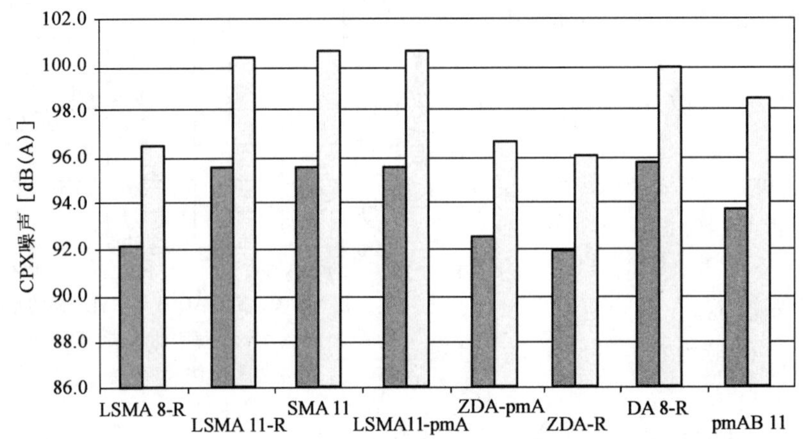

图3-7-13　CPX法测定的8种混合料铺层在汽车行驶速度70km/h(左侧柱)和100km/h(右侧柱)下的轮胎滚动噪声

沥青—橡胶结合料还是一种废旧轮胎增值型的再利用方式，它在保护环境、节约资源、减少碳排放等方面还会给社会带来可观的间接经济效益。

(4)存在减少混合料中连通空隙率的趋势。

采用沥青—橡胶作为排水路面结合料的缺点是高黏度和高用量的沥青—橡胶容易在混合料内部形成封闭的空隙，它将降低混合料的连通空隙率，从而在一定程度上影响混合料的排水性能。

三、排水性路面的应用范围

在结构设计上，排水性路面通常用于新建路面的磨耗层或旧路面的罩面层，作为功能性的排水表层，它必须铺设在不透水的下承层上(密实型沥青路面或水泥混凝土路面)，并在其上敷设一层防水黏结层或应力吸收层。在结构厚度方面，美国主要考虑雨天的抗滑性问题，最常用的厚度为25～30mm；在欧洲则考虑到降噪性能，常为30～50mm的薄层路面；在日本排水层的厚度一般为40～50mm，开级配的透水性混合料也常用来铺设15mm左右的超薄结构罩面。

透水性混合料在某些场合下也可用于结构厚度达75～130mm的蓄水性面层，用于应对暴雨排水的需要，这类结构的排水性路面主要用于城市住宅区低容量的停车场、公园、公共娱乐场所(如篮球场、网球场和游乐场)的地面以及城市低交通道路的路面等[54]。它们的结构设计主要是从改善雨水质量、防止土壤污染、补充地下水位等生态环境方面的因素来考虑的。此类排水面层的铺层厚，可以缓解暴雨径流的峰值，具有过滤固体悬浮物、油脂、金属等污染物的功能。在排水面层下通常设有过滤层和大碎石构成的多孔性蓄水底基层，其底部和侧面则衬垫有无纺土工布，以防止下层和侧面的土进入蓄水层，让经过滤的雨水慢慢渗入原土层以自然的方式补充地下水位(图3-7-14)。蓄水层中的水还有冷却路面的作用，这将有助于降低城市的热岛效应。

透水性混合料也可用于排水性基层，在美国称为沥青稳定透水基层(Asphalt Treated Permeable Base)，铺设在面层下面以防止面层渗下的水分进入下方的基层和路基土层。

对于骨架空隙型沥青—橡胶混合料来说,它只能用于修筑薄层和超薄结构的表面磨耗层,其最大厚度通常不超过 40 ~ 50mm。橡胶沥青排水性路面作为一种功能性的表层,不宜作为强度结构层来考虑,它只是起着功能性和保护性的作用,除排水、降噪的功能外,还可延缓下层路面的老化,有助于延长下层路面的使用寿命。

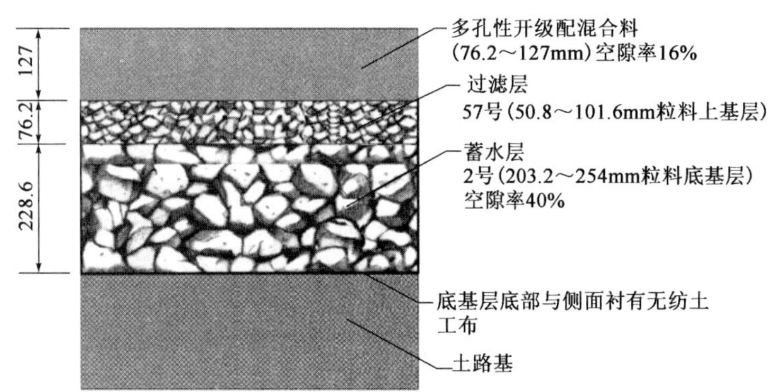

图 3-7-14 应对暴雨排水用的多孔性路面(尺寸单位:mm)

排水性路面的优缺点制约着橡胶沥青排水性路面的应用范围,它适宜用于以下场合:

(1)潮湿、多雨地区;

(2)车流量不间断的道路,例如高速公路;

(3)对降低行车噪声有严格要求的场合。

橡胶沥青排水性路面不适宜用于以下场合:

(1)下承路面强度不足的场合;

(2)干旱、沙尘和多泥浆地区的道路,以及容易从周边道路带来泥土、砂砾的场合,例如周边的土路、机耕路、邻近沙丘、海滩的道路等;

(3)寒冷、冰雪地区的道路;

(4)车辆经常急剧转向、制动的区域,例如停车场、城市道路的交叉路口、匝道枢纽等,因为排水性路面很难抵挡轮胎在急转弯时对路面的侧向推移和搓挤作用而容易造成路面的损坏;

(5)经常有机油、燃油滴漏的场合,例如收费站、公交枢纽等;

(6)原路面未经整平,存在积水倾向的场合;

(7)在施工中需要大量手工作业的场合,例如立交桥下的道路、分岔路口等。

第二节 骨架空隙型沥青—橡胶混合料的结构原理与技术特点

骨架空隙型沥青—橡胶混合料是一种由开级配的矿料和高黏度沥青—橡胶结合料组成的骨架空隙结构的混合料,它的结构特点如下:

(1)矿料中的骨架粗集料形成石碰石的嵌挤结构。

(2)矿料的级配以粗集料为主,2.36mm 以下的细集料与粉料都极少。这样的结构一方面是为了使混合料具有很大的空隙率(20% 左右),以便提供雨水顺利排泄的通道;另一方面也是为了满足容纳高用量沥青—橡胶结合料中固体橡胶颗粒所必需的空间。此时矿料中粗集料部分的用量由石碰石的嵌挤结构来决定,细集料与粉料部分的用量则由所要求的空隙率来决定。

(3)粗集料为富量的沥青—橡胶结合料所裹覆,形成很厚的沥青膜,以加强粗集料颗粒之间的黏结强度(图3-7-15)。

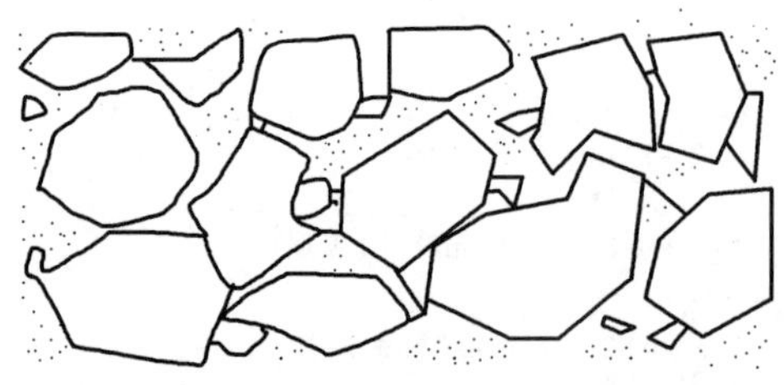

图3-7-15 骨架空隙型沥青—橡胶混合料的结构

骨架空隙型沥青—橡胶混合料的上述结构特点导致了它在混合料设计和施工方面一系列不同于密级配沥青混合料的技术特点:

(1)首先是混合料的稳定性不再是混合料设计考核的主要目标。这是因为粗集料石碰石的嵌挤结构具有较强的抵抗水平推力的能力,而混合料中缺少细料和很大的空隙则排除了发生泛油和细料间滑移的可能。因此,传统意义上的失稳、推移和车辙很少可能在排水性路面上发生。

(2)高黏弹性的结合料和厚的沥青膜降低了传统意义上由于承受反复弯曲而导致铺层疲劳破坏的风险,而由于失去细料支撑和沥青膜的氧化、发脆、剥落而导致的崩解则成为排水路面损坏的主要病害形式。因此,如何考核和提高其抗崩解的能力则成为混合料设计中的一项十分重要的内容。

(3)排水性路面由于空隙率大,沥青很少会泛至路表面上来,但是富量的沥青在重力作用下会流淌至铺层下部,一方面削弱了铺层表面抵抗车轮飞散集料的能力,另一方面则可能堵塞下部空隙而降低铺层的排水能力。因此,在混合料设计中控制沥青的泄漏是另一项重要的设计要求。

(4)在密实型的混合料中防止雨水的渗漏是一项基本的设计要求,而在排水性路面中则恰恰相反,如何保证水在混合料内部能顺畅地流动和如何考核混合料的排水能力则成为排水性混合料设计中的又一项重要的设计要求。

(5)在施工方面,由于混合料中的粗集料多,又没有细料的支撑,很容易由于过度压实而导致集料压碎。因此如何控制压实能量,成为排水性路面碾压工艺所需解决的重要问题。对于排水性路面来说,碾压的要求不是"尽量"压实,而是"适当"压实,最佳的碾压应该使粗集料通过重新排列而恰到好处地形成石碰石的嵌挤结构而又不至于损伤集料本身的材质。

第三节 骨架空隙型沥青—橡胶混合料的设计方法

骨架空隙型沥青—橡胶结合料在满足石碰石的结构要求方面与SMA混合料是相同的,因而混合料的设计方法同样应采用体积设计方法。其设计方法的流程可参照第三篇第四章图3-4-7所示的SMA混合料设计方法流程图进行,只是初试的结合料用量和评价设计结果的技术标准与性能检验的项目与要求应按排水性路面的技术特点来确定。

一、原材料的选择与评估

在原材料的选择与评估中,粗、细集料和稳定剂的质量要求、试验方法、评估标准基本上可参照对SMA混合料的相应要求与标准进行。在原材料中对结合料的技术要求是最需给予重点关注的,结合料性能的好坏通常是决定排水性混合料性能的决定因素。排水性混合料通常要求采用高黏度的改性沥青结合料，目前沿用的高黏度改性沥青的技术标准大都来源于日本《排水性路面技术指针》中规定的标准（表3-7-3）。

日本高黏度改性沥青技术标准　　表3-7-3

试验项目	技术要求	试验项目	技术要求
针入度，25℃，100g，5s（0.1mm）	≥40	薄膜加热试验（TFOT）后针入度比（%）	≥65
软化点，环球法（℃）	≥80	黏韧性，25℃（N·m）	≥20
延度，15℃（cm）	≥50	韧性，25℃（N·m）	≥15
闪点（℃）	≥260	60℃动力黏度（Pa·s）	≥20000
薄膜加热试验（TFOT）后质量变化率（%）	≤0.6		

在表3-7-3中，60℃动力黏度被认为是与排水性混合料崩解破坏有密切关系的最为重要的指标。在许多国家的规范中，对普通沥青的60℃动力黏度大都采用真空减压毛细管法来测定。此种试验方法由于操作简单、温度控制方便、要求的测试设备容易制造、价格低廉，因而应用十分广泛。但随着改性沥青的发展与日益广泛的应用，许多文献指出，对于改性沥青，尤其是高黏度改性沥青，采用真空减压毛细管法来测定60℃动力黏度并不合理。这是因为真空减压法的原理是建立在牛顿流体的基础上的，对于牛顿流体来说，液体的黏度与剪切的速率无关，但改性沥青在60℃的温度下明显具有非牛顿流体的特性，它的黏度与剪切速率是相关的。真空减压毛细管法无法控制剪切的速率，而用来标定毛细管常数的液体也是标准的牛顿流体，因此对于改性沥青来说，不同沥青所测得的60℃动力黏度可能是在不同剪切速率下获得的，因而其试验的结果也就缺乏可比性。近年来许多文献都提出利用零剪切黏度（Zero Shear Viscosity, ZSV）来评价高黏度改性沥青的性能可能是一种较好的方法。

所谓零剪切黏度，是指当剪切速率为零（或者说很小）时的剪切黏度。显然，理论意义上的零剪切黏度是无法实际测定的，因为没有了剪切速率，也就没有了流动，因而也无法感受剪切应力与应变。因此，零剪切黏度需要在很低的剪切速率下来测定液体的黏度，并通过拟合黏度与剪切速率的流动曲线来求取。

大多数非牛顿流体的黏度与剪切速率之间的变化规律都可分为3个区域。当剪切速率很小而趋向于零时，黏度基本上与剪切速率无关，而接近为常量，显示为牛顿流体的特性，称为第一牛顿区。当剪切速率很大而趋向于无穷大时，黏度同样趋向于一常量而与剪切速率无关，称为第二牛顿区。在这两个区域之间，黏度随剪切速率的增大而减小（图3-7-16）。

零剪切黏度的测定需要测定在不同剪切速率下的黏度，并通过曲线拟合的模型来推断零剪切黏度，而且这种曲线拟合必须在剪切速率降低至黏度基本不变的范围内有足够的拟合点才不致出现很大的误差。测定低剪切速率黏度的方法大体可分成以下3大类：

（1）采用旋转黏度仪直接测量在不同低转速下的黏度，然后用曲线拟合的方法外推至转速为零时的黏度[55]。这种方法与平行板之间的物理剪切模型有差异，而且很难使剪切速率降低到接近零的程度，外推的误差会较大，所以通常只是用来直接测定60℃动力黏度。

（2）采用应力控制的流变仪对结合料试样进行蠕变试验，测定结合料达到稳定流动时的黏度[56]。这一方法需要花费很长的时间，对于高黏度的沥青常可高达十几小时甚至几十小时。作为一种替代方法是采用反复蠕变试验（Repeated Creep Test）来替代静态的蠕变试验，它的基本原理是让试样反复地加载—恢复,使试样逐步达到稳定的应变状态[57]。反复蠕变试验可以大大缩短试验的时间,是目前应用较多的方法。

(3)采用动态剪切流变仪(DSR)在不同的振荡频率(剪切频率)下测定相应的动态黏度,然后通过曲线拟合的方式外推至频率为零时的黏度,即为零剪切黏度[58]。DSR 振荡零剪切黏度测试法由于动态剪切流变仪的测试技术成熟,又有现成的软件,所以也是一种应用较多的方法。

在零剪切黏度预测的模型方面,通常不同的方法有不同的曲线拟合模型,例如 Burger 模型、Carreau 模型、Cross Williamson 模型、Cross Sybilski 模型等[59]。

文献[60]对基质沥青、SBS 改性沥青、高黏度改性沥青等 12 种不同黏度的沥青材料用 DSR 振荡零剪切黏度试验法在 60℃温度下进行了频率扫描,并采用 Carreau 模型计算了它们的零剪切黏度。作为比较的对象,同时用真空减压毛细管法测定了它们的 60℃ 动力黏度。图 3-7-17 是这 12 种材料的试验结果。从图中可见,当黏度小于 1×10^5(Pa·s)时,零剪切黏度一般略小于毛细管黏度,但两者相差不大,而当毛细管剪切黏度大于 1×10^5(Pa·s)时,则后者的测试值将大大高于零剪切黏度。

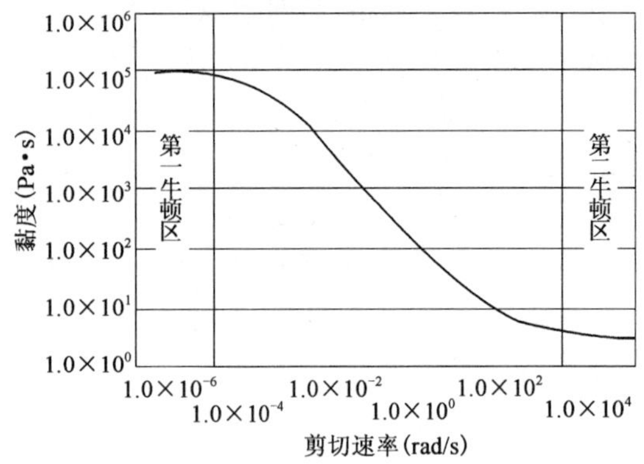

图 3-7-16 非牛顿流体的黏度与剪切速率之间的关系

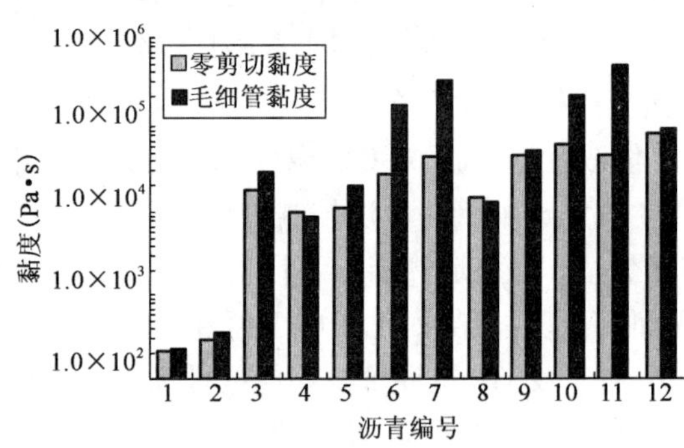

图 3-7-17 12 种不同黏度的沥青材料 60℃零剪切黏度(左)和毛细管黏度(右)的试验结果

文献[60]给出的解释是,当沥青材料的黏度很大时,沥青在毛细管内的流动速率非常小,而在剪切速率小于 $1\times10^{-5}(s^{-1})$时,沥青黏度均随着剪切速率的减小而趋于无穷大,说明道路沥青在 60℃条件下表现为塑性、伪塑性流体的特性。实际上,无论是普通的沥青还是改性沥青,在从静止到运动的过程中,都需要一个克服沥青静态结构的启动力,才能进入与剪切速率无关的牛顿流体区,这种情况可以用物体之间的相对运动需要从静摩擦过渡到动摩擦来比喻。从文献[60]提供的资料来看,不论是普通沥青还是改性沥青,这一起启动力都相当大(图 3-7-18),大体都要在剪切速率大于 $1\times10^{-5}(s^{-1})$后才进入第一牛顿区,因而文献[60]建议以 $1\times10^{-3}\sim1\times10^{-2}(s^{-1})$剪切速率范围的黏度值作为零剪切黏度。

需要指出的是,高黏度改性沥青之所以能具有如此大的零剪切黏度,是由于 SBS 大分子的多次缠绕造成,要解开这些缠绕需要很大的剪切力[38]。图 3-7-19 形象地展示了 SBS 改性沥青分子链接逐渐解开的过程。当剪切变形尚未达到解开这种链接的程度时,剪切力保持不变,此时黏度表现为与剪切速率无关,而仍保持很大的数值,此即为第一牛顿区。随着剪切移动的增大,部分链接开始打开,黏度开始逐渐下降,表现为一过渡区,而当链接完全解开后,黏度以一定的速率随剪切速率的增大而下降。

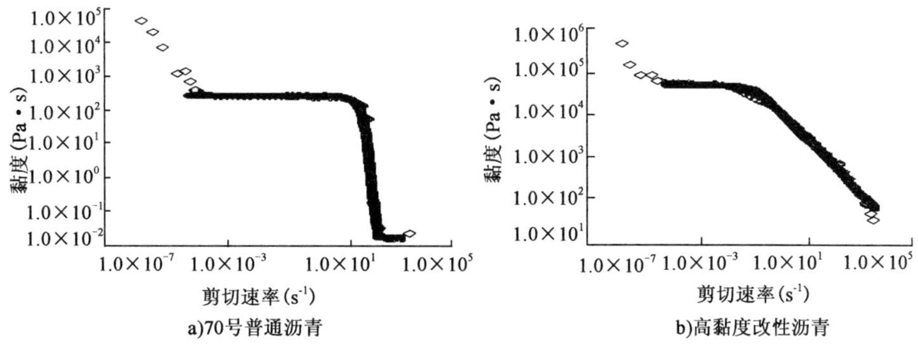

图 3-7-18　普通沥青和改性沥青在剪切速率小于 1×10^{-5}(s^{-1})时黏度与剪切速率的关系

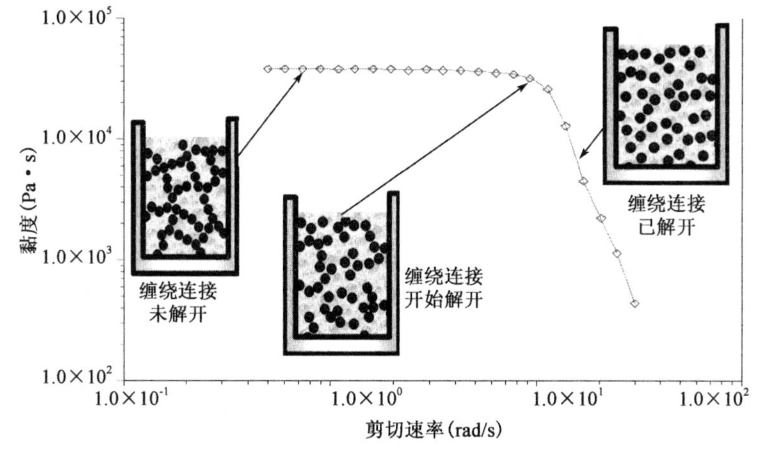

图 3-7-19　SBS 改性沥青分子链接逐渐解开的过程

还应指出的是,在讨论用于排水性混合料的结合料性能时,需要正确地来理解高黏度改性沥青在 60℃时的高黏度指标,不应将这一指标作为一个绝对标准来评价结合料的高温性能。例如,普通沥青的 60℃动力黏度通常只有 100 ~ 200Pa·s,而高黏度改性沥青的 60℃零剪切黏度则可高达 20000 ~ 40000Pa·s,那么是否意味着后者的高温性能要比前者好上百倍? 显然这是不正确的,因为两者在流变特性上有着很大差别。

文献[61]对普通沥青、TLA 湖沥青、PE 改性沥青和两种 PG 等级的 SBS 改性沥青,用 Brokfield 黏度计直接测定 80℃、100℃、120℃温度下,在剪切速率为 $0.1s^{-1}$、$1s^{-1}$、$10s^{-1}$时的黏度,然后用外推法计算了 60℃时的零剪切黏度,并同时测定了各种沥青材料常规的高温性能指标 DSR 的车辙因子 $G^*/\sin\delta$、软化点和用毛细管法测定 60℃动力黏度。文献[61]的试验结果列于表 3-7-4。从表中可以看到,湖沥青 TLA、PE 改性沥青与 70 - 28 等级的 SBS 改性沥青在 DSR 车辙因子的指标上相差不大,在 PG 分类等级上其高温性能也属同一等级,TLA、PE 的软化点与 SBS 相比虽稍低但也只差 20% ~ 30%。然而从动力黏度看,虽然由于剪切速率不够大,温度也较高,用外推法计算的 60℃零剪切黏度的结果可能不太准确,但无论是布氏黏度仪测定的 80℃动力黏度、毛细管法测定的 60℃动力黏度还是计算的 60℃零剪切黏度,3 种不同沥青材料之间的差距却非常大,SBS 改性沥青要比 TLA、PE 高出数倍至数十倍。

各种沥青材料的动力黏度与常规高温性能的比较　表 3-7-4

沥青材料	80℃ ZSV (Pa·s)	60℃ ZSV 计算值(Pa·s)	PG 等级	80℃ $G^*/\sin\delta$	软化点 (℃)	60℃毛细管黏度(Pa·s)
AH-90	15.5	144	58－22	0.483	48.4	139
TLA	22	279	70－16	1.31	53.9	454.7
PE	129	536	70－22	1.593	55.8	725.4
PG 70-28(SBS)	349	4826	70－28	1.802	70.5	2230
PG 76-28(SBS)	937	15000	76－28	3.304	84.5	13000

由此可见，具有很高的60℃动力黏度是SBS改性沥青所特有的特征，应该正确认识日本《排水性路面技术指针》中对高黏度改性沥青的60℃动力黏度不小于20000Pa·s的规定，是针对以SBS为改性剂的高黏度改性沥青提出的，并不适用于其他类型的沥青材料。

对于沥青—橡胶结合料来说，如前所述，这是一种沥青与固体橡胶颗粒组成的两相材料。虽然有关沥青—橡胶结合料零剪切黏度的资料很少[62]，但用毛细管法测定的资料表明，沥青—橡胶的60℃动力黏度通常在10^3的数量级上，由此可以推断，沥青—橡胶结合料的零剪切黏度不可能达到20000Pa·s这样大的数值。由于沥青—橡胶结合料的分子结构与SBS改性沥青有很大差异，因此用SBS高黏度改性沥青60℃的动力黏度和零剪切黏度来要求沥青—橡胶结合料是不合理的。但这并不意味着沥青—橡胶混合料的耐久性与抗松散能力就一定比SBS高黏度改性沥青混合料差。国内外的许多资料都表明，沥青—橡胶混合料在肯塔堡飞散试验(Cantabro Test)中有着良好的表现(图3-7-20)[63-64]。

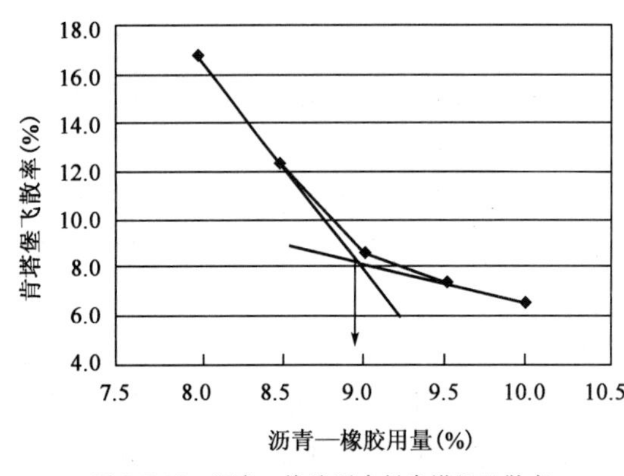

图3-7-20　沥青—橡胶混合料肯塔堡飞散率随结合料用量的增加而减小

沥青—橡胶混合料良好的耐久性与抗松散能力是依靠沥青—橡胶与集料良好的黏附性能和超厚度的沥青膜获得的。从图3-7-20中可看到，当沥青—橡胶用量增加至9%时，肯塔堡飞散率已降至9%以下。

在选择用于排水性混合料的沥青—橡胶结合料时，应采用天然橡胶含量高的废轮胎橡胶屑来制作沥青—橡胶，必要时可添加25%的废网球、重型载货汽车轮胎等高天然橡胶含量的橡胶屑。在结合料的技术标准上(参考第二篇第二章表2-2-18)宜取各项指标的上限。

二、矿料级配的确定

透水性混合料要求骨架粗集料形成嵌挤状的结构，因此其矿料级配的关键是骨架分界筛孔通过率的大小。美国OGFC的矿料级配，在2000年以前基本上是按FWHA 1974年的"Design of Open-Graded Friction Courses"以及在此基础上形成的FHWA Technical Advisory T5040.31 Open-Graded Friction Courses给出的范围来确定的，其矿料级配是在密级配的基础上降低了2.36mm以下细料比例而形成的，OGFC-12.5的4.75mm筛孔通过率高达30%～50%[65]。2000年之后，在学习欧洲经验基础上形成的新一代OGFC的矿料级配，大幅度降低了4.75mm骨架分界筛孔的通过率，使其达到10%～25%的水平，这与欧洲的规格已无多大差异。表3-7-5～表3-7-8分别列出了德国、日本、美国和我国规范对排水性路面混合料规定的矿料级配范围。

德国 TL Asphalt－StB07 多孔性混合料矿料级配范围　　表3-7-5

级配类型	通过下列筛孔(mm)的质量百分率(%)							沥青用量①(%)
	22.4	16	11.2	8	5.6	2	0.063	
PA 16(16mm)②	100	90～100	5～15			5～10	3～5	≥5.5α
PA 11(11.2mm)		100	90～100	5～15		5～10	3～5	≥6.0α
PA 8(8mm)			100	90～100	5～15	5～10	3～5	≥6.5α

注：①沥青用量中的系数α为考虑集料密度的系数，$\alpha=2.65/\rho_a$（ρ_a为集料的表观密度）。
②双层排水性路面下层的矿料级配。

日本《排水性路面技术指针》排水性混合料矿料级配范围　　表3-7-6

级配类型	通过下列筛孔(mm)的质量百分率(%)						沥青用量(%)
	26.5	19	13.2	4.75	2.36	0.075	
最大公称粒径(20mm)	100	95～100	64～84	10～31	10～20	3～7	4～6
最大公称粒径(13mm)		100	90～100	11～35	10～20	3～7	4～6

美国新一代 OGFC 混合料矿料级配范围　　表3-7-7

级配类型	通过下列筛孔(mm)的质量百分率(%)						沥青用量(%)
	19	12.5	9.5	4.75	2.36	0.075	
ASTM D7064(12.5mm)	100	85～100	35～60	10～25	5～10	2～4	≈6.25
Georgia(12.5mm)	100	85～100	55～75	15～25	5～10	2～4	5.5～7.0
Georgia PEM(12.5mm)	100	90～100	35～60	10～25	5～10	1～4	5.5～7.0
Georgia(9.5mm)		100	85～100	20～40	5～10	2～4	6.0～7.25
Florida FC-5(12.5mm)	100	85～100	55～75	15～25	5～10	2～4	5.5～7.0
Florida(9.5mm)		100	85～100	10～40	4～12	2～5	≈6.5
Texas PFC(12.5mm)	100	80～100	35～60	1～20	1～10	1～4	6.0～7.0
Arizona ACFC(9.5mm)		100	100	35～55	9～14	0～2.5	≈6.0

我国《公路沥青路面施工技术规范》(JTG F40—2004)中
OGFC 混合料矿料级配范围　　表3-7-8

级配类型	通过下列筛孔(mm)的质量百分率(%)						
	19	16	12.5	9.5	4.75	2.36	0.075
OGFC-16	100	90～100	70～90	45～70	12～30	10～22	2～6
OGFC-13		100	90～100	60～80	12～30	10～22	2～6
OGFC-10			100	90～100	50～70	10～22	2～6

对于沥青—橡胶开级配混合料来说,还需要考虑有足够的空间来容纳橡胶颗粒,因而混合料中2.36mm以下的细料还应进一步减少。表3-7-9是美国ADOT、Caltrans、TxDOT、FDOT、ASTM规范中沥青—橡胶OGFC混合料的矿料级配。

美国ADOT、Caltrans等州规范沥青—橡胶OGFC混合料的矿料级配 表3-7-9

规范名称	通过下列筛孔(mm)的质量百分率(%)							AR用量[①](%)
	19	12.5	9.5	4.75	2.36	1.18	0.075	
ADOT	—	100	100	30~45	4~8	—	0~2.5	8.7~9.7
Caltrans	100	100	90~100	29~36	7~18	0~10	0~3	6.5~7.5[②] 8.5~10.0[③]
Caltrans	100	95~100	78~89	28~37	7~18	0~10	0~3	6.5~7.5[②] 8.5~10.0[③]
TxDOT	100	95~100	50~80	0~8	0~4	—	0~4	8.0~10.0
FDOT	100	85~100	55~75	12~25	5~10	—	2~4	—
ASTM D7064	100	85~100	35~60	10~25	5~10	—	2~4	—

注:①AR用量,除Caltrans规范规定为油石比外,其余均为与混合料总量之比。

②RAC-O。

③RAC-O-HB。

从表3-7-9中可以看到,Caltrans的矿料级配其骨架分界筛孔(4.75mm)的通过率高达28%~37%,显然是从密级配的基础上导出的,实际上很难形成骨架粗集料的嵌挤结构。2.36mm以下的细料部分,4个州的规范都在不同程度上减少了用量,其中Caltrans的规范减少最小(2.36mm的通过率为7%~18%),TxDOT的减得最多,2.36mm的通过率只有0%~4%,ASTM D7064的则为5%~10%。2.36mm筛孔的通过率是决定透水性混合料空隙率大小最重要的筛孔,通常不宜高于10%。

骨架空隙型沥青橡胶混合料的矿料级配可按表3-7-10选用。初试的矿料级配可以骨架分界筛孔的通过率为基础,选择上、中、下3种通过率的级配按初试的结合料用量制作3组马歇尔试件。测定马歇尔试件的各项体积指标,并按是否满足以下条件确定设计矿料级配:

$$VCA_{DRC} - VCA_{mix} = 1\% \sim 1.5\%$$

$$VV \approx 目标空隙率$$

骨架空隙型沥青—橡胶混合料级配范围 表3-7-10

混合料类型		通过下列筛孔(mm)的质量百分率(%)					
		16	13.2	9.5	4.75	2.36	0.075
ARHM-O-13	上限	100	100	80	20	10	4
	下限		85	45	0	0	0
	中值		92.5	62.5	10	5	2
ARHM-O-10	上限		100	100	50	10	4
	下限			85	20	0	0
	中值			92.5	35	5	2

注:ARHM-O-××代号意义:ARHM-O为开级配(骨架空隙型)沥青—橡胶混合料;××为公称最大粒径(mm)。

三、初试结合料用量的选择

初试的结合料用量通常是按经验给出的。美国 ADOT 和 Caltrans 给出了两种经验方法可供参考。

1. ADOT 的方法[50]

在 ADOT 规范中最佳 AR 结合料用量是按以下经验公式来确定的:

$$\text{结合料用量}(\%) = (0.38 \times W + 8.6) \times 2.620/C \tag{3-7-1}$$

式中:W——集料的吸水率,%,集料的吸水率不应大于 2.5%;

C——烘干集料的合成毛体积(绝干)相对密度。

2. Caltrans 方法[66]

Caltrans 将开级配的沥青—橡胶混合料分为两类:一类为普通型 TypeO;另一类为高结合料型(High Binder)TypeO-HB。对于前者所铺设的 OGFC 路面能保证雨水自由地流动,对于后者,由于结合料用量较大而有可能堵塞混合料中的部分连通空隙,但仍然比普通的密级配混合料有较强的透水功能。

第一步:首先确定所选择的基质沥青近似的沥青百分比(ABR),它是根据煤油当量试验所获得的粗集料表面容量系数 K_C,按公式 $ABR = 1.5 \times K_C + 4$ 计算的。

第二步:按 ABR、ABR −0.7%、ABR +0.7% 3 种沥青用量准备 3 组试件(每组 3 个),用静压的方法在 135℃温度下成型圆柱体试件,并在此温度下在烘箱内保温 30min。然后将圆柱成型模具倒扣在盘中,将混合料倒出,称量残留在模具上的沥青,以确定沥青的析漏量。用 3 组试件的平均析漏量画出一条直线,以确定与析漏量为 4g 相当的沥青用量,这一沥青用量即为基质沥青的最佳沥青用量 OBC_1。

第三步:按以下公式确定沥青—橡胶结合料的最佳用量 OBC_2。

对于 TypeO:

$OBC_2 = 1.2 \times OBC_1$

对于 TypeO-HB:

$OBC_2 = 1.6 \times OBC_1$

注:Caltrans 在 2009 年将系数 1.2 和 1.6 分别调整为 1.4 和 1.65,加大了沥青—橡胶的用量[66]。

四、最佳结合料用量的确定

最佳结合料用量的确定通常需要在确定的矿料级配和初试结合料用量的基础上改变几个不同的结合料用量制作马歇尔试件,根据规定的标准来确定最佳结合料用量。

关于确定最佳结合料用量的方法,在各国的规范中不尽相同,大体可分为以下几种:

(1)以所容许的最大沥青析漏率相应的沥青用量作为最佳沥青用量。

首先测定析漏率随沥青用量而变化的曲线,然后以与容许最大沥青析漏率相应的沥青用量制作混合料压实试件,进行技术标准规定的各项试验,如各项指标均符合要求,即确认为最佳沥青用量。采用这一方法的有美国 Asphalt Institute MS-4 沥青手册的 OGFC 设计方法[67]。

(2)以沥青混合料析漏试验和飞散试验曲线的拐点来确定最佳沥青用量。

这一方法是由日本《排水性路面技术指针》提出的[68]。该方法要求首先测定按设计矿料级配制作的沥青混合料的析漏率随沥青用量而变化的曲线的拐点,以与此拐点相应的沥青用量作为最佳沥青用量,即容许的最大沥青用量,而与此拐点相应的沥青析漏率则认为是容许的最大析漏率[图 3-7-21a)]。如发现以该沥青用量制作的试件仍能观察到沥青渗出的现象,则应测定沥青混合料试件的飞散率随沥青用量而变化的曲线,确定这一曲线的拐点,并以与此拐点相应的飞散率作为容许的最大飞散率,而与此拐点相应的沥青用量即为容许的最小沥青用量[图 3-7-21b)]。最佳沥青用量可在由析漏试验求得的最大沥青用量与由飞散试验求得的最小沥青用量之间选择一个适宜的用量(例如两者的平均值)作为最佳沥青用量。

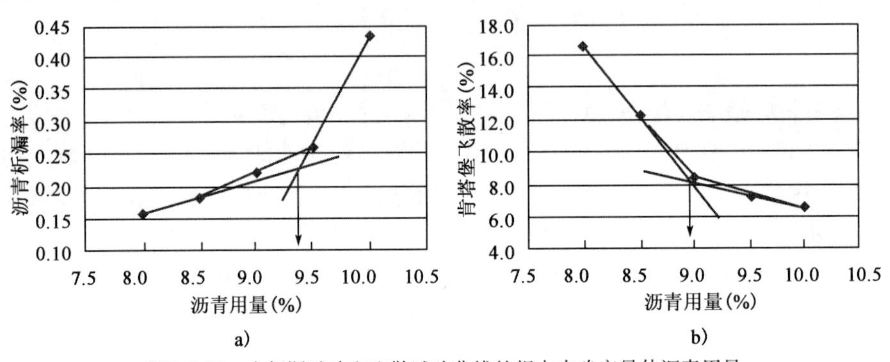

图 3-7-21 由析漏试验和飞散试验曲线的拐点来确定最佳沥青用量

(3)以与目标空隙率相应的沥青用量作为最佳沥青量。

该方法首先根据所要求的目标空隙率或目标空隙率范围和初选的沥青用量确定矿料的设计级配,然后以设计矿料级配,围绕初选沥青用量按一定间隔(例如 0.3%)选取若干个沥青用量制作马歇尔试件,根据试件空隙率随沥青用量而变化的曲线,对沥青用量进行微调,以与期望的目标空隙率相应的沥青用量作为最佳沥青用量。最后以此沥青用量再制作若干组马歇尔试件,进行技术标准规定的各项试验,如各项指标均符合要求,即确认为最佳沥青用量。我国《公路沥青路面施工技术规范》(JTG F40—2004)的 OGFC 混合料配合比设计方法所采用的即为类似的方法。

(4)以对排水性混合料各项性能的综合评价来确定最佳沥青用量。

该方法只规定最小的沥青用量,然后按设计的矿料级配和一定的间隔(例如 0.5%)选择若干个沥青用量制作若干组混合料试件,测定混合料的各项性能指标随沥青用量而变化的曲线,通过对各项性能指标的综合评价来确定最佳沥青用量。采用这一方法的有欧洲标准 EN 13108-7[69]、美国 ASTM D7064[70]等。

上述各种确定排水性混合料最佳沥青用量的方法,虽然具体的做法上各不相同,但并无实质性的差别,因为它们实质上都是以析漏试验和飞散试验来限制沥青用量的最大值和最小值,并都必须满足有关性能检验技术标准的各项指标。

对于骨架空隙型沥青—橡胶混合料来说,美国的 ADOT 是按经验公式先确定初试的沥青用量,然后通过结合料的析漏试验来确认最佳沥青用量。如有必要则根据析漏试验的结果也可做出某些调整。Caltrans 则如前所述,是根据基质沥青的析漏试验结果,以析漏量为 4g 时的沥青用量作为基质沥青最佳用量,然后根据经验公式来确定沥青—橡胶的最佳用量。

Texas 规范直接将与目标空隙率相对应的沥青—橡胶用量作为最佳结合料用量。

Florida 州和 Georgia 州的规范则有些特别，以最小的 VMA 作为确定最佳结合料用量的标准，其理由是因 VMA 可直接从体积计算中获得，而受集料密度的影响较小。显然，最小的 VMA 值并不会恰好与期望的目标空隙率相对应，因此有可能无法满足对混合料空隙率的要求。

考虑到沥青—橡胶结合料不易析漏而容易堵塞空隙的特点，为保证骨架空隙型沥青—橡胶混合料的透水性能，按目标空隙率来确定最佳沥青用量是比较合理的。

第四节　骨架空隙型沥青—橡胶混合料的设计和性能检验技术标准

透水性混合料设计指标和性能检验的技术要求通常是合在一起制定的。这是因为混合料中结合料用量过多或过少的风险是由专门的检验试验来保证的，它们既是设计指标也是性能检验的项目，而稳定度、流值、VMA、VFA 等传统指标已失去了原有的意义，不再列为考核的要求。透水性混合料设计和性能检测通常包括以下一些主要指标。

一、空隙率方面的指标

空隙率是透水性混合料最为重要的体积指标，它与排水性路面的排水性能有着直接的联系。透水性混合料空隙率的测定涉及试件密度的测定，后者不能通过测定水中质量来换算试件毛体积密度，因而不能采用传统的表干密度法。这是因为透水性混合料的试件在浸入水中时，水会很快进入混合料的内部空隙，而取出试件时，水又会很快地流掉，因而空隙率的测定通常只能采用量取直径与高度的体积法或以蜡来封闭试件内部空隙的蜡封法。但是，体积法由于不能扣除试件外表面凹陷处的空隙，因而测量的精度较差，而蜡封法虽然理论上比较准确，但操作烦琐，且浸蜡的过程以及石蜡密度的测定都会带来一定误差，也并非一个很理想的方法。比较可行的测量透水性混合料试件毛体积密度的方法是近年开发的真空塑封法，国外也称 CoreLok 法。它是将试件装入一个塑料袋，抽真空并密封后称取连袋的水中质量，计算试件连袋的毛体积，然后再减去塑料袋的体积即为试件的毛体积。抽真空后的塑料薄膜能紧贴试件表面，扣除了凹陷处的空隙，更加符合毛体积的定义（图 3-7-22）。

除空隙率之外，日本、美国的规范还提出了连通空隙率的概念。混合料中的空隙只有相互连通，形成水可以流动的排水通道才能起到排水的作用。混合料中的封闭空隙是无效空隙，它们不具备排水的功能（图 3-7-23），因此美国将连通空隙率称为有效空隙率（Effective Voids）或水可通达的空隙率（Water-Accessible Voids）。需要指出的是，在连通空隙中有些处于“死角”的水实际上也并未参与水的流动。除此之外，在排水性路面的表面也可能存在某些较深的孔洞，它们也未形成连通空隙，因而也没有排水的功能，但对降噪声有一定作用，可以称为“半有效空隙”（图 3-7-23）。

连通空隙的测量可以通过在试件的毛体积中扣除包含封闭空隙的试件体积来获得，后者则可通过称取试件的水中质量来求得，这里的关键仍然是测量试件毛体积的方法。目前在实验室实际应用的连通空隙率的测量方法主要有以下两种。

图 3-7-22 真空塑封的试件

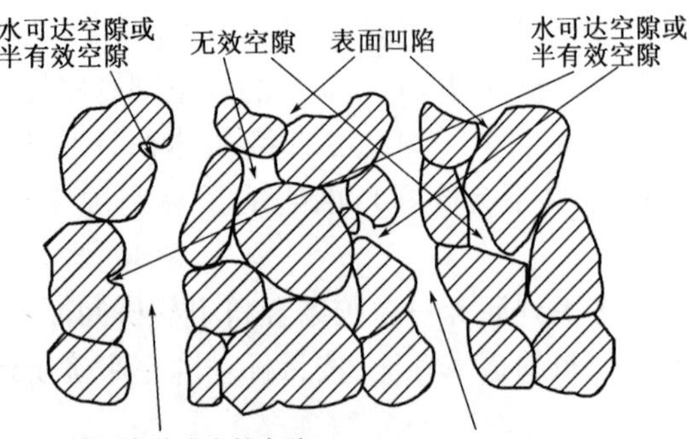

图 3-7-23 连通空隙与有效空隙、水可通达的空隙与半有效空隙

1. 体积计算法

日本《排水性路面技术指针》采用体积法来测定试件的毛体积，然后减去包含混合料内部封闭空隙的试件体积来计算试件的连通空隙率。

$$VV_c = \frac{V_f - V_{app}}{V_f} \tag{3-7-2}$$

式中：VV_c——试件的连通空隙率，%；

V_f——试件的毛体积，cm^3；

V_{app}——包含内部封闭空隙的试件混合料体积（试件的表观体积），cm^3。

V_{app}的计算式如下：

$$V_{app} = \frac{W_a - W_w}{\gamma_w} \tag{3-7-3}$$

W_a——试件空气中质量，g；

W_w——试件水中质量，g；

γ_w——测量温度下水的密度，g/cm^3。

体积法测定的连通空隙率由于包含了试件表面凹陷处的体积，因而所得的连通空隙率会偏大。

2. CoreLok 法

CoreLok 法测量试件毛体积计算公式为：

$$V_f = V_{(s+bag)} - V_{bag} = \frac{W_{a(s+bag)} - W_{w(s+bag)}}{\gamma_w} - \frac{W_{a(bag)}}{\gamma_{bag}} \tag{3-7-4}$$

式中：V_f——试件毛体积，cm^3；

$V_{(s+bag)}$——（试件 + 袋）的毛体积，cm^3；

V_{bag}——袋的体积，cm^3；

$W_{a(s+bag)}$——（试件 + 袋）的空气中质量，g；

$W_{w(s+bag)}$——（试件 + 袋）的水中质量，g；

$W_{a(bag)}$——袋的空气中质量，g；

γ_w——测量温度下水的密度，g/cm^3；

γ_{bag}——袋的密度，g/cm³。

$$VV_c = \frac{\gamma_{app} - \gamma_f}{\gamma_{app}} \tag{3-7-5}$$

式中：VV_c——试件的连通空隙率，%；

γ_{app}——试件的表观密度，g/cm³；

γ_f——试件的毛体积密度，g/cm³。

CoreLok 法虽然还可能包含有少量凹陷处的体积，但试件表面凹陷处体积的大部分已被扣除，所以连通空隙率的测量比体积法更准确。但是，CoreLok 法测量的是水可通达的空隙率，它仍包含那些并未参加流动的水的体积，因而还不是真正意义上的连通空隙率。更为有效的测定排水路径的方法是采用 X 光断面成像法(X-rayk Computed Tomography，CT 法)，它可以精确地测定排水的路径从而获得准确的连通空隙率[71]。CT 法由于设备费用昂贵，图像分析技术复杂，主要用于研究。

连通空隙率目前只是作为一项参考性的指标供比较和评价不同结构排水性混合料透水性的研究之用，在各国的规范中尚未作为规范性的指标列出具体的技术要求。表 3-7-11 是各国规范对排水性混合料空隙率指标的技术要求。

各国规范对排水性混合料空隙率指标的技术要求(%) 表 3-7-11

西班牙	丹麦	瑞士	荷兰	比利时	意大利	澳大利亚	南非	美国 ASTM	美国 TexDOT	日本	中国
>20	26	>18	>20	>21	18~23	低交通量 >20，高交通量 20~25	低交通量 18~20，高交通量 >20	>18	18~22	≈20	18~25

二、粗集料形成嵌挤结构的指标

试件的粗集料间隙率 VCA_{mix} 小于骨架粗集料在捣实状态下的间隙率 VCA_{DRC} 是形成透水性混合料粗集料嵌挤结构的必要条件，它们的测定和计算方法与 SMA 混合料完全相同。透水性混合料矿料级配的 4.75mm 和 2.36mm 筛孔通常都很小，能自然形成粗集料的嵌挤结构，因此欧洲、日本等国排水性路面的技术标准都未专门列出验算 VCA_{DRC} 和 VCA_{mix} 的要求。

三、结合料析漏率方面的指标

排水性混合料中的结合料用量过多会导致在运输和施工过程中结合料从混合料中析出而流淌至底部。这种游离沥青的析漏现象通常采用沥青的析漏试验(或称流淌试验)测定的析漏率(析漏损失)来检验。

1. 试验方法

析漏试验的方法目前常用的有以下 3 种：

(1)谢伦堡结合料析漏试验(Schellenberg Binder Drainage Test)

这是由德国的 Schellenberg 研究所开发的，也是目前应用最为广泛的一种析漏试验方法。它将 1kg 拌和好的混合料倒入烧杯后，放入烘箱，在 170℃ 恒温下保持 1h。然后翻转烧杯，将混合料倒扣在玻璃板上，称取黏附在烧杯内的沥青浆状物的数量，并计算其占混合料总量的百分比，以此作为析漏率。

（2）平盘法流淌试验

这是日本《铺装试验法便览》中提出的方法，它规定盛放混合料的容器为一个耐热平盘。在试验时将 2kg 拌和好的混合料倒入平盘后，放入烘箱，在 170℃ 恒温下保持 1h，翻转平盘，倒出混合料，并将黏在平盘上的碎石取走，称取黏附在平盘上的沥青浆状物的数量，并计算其占混合料总量的百分比，以此作为流淌率。

（3）网篮法

网篮法是美国 ASTM D6390《未压实沥青混合料析漏特性的确定（Determination of Draindown Characteristics in Uncompacted Asphalt Mixtures）》规定的析漏试验方法。它将 1.2kg拌和好的混合料倒入一个筛孔为 6.3mm 钢丝编织的网篮中，将网篮置于一个盘中一起放入烘箱。在拌和场混合料的生产温度以及比这一温度高 10℃ 两种温度下，恒温调节 1h。然后取出网篮，称取掉入盘中的沥青浆状物的数量，并计算其占有混合料总量的百分比，以此作为析漏率。

EN 12697-18“结合料析漏（Binder Drainage）”中除 Schellenberg 法外还规定了一种网篮法：网篮是用不锈钢制的，其侧壁与底打有密布的 3.15mm 的小孔，此种网篮容易被纤维和沥青砂浆堵塞，从而影响结合料的析漏量。

这 3 种析漏试验方法虽然在原理上是相同的，但由于采用的工具不同，同样的混合料在同一试验温度所得到的析漏率是不同的。通常谢伦堡法的析漏率最小，其次是平盘法，析漏率最高的是美国的网篮法。因此在测定不同混合料的析漏特性时必须采用同一种方法，不同方法测定的析漏率是没有可比性的。对于沥青—橡胶结合料来说，由于高温黏度高而不易析漏，采用析漏灵敏度高的网篮法则更为合适。

2. 混合料析漏率指标的技术标准

表 3-7-12 是一些国家规范规定的未压实混合料的结合料析漏率技术标准。

一些国家规范规定的结合料析漏率技术标准 表 3-7-12

规范	美国 ASTM D7064	美国 TxDOT-342	欧洲 EN 13108-7	澳大利亚 APPA Spec. -3.3.3.3	日本 《排水性路面技术指针》	中国 《公路沥青路面施工技术规范》 （JTG F40—2004）
试验方法	ASTM D6390 网篮法	Tex-235F 网篮法	EN 12697-18 谢伦堡法	AG:PT/T235 谢伦堡法	铺装试验方法便览平盘法	《公路工程沥青及沥青混合料试验规程》（JTG E20—2011）T0732 谢伦堡法
析漏率技术要求（%）	<0.3	<0.2	0	<0.3	与析漏曲线转折点相应的析漏率	<0.3

四、混合料耐久性方面的指标

1.肯塔堡(Cantabro)飞散率

混合料的肯塔堡飞散率是检验透水性混合料耐久性应用最为广泛的指标,它利用洛杉矶磨耗试验机来测定,将在一定温度下调节的试件放入洛杉矶试验机,不加钢球,以30~33r/min的速度旋转300转,测定损失的混合料质量占试件原质量的百分率,作为混合料的飞散率。肯塔堡飞散试验起源于欧洲,欧洲各国、日本、美国的试验方法基本相同。主要的不同之处是试件的压实方法、试验的温度、试件是否进行老化、是否进行浸水处理以及对飞散率的技术要求。

压实试件在欧洲各国大都采用双面击实50次的马歇尔试件,在美国较多采用旋转压实仪碾压50次或40次循环的试件。

试验温度大都在15~25℃,以25℃居多,要求试验前在此温度下至少养生2h。

大部分国家的规范都只要求做未老化处理的干试件肯塔堡试验,美国、南非等国家,则要求同时进行未老化与老化试件的飞散试验。

老化的方法大多是依据SHRP混合料长期老化(LTOA)试验方法(AASHTO PP2)提出的,老化温度和时间为85℃、5d。由于试件长时间置于85℃的温度下将导致部分沥青流淌至下部,因而适当降低老化温度可能是需要的。美国NCAT和ASTM D7064规范规定的老化试验条件是将压实试件直接放入通风的烘箱中,在60℃下保持168h(7d),然后将试件冷却至25℃时保持4h再进行肯塔堡试验。

但是许多研究都表明,压实试件在60℃、168h条件下的老化程度远远达不到实际使用条件下透水性混合料的老化状况,在上述老化条件下的肯塔堡试验结果表明,试件经老化处理和未经老化处理的试验结果没有太大差异,因而建议可以只做未老化处理试件的飞散率试验[72]。

透水性混合料的高空隙率导致混合料中的沥青更加容易老化发脆,是造成透水性路面损坏最重要的原因,因此提出采用老化处理的试件进行肯塔堡试验是合乎道理的。一些研究工作表明,试件在60℃温度下,在抽风的烘箱内老化21d的老化程度还达不到试件在室外自然条件下(29.7~-3.6℃)18个月的老化水平[73]。

问题是采用怎样的老化试验条件能模拟现场试验条件下混合料的实际老化状态。文献[74]对透水性混合料不同加速老化试验方法与实际透水性路面的沥青老化程度之间的关系作了深入研究。此项研究首先对不同使用年限的透水性路面的芯样(所用的结合料均为80/100和60/70针入度的沥青)进行了沥青回收处理,并测定了回收沥青的60℃黏度,得出了以下的回归方程:

$$\mathrm{Log}(\mathrm{VIS}) = 2.7194 + 0.1992(\mathrm{Age}) \tag{3-7-6}$$

式中:Log(VIS)——60℃黏度的对数值,Pa·s;

Age——使用时间(年)。

在此基础上,将60℃黏度作为联结点,建立起实验室加速老化试验条件与透水性混合料在现场实际老化条件下的使用年限之间的关联关系。各项试验的混合料均采用针入度分级为80/100的沥青,用量为4.7%,混合料空隙率19.1%±0.8%。文献[74]的研究工作得出了如下一些重要结论：

（1）透水性混合料的短期老化对混合料压实试件加速老化的效果有重要影响，不经短期老化直接对混合料进行长期老化，即使用在85℃温度和120h的条件下的老化，仍只能获得相当于3.9年的现场当量老化效果。

（2）对混合料压实试件进行加压老化，能有效地加速老化的进程，加压老化与未经老化试件的肯塔堡飞散率相比，可增加1.5～2倍。

（3）在加压老化试验过程中，试件并未发生实质性的变形，8个试件直径的平均变化率为+0.2%，高度的平均变化率为+0.8%。

（4）不采用加压试验的试件加速老化试验方法，无法达到必要的现场当量老化程度，除非将老化时间延长至不切实际的程度，或者提高老化的温度，但后者将导致结合料的析漏。

表3-7-13展示了经2070MPa加压老化后的马歇尔试件进行肯塔堡试验的结果。

加压老化试件的肯塔堡飞散率[74] 表3-7-13

老化条件	飞散率（%）（95%置信水平下的上、下限）	老化与未老化试件飞散率之比
松散混合料短期老化（125℃，2h）	12.1±2.6 （n=13）	1.0
混合料短期老化，压实试件80℃、72h、2070MPa加压老化	25.9±3.9 （n=6）	2.1
混合料短期老化，压实试件80℃、114h、2070MPa加压老化	28.3±5.3 （n=2）	2.3
混合料短期老化，压实试件80℃、216h、2070MPa加压老化	33.2±4.6 （n=4）	2.7
压实试件80℃、72h、2070MPa氮气加压老化	8.8±4.0 （n=4）	0.7

注：1. n为马歇尔试件数，马歇尔试件由双面击实75次冲击压实制作。

2. 肯塔堡试验的试验温度为25℃。

图3-7-24 压力老化容器

文献[74]建议采用对透水性混合料进行125℃下、2h的短期老化来模拟混合料在拌和、运输和施工过程中的老化，经短期老化后的混合料按马歇尔试验的要求制作压实试件（双面击实75次），然后将试件放入专门的压力老化容器中（图3-7-24）在85℃和2070MPa的条件下进行72h的加压老化。这一老化条件可相当于现场条件下的当量老化4.5年，它相当于透水路面使用寿命的一半，作为混合料的设计标准已足以区别出不同混合料的耐久性。对透水性混合料耐久性方面的技术标准建议如下：对未老化试件在25℃试验温度下的肯塔堡飞散率应不大于15%，对加压老化试件则应不大于30%。

荷兰代尔夫特大学和荷兰运输与航运中心等单位的研究工作[75]对多孔性混合料（结合料为针入度分级70/100的沥青）的加速老化试验比较了3种老化方案。

（1）只对多孔性混合料中由0.5～0.063mm的细料、粉料和沥青组成的砂浆在165℃温度下进行2h的短期老化，然后放入PAV中，在90℃温度和2.1MPa的压力下进行168h（7d）的加压老化。

（2）先将松散的多孔性混合料放入烘箱，在135℃温度下进行4h的短期老化，每隔1h对混合料进行一次翻动，将经受短期老化的混合料用旋转压实仪在155℃温度下制作直径为100mm、高度为50mm的压实试件，然后将试件放入PAV中，在70℃与80℃的温度以及2.1MPa的压力下进行168h（7d）的加压老化（前3d的老化温度为70℃，后4d为80℃）。

（3）将5kg多孔性混合料平摊在50cm×30cm×8cm的盘中，放入烘箱内，在135℃的温度下进行44h的老化，在最初4h内，每隔1h翻动一次混合料。

3种方案的试验结果表明：

（1）第二方案在老化过程中试件有较大的变形和损坏，在7d的老化后，沥青有明显的析漏，因而认为对压实试件进行加压老化不可行。

（2）第一和第三方案均可较好地获得相当于现场使用条件下10年的老化效果。

对于骨架空隙型沥青—橡胶混合料来说，未经老化的试件的肯塔堡飞散率通常较小，因而采用老化试件进行肯塔堡试验是必要的，它能更好地反映骨架空隙型沥青—橡胶混合料的耐久性能，并可更好地与其他类型结合料的透水性混合料进行比较。上述两种加压老化与不加压老化的混合料老化条件，均可作为骨架空隙率沥青—橡胶混合料进行老化试件的肯塔堡试验时的参考。

表3-7-14展示了各国规范对肯塔堡飞散率的试验条件与技术要求。

2. 沥青膜厚度

许多文献都指出，裹覆在集料颗粒表面的沥青膜厚度对沥青混合料，尤其是多孔性混合料的耐久性有着重要的影响。在透水性混合料设计中，许多国家的规范都将沥青膜厚度作为混合料设计的一项参考指标。在美国的某些州，例如Georgia州和Florida州的规范，则将沥青膜的厚度作为考核透水性混合料耐久性的主要指标。在沥青—橡胶OGFC混合料设计中，由于肯塔堡飞散率对具有很厚沥青膜的AR混合料敏感性不高，美国Caltrans、ADOT等州的规范均未将其作为考核透水性混合料的指标，而沥青膜厚度则成为限制混合料耐久性和崩解性损坏的主要手段。

各国规范对肯塔堡飞散率的试验条件与技术要求　　表3-7-14

规范	欧洲 EN 13108-7	西班牙	比利时	意大利	澳大利亚 APPA Spec.-3.3.3.3	南非	美国 ASTM D7064	新西兰 TNZ P/11	日本《排水性路面技术指针》	中国《公路沥青路面施工技术规范》（JTG F40—2004）
试验方法	EN 12697-17				AG：PT/T236		ASTM D7064	AG：PT/T236	铺装试验方法便览	《公路工程沥青及沥青混合料试验规程》（JTG E20—2011）T0733肯塔堡法

续上表

规范	欧洲 EN 13108-7	西班牙	比利时	意大利	澳大利亚 APPA Spec. - 3.3.3.3	南非	美国 ASTM D7064	新西兰 TNZ P/11	日本《排水性路面技术指针》	中国《公路沥青路面施工技术规范》(JTG F40—2004)
试验条件	马歇尔试件双面击实50次,试件未老化,试验温度15~25℃	马歇尔试件双面击实50次,试件未老化,试验温度15~25℃	马歇尔试件双面击实50次,试件未老化,试验温度15~25℃	马歇尔试件双面击实50次,试件未老化,试验温度15~25℃	AGC试件击实80次,试件未老化,试验温度25℃	马歇尔试件双面击实50次,试验温度25℃	SGC试件50次,试件老化条件:60℃、168h,试验温度25℃	马歇尔试件双面击实50次,试件老化条件:混合料125℃,2h,压实试件85℃、2070kPa压力下72h,试验温度25℃	马歇尔试件双面击实50次,试件未老化,试验温度20℃,20℃水中浸泡20h	马歇尔试件双面击实50次,试件未老化,试验温度20℃,20℃水中浸泡20h
飞散率技术要求(%)	<10、15、20、30、40、50共6个等级	特重交通<20,重交通<25	<20	<25	高交通量<20,低交通量<25	未老化试件<20,老化试件<30	未老化试件<20,老化试件<30	未老化试件<15,老化试件<30	与飞散曲线转折点相应的飞散率	<20

虽然沥青膜厚度是反映透水性混合料耐久性的一项重要指标,但是它的计算方法却没有统一的规定,因而其计算结果也会有较大的差异。因此,在比较混合料设计的沥青膜厚度指标时,弄清楚它们采用何种计算方法是十分重要的。目前在各国规范中,关于沥青膜厚度的计算方法大体上可分成3大类,虽然它们都来源于Hveem和Edwards开发的矿料级配表面积计算的经验公式[76],但沥青膜的计算方法却并不相同。

沥青混合料中不同粒径矿料表面积的计算是各种沥青膜厚度计算方法的基础,它是由美国加州的工程师Hveem在加拿大工程师Edwards开发的基础上提出的[76]。这一方法的核心是由实验方法测定的通过各筛孔单位质量集料表面积之间的相对关系,称为表面积系数,将各个筛孔的表面积系数乘以该筛孔的通过率即为通过该筛孔单位质量集料的表面积,取各筛孔集料单位质量的表面积之总和即为所有集料单位质量的表面积SA。表3-7-15列出了各筛孔尺寸的表面积系数。

各筛孔的表面积系数 表3-7-15

筛孔尺寸(mm)	最大筛孔	4.75	2.36	1.18	0.6	0.3	0.15	0.075
表面积系数(ft^2/lb)	2	2	4	8	14	30	60	160
表面积系数(m^2/kg)	0.41	0.41	0.82	1.64	2.07	6.14	12.29	32.77

注:$1ft^2/1b = 0.2048m^2/kg$。

集料总的单位质量表面积计算式为：

$$\mathrm{SA}=[2\times100+2\times a+4\times b+8\times c+14\times d+30\times e+60\times f+160\times g]/100 \tag{3-7-7}$$

或

$$\mathrm{SA}=[0.41\times100+0.41\times a+0.82\times b+1.64\times c+2.87\times d+6.14\times e+12.29\times f+32.77\times g]/100 \tag{3-7-8}$$

式中：SA——合成集料单位质量总的表面积，ft^2/lb 或 m^2/kg；

a、b、c、d、e、f、g——分别为4.75～0.075mm各筛孔质量通过率，%。

1）平均理论沥青膜厚度计算法

这一方法是由美国NCAT提出的，也是目前应用最为广泛的一种方法，它首先要确定混合料中有效沥青的体积，即在沥青含量中扣去被集料吸收的沥青，然后除以集料的总表面积，后者则是集料单位质量总表面积与集料质量的乘积，其计算式为：[77]

$$T_F=\frac{V_{be}}{\mathrm{SA}\times W}\times304800 \quad（英制单位） \tag{3-7-9}$$

或

$$T_F=\frac{V_{be}}{\mathrm{SA}\times W}\times10^6 \quad（公制单位） \tag{3-7-10}$$

式中：T_F——平均沥青膜厚度，μm；

V_{be}——有效沥青体积，ft^3 或 m^3；

SA——集料单位质量总表面积，ft^2/lb 或 m^2/kg；

W——集料质量，lb或kg。

2）细集料有效沥青膜厚度计算法

这一方法是由美国沥青摊铺技术工作者协会（Association of Asphalt Paving Technologists，AAPT）提出的[78]。文献[78]分析了沥青在粗级配的PFC混合料中的分布不均匀性，认为在粗级配的混合料中，粗集料所裹覆的沥青只占很少一部分，而主要起着石碰石的嵌挤作用，沥青主要裹覆在细集料上，而细集料则包围着粗集料的颗粒，起着颗粒之间的黏附作用。根据这一理论，文献[78]认为，不应计入4.75mm及4.75mm以上粒径的表面积，而按4.75mm及以上粒径的表面积系数为零来计算集料单位质量的表面积。而一旦确定了集料的总表面积，则沥青膜的厚度仍可由上述平均沥青膜厚度的计算公式来计算。

3）Georgia州的沥青膜厚度简化计算法

美国Georgia州的PEM混合料设计规范[79]，从本州集料主要来源是硬质的花岗岩和沥青的吸收极少的特点出发，略去了沥青被集料吸收的部分，即假定 $V_{be}=V_b$，并将上述平均沥青膜厚度的计算式改写为：

$$T_F=\frac{V_{be}}{\mathrm{SA}\times W}=\frac{V_b}{\mathrm{SA}\times W}=\frac{\frac{W_b}{\gamma_b}}{\mathrm{SA}\times W}=\frac{\frac{W_b}{W}}{\mathrm{SA}\times\gamma_b} \tag{3-7-11}$$

式中：T_F——沥青膜厚度；

SA——集料单位质量的总表面积；

γ_b——沥青的密度（单位体积的沥青质量）；

W_b——混合料中的沥青质量；

W——混合料中的集料质量。

从式(3-7-11)中可看到，W_b/W 即为混合料以小数表示的油石比。由于 T_F 通常以微米来表示，因而应将 ft^2/lb 表示的英制 SA 变换为公制表示的 SA，于是 T_F 的表达式被改写为：

$$T_F = \frac{p_a}{SA \times \gamma_b} \times 48.83 \tag{3-7-12}$$

式中：T_F——沥青膜厚度，μm；

p_a——以百分率表示的油石比，%；

SA——按表 3-7-15 计算的英制表面积，ft^2/lb；

γ_b——沥青的密度，g/cm^3；

48.83——英制与公制的转换常数。

4）日本《排水性路面技术指针》沥青膜厚度的经验性计算法

日本《排水性路面技术指针》在引入美国 Georgia 州的简化计算法时，进一步略去了结合料密度 γ_b，即假设 $\gamma_b = 1$，从而使沥青膜的计算公式成为纯经验性的计算方法。这一计算方法被表达为：

$$T_F = \frac{p_a}{SA} \times 48.74 \tag{3-7-13}$$

式中：T_F——沥青膜厚度，μm；

SA——按表 3-7-15 计算的英制表面积，ft^2/lb。

式(3-7-13)中的常数 48.74 与 Georgia 州计算公式中 48.83 是等价的，为一无因次的单位换算常数，其差别是由于单位换算时，所取换算系数的小数点位数不同造成的。显然上述沥青膜厚度计算公式两边的量纲是不等价的，因而是一种纯经验性的计算方法。

为了具体揭示上述 4 种沥青膜厚度计算公式在计算结果上的数量差异，采用美国 Arizona ARFC 沥青—橡胶排水性混合料的一个实例，按照这 4 种公式进行了沥青膜厚度的计算，计算的已知条件如下：

(1)各筛孔尺寸矿料通过率如表 3-7-16 所示。

ARFC 矿 料 级 配 表 3-7-16

筛孔尺寸(mm)	9.5	4.75	2.36	1.18	0.6	0.3	0.15	0.075
质量通过率(%)	100	30	9	6	4	3	2	1.6

(2)矿料合成毛体积相对密度 $\gamma_{sb} = 2.743$。

(3)矿料合成有效毛体积相对密度 $\gamma_{se} = 2.796$。

(4)沥青—橡胶结合料相对密度 $\gamma_b = 1.047$。

(5)马歇尔试件毛体积密度 $\rho_f = 2.025 g/cm^3$。

(6)马歇尔试件最大理论密度 $\rho_t = 2.581 g/cm^3$。

(7)25℃的水密度 $\rho_w = 997 kg/m^3$。

(8)马歇尔试件空隙率 $V_a = 21.7\%$。

(9)合成矿料吸水率 $S_w = 1.82\%$。

(10)结合料用量　$P_b=9.2\%$。

(11)结合料油石比　$p_a=10.13\%$。

4 种沥青膜厚度计算公式的计算结果列于表 3-7-17。

4 种计算公式的沥青膜厚度计算结果　　表 3-7-17

计算公式	NCAT	AAPT	Georgia 规范	日本《排水性路面技术指针》
沥青膜厚度(μm)	50.8	72.6	54.6	57.0

从表 3-7-16 中可以看到,AAPT 的细集料有效沥青膜厚度的计算结果与 NCAT 的平均沥青膜厚度计算法的结果有很大差异,这是因为两者的计算原理不同而造成的,因而两者之间没有可比性。Georgia 和日本公式的计算结果与 NCAT 公式的计算结果之间的差别是由于简化计算导致的误差。Georgia 公式由于略去了被矿料吸收的沥青,导致了 7.5% 的误差,这只是对吸水率只有 1.8% 的矿料而言,当矿料的吸水率较大时,这一误差还将继续扩大。日本《排水性路面技术指针》的公式不仅略去了沥青被吸收的部分,而且还略去了沥青的密度,因而计算误差达到了 12.2%。显然,对于沥青—橡胶结合料来说,由于橡胶屑的密度较大,结合料的密度明显大于 1,因而略去它是不合适的。

在考核沥青—橡胶透水性混合料的耐久性时,采用 NCAT 的公式来计算平均沥青膜厚度是比较合适的,其考核的指标要求可推荐如下:

当结合料用量为 7.0 ~ 8.0 时,平均沥青膜厚度为 35 ~ 40μm;

当结合料用量为 8.5 ~ 10 时,平均沥青膜厚度为 45 ~ 50μm。

3. 其他耐久性试验方法

除上述两种评价透水性混合料的指标外,国外还开发某些专门的试验设备来检验透水性混合料抗磨耗的性能。图 3-7-25 展示了美国田纳西州大学提出的在 APA 设备上用带防滑钉的轮子对混合料试件进行磨耗试验的方法。图 3-7-26 是日本采用带有防滑链的加载轮做往复运动来考核排水性路面在寒冷地区耐久性的试验设备(试验温度 -10℃)。图 3-7-27 和图 3-7-28 则是荷兰和日本采用旋转的橡胶轮对透水性混合料进行磨耗试验的设备。这些试验方法大都是供研究比较用的,并没有规范性的指标要求。

a)

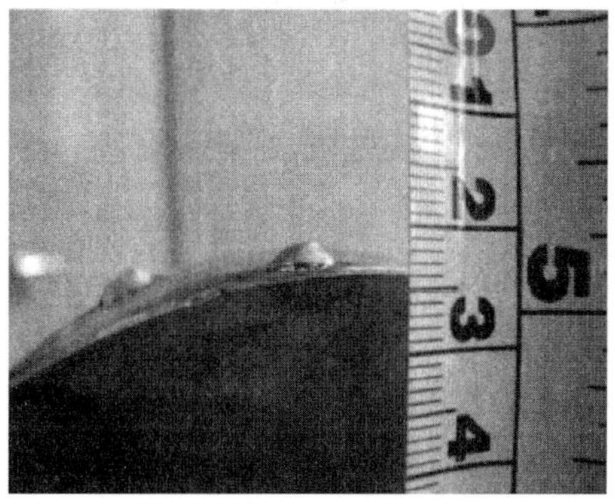

b)

图 3-7-25　安装在 APA 设备上的带防滑钉的碾压轮

图 3-7-26　日本带有防滑链的加载轮耐久性试验设备

图 3-7-27　荷兰的橡胶轮磨耗试验设备

a)

b)

图 3-7-28　日本的旋转橡胶轮磨耗试验设备

欧洲标准 EN 12697-16 提出了两种检验防滑钉轮胎对沥青混合料磨耗的试验方法。一种是采用钢球在 5℃的水中不断撞击沥青混合料导致试件磨耗的方法(图 3-7-29);另一种是采用 3 个带防滑钉的轮胎,一方面围绕着圆柱形沥青混合料试件的圆周面上做滚动运动,同时在圆柱试件的纵轴方向做上、下往复运动从而造成试件在圆周面上的磨耗(图 3-7-30)。

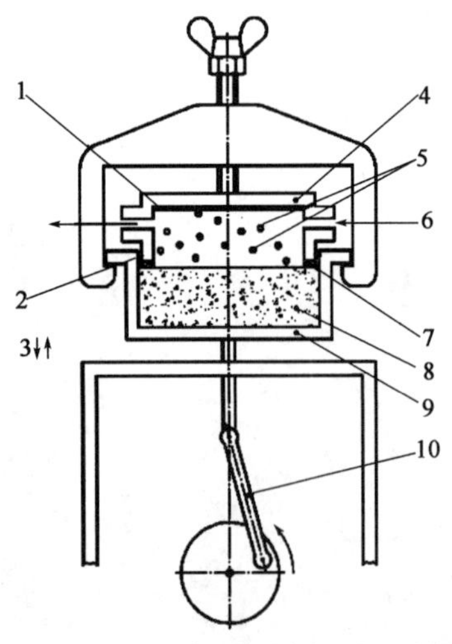

图 3-7-29　钢球在水中撞击沥青混合料试件的磨耗试验设备

1-橡胶板;2-平橡胶圈;3-冲程;4-盖;5-钢球;6-冷却水;7-O 型密封圈;8-试件;9-试验箱;10-连接杆

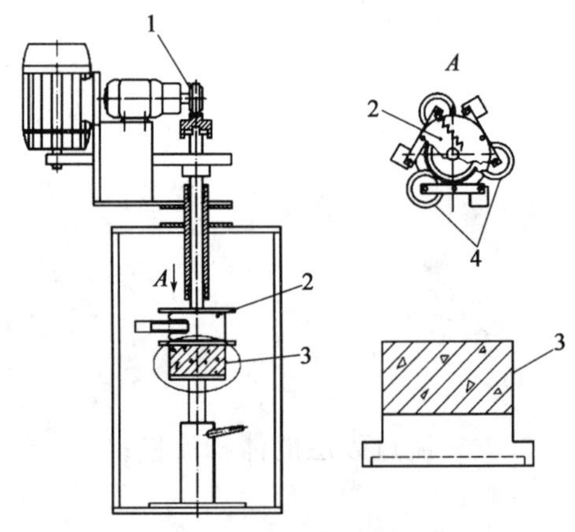

图 3-7-30　3 个带防滑钉的轮胎绕圆柱形试件做滚动加滑移磨耗运动的试验设备

1-带偏心轮电机(5mm 冲程);2-转子(500r/min);3-试件与钢座;4-3 个防滑钉轮胎(一个轴线平行于转子中心线,另两个与转子中心线正反各偏转 5°)

这一试验在欧洲标准的沥青混合料和 SMA 混合料技术标准中都列为混合料性能检验的项目,但在 EN 13108-7 多孔性混合料的技术标准中却并未列为混合料的检验项目。

五、混合料的透水性能

混合料的透水性是排水性混合料设计中的一项重要性能指标,但却一直没有统一的检验方法与指标要求。从世界各国排水性混合料的技术规范中可以看到对透水性指标的技术要求存在着很大的差异,这种差异主要是由于测量原理、方法和仪器设备的不同而导致的。因此,在比较排水性混合料的透水性能时,了解不同来源透水性指标所采用的测量原理和方法是十分重要的。

1. 混合料透水性的测量原理

对于密实型的沥青混合料来说,希望它们尽可能不要透水,因而它们所需测定的是渗水性而不是透水性。在测量混合料的渗水性时,进入混合料的水量很小,流速很慢。此时水在流动过程中的压力、流速、阻力等因素的影响都可略去不计,所需测定的只是单位时间进入混合料的水量。目前各种渗水仪的设计大都建立在这一原理的基础上,而渗水性的指标通常都用 mL/min 来表述。

排水性混合料是一种大空隙的混合料,透水则是它的基本功能。在测量排水性混合料的透水性时,需要有大量的水流过混合料,在混合料中的流动速度也要比密实型混合料高出许多倍。显然,用渗水仪的测量方法来测定排水性混合料的透水性是不合适的。

在国外,用于测定排水性混合料透水性的仪器大都是建立在达西定律(Darcy's Law)的基础上的。1856 年法国工程师 Darcy 设计了一个重要的实验来验证水通过多孔隙材料的流动特性(图 3-7-31)。

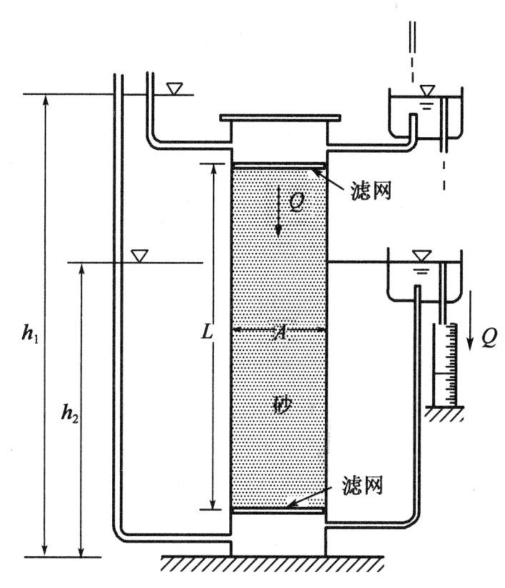

图 3-7-31　水通过多孔隙材料流动特性的实验装置

达西的实验表明,水通过砂层的流量 Q 与砂层的截面积 A 和高低水位的压头损失成正比,而与砂层的长度 L 成反比。这就是著名的达西定律。

$$Q = KA\frac{h_1 - h_2}{L} = \frac{KA\Delta h}{L} \tag{3-7-14}$$

式中:Q——流过砂层的体积流量;

A——砂层的截面积;

L——砂层的长度;

Δh——高低水位的水头差(水头损失),$\Delta h = h_1 - h_2$;

K——砂层的透水系数(Coefficient Permeability),或称水传导系数(Hydraulic Conductivity)。

达西定律是水文地质学的基本定律之一,被广泛地用来描述地下水和地表水的流动过程,以及油、水、气通过地质构造的流动特性等，常应用于水文地质工程中。

对于排水性路面来说，达西定律中的透水系数 K 可以很好地表述排水路面的透水性能，因此各国开发应用的透水仪，其测量方法大都建立在测定透水系数 K 的基础之上。从透水系数的量纲来看，它与速度的量纲是相同的，即 $K=\left[\frac{\mathrm{L}}{\mathrm{T}}\right]$，其物理意义可理解为当水通过一截面积为 A、长度为 L 的多孔性材料时以流动速率来表达的透水性能。

在利用达西定律来测量排水性路面的透水性能时，需要指出的是，达西定律是在一定的假设条件才成立的，它们包括以下几项：

(1)多孔性材料是均质的；

(2)水的流动是稳定的一维层状流动；

(3)水是不可压缩的；

(4)多孔性材料被水浸透而呈饱和状态。

在上述理想状态下，透水系数 K 为一常数，而与流速 $v=Q/A$ 和水力梯度 $I=(h_1-h_2)/L$ 无关，即：

$$v = KI$$

这是达西定律的另一种表达式。

但是在实际情况下，水在多孔性混合料中的流动受到集料粒径大小、流动速度与截面积的变化等多种因素的影响不可能呈现为完全的层状流动。通常认为水在多孔性材料中的流动只有在雷诺数 $Re=1\sim10$ 时，才适用于达西定律，此时 K 可视为一常数(图 3-7-32)。

因此，在测定多孔性混合料的透水性能时，由于达西定律的假设不能完全实现，参数 Δh、Q 等的变化会导致透水系数 K 的变化。由此可见，不同设计的透水仪，即使同样都是按照达西定律来测定透水系数 K，但对同一试件测出的结果也会是不同的，因而在比较排水性混合料的透水性能时，必须采用同一种透水仪。

2. 混合料透水性的测量方法

利用达西定律来测量透水性混合料的透水系数，可以有常水头的测量法和变水头的测量法两种方法。当采用常水头的测量法时，可以直接从达西定律推导出透水系数 K 的表达式。图 3-7-33 是常水头测量法的示意图。

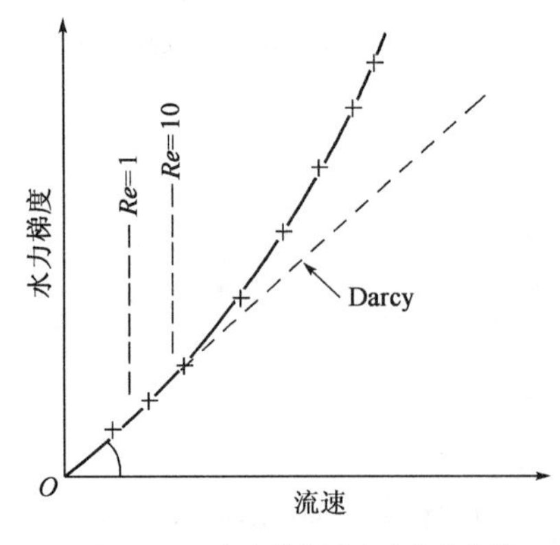

图 3-7-32　水力梯度随流速变化曲线

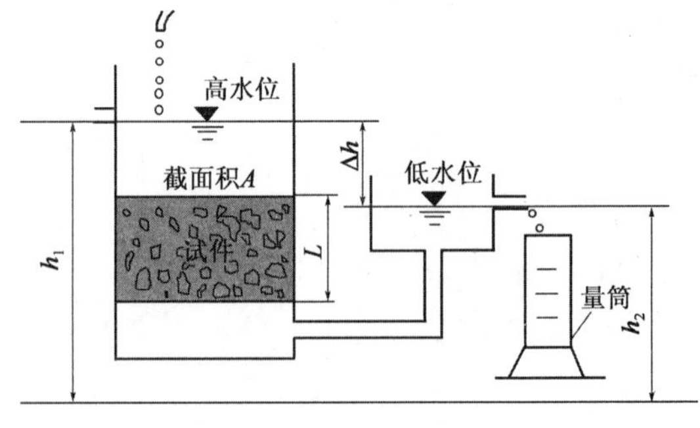

图 3-7-33　常水头透水仪测量原理

从图 3-7-33 中可以看到,如果让水通过试件做稳定的流动,测定在某一时间间隔 T 内通过试件的水量 V,则达西定律中的流量 Q 可表述为 $Q=V/T$,此时按照达西定律,透水系数 K 可表述为:

$$K=\frac{VL}{AT\Delta h} \tag{3-7-15}$$

式中:K——透水系数;

V——在时间间隔 T 内通过试件的水的体积;

L——试件的长度;

A——试件的截面积;

T——测量的时间间隔;

Δh——测量的水头差。

当采用变水头的测量方法时,需要在达西定律的基础上作适当的变换。图 3-7-34 是变水头测量法的示意图。在图 3-7-34 中可以看到,如设想在测量过程中的某一时刻 t,水柱管中水面的水头差为 Δh,在经过 $\mathrm{d}t$ 的微小时间间隔后,水面下降了微小的高度 $\mathrm{d}\Delta h$,通过试件的水的体积为 $\mathrm{d}V$,而此时的瞬时流量 $Q=\mathrm{d}V/\mathrm{d}t$。由于 $\mathrm{d}\Delta h$ 十分微小,可以认为在这一瞬时的水头差没有变化而为常水头,从而服从达西定律,此时达西定律的表达式可写为:

$$Q=\frac{\mathrm{d}V}{\mathrm{d}t}=\frac{KA\Delta h}{L} \tag{3-7-16}$$

由于 $\mathrm{d}V=a\mathrm{d}\Delta h$,则式(3-7-16)可改写,并整理为:

$$\frac{\mathrm{d}\Delta h}{\Delta h}=\frac{KA\mathrm{d}t}{aL} \tag{3-7-17}$$

对式(3-7-17)的两边进行积分:

$$\int_{\Delta h_2}^{\Delta h1}\frac{\mathrm{d}\Delta h}{\Delta h}=\frac{KA}{aL}\int_0^T\mathrm{d}t \tag{3-7-18}$$

积分的结果为:

$$\ln\Delta h_1-\ln\Delta h_2=\frac{KAT}{aL} \tag{3-7-19}$$

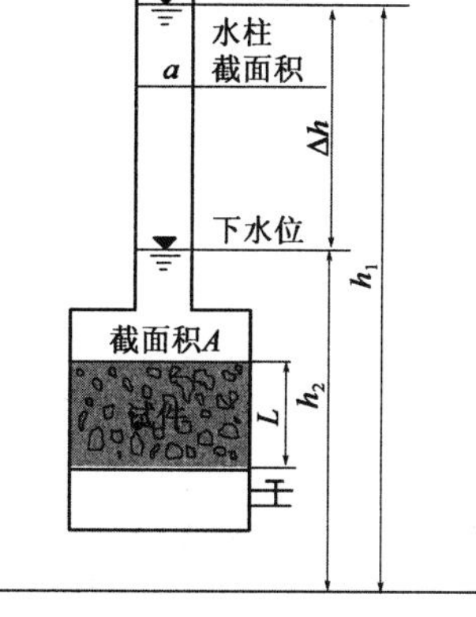

图 3-7-34 变水头透水仪测量原理

由此可得透水系数 K 的表达式为

$$K=\frac{aL}{AT}\ln\left(\frac{\Delta h_1}{\Delta h_2}\right) \tag{3-7-20}$$

式中:K——透水系数;

a——水柱截面积;

L——试件长度;

A——试件截面积;

Δh_1——测量开始时的水头差;

Δh_2——测量结束时的水头差;

T——水头差从 Δh_1 降至 Δh_2 的时间。

3. 混合料透水性的测量仪器

混合料透水性的测量仪器除可分为常水头与变水头两类外，按其适用于实验室试验或现场测试则可分为实验室透水仪和现场透水仪两大类。

在实验室透水仪的设计中，水在混合料中的流动通常是一维的（垂直或水平方向的流动），而用于现场测定的透水仪，水在混合料中的流动除垂直方向外还有水平方向的流动，因而实验室测定的透水系数 K 通常会小于现场试验的结果。

1）实验室透水仪

实验室透水仪的优点是可以创造更加符合达西定律的一维流动状态，其试验条件也更容易严格控制，因而试验数据的离散性相对较小。因此，在各国的技术标准中排水性路面的透水性能大都是根据实验室透水仪的试验来规定的。实验室透水仪可以采用常水头的也可采用变水头的。

美国 FDOT 开发的变水头实验室透水仪 AP-14 和 AP-16 是美国目前用于测量马歇尔试件透水性应用最为广泛的仪器（图 3-7-35），这一仪器是一种高水头的实验室透水仪，试件是直径为 102mm 的或 152mm 的马歇尔击实试件或相同尺寸的 SGC 试件，水柱管正常的容积为 500mL，内径 31.5mm，有效高程 631.5mm。当排水量较大时，或为提高压头，也可改用 2000mL 容量的水柱管。仪器设计核心是有一用压力控制的橡胶密封套管。套管夹层的压力由一手动气泵来控制，当安装试件时，用抽气的方式使夹层压力为负压，让橡胶套撑开，以便试件的顺利放入，在试件放入后，用压气的方式，使橡胶套紧贴在试件的圆柱面上，以免水从侧面旁通至下部水池。

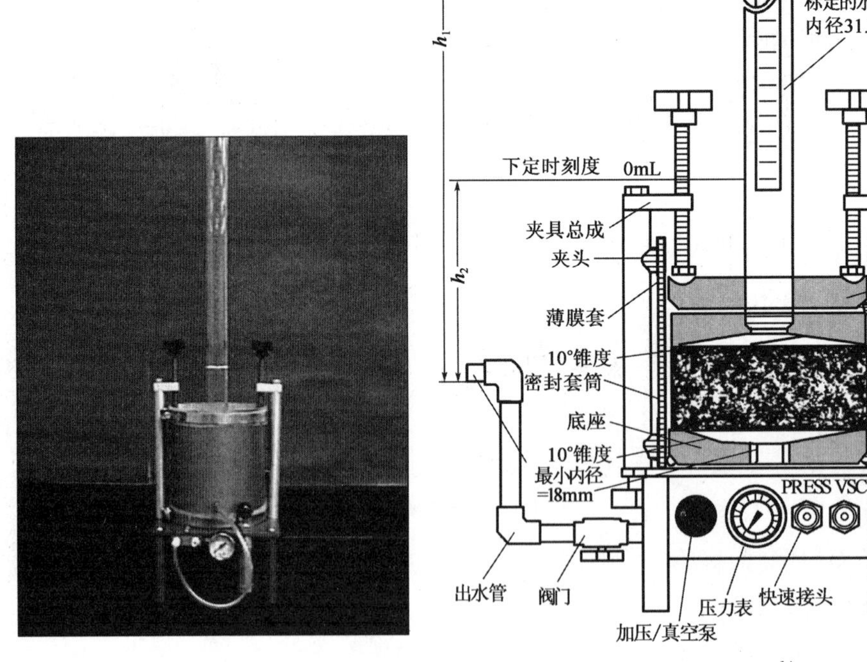

图 3-7-35 美国 FDOT 开发的变水头实验室透水仪

图 3-7-36 是日本《铺装试验法便览》规定的常水头低水压实验室透水仪的示意图。试件为一未脱模的 152mm 的马歇尔击实试件，在其两端加有外接的密封处理套筒，高、低水位分别由两根测压管测定。

图 3-7-37 则是 EN 12697-19“试件透水性（Permeability of Specimen）”试验方法规定的在实验室测定多孔性混合料垂直方向和水平方向透水性试验装置的示意图。试验装置为一常水头实验室透水仪，水头差规定为 300mm。试件尺寸的直径可以为 100mm 或 150mm（对于公称最大粒径大于 22mm 的混合料，则必须采用直径 150mm 的试件），厚度不小于直径的 25%。试件用弹性良好的橡胶套密封，橡胶套的弹性应能保证只有在充气压力大于 50kPa 时才能撑开，以便橡胶套有足够的压力紧贴在试件的圆柱面上，从而防止水沿着侧面发生泄漏。橡胶套的另一端套在一塑料管上，与试件一起放入金属筒体中。图 3-7-38 和图 3-7-39 分别为垂直透水仪和水平透水仪的外形以及它们带橡胶套与试件的筒体。

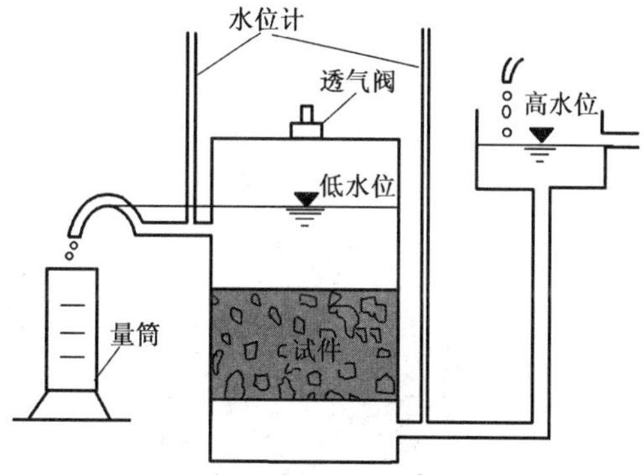

图 3-7-36　日本《铺装试验法便览》规定的常水头实验室透水仪

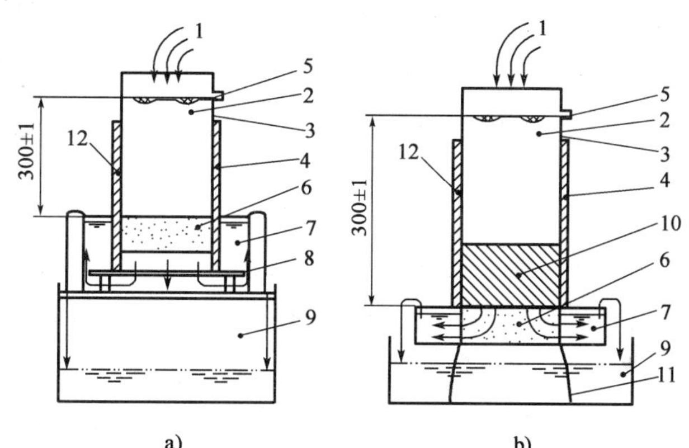

图 3-7-37　EN 12697-19 规定的垂直方向和水平方向透水仪（尺寸单位：mm）

1-水源；2-水柱；3-上塑料套筒；4-橡胶套；5-保持水位的出水口；6-试件；7-水浴；8-多孔板；9-集水池；10-下塑料套筒；11-支座；12-筒体

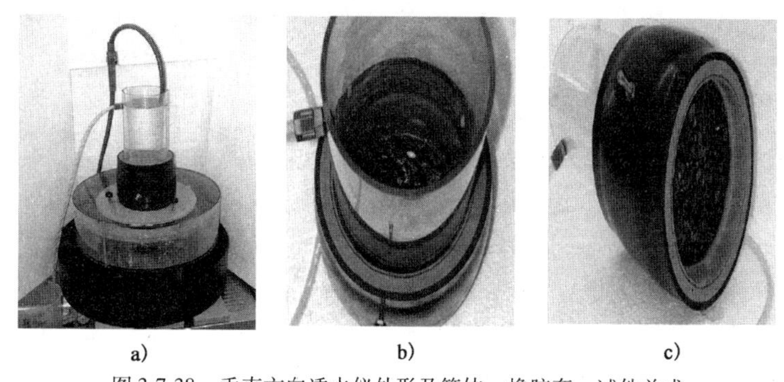

a)　b)　c)

图 3-7-38　垂直方向透水仪外形及筒体—橡胶套—试件总成

2）现场透水仪

现场透水仪不同于实验室透水仪的特点如下：

（1）由于希望模拟雨水在透水性混合料中的流动，现场透水仪大都采用低水头的试验设计。

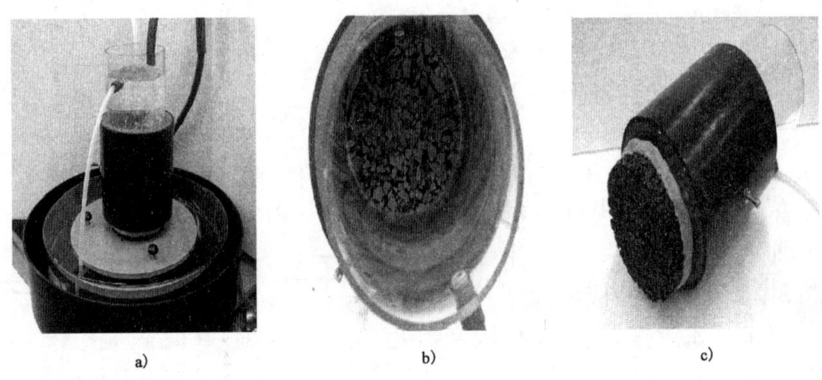

图 3-7-39　水平方向透水仪外形及筒体—橡胶套—试件总成

（2）考虑到常水头的测量方法需要提供连续供水的水源，这在现场条件下不太方便，所以现场透水仪更多的是采用变水头的测量方法。

（3）在现场透水仪测量时，水在混合料中的流动是一种三维流动，它的过水截面积与长度也不可能像实验室试件那样具有确定性，因而尽管它的测量方法仍然采用达西定律的公式，但离开达西定律的假设较远，因此测量结果的离散性相对较大，而且不同测量仪器测量结果之间的可比性更差。

在各国使用的现场透水仪中，只有少数国家（例如日本和中国）是利用测定密实型混合料渗水性能的高水头渗水仪来测量排水性路面的透水性能的。这些渗水仪的出水管直径很小，只有 7～8mm（图 3-7-40），如前所述，如此小的出水口在高水头的压力下，水的流动速度、压头损失、流动阻力的变化都比较大，因而测量数据的离散性大、稳定性差。显然采用渗水仪来测量排水性路面的透水性是不合理的。

在各种现场透水仪的结构中最常采用的是低水头、大口径的结构，水位差大多在 250mm 以下，量筒直径大多在 150～70mm，出水口管径多在 150～30mm 范围内，此种结构流动阻力比较小、流速比较缓慢，有助于提高测量的精度。

图 3-7-41 是丹麦的 Becker 管透水仪，它是一直径 140mm 带刻度的直通圆筒，底板与路面之间应用油灰将其密封，以防水从接缝处流出。水直接注入 Becker 管，待透水仪下方的路面被水充满且流动稳定后测量 100mL 水泄入路面中所需的时间 t，并认为对于新建的透水性路面，$t<30$s；对于半堵塞的路面，$t<50$s；对于完全堵塞无法清理的路面，$t<70$s。

图 3-7-42 是西班牙和比利时开发的 LCS 变水头透水仪。LCS 测量时相对地面的最高水位为 366mm，从上水位下降至下水位的高度为 250mm，相当于 1735mL 的水量，以从上水位降至下水位所需的时间 t(s) 作为测定透水性的指标。

西班牙还开发有一种模拟雨水落下进入排水路面的透水仪，称为 Zarauz 透水仪。它在测量时，让一定量的水从一定的高度自由下落到路面上，并用两个参数来评价路面的透水性，包括水未渗入路面之前在路表面上径向推进的最大距离和水从路表面完全渗入路面内部所需总的时间(图3-7-43)。

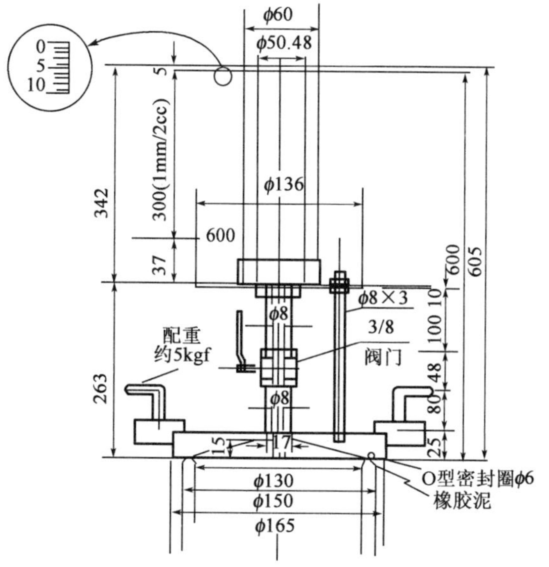

图3-7-40　日本《铺装试验法便览》规定的高水头渗水仪(尺寸单位:mm)

图3-7-41　丹麦的Becker管透水仪

a)

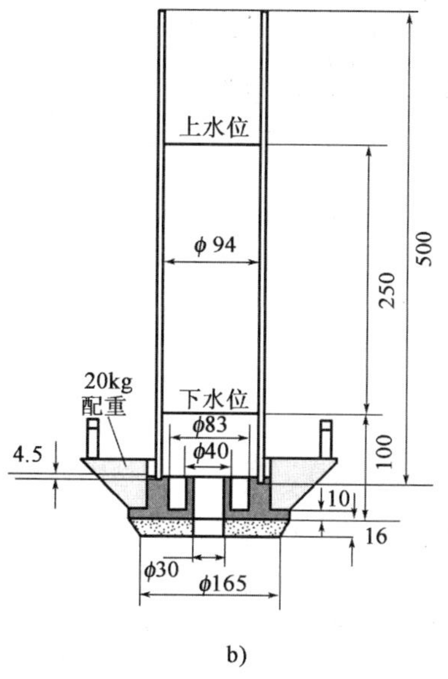

b)

图3-7-42　西班牙和比利时开发的LCS变水头透水仪(尺寸单位:mm)

图3-7-44是EN 12697-40规定的现场变水头透水仪,透水仪的高水位离路面约高400mm。测量时量筒的水位从容积为5L处的上刻度下降至1L处的下刻度,同时测定泄出4L水量所需的时间t,并以t^{-1}来计算相对透水系数。所谓相对透水系数,是指对于这一特定条件下的透水参数来说,除了流出时间t外,其他均为常数,以这常数除以绝对透水系数K即为相

对透水系数，这一计算原理可表达为：

$$K = \frac{C}{t} \tag{3-7-21}$$

$$K_r = \frac{K}{C} = \frac{1}{t} \tag{3-7-22}$$

式中：K——绝对透水系数，cm/s；

K_r——相对透水系数，s^{-1}；

C——仪器常数，cm。

图 3-7-43　西班牙 Zarauz 透水仪

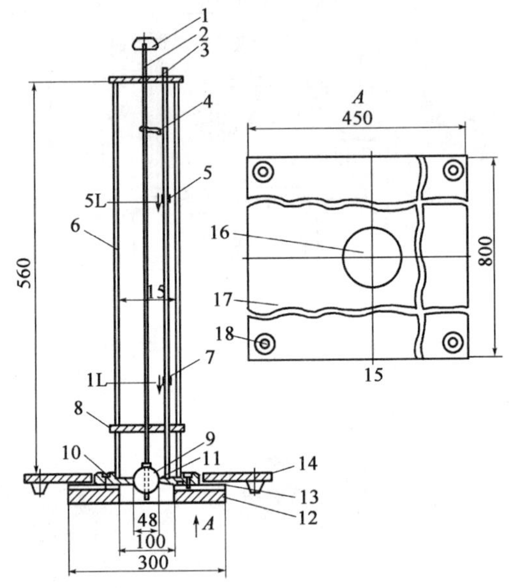

图 3-7-44　EN 12697-40 规定的现场变水头透水仪
1-手把；2-球塞杆；3-传感器支架；4-球塞杆挂钩；5-上水位传感器；6-储水筒；7-下水位传感器；8-传感器支架板；9-橡胶球；10-O 形密封圈；11-泄流孔；12-海绵橡胶密封板；13-合成树脂纤维板基座；14-压舱板（侧视图）；15-压舱板（底视图）；16-中心孔；17-胶合板；18-橡胶底脚

EN 12697-40 测量方法的一个重要特点是要求在测定的流出时间中扣除由于仪器系统本身阻力导致的流出时间 r。它是通过将仪器垫高到至少离地面 75mm，使水流可无阻碍流出时，测定水面同样从 5L 降低至 1L 所需的时间 r。显然由于 r 对特定仪器为一常数，但对不同的仪器 r 值是不一样的，如在流出时间 t 中不扣除 r，则由此而引起的误差，对不同透水性的混合料是不同的。即对于透水性很小的混合料，由于 t 值较大，这一误差所占比例很小；而对于透水性强的混合料，由于 t 值较小，r 所占的比例会很大。

图 3-7-45 是美国 NCAT 开发的一种渗水仪和透水仪两用的试验装置，宝塔式的量筒由三级或四级不同直径的量筒组成。当作为渗水仪来使用时，采用高水头的测量方式，将水加至最上部的第四或第三级量筒，此时由于渗水量小、流速慢，可以在小直径的量筒上清晰地观察到水面以适当速度下降的情况。当用于测量透水性路面时，则采用低水头的测量方式，将水加至

底部的第一级或第二级量筒，此时虽然排水量较大，但仍可清楚地观察到水面缓慢下降的情况。

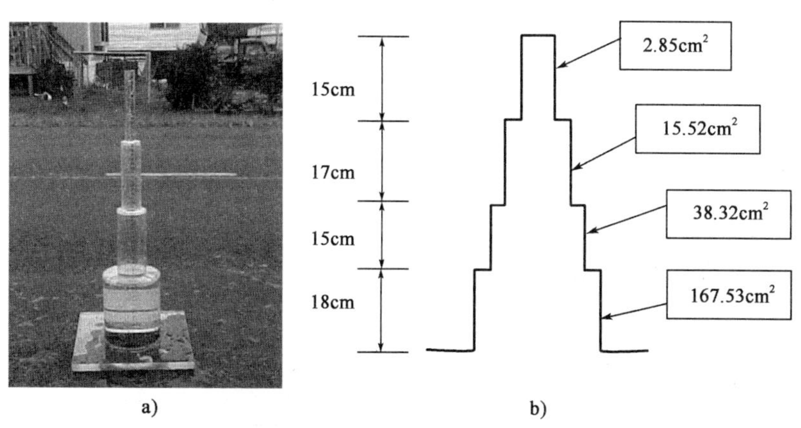

图 3-7-45　美国 NCAT 开发的渗水和透水两用宝塔式现场透水仪

图 3-7-46 是瑞士规范 NLT-327 规定的 Yverdon 透水仪的结构示意图。Yverdon 透水仪是一种常水头的现场透水仪，在试验时，用 75kg 重物将底座压在垫有厚 15mm 密封环的路面上，首先采用变换水压的方式，使基座与下方混合料中的气泡能完全排出，然后调节进水的流量，使储水筒中的水面能稳定在相对路面 170mm 的水头处，并用一标定好的量筒测定在这一流量下，10s 内的排水量，由此得出排水的流量，作为测定指标。

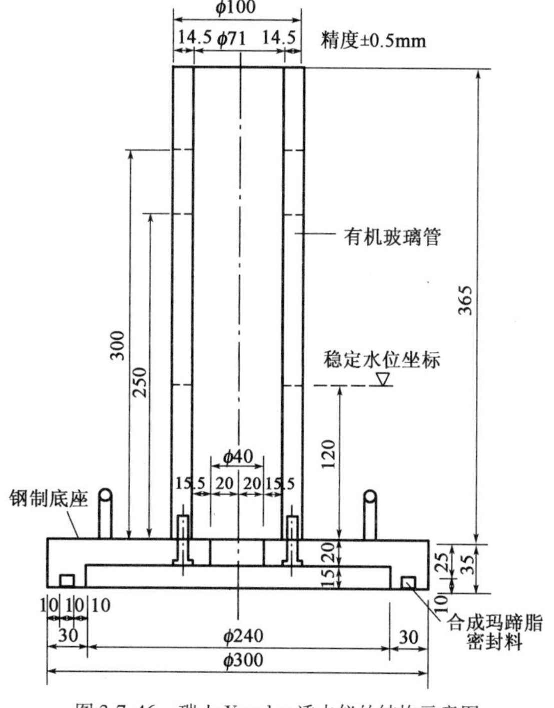

图 3-7-46　瑞士 Yverdon 透水仪的结构示意图（尺寸单位：mm）

图 3-7-47 是美国 Akansas 大学 Kuss 开发的一种常水头的现场透水仪。它利用控制储水筒水柱上方的空气压力，使水头压力保持为一常值。在试验开始时，先让水覆盖被测路面上方底座中约 1in 高度的空间，然后让水面继续下降，当被试路面上方的水压低于所要求的水头压力时，一个用来监测被试路面上方水头压力的传感器将发出信号通过一阀门控制进入水柱上方的空气量，使路面上方的水层保持一恒定的水头压力。泄入路面的水流量由一专门的流量计测量并由计算机进行数据采集，并绘制流量随时间而变化的图表。试验继续进行，直到流量趋于稳定或只有很小波动为止（最长的测试时间为 30min），以最后 5min 流量的平均值作为计算透水系数 K 的流量，其计算式为：

$$K = \frac{Q(L + 2.54)}{\Delta h \times A \times 60} \tag{3-7-23}$$

式中：K——透水系数，cm/s；

Q——水的流量，cm^3/min；

L——排水路面铺层厚度，cm；

A——基座下方被试路面的面积（$1264.5cm^2$）；

Δh——常水头高度，cm。

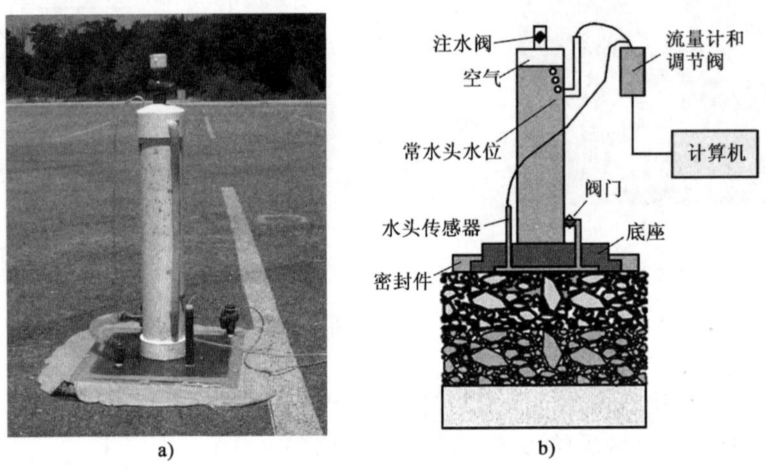

图 3-7-47　美国 Kuss 常水头现场透水仪

4. 混合料透水性能的技术标准

如前所述，透水系数的测定，由于采用的测量方法与仪器的不同会有较大的差异。因此各国排水性路面透水性能的技术标准会因所用方法与测试手段的不同而各不相同。显然，不能将不同技术标准规定的透水性能指标进行直接的比较，也不能用不同透水仪所测定的指标来比较透水性能的高低。

现场透水性能由于受较多因素的影响而导致试验结果的离散性较大，因而在各国的技术标准中大多没有对现场透水性能提出具体的技术指标，现场透水性能的评价改由在现场取芯后，通过实验室的试验来进行。表 3-7-18 展示了一些国家规范规定的排水性路面透水性能的技术标准。

排水性路面透水性能的技术标准　　表 3-7-18

规范		美国 ASTM D7064	欧洲 EN 13108-7	英国 BS 4987	日本《排水性路面技术指针》
实验室	试验方法	FDOT FM5-565	EN 12697-19	—	铺装试验法便览
	透水系数技术要求	>100m/d（1.2×10^{-3}m/s）	0.1、0.5、1.0、1.5、2.0、2.5、3.0、3.5、4.0（10^{-3}m/s）九级	—	>10^{-2}cm/s（0.1×10^{-3}m/s）
现场	试验方法	—	—	EN 12697-40	铺装试验法便览
	透水系数技术要求	—	—	0.1~0.4（s^{-1}）	900（mL/min）

六、混合料水稳定性方面的指标

排水性混合料由于其良好的透水性,混合料要经受水在内部的流动与浸泡,因而混合料的抗水损害能力是性能方面的一项十分重要的指标,也是几乎所有国家的排水性混合料技术规范都列入的一项必须检验的性能。

排水性混合料水稳定性试验的方法最常用的有以下两种:

1. 间接拉伸试验(Indirect Tensile Test)

间接拉伸试验也称劈裂试验,在用于检验混合料的抗水损害能力时,采用湿处理试件与干试件的劈裂强度比 TSR(Tensile Strength Ratio)作为考核的指标。在各国水稳定性检验试验中,试验温度与湿试件调节处理条件会有某些差异。美国 AASHTO T283 是应用最多的试验方法,它规定的湿试件处理条件为,经在室温和 13 ~ 67kPa 真空压力下,处理 5 ~ 10min 的部分饱水试件,在 -18℃下冷冻 16h,然后在 60℃水浴中浸泡 24h,在 25℃温度下进行劈裂试验。

欧洲国家多用湿试件长时间浸泡的处理方法,将经在 20℃和 6.7kPa 绝对压力下饱水处理 30min 的试件放入 40℃的水浴中浸泡 68 ~ 72h,在 15℃温度下进行劈裂试验。

美国 ASTM D7064 规范为对排水性混合料进行更为严格的考核,规定将 AASTHO T283 中的湿试件冻融循环从 1 个增加为 5 个。

表 3-7-19 是一些国家排水性混合料规范中对间接拉伸强度比 TSR 的技术要求。

对排水性混合料间接拉伸强度比的技术标准　　表 3-7-19

规范	美国 ASTM D7064	欧洲 EN 13108-7	瑞士 EN 13108-7	新西兰 TNZ P/11	中国 《公路沥青路面施工技术规范》 (JTG F40—2004)
试验方法	AASHTO T283	EN 12697-12	EN 12697-12	ASTM D4867	《公路工程沥青及沥青混合料试验规程》(JTG E20—2011)T0729
试验条件	马歇尔试件双面 50 次,试件湿调节条件:33.9 ~ 88.0kPa 室温真空饱水处理 5 ~ 10min; -18℃冷冻 16h;60℃水浴浸泡 24h;5 个冻融循环。试验温度 25℃	马歇尔试件双面 50 次,试件湿调节条件:6.7kPa 20℃真空饱水处理 30min; 40℃水浴浸泡 68 ~ 72h。试验温度 15℃	马歇尔试件双面 50 次,试件湿调节条件:6.7kPa 20℃真空饱水处理 30min; 40℃水浴浸泡 68 ~ 72h。试验温度 15℃	马歇尔试件双面 50 次,试件湿调节条件: 70kPa 室温真空饱水处理 5min;60℃水浴浸泡 24h。试验温度 25℃	马歇尔试件双面 50 次,试件湿调节条件:98.3 ~ 98.7kPa室温真空饱水处理 5 ~ 10 min; -18℃冷冻 16h;60℃水浴浸泡 24h;1 个冻融循环。试验温度 25℃
残留强度 TSR 技术要求(%)	>80	50、60、70、80、90、100 等 6 级	>70	>75	>80

2. 浸水试件肯塔堡试验

这一方法是将马歇尔压实试件进行湿调节处理后再进行肯塔堡飞散试验。湿调节处理的方法主要有两种:一种是将试件在60℃的水浴中浸泡24h或48h;另一种则是采用经真空饱水处理的试件进行肯塔堡试验。

表3-7-20是一些国家排水性混合料规范中对湿调节试件肯塔堡试验的试验条件与飞散率指标的技术标准。

湿调节试件的试验条件与飞散率技术标准　　表3-7-20

规范	西班牙	意大利	澳大利亚 APPA Spec. -3.3.3.3	南非	日本《排水性路面技术指针》	中国《公路沥青路面施工技术规范》(JTG F40—2004)
试验方法			AG:PT/T236		铺装试验法便览	《公路工程沥青及沥青混合料试验规程》(JTG E20—2011)T0733
试验条件	马歇尔试件双面50次,试件湿调节条件:60℃水浴浸泡24h。试验温度25℃	马歇尔试件双面50次。试验温度20℃	AGC试件80次,试件湿调节条件:80kPa室温真空饱水处理10min;25℃水浴浸泡20h。试验温度25℃	马歇尔试件双面50次。试验温度25℃	马歇尔试件双面50次,试件湿调节条件:60℃水浴浸泡48h。试验温度25℃	马歇尔试件双面50次,试件湿调节条件:60℃水浴浸泡48h。试验温度25℃
湿试件飞散率技术要求(%)	特重交通<35,重交通<40	<30	高交通量<30,低交通量<35	<30	—	—

3. 其他抗水损害试验方法

除上述两种试验方法外,还有一些应用于检验排水性混合料抗水损害能力的试验方法。例如采用对经受一定温度水浴中浸泡处理后的试件进行车辙试验,或在50℃水浴中进行车辙试验的Hamburg车辙试验方法等。这些试验主要用于研究,并没有列为规范的考核指标。

七、混合料抗车辙性能指标

排水性混合料由于具有良好的粗集料嵌挤结构,以及作为一种厚度较薄的功能性表面层,通常认为车辙性的病害并非排水性路面的主要病害。因此,在美国ASTM D7064和欧洲标准EN 13108-7中都没有规定车辙性能的检验项目。但仍有不少国家的规范对排水性混合料规定有抗车辙能力的检验项目,它们的试验方法和考核指标通常与常规的沥青混合料并无原则区别。

根据以上讨论,表3-7-21可作为推荐的骨架空隙型沥青—橡胶混合料设计和性能检验的技术标准。

骨架空隙型沥青—橡胶混合料设计和性能检验技术标准　　表 3-7-21

试验项目	单位	技术要求	试验方法
马歇尔试件尺寸	mm	ϕ101.6mm×63.5mm	JTG E20 T0702
马歇尔试件击实次数	—	两面击实 50 次	JTG E20 T0702
空隙率 VV	%	18～25	JTG E20 T0705
粗集料骨架间隙率 VCA_{mix}	—	$< VCA_{DRC}$	JTG E20 T0705
肯塔堡(Cantabro)试验: 非老化试件 老化试件(未压实混合料 135℃,44h)	%	 ≤20 ≤40	JTG E20 T0733
析漏试验结合料损失	%	≤0.3	ASTM D6390
水稳定性试验: 冻融劈裂试验残留强度比	%	≥80	JTG E20 T0729
参考信息			
马歇尔稳定度	kN	≥3.6	JTG E20 T0709
平均沥青膜厚度: 结合料用量 7%～8% 结合料用量 8.5%～10%	μm	 35～40 45～50	附录 3
实验室透水系数试验	m/s	$>1.2\times10^{-3}$	
Hamburg 车辙试验: 按 5000～10000 次区间的动稳定度 碾压 10000 次后的车辙深度	 次/mm mm	 ≥5000 ≤4	EN 12967-22 (小型试件;B 法在空气中试验)

注:1. Hamburg 车辙试验条件:试验介质为空气;试验温度为 60℃;试验轮($D\times B$)为橡胶轮(203mm×47mm);试验轮荷载为 70kgf;试验速度为 42 次/min;试验总次数为 10000 次;试件尺寸为 320mm×260mm;试件空隙率为 4%±0.5%。

2. Hamburg 车辙试验方法可参看附录 4。

3. JTG E20 是指《公路工程沥青及沥青混合料试验规程》(JTG E20—2011)。

第八章　橡胶沥青混合料的生产与质量控制

热拌沥青混合料的质量主要取决于以下3方面的因素：原材料的质量与管理方面的因素；搅拌设备的性能以及调试与使用方面的因素；热拌沥青混合料生产过程中质量控制方面的因素。

橡胶沥青混合料的生产与质量控制和常规沥青混合料并无原则区别，它的生产与质量控制也应从原材料的质量管理、搅拌设备的调试与使用以及混合料生产过程的质量控制与检验等3方面加强对成品料生产质量的管理与控制。

第一节　原材料的质量控制与管理

橡胶沥青混合料对矿料的级配要求比常规沥青混合料更为严格。保持集料级配规格、特性的一致性是集料质量管理最主要的目标，集料规格不一致会影响混合料矿料级配的稳定性，导致橡胶沥青结合料含量的波动和偏离其最佳值，造成沥青搅拌设备生产的不稳定（溢料和待料），从而严重影响成品料的生产质量。

集料的堆放、储存、运输与装卸应遵循一些基本原则：集料应堆放在坚硬、清洁、有良好排水结构的场地上；堆放场地，尤其是细集料的堆放场地应设有雨棚或遮雨的篷布；不同规格、不同来源的集料应分开堆放，用隔墙或料槽分隔开以免混料；集料的运输与装卸尤其是粗集料，应避免发生材料的离析；应正确地修筑料堆，分层堆放，每层料堆不宜太高（宜控制在1.2m左右），不应采用单一的输送带将料堆堆放成一个大料堆，这将导致材料的严重离析；应按正确的方式使用装载机在料堆上取料和向冷料仓装料，以尽可能减少在装卸过程产生的材料离析。

在原材料管理方面，对每一种进入拌和场的原材料，包括集料、矿粉、沥青、成品橡胶改性沥青、现场生产的沥青—橡胶、橡胶屑以及各种添加剂实行规范化的验收是保证原材料质量的重要环节。对于常规的原材料，如集料、矿粉、沥青以及橡胶改性沥青验收的取样方法、数量、频度和试验项目可按常规热拌沥青混合料生产中对各种原材料的要求进行，在原材料管理方面的主要不同之处是涉及现场制备沥青—橡胶结合料用的橡胶屑、调和油等原料以及沥青—橡胶成品结合料的质量管理。

橡胶屑应以袋装的方式储存在室内仓库。橡胶屑质量检验项目应包括它的物理特性、化学成分和粒径级配等3方面的指标和技术要求（参看第二篇第二章第二节）。橡胶屑的物理特性和粒径级配的取样和试验频度宜按同一料源同一次购入的作为一批进行检验。取样时应随机抽查若干袋，采用专门的管状取样器插入袋装橡胶屑的深处采集，以获得具有代表性的样本。橡胶屑化学成分由于通常需要委托专门的检测机构进行，在频度上可以适当放宽，原则上可以同一料源为单位进行检验。橡胶屑的化学成分有较大变化时会在沥青—橡胶结合料的黏度、回弹性等日常检验的指标上反映出来。在逐一排除其他因素后，应考虑橡胶屑化学成分的问题，并对其进行检验。

沥青—橡胶结合料的取样应在沥青—橡胶结合料生产设备的专用取样阀处或在通往沥青搅拌设备输送线路上的取样阀处进行取样。取样时应至少先放掉4L的沥青—橡胶，以确信取样阀内陈旧的结合料已经清除。试样应存放在干燥、清洁的容器中，加盖和贴上标签，并立即进行温度和黏度的测试和记录试验时间与结果。

生产橡胶沥青结合料的各种原材料：基质沥青、橡胶屑、添加剂等验收试验的取样方法、数量与频度见表3-8-1。

橡胶沥青原材料验收试验的取样方法、数量与频度　　表3-8-1

原　材　料	取 样 方 法	取 样 数 量	取样与试验频度	留 样 数 量	备注
基质沥青	JTG E20 T0601	4kg	同一料源每批购入货物	4kg	
橡胶改性沥青	JTG E20 T0601	4kg		4kg	
橡胶屑	—	5kg		2kg	
添加剂	按制造商要求	按制造商要求		—	

注：1. 原材料的质量验收一般是按同一料源、同一次购入作为一批来进行的，但在橡胶沥青结合料的生产过程中某些重要的质量指标则应列入检查频度更高的质量控制中（参看第二篇第三章第二节表2-3-1）。

2. JTG E20是指《公路工程沥青及沥青混合料试验规程》（JTG E20—2011）。

生产橡胶沥青混合料的集料、矿粉、结合料等原材料验收试验的取样方法、数量与频度见表3-8-2。

沥青—橡胶混合料用原材料验收试验的取样方法、数量与频度　　表3-8-2

原材料	取 样 方 法	取 样 数 量	取样与试验频度	备　　注
集料	JTG E42 T0301	JTG E42 T0301	每批	每批是指同一料源、同一次购入并运至生产现场的材料
矿粉	JTG E42 T0351	JTG E42 T0351	每批	
沥青—橡胶结合料	JTG E20 T0601	4L	每批	每批是指现场制备的每一批已完成反应过程，已达到要求温度与黏度并已进入储存罐的成品结合料

注：1. JTG E42是指《公路工程集料试验规程》（JTG E42—2005）。

2. JTG E20是指《公路工程沥青及沥青混合料试验规程》（JTG E20—2011）。

第二节　间歇式沥青搅拌设备的调试、校正与使用

沥青搅拌设备在生产沥青—橡胶混合料之前应对搅拌设备进行必要的调试和校正，这种调试和校正是为搅拌设备的正确使用提供依据，同时也是混合料生产质量控制的重要环节。

间歇式搅拌设备的调试工作应包括以下内容：

（1）集料、粉料、沥青秤的标定；

(2)冷料给料系统的标定；

(3)筛分系统的调试与标定；

(4)计量控制系统的调试；

(5)生产配合比的调试；

(6)搅拌设备生产能力的调试。

应协调好结合料生产设备与沥青搅拌设备之间的生产能力，使之相匹配，以便充分发挥搅拌设备的生产能力，并尽可能避免沥青—橡胶结合料时断时续地生产。

注：沥青搅拌设备在生产橡胶沥青混合料时由于需要提高热集料的烘干温度，延长混合料的拌和时间，因而搅拌设备的生产率与生产普通沥青混合料相比会有所下降。

在生产橡胶沥青混合料时应正确使用和操作沥青搅拌设备，避免出现集料残余含水率过大、温度波动、集料混仓、计量不准、拌和不匀、材料离析等使用操作不当的情况。

第三节　橡胶沥青混合料的拌制

各类湿法处理的橡胶沥青混合料均可采用常规热拌沥青混合料的搅拌设备进行生产，其拌制工艺也无原则上的区别。

对于各类橡胶改性沥青混合料来说，由于橡胶改性沥青是以成品结合料的形式提供给拌和场的，因而对沥青搅拌设备不须作任何改动即可使用，它的拌制工艺也大体上与常规橡胶类改性沥青(SBS、SBR)混合料相当，其生产温度和拌和时间可参考常规改性沥青混合料的拌制工艺来选择。

对于各类沥青—橡胶混合料来说，由于现场制作的特点以及结合料高黏度的特性和对矿料级配的敏感性，在采用间歇式沥青搅拌设备生产 AR 混合料时，对搅拌设备需要做少量的改装，在拌制工艺上也有某些更为严格的要求。

为减少 AR 结合料在输送过程中的热损失，沥青—橡胶制备设备应尽可能地靠近沥青搅拌设备，以缩短输送管道与导热油套管的长度。由于泵送高黏度的沥青—橡胶需要重载的沥青泵，最常用的是螺旋齿轮泵(图 3-8-1)。在通往沥青搅拌设备的结合料输送线上应安装三通阀，可以方便地变换输送给搅拌设备的是普通沥青，还是高黏度的沥青—橡胶。

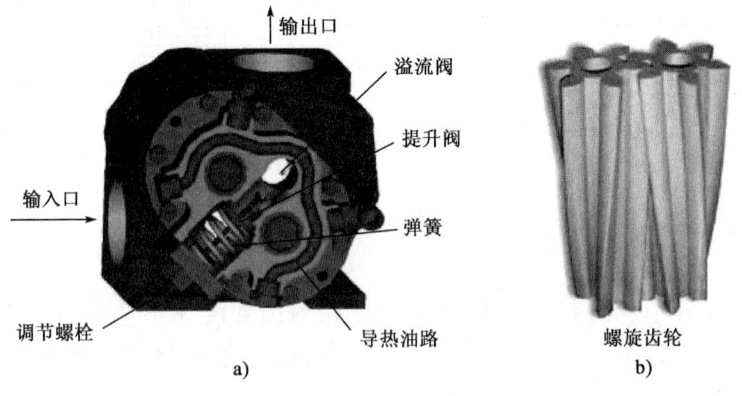

图 3-8-1　橡胶沥青用的高黏度沥青泵

由于沥青—橡胶结合料中含有固体的橡胶颗粒,结合料输入拌缸的管道应有足够的截面积让沥青—橡胶顺利流入拌缸(自流式),对于压力喷射的沥青喷洒管应加大喷孔的直径,以免橡胶屑堵塞喷口。

沥青搅拌设备在拌制沥青—橡胶混合料时,由于需要提高集料的加热温度和延长拌和时间,生产率会比生产普通沥青混合料有所降低,沥青搅拌设备的生产能力应与沥青—橡胶结合料制备设备的生产能力相匹配,以保持两者生产过程的连续性。

沥青—橡胶混合料对矿料级配的控制要求更为严格,尤其是3mm以下的细料的比例对混合料空隙率的影响非常敏感。因此,对冷集料规格的一致性、热集料级配的稳定性和热料筛分系统的筛分效率与混仓率应有更为严格的要求。

表3-8-3～表3-8-6和图3-8-2～图3-8-4是常熟通港路橡胶沥青试验路铺筑时的一个实例,展示了冷集料级配一致性对沥青—橡胶混合料矿料级配的影响。

两种细集料的矿料级配　表3-8-3

0～3mm细集料	通过下列筛孔(mm)的质量百分率(%)						
	4.75	2.36	1.18	0.6	0.3	0.15	0.075
料源Ⅰ	100	79.9	47.8	39.5	24.9	17.8	12.6
料源Ⅱ	100	79.3	54.0	45.7	31.4	24.6	16.5

生产配合比调试的结果　表3-8-4

日　期		矿料级配计算表												
2007年10月15日														
筛孔尺寸(mm)		31.5	26.5	19	16	13.2	9.5	4.75	2.36	1.18	0.6	0.3	0.15	0.075
容许偏差上限		100.0	100.0	100.0	100.0	100.0	90.0	41.0	25.0	18.0	14.0	11.5	10.0	5.5
容许偏差下限		100.0	100.0	100.0	100.0	90.0	80.0	31.0	17.0	10.0	6.0	3.5	2.0	3.5
配合比公式		100.0	100.0	100.0	100.0	95.0	85.0	36.0	21.0	14.0	10.0	7.5	6.0	4.5
4号仓(10～15mm)		100.0	100.0	100.0	100.0	73.5	6.4	2.1	0.0	0.0	0.0	0.0	0.0	0.0
3号仓(5～10mm)		100.0	100.0	100.0	100.0	100.0	94.9	5.7	1.0	0.0	0.0	0.0	0.0	0.0
2号仓(3～5mm)		100.0	100.0	100.0	100.0	100.0	100.0	84.1	6.5	0.2	0.0	0.0	0.0	0.0
1号仓(0～3mm)		100.0	100.0	100.0	100.0	100.0	100.0	100.0	84.3	56.2	39.1	20.5	7.6	3.6
MF1		100.0	100.0	100.0	100.0	100.0	100.0	100.0	100.0	100.0	100.0	100.0	99.0	90.9
B4(%)	13.5	13.50	13.50	13.50	13.50	9.92	0.86	0.28	0.00	0.00	0.00	0.00	0.00	0.00
B3(%)	51.5	51.50	51.50	51.50	51.50	51.50	48.87	2.94	0.52	0.00	0.00	0.00	0.00	0.00
B2(%)	12	12.00	12.00	12.00	12.00	12.00	12.00	10.09	0.78	0.02	0.00	0.00	0.00	0.00
B1(%)	19	19.00	19.00	19.00	19.00	19.00	19.00	19.00	16.02	10.68	7.43	3.90	1.44	0.68
MF1(%)	4	4.00	4.00	4.00	4.00	4.00	4.00	4.00	4.00	4.00	4.00	4.00	3.96	3.64
总计(%)		100.0	100.0	100.0	100.0	96.4	84.7	36.3	21.3	14.7	11.4	7.9	5.4	4.3

细集料料源改变后热料仓取样筛分的结果和合成级配　　表 3-8-5

日　期		矿料级配计算表												
2007 年 10 月 18 日														
筛孔尺寸(mm)		31.5	26.5	19	16	13.2	9.5	4.75	2.36	1.18	0.6	0.3	0.15	0.075
容许偏差上限		100.0	100.0	100.0	100.0	100.0	90.0	41.0	25.0	18.0	14.0	11.5	10.0	5.5
容许偏差下限		100.0	100.0	100.0	100.0	90.0	80.0	31.0	17.0	10.0	6.0	3.5	2.0	3.5
配合比公式		100.0	100.0	100.0	100.0	95.0	85.0	36.0	21.0	14.0	10.0	7.5	6.0	4.5
4 号仓(10~15mm)		100.0	100.0	100.0	100.0	75.1	5.8	2.1	0.0	0.0	0.0	0.0	0.0	0.0
3 号仓(5~10mm)		100.0	100.0	100.0	100.0	100.0	93.6	2.7	1.0	0.0	0.0	0.0	0.0	0.0
2 号仓(3~5mm)		100.0	100.0	100.0	100.0	100.0	100.0	85.0	7.9	0.0	0.0	0.0	0.0	0.0
1 号仓(0~3mm)		100.0	100.0	100.0	100.0	100.0	100.0	100.0	96.0	78.8	53.9	29.1	12.4	6.4
MF1		100.0	100.0	100.0	100.0	100.0	100.0	100.0	100.0	100.0	100.0	100.0	99.0	90.9
B4(%)	13.5	13.50	13.50	13.50	13.50	10.14	0.78	0.28	0.00	0.00	0.00	0.00	0.00	0.00
B3(%)	51.5	51.50	51.50	51.50	51.50	51.50	48.20	1.39	0.52	0.00	0.00	0.00	0.00	0.00
B2(%)	12	12.00	12.00	12.00	12.00	12.00	12.00	10.20	0.95	0.00	0.00	0.00	0.00	0.00
B1(%)	19	19.00	19.00	19.00	19.00	19.00	19.00	19.00	18.24	14.97	10.24	5.53	2.36	1.22
MF1(%)	4	4.00	4.00	4.00	4.00	4.00	4.00	4.00	4.00	4.00	4.00	4.00	3.96	3.64
总计(%)		100.0	100.0	100.0	100.0	96.6	84.0	34.9	23.7	19.0	14.2	9.5	6.3	4.9

配合比进行局部调整后的矿料合成级配　　表 3-8-6

日　期		矿料级配计算表												
2007 年 10 月 19 日														
筛孔尺寸(mm)		31.5	26.5	19	16	13.2	9.5	4.75	2.36	1.18	0.6	0.3	0.15	0.075
容许偏差上限		100.0	100.0	100.0	100.0	100.0	90.0	41.0	25.0	18.0	14.0	11.5	10.0	5.5
容许偏差下限		100.0	100.0	100.0	100.0	90.0	80.0	31.0	17.0	10.0	6.0	3.5	2.0	3.5
配合比公式		100.0	100.0	100.0	100.0	95.0	85.0	36.0	21.0	14.0	10.0	7.5	6.0	4.5
4 号仓(10~15mm)		100.0	100.0	100.0	100.0	75.1	5.8	2.1	0.0	0.0	0.0	0.0	0.0	0.0
3 号仓(5~10mm)		100.0	100.0	100.0	100.0	100.0	93.6	2.7	1.0	0.0	0.0	0.0	0.0	0.0
2 号仓(3~5mm)		100.0	100.0	100.0	100.0	100.0	100.0	85.0	7.9	0.0	0.0	0.0	0.0	0.0
1 号仓(0~3mm)		100.0	100.0	100.0	100.0	100.0	100.0	100.0	96.0	78.8	53.9	29.1	12.4	6.4
MF1		100.0	100.0	100.0	100.0	100.0	100.0	100.0	100.0	100.0	100.0	100.0	99.0	90.9
B4(%)	13	13.00	13.00	13.00	13.00	9.76	0.75	0.27	0.00	0.00	0.00	0.00	0.00	0.00
B3(%)	50	50.00	50.00	50.00	50.00	50.00	46.80	1.35	0.50	0.00	0.00	0.00	0.00	0.00
B2(%)	18.5	18.50	18.50	18.50	18.50	18.50	18.50	15.73	1.46	0.00	0.00	0.00	0.00	0.00
B1(%)	14.5	14.50	14.50	14.50	14.50	14.50	14.50	14.50	13.92	11.43	7.82	4.22	1.80	0.93
MF1(%)	4	4.00	4.00	4.00	4.00	4.00	4.00	4.00	4.00	4.00	4.00	4.00	3.96	3.64
总计(%)		100.0	100.0	100.0	100.0	96.8	84.6	35.8	19.9	15.4	11.8	8.2	5.8	4.6

表3-8-3中料源Ⅰ是生产配合比调试时采用的1号料(0～3mm)，在施工过程中由于料源供应上的问题，改用另一料源提供的1号料(料源Ⅱ)。两者2.36mm筛孔的通过率基本相同，但2.36mm以下筛孔的粒径分布后者偏细。

表3-8-4和图3-8-2是生产配合比调试的结果，表3-8-5和图3-8-3则是细集料改用料源Ⅱ后热料仓取样筛分的结果和合成级配曲线。比较表3-8-4与表3-8-5可以看到，4号、3号、2号仓的粒径变化不大，而1号热料仓的粒径则有明显变化，从而导致在同样的配合比下，矿料曲线的细集料部分发生明显的变异，1.18mm筛孔以下的粒径明显偏离生产配合比的设计曲线，而0.6mm与1.18mm的通过率已经超出产级配要求的控制范围，并在0.6～1.18mm处形成不良的"驼峰"(图3-8-3)。

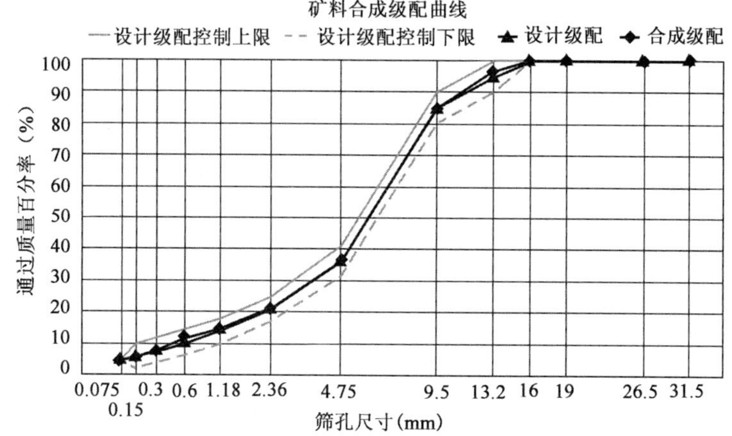

图3-8-2　生产配合比调试的矿料级配曲线

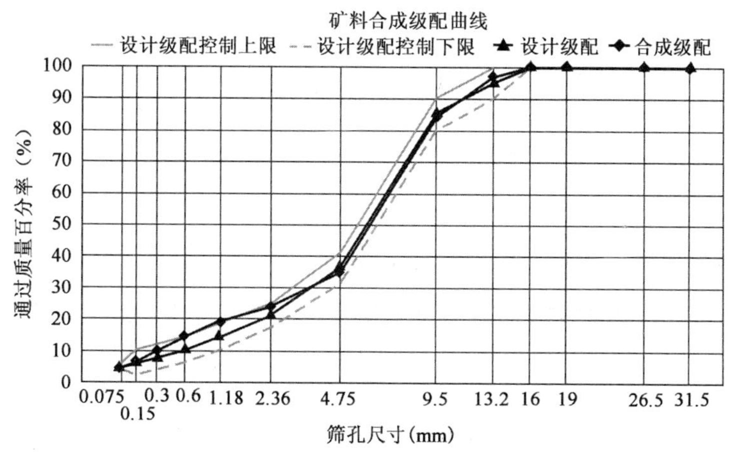

图3-8-3　细集料料源改变后的矿料级配曲线

表3-8-6和图3-8-4是配合比重新进行调整后的结果，从表3-8-6和图3-8-4可以看到，配合比经局部的调整后，矿料的级配曲线重新回到了要求的设计曲线。

《公路沥青路面施工技术规范》(JTG F40—2004)规范中规定"经设计确定的标准配合比在施工过程中不得随意变更"，应正确理解这一要求的含义，这里强调的是不得"随意"变更，在不少施工工地可以看到，监理部门对这一要求理解的绝对化，即使实际的热料级配曲线已经

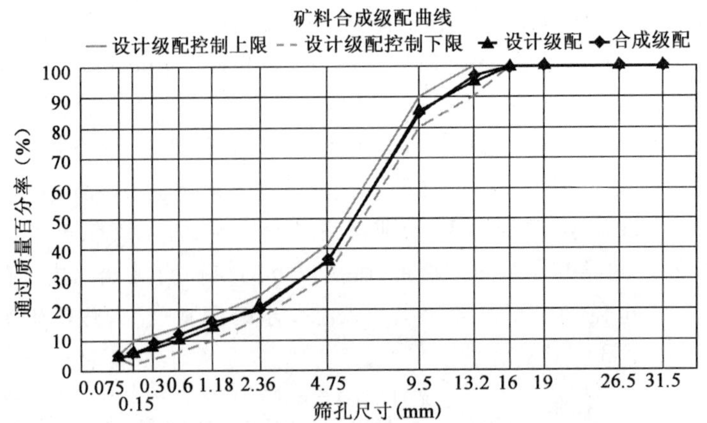

图 3-8-4　配合比进行局部调整后的矿料级配曲线

与设计曲线有较大偏离，仍然不允许对配合比进行适当的调整。在实际的条件下，集料由于在生产、运输、装卸过程中各种随机因素的影响，其粒径的分布不可能保持绝对不变，因此绝对不允许对生产配合比作出某些必要的调整显然是不合理的，因为决定混合料中矿料级配质量的并不是配合比，而是矿料的级配曲线。从上述实例中可以看到，当矿料的级配曲线出现某种局部的变化时，应及时对生产配合比进行某些局部的调整，使矿料的级配曲线保持在设计曲线的附近，这一点对于对矿料的粒径分布有严格要求的沥青—橡胶混合料来说尤为重要。

当采用间歇式沥青搅拌设备生产沥青—橡胶混合料时，正确选择筛网的控制筛孔尺寸也是 AR 混合料生产工艺的重要环节。自 2000 年以来许多省市的高速公路建设部门为更好地控制 2.36mm 细集料的比例要求在间歇式搅拌设备上增加一 3mm 筛孔的筛网。这一措施显然没有很好考虑搅拌设备筛分系统的工作条件。由于搅拌设备的筛分系统不可能无限制地加大筛网的面积和延长过筛的时间，在实际生产中热集料的过筛时间通常只有几十秒。而对于筛分效率来说孔径越小的筛网其筛分效率越低，也越容易造成筛网的堵塞。采用 3mm 的筛孔来控制 2.36mm 的细集料显然是不合理的，这将大大降低 3mm 筛网的筛分效率，并导致严重的混仓和筛网的堵塞。广东冠粤路桥公司的一项研究表明，采用 3mm 的筛网在某些搅拌设备的机型上 1 号料筛分效率可下降至 80% ~70%，而 2 号仓的混仓率则可高达 20%[9]。由于沥青—橡胶混合料对矿料级配的严格要求，这一情况对 AR 混合料生产质量的影响将更为严重。

图 3-8-5 和图 3-8-6 是常熟通港路橡胶沥青试验路施工过程中的又一实例。图 3-8-5 是铺筑试验路第一天热料仓取样筛分分析所得的矿料级配曲线，图 3-8-6 则是 3 天后热料仓取样所得的矿料级配曲线。从图 3-8-6 中可以看到，曲线的细集料部分通过率严重偏离设计曲线，但 1 号冷料的筛分结果却并无很大变化。经检查发现导致矿料级配曲线变化的主要原因是 1 号料 3mm 筛孔的筛网严重堵塞。由于 3mm 筛网的堵塞，1 号料中相当一部分较粗粒径(0.6 ~2.36mm)的料进入了 2 号仓以及 2 号以上的料仓中，1 号仓由于缺少 0.6 ~2.36mm 的料而变细，2 号仓以及 2 号以上的料仓则由于混入了 1 号料同样变细，从而导致整个合成级配曲线明显变细。为避免 3mm 筛网的堵塞，不得不要求在每天搅拌设备停工后，对 1 号料的筛网进行清理。

由此可见，正确配置间歇式沥青搅拌设备的筛网对保持沥青—橡胶混合料矿料级配的稳

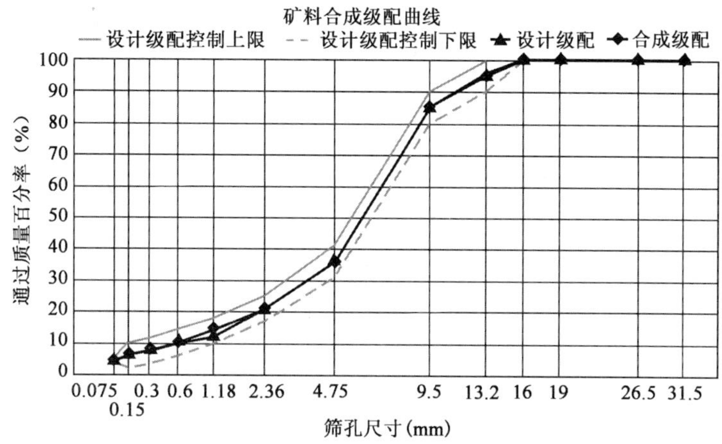

图 3-8-5　3mm 筛网未堵塞时的矿料级配曲线

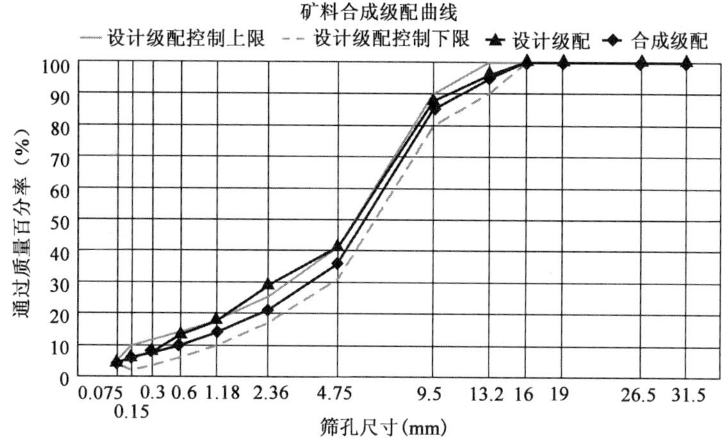

图 3-8-6　3mm 筛网堵塞后的矿料级配曲线

定性同样是十分重要的。根据国内外的实践经验，常用筛网筛孔尺寸及其对应的集料控制粒径列于表 3-8-7 内。

筛孔尺及其对应的集料控制粒径　　表 3-8-7

要求分离的集料公称粒径(mm)	26.5	19	13.2	9.5	4.75	2.36
筛孔的控制尺寸(mm)	30	22	15	11	6	4

沥青—橡胶混合料在拌制过程中的生产温度与拌和时间是 AR 混合料拌制工艺中最关键的工艺参数，集料加热温度、AR 结合料温度、混合料拌和温度、成品料出料温度可按表 3-8-8 的要求进行控制。

沥青—橡胶混合料的生产温度　　表 3-8-8

生产温度(℃)		生产温度(℃)	
沥青—橡胶结合料温度	180 ~ 200	混合料拌和温度	175 ~ 185
集料加热温度	185 ~ 195	成品料出料温度	175 ~ 185

沥青—橡胶混合料的拌和时间以获得一裹覆良好、拌和均匀的沥青混合料为准，通常从结合料给料终止至拌缸门打开为止的净拌和时间不宜低于 40s。

第四节　成品混合料生产过程的质量控制

与常规热拌沥青混合料相同,橡胶沥青混合料生产过程的质量控制可采用搅拌设备生产过程的在线过程控制和实验室取样检测控制两种手段分别进行,互为补充。

一、搅拌设备生产过程在线控制

搅拌设备生产过程的在线过程控制可包括以下基本内容:

(1)每天开机待生产过程稳定后,逐批记录1h各热料仓的集料、粉料、结合料以及混合料总量的称量数据,根据对这些数据的统计分析,确定各称量值的系统误差和随机误差,以及相对设定值容许偏差的超差率,表3-8-9为称量控制值统计分析的示例。

批次称量控制值统计分析数据示例　　表3-8-9

日期	时间	称量控制值统计指标	材料组成百分率(%)					
			4号集料	3号集料	2号集料	1号集料	粉料	结合料
2010年6月24日	8:18:48 — 9:24:40	设定值	41.10	20.20	7.70	23.70	3.00	4.30
		平均值	41.07	20.26	7.68	3.68	3.03	4.28
		均方偏差	0.36	0.61	0.51	0.33	0.09	0.02
		系统偏差	0.03	0.06	-0.02	-0.02	0.03	-0.02
		随机偏差	±0.71	±1.20	±1.00	±0.65	±0.18	±0.04
		容许公差范围	设定值±1.5	设定值±1.5	设定值±1.5	设定值±1.5	设定值±0.5	设定值±0.1
		超差率(%)	0	0	0	0	0	0

注:超差率通常不应超过5%。

(2)根据当天各热料仓采样的筛分试验数据和当天的称量数据,按每一工作日为计算周期,计算每个拌和批次混合料的矿料级配与结合料含量,并通过计算一个工作日的平均矿料级配和平均结合料用量来进行总量检验。

(3)实时监测和采集烘干筒出口热集料、热料仓中细集料以及成品料的温度,并与设定温度值比较是否符合规定要求。

称量控制值的容许偏差范围应符合表3-8-10的规定。

搅拌设备自动配料系统按批采样的允许偏差　　表3-8-10

材　料	占每批混合料总重的百分比(%)	材　料	占每批混合料总重的百分比(%)
各粒径段的集料	±1.5	沥青材料	±0.1
矿粉	±0.5		

二、实验室取样检测控制

实验室取样检测主要包括以下3方面的内容:

(1)冷集料级配检测。

冷集料的级配检测包括冷料堆的取样筛分检测与斜皮带冷集料混合料的取样筛分检测,目的是监测各个规格段冷集料的级配变化情况。

如冷集料发生变异则应及时调整配合比或重新进行生产配合比设计。通常如只是某种集料发生局部的变化,则可通过适当调整热料的配合比来解决,如有多种集料的级配发生明显变化，则应重新进行生产配合比的设计。

(2)热集料级配检测。

热集料的级配检测应从热料仓取样进行筛分分析，取样时应从热料仓的全断面上采集。热料仓的级配分析是控制成品混合料矿料级配最主要的手段。虽然成品料的抽提分析同样包含矿料的级配分析，但热料仓的取样数量大，试验环节少，料样具有更好的代表性，能更为准确地反映混合料的级配状况，因而应成为AR成品混合料矿料级配的主要控制指标。

(3)成品混合料检测。

成品料检测包括混合料抽提分析、马歇尔试件密度—体积分析、成品料温度检测。由于沥青—橡胶不能完全溶解于三氯乙烯中，常规的溶剂法通常不能获得正确的结合料用量，因此在进行结合料抽提分析时应采用燃烧法。

鉴于沥青—橡胶混合料对矿料级配和空隙率的敏感性，国外规范规定的AR混合料生产过程中的组成分析和体积指标的分析大都比常规沥青混合料规定更严。表3-8-11列出了美国几个州规范对沥青—橡胶混合料矿料级配、结合料用量和体积指标的控制要求。

沥青—橡胶混合料矿料级配、结合料用量和体积指标的控制要求　　表3-8-11

美国州规范		TexDOT	Caltrans	ADOT	FDOT
矿料级配通过右列筛孔质量百分率(%)	>4.75mm	设计值±5	设计值±6	设计值±6(4)	—
	4.75mm	设计值±5	设计值±7	设计值±6(4)	—
	2.36mm	设计值±3	设计值±5	设计值±5(3)	设计值±5.5
	0.0.75mm	设计值±2	设计值±2	设计值±1.5(1)	设计值1.5
结合料用量(%)		设计值±0.3	设计值±0.5	设计值±0.6(0.4)	设计值±0.55
实验室试件空隙率(%)		设计值±1	设计值±2	设计值±2	设计值±2
实验室试件矿料间隙率(%)		>18.5	18~23	18~23	—

注:括号内数值为当采用3个试样的平均值作为指标值时的控制要求。

温度对沥青—橡胶混合料的生产质量起着十分关键的作用，成品料的出厂温度检测应在自卸载货汽车上进行，测定时宜在自卸载货汽车侧壁中部的上、中、下3个部位各钻一小孔，用插入式温度计测量成品料的温度，测定时温度计应深入到混合料中至少200mm。

沥青—橡胶混合料生产质量控制的检测项目与频度列于表3-8-12。根据国内外的实践经验，沥青搅拌设备拌制的成品AR混合料的质量控制指标和推荐的技术要求如表3-8-13所示。

成品料生产质量控制的检测项目与频度　　表3-8-12

检测项目	频　度	检测项目	频　度
冷料堆级配分析	每天1次	混合料抽提组成分析	每天1~2次，每次6个料样
冷料斜皮带级配分析	每天1次	马歇尔试验	每天1~2组，每组4~6个试件
热料仓级配分析	每天1次	混合料试件的理论密度	每天1~2次
冷料堆含水率	雨天后或必要时(间歇式搅拌设备)	成品料温度	每车若干点
热集料残余含水率	雨天后或必要时		

沥青—橡胶成品混合料的控制指标与技术要求　　表3-8-13

指　标	矿料级配[通过下列筛孔(mm)的质量百分率(%)]			结合料用量(%)	实验室试件体积指标(%)
	≥4.75	≤2.36~0.15	0.075		
技术要求	±4	±3	±1	±0.3	±1

第九章　橡胶沥青混合料的铺设与压实

橡胶沥青混合料的施工并不需要增加某些特殊的设备，在施工工艺方面获得一高质量橡胶沥青路面的关键是各个施工环节的温度控制。由于橡胶沥青混合料温度高、容许变化的范围窄，因此对混合料的施工条件、施工工艺和运输、摊铺、碾压的设备会提出一些特殊的要求。

第一节　适宜和不适宜施工的条件

(1)橡胶沥青混合料适宜在温暖、干燥的气候条件下施工，大气和路表面的温度应大于13℃，并继续在上升。

(2)橡胶沥青混合料不适宜在下雨的天气、早春深秋的寒冷天气，大气和路表面温度小于13℃的气候条件下施工。

(3)橡胶沥青混合料不适宜在原路面存在较宽的裂缝(大于12.5mm)和/或弯沉大而承载能力不够的原路面条件下施工。对于此种原路面，应首先进行补强(密级配罩面或/和应力吸收层)后再铺设沥青—橡胶表层。

(4)橡胶沥青混合料不适宜在需要大面积手工作业的条件下施工。这是因为沥青—橡胶混合料的黏度高、和易性差，手工作业很难将混合料摊平。

(5)橡胶沥青混合料不适宜在运距长(沥青拌和站至现场的距离)的条件下施工，容许运距的长短取决于气温、风力、自卸载货汽车的保温措施、现场的等待时间等因素，应根据实际情况来确定。

第二节　待铺路面的准备

待铺路面的准备包括以下几项：

(1)彻底清扫待铺的表面，清除掉落的集料、杂物，以及泥土等污染物。

(2)对于罩面施工，原路面的损坏部分必须清除、修复，坑洞必须修补、裂缝必须充填，接缝和裂缝的充填材料不应高出路面，以免在压实时罩面出现凸起的棱脊，原路面高程、横向轮廓偏差较大或平整度过差，应通过铣刨作业或加铺调平层进行修正。

(3)除了刚铺筑完成没有污染的新鲜路面，在混合料摊铺前应喷洒黏层油。黏层油可以采用150~170℃的热沥青进行喷洒，也可以喷洒乳化沥青，不论是热沥青还是乳化沥青，喷洒黏层油的目的是为了在原路面上形成一层极薄的沥青膜，其沥青用量应控制在0.18~0.27L/m^2，过多的沥青会导致层间的推移和表面的泛油，喷洒应均匀，不得出现漏洒、夹花等缺陷，乳化沥青通常采用喷洒用的快裂式类型，乳化沥青黏层油必须等待完全破乳和水分完全蒸发后才能摊铺沥青—橡胶混合料。

(4)在混合料摊铺前应在待铺路面上进行画线放样，检查待铺路面的高程、横坡，进行基准线的架设。

第三节　橡胶沥青混合料的运送

一、对运输设备的要求

在运输途中保持混合料的温度而尽可能减少热量的失散是橡胶沥青混合料运输作业的基本要求。虽然任何常规的自卸载货汽车都可作为橡胶沥青混合料的运输车辆，但如能采用具有隔热车厢的自卸载货汽车则效果更好。防水篷布是自卸载货汽车上必须配备的，篷布应是不透水的，具有足够的质量和强度以抵抗风力的撕扯，并能在侧面和后部垂下0.3m左右。载货汽车上应有足够的锚固点，以便用拉索将帆布拴牢，不致使下垂部分在风中飘起，拍打车厢和在篷布与车槽顶部混合料间形成一空气流动的通道。

二、车槽的清洁与防黏

车槽在装载橡胶沥青混合料之前必须彻底清洗干净，去除黏结在底板和侧板上的任何残留物质。车槽在清洁后和在运输过程中应在底板和侧板上均匀喷洒一层防黏剂。防黏剂可用皂液(洗衣皂液)、稀释的硅脂乳液或专门的沥青防黏剂，不得使用柴油或其他溶剂作为防黏剂。

三、自卸载货汽车与摊铺机的协调作业

自卸载货汽车的卸载作业应与摊铺机的操作很好地协调一致，尽可能减少摊铺作业的停顿，车槽中的混合料应尽可能作为一个整体卸入摊铺机的料斗中，以最大限度地降低卸载过程中的材料离析。

四、自卸载货汽车中混合料的温度

自卸载货汽车中混合料的温度在到达摊铺现场时，应控制在160～175℃的范围内。较热的天气(大于18℃)和运距较短可采用低值，较冷的天气(小于18℃)则应采用高值，大多数情况可采取中值(165℃)。

第四节　橡胶沥青混合料的摊铺

一、对摊铺设备的要求

沥青—橡胶混合料的摊铺作业同样可以用常规的摊铺机来完成，只是熨平板应配备温度可以调节的加热装置，以便在摊铺过程中保持较高的熨平板温度，以减少混合料的热量损失。在某些施工单位也有采用专门设计的加热熨平板(图3-9-1)。

二、摊铺工艺的特点

常规沥青混合料的摊铺工艺对于沥青—橡胶混合料的摊铺作业基本上都是适用的。但是由于沥青—橡胶混合料的黏度高、施工和易性差，因此在某些方面需要作一些调整。

图 3-9-1 装备有专门的液化气加热装置的熨平板

由于橡胶沥青混合料对材料离析有严格要求，因此即使是细颗粒的表面层也不宜采用大宽度的摊铺机。对宽度较大的路面应采用多台摊铺机梯队作业的方式进行摊铺。

虽然在摊铺机的操作方面与常规的沥青混合料并没有什么不同，只是需要强调以下几点：

(1)应该更多、更严地监测摊铺机料斗和铺层混合料的温度，这对于获得一高质量的最终路面产品是至关重要的。

(2)一个恒定的摊铺速度(有时宁可慢一些)对于保持连续的摊铺作业和稳定的摊铺与碾压温度以及保持稳定的料位高度和铺层厚度都是十分有利的，这些都将有助于获得高质量的路面。

(3)摊铺机料斗翼板的操作要注意不要使料斗内的混合料引成凹坑，使两边的混合料由于冷却而结成大块，严禁放空料斗或使刮板输送器接近空走。

(4)摊铺机与压路机之间的距离不应超过 30m，如发现碾压作业跟不上摊铺作业的速度，应降低摊铺速度，必要时应停机等待。

三、搅拌设备、自卸载货汽车、摊铺机生产率的协调

搅拌设备、自卸载货汽车、摊铺机生产率要保持匹配，自卸载货汽车与摊铺机的操作要协调，以尽可能保持摊铺机的连续作业，减少它的停顿次数。为保证随后的压实作业能在要求的温度下完成，摊铺机的停顿时间不宜超过 5 ~ 10min(视天气的冷热而定)，如摊铺机的停顿时间较长，应将摊铺机驶离作业面，将已摊好的铺层压实，然后进行切边，形成一道横向接缝。

四、摊铺温度的控制

沥青橡胶混合料的摊铺温度应符合表 3-9-1 的要求。

橡胶沥青混合料的摊铺温度 表 3-9-1

摊铺温度	气温与待摊表面温度	
	≥18℃	<18℃
摊铺机料斗内混合料温度(℃)	160 ~ 170	165 ~ 175
摊铺机熨平板正后方刚摊铺好的铺层温度(℃)	150 ~ 165	155 ~ 165

五、手工作业

由于粗集料多、结合料黏度高、和易性差，橡胶沥青混合料是一种很难进行手工作业的

材料，手工的撒播、刮平常常会导致一个外观很难看的表面。因此，在摊铺作业接缝处理中应尽可能减少手工作业。如确实必须进行手工作业，则应在混合料温度还很高的情况下进行。

第五节　橡胶沥青混合料的碾压

橡胶沥青混合料由于粗料的比例多，结合料的黏度高，是一种很难压实的硬性混合料，通常需要更大的压实功和在更高的温度下进行压实。但是，橡胶沥青混合料通常都属于薄层路面的结构。这样的结构又不适宜施加很大的压实功，以免压碎集料。正是由于这样一些特殊的条件，对于橡胶沥青混合料的压实需要提出某些特殊的要求。

一、压实设备的选择

(1)由于结合料的黏度高、容易黏附于滚轮上，因而不适宜用轮胎压路机来碾压橡胶沥青混合料。

(2)碾压设备的主力应该是高频、低振幅的双钢轮振动压路。20 世纪 20 年代末开发的高频振动压路机可以在极低的振幅下(0.3mm 左右)提供很大的激振力，从而可以在降低滚轮对被压材料冲击力的同时提供很高的压实功。目前市场上推出的高频振动压路机的频率在 56 ~ 67Hz，激振力则可达 73 ~ 148kN。图 3-9-2 是高频振动压路机在碾压沥青—橡胶罩面的现场。大吨位的振荡压路机，由于没有垂直方向的振动，不会压碎集料，但能在表层内提供很大的压实功(激振力可达 130 ~ 200kN)，因而也是一种较好的选择。

图 3-9-2　高频振动压路机在碾压沥青—橡胶混合料罩面

(3)压路机应装备有喷水量可以调节的喷水系统，以便尽可能减少喷水防黏过程中铺层的热量损失。水箱中可以稍稍加一点洗衣皂粉，以增加防黏的功能。

二、碾压工艺的特点

(1)碾压工艺应采用紧跟碾压的方式，压路机在每遍碾压时应一直压至摊铺机熨平板的正后方。

(2)初压即采用振动压路机振压，这样做的好处是在混合料温度还很高的情况下，获得较高的初压密实度，对于沥青—橡胶混合料来说，通常复压所能增高的压实度是较小的，因此应使初压至少达到要求压实密度的 95% 以上。由于橡胶沥青混合料具有较大的抵抗水平推力的能力，因此碾压一开始就用振动压路机，并不至于导致很大的混合料推移。

(3)为了尽快地使压实作业在较高的温度下进行，初压与复压至少应配备 2 台振动压路机同时进行碾压。初压与复压通常应在 2 ~ 3 个来回内完成 4 ~ 6 遍。

(4)为防止由于压路机发生故障、停止工作而造成铺层压实不足的缺陷,应配备一台振动压路机作为备用压路机。

三、碾压温度的控制

沥青—橡胶混合料在各碾压阶段的温度控制应符合表 3-9-2 的要求。

沥青—橡胶混合料的碾压温度　　表 3-9-2

碾压温度	气温与待摊表面温度	
	≥18℃	<18℃
初压开始温度	150～165	155～165
初压结束温度	140～155	145～155
复压结束温度	≥125	≥125

四、压实质量的控制

鉴于压实质量对橡胶沥青路面施工的重要性,在橡胶沥青混合料的碾压过程中加强对压实质量的监测是十分重要的。

(1)加强对碾压各个阶段温度的监测,以便及时调整混合料的生产过程、运输过程、摊铺过程与碾压过程的温度控制。

(2)加强对碾压过程混合料压实度的实时监测,应采用非核子或核子密实度仪对碾压过程各阶段铺层密度的增长情况进行实时监测,以确信压实质量是否达到了规定的要求。

(3)当碾压过程无法在规定温度范围内进行,压实度也达不到规定的要求,则应停止摊铺作业,并进行返工。

五、平均厚度与总产量的计算

在进行平均厚度的总量控制时需要按某时段内摊铺的混合料总量和该时段内摊铺的总面积来计算平均厚度和总产量(体积)。此时需要知道混合料在压实后的平均密度,对于沥青—橡胶混合料来说,由于高的沥青含量,使碎石的比例减小了,因此这一密度大约比常规的密级配混合料减少 5%。

第六节　接 缝 处 理

一、横向接缝

1. 横向冷接缝处理应遵循以下要点

(1)横向冷接缝应采用平接缝垂直接口的形式,上、下层横向接缝的部位应至少错开 1m 以上。

(2)已压实铺层接头处厚度逐渐变小的部位应用切缝机切开后将其铲除。切缝宜在铺层碾压后已基本冷却但尚未结硬时进行。

(3)切缝的位置应用3m直尺测量确定,并应离开厚度变小的转折点至少1m以上,切缝应沿着路面纵轴垂直的方向平直地贯彻整个铺层宽度,切深为铺层厚度。

(4)在接茬处涂刷适量黏层油,如能对接缝垂直面适当加热,其黏接效果会更好。

(5)摊铺机熨平板放置在接茬处已铺路面上,在熨平板宽度方向垫两块垫木,厚度为铺层虚铺厚度与设计厚度之差,锁住牵引臂铰点液压缸,开动摊铺机,让熨平板离开垫木并完全压在混合料上,同时将牵引臂铰点液压缸控制开关放至自动位置。

(6)在正确的操作下横向接缝的修整工作应该是很小的,应尽可能减少手工作业,不要在接缝处撒播混合料,这样会影响接缝处铺层的外观。

2.横向接缝的碾压

(1)横向接缝传统的碾压是将压路机横跨在接缝上进行横向碾压,但这一方法并不适用于橡胶沥青混合料,因这将花费很长时间,导致铺层温度的降低。

(2)横向接缝的碾压应在摊铺机离开后尽快开始,采用静作用压路机进行,并在1~2遍内尽快完成,然后转为纵向碾压,或者不用横向碾压而直接进行纵向碾压,以保证碾压作业的必要温度。

二、纵向热接缝

纵向热接缝发生在多台摊铺机进行梯队摊铺的场合。纵向热接缝的处理应遵循以下要点:

(1)纵向热接缝的设置部位应根据摊铺的总宽度和各台摊铺机熨平板的宽度来确定。上、下层的纵向热接缝应错开至少150mm以上,表面层的热接缝宜设在路面车道的标志线部位。

(2)多台摊铺机梯队并行作业时,相邻两台摊铺机前后相距宜不超过15m,以确保混合料的摊铺温度基本一致。

(3)为了尽量减少手工扒平和铲除多余材料的作业,两条相邻铺层处的搭接宽度应减少至最低限度(25~40mm)。铲除、扒平多余材料的作业应尽快在混合料温度较高时进行,并将它们抛向较热的一边。

(4)热接缝的碾压应在接缝形成后尽快碾压,应先碾压领头摊铺机铺层邻近接缝处的混合料,压路机应沿着离开铺层边缘150mm的纵向线进行碾压,然后再骑跨在接缝上碾压第二遍。

三、纵向冷接缝

1.纵向冷接缝的处理应掌握以下要领

(1)为获得一良好冷接缝,首先,摊铺机在摊铺第一道铺层时必须走直。

(2)为获得一密实而平整的接缝边缘,第一道铺层在碾压时宜用安装有切刀的压路机沿着边缘切去50~150mm未完全密实的混合料,这一部分混合料也可在铺层尚未完全冷却时用镐或切缝机刨去。

(3)在纵向冷接缝的接茬处涂刷适量的黏层油,以加强冷接缝的黏合力。

(4)在铺设相邻路面时,应与已压实的路面产生一定的重叠度,重叠的宽度应控制在25~

40mm 的范围内，松铺层高出已压实路面的高度宜控制在每 25mm 铺层厚高出 3 ~ 6mm 的范围内，将重叠的材料总量正确地控制在上述范围内，可使接缝碾压密实而手工铲除的材料降至最少。

2. 纵向冷接缝的碾压

纵向冷接缝碾压的方法对橡胶沥青混合料的接缝质量有重要影响，传统的方法是将压路机宽度的大部分压在冷铺层上，只留 150mm 左右压在新铺路面上，以获得一平整的接缝，但这一方法不适用于橡胶沥青混合料，因这将使新铺层不能在第一时间内获得迅速的压实。

正确的碾压方法应从热铺层一边开始，让压路机滚轮骑跨在接缝上碾压，滚轮的边缘离接缝应保持有 150mm 左右的搭接量。

第七节　橡胶沥青排水性混合料的施工特点

由于粗集料多、空隙率大、结合料用量高的特点，橡胶沥青排水性混合料的施工除要遵循橡胶沥青混合料的一般施工要求外，还需要注意某些特殊的要求。

(1) 虽然橡胶沥青混合料由于较高的高温黏度一般不需要添加稳定剂，仍不致发生结合料的析漏，但是由于排水性橡胶沥青混合料的沥青—橡胶用量经常高达 9% 左右，因而不宜在拌和站的成品料仓中长时间的储存，以免发生结合料的析漏。同样理由，混合料的运输距离也不宜过长，除考虑热量的损失外，还应考虑析漏的问题。

(2) 为避免路表水通过排水性混合料渗入下层路面，在铺设排水性混合料之前应在下层路面上敷设橡胶沥青的防水黏结层或应力吸收层（参看第四篇）。

(3) 摊铺机在摊铺排水性混合料时，应降低熨平板振捣系统的振动强度，以免压碎粗集料，对于厚度为 3cm 以下薄层和超薄结构的排水层应关闭振捣系统，并降低振动熨平板的振动能量。

(4) 尽可能避免铲补、刮平等手工作业，由于粗集料的嵌挤作用，混合料很难推动，手工操作不仅会使铺层表面外观很难看，而且还将导致材料的离析和铺层的早期松散。

(5) 排水性混合料的碾压是最需要注意的问题。与密实型混合料相比，排水性混合料的碾压在概念与目的上是有差异的，后者并没有压实度的要求。排水性混合料要求的是适度碾压，并非将材料压得越密实越好，它的碾压要求是在获得规定空隙率的前提下，使粗集料的颗粒固定挤实。因此排水性混合料在碾压工艺上应遵循以下原则：

①严格控制压实能量，防止由于过度压实而导致集料压碎和结合料唧浆上浮，堵塞排水空隙。

②严格控制碾压温度，采用紧跟摊铺机碾压的模式，配备足够数量的压路机，以便在第一遍碾压时即能覆盖整个铺层宽度。

③不宜采用振动压路机或轮胎压路机进行碾压，可采用静作用钢轮压路机或关闭振动机构的振动压路机进行碾压，也可采用振荡压路机进行碾压。

④压路机的吨位宜在 10t 左右，不再区分初压、复压、终压，碾压速度宜控制在 5km/h 左右，碾压遍数为 2 ~ 4 遍（1 ~ 2 个来回）。

第八节　开放交通

沥青—橡胶混合料不仅黏度高，容易黏附在车轮上，而且初凝时间比较长，通常要经历5～10天的时间才能完全凝固。为了缩短开放交通时间，可以在混合料完成终压之后，撒布一层细砂。细砂的用量是0.5～1kg/m^2。砂中不应含有泥土和有机物等杂质，并应符合细集料的质量与规格的要求。多余的砂应从路面上清扫掉。

也可采用喷洒石灰水的方法来冷却路面和防止车迹和黏附。石灰水的用量是2.26 L/m^2，石灰水的浓度为每1m^3 水中至少加2kg石灰，并搅拌均匀。

在没有条件采用撒砂和洒石灰水的情况下，也可采用清水冷却路面，喷水应持续进行，直至路表面温度冷却至40℃以下。

第十章　热拌橡胶沥青混合料施工质量检验和管理

第一节　施工质量管理的基本概念

一、基本概念与术语

热拌沥青混合料应用于路面工程是从混合料的设计开始的。现行沥青混合料的设计方法是一种建立在混合料性能实验室评估基础上的经验性方法，它通过一系列对混合料性能的试验评价，建立起混合料使用性能与混合料组成参数之间的关联关系。由于实验室条件与实际生产条件之间的差异以及在混合料生产和施工过程中引起的材料与温度离析，使得拌和场生产的成品混合料以及铺设在路面上的沥青混凝土的组成和性能不可能与实验室的混合料设计结果完全一致。因此，就需要通过一系列的质量管理活动来确保拌和站生产的成品混合料以及现场施工的最终产品——沥青路面的质量符合设计预期的技术要求。在道路施工的领域内这些质量管理活动主要包含质量控制、质量验收、质量保证三类。

质量控制、质量保证、质量管理的概念最早是从机器制造部门提出来的，然后才引入道路施工的领域。尽管 ISO 8402《质量术语》以及我国采用 ISO 标准制定的国标《质量管理和质量保证国家标准》(GB/T 6583—1994)对质量管理活动的一系列术语规定了共性的定义，但是在道路施工范畴内的质量管理术语，是在 ISO 术语标准的基础上结合道路施工的特点而形成的。

1. 质量控制(Quality Control, QC)

质量控制是指由承包人实施的所有为确保施工产品符合合同技术要求的质量管理活动的总和。质量控制是以足够数量的检测为条件的一种防止在生产(施工)过程中出现大量废品的质量管理手段，其目的是使承包人规避发生大量报废产品的风险。它包括原材料的储运与管理、生产(施工)的方法与工艺、设备的调试与保养、生产(施工)过程的控制以及所有在上述这些场合中进行的取样、试验、检测活动。

2. 质量验收(Quality Acceptance)

质量验收是产品的买方对产品的质量确认是否满足合同要求的过程。质量验收是通过无偏的随机抽样方式对一大批在相同条件下生产的产品的特性参数(质量指标)进行检验，从而对这批产品的质量作出评价。在道路施工中，质量验收可以是承包商对材料供应商的产品质量验收，也可以是业主对施工阶段的最终产品(路基、基层、面层等)的质量验收。

3. 质量保证(Quality Assurance, QA)

质量保证是业主为保证施工的最终产品(路基、基层、面层等)符合规定质量要求而实施的一系列有计划、有组织的管理活动，其目的是证明施工的质量确实满足规定的技术要求。质量保证的管理活动是在质量保证体系中完成的，它包括所有质量控制、质量验收和独立认证所涉及的范围。业主代表（驻地工程师）或监理工程师可通过对施工质量的各个环节实施验证试验（Assurance Testing），或在监理人员的监督和观察下通过由承包人实施的质量控制试验进行质量监督。

在质量保证体系中所完成的所有试验都必须确保其试验结果的可靠性和正确性，而后者则是通过第三方对所采用的取样、试验、检测方法和仪器设备以及实验室的可信任度进行独立验证来保证的。

4. 独立验证（Independent Assurance）

独立验证是指那些旨在对质量保证活动中所采用的取样方法、试验与检测方法是否有效、可靠，所使用的仪器设备是否符合质量标准，以及实验室本身是否可以信赖，由与验收双方无直接利害关系的第三方所做的独立、无偏的评估活动。

5. 争端仲裁（Dispute Resolution）

争端仲裁是施工质量管理必需的组成部分，其目的是解决承包人与监理（驻地工程师）之间对试验结果的分歧。当承包人的试验结果与驻地工程师的试验结果相差较大，而双方又无法对发生差异的原因取得一致意见时，应将同样的试样提交与双方无直接利害关系的独立第三方实验室（Independent Third Party Labolatory）进行仲裁试验（Refree Testing）。仲裁试验不仅应提供仲裁试验的结果，并应对发生差异的原因给出一合理的解释和确定监理工程师的试验结果是否合理，只有在证明监理工程师的试验结果是不合理之后，方可将仲裁试验的结果作为质量验收的依据。

6. 质量管理（Quality Management）

质量管理是指所有为实现施工质量目标进行的包括质量控制、质量保证、质量验收、独立验证、质量争端的仲裁以及质量目标与质量体系的建立等管理性活动的总和。

道路施工质量管理的构成要素与它们的相互关系列于图 3-10-1[80]。

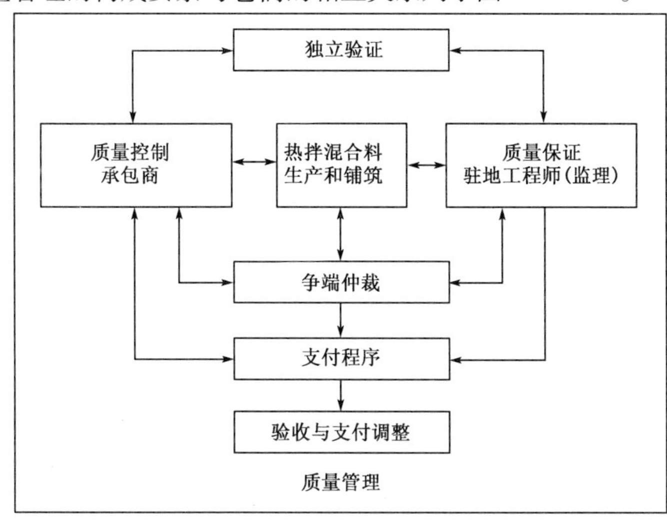

图 3-10-1　施工质量管理的构成要素与它们的相互关系

二、橡胶沥青混合料施工质量管理的基本环节

橡胶沥青混合料的施工质量管理是通过以下6个基本质量环节进行的。

1. 原材料的质量验收

原材料的质量验收通常是承包人所进行的施工质量、控制的第一步，业主和监理则通过质量验证试验的方式来进行监督。原材料的质量验收一般是按同一料源、同一次购入作为一批来进行的，但也可以对某些重要的原材料增加检验的频度（参看第三篇第八章第一节）。

2. 橡胶沥青结合料生产过程的质量控制和成品料的质量验收

橡胶沥青结合料的质量控制通常是由生产商（可以是专门的材料供应商，也可以是现场生产沥青—橡胶结合料的工程承包人）来实施的。成品料的质量验收则由结合料买方通过对每批产品的质量验收试验来实施。业主还可通过质量验证试验对橡胶沥青结合料的质量实施保证管理。

3. 橡胶沥青混合料设计的验证

混合料设计的验证是工程承包人对施工过程进行质量控制的重要一步。混合料设计的验证是通过铺筑试验路段来进行的，试验路段的铺筑通常分成试拌和试铺两个阶段。试拌阶段主要是验证拌和站实际生产的AR混合料能否满足目标混合料设计的要求。试铺阶段要解决的是现场铺设在路面上的AR混合料的组成和各项体积指标是否能控制在容许的波动范围内。

4. 橡胶沥青混合料生产过程的质量控制和成品料质量验收

沥青—橡胶混合料的质量控制通常由承包人（在由承包人自己生产热拌沥青混合料的场合）或由生产商（在商品混凝土的场合）来实施，买方（业主或承包商）则通过质量验收试验以及生产过程中的质量保证试验来确保沥青—橡胶混合料的质量符合合同规定的质量要求。

5. 橡胶沥青混合料铺设过程的质量控制和质量保证

橡胶沥青混合料运输、摊铺、碾压过程的质量控制是工程承包人施工质量控制中的重要组成部分。承包人应逐日检测并记录混合料温度、压实度等施工过程的质量控制参数，并逐日检验成型路面的质量指标。业主和监理人员通常通过监督、观察承包人进行的质量控制过程或质量验证试验来实施对铺设的橡胶沥青路面进行质量保证管理。

6. 橡胶沥青路面工程质量验收

作为施工最终产品的橡胶沥青路面，通常是由业主通过验收试验来对产品质量进行最终的评估，并根据评估的结果对承包人实行支付。业主对工程质量的验收通常分为分阶段验收与工程竣工验收两部分。分阶段验收是根据合同规定，按一定的工程量或工程进度进行验收，并根据工程质量分阶段实行支付。美国各州的规范通常根据一些重要的质量指标，例如空隙率、压实度、平整度等，实行与工程质量挂钩的支付方式（参看第三篇第四章表3-4-1和表3-4-2），这将对承包人重视质量控制起到制约和鼓励的作用。在工程全部竣工后通常将留有一部分质保金，待路面通车一定时间后再进行竣工验收，并支付完全部工程费用。

在上述6个施工质量管理的基本环节中，原材料的质量控制与管理、橡胶沥青结合料生产过程的质量控制与质量验收，以及橡胶沥青混合料生产过程中的质量控制和成品料质量验收已分别在第二篇第三章和第三篇第八章的有关章节中进行了讨论，其余环节的讨论将在本章中进行。

第二节　试验路段的铺筑

铺筑试验路段是橡胶沥青混合料施工质量管理中十分重要的环节，它的目的是验证所生产的橡胶沥青混合料以及铺设在路面上的橡胶沥青混凝土是否满足混合料设计的技术要求。

试验路段的铺筑应分试拌和试铺两个阶段来进行。

试拌阶段的工作任务与内容通常包含以下各项：

(1)确定搅拌设备的工作参数，包括各冷料仓的供料流量、各筛网的筛孔尺寸，热料仓的供料比例、搅拌过程的拌和时间(干拌和湿拌)，集料、沥青的加热温度与成品料的拌和温度等，并确定搅拌设备合理的生产能力。

(2)通过对搅拌设备生产数据的采集，分析集料、矿粉、沥青的称量控制值的误差和变异性是否在规定要求的范围内。

(3)通过热料取样筛分和成品料的抽提分析以及马歇尔试件的试验，验证实际拌和的混合料与实验室拌和的混合料，它们的矿料级配与油石比是否一致，以及混合料的各项性能是否符合要求，并进一步调整生产配合比。

试铺阶段的工作任务与内容通常包含以下几项：

(1)检验各种施工机械的类型、数量、组合方式是否匹配。

(2)检验摊铺机的调整是否恰当，摊铺作业的工作参数(摊铺速度、供料流量、料位高度、振捣机构的振幅、频率等)是否合理，自动找平系统的工作是否能满足铺层平整度的要求，摊铺温度是否恰当，并确定铺层的松铺系数。

(3)检验碾压工艺，包括压实机械的选用和组合，碾压的工作参数(振幅、频率、碾压速度和碾压遍数)、碾压模式的设计，碾压温度是否能满足预定的碾压质量，对不同的碾压方案进行比较，并确定正式施工用的碾压工艺。

(4)验证生产配合比的设计，并确定最终供生产用的标准生产配合比。

(5)验证所拟定的施工方案、施工组织、质量管理体系是否可行，并确定正式施工时的施工方案、施工组织和质量管理体系。

试验路段铺筑完工后，应对试验路面的工程质量进行全面检测，检测的频率一般应比生产路段路面施工时增加一倍，对于取芯检验，芯样的数量一般不应少于10个，渗水系数的检测点不少于10个，摩擦系数和构造深度的检测点不少于5个。对试验路段铺层的压实质量用密度仪进行拉网检测，网格可选为纵向间隔5m、横向间隔1m。

试验路段铺筑结束后的总结报告对今后的施工有着重要的指导意义，橡胶沥青混合料路面试验路段的施工总结报告一般应包括以下内容：

(1)试验路段概况的说明。

包括试验路段所在的位置与桩号、试验段的总长、不同施工方案路段的长度、铺筑面层的混合料类型、施工的日期、施工时的天气情况（晴雨、气温、风力等）、施工单位、监理单位等。

（2）目标配合比和生产配合比。

目标配合比包括原材料的产地、品种、规格，技术特性的检验结果，各粒径段矿料的级配，矿料的合成级配组成，最佳沥青用量，目标配合比的设计结果，混合料性能检验的结果以及设计单位、批准单位和批准的日期。

生产配合比包括原材料的来源，技术特性的检验结果，各热料仓集料以及矿粉的筛分试验和密度试验结果，矿料的合成级配和最佳沥青用量、生产配合比设计结果，混合料性能检验的结果，以及设计、试验、批准的单位和批准日期。

（3）试拌方案和结果。

试拌方案包括搅拌设备机型，试拌方案拟定的搅拌设备工作参数（各冷料仓设定的流量、各筛网筛孔的选择、搅拌设备的实际设定配方、干拌和湿拌的设定时间），拌和温度和设定的搅拌设备生产能力。

试拌的结果包括各热料仓集料的筛分结果、试拌混合料的抽提分析结果、马歇尔试件的试验结果，以及根据试验结果是否要对生产配合比进行修正的结论。

（4）试铺方案和试铺结果。

试铺方案包括摊铺机机型数量、梯队摊铺作业方式和摊铺基准设置，摊铺速度、供料和布料速度、振捣参数等工作参数的设置，摊铺温度、碾压温度以及 2～3 个碾压方案（压路机机型、数量和组合、压路机工作参数的设置、碾压模式的设计等）。

试铺结果包括试铺路段各项质量指标的检测结果、松铺系数的测定结果、各项施工方案的比较结果，以及生产配合比的验证结论。

（5）结论意见。

结论意见包括以下几项：

①建议正式施工用的混合料标准生产配合比。

②对施工方案作出的修正和补充（包括接缝处理等未在试铺中检验的内容），以及对试铺中技术措施、组织管理、质量保证等方面的改进意见。

③建议正式施工中采用的施工方案。

④确定正式施工中的施工组织管理和质量保证体系等。

⑤其他改进意见和建议。

第三节　施工过程中的质量管理与检验

橡胶沥青混合料及其路面工程在施工过程中的质量检验项目、频度和质量要求与一般热拌沥青混合料并无原则区别，只是由于橡胶沥青混合料的特点，在某些方面有着更为严格的要求。表 3-10-1 为本手册推荐的施工过程中橡胶沥青混合料的质量控制与检验标准，它们与现行《公路沥青路面施工技术规范》（JTG F40—2004）中的相应条款的差别主要是对现有规范规定的沥青混合料生产过程中采用实时、在线过程控制的质量标准，进行了修正。

施工过程中橡胶沥青混合料的质量控制和检验标准　　表3-10-1

<table>
<tr><th colspan="2">检验项目</th><th>取样方法与数量</th><th>频　度</th><th>质量要求</th><th>检验方法</th></tr>
<tr><td colspan="2">外观</td><td>逐车观察</td><td>随时</td><td>集料粗细均匀、无离析,色泽光亮、不滴漏、不干涩,无花白料或油团,适度蓝烟,不得冒黑烟或白烟</td><td>目测</td></tr>
<tr><td rowspan="3">拌和温度(℃)</td><td>集料、沥青加热温度</td><td>逐盘计算机采集,全天汇总</td><td>每天汇总一次</td><td>符合混合料生产的规定要求</td><td>统计分析:平均值、标准差、变异系数</td></tr>
<tr><td rowspan="2">混合料出厂温度</td><td>逐盘计算机采集,全天汇总</td><td>每天汇总一次</td><td>符合混合料生产的规定要求</td><td>统计分析:平均值、标准差、变异系数</td></tr>
<tr><td>逐车检验</td><td>逐车检测</td><td>符合混合料生产的规定要求</td><td>JTJ 059 T0981</td></tr>
<tr><td rowspan="2">混合料组成分析</td><td rowspan="2">矿料级配(筛孔通过率)和沥青用量(或油石比)与标准配合比之差</td><td>逐盘计算机采集,全天汇总</td><td>每天汇总一次</td><td>0.075mm:≤ ±0.5%;
个值合格率:≥95%;
平均值:≤ ±0.5%。
其余筛孔:≤ ±1.5%;
个值合格率:≥95%;
平均值:≤1.5%。
沥青用量:≤ ±0.1%;
个值合格率:≥95%;
平均值:≤ ±0.1%</td><td>统计分析:平均值、标准差、变异系数、极差、超差率</td></tr>
<tr><td>拌和机或载货汽车取样,不少于20kg</td><td>每台拌和机每天1次</td><td>0.075mm:≤ ±1%;
≤2.36mm:≤ ±3%;
≥4.75mm:≤ ±4%;
沥青用量:≤ ±0.3%</td><td>抽提试验:燃烧炉法;
筛分试验:JTG E42 T0303</td></tr>
<tr><td colspan="2">马歇尔试件体积指标、稳定度、流值</td><td>拌和机下方或载货汽车取样不少于20kg</td><td>每台拌和机每天1次</td><td>符合混合料设计的规定要求</td><td>JTG E20 T0702、T0705、T0709</td></tr>
</table>

注:1. JTJ 059是指《公路路基路面现场测试规程》(JTJ 059—1995)。
2. JTG E42是指《公路工程集料规程》(JTG E42—2005)。
3. JTG E20是指《公路工程沥青及沥青混合料试验规程》(JTG E20—2011)。

在《公路沥青路面施工技术规范》(JTG F40—2004)的表11.4.4中规定,按搅拌设备计量系统采集的沥青、矿粉、集料称量数据计算的沥青用量、粉料用量以及矿料级配的质量检验标准与搅拌设备最终生产的成品料质量检验标准是完全相同的[81],即:

(1)沥青用量相对设计值的容许偏差为±0.3%;

(2)0.075mm筛孔通过率相对设计值的容许偏差为±2%;

(3)≤2.36mm筛孔通过率相对设计值的容许偏差为±5%;

(4)≥4.75mm筛孔通过率相对设计值的容许偏差为±6%。

这一规定显然是不合理的,因为搅拌设备计算机采集的是材料称量值,它们的误差只能代表搅拌设备计量—控制系统的误差。对于搅拌设备最终生产出的成品料来说,计量—控制误差只是其组成总误差的一部分,除称量误差之外,还应包括拌和不均匀的误差、材料离析导致的误差、试验方法和装置产生的误差。因此,对于成品料取样进行组成分析试验所得到的各种材料含量的误差,从理论上来说,应该大于各种材料的称量误差。这意味着,假如将材料称量值的容许偏差设置为成品料各种材料含量的容许偏差,则成品料材料含量的实际偏差就很有可能大大超过所容许的偏差范围。

从搅拌设备计量—控制系统的性能来看,现代沥青搅拌设备的称量控制精度已远低于以上表述的误差范围。表3-10-2是根据某进口品牌的320 t/h沥青搅拌设备计量—控制系统的调试数据,对沥青、粉料和4种集料称量值进行统计分析的结果。从表3-10-2中可以看到,沥青、粉料和集料不论是系统偏差、随机偏差,还是相对设定值的偏差范围都比《公路沥青路面施工技术规范》(JTG F40—2004)表11.4.4规定的偏差值要小得多。

对某进口品牌沥青搅拌设备材料称量值进行统计分析的结果 表3-10-2

材料含量百分率	4号集料	3号集料	2号集料	1号集料	矿粉	沥青
设定值(%)	41.10	20.20	7.70	23.70	3.00	4.30
平均值(%)	41.07	20.26	7.68	3.68	3.03	4.28
均方差(%)	0.36	0.61	0.51	0.33	0.09	0.02
系统偏差(%)	0.03	0.06	-0.02	-0.02	0.03	-0.02
随机偏差(%)	±0.71	±1.20	±1.00	±0.65	±0.18	±0.04
相对设定值的偏差范围(%)	+0.62 ~ -0.98	+1.52 ~ -1.14	+1.35 ~ -1.43	+1.16 ~ -0.70	+0.21 ~ -0.17	+0.02 ~ -0.08
统计样本数(批次)	157	157	157	157	157	157

表3-10-3是美国ASTM D995对间歇式沥青搅拌设备规定的材料称量值的容许偏差范围[82]。表3-10-4则展示了我国规范[81]和美国规范[82,83]对规定的材料称量值容许偏差和成品料组成含量容许偏差的对比。

ASTM D995对间歇式沥青搅拌设备规定的材料称量值的容许偏差范围 表3-10-3

材　料	占每锅沥青混合料总重的百分比(%)	材　料	占每锅沥青混合料总重的百分比(%)
各粒径段的集料	±1.5	回零(集料)	±0.5
矿粉	±0.5	回零(沥青材料)	±0.1
沥青材料	±0.1		

我国规范和美国规范对材料称量值和成品料组成含量容许偏差的对比 表3-10-4

<table>
<tr><th rowspan="3">规范</th><th colspan="4">材料称量值含量容许偏差(%)</th><th colspan="6">混合料组成含量容许偏差(%)</th></tr>
<tr><th colspan="2">集料</th><th>粉料</th><th rowspan="2">沥青</th><th colspan="4">集料</th><th>粉料</th><th rowspan="2">沥青</th></tr>
<tr><th>≥4.75(mm)</th><th>≤2.36(mm)</th><th>≤0.075(mm)</th><th>≥12.7(mm)</th><th>9.5~4.75(mm)</th><th>2.36~1.18(mm)</th><th>0.6~0.3(mm)</th><th>≤0.075(mm)</th></tr>
<tr><td>中国规范</td><td>±6</td><td>±5</td><td>±2</td><td>±0.3</td><td>±6</td><td>±6</td><td>±5</td><td>±5</td><td>±2</td><td>±0.3</td></tr>
<tr><td>美国规范</td><td>±1.5</td><td>±1.5</td><td>±0.5</td><td>±0.1</td><td>±8</td><td>±7</td><td>±6</td><td>±5</td><td>±3</td><td>±0.5</td></tr>
</table>

从表3-10-4中可以看到,美国规范规定的成品料组成含量的容许偏差比中国规范规定的要宽,而对称量值含量容许偏差的规定,美国规范却比中国要严得多。美国ASTM D995规定

的材料称量值容许偏差是世界各国沥青搅拌设备制造企业所公认的，根据我们多年对沥青搅拌设备计量系统检测的结果，也是现代沥青搅拌设备完全可以达到的。在表 3-10-1 中按 ASTM D955 的规定，对材料称量值容许偏差的要求作出了修正。

表 3-10-5 是本手册推荐的施工过程中橡胶沥青混合料路面工程的质量检验项目、频度和质量要求，它与现行规范对常规沥青混合料要求的差异是对橡胶沥青混合料的压实质量指标提出了更为严格的要求，包括以下几点：

施工过程中橡胶沥青混合料路面工程质量控制和检验标准　　表 3-10-5

检验项目		频　度	质量要求	检验方法
外观		随时	表面平整密实，无明显轮迹、裂缝、推挤、油汀、油包、离析等缺陷，接缝平整、顺直、无跳车	目测
施工温度	摊铺温度(℃) 碾压温度(℃)	逐车检测 随时	符合规定的施工要求	JTJ 059 T0981 插入式温度计手工检测
压实度	芯样毛体积相对密度与最大理论相对密度之比	1 芯样/200m/车道	压实度：94% ~97% 个值合格率：≥90% 平均值的代表值：≥95%	取芯：JTJ 059 T0924 芯样密度：JTG E20 T0705
	无破损拉网检测 以最大理论相对密度为标准的压实度	网格间隔：纵向 × 横向 = 10m × 1m 每天汇总一次	压实度：94% ~97% 个值合格率：≥90% 平均值：≥95% 标准差：≤1%	
厚度	芯样厚度与设计厚度之差	1 芯样/200m/车道	厚度≤50mm：≥设计值的 -5% 厚度 >50mm：≥设计值的 -8%	JTJ 059 T0912
	按一天摊铺总量计算的平均厚度	每天汇总一次	不小于设计值	JTJ F40 附录 G 总量检验
平整度	按 100m 计算的纵断面高程标准差	每天每车道连续测量	中面层：≤1.0mm 上面层：≤0.8mm	JTJ 059 T0932
宽度		2 处/100m	不小于设计宽度	JTJ 059 T0911
纵断面高程		3 处/100m	±10mm	JTJ 059 T0911
横坡度		3 处/100m	±0.3%	JTJ 059 T0911
渗水系数		1 点/200m	≤120mL/min(TRAHM-D) ≤80mL/min(TRSMA) ≤60mL/min(ARHM-G) ≤80mL/min(ARHM-S)	JTJ 059 T0971
摩擦系数(摆值)		1 点/200m	符合设计要求	JTJ 059 T0964
构造深度		1 点/200m	符合设计要求	JTJ 059 T0961

注：1. 骨架空隙型混合料(ARHM-O)不做压实度检验和渗水系数检验。
2. JTJ 059 是指《公路路基路面现场测试规程》(JTJ 059—1995)。
3. JTG E20 是指《公路工程沥青及沥青混合料试验规程》(JTG E20—2011)。
4. JTG F40 是指《公路沥青路面施工技术规范》(JTG F40—2004)。

(1)鉴于橡胶沥青混合料马歇尔击实试件的压实密度通常达不到现场采用振动压实获得的压实密度,因而更为合理的是以现场空隙率,即以最大理论密度为标准的压实度,作为压实质量的控制指标,并规定了它的上、下限。

(2)增加了用无损检测仪器进行拉网检测的要求,并规定了铺层压实度统计分析指标的质量标准,用以控制压实密度的均匀性。

(3)由于橡胶沥青混合料良好的密水性,适当提高了对密实型橡胶沥青混合料路面的密水性要求。

用核子密度仪对压实质量进行过程控制,在国外早就实施了。在我国由于核子密度仪标定比较麻烦,误差又较大,再加上工作人员对放射性危害的心理障碍,并没有得到推广应用。

广东冠粤路桥公司对薄层路面的压实质量过程控制的研究表明,压实不足与过度压实都有可能导致铺层密度发生严重的变异性[84]。由过度压实而导致的表面振松的危害性并不简单地表现为使铺层的平均密度下降一个水平[参看《公路沥青路面施工技术规范》(JTG F40—2004)条文说明中图 11-2][81],而更主要的是,多余的外部能量会不均匀地被铺层的各个部位所吸收,而一部分能量反射上来使表层振松,从而导致了铺层各部位的密度更加不均匀,即“密的更密,松的更松”。在大多数情况下,振松铺层的密度平均值并没有下降多少,在个别情况下,振松铺层的密度平均值甚至比不振松的还高,但是密实度的离散性却大大扩展了。这就是说,虽然平均密度并无太大差异,但个别部位的密度却可能变得很低(压实度可比平均值下降5% ~6%),而正是这些低密度的部位将成为以后发生病害的薄弱环节。图 3-10-2 是在正确地选择压实工作参数,使施加给铺层的外部能量与被压材料吸收的压实功之间保持平衡的工况下和在施加给铺层的外部能量过大的过度压实工况下,压实密度的频率分布直方图。图 3-10-3则是上述两种工况压实密度的三维分布图。从图中可以看到,当施加的外部能量适当时[图 3-10-2a)],铺层的压实密度集中于2.35 ~2.45g/cm^3 的很窄范围内,而当发生过度压实时[图 3-10-2b)],铺层的压实密度分散在很宽的范围内,高的可达 2.55g/cm^3,而低的只有2.25g/cm^3,虽然它们的平均密度基本相同。因此,在评价铺层的压实质量时不仅要看它的平均压实度,还应评价压实度的均匀性。

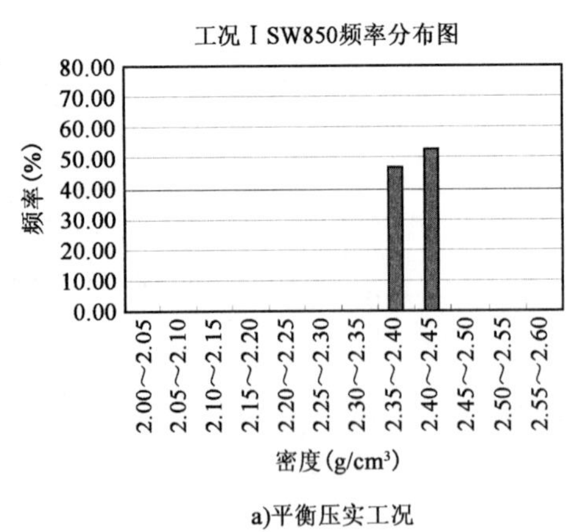

a)平衡压实工况

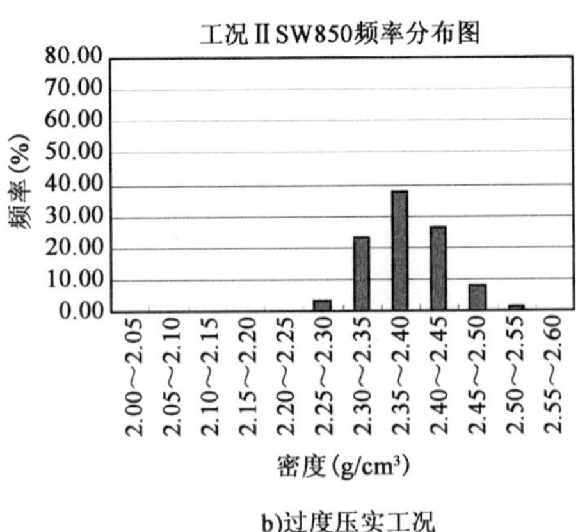

b)过度压实工况

图 3-10-2 平衡压实工况与过度压实工况的压实效果的对比

鉴于铺层压实度的变异性,更为科学的方法是采用概率统计的方法来评价铺层的压实质量,而概率统计方法的基础是必须有一定数量的样本。因此,在施工现场利用无损检测方法对压实作业进行实时监测和过程控制是十分必要的。

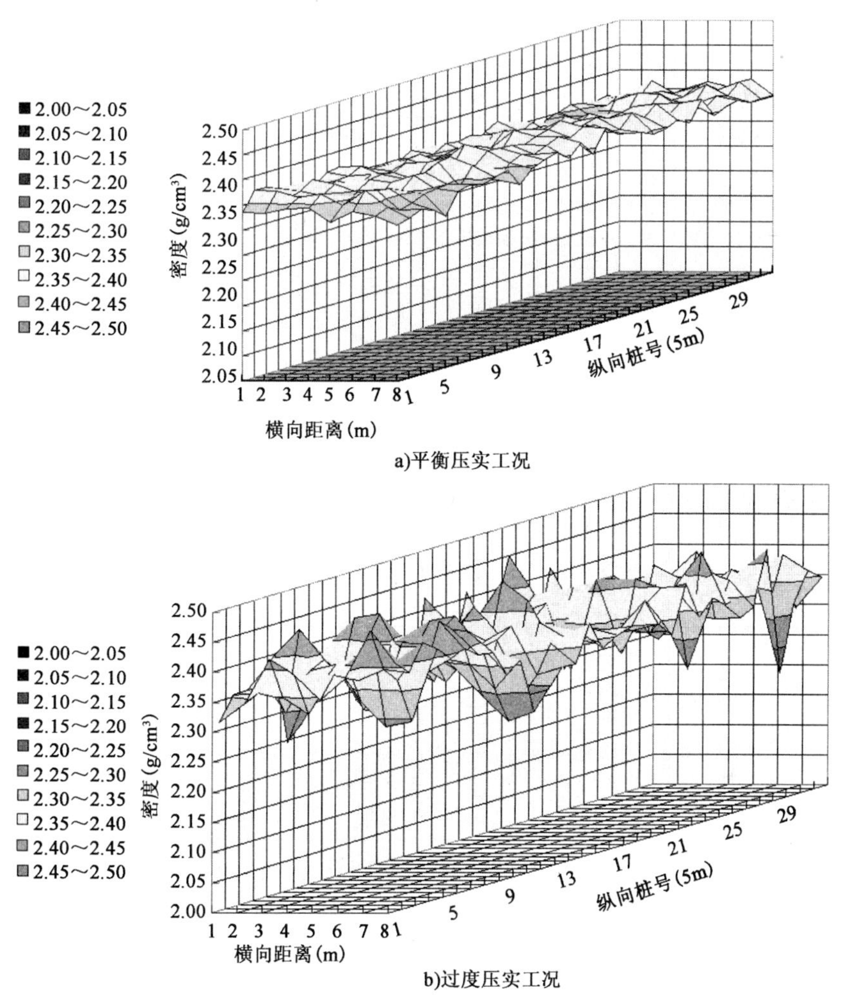

a)平衡压实工况

b)过度压实工况

图 3-10-3　平衡压实工况与过度压实工况的压实密度三维分布图

近十余年来,国外开发的非核子密度仪在检测精度、使用的方便性和用户界面的友好性方面与核子密度仪相比有了很大提高,近年来引入国内后,应用推广的速度也很快。鉴于橡胶沥青混合料对压实密度的敏感性较高,采用非核子密度仪进行拉网检测,对提高橡胶沥青路面的压实质量将起到重要的作用。

第四节　工程质量的检验与验收标准

热拌橡胶沥青路面最终质量评估的检验项目、检验方法和质量标准应与常规沥青混合料路面相同[表 3-10-6,参看《公路沥青路面施工技术规范》(JTG F40—2004)表 11.5.1-1]。

热拌橡胶沥青路面质量检验标准　表 3-10-6

检查项目		检查频率（单幅双4道）	质量要求或允许偏差	试验方法
外观		随时	表面平整密实，不得有明显轮迹、裂纹、推挤、油汀、油包等缺陷，且无明显离析	目测
面层厚度	代表值	每1km 5点	设计值的 -10%	JTJ 059 T0912
	极值		设计值的 -20%	
压实度	代表值	每1km 5点	不小于最大理论密度的94%	JTJ 059 T0924
	极值		比代表值放宽1%（1km）或2%（全部）	
平整度（按100m计算的纵断面高程标准差）		全线连续	不大于1.2mm	JTJ 059 T0932
渗水系数		每1km 5点	≤120mL/min（TRAHM-D） ≤80mL/min（TRSMA） ≤60mL/min（ARHM-G） ≤80mL/min（ARHM-S）	JTJ 059 T0971
宽度		每1km 20断面	不小于设计宽度	JTJ 059 T0911
纵断面高程		每1km 20断面	±15mm	JTJ 059 T0911
中线偏位		每1km 20断面	±20mm	JTJ 059 T0911
横坡		每1km 20断面	±0.3%	JTJ 059 T0911
弯沉（贝克曼梁回弹弯沉值）		全线每20km 1点	符合设计要求	JTJ 059 T0951
构造深度		每1km 5点	符合设计要求	JTJ 059 T1961
摩擦系数（摆值）		每1km 5点	符合设计要求	JTJ 059 T0964

注：1. 骨架空隙型混合料（ARHM-O）不做压实度检验和渗水系数检验。
2. JTJ 059 是指《公路路基路面现场测试规程》（JTJ 059—1995）。

参考文献

[1] 吕伟民，等. 橡胶沥青路面技术[M]. 北京：人民交通出版社，2011.

[2] 吴旷怀，等. 沥青混合料设计的主集料空隙体积填充法研究及应用[J]. 中南公路工程，2004(2).

[3] Van Kirk J. California asphalt rubber case studies-reduced thickness[R]. Sacramento California: Valley Slurry Seal Co, 2006.

[4] Van Kirk J, et al. Reduced thickness asphalt rubber concrete lead to cost effective pavement rehabilitation [R]. Sacramento California: Valley Slurry Seal Co, 2000.

[5] California Department of Transportation. Recommendations for using RAC in new pavements and for structural overlays[R]. Sacramento California: California Department of Transportation, 2005.

[6] California Department of Transportation. Rubberized asphalt concrete Fivebaugh project volume 1-

construction report[R]. Sacramento California: California Department of Transportation, 2005.
[7] California Department of Transportation. Flexible pavement rehabilitation manual[R]. Sacramento California: California Department of Transportation, 2001.
[8] California Department of Transportation. Highway design manual chap 630[R]. Sacramento California: California Department of Transportation, 2008.
[9] 广东冠粤路桥公司.影响间隙式沥青搅拌设备矿料变异性的原因及其控制的研究[R].广州:广东冠粤路桥公司,2008.
[10] California Department of Transportation Standard. Specification special provision 10-1 rubberized asphalt concrete[S]. Sacramento California: California Department of Transportation, 2005.
[11] Arizona Department of Transportation Standard. Standard specifications for road and bridge construction section 413 asphaltic concrete (asphalt-rubber) [S]. Phoenix Arizona: Arizona Department of Transportation , 2010.
[12] 王旭东,李美江,路凯冀.橡胶沥青及混凝土应用成套技术[M].北京:人民交通出版社,2008.
[13] 广州市政集团沥青工程公司.高抗车辙性能TOR沥青—橡胶黏结剂和混合料实验室研究报告[R].广州:广州市政集团沥青工程公司,2010.
[14] Xiao F P, et al. Rutting resistance of rubberized asphalt concrete pavements containing reclaimed asphalt pavement mixture[J]. Journal of Materials in Civil Engineering,2007(6):475-483.
[15] Lee S J, et al. A laboratory study of the effects of compaction on the volumetric and rutting properties of CRM asphalt mixtures[R]. Clemson South Carolina: Clemson University,2007.
[16] Oregon Department of Transportation. Contractor mix design guidelines for asphalt concrete [R]. Salem Oregon: Oregon Department of Transportation,2010.
[17] Ludomir Uzarowski, et al. Accelerated performance testing of Canadian asphalt mixes using three different wheel rutting testers[R]. Quebec Canada: Transportation Association of Canada, 2004.
[18] European Standard. EN 12697-22 test method for hot mix asphalt part 22:wheel tracking [S]. Brussels Belgium: European Committee for Standardization, 2007.
[19] 梁锡三.沥青混合料设计及质量控制原理[M].北京:人民交通出版社,2008.
[20] Mallick R B, et al. An evaluation of factors affecting permeability of superpave designed pavements[R]. Auburn Alabama: National Center for Asphalt Technology, 2003.
[21] Vivar E D, et al. HMA pavement performance and durability[R]. Washington D. C: Federal Highway Administration, 2005.
[22] European Standard. EN 13108-1 bituminous mixtures—material specification——Part 1: asphalt concrete[S]. Brussels Belgium: European Committee for Standardization, 2006.
[23] National Asphalt Pavement Association. Guidelines for materials, production and placement of stone matrix asphalt (SMA)[R]. Lanham Maryland: National Asphalt Pavement Association,

1994.
[24] American Association of State Highway and Transportation Officials standard. AASHTO M325-08 specification for stone matrix asphalt (SMA)[S]. Washington D. C.: American Association of State Highway and Transportation Officials, 2008.
[25] American Association of State Highway and Transportation Officials Standard. AASHTO R46-08 practice for designing stone matrix asphalt (SMA)[S]. Washington D. C.: American Association of State Highway and Transportation Officials, 2008.
[26] 邹允祥. SMA 混合料及试验路概述[J]. 公路, 1997(2).
[27] Texas Department of Transportation Standard. Standard specifications for construction and maintenance of highways, streets and bridges Item 346[S]. Austin Texas: Texas Department of Transportation, 2004.
[28] 广东市政集团沥青工程公司. TOR 沥青—橡胶混合料的性能与应用研究[R]. 广州:广州市政集团沥青工程公司,2010.
[29] Cao Rong-ji. Evaluation of new generation of gap-graded asphalt rubber mixtures[R]. Nanjing China: Proceedings of Asphalt Rubber 2009 Conference, 2009.
[30] California Department of Transportation. Open graded friction course usage guide[R]. Sacramento California: California Department of Transportation, 2006.
[31] Khalid H, Walsh C. A rational mix design method for porous asphalt[R]. Uxbridge United Kingdom: 1996 European Transport Conference. 1996.
[32] Woodside A, et al. A critical appraisal on the performance of porous asphalt mixtures[R]. Uxbridge United Kingdom: 1996 European Transport Conference. 1996.
[33] Smith R W, et al. Design of open-graded asphalt friction courses[R]. Washington D. C.: Federal Highway Administration, 1974.
[34] Kandhal P S, et al. Design, construction and performance of new-generation open-graded friction courses[R]. Auburn Alabama: National Center for Asphalt Technology, 2001.
[35] Georgia Department of Transportation. Georgia department of transportation's progress in open-graded friction course development[R]. Atlanta Georgia: Georgia Department of Transportation, 2002.
[36] Alvarez A E, et al. Synthesis of current practice on the design, construction, and maintenance of porous friction courses [R]. Washington D. C.: Transportation Research Board, 2006.
[37] 王仕峰,等. 排水路面高黏度改性沥青的研究与应用进展[J]//2010 年世博交通论坛暨全国排水性路面技术论文集. 北京:人民交通出版社,2010.
[38] 徐斌. 排水性路面理论与实践[M]. 北京:人民交通出版社,2011.
[39] David Whitedak. Shell bitumen handbook[R]. Chester United Kingdom: Shell Bitumen UK, 1990.
[40] California Department of Transportation. Rubberized asphalt concrete-application and usage [R]. Sacramento California: California Department of Transportation, 2005.

[41] David Gibbs, et al. Quiet pavement systems in Europe[R]. Wanshington D. C.: Federal Highway Administration, 2005.

[42] 孙祖望. 功能性路面与"绿色"筑路新技术[J]//2010 年世博交通论坛暨全国排水性路面论文集. 北京:人民交通出版社,2010.

[43] National Center for Asphalt Technology. Pavement test track research findings[R]. Auburn Alabama: National Center for Asphalt Technology, 2010.

[44] 伍百生. 低噪声沥青路面设计与施工养护[M]. 北京:人民交通出版社,2005.

[45] 曹东伟,等. 排水沥青路面[M]. 北京:人民交通出版社,2010.

[46] Kandhal P, et al. Design, construction, and maintenance of open-graded asphalt friction courses[R]. Auburn Alabama: National Center for Asphalt Technology, 2002.

[47] Bernhard R, et al. An introduction to tire/pavement noise of asphalt pavement[R]. West Lafayette Indiana: Purdue University, 2005.

[48] Barrett M E. Stormwater quality benefits of a permeable friction course[R]. Austin Texas: University of Texas, 2007.

[49] Christina Standard, et al. State of the practice: permeable friction courses[R]. Austin Texas: University of Texas, 2007.

[50] Zarch A, Way G B. Asphalt-rubber 40 year of use in Arizona[R]. Nanjing China: Proceedings of Asphalt-Rubber 2009 Conference, 2009.

[51] Paola Bandini. Rubberized asphalt concrete pavement in New Mexico[R]. Las Cruces New Mexico: New Mexico State University, 2011.

[52] Carlson D D, et al. Noise characteristics and field performance of five different pavement wearing courses in Arizona[R]. Nanjing China: Proceedings of Asphalt-Rubber 2009 conference, 2009.

[53] Haberl J. Development of innovative pavement types in reduce traffic noise[R]. Nanjing China: Proceedings of Asphalt-Rubber 2009 Conference, 2009.

[54] Iowa Department of Natural Resources. Iowa storm water management manual-porous asphalt pavement [R]. Des Moines Iowa: Iowa Department of Natural Resources, 2009.

[55] Khatri A, et al. Mixing and compaction temperature for modified binder using the superpave gyratory compactor[R]. Washington D. C.: Transportation Research Board, 2001.

[56] Desmazes C, et al. A protocol for reliable measurement of the zero-shear viscosity in order to evaluate the anti-rutting performance of binders[R]. Barcelona Spain: 2nd Eurasphalt & Eurobitume congress, 2000.

[57] Bahia H U, et al. Characterization of modified asphalt binder in superpave mix design[R]. Washington D. C.: Transportation Research Board, 2001.

[58] Nicholls C. Analysis of available data for validation of bitumen tests[R]. Brussels Belgium: Forum of European National Highway Research Laboratories, 2006.

[59] Biro S, et al. Determination of zero shear viscosity of warm asphalt binders[R]. Clemson South Carolina: Clemson University, 2008.

[60] 耿韩,李立寒. 道路沥青零剪切粘度与毛细管黏度的比较研究[J]. 石油沥青,2010(6).
[61] 曾赟,郭淑华. 零剪切黏度与沥青高温性能的关系[J]. 石油沥青, 2003(B4).
[62] Zamun A A, et al. Rheological properties of rubber-modified asphalt[R]. Selangor Malaysia: Mountainous Terrain Development Research Centre, 1990.
[63] Bai Q, et al. Research on mix design method and application of asphalt rubber open-graded friction course[R]. Nanjing China: Proceedings of Asphalt-Rubber 2009 Conference, 2009.
[64] Georgia Department of Transportation. Crumb rubber test section on CSNHS-M003-00(560) 01 houston peach[R]. Atlanta Georgia: Georgia Department of Transportation, 2007.
[65] Federal Highway Administration. Technical advisory open graded friction courses T5040. 31 [R]. Washington D. C.: Federal Highway Administration, 1990.
[66] Way G, et al. Performance of caltrans rubberized hot mix asphalt high binder open graded mixes[R]. Nanjing China: Proceedings of Asphalt-Rubber 2009 Conference, 2009.
[67] Asphalt Institute. The asphalt handbook MS-4 7th edition[R]. Lexington Kentucky: Asphalt Institute, 2007.
[68] 日本道路协会. 排水性路面技术指针[R]. 东京:日本道路协会,1996.
[69] European Standard. EN 13108-7 Bituminous mixtures—material specifications——Part 7: porous asphalt[S]. Brussels Belgium: European Committee for Standardization, 2006.
[70] American Society for Testing and Materials Standard. ASTM D7064. Standard practice for open-graded friction course (OGFC) mix design[S]. West Conshohocken Pennsylvania: American Society for Testing and Materials, 2008.
[71] Alvarez A E, et al. Connected air voids content in permeable friction course mixtures[J]. Journal of Testing and Evaluation,2009(5).
[72] Watson D E, et al. Laboratory performance testing of open-graded friction course mixtures [R]. Washington D. C.: Transportation Research Board, 2004.
[73] Khalid H A. A new approach for the accelerated aging of porous asphalt mixtures[R]. London United Kingdom: Institution of Civil Engineers, 2002.
[74] Herrington P R, et al. Porous asphalt durability test[R]. Wellington New Zealand: Transportation fund New Zealand, 2005.
[75] Martin F C, et al. Practical laboratory aging method for porous asphalt[R]. Delft Netherlands: Delft University of Technology, 2010.
[76] Kandhal P S, et al. Effect of asphalt film thickness on short and long term aging of asphalt paving mixtures[R]. Auburn Alabama: National Center for Asphalt Technology, 1996.
[77] Roberts F L, et al. Hot mix asphalt materials, mixture design, and construction[R]. Lanham Maryland: National Asphalt Pavement Association Education Foundation, 1996.
[78] Nukanya B. et al. Evaluation of VMA and other volumetric properties as criteria for the design and acceptance of superpave mixtures[R]. Lino Lakes Minnesota: Association of Asphalt Paving Technologists, 2001.
[79] Eason J. Personal communication state asphalt design engineer[R]. Atlanta Georgia: Georgia

Department of Transportation, 2004.

[80] California Department of Transportation. Quality control manual for hot mix asphalt[R]. Sacramento California: California Department of Transportation, 2009.

[81] 中华人民共和国行业标准. JTG F40—2004 公路沥青路面施工技术规范[S]. 北京:人民交通出版社,2004.

[82] American Society for Testing and Materials Standard. ASTM D995 standard specification for mixing plants for hot-mixed, hot-laid bituminous paving mixtures[S]. West Conshohocken Pennsylvania: American Society for Testing and Materials, 2002.

[83] American Society for Testing and Materials Standard. ASTM D3515 standard specification for hot-mixed, hot-laid bituminous paving mixtures[S]. West Conshohocken Pennsylvania: American Society for Testing and Materials, 2002.

[84] 广东冠粤路桥公司. 热沥青混合料碾压质量过程控制的研究[R]. 广东:广东冠粤路桥公司,2008.

第四篇　橡胶沥青在喷洒型封层领域中的应用

第一章　橡胶沥青表面处治与封层的技术基础及应用领域

第一节　基本概念与历史发展

表面处治(Surface Treatment)和封层(Seal Coat)是各种表面处理和封层技术中(包括雾封层、石屑封层、稀浆封层、微表处等)发展最早的传统沥青路面养护技术,因而一直沿用着它们最初的名称,因为当初只有这一种表面处理或封层技术。表面处治与封层在国外有许多种名称和叫法,在美国除上述两种名称外,还常用石屑封层(Chip Seal)的名称,在澳大利亚与新西兰称为“Spread Seal (Sealing)”,在英国则称为“Surface Dressing”,此外,还有许多通俗的叫法,如“Tar and Chip”“Oil and Stone”“Tarseal”等,它们的实质都是一种沥青—集料的喷洒型应用技术。

表面处治的基本工艺很简单,主要是在待铺的表面上喷洒一层结合料,紧接着在其上撒布一层石屑,随后立即进行碾压,将碎石埋入结合料中(图4-1-1)。

图4-1-1　表面处治与封层的基本作业

早在20世纪20年代已经有沥青表面处治的工程记载,表面处治最初是用来为砂石道路提供一无尘土的表面磨耗层[1]。这些早期应用在改善低交通量砂石路的性能上曾发挥过主要的作用。在随后的发展中,表面处治由于其良好的成本—效益成为沥青路面的一项应用广泛的传统养护技术。在沥青路面的养护中,表面处治主要用来解决以下问题:

(1)恢复和改善已磨光或泛油路表面的抗滑性能;

(2)密封路表面的空隙以防止雨水的浸入;

(3)抑制由于沥青老化而导致的道路表面崩解。

表面处治的优点:

(1)敷设简单、易行;

(2)生产成本低廉;

(3)在各种预防性养护技术中是成本—效益最好的一种。

表面处治的缺点:

(1)要求较长时间的初期养护;

(2)高速行驶时噪声过大;

(3)镶嵌在路面上的石屑会被高速行驶的车轮带出,撞击和黏附在车身和风窗玻璃上,集料的损失还会导致抗滑能力的衰减,因而一般很少用在大交通流量和高速公路上。

表面处治技术的这些优缺点,使它更适合用于低交通量和车速较低的道路上。

随着沥青路面养护技术最近30年来在材料、工艺、设备等方面的技术进步,表面处治与封层在技术上也取得了一系列重要的突破与进展,它们主要表现在以下方面:

(1)高性能黏结材料的发展;

(2)表面处治结构的发展;

(3)表面处治设计方法的研究与发展;

(4)试验方法与检测手段的开发;

(5)施工工艺与设备的技术进步;

(6)技术规范和质量检验方面的进展。

这些技术上的突破与进展大大推动了表面处治与封层的应用,使它逐步进入了高交通量道路的领域,并成为沥青路面预防性养护技术中应用最为广泛的一种。根据英国的统计资料,英国每年进行表面处治的道路约有1.7亿m^2,郡、县每年花费在表面处治上的经费约占养护总预算的25%[2]。在美国的一些州中,有50%左右的公路采用表面处治作为它们的养护措施[3-4]。

在国外,表面处治应用领域的扩展第一反映在从低交通量的乡村小路向高交通量干线公路的发展趋势,目前在英国、澳大利亚等表面处治发展较好的国家,表面处治的应用范围已可扩展至每车道每天通过中、重型车辆2350次的道路上,所能承受的车速也可达到80km/h以上[5]。

表面处治的应用领域从铺设低等级道路的磨耗层,更多地转向沥青路面预防性养护的领域。图4-1-2展示了文献[6]调查的认可表面处治用于预防性养护的比例。

石屑封层技术不仅用于路表面的处理,而且还越来越多地用于路面与桥面铺装的防水下封层。

表面处治的寿命也在日益延长,目前表面封层的寿命一般能达5年左右,在一些表面处治技术发展较好的国家,寿命则可达9年以上,图4-1-3是对北美、英国、澳大利亚等国石屑封层使用寿命的调查结果[6]。

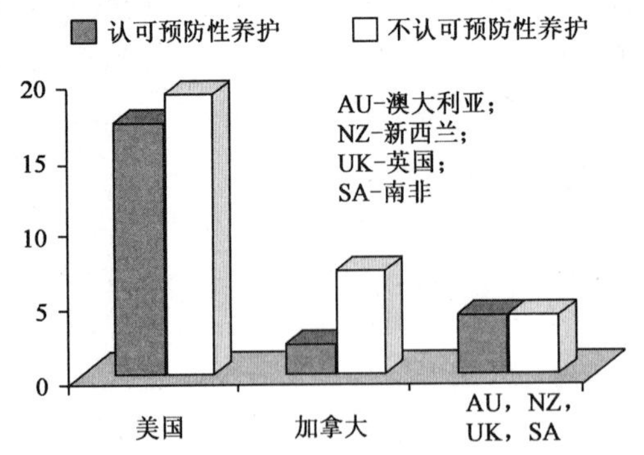

图4-1-2 表面处治用于预防性养护的比例

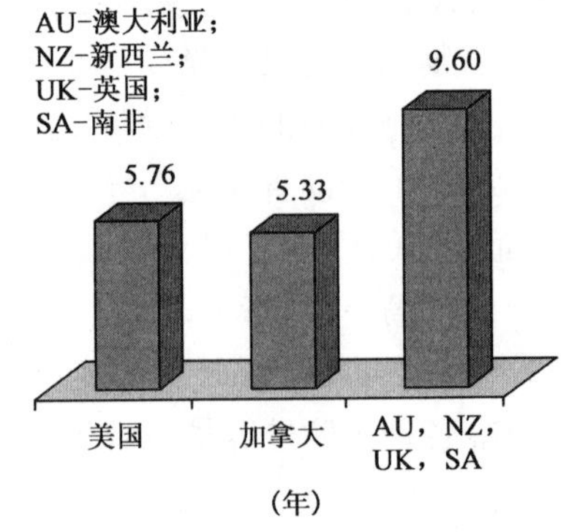

图4-1-3 表面处治的使用寿命

表面处治与封层总的发展趋势是在不断地扩展其应用的领域与范围。

在我国,表面处治与封层的应用也很早就开始了,早在20世纪50~60年代,表面处治曾广泛地使用在砂石路面的改造上,成为早期沥青路面的主要类型。随着公路建设的发展,这些简易沥青路面已经为更高等级的沥青路面所取代。现在除一些乡镇地方道路还在使用外,石屑封层作为一种预防性养护手段在各种等级的道路上使用都很少,只是在某些高等级公路上有时作为防水下封层来使用。正因为它的工艺过程简单而价廉,应用得又少,因而得不到应有的重视,使我国石屑封层的技术水平与国外相比有着很大的差距,这些差距主要表现在以下几方面。

(1)我国现行的《公路沥青路面施工技术规范》(JTG F40—2004)、《公路沥青路面养护技术规范》(JTJ 073.2—2011)涉及石屑封层的内容和篇幅都十分有限,而且没有涉及改性沥青和改性乳化沥青表面处治等国外作为主要市场的石屑封层技术。

(2)国内有关石屑封层设计方法的研究和实践很少。目前使用的方法是最原始的经验方法,规范中只给出范围很宽的石屑和结合料的用量速率。现场的应用全凭经验来确定,既无理论的依据,又无质量验证的方法和手段,这就不能不影响到石屑封层在工程上成功应用的概率。

(3)缺少检验石屑封层性能的实验室试验方法和手段。石屑封层的性能很难靠理论分析的方法来表述,因而实验室的试验检验显得尤为重要。在我国现行的试验规范中没有任何针对石屑封层性能的试验标准与规程,这也在很大程度上影响到石屑封层技术的推广应用。

(4)我国现行规范对石屑封层的施工工艺和质量检验的要求过于简单,没有反映出现代石屑封层技术的新进展。例如,没有规定对施工设备的配置和性能要求,没有反映集料预裹覆、中间复拌与最终清扫吸除多余集料等新的工艺程序,缺少对石屑封层性能检验的要求与方法等。

有鉴于此,本章在讨论橡胶沥青表面处治与封层之前,将首先涉及表面处治与封层的某些技术基础。

第二节　黏结材料的发展与选择

表面处治与封层最早采用的黏结材料是热沥青,在随后的发展中出现了冷法施工的结合料(轻制沥青和乳化沥青)。乳化沥青的应用改善了热沥青和轻制沥青应用中的能源消耗与环境污染问题,使它在20世纪60~70年代成为表面处治与封层使用的主要黏结材料。乳化沥青的缺点是破乳之后的乳液仍呈半凝固状态,早期强度和初始的黏附力较低,因而表面处治在使用的初期容易受损。在20世纪80~90年代随着改性沥青、改性乳化沥青的广泛应用,表面处治与封层在技术上有了一次重要的飞跃,普通的热沥青、乳化沥青的表面处治更多地让位于改性沥青,尤其是改性乳化沥青的表面处治与封层。根据英国的资料,英国在2000年表面处治路面已有80%左右采用改性乳化沥青作为结合料[5]。在北美地区,除改性沥青外,更多采用一种高漂浮度的乳化沥青(High-Floated Emulsion)。这是一种采用专门的表面化学活性剂妥尔油(Tall Oils)作为乳化剂制作的乳化沥青,它是一种阴离子乳化沥青,其特点是可以在沥青中形成一种网状结构凝胶体,从而大大增加沥青的黏度和流动阻力,阻止破乳后的沥青在不平的或有斜坡的路表面上流动(图 4-1-4)。高漂浮度乳化沥青的蒸馏物是一种“果冻(Jello)”状的凝胶物质,有着很高的漂浮度(1200s 以上)和 60℃动力黏度(图 4-1-5),因而可以使石屑裹覆有更厚的沥青膜和获得更好的黏附性。它在性能上可媲美改性乳化沥青而价位却低于后者。

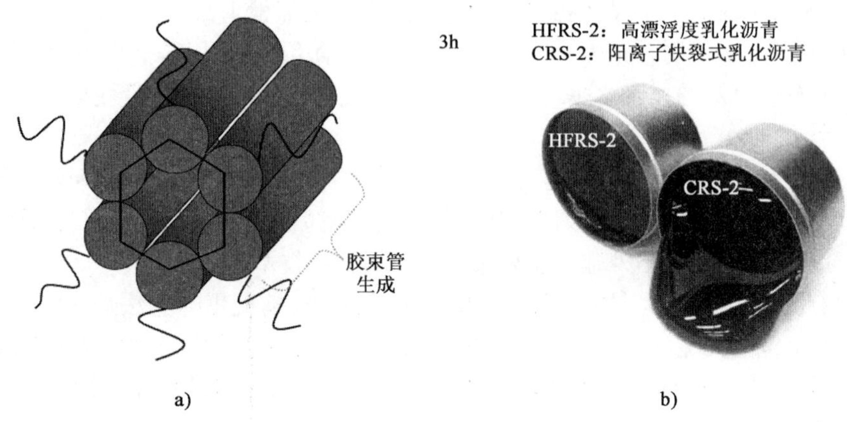

图 4-1-4　网状结构凝胶体和增大的流动阻力

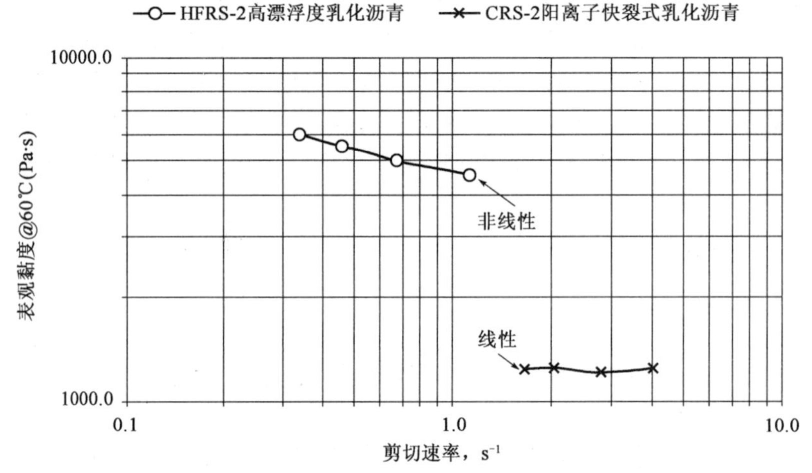

图 4-1-5　高漂浮度乳化沥青与普通乳化沥青的蒸馏物 60℃动力黏度的比较

除改性乳化沥青外,供表面处治与封层使用的,还可选择高黏度改性热沥青和热固性环氧树脂等性能更高的黏结材料作为结合料,但由于它们的价位很高,通常只宜用在某些特殊的场合。

黏结材料的选择取决于性能与初期费用之间的合理平衡,以便获得一最佳的寿命周期成本。通常低交通量、低速道路可以采用不改性的普通乳化沥青,交通量较大、道路承载强度较高的道路应选择改性乳化沥青或改性沥青作为结合料,并根据交通量和路面承载应力的不同,选择不同等级的改性乳化沥青或改性沥青。英国的标准将用于表面处治的乳化沥青分成 4 个等级(表 4-1-1)。

英国用于表面处治的乳化沥青分级标准　　表 4-1-1

英国乳化沥青的分级	按 EN 13588 Vialit 摆锤试验测定的最小峰值比黏聚能(J/cm^2)	EN 13808 Vialit 摆锤试验的分级标准
非改性乳化沥青	0.7	1
中级改性乳化沥青	1.0	4
高级改性乳化沥青	1.2	5
特级改性乳化沥青	1.4	6

对于那些交通枢纽、十字路口、临近人行横道线的部位，以及急转弯、转向制动应力大的部位等高风险的特殊场合则可选用高黏度改性沥青、环氧树脂等性能更高的黏结材料。

第三节　表面处治结构的发展与应用

表面处治最早的结构形式是单层的石屑封层，随后出现了双层和多层的表面处治。随着黏结材料性能的不断提高和对改进表面处治缺点所做的努力，表面处治的结构形式也有了不少新的发展，出现了许多新的结构，目前常用的表面处治结构类型主要有以下几种(图 4-1-6)。

(1)单层表面处治(Single Surface Dressing)。

单层表面处治是最基本的表面处治结构，也是所用材料和施工作业量最少的表面处治，它先喷洒一层结合料，随后撒布一层单粒径的石屑[图 4-1-6a)]。由于单层表面处治保持石屑的坚固性较差而容易发生脱落和打碎风窗玻璃的事故，纹理粗而车辆的滚动噪声较大，所以通常多用于交通量小、车速低的道路上。

(2)嵌入式表面处治(Raked-in Surface Dressing)。

嵌入式表面处治是对单层石屑封层的一种改进，它采用约 90% 的单层表面处治的单粒径石屑撒布在已喷洒的黏结材料上，然后再撒布一层较细的石屑，嵌在粗石屑之间，所用的结合料要比单层表面处治多，以便形成较厚的结合料洒布层[图 4-1-6b)]。由于细集料嵌入和锁住粗的石屑，因而能形成一种稳定的镶嵌式结构。这种镶嵌式结构增强了粗石屑的坚固性，减少了封层表面的空隙(较细的纹理)，有助于改善石屑的脱落和降低车辆的滚动噪声。嵌入式表面处治主要用于重交通和车速高的道路上。

(3)双层表面处治(Double Surface Dressing)。

双层表面处治由两层石屑和两层结合料组成，第一层的石屑较粗，第二层的细石屑经碾压后几乎完全嵌入粗石屑之间，形成很细的表面纹理而没有间隙[图 4-1-6c)]。双层表面处治的构造深度要低于嵌入式表面处治，但却更为安静和坚固。双层表面处治主要用于原路面贫油的场合，也常作为嵌入式表面处治的一种替代方案，用于交通量较大和车速较高的道路上。

(4)反双层表面处治(Inverted Double Surface Dressing)。

反双层表面处治也称垫层与单层表面处治(Pad Coat and Single Surface Dressing)，它由下层的细石屑垫层和上层的粗石屑单层表面处治组成。第一层细石屑的封层起着垫层的作用，它为随后的第二层较大粒径石屑封层提供了一个更为均匀的表面[图 4-1-6d)]。反双层表面处治通常用在原路面硬度不均匀的场合，也常用在硬度很高的路面，例如水泥混凝土路面上铺设一层较软的表层，以降低路表面的刚性。

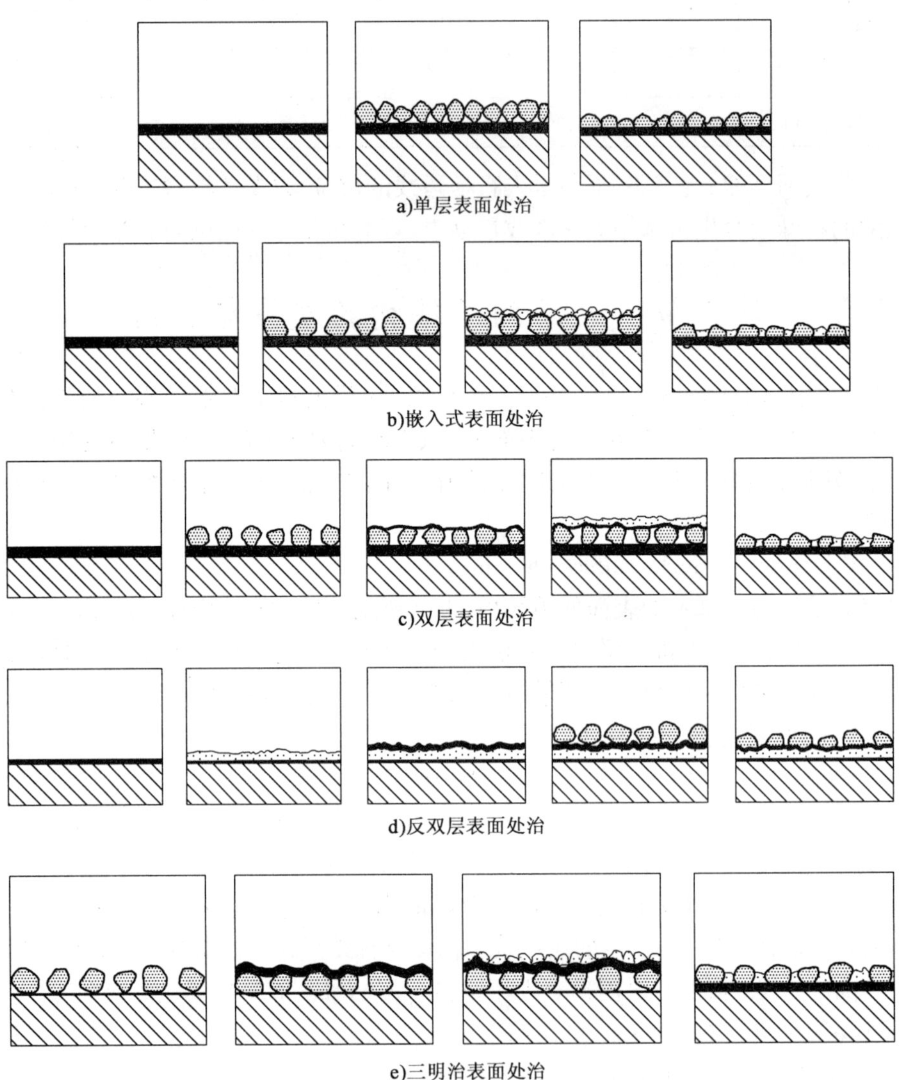

图 4-1-6　表面处治的结构类型

(5)三明治表面处治(Sandwich Surface Dressing)。

三明治表面处治是一种由贯入式路面与单层石屑封层组合而成的表面处治。它在没有喷洒黏结材料之前先在原路面上撒布一层粗石屑，然后再喷洒黏结材料，结合料的喷洒量应高于单层石屑封层，随后再在其上撒布一层细石屑[图 4-1-6e)]。三明治封层主要用于原路面结合料富余的场合，也可用在炎热气候条件下的公路重车道上。

第四节　表面处治与封层设计方法的发展及进步

在表面处治发展的初始时期，结合料与石屑的用量全是凭经验来确定的，1935 年新西兰工程师 Hanson 提出根据石屑“平均最小尺寸”来计算结合料和石屑用量的方法，开创了表面处治工程设计方法之先河[8]。在随后的发展中，表面处治的设计方法基本上沿着两个方向在不断地取得进展。一种是基于以往经验的经验性设计方法；另一种是基于某种工程计算形式的分析性设计方法。

在经验性设计方法的发展过程中，原始的纯经验方法已经很少使用了，代之以考虑实际现场条件的经验性设计方法。经验性设计通常从给出某种基础性的结合料和石屑用量开始，然后根据现场的条件（例如原路面条件、交通荷载条件、气候条件、材料条件等）进行某种修正。

关于工程计算的分析性设计方法，国外应用最多的是所谓平均最小尺寸（Average Least Dimension）法，这一方法最早是由新西兰工程师 Hanson 提出的，他观察到覆盖在结合料上的石屑颗粒经过压路机和足够多的交通荷载碾压后，会趋向于以其最为扁平的一面躺在路面上，即石屑颗粒的最短尺寸处在垂直于路面的方向。Hanson 据此断定石屑封层的平均厚度应等于覆盖集料颗粒的最小尺寸的平均值，他称这一平均值为平均最小尺寸 ALD（Average Least Dimension）（图 4-1-7）。Hanson 还进一步观察到刚撒布在结合料上的石屑，其集料颗粒间的空隙率大约为 50%，并进一步推理，在经过压路机碾压后这一空隙率将下降为 30%，而在经过交通荷载碾压后，最终将降低至 20%（图 4-1-8）[8]。Hanson 确立了以充填集料颗粒之间空

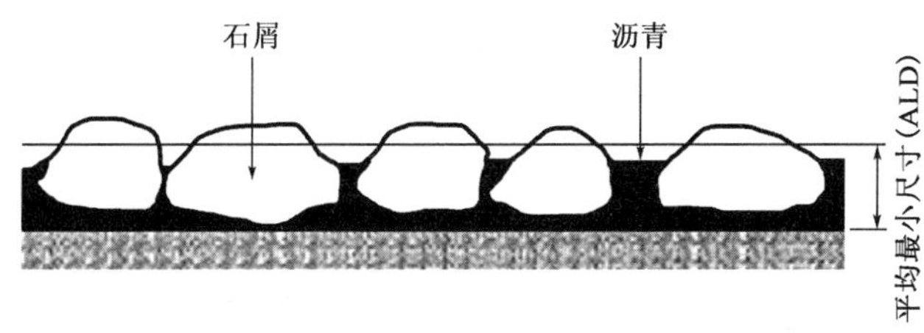

图 4-1-7　石屑平均最小尺寸 ALD 示意图

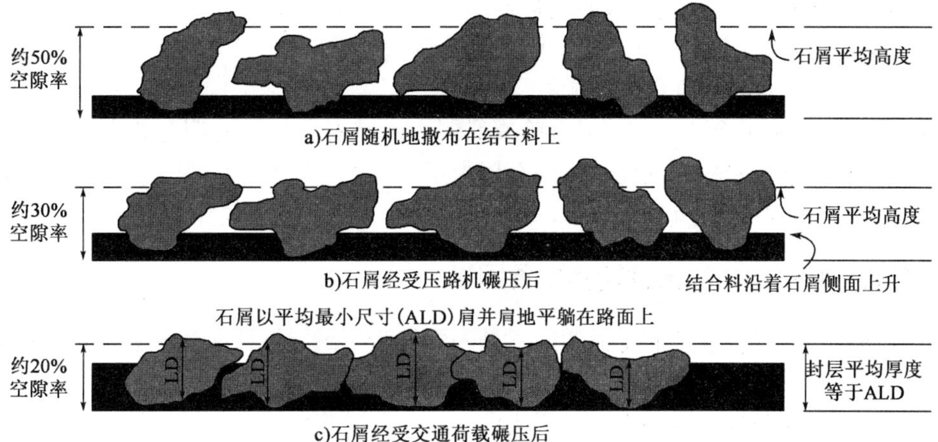

图 4-1-8　在不同施工阶段石屑封层的空隙率

隙率达到某个百分比来计算结合料和集料应用率的原则，这一原则在后来发展的各种 ALD 设计方法中得到了广泛的引用。Hanson 认为结合料充填的适宜百分率，根据集料类型和交通量的不同，应为 65% ~70%，并以此建立了结合料洒布率 R 的计算公式，即 $R = \text{ALD} \times 0.20 \times 0.70$。

Hanson 的设计方法在随后的年代里得到了改进，如加拿大的 McLeod [9]、美国的 Kearby 和改进的 Kearby 方法[10]、英国的 Jackson 方法[10]等，这些方法的共同特点是增加某些反映不同使用条件下沥青和石屑用量的修正因子。表 4-1-2 列出了国外使用的各种石屑封层设计方法和它们在美国和加拿大所占的比例[6]。

国外使用的石屑封层设计方法　　表 4-1-2

国家	石屑封层设计方法	方法原理	使用比例(%)
美国	Kearby / 改进的 Kearby 法	工程分析法	7
	McLeod / Asphalt Institute 法	工程分析法	11
	基于以往实践经验的设计法	经验设计法	37
	拥有自己正规的设计法		19
	没有正规的设计方法		26
加拿大	McLeod / Asphalt Institute 法	工程分析法	45
	基于以往实践经验的设计法	经验设计法	33
	拥有自己正规的设计法		0
	没有正规的设计方法		22
英国	Jackson 法	工程分析法	
	Road Note 39	经验设计法	
澳大利亚	Austroads AP-09	与性能相关的设计法	
新西兰	TNZ P17	与性能相关的设计法	
南非	NRA TRH3	经验设计法	

虽然对于石屑封层来说，沥青和石屑最佳用量由于受到众多因素的影响而存在较大的不确定性和变化性，但是这并不意味着可以降低理论分析的重要性，因为它至少可以告诉我们应该从哪些方面着手来取得一性能良好的石屑封层。

长期以来，许多施工企业都在依靠经验或惯例来确定石屑封层的沥青和集料用量。但是这样做的结果很可能导致一个性能不好的石屑封层。因此，所沿用的经验数据至少应该符合理论设计的原则，而这些理论设计的基本原则对橡胶沥青石屑封层同样是适用的。

一、影响表面处治与封层性能的主要因素

影响表面处治与封层性能和寿命的因素是表面处治与封层设计的技术基础。不论是经验性设计方法还是工程分析性设计方法都需要知道有哪些因素影响着沥青和集料的最佳用量，因此在近十年来石屑封层技术的发展主要集中在对一些影响沥青和集料最佳用量的主要因素以及它们与石屑封层性能之间关系进行的研究。

影响单层石屑封层的沥青和集料最佳用量的主要因素可以归纳成以下 5 大类。

1. 原路面条件

(1)硬度。原路面硬度主要影响集料颗粒埋入原路面的程度,集料颗粒埋入原路面越深,所需的沥青用量就越少。原路面的硬度不仅受原路面材料的影响,而且与当天的天气条件有关,因为所有的沥青路面都属于温度敏感性的。当路表面的温度很高时原路面就会变软。

(2)原路面纹理构造。喷洒在原路面上的沥青有一部分要用来充填路面宏观构造形成的空隙,因此原路面的宏观构造越粗糙,则所需的沥青用量就越多。

(3)原路面的吸油性(结合料的贫富状况)。原路面的结合料已经过于富裕(例如泛油的路面),沥青的喷洒量就应减少,相反,原路面显得干涩、多孔、结合料老化失落,就应增加沥青的用量。

(4)原路面的几何线形。原路面几何线形对沥青用量的影响主要由以下因素决定。

纵坡的影响表现为在长大纵坡的上坡段,车辆对路面的切向荷载会增大,车速也会变慢,因而将趋向于更强地将集料颗粒压入原路面,由此沥青的用量应适当减小。而下坡的情况则正相反,应适当增加沥青的用量。过大的上、下坡由于车轮的剪切力(上坡时的牵引力和下坡时的制动力)过大会导致过多的集料失落,因而更为合理的是采用嵌入式或双层石屑封层。

转弯半径小的弯道、匝道、立交枢纽的影响表现为路面要承受很大的车轮搓挤力和横向剪切力,单层石屑封层通常很难承受,从而将导致表面集料的大量脱落。在这些场合,更为合理的是选择采用优质结合料的双层石屑封层或其他表面处理方法。

2. 交通条件

(1)日交通流量。每天通过路面的车辆数代表着车轮对路面的碾压次数,碾压的次数越多,石屑埋入原路面的程度就越深。这一情况对于施工完毕的石屑封层在经历第一个夏季时将显得尤为明显,因此最佳沥青用量应随日车流量的增大而减少。

(2)重载车辆的比例。重载车辆的数量是从车轮对集料颗粒压入力大小的角度对石屑的埋入量发挥影响的。显然,对于重载车辆比例大的石屑封层应适当减少沥青的用量。

(3)车速。车速是从带出集料颗粒的角度来影响最佳沥青用量的,车速越大带出集料颗粒的风险越大,因而需要更多沥青来增加颗粒的黏附力。当车速大于 80km/h 时一般不宜使用单层石屑封层,采用嵌入式或双层石屑封层将更加合理。

3. 气候条件(路表面温度)

气候条件的影响主要反映在路表面温度对集料颗粒埋入原路面深度的影响上,路表面温度对集料颗粒的埋入深度有着很大的影响,路表面温度越高石屑越容易埋入原路面。而另一个影响埋入量的主要因素,则是路面的硬度,越是软的路面,路表面温度对埋入量的影响越大,当路面是完全刚性的,则路表面温度对埋入量是没有影响的。文献[5]将英国由南至北分为 4 个温区:南部海拔 200m 及以下为 A 区(夏季平均最高温度 20.5~27.2℃)、南部海拔 200m 以上和中部海拔 200m 及以下为 B 区(夏季平均最高温度 17.2~20.4℃)、中部海拔 200m 以上和北部海拔 200m 及以下为 C 区(夏季平均最高温度 16.0~17.1℃)、北部海拔 200m 以上为 D 区(夏季平均最高温度 7.8~15.9℃)。图 4-1-9 展示了用硬度探测器测定的贯入深度随路表面温度和路面硬度而变化的情况。显然，集料颗粒的埋入量越深，最佳沥青用量就应随之减少。

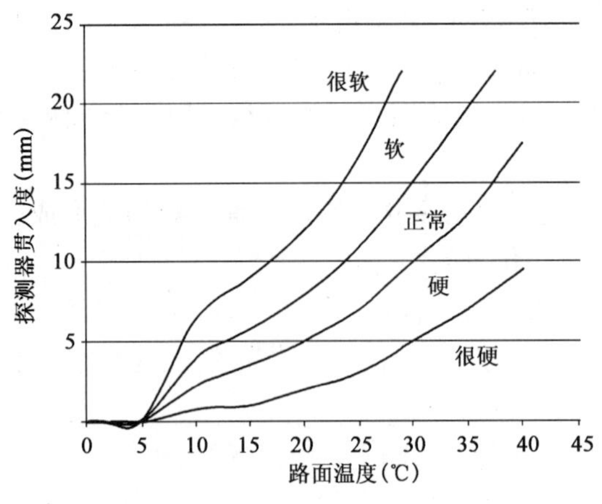

图 4-1-9　贯入深度随路表面温度和路面硬度而变化的情况

4. 材料条件

(1)集料。集料对沥青和石屑最佳用量的影响起着决定性的作用，这些影响是由集料以下的一系列特性反映出来的。

①集料公称最大粒径。集料公称最大粒径、集料规格的粗细与最佳沥青用量有着密切的关系，在同样的埋入量百分率(或空隙率)下，粗规格的集料需要更多的沥青，而细规格的集料只需较少的沥青。图 4-1-10 展示了较大粒径的集料比较小粒径的集料需要更多的沥青用量才能达到所要求的埋入量百分率。

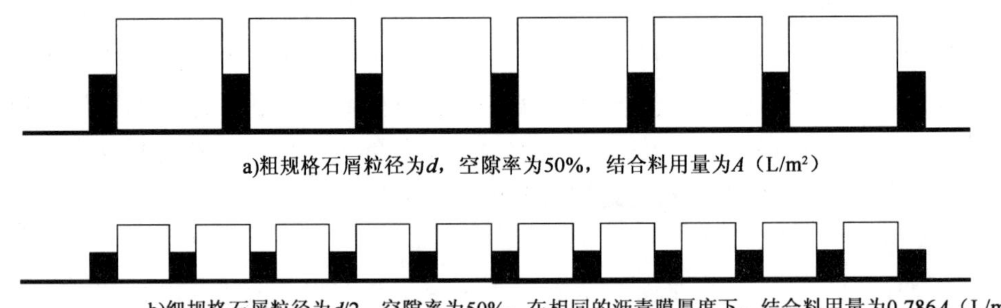

图 4-1-10　石屑粒径对结合料用量的影响

②集料的级配。单粒径的级配是单层石屑封层选择集料的基本要求。但是在实际工程中要做到完全单粒径的级配比较困难。对于有一定级配的集料，其沥青用量显然应减小，因为如果采用与单粒径集料相同的沥青用量，一部分低于 ALD 的集料颗粒将被淹没在结合料中而导致泛油(图 4-1-11)。

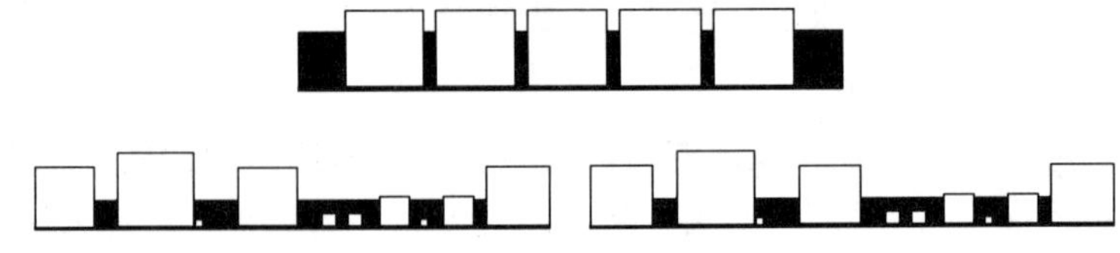

图 4-1-11　单粒径石屑封层与级配石屑封层的比较

③集料颗粒的扁平性。集料颗粒呈立方体也是单层石屑封层对集料特性的基本要求。在相同空隙率的条件下，扁平集料的 ALD 要比立方集料的 ALD 小得多(图 4-1-12)，而且对沥青用量变化的敏感性也要比立方集料高得多。因此，通常在石屑封层的集料要求中要严格限制扁平集料的百分比。

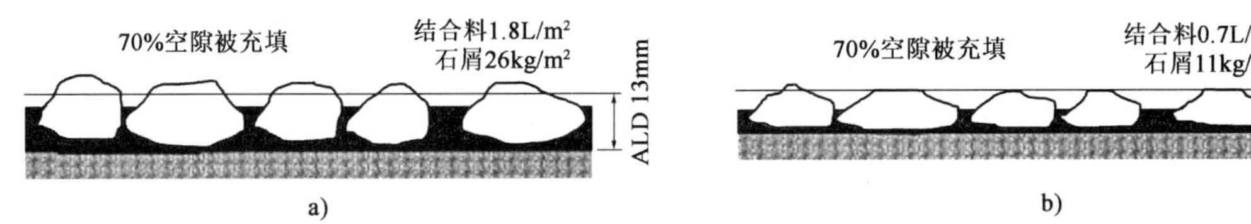

图 4-1-12　扁平集料与立方集料 ALD 的比较

④集料的吸收性。集料开口孔隙吸收沥青的数量将直接影响石屑封层的沥青用量,因此在计算最佳沥青用量时应加上被集料所吸收的沥青量,这对于吸水性高的多孔隙集料尤为重要。

(2)沥青材料。在石屑封层中使用的黏结材料主要是乳化沥青与热沥青两大类,轻制沥青(液化沥青)由于一系列的缺点,目前已很少采用了。在这两大类沥青材料中,高漂浮度乳化沥青(High Floating Emulsion)、改性乳化沥青、改性热沥青(包括橡胶沥青)由于较高的黏度而可以比非改性的沥青材料提供更厚的沥青膜厚度和更为牢固的黏聚力和黏附力。对于改性的沥青材料它们的最佳沥青用量应比非改性沥青材料更高。

5. 现场施工条件

(1)施工季节的影响。石屑封层是一种季节性的施工工程,这是由于封层的稳定性有赖于在交通荷载的作用下使石屑的颗粒埋入基底和重新定位成相互镶嵌的结构。如果石屑的颗粒之间的稳定结构没有形成,那么它们就容易被车轮带出而飞走。因此石屑封层不宜在早春和深秋季节施工,最好在初夏的季节施工,以便封层有更长时间经历其早期稳定的过程。对于粗规格集料的石屑封层更适宜在施工季节的前期进行,因为它们更容易发生集料脱落的病害,因而更需要通过夏季获得一早期稳定的封层。在施工季节的后期进行石屑封层,会有较大的风险导致石屑脱落的缺陷,因为它很快就进入了温度较低的冬季而失去了早期稳定的时机。因此,对于在施工季节后期进行的石屑封层更适宜采用改性沥青的黏结材料并适当增加结合料的用量。图 4-1-13 是英国 RN 39 给出的对温暖地区和寒冷地区的施工季节图[5]。

(2)施工路段阴影区域。施工的道路中可能会存在某些阳光被遮挡的区域,例如城市道路的林荫路、被高楼大厦遮挡的道路、立交桥下的道路、隧道中的路面等。这些道路受不到太阳的直接照射,因而路面温度相对较低,集料颗粒的埋入量会减少,因此需要增加结合料的用量,以便增加石屑颗粒的黏附力。

二、经验性设计方法——Road Note 39 的设计方法

在表面处治的经验性设计方法中,英国 TRL 2008 年出版的第六版"Road Note 39"是现代最有代表性的经验性设计方法[5],这是一种建立在多层次输入参数基础上的综合设计法,它可以延伸为一种基于决策树系统的计算机设计程序[6]。

Road Note 39 的设计方法包括以下一些基本步骤。

(1)确定路表面温度等级。

路表面温度等级按表 4-1-3 确定。

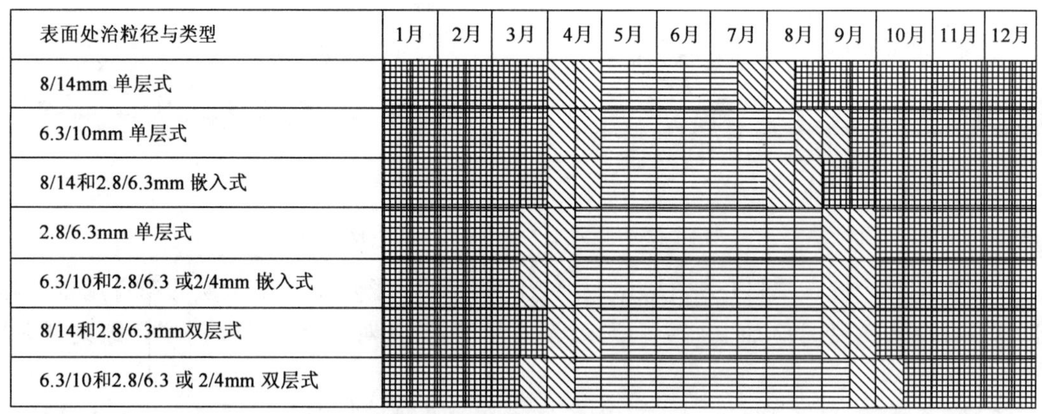

a)路面温度等级A、B（较温暖地区）

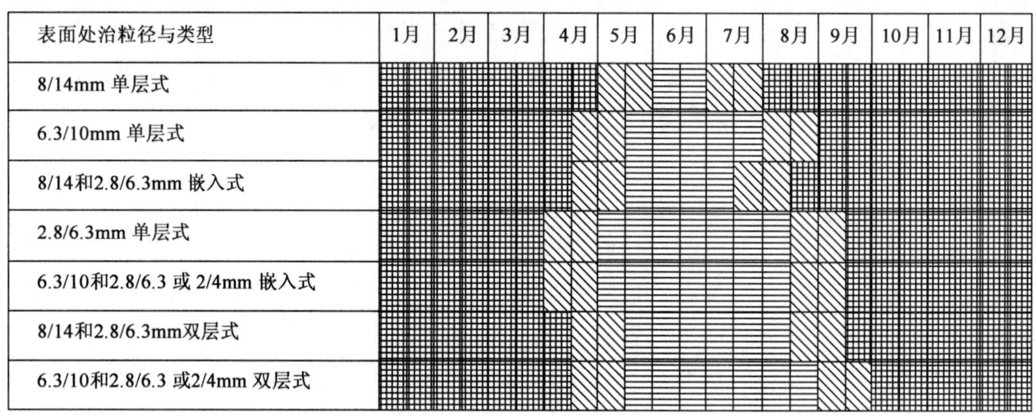

注：▦—高风险季节；▧—较高风险季节；▤—低风险季节。

b)路面温度等级C、D（较寒冷地区）

图 4-1-13　石屑封层的施工季节图

路表面温度等级　　表 4-1-3

区　域	海拔高度(m)	路表面温度等级
南部	200 或以下	A
	200 以上	B
中部	200 或以下	
	200 以上	C
北部	200 或以下	
	200 以上	D

(2)确定原路面硬度等级。

路面硬度等级是根据路面硬度探测器测定的贯入深度与表 4-1-3 所确定的路表面温度等级，按图 4-1-14 确定的。路面硬度探测器是在圆锥贯入器基础上改装而成的，它具有一 4mm 的贯入杆，其头部为一直径 4mm 半球形的硬质钢压头(图 4-1-15)。在测定时贯入器在35kgf(340 N)静力的作用下贯入路面保持10s,并测量其以毫米表示的贯入深度[12]。

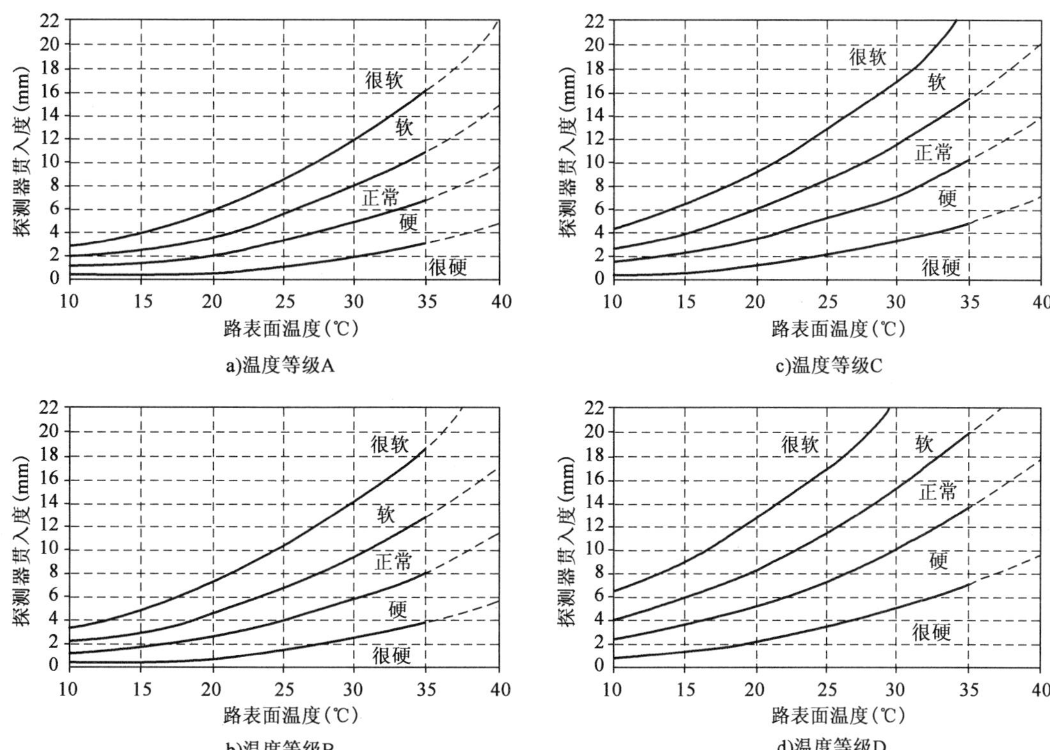

图4-1-14　不同温度等级下路面硬度与贯入度和路表面温度的关系

(3)交通等级与车速的确定。

交通的等级根据每车道中、重型车辆的日交通流量来确定(表4-1-4),行车速度则分为≥50km/h 和 <50km/h 两种。

(4)道路几何参数的确定。

影响表面处治结合料用量的道路几何参数主要是道路线形的转弯半径、坡度以及城市道路的交叉路口、道路停车区、人行横道线附近的车辆待行区域等。

(5)石屑抗滑性和磨光值的选择。

石屑颗粒的抗滑性和磨光值应按道路的类型以及对抗滑性能的要求进行选择(表4-1-5),对于那些对抗滑性能有很高要求的特殊场合可选择高抗滑性的表面处治系统(High-Friction System,HFS)。

图4-1-15　路面硬度探测器

交通等级　　表4-1-4

每道每天中、重型车流量	0~50	51~125	126~250	251~500	501~1250	1251~2000	2001~2500	2501~3250	>3250
交通等级	H	G	F	E	D	C	B	B	A

石屑磨光值(PSV)的技术要求 表4-1-5

道路的类型与描述	横向摩擦力系数	不同交通水平(每天每车道商用车流量)对PSV值的要求									
		0~250	251~500	501~750	751~1000	1001~2000	2001~3000	3001~4000	4001~5000	5001~6000	>6000
高速公路车辆相对地可自由流动的直线区段	0.30~0.35	50	50	50	50	50	55~60	55~60	60	65	65
高速公路车辆经常发生制动的区段	0.35	50	50	50	55	55	60	60	65	65	65
双车道普通公路车辆相对可自由流动的直线区段	0.30~0.40	50	50	50	50~55	50~60	55~65	55~65	60~65	65	65~68
双车道普通公路车辆经常发生制动的区段	0.35~0.40	50~55	50~60	50~60	55~65	55~65	60~68	60~68	65~68	65~68	65~68
特殊场合:交叉路口;人行横道线邻近区域;坡度>5%、长度大于50m的长爬坡车道;转盘式交叉环形道;半径小于500m的弯道以及其他高风险的区域	0.45~0.55	50~HFS	55~HFS	60~HFS	60~HFS	65~HFS	65~HFS	68~HFS	68~HFS	68~HFS	HFS

(6)表面处治与结合料类型的选择。

按图4-1-16和图4-1-17所示的流程选择表面处治和结合料的类型。

(7)确定结合料的基础洒布率。

各种类型表面处治的基础洒布率按表4-1-6~表4-1-9确定。对于反双层表面处治的第一层结合料洒布率根据相关的路面硬度等级,按表4-1-6单层表面处治的结合料洒布率确定,第二层的洒布率则按表4-1-6中与路面正常硬度相应的结合料洒布率确定。

推荐的单层表面处治的石屑公称粒径和在洒布温度下的结合料目标洒布率 表4-1-6

交通等级	路表面硬度等级									
	很硬		硬		正常		软		很软	
	石屑粒径(mm)	结合料洒布率(L/m²)①	石屑粒径(mm)	结合料洒布率(L/m²)①	石屑粒径(mm)	结合料洒布率(L/m²)①	石屑粒径(mm)	结合料洒布率(L/m²)①	石屑粒径(mm)	结合料洒布率(L/m²)①
A	②		②		②		④		④	
B	6.3/10	1.8③	②		②		②		④	
C	6.3/10	1.8③	6.3/10	1.6③	②		②		④	
D	2.8/6.3	1.5③	6.3/10	1.6③	②		②		②	
E	2.8/6.3	1.5③	6.3/10	1.6③	6.3/10	1.6③	6.3/10	1.6③	②	
F	2.8/6.3	1.5③	2.8/6.3	1.5③	6.3/10	1.6③	6.3/10	1.6③	②	
G	2.8/6.3	1.5	2.8/6.3	1.5	2.8/6.3	1.5	6.3/10	1.6	②	
H	2.8/6.3	1.5	2.8/6.3	1.5	2.8/6.3	1.5	2.8/6.3	1.4	2.8/6.3	1.4

注:①表中结合料洒布率均为沥青含量为67%的乳化沥青或改性乳化沥青。
②优先采用多层表面处治(参看图4-1-16和图4-1-17)。
③优先采用聚合物改性型的结合料(参看图4-1-17)。
④路面条件不适宜单层表面处治(参看图4-1-17)。

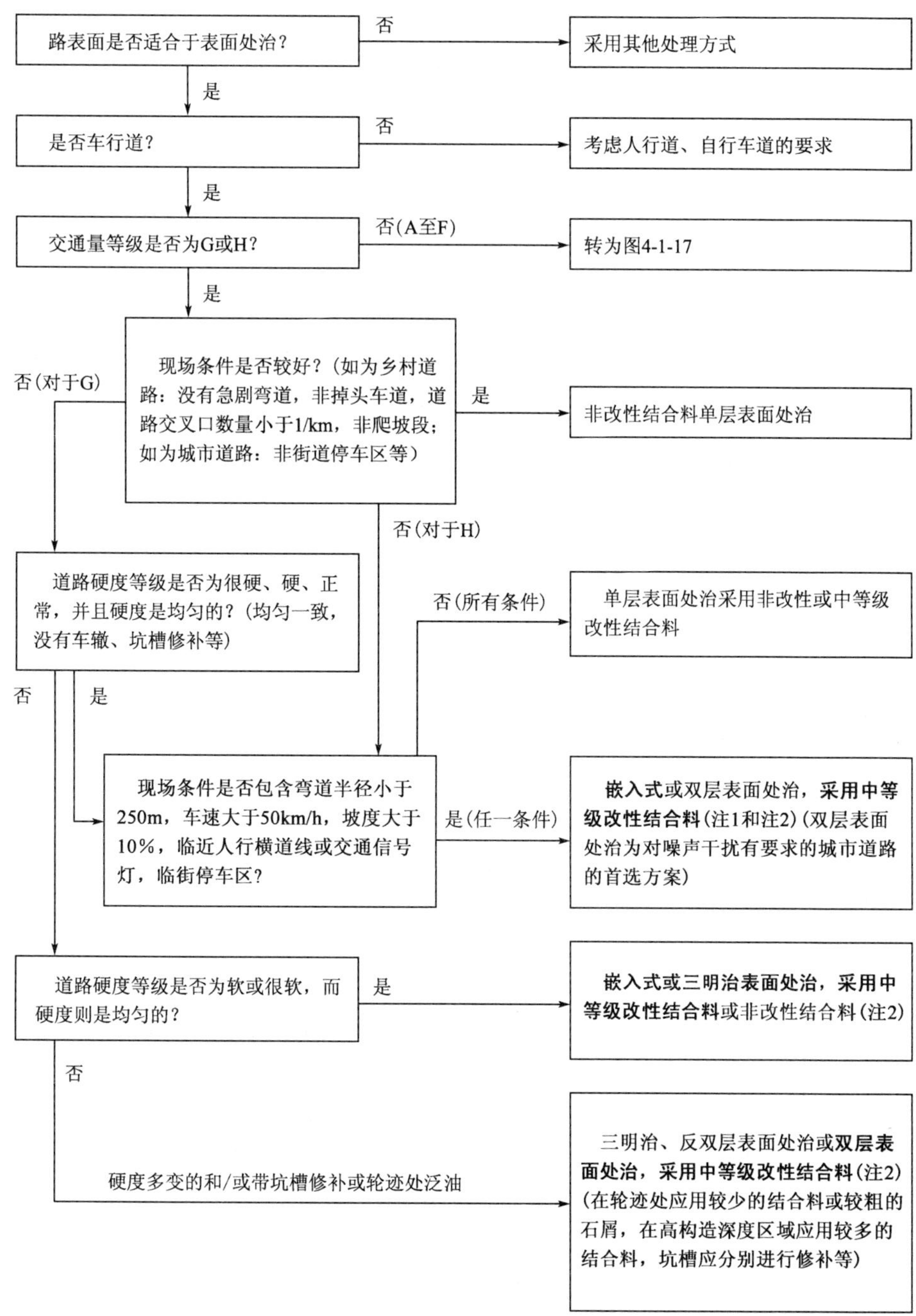

注：1.根据现场条件的严酷程度和底层的质量，可能需要考虑采用一个高抗滑性的表面处治系统（HFS）。

2.对于初期稳定性有较高要求的区域(主干道的交叉路口，步行区，快速上、下班车道，临街停车区等)，中等或更高等级的改性结合料可能是需要的。双层表面处治比嵌入式表面处治具有更高的稳定性，容许更多不同的表面条件与道路硬度。嵌入式和双层表面处治可有助于防止在交叉路口、岔道和坡道上发生的拉伤。

3.图中黑体字为推荐的方案，结合料等级参看表4-1-1。

图4-1-16　适用于轻交通量路面的选择表面处治与结合料类型的流程图

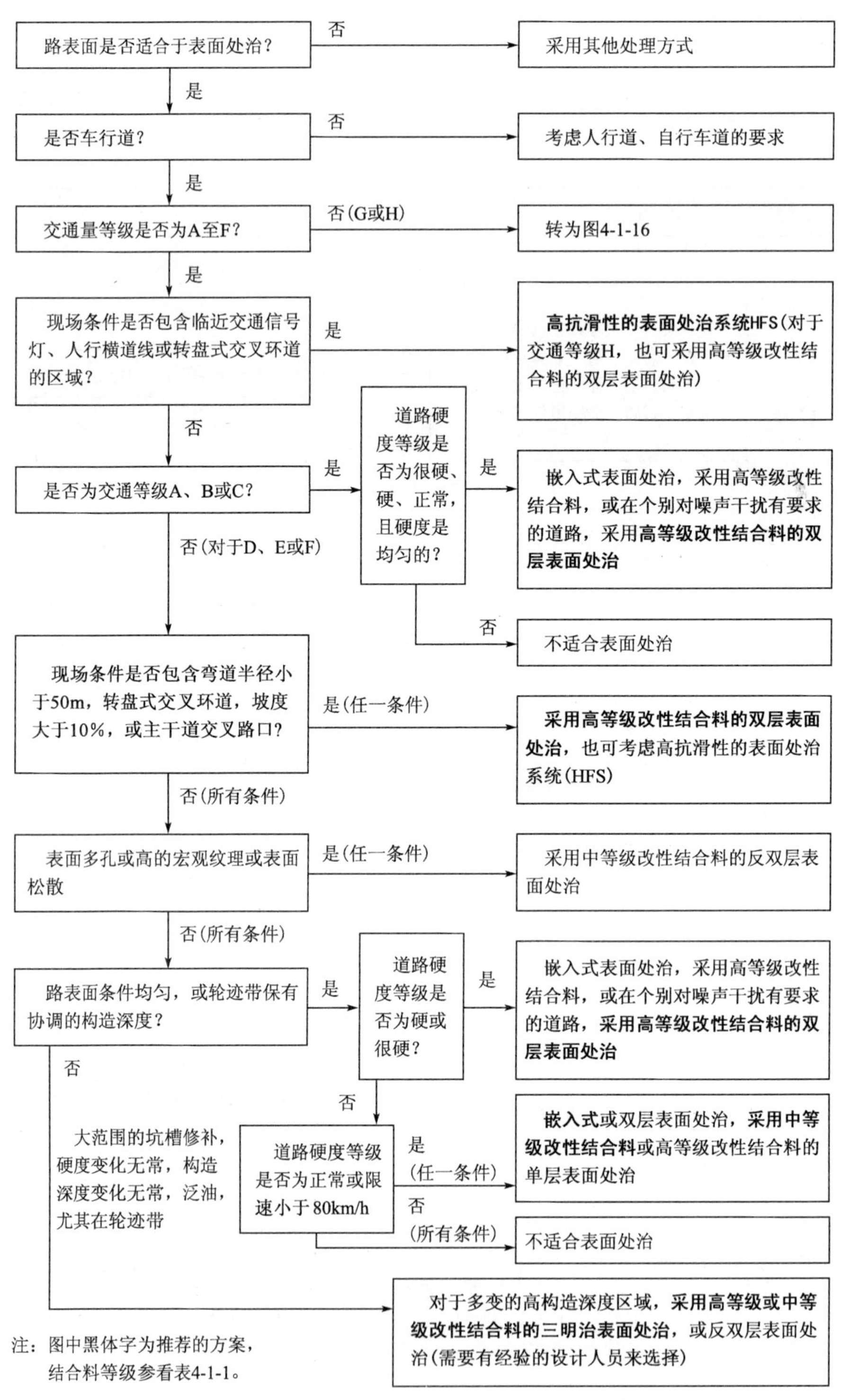

图 4-1-17　适用于重交通路面的选择表面处治与结合料类型的流程图

推荐的嵌入式表面处治的石屑公称粒径和在洒布温度下的结合料目标洒布率　表 4-1-7

交通等级	路表面硬度等级									
	很硬		硬		正常		软		很软	
	石屑粒径（mm）	结合料洒布率（L/m²）①	石屑粒径（mm）	结合料洒布率（L/m²）①	石屑粒径（mm）	结合料洒布率（L/m²）①	石屑粒径（mm）	结合料洒布率（L/m²）①	石屑粒径（mm）	结合料洒布率（L/m²）①
A	10&6	1.9③	14&6	2.1③	14&6	2.0③	②		②	
B	10&6	1.9③	10&6	1.8③	14&6	2.0③	②		②	
C	10&4 10&6	1.9③ 1.9③	10&4 10&6	1.8③ 1.8③	14&6	2.0③	②		②	
D	10&4 10&6	1.9③ 1.9③	10&4 10&6	1.8③ 1.8③	14&6 10&4 10&6	2.0③ 1.8③ 1.8③	14&6	2.0	14&6	1.9
E	10&4 10&6	1.9③ 1.9③	10&4 10&6	1.8③ 1.8③	10&4 10&6	1.8③ 1.8③	14&6 10&4	2.0 1.8	14&6	1.9
F	10&4 10&6	2.0③ 2.0③	10&4 10&6	1.9③ 1.9③	10&4 10&6	1.9③ 1.9③	10&4 10&6	1.8 1.8	10&4 10&6	1.6 1.6
G	10&4 10&6	2.0 2.0	10&4 10&6	2.0 2.0	10&4 10&6	1.9 1.9	10&4 10&6	1.9 1.8	10&4 10&6	1.7 1.7
H	④		④		④		10&4 10&6	1.9 1.8	10&4 10&6	1.7 1.7

注：①表中结合料洒布率均为沥青含量为67%的乳化沥青或改性乳化沥青。
②路面条件不适宜嵌入式表面处治（参看图4-1-17）。
③优先采用聚合物改性型的结合料（参看图4-1-17）。
④对于这一交通等级，在多数情况下不需要采用嵌入式表面处治，单层表面处治已足够（参看图4-1-16）。

推荐的双层表面处治的石屑公称粒径和在洒布温度下的结合料目标洒布率　表 4-1-8

交通等级	路表面硬度等级									
	很硬		硬		正常		软		很软	
	石屑粒径（mm）	结合料洒布率 1st/2nd（L/m²）①	石屑粒径（mm）	结合料洒布率 1st/2nd（L/m²）①	石屑粒径（mm）	结合料洒布率 1st/2nd（L/m²）①	石屑粒径（mm）	结合料洒布率 1st/2nd（L/m²）①	石屑粒径（mm）	结合料洒布率 1st/2nd（L/m²）①
A	10&6	1.1/1.2③	14&6 10&6	1.2/1.3③ 1.0/1.2③	14&6 10&4	1.2/1.1③ 1.0/1.0③	②		②	
B	10&6	1.1/1.2③	14&6 10&6	1.2/1.3③ 1.0/1.2③	14&6 10&4	1.2/1.1③ 1.0/1.0③	②		②	

续上表

交通等级	路表面硬度等级									
	很硬		硬		正常		软		很软	
	石屑粒径(mm)	结合料洒布率 $1^{st}/2^{nd}$ (L/m^2)①	石屑粒径(mm)	结合料洒布率 $1^{st}/2^{nd}$ (L/m^2)①	石屑粒径(mm)	结合料洒布率 $1^{st}/2^{nd}$ (L/m^2)①	石屑粒径(mm)	结合料洒布率 $1^{st}/2^{nd}$ (L/m^2)①	石屑粒径(mm)	结合料洒布率 $1^{st}/2^{nd}$ (L/m^2)①
C	10&6	1.1/1.2③	10&6	1.0/1.2③	14&6 10&4	1.2/1.1③ 1.0/1.0③	②		②	
D	10&6	1.1/1.2③	10&6	1.0/1.2③	14&6 10&4	1.2/1.2③ 1.0/1.1③	14&6	1.0/1.1	14&6	0.8/1.0
E	10&6	1.1/1.2③	10&6	1.1/1.2③	10&6	1.0/1.1③	14&6 10&6	1.0/1.1 0.8/1.0	10&6	0.8/1.0
F	10&6	1.2/1.2③	10&6	1.1/1.2③	10&6	1.0/1.1③	14&6 10&6	1.0/1.2 0.8/1.1	10&6	0.8/1.1
G	10&6	1.1/1.3③	10&6	1.1/1.3③	10&6	1.0/1.2③	10&6	1.0/1.1	10&6	0.8/1.0
H	10&6	1.1/1.3③	10&6	1.1/1.3③	10&6	1.0/1.2	10&6	1.0/1.1	10&6	0.8/1.0

注:①表中结合料洒布率均为沥青含量为67%的乳化沥青或改性乳化沥青。
②路面条件不适宜双层式表面处治(参看图4-1-17)。
③优先采用聚合物改性型的结合料(参看图4-1-17)。

推荐的三明治表面处治的石屑公称粒径和在洒布温度下的结合料目标洒布率 表4-1-9

第一层石屑尺寸(mm)	8/14	6.3/10	6.3/10
第二层石屑尺寸(mm)	2.8/6	2.8/6	2/4
结合料洒布率 (L/m^2)	1.7	1.5	1.5

(8)根据现场条件调整结合料的洒布率。

在确定好基础洒布率之后,应根据现场条件对结合料的洒布率作出某些修正。

对于单层表面处治,可根据表4-1-10(适用于轻交通等级G、H)和表4-1-11(适用于重交通等级A至F)调整结合料的洒布率。

对用于轻交通的单层表面处治根据现场影响因素进行的调整 表4-1-10

影响因素	性 质	调整量① (L/m^2)	备 注
施工季节	施工季节早期和中期	0	在施工季节晚期进行作业的风险是很大的,尤其当采用6.3/10mm石屑时,如果工程必须在晚季节完成,则建议采用双层表面处治
	施工季节晚期	+0.2	
集料类型	碎石或矿渣	0	砾石只适合于交通等级G和H
	砾石	+0.1	

续上表

影响因素	性　　质	调整量[①]（L/m^2）	备　　注
针片状[②]	针片状指数 10% ~15%	0	针片状指数应满足 10% ~15% 的要求，对不符合要求的集料需进行调整，立方形的石屑（针片状指数 <10%）需要更多的结合料来保证它们的埋入量，扁平的石屑（>20/25）将导致过早丧失构造深度
	针片状指数 15% ~20/25%	-0.1	
	针片状指数 <10% 或 >20/25%	需斟酌的设计	
阴影	无阴影，在开阔的阳光下	-0.1	阴影区域路面较冷，因而道路实际较硬，所以需要更多的结合料
	有部分阴影	+0.1	
	完全被阴影遮挡	+0.2	
路表面条件	结合料非常富量，严重泛油	-0.3	对于交通等级 G，建议采用 6.3/10mm 的石屑，富油、软的路面可不做任何调整
	结合料富量，泛油	-0.1	
	正常	0	
	轮迹带纹理较深	+0.1	
	结合料贫乏，表面多孔	+0.2	对于多孔性路表面建议采用垫层来封填，使之正常化
	结合料非常贫乏和表面多孔，很高的宏观纹理，或变化的宏观纹理和硬度	不适合	对于硬度多变而结合料贫乏的原路面，建议采用双层表面处治和中等级的结合料
坡度	> 5% 的上坡	-0.3	坡度影响表面处治的交通应力强度，从而影响石屑的埋入量。对于上坡，建议采用 6.3/0mm 石屑而不须作任何调整
	< 5%	0	
	> 5% 的下坡	+0.1	
	> 10%	不适合	对于交通等级 G 的坡道和下坡高速区段，建议采用嵌入式或双层表面处治（参看表 4-1-6 和表 4-1-8）
行车速度	高速（限速≥80km/h）	不适合	对于交通等级 G 和 H 的高速道路，建议采用嵌入式或双层表面处治（参看表 4-1-6 和表 4-1-8）
局部行车区域	设计行车区域	0	非行车区域（例如斑马线区域，车迹带与车道边缘之间的部位）需要更多的结合料
	实际上不行车的区域	+0.2	

注：①最大的累积调整量为 $+0.4L/m^2$ 或 $-0.2L/m^2$。

②对于集料粒径大于 6mm，用 20%；对于集料粒径小于或等于 6mm，用 25%。

对用于除轻交通单层表面处治以外类型的表面处治根据现场因素进行的调整　表 4-1-11

影响因素	性　　质	调整量[①]（L/m^2）	备　　注
施工季节	施工季节早期和中期	0	在施工季节晚期进行作业的风险是很大的
	施工季节晚期	+0.2	
集料类型	碎石或矿渣	0	砾石只适合于交通等级 F、G 和 H
	砾石	+0.1	

续上表

影响因素	性　质	调整量[①]（L/m²）	备　注
针片状[②]	针片状指数 <10%	+0.1	针片状指数应满足10% ~15%的要求，只有对不符合要求的集料需进行调整
	针片状指数10% ~20%/25%[②]	0	
	针片状指数 >20%/25%[②]	-0.1	
石屑尺寸	小于设计尺寸	-0.1	如有需要，适用于某一交通等级的石屑尺寸可改为相邻的尺寸
	设计尺寸	0	
	大于设计尺寸	+0.2	
阴影	无阴影，在开阔的阳光下	0	阴影区域路面较冷，因而道路实际较硬，所以需要更多的结合料
	有部分阴影	+0.1	
	完全被阴影遮挡	+0.2	
路表面条件	结合料非常富量，严重泛油	-0.1	路表面条件将影响需要多少数量的结合料来保证在界面上有相似的条件
	结合料富量和正常	0	
	正常	0	
	结合料贫乏	+0.1	
	结合料非常贫乏和表面多孔	+0.2	
坡度	> 5%的上坡	-0.1	坡度影响表面处治的交通应力强度，从而影响石屑的埋入量。高速道路承受更大的表面应力
	< 5%	0	
	> 5%的下坡	+0.1	
	> 10%的下坡	+0.2	
行车速度	高速（限速≥80km/h）	+0.1	高速道路承受更大的表面应力
	低速（限速<80km/h）	0	
局部行车区域	设计行车区域	0	硬路肩（除非设计为容许逆向行驶）和排除交通的斑马线区域实际为非行车区域
	实际上不行车的区域	+0.2	

注：①最大的累积调整量通常为+0.2L/m²，如按本表调整的结果，总调整量大于+0.2L/m²则需慎重考虑，原设计可能需重新进行。

②对于集料粒径大于6mm，用20%；对于集料粒径小于或等于6mm，用25%。

对于双层表面处治与反双层表面处治的第一层结合料用量可按表4-1-11仅根据路面条件（硬度等级）进行调整，第二层结合料用量则按表4-1-11先根据石屑粒径和阴影条件进行修正，然后对于正常硬度等级的路面还可按表4-1-11根据其他条件作出进一步的调整。

三、基于工程计算的分析性设计方法——McLeod设计方法

在各种基于工程计算的分析性设计方法中，加拿大工程师McLeod提出的方法，包括改进的McLeod法，是目前在北美地区应用最为广泛的一种。Mcleod在Hanson的基础上进一步指出，由于结合料洒布率过大或过小导致泛油和石屑脱落的两种风险，可以用石屑在结合料中的埋入量来控制。当石屑的埋入量在70% ~100%的区域内存在着泛油的风险，而当石屑的埋入量在50% ~70%的区域内则存在着石屑脱落的风险，因而结合料的最佳洒布率应为与石屑

埋入量70%相应的洒布率。McLeod采用Hanson的计算公式分析了石屑粒径与集料扁平性对结合料最佳洒布率的影响,指出粗粒径的、立方形的石屑对封层泛油和石屑脱落风险的敏感性要比细粒径的、扁平形的石屑低得多(图4-1-12、图4-1-18)。McLeod在此基础上引入了交通荷载、原路面状态等一系列因子来修正Hanson计算结合料洒布率的公式,并给出了计算石屑撒布率的方法。

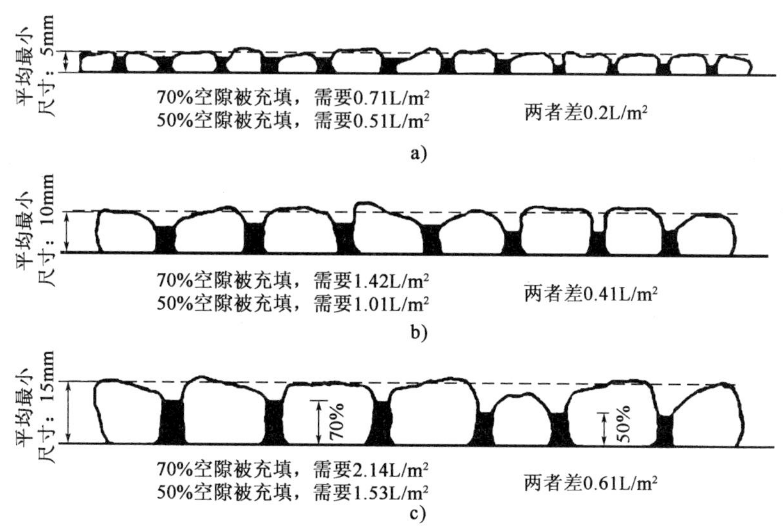

图4-1-18 石屑平均最小尺寸对结合料应用率敏感的影响

McLeod设计方法在使用过程中也出现了一些改进的版本,例如Asphalt Institute、Minnesota DOT的McLeod设计方法等,使之进一步完善化。

McLeod设计方法包括了以下的基本步骤[13]。

(1)平均最小尺寸ALD的确定。

确定通过率为50%的中粒径筛孔尺寸:

将给定的集料烘干后进行筛分试验,将集料的级配曲线绘制在0.45次方的级配图表上(图4-1-19)。从级配曲线上找到通过率稍低于50%和稍高于50%的两个点A和B,A、B两点的筛孔尺寸和通过率分别为(d_A,P_A)和(d_B,P_B)。用线性插入法求取曲线与通过率相交点的筛孔尺寸d_{50}:

$$\frac{(d_{50})^{0.45}-(d_A)^{0.45}}{(d_B)^{0.45}-(d_A)^{0.45}}=\frac{P_B-P_{50}}{P_B-P_A} \tag{4-1-1}$$

式中:d_{50}——通过率为50%的筛孔尺寸,mm;

d_A——A点的筛孔尺寸,mm;

d_B——B点的筛孔尺寸,mm;

P_A——级配曲线上与A点相应的通过率,%;

P_B——级配曲线上与B点相应的通过率,%;

P_{50}——50%。

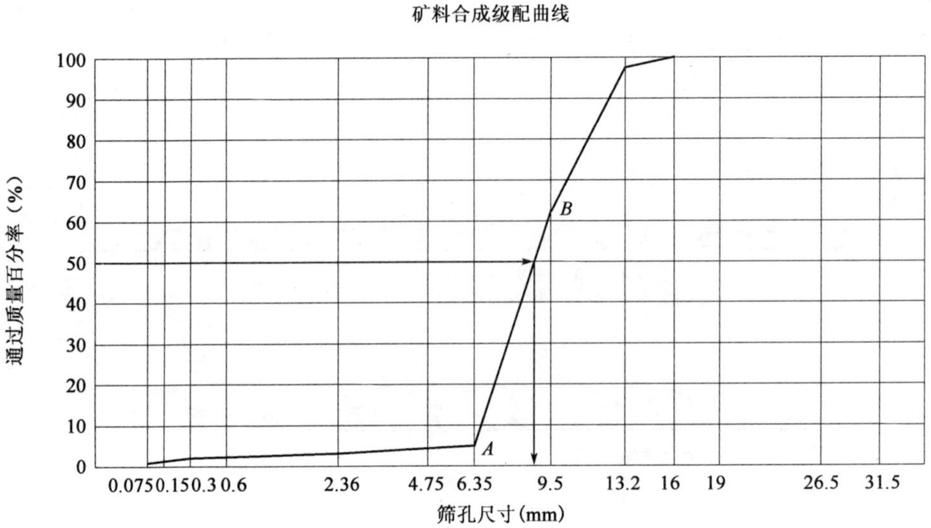

图 4-1-19　确定通过率为 50% 的中筛孔尺寸

计算集料的平均最小尺寸：

$$\mathrm{ALD}=\frac{d_{50}}{1.139285+0.011506\times \mathrm{FI}} \tag{4-1-2}$$

式中：ALD——集料的平均最小尺寸，mm；

d_{50}——与 50% 通过率相应的筛孔尺寸，mm；

FI——针片状系数（针片状颗粒质量占集料总质量之百分率），%。

（2）计算集料在松散堆积状态下的空隙率。

$$V_{\mathrm{LAC}}=1-\frac{W}{\gamma_{\mathrm{b}}} \tag{4-1-3}$$

式中：V_{LAC}——集料在松散堆积状态下的空隙率（十进制小数）；

W——集料的松散堆积密度，kg/L；

γ_{b}——集料的毛体积相对密度。

（3）计算石屑的撒布率。

$$C=(1-0.4V_{\mathrm{LAC}})\times \mathrm{ALD}\times \gamma_{\mathrm{b}}\times E \tag{4-1-4}$$

式中：C——石屑的撒布率，kg/m^2；

V_{LAC}——集料在松散状态下的空隙率（十进制小数）；

ALD——集料的平均最小尺寸，mm；

γ_{b}——集料的毛体积相对密度；

E——石屑颗粒失落因子，$E=1+L/100$；

L——石屑颗粒失落率，%，见表 4-1-12。

石屑失落率　表4-1-12

道路类型	石屑失落率(%)	道路类型	石屑失落率(%)
农村和住宅区道路	5	公路	15
交通量较高的道路	10		

(4)计算结合料的洒布率。

$$B = \frac{0.4 \times \mathrm{ALD} \times T \times V_{\mathrm{LAG}} + S + A + P}{R} \tag{4-1-5}$$

式中:B——结合料洒布率,L/m^2;

ALD——集料的平均最小尺寸,mm;

T——考虑交通量的因子,L/m^2,见表4-1-13;

V_{LAG}——集料在松散状态下的空隙率(十进制小数);

S——表面条件因子,L/m^2,见表4-1-14;

A——沥青吸收率,L/m^2,用离心煤油当量法——CKE测定,ASTM 5148;

P——表面硬度修正因子,L/m^2,见表4-1-15;

R——乳化沥青中沥青的比例(十进制小数,如为黏稠沥青则$R=1$)。

交通量因子　表4-1-13

平均日交通量	0~100	101~500	501~1000	1001~2000	>2000
修正因子	0.85	0.75	0.70	0.65	0.6

考虑待铺表面条件的修正因子　表4-1-14

待铺路面	修正因子(L/m^2)
黑,泛油	-0.04~-0.27(视严重程度而定)
光滑,没有孔隙	0.00
轻微的孔隙和氧化或暗淡无光泽	+0.14
轻微的麻面,多孔和氧化	+0.27
严重的麻面,多孔和氧化	+0.40

考虑待铺路面硬度和相对交通量的修正因子　表4-1-15

路表面硬度(球形贯入器贯入度mm)	交通量(年平均日交通量/车道)				
	150~300	300~625	625~1250	1250~2500	>2500
硬(球形贯入器测定值:1~2)	0	0	0	-0.1L/m^2	-0.2L/m^2
中等(球形贯入器测定值:3~4)	0	0	-0.1L/m^2	-0.2L/m^2	-0.3L/m^2 *
软(球形贯入器测定值:5~8)	-0.1L/m^2	-0.1L/m^2	-0.2L/m^2	-0.3L/m^2	-0.4L/m^2 *

注:容许修正量≥0.3L/m^{2}并有*号者应考虑采用其他替代的表面处治方法,例如嵌入式的多层表面处治(采用高质量的材料,由压路机将第二层粒径较小的石屑压入并挤紧主骨架的空隙中)或垫层式的多层表面处治(先用小粒径石屑铺一层垫层,为随后铺设的大粒径石屑封层提供一嵌入的平台)。

图 4-1-20 展示了待铺路面的几种典型的路表面状况。

a)光滑，没有孔隙　b)轻微的孔隙和氧化、暗淡无光泽　c)轻微的麻面，多孔和氧化　d)严重的麻面，多孔和氧化

图 4-1-20　待铺路面的几种典型的路表面状况

四、与性能相关和基于性能的设计方法

表面处治设计方法的进一步发展是将设计参数与表面处治的性能表现联系起来，即所谓与性能相关（Performance-Related）和基于性能（Performance-Based）的设计方法。

与性能相关的设计方法是指一种通过某些与工程性质相关的材料因数或直接通过某些工程性质的因数将表面处治的设计参数与其性能表现相关联的设计方法，这种方法首先是将设计参数与某些材料和工程性质的因数联系起来，并确定对它们的技术要求，而这些因数应该是可以采用试验方法来进行检验与验收的。然后通过这些因数与表面处治性能（封层抵抗损坏和失效的表现）之间的关联关系来预测表面处治的性能。

在与性能相关的设计方法中，最常用的材料和工程性质的因数有以下几种：

（1）石屑与结合料的黏附性，包括主动、被动和机械黏附性（Active, Passive and Mechanical Adhesion）；

（2）结合料的黏聚性（Cohesion）；

（3）原路面的硬度；

（4）封层表面的构造深度（宏观纹理）；

（5）封层表面的摩擦系数；

(6)石屑的磨光值与磨耗值。

在上述因素中,石屑与结合料的黏附性反映了在不同条件下石屑与结合料之间的黏结强度,而结合料的黏聚性则反映了结合料本身抵抗外力的黏聚强度,这两者是评价表面处治早期性能——石屑保持性(抵抗脱落能力)的主要指标。

原路面的硬度是反映石屑在原路面中埋入程度的主要因素,构造深度则反映了石屑在封层中的埋入量,两者在一起是评价表面处治泛油风险的主要指标,也是评价封层寿命的重要因素。

封层表面摩擦系数和构造深度则从微观和宏观纹理的角度反映了表面处治的抗滑性能。

石屑的磨光值和磨耗值则是石屑作为表面处治工程材料最重要的工程性质,它们在表面处治的长期性能中反映了材料抗磨损的耐久性。

基于性能的设计方法则是一种将设计参数直接与表面处治性能相关联的设计方法,为此需要采用模拟现场作业的过程,并直接测定表面处治工程性质的各种因数。近年来,美国 North Carolina 大学一直在从事开发一种基于性能的表面处治设计方法,他们研发了一种 3:1 的模型试验台,用来模拟车轮碾压封层表面的作业过程,从而可以直接测定石屑的脱落率,试验可以采用实验室制作的封层试样,也可移至现场在实际表面处治路面上进行模拟试验(图 4-1-21)。除此之外,North Carolina 大学的研究工作还采用图像处理的方法来测定石屑的埋入量和封层泛油的程度[14]。

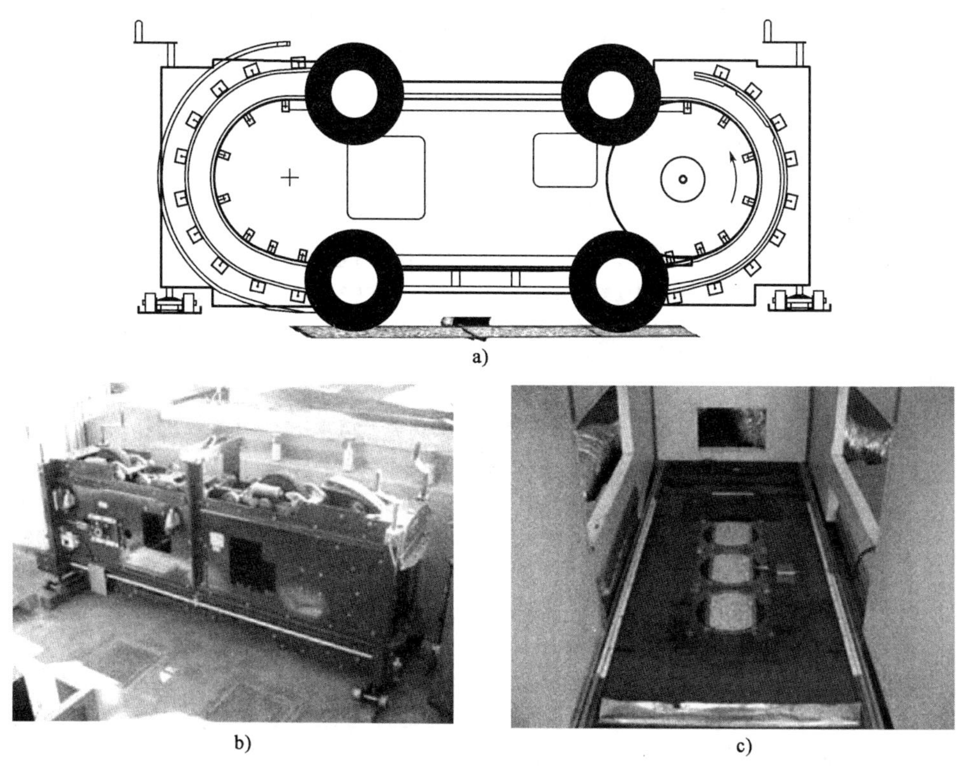

a)

b)

c)

图 4-1-21 美国 North Carolina 大学开发的模拟车轮碾压封层表面的试验设备

第五节　表面处治性能检验和试验手段的发展

表面处治的性能受到众多因素的影响而存在着较大的不确定性与变化性，它们很难完全依靠理论计算的方法来提供定量化的分析。因此，如何来检验表面处治与石屑封层的基本性能，研制必要的试验手段，制定相应的试验方法，以及实验室试验和现场质量检验的技术标准是现代表面处治与石屑封层技术发展的又一个重要领域。

在考虑石屑封层的性能时，应该指出，石屑封层尤其是单层石屑封层，是一层很薄的表面养护层或下层路面的防护层（防水层、应力吸收层等），它并不参与或起着路面结构强度的作用，也不可能起到对路面的平整度、纵向与横向断面的校正作用。

表面处治的功能主要是重建路面的抗滑能力、密封路表面的微小裂缝、防止水分从表面渗入到路面结构，从而起到延缓病害发生、延长路面使用寿命的预防性养护作用。

因而就石屑封层本身的性能而言，主要体现在使上述石屑封层的功能持续实现的能力上。对于表面处治的路面来说，导致封层使用功能恶化的缺陷主要是路面泛油、路面松散（石屑颗粒失落）、抗滑能力不足或衰减过快等 3 方面。因此，保持良好摩擦性而不发生泛油、保持石屑颗粒牢固镶嵌在封层上而不脱落、保持长期的抗滑能力而不过快衰退，是表面石屑封层（表面处治）的 3 项最基本的性能和质量要求。

在表面处治这 3 方面基本性能中，封层的抗滑性能和耐久性取决于封层表面的宏观和微观的纹理以及石屑作为工程材料的耐磨性，它们的检验方法与手段和其他类型的沥青磨耗层并无实质上的区别。

关于石屑失落与表面泛油的风险，如第四节中所述，表面处治抵抗石屑颗粒失落的能力是由石屑在封层上的保持性来评价的，而后者则取决于结合料与石屑的黏附性和结合料本身的黏聚性，封层表面的泛油则取决于石屑在原路面与结合料中的埋入量。因此，结合料的黏附性与黏聚性，石屑在封层上的保持性，以及石屑在原路面和结合料中的埋入量就成为目前表面处治性能检验与试验手段发展中最主要的关注点。近年来已经出现了一系列新的试验方法和仪器设备，其中有不少已经列入了一些国家的试验标准，它们大体上可以分为以下几种类型（表 4-1-16）。

表面处治基本性能的试验方法　　表 4-1-16

试验类型	试验名称	试验规范	试验目的
结合料与石屑相容性与黏聚性试验	石屑与结合料初始黏附性试验	NSW RTA T-238	检验结合料与集料颗粒的黏附性
	拉脱试验	ASTM D4541	检验结合料的黏附性与黏聚性
	Vialit 平板冲击试验	EN 12271-3	检验集料颗粒与结合料的主动黏附性、机械黏附性
	摆式试验	EN 13588	检验结合料的黏聚性
路表面硬度试验	路表面硬度探测器使用方法	BS 589-112	检验原路面硬度
	圆球贯入试验	Austroads AG:PT/T251	检验原路面硬度

续上表

试验类型	试验名称	试验规范	试验目的
石屑保持性试验	拉出试验		检验集料在封层上的黏附强度
	Vialit 平板冲击试验	Modified EN 12271-3	检验集料在封层上的黏附强度
	摇筛试验	Pennsylvania DOT	检验集料在封层上的黏附性和过多的石屑用量
	轻扫试验	TxDOT, Tex-216-F	检验石屑的过多用量
	扫刷试验	ASTM D7000	检验石屑封层的养生效果和石屑的黏附强度
石屑埋入量试验	构造深度试验		检验集料在封层上的黏附强度

一、结合料与石屑的相容性和黏聚性的试验方法与手段

结合料与石屑黏附性和结合料本身的黏聚性试验常常是结合在一起进行的，现有的试验方法与手段主要有以下几种：

1. 浸盘试验(Immersion Tray Test)

澳大利亚 RTA T-238 的试验方法和英国的浸盘试验是类似的，都是用来考核集料与稀释沥青的黏附性的[15]。试验时需将结合料用稀释剂稀释至黏度为 1.5m^2/s，将结合料平摊在盘中至 3mm 厚的沥青膜，然后将 20 颗集料用手压入结合料中。石屑连盘一起放入水中浸泡至规定的时间，在室温下在水中用钳子将石屑颗粒逐一拉出。用目测法评估拉出集料颗粒上被剥落面积占总裹覆面积的百分率。

2. 拉脱试验(Pull-Off Test)

美国 ASTM D4541 的拉脱试验方法是将一定数量的结合料铺设在一块玻璃或金属的底板上，并容许养生一定的时间[16]。用一金属的柱塞安放在结合料上，并容许放置并凝固一给定的时间。然后将活塞套套在柱塞上，并将反力板固定在柱塞的螺钉上，活塞套的底边则支承在玻璃板上。用压缩空气向活塞套的气室内充气，使柱塞向上运动，从而在结合料界面上形成一垂直的拉力，直至柱塞拉脱，并记录其破坏时的气压作为考核黏附性和黏聚性的指标(图 4-1-22)。近些年来，拉脱试验方法在使用过程又有了不少改进：柱塞的直径加粗了；为更好

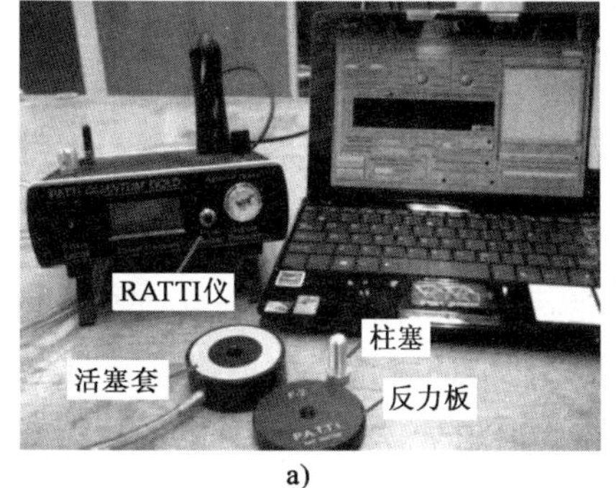

a)

b)

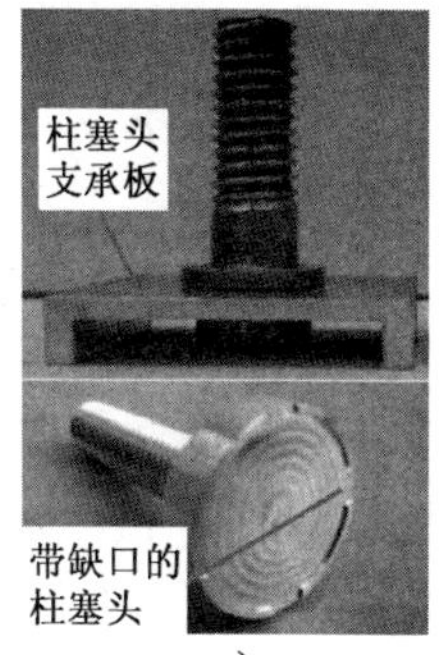

c)

图 4-1-22　拉脱试验和试验装置

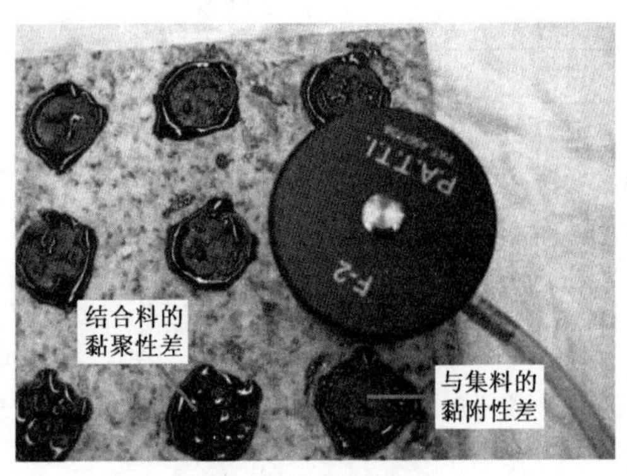

图 4-1-23　结合料界面不同性质的破坏

模拟结合料与集料的黏附性，改用集料石材制作的基板取代了玻璃基板；为更好控制结合料黏结层的厚度，增加了专用的支承板；为使多余的结合料顺畅地挤出，在柱塞头的边上开有缺口（图 4-1-22）。

拉脱试验的结果可以用来评价结合料界面的破坏是由于结合料与石料的黏附强度不足，还是结合料本身的内聚力不足引起的（图 4-1-23）。

3. Vialit 平板冲击试验（Vialit Plate Shock Test）

Vialit 平板冲击试验最早是由法国提出的，用来检验石屑颗粒与沥青的结合强度并确定石屑的设计用量。在一块 175mm 见方的平板上按现场的乳化沥青和石屑的洒布量，制作 15 块试件。用一重 200kg 的橡胶轮胎作为滚轮，在 X、Y 平面内各碾压 3 个来回，然后将试样在 25℃下分别养生 10min、30min、2h、5h、24h，在到达规定时间后，将平板翻转垂直向下放在支架上保持 10s，让石屑自由掉落（图 4-1-24），以 10s 前后试样平板的质量差的百分率来表示石屑的保持率，用以考核石屑用量是否过多。然后用一 5cm 直径（510 ± 10）g 的钢球从 45cm 处掉下冲击平板 3 次，并测定掉落的石屑数目，用钢球冲击 3 次后掉落的石屑百分率来考核石屑颗粒与沥青的结合强度。Vialit 试验在表面处治的欧洲标准中（EN 12272-3）被用来检验集料与沥青的主动黏附性和机械黏附性[18]。Vialit 冲击试验仪的参数：平板尺寸 200mm × 200mm，围边高 2mm；橡胶碾轮直径 250mm，宽 260mm，重 25kg；钢球直径 50mm，重 510g，冲击高度 500mm；试验用石屑的数量为 100（对较细的石屑）或 50（较粗的石屑）。用 3 次冲击试验掉落的石屑颗粒中，未黏附有结合料的石屑颗粒数量来评价结合料与石屑的黏附性。

4. 摆式试验（Pendulum Test）

摆式试验原来是专为表面处治用来检验结合料的黏聚性而设计的，在现在的欧洲标准（EN 13588）中也用于沥青材料的其他应用场合，作为选择结合料性能的依据之一[19]。摆式试验的原理是通过测定破坏结合料试样内部黏聚力所需的能量来评价结合料的黏聚性。一对接触表面带锯齿形的试块和支座，在其锯齿形的空隙之间充满结合料的试样，在规定温度下在恒温水浴中养生 90min ~ 4h。然后放至摆式试验器的夹座上，让摆锤在一定高度下落下冲击试块使它与支座分离。被破坏试块和支座之间结合料所吸收的能量由空摆试验和冲击试验所测得的摆角之差来表示。图 4-1-25 为奥地利 Vialit Asphalt Co 公司开发的摆式试验仪。

二、原路面硬度的试验方法与手段

原路面路表面硬度的测定目前主要有两种方法：一种是静态的贯入法；另一种是动态的贯入法。英国 BS 598-112 的路表面硬度探测器方法（Method for the Use of Road Surface Hardness Probe）采用静态贯入法，探测器由常规的圆锥贯入仪改装而成，采用一直径为 4mm 的贯入杆，其头部为 4mm 的半球形［图 4-1-26a）］[12]。试验采用静态压入的方法，用 340N 的荷载作用在贯入器上保持 10s 后，测定贯入的深度，以 10 个以上测点的平均值作为路表面硬度的指标，在试验时同时测定路表面的温度。

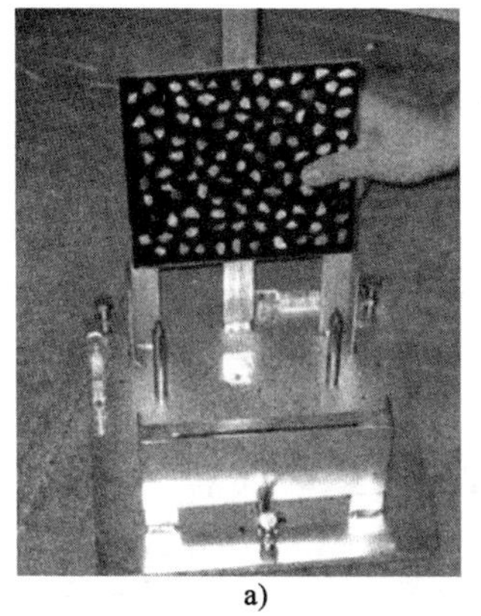

a)

b)

图 4-1-24　Vialit 平板冲击试验

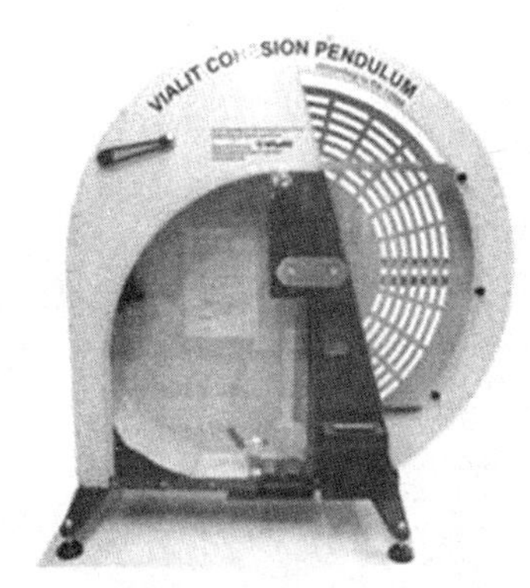

图 4-1-25　检验结合料黏聚性的摆式试验仪

澳大利亚与新西兰的 AG:PT / T251(Ball Penetration Test)采用冲击贯入法,球形贯入器由一 19mm 半球形压头和 4.53kg 的 Marshall 试验冲击锤组成[图 4-1-26b)]和[图 4-1-26c)][17]。试验时将冲击锤提升至规定的高度(457mm),连续锤击 4 次后,测定球形贯入器贯入的深度,精确至 0.5mm,采用 5 个测点贯入深度的平均值作为现场的平均贯入深度。试验时同时测定沥青路面的表面温度。

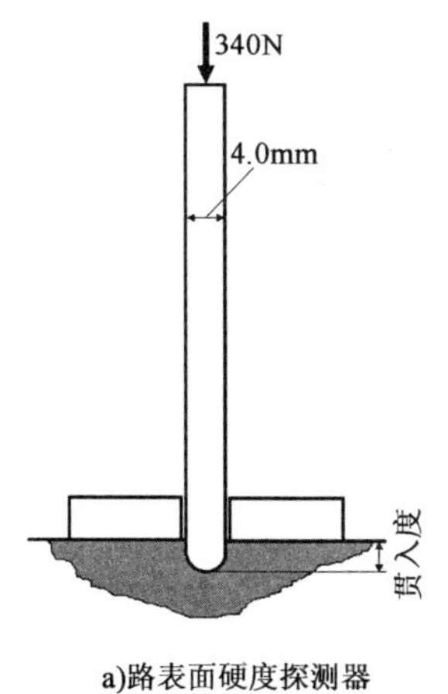

a)路表面硬度探测器

b)球形贯入器

c)球形贯入器使用图示

图 4-1-26　路表面硬度测试仪

三、检验石屑保持性的试验方法与手段

1. 拉出试验(Pull Out Test)

拉出试验是美国 TexDOT 在澳大利亚 RTA T-238 的基础上改进的用于检验石屑在封层上的黏附性和保持性的试验方法,它取消了用稀释剂稀释结合料的要求,而代之以将结合料适当加热,使之液化来模拟现场的条件,同时用一只拉力计来测量拉出石屑所需的力。用石屑上黏附有结合料的面积来评价结合料的黏附性,用拔出石屑所需的力来评价石屑的保持性。石屑与拉力计的连接方式,可用强力胶将一根铁钉黏结在石屑上,然后用拉力计的夹头夹住铁钉,

也可直接用夹子夹住石屑向上拉拔(图4-1-27)。拉出试验的缺点是很难使铁钉和拉力计保持在垂直位置上,从而影响试验结果的精确度。

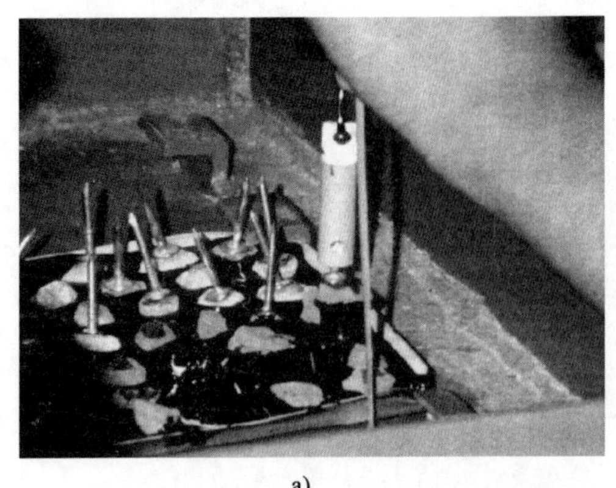

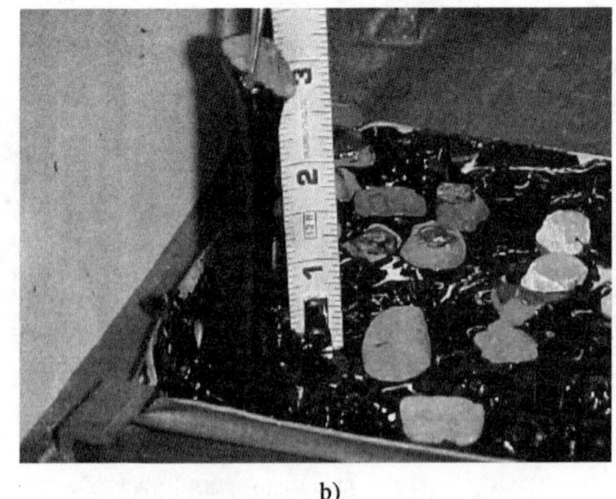

图4-1-27　石屑与沥青黏附性的拉出试验

2. 平板冲击试验(Plant Impact Test)

Vialit 平板冲击试验除用于检验黏附性外,也可用来检验石屑在封层上保持性,美国Caltrans提出了一种用 Vialit 平板冲击试验检验石屑在橡胶沥青封层上保持性的方法,它用一钢球冲击3次掉落石屑的总数来评价石屑在封层上的保持性[20]。由于橡胶沥青的韧性较好,因而需将试件的调节温度降至 -20℃左右。

除此之外,TexDOT 还提出了一种改进的平板冲击试验,加大了冲击的能量,将钢球改为重4.5kg 的马歇尔击锤,冲击高度为45cm(图4-1-28)。

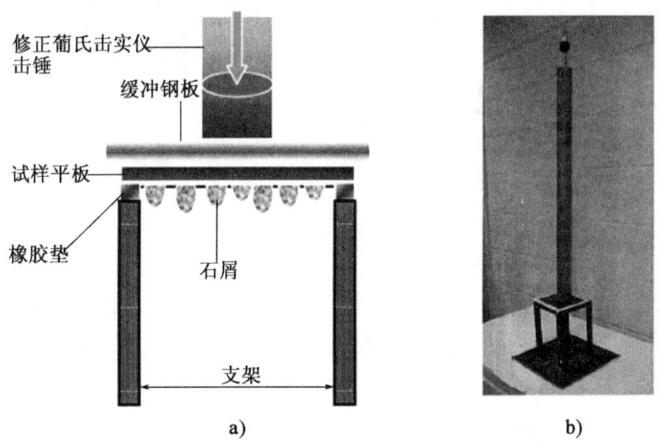

图4-1-28　TexDOT 的重型平板冲击试验器

3. 摇筛试验(Sieve Shaker Test)

摇筛试验是美国 Penn DOT 的一种检验石屑在封层上保持性的试验方法,它是由美国NCAT 为 Penn DOT 开发的[21]。这一方法的原理是利用摇筛机筛格的底盘,按结合料和石屑所要求的洒布率准备试样。将试盘反扣在另一接盘上,两盘一起放入一台倾斜角为60°的Mary Ann摇筛机内(图4-1-29)。开动摇筛机,振动5min,让试样盘上的石屑振落到接盘内,以被振落石屑的质量占集料总质量的百分率来表示封层的保持性。

a)　　　　b)

图 4-1-29　检验石屑在封层上保持性的摇筛试验

4. 轻扫试验(Light Sweep Test)

轻扫试验是美国 Texas DOT 试验规范 Tex-216-F 规定的集料保持性试验。这一方法的要点是将沥青与石屑按要求的洒布率洒布在一块长方形的平板上,用 20kg 重的金属滚轮在平板纵向方向碾压一遍,待试样冷却至室温后,将平板纵向倾斜与水平线成 75°,让松散的石屑颗粒滚落,并用刷子轻刷,除去那些实际上并未黏住沥青膜的集料颗粒。分别称取石屑用量的总重和失落集料颗粒的质量,并以失落集料占石屑总重的百分率来表示集料在封层上的保持性。显然,这一方法只能检验石屑用量过多导致的集料失落,而无法检验集料与结合料的黏附性和结合强度。

5. 扫刷试验(Sweep Test)

扫刷试验是列入美国 ASTM 试验标准的一种检验集料颗粒黏结强度的试验方法,原本是用来评估在沥青膜形成的养生期间,乳化沥青石屑封层的性能变化和养生效果的。扫刷试验在 ASTM 标准中有两个试验方法:一个是用于乳化沥青的(ASTM D7000, Standard Test Method for Sweep Test of Bituminous Emulsion Surface TreatMent Samples)[22];另一个是用于黏稠沥青的(ASTM WK139, Standard Test Method for Sweep Test of Bitumious Surface Treatment Samples)。后者还处于试用期内,ASTM 尚未公开发布。两个试验的基本方法应该是相同的,其差别估计是在试样的制作上。试验的基本设备是从稀浆封层的湿轮磨耗仪移植过来的,其差别只是橡胶管换成了尼龙丝制成的刷子。图 4-1-30 和图 4-1-31 展示了试验设备和经扫刷试验后的试样。

扫刷试验是用来模拟封层施工过程中滚刷对封层上石屑颗粒施加的刮刷力,其刮刷作用应比车轮碾压封层时的更大。与 Vialit 平板试验相比,集料颗粒黏结强度对扫刷试验的敏感性更高,图 4-1-32 和表 4-1-17 展示了美国 Tony Kycharek 对不同类型的乳化沥青、不同材质集料制备的石屑封层,分别用扫刷试验和 Vialit 试验进行的对比试验[23]。从图中可以看到,经过 24h 养生期后,扫刷试验的结果是, 不论是石灰岩还是花岗岩,采用不同类型乳化沥青制作的试件的石屑脱落率是有显著差别的。但是从表 4-1-17 中可以看到,采用 Vialit 试验的试验结果表明,不同类型的乳化沥青,它们黏附性指标并没有太大的差异,因而扫刷试验作为检验封层集料黏附强度是否足够的实验室试验手段有着较好敏感性。但扫刷试验结果的离散性较大,其标准差约为 15%,因此扫刷试验需要以多次试验的统计数据来表述[22]。

图 4-1-30　扫刷试验设备在工作

图 4-1-31　扫刷试验后的试样

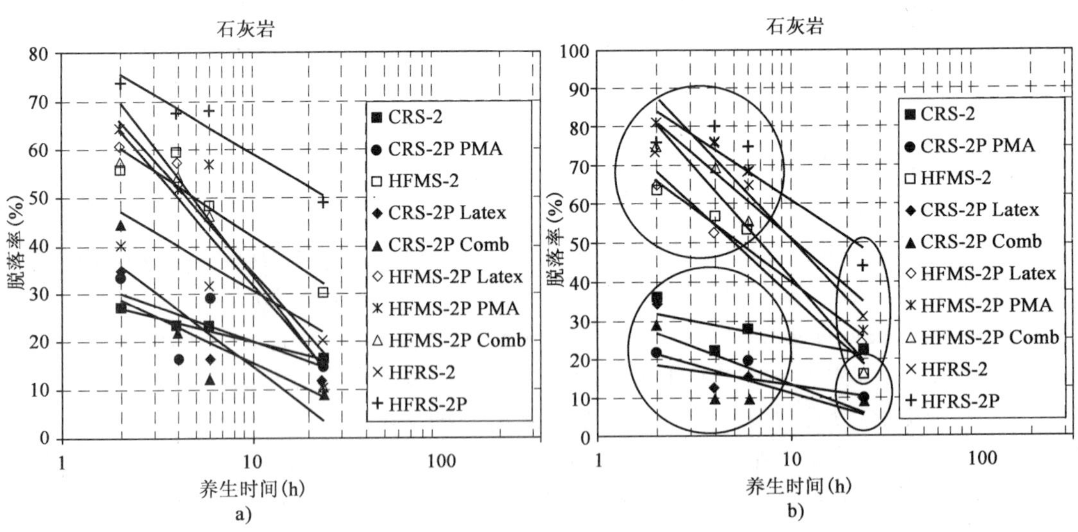

图 4-1-32　不同类型乳化沥青、不同材质集料保持性的扫刷试验结果

CRS-2-快裂式阳离子乳化沥青；HFMS-2-中裂式高漂浮度乳化沥青；HFRS-2-快裂式高漂浮度乳化沥青；P-改性乳化沥青；Latex-3% SBR 胶乳改性；PMA-SBR 为基质沥青 3% 改性沥青；Comb-50% Latex/50% PMA

不同类型乳化沥青、不同材质集料保持性的 **Vialit** 平板试验结果　　表 4-1-17

黏附性(%)	石灰岩	花岗岩	黏附性(%)	石灰岩	花岗岩
CRS-2P(Latex,Comb)	100	100	HFRS-2	95	100
CRS-2P PMA	93	100	HFRS-2P	94	100
所有 HFMS 类	100	100			

第六节　施工工艺与设备的技术进步

关于石屑封层的施工工艺,同样经历了从最简单的基本工序向更为完善的工艺过程发展的历程。石屑封层最基本的施工工序是结合料的喷洒、石屑的撒布、封层的碾压。现代石屑封层的施工工艺最主要增加了预裹覆工序、中间复拌工序、最终扫吸工序 3 道工序。

其中最重要的是预裹覆(Precoated)工序。预裹覆工序在乳化沥青石屑封层施工工艺的发展中早在 20 世纪 70 年代已经提出来了,粉尘对石屑颗粒与封层的结合强度有十分显著的影响,这是因为黏附在集料表面的粉尘将在沥青与石屑颗粒的结合面上形成一层屏蔽层,从而严重影响沥青与集料的黏附性能[图 4-1-33a)]。采用预裹覆工序的好处是少量沥青分布在集料表面将形成封层沥青进一步裹覆的着力点。

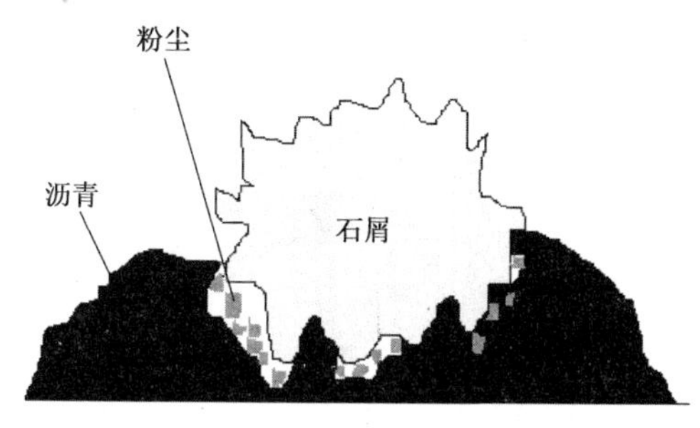

a)粉尘的屏蔽作用

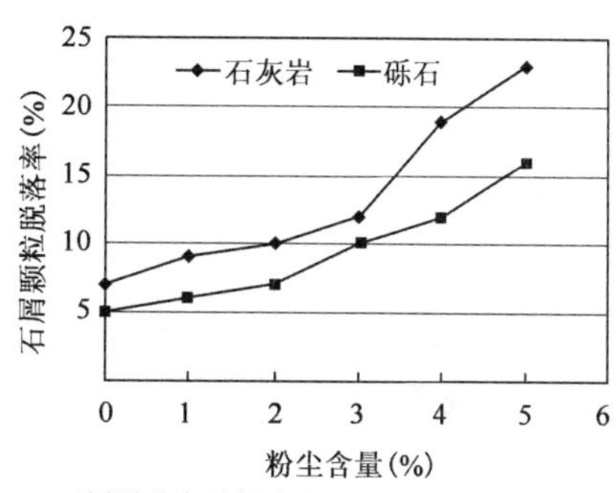

b)石屑脱落率随粉尘含量增大而增加的规律图

图 4-1-33　粉尘对石屑与结合料黏附性的影响

美国 NCAT 曾对粉尘对石屑颗粒脱落率的影响和预裹覆工序的效果作了大量的试验研究[21]。图 4-1-33b)展示了石屑颗粒的脱落率随粉尘含量的增大而增加的规律。在试验时石屑经过彻底的清洗,然后按干集料质量的 1%、2%、3%、4%、5% 的比例分别将粉料加入到清洗后的石屑中,并在实验室的搅拌器中加入少量清水一起拌和,使粉料均匀地散布在集料表面。最后,将含有定量粉尘的石屑烘干后作为试样备用。按照这一程序制作的含粉石屑将最大限度地模拟自然界的含粉集料。从图 4-1-33b)中可以看到,石屑颗粒从封层上脱落的数量随着粉尘含量的增加而增大,尤其是当含量超过 2% ~3% 后石屑的脱落率将急剧地增长。因此,严格地控制石屑中的粉尘含量不超过 2%(水洗)是完全必要的。图 4-1-34 则展示了不同预裹覆面积对提高石屑颗粒在封层上保持性的影响。从图中可以看到,随着预裹覆面积的增大,石屑颗粒的脱落率变化的总趋势是随之下降。但当裹覆面积超过 90% 后,效果反而变差,因此将裹覆的面积控制在50%～90%是合理的[图4-1-34a)]。图4-1-34b)则展示了不同预裹覆面积的石屑试样。

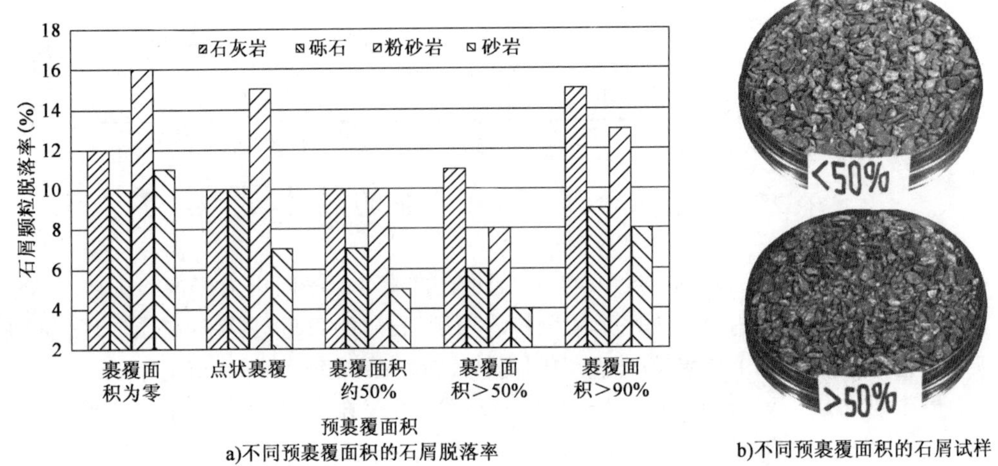

a)不同预裹覆面积的石屑脱落率　　b)不同预裹覆面积的石屑试样

图4-1-34　预裹覆面积对改善石屑颗粒在封层上保持性的影响

清洁和预裹覆是改善石屑与结合料之间黏附性的重要措施，在有些国家的规范中，例如新西兰，规定石屑必须经过水洗、烘干和预裹覆。预裹覆应采用黏度低的结合料，低黏度的结合料更容易湿润干燥的石屑(图4-1-35)。

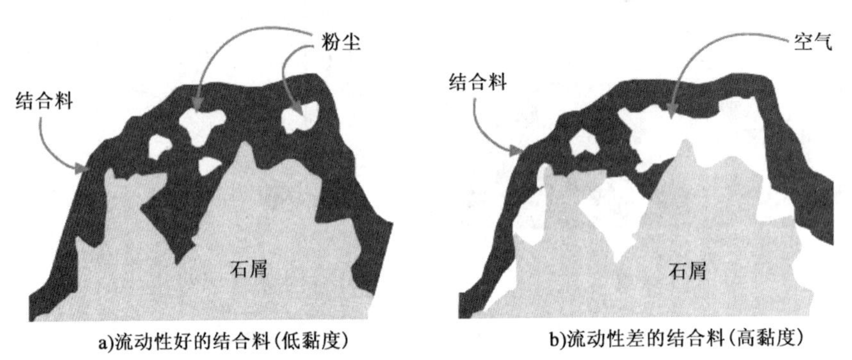

a)流动性好的结合料(低黏度)　　b)流动性差的结合料(高黏度)

图4-1-35　结合料流动性对石屑裹覆性能的影响

用煤油稀释的沥青曾广泛用作预裹覆的结合料，稀释沥青的缺点是堆放在场地上的预裹覆石屑的料堆会由于煤油的挥发而降低预裹覆的效果。石油中低挥发的馏分(例如柴油)也常作为预裹覆的结合料，在柴油中可加入一定比例的沥青。

高黏度的沥青材料常常用在通过沥青搅拌设备加热和拌和的热石屑的预裹覆上，并即时使用。采用热拌预裹覆石屑的好处是热石屑可更好地埋入撒布在路面上的结合料中。

乳化沥青也可作为预裹覆的结合料，但由于水对沥青与石屑黏附的阻隔作用，通常需要对乳液进行专门的设计和加入某些主动型黏附剂，以加强沥青与石屑之间的黏附。

常规的抗剥落剂是一种被动型的黏附剂，它用于抵抗水对黏附于石屑上的沥青膜的侵入和取代，以增强结合料与石屑的被动黏附性(图4-1-36)。

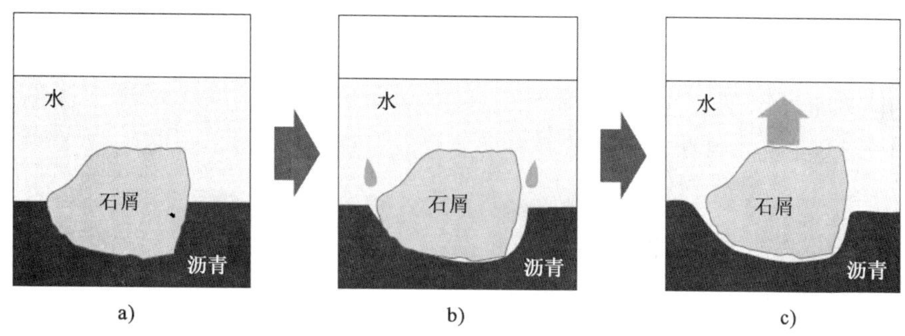

图 4-1-36　被动黏附型——抵抗水对沥青膜渐进的侵入和剥落

主动型黏附剂是一种表面活性剂，它可以主动地取代水的分子，而黏附于石屑上，是预裹覆结合料中常采用的一种添加剂(图 4-1-37)。图 4-1-38 是主动型黏附剂改善结合料与石屑黏附性的效果[2]。

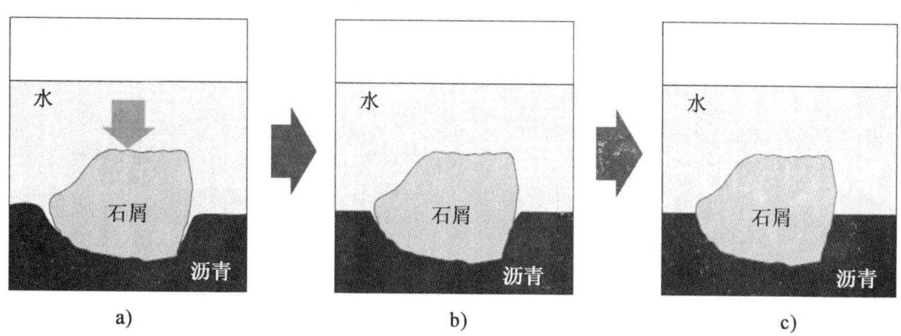

图 4-1-37　主动黏附型——主动取代水分子，促进沥青黏附于石屑上

图 4-1-38　浸盘试验显示即使在有水的情况下主动黏附剂也可使石屑被浸润

预裹覆石屑的制备可分为冷拌和热拌两大类。对于低黏度的冷拌结合料最好在集中生产冷拌混合料的拌和场用专门的搅拌设备进行，虽然也可用手工和装载机边喷洒边来回翻拌进行，但其预裹覆的质量不如前者。对于高黏度的热拌结合料则应在热拌沥青混合料搅拌设备上进行。

中间复拌工序也是表面处治经常采用的辅助工序，中间复拌应紧接着石屑撒布工序后进行，通过扫拌将石屑分布均匀，并将多余的石屑扫至路边，但需注意避免将已埋入结合料中的石屑颗粒翻转过来，中间复拌工序主要用在高黏度结合料，例如橡胶沥青的石屑封层中。图 4-1-39a）展示了滚刷进行复拌的情景。

最终的清扫工序对于减少开放交通初期的石屑飞散和撒砂养护工作是十分必要的，除采用滚刷清扫外，通常还采用真空吸扫车将多余的松散石屑吸走［图 4-1-39b）］。

a)滚刷在进行复拌

b)清扫车将多余的石屑吸走

图 4-1-39　表面处治施工的中间复拌和吸扫工序

图 4-1-40 展示了表面处治与封层施工作业的基本工序。

a)洒布结合料

b)石屑撒布

c)碾压

d)清扫

图 4-1-40　表面处治与封层施工作业的基本工序

施工设备是实施上述施工工艺的基本保证。在施工设备中最重要的设备是结合料洒布车和石屑撒布车。结合料洒布车自初期的手工控制、洒布精度较低的机型一直在向着技术性能和自动化程度更高的智能化机型发展。现代的沥青洒布车通常都配备有沥青罐、加热系统、结合料的泵送与循环系统、过滤系统、喷洒系统、手持喷洒系统、清洗系统、洒布杆恒定高度自动调节系统,以及由车速和沥青泵速度自动测量与计算机控制组成的洒布量自动调节系统,单个喷嘴的洒布精度已可达到 < ±1% ~ ± 2% 的误差范围,结合料的洒布宽度可通过洒布杆的伸缩或折叠进行调节,以适应不同洒布宽度的需要。

早期的石屑撒布车大多采用悬挂在自卸车后方的石屑撒布装置,这样的结构布置最大的缺点是司机必须开着倒车进行作业,也看不到石屑撒布的情况。现代的石屑撒布机大多采用自行式的底盘、前置式撒布装置和后置式的接料斗(图 4-1-41),自卸载货汽车卸入接料斗内的石屑由输送带送至前方撒布装置的料斗内。这样的布置方式,司机可以很好地在前进时观察到沥青洒布车喷洒好的结合料铺层和石屑撒布的情况,整个石屑撒布作业可以在很长时间内连续不断地进行,大大提高了封层施工的生产效率。在撒布装置中通常都装有横向的螺旋分料器,它可使卸入撒布料内的石屑均匀地分布在整个撒布宽度上,在有的机型上还装有搅拌装置,可防止材料的离析和预裹覆石屑的黏连。撒布料辊的转速和斗门的开度以及机器的行驶速度是控制石屑撒布量的主要工作参数,在现代化的石屑撒布机上这些工作参数通过计算机控制系统进行控制与调节,以保持单位面积撒布量的恒定。

a)

b)

图 4-1-41　带有前置撒布装置和后置接料斗的自行式石屑撒布机

20 世纪 90 年代出现的同步石屑封层机将石屑的料斗与沥青罐安装在一个底盘上,可以将石屑即时地撒布在刚喷洒过结合料的路面上,因而使石屑更好地埋入结合料中(图 4-1-42)。同步石屑封层机的缺点是石屑料斗的容量较小,不能连续作业,需要停机来补充石屑,其生产效率不如沥青洒布机与自行式石屑撒布机串联作业的方式。

压实设备用于碾压表面处治与封层的作用是将石屑埋入结合料,并使石屑以肩并肩的嵌挤方式排列成一单层的石屑结构,因而并非传统意义的压实过程。10t 左右的轮胎压路机是最常用的机型,过重的压实设备会导致石屑的破碎。另一种应用较多的压实设备是包有橡胶套的钢轮压路机,包有橡胶的滚轮有一种推挤作用,可以使石屑更好地形成相互嵌挤的结构(图 4-1-43)。

a)

b)

图 4-1-42 同步石屑封层机

a)

b)

图 4-1-43 包有橡胶套滚轮的压路机

第七节 技术规范和质量检验方面的进展

在表面处治应用发展较广的国家里,它的技术规范与检验标准也在不断地修改和完善,目前在表面处治与封层的技术规范和质量标准方面发展得比较完善的,主要有澳大利亚 AAPA (Australian Asphalt Pavement Association)的《石屑封层国家规范(National Sprayed Sealing Specification)》、Austroads 的 AP-T09《石屑封层暂行设计方法(Austroads Provisional Sprayed Seal Design Method》、新西兰 TNZ(Transit New Zealand)P17《基于性能的再封层规范(Performance Based Specification for Reseals)》、南非 SANRAL(South African National Roads Agency Limited)的 TRH3《表面处治的设计与施工(Design and Construction of Surfacing Seals)》,以及英国等欧洲国家的标准,其中最有代表性的是已由欧洲标准化委员会统一制定的欧洲标准。这套欧洲标准包括表面处治的技术要求以及相关试验方法的 3 个分册:

EN 12271 表面处治——技术要求(Surface Dressing —— Requirements)[24];

EN 12272-1 表面处治——试验方法 -1,结合料和石屑的洒布率与洒布精度试验(Rate of Spread and Accuracy of Spread of Binder and Chippings)[25];

EN 12272-2 表面处治——试验方法 - 2,缺陷的表观评定方法(Visual Assessment of Detects)[26];

EN 12272-3 表面处治——试验方法 - 3,测定结合料—集料黏附性的 Vialit 平板冲击试验法(Determination of Binder Aggregate Adhesiveness by the Vialit Plate Shock Test Method)[18]。

在 EN 12271 的欧洲标准中规定了石屑封层性能和质量的 8 项检验项目、相应的试验方法和质量要求,这些检验项目包括以下几项:

(1)缺陷的表观检验(泛油、露白和拉伤、集料脱落、条痕);

(2)表面纹理构造测定;

(3)噪声测定;

(4)结合料黏聚力测定;

(5)石屑磨光值测定;

(6)结合料洒布率与精度测定;

(7)石屑撒布率与精度测定;

(8)石屑结合料黏附性测定。

在各项检验项目中缺陷的表观检验与表面纹理构造的测定要求在石屑封层通车后 11 ~ 13 个月进行。各检验项目的质量要求分为 5 个等级,可以根据需要来选择(表 4-1-18)。

EN 12271 规定的不同性能等级的技术要求　　表 4-1-18

委托人所要求的性能			等　级					
技术要求	参照标准	单位	0	1	2	3	4	5
缺陷的表观评价								
P_1—埋没、轮迹、泛油	EN 12272-2	%	无要求	≤2.5	≤1.0	≤0.5		
P_2—露白和拉伤	EN 12272-2	%	无要求	≤1.0	≤0.5	≤0.2		
P_3—雕花(个别石屑脱落)	EN 12272-2	%	无要求	≤10	≤6	≤3		
P_4—带状条痕	EN 12272-2	m	无要求	≤90	≤30	≤10	≤2	
表面宏观特性(构造深度)	EN 13036-1	mm	无要求	≥0.5	≥0.7	≥1.0	≥1.5	≥2.0
产生噪声的特性描述	EN 13036-1	mm	声明对最大构造深度的限制					
由摆式试验(EN 13588)测定的结合料黏聚性—乳化沥青	EN 13808	J/cm	从 EN 13808 表 4 内选择所要求的等级					
由摆式试验(EN 13588)测定的结合料黏聚性—稀释和轻制结合料	prEN 15322	J/cm	从 EN 13808 表 4 内选择所要求的等级					
由摆式试验(EN 13588)测定的其他结合料黏聚性(EN 12591,EN 14023 等)		J/cm	从 EN 13808 表 4 内选择所要求的等级					
石屑—磨光值	EN 13043		从 EN 13043 内选择所要求的等级					
石屑—用洛杉矶磨耗法或 Micro-Deval 法或埋钉轮胎法测定的磨耗特性	EN 13043		从 EN 13043 内选择所要求的等级					
其他特性要求								
表面处治的类型	所选择的类型							

续上表

委托人所要求的性能		等级							
技术要求	参照标准	单位	0	1	2	3	4	5
结合料洒布率—容许偏差	EN 12272-1	%	无要求	±15	±10	±5		
结合料洒布横向精度	EN 12272-1	C_v%	无要求	≤15	≤10	≤5		
石屑撒布率—容许偏差	EN 12272-1	%	无要求	±15	±10	±5		
石屑撒布横向精度	EN 12272-1	C_v%	无要求	≤15	≤10	≤5		
用 Vialit 冲击板试验测定的结合料与石屑的黏附性								
机械黏附性	EN 12272-3	%	无要求	≥90				
主动黏附性	EN 12272-3	%	无要求	≥60	≥90			

注：1. 结合料的其他特性可按 EN 13808、prEN 15322、EN 12591 或 EN 14023 相应的要求执行。

2. 集料的其他特性可按 EN 13043 相应的要求执行。

3. 对于每一项技术要求可选择不同的等级，但在性能的选项之间不应发生矛盾。例如，选择一个很高的构造深度等级 5，而同时又选择一个很低的泛油缺陷（P_1）等级 1，两者将发生冲突。

第八节　橡胶沥青表面处治与封层的应用领域

沥青—橡胶结合料由于其施工时的高温黏度高的特点以及十分良好的黏弹性，使它在应用于表面处治与封层时，有着一系列独特的优势：

（1）施工时高的高温黏度，使其喷洒至路面时的流动性很差，结合料不会到处流淌，因而可以采用更高的结合料用量，沥青橡胶的洒布率通常为普通沥青、乳化沥青洒布率的 3～4 倍，比改性沥青也要高出 1 倍以上，但仍能保持很厚的结合料铺层（图 4-1-44）。

图 4-1-44　流动性很差的沥青—橡胶可在路面上形成很厚的沥青层

（2）高的结合料用量，加大了裹覆在石屑上的沥青膜厚度，从而提高了结合料与石屑之间的黏附性，也改善了与原路面之间的黏结强度，因此大大降低了石屑脱落的风险。

（3）厚的沥青膜改善了石屑封层抗水损害的能力，提高了封层的耐久性和疲劳寿命。

（4）良好的黏弹性使石屑封层具有杰出的吸收、松弛应力的能力和抗反射裂缝的性能。

喷洒型橡胶沥青的应用领域主要有以下几种：

（1）应用于单层或多层的表面处治中，可作为较低等级道路的表面处治沥青路面。

（2）应用于石屑封层，可作为各种道路预防性养护的表面封层。

（3）应用于防水黏结层，可作为热拌沥青混合料路面和桥梁、隧道沥青铺装层的下封层。

（4）应用于旧沥青路面与水泥路面的加铺、改造中，可作为防止与延缓反射裂缝的应力吸收层。

第二章　橡胶沥青表面处治与封层的设计

第一节　表面处治与封层的结构原理及其损坏与失效的机理

表面处治的损坏、失效和性能的衰退可以分为早期损坏和长期性能衰减两种类型。早期损坏是指封层在施工结束后的石屑沉降期发生的病害。在这一时期,石屑在交通荷载的碾压作用下,将进一步以最小尺寸平躺、下沉、埋入下层路面而形成稳定的嵌挤结构,所以也常称为稳定期。在稳定期内发生的病害主要有以下类型:

(1)石屑脱落;

(2)封层拉伤;

(3)带状条痕;

(4)表面泛油。

在以上4种病害类型中,导致前3种病害的原因是类似的。新施工的表面处治路面,石屑尚未形成肩并肩的嵌挤结构,结合料的早期强度也较低,此时高速滚动的车轮很容易将石屑颗粒带走,造成石屑个别地或成片地剥离封层表面。有着很多因素可以影响这些早期病害的发生,最常见的有石屑的撒布量过多、结合料的洒布量偏少或漏洒、施工的温度过低或碾压不当、施工中工具的刮伤、过早开放交通或交通管制不当等。虽然影响上述3种病害发生的因素众多,但从病害发生的机理上看,石屑个别或成片剥离封层是由以下3方面的本质原因造成的:

(1)集料与结合料之间的黏附性(Adhesiveness)不足[图4-2-1b)];

(2)结合料本身的黏聚性(Cohesiveness)不足[图4-2-1c)];

(3)集料与原路面之间的结合力不足[图4-2-1d)]。

在封层早期病害中出现的泛油则大都是由于结合料用量过多造成的。

关于表面处治长期性能的衰减主要表现在两个方面:一种是由于结合料老化、受水损害引起的石屑脱落,其病害的机理与在稳定期内石屑的脱落是相同的。另一种则表现为宏观和微观抗滑性能的衰减,微观抗滑性能的下降是由于石屑磨损、磨光造成的,而宏观抗滑性能的恶化则是由于构造深度的减小而导致的。构造深度的减小则由于下层路面较软,石屑在车轮的碾压下不断地埋入原路面,从而使石屑,尤其是在轮迹带上,埋没在结合料中而出现类似泛油的迹象。当严重时,在轮迹带上的石屑完全浸没在沥青中,表面光亮而存在车轮的印迹,从而导致抗滑性能的急剧恶化。

泛油与埋没虽然从表现的形式上是类似的,但从病害发生的机理上来看,前者是由于结合料洒布率过高,而使结合料的厚度超过石屑的平均最小尺寸造成的[图4-2-2a)],而后者是由于下层路面薄弱,石屑埋入原路面而导致的[图4-2-2c)]。

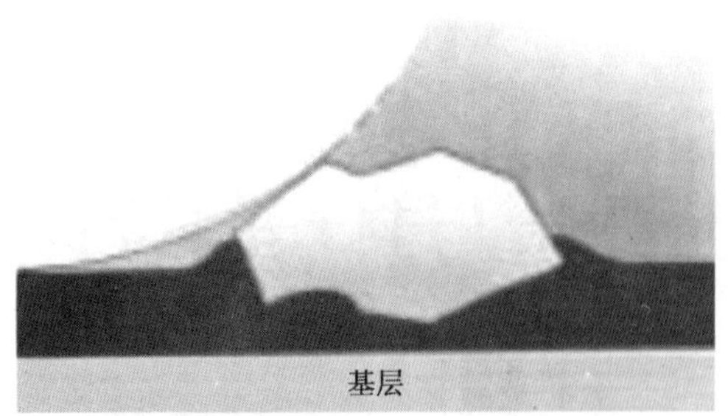

a)结合料黏聚性良好，与石屑的黏附性良好，与原路面的黏结良好

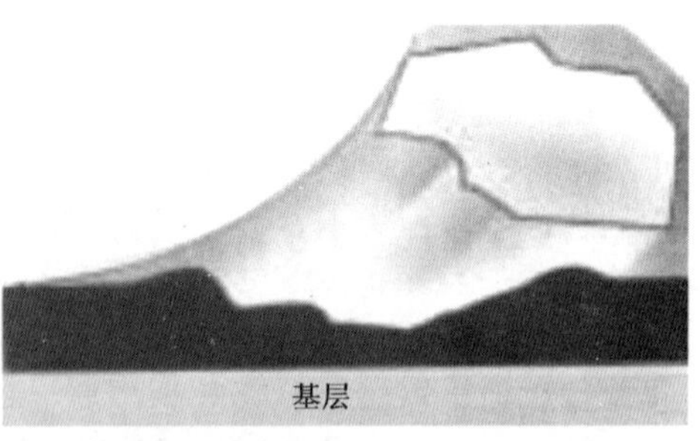

b)结合料黏聚性良好，与石屑的黏附性不好，与原路面的黏结良好

c)结合料黏聚性不好，与石屑的黏附性良好，与原路面的黏结良好

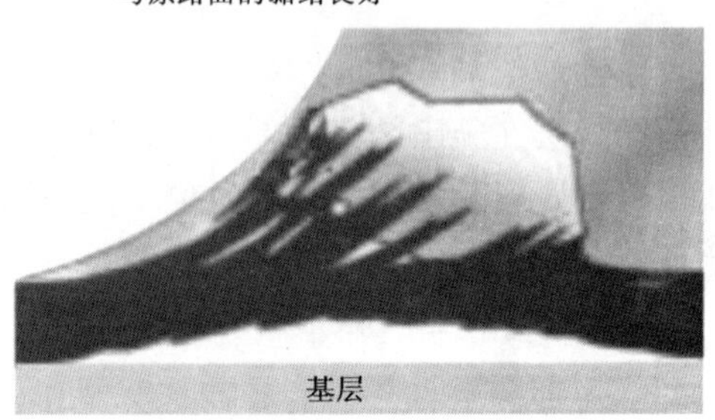

d)结合料黏聚性良好，与石屑的黏附性良好，与原路面的黏结不好

图 4-2-1　石屑脱落和封层剥离病害的发生机理

a)没有埋入(基面很硬，或交通量很低的道路)

b)典型的正常埋入

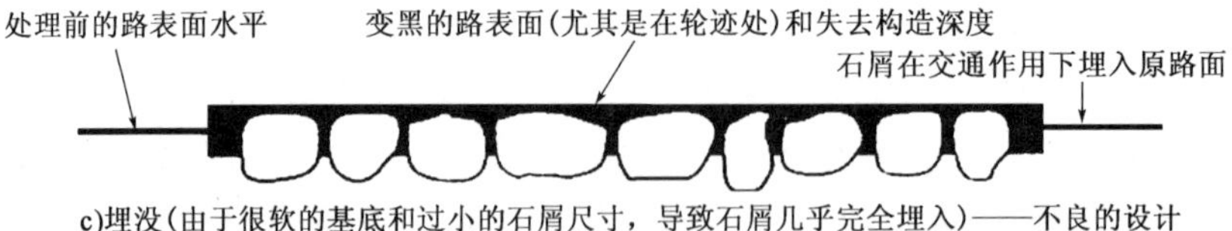

c)埋没(由于很软的基底和过小的石屑尺寸，导致石屑几乎完全埋入)——不良的设计

图 4-2-2　泛油和埋没病害的发生机理

从以上对表面处治与封层损坏与失效的机理分析中可以看到，一个良好的石屑封层应满足以下的基本要求：

(1)石屑颗粒形成肩并肩(Shoulder by Shoulder)的紧密排列；

(2)石屑单层埋入结合料,不能上、下重叠;

(3)石屑在结合料中的埋入量达到50% ~70%;

(4)结合料本身具有良好的黏聚强度;

(5)结合料与石屑和原路面具有良好的黏附性。

上述对石屑封层结构和结合料性能的基本要求应成为进行表面处治与封层设计的基本原则。

第二节　橡胶沥青表面处治的设计方法

一、材料要求

用于表面处治与封层的石屑应是清洁、立方形的、单粒径的、耐磨性好的集料。除对粗集料的一般性技术要求外,对石屑的立方性、粉尘的含量和耐磨性方面应有更为严格的要求,表4-2-1是推荐的对石屑技术特性的补充要求。

对石屑颗粒在立方性、粉尘含量、耐磨性方面的补充技术要求　　表4-2-1

技术指标	技术要求	试验方法
针片状颗粒含量(%)	≤10	JTG E42 T0312
软石含量(%)	≤1	JTG E42 T0320
0.075mm 以下粉料含量(水洗法)(%)	≤1	JTG E42 T0310
洛杉矶磨耗损失(%)	≤26	JTG E42 T0317
石屑磨光值(PSV)	≥50	JTG E42 T0321

注:JTG E42 是指《公路工程集料试验规程》(JTG E42—2005)。

用于表面处治与封层的橡胶沥青结合料虽然也可采用改性橡胶沥青,但其抗反射裂缝的能力不如沥青—橡胶结合料,因而宜优先采用沥青—橡胶作为表面处治与封层的黏结材料。橡胶屑的粒径、成分和用量,如第二篇第二章所述,宜采用粒径50 ~16 目(0.3 ~1.18mm)为主,天然橡胶含量高的橡胶屑,橡胶屑用量通常在18% ~20%(占结合料总量的比例)。

二、石屑的粒径与级配

用于橡胶沥青表面处治与封层的石屑粒径主要为公称粒径12.5mm(13.2mm)和9.5mm两种。考虑到较大粒径的石屑颗粒在飞散时会带来更大的危害,在表面处治中应用最多的是9.5mm 粒径的石屑,而12.5mm(13.2mm)的石屑则更多地应用于应力吸收层。

橡胶沥青表面处治与封层对集料级配的要求与常规石屑封层是相同的,即希望尽可能是单粒径的。表4-2-2 是美国一些州规范给出的橡胶沥青石屑封层的矿料级配范围。

从表4-2-2 中可以看到,美国多数州规范都还容许石屑有一定的级配范围,而且除Arizona州和RPA 外,容许的最小粒径的筛孔均为4.75mm,而澳大利亚、新西兰、英国、南非等国的标准,其最小粒径的筛孔都定在6.3mm 以上,这对于形成石屑颗粒的肩并肩排列更为有利。美国橡胶路面协会(RPA)的标准吸取了澳大利亚等国的经验,是比较合理的(表4-2-2)。

美国橡胶沥青石屑封层的矿料级配范围　表4-2-2

规范名称	集料规格(mm)	通过下列筛孔(mm)的质量百分率(%)						
		16	12.7	9.5	6.35	4.75	2.36	0.075
California	12.7~4.75	100	95~100	70~85		0~15	0~5	0~1
	9.5~4.75	100	100	70~85		0~15	0~5	0~1
Arizona	9.5~6.35	100	100	70~90	0~10		0~5	0~1
Penn	12.7~4.75	100	95~100			12~24		0~2
Texas	16~9.5	95~100	15~45	0~5			0~1	
	12.7~4.75	100	100	15~40		0~5	0~2	
	9.5~4.75	100	100	95~100	5~35	0~5	0~2	
Maine	12.7~4.75	100	85~100	15~60		0~15	0~5	0~2
RPA	12.7~6.35	100	95~100	0~20	0~5		0~2	0~1
	9.5~6.35	100	100	70~100	0~10		0~5	0~1

三、石屑与结合料用量的确定

石屑撒布率与结合料洒布率的确定是表面处治与封层设计最主要的任务。在美国大多采用经验性的设计方法,先给出一基础性的应用率范围,然后由驻地工程师根据现场的条件确定确切的用量。表4-2-3是美国一些州规范规定的石屑和沥青—橡胶结合料用量范围。

美国州规范规定的石屑和沥青—橡胶用量的范围　表4-2-3

规范名称	石屑规格	石屑用量(kg/m^2)	沥青—橡胶用量(L/m^2)
California	12.7~4.75	15~22	2.5~3
	9.5~4.75	15~22	2.5~3
Arizona	9.5~6.35	≈0.011(m^3/m^2)	2.3~2.7
Kentucky	9.5~4.75	≈16.3	2.5~2.9
Maine	12.7~4.75	16.3~21.7	2.5~2.9
RPA	12.7~6.35	≈0.0083 (m^3/m^2)	≈2.7
	9.5~6.35	≈0.0083 (m^3/m^2)	≈2.7
Florida	19~9.5	0.0088~0.0112 (m^3/m^2)	2.7~3.6

由于众多因素的影响,这种纯经验方法往往带有很大程度的主观性和随意性,在本书附录5中推荐了一种经验设计、分析计算与实验室试验相结合的橡胶沥青表面处治与封层的设计方法。这一方法的要点如下:

(1)采用平均最小尺寸法计算石屑的用量,并用在平盘内紧密排列石屑颗粒的方法来检验石屑的最佳撒布率。

(2)鉴于结合料用量对于石屑脱落和表面泛油这两种石屑封层主要病害,存在着正向和负向的矛盾影响,采用两种实验室试验分别控制石屑脱落和泛油的风险,并据此来确定结合料的最佳洒布率(图4-2-3)。

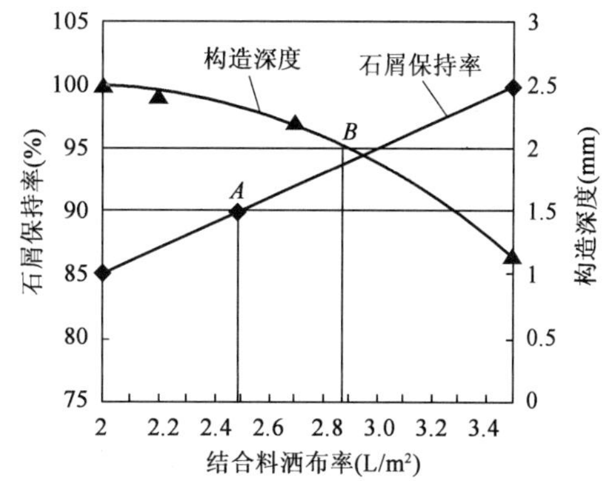

图4-2-3　结合料最佳洒布率的确定

(3)采用Vialit平板冲击试验测定的石屑保持率来控制结合料洒布率的下限,减少结合料用量将减小泛油的风险而增大石屑脱落的风险。

(4)采用铺砂法测定的构造深度来控制结合料洒布率的上限,增加结合料的用量将减小石屑脱落的风险而增大封层表面泛油的风险。

(5)根据原路面硬度、纹理、吸油性等现场条件,确定最终的结合料洒布率。

四、表面处治性能的实验室检验

橡胶沥青表面处治与封层性能的实验室检验可以分为两种类型:一种是在封层设计过程中进行的,主要是对石屑与结合料之间的相容性(Compatibility)和结合料黏聚性进行的检验;另一种是在封层设计完成后对封层性能进行的检验。以下是两种目前国内可行的检验方法:

(1)Vialit平板冲击试验。

Vialit平板冲击试验的工作原理已在第四篇第一章第四节中作了简要介绍,详细的试验方法可参看附录6。Vialit冲击试验不仅可用来检验石屑与封层的结合强度(保持性),还可以用来检验橡胶沥青结合料与石屑的黏附性和结合料本身的黏聚性。在不同的试验温度下,石屑从冲击平板上掉落可能有3种情况:

①掉落的石屑表面没有或只有局部黏附有结合料。这表明结合料与石屑黏附性较差。

②石屑虽然从平板上掉落,但在石屑表面和平板上都黏附有结合料。这表明结合料本身的黏聚性较差。

③掉落的石屑表面黏附有结合料,但平板上没有黏附结合料。这表明结合料与基板的黏附性较差。

(2)扫刷试验。

扫刷试验可用来模拟表面处治路面在初期养生阶段抵抗车轮刮刷石屑使之脱落的能力,它以经扫刷试验脱落的石屑质量与试件原始质量的百分比来表示封层失落石屑的严重程度,详细的试验方法可参看附录6。

扫刷试验的结果由3种石屑失落率来表示：

①初始失落率。表示没有很好埋入结合料中的石屑占试件原始质量的百分率。

②扫刷失落率。表示经扫刷试验后掉落石屑的质量占试件原始质量减去初始失落石屑质量后的百分率。

③总失落率。表示初始失落和扫刷失落石屑的总质量占试件原始质量的百分率。

第三节　橡胶沥青应力吸收层的设计特点

橡胶沥青应力吸收层是设置在下层路面与上层罩面之间的一个夹层，它的功能是，希望由于下层路面裂缝（或接缝）的收缩与伸胀而引起的上层罩面的应力能通过这一夹层的应力松弛作用而得以减弱。在功能上应力吸收层没有石屑脱落的问题，它的主要作用是阻止和延缓下层路面的裂缝向上层罩面的反射。

关于橡胶沥青结合料的特性对应力吸收层抗反射裂缝性能之间的影响，还没有更多的试验资料，但从应力吸收的机理上来说，用于应力吸收层的沥青—橡胶结合料应具有更好的弹性和变形能力。因此，在设计橡胶沥青应力吸收层时，除石屑封层设计的一般原则外，还应考虑应力吸收层在功能上对设计提出的一些特殊要求。

(1)在材料选择方面，应采用天然橡胶含量高的橡胶屑来制作沥青—橡胶结合料，在橡胶屑的粒径选择上，可采用偏细的橡胶颗粒，粒径范围以0.3～0.6mm为主。这样可以保证沥青—橡胶结合料更好的弹性和变形能力。

(2)在沥青—橡胶结合料性能的检验指标方面，应对检验结合料弹性恢复的指标回弹性提出更为严格的要求。

(3)在橡胶沥青应力吸收层的性能检验上，除结合料与石屑黏附性和黏聚性的检验外，针对石屑在封层上脱落风险的检验已没有意义了，而应代之以橡胶沥青应力吸收层抗反射裂缝性能的检验。

目前用于检验沥青混合料抗反射裂缝能力的试验设备大体可分为3大类：第一类是对混合料试件直接施加静态或动态的弯曲或剪切荷载；第二类是采用轮碾（Wheel Tracking）的方式来模拟车轮碾压铺设在有裂缝的下层路面上的HMA罩面的应力状况；第三类是直接模拟下层路面裂缝伸缩引起HMA罩面反射裂缝的工况。在上述3大类试验设备中，第三类设备对反射裂缝生成机理的模拟是最符合现场实际情况的，其中最有代表性的要数美国TexDOT近些年来开发的罩面试验机（Overlay Tester）[27]。它由一块固定的台面与一块活动的台面组成。两块台面上各安装有一块铝制的试件板。试件用环氧树脂黏结在两块试件板上，当试验时，由液压缸驱动的活动台面在水平方向做微量的往复运动（图4-2-4）。位移的波形为三角波，其峰—峰值通常为0.025in，用以模拟15ft（1ft＝0.3048m）宽的水泥路面接缝在温度变化30 ℉时的伸缩量。往复运动的频率也是可以调节的，通常为每分钟6个循环。整个试验设备放入一环境箱内，试验温度可以由环境箱的温控系统调节，通常的试验温度为25℃。试验结果用在规定温度（25℃）和规定位移（0.025in，0.063mm）下，试件出现反射裂缝的循环加载次数来表示。

这一试验设备同样可以用来评价应力吸收层延缓裂缝产生的效果。此时试件为3层的组合试件，底层为25mm左右的HMA调平层，中间为应力吸收夹层，上层为50mm的HMA罩面层（图4-2-5）。

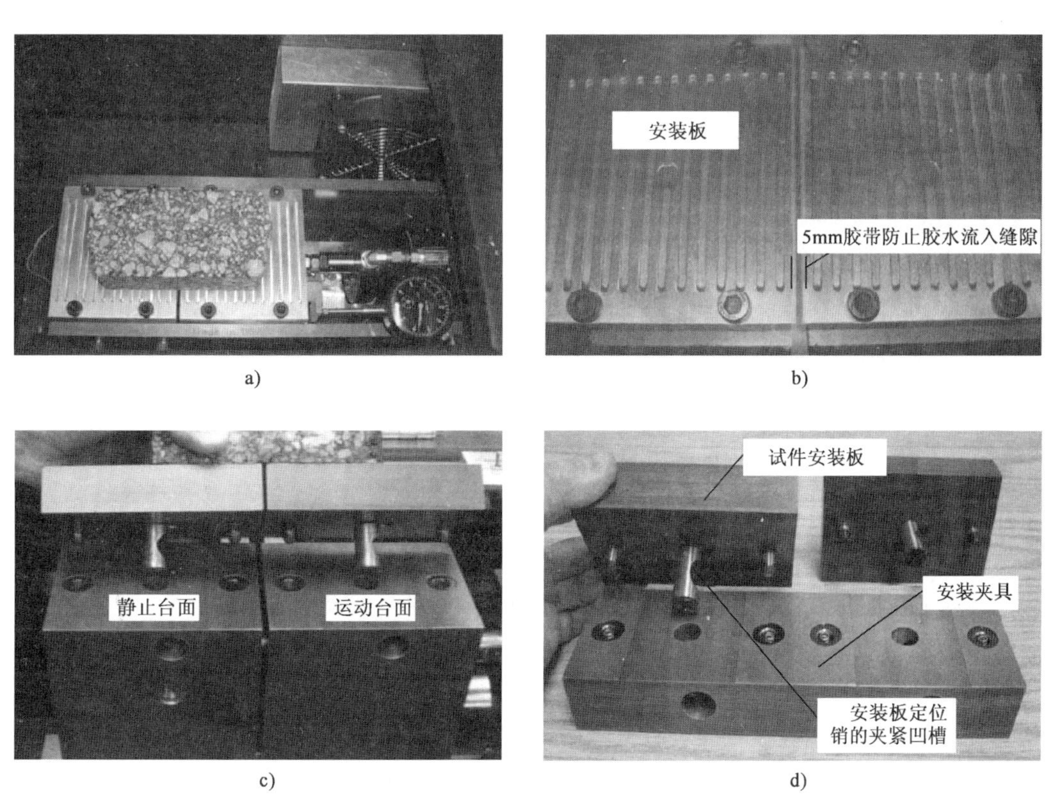

a)　b)　c)　d)

图4-2-4　美国TexDOT开发的罩面试验机

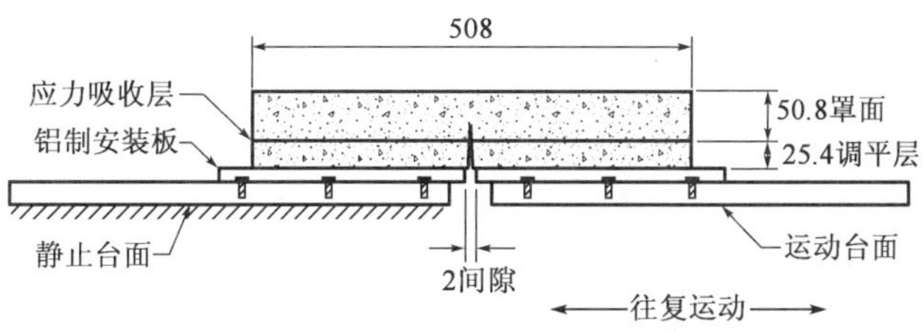

图4-2-5　在罩面试验机上进行应力吸收层的试验（尺寸单位：mm）

第三章　橡胶沥青表面处治与封层的施工

第一节　施工工序与所需设备

橡胶沥青表面处治与封层的施工由以下工序组成：

(1)原路面的准备；

(2)结合料的洒布；

(3)石屑的预裹覆；

(4)石屑的撒布；

(5)碾压；

(6)中间复拌；

(7)最终清扫。

在上述工序中所需的设备主要有以下几种：

(1)滚刷清扫机。

滚刷清扫机是原路面准备工序中的主要清扫设备，它也常用于清扫已完工的表面处治路面，以便将多余的石屑颗粒扫至路边，滚刷清扫机有时也用于在碾压过程中对撒布不均匀的石屑进行中间复拌的工序。

图 4-3-1　滚刷在水平与垂直平面内可调的清扫机

滚刷清扫机通常是自行式的轮式底盘，在前进、后退过程中都可以进行作业，装备有在水平平面与垂直平面内可调节的滚刷(图 4-3-1)。在水平面内调节滚刷与行驶方向的角度可改变侧向推移材料的能力。在垂直方向内提升或下降滚刷的高度，可调节滚刷对地面的压力，从而控制刮刷的强度。

滚刷的刷毛应由高强度的尼龙丝制作，钢丝制作的刷毛由于容易将已埋入的石屑翻出，一般不宜采用。

(2)结合料洒布车。

用于橡胶沥青的结合料洒布车宜采用自行式的底盘，并具备以下的基本配置和技术性能：

①配置有具备加热与搅拌功能的结合料储存罐，以便在运输和作业时可不断地搅动，以防止沥青—橡胶离析。

②配备有结合料的泵送、循环和过滤系统，用来保证在沥青罐和喷洒杆中的结合料处在不断地流动中，这样可使结合料均匀加热和避免结合料冷却、硬化和堵塞喷嘴。

③结合料的喷洒系统应配置有高黏度的沥青泵，保证在3000mPa·s的黏度下有良好的喷洒均匀性，喷嘴的结构应能保证带有固体橡胶颗粒的沥青—橡胶能顺利喷出而不堵塞喷嘴。

④每一喷嘴应有独立控制开启与关闭的阀门，喷杆两端的喷嘴应向内侧倾斜一角度，使喷射的结合料形成一清晰的边线。

⑤洒布车应配备有自动测速系统和计算机控制的喷洒量自动调节系统，使洒布量不受车速变化的影响，喷洒误差小于或等于±2%。

⑥喷洒杆离地高度应能自由调节。

⑦洒布车的洒布宽度应能根据不同需要进行调节。

⑧洒布车应配备有结合料的喷洒压力、温度以及储存罐容量等传感装置。

⑨沥青管道、泵、阀门、喷杆、喷嘴均应有加热保温的功能，以防止结合料冷凝。

⑩洒布车应配备有清洗系统，以便作业结束后及时清除喷洒杆内残余的橡胶沥青结合料。

⑪手动喷洒系统可用来补洒喷洒作业的某些缺陷，也可用于某些狭窄、不规则的只能进行手工作业的区域。

(3)石屑撒布机。

用于橡胶沥青表面处治与封层的石屑撒布机宜采用前方撒布后方接料的自行式石屑撒布机，并具备以下的基本配置和技术性能：

①配置有前方的撒布装置、中间的输送带和后方的接料斗，可以与装载有高温预裹覆石屑的自卸载货汽车协同作业，连续工作。

②石屑撒布装置应配备有全宽度的螺旋分料器，也可配置相应的撒布料辊。

③石屑撒布装置的卸料口应在全宽度上配置一系列等宽度的料门，每个料门的开度均应能独立调节。

④配置计算机控制的石屑撒布量调节装置。

(4)压路机。

碾压工序的要求是将石屑均匀地埋入结合料中而形成一相互嵌挤的单层石屑铺层。因此，对压路机的要求是能均匀地施加压实力，压实的力量不能太大，以免压碎石屑。最常用的压实设备是轮胎压路机。轮胎压路机每个轮胎的压实力宜控制在9.8kN左右，轮胎充气压力宜控制在700kPa左右，各轮胎之间压力的最大偏差应小于或等于5%。

第二节　施工工艺

一、气候和天气条件

各类橡胶沥青表面处治与封层应尽量选择在初夏温暖而干燥的天气下施工，而避免在早春或深秋、寒冷的季节施工。选择在初夏季节施工的好处是刚铺设而尚未完全稳定的封层路面可以经过一个高温夏季车辆的碾压，很快地埋入下层路面而形成稳定的嵌挤结构，从而降低在气温下降后车辆高速行驶造成石屑脱落的风险。

通常要求施工气温大于或等于18℃，路表面温度大于或等于21℃，美国Arizona州规范要求地表面温度达到29℃。路表面温度之所以比普通沥青石屑封层的要求更高，是因为沥青—

橡胶的黏度很高，一旦接触冷的地表面，温度将很快下降而黏度则很快上升，从而影响石屑的正确埋入。如必须在较冷的天气施工时，至少应在气温升至16℃，并继续升温，路表面温度大于或等于13℃的条件下施工。

橡胶沥青表面处治的施工应在干燥的天气下进行，大气湿度应不大于50%，应避免在雨天或湿度很大以及大风的天气下施工。

二、待铺路面准备工作

待铺路面的各种结构性损坏，包括坑洞、裂缝、泛油、拥包、车辙等都应事先进行修补、铲除和密封。

待铺路面在喷洒结合料前应彻底清扫干净，所有的松散材料应扫除，路面上的标志、标线应刮除，粉尘应用压缩空气吹净。必要时可用高压水冲洗路面，但必须等路面完全干燥后方可施工。

三、结合料洒布

沥青—橡胶结合料的洒布温度宜控制在195～200℃，洒布作业应在待铺路面上形成一层均匀的沥青膜，不应有条状带和漏洒等缺陷。在洒布作业中应随时注意有无个别喷嘴堵塞，如发现有漏洒应立即用手工喷洒进行修补。结合料的洒布率由于现场条件的变化可能会有某些调整，但实际的洒布率不宜偏离设计洒布率的±5%。

喷洒作业应与石屑撒布作业很好地协同配合，只有在能保证石屑在2min之内覆盖在结合料上时方可进行。在十字路口、三角地带等不规则的区域喷洒沥青—橡胶结合料时，也应保证石屑能在15min内覆盖结合料。

结合料洒布车的作业速度与石屑撒布机的作业速度应很好协调，使两者之间的距离不超过20～30m。

对于纵向接缝的处理，首先应将已铺好的石屑封层的边缘修整平齐，将多余的石屑清扫干净。在喷洒结合料时应与已铺的铺层有一重叠度，重叠度应不大于100mm。

图4-3-2　安放在起点和终点横向接缝处的油毛毡

横向接缝的处理：应首先将横向接缝切齐，清理干净，然后用屋面纸、土工布、油毛毡或其他同类物品沿横向接缝遮盖在已铺好的铺层上，待喷洒进入下一段作业区后，再将其移去，形成一整齐的横向接缝（图4-3-2）。

在喷洒作业结束时，下一条横向接缝开始处，亦应用同样的方法沿着喷洒终止线在下一段作业区的待铺路面上用土工布加以遮盖，以免污染待铺的路面。

四、石屑的预裹覆

对石屑表面预先裹覆少量的沥青能有效地改善石屑与结合料之间的黏附性。预裹覆工序是一项提高橡胶沥青表面处治与封层施工质量的重要措施。在美国，对于普通石屑封层的施工,规范中大多没有将预裹覆规定为石屑封层施工的必备工序,但在美国各州橡胶沥青石屑封层的施工规范中,却无一例外地都将石屑在沥青搅拌设备中进行高温的预裹覆工序作为一项必需的工序来要求,并且大多要求运送至现场的预裹覆石屑保持高温的状态。采用在沥青搅拌设备内拌制预裹覆石屑的好处如下:一是通过烘干筒可以将石屑中的大部粉尘抽吸掉;二是少量沥青分布在石屑表面将形成沥青—橡胶结合料进一步裹覆在石屑上的着力点;三是高温的石屑有助于将石屑颗粒更好地埋入高黏度的沥青—橡胶结合料中。

预裹覆石屑用的沥青通常多为中等偏软的沥青,其沥青用量宜在石屑质量的0.5% ~ 0.8%。表4-3-1列出了美国一些州规范对沥青—橡胶石屑封层的石屑进行预裹覆所采用的沥青标号和用量。

美国州规范对沥青—橡胶石屑封层用于预裹覆石屑的沥青及其用量的要求　　表4-3-1

规范名称	沥青标号	预裹覆沥青用量(与干集料之质量比)(%)	预裹覆温度(℃)
California	PG 58-28	0.7 ~1.0	127 ~ 163
Arizona	PG 58-28	0.4 ~ 0.6	至少121
Pennsylvania	PG 64-22 或 PG 58-28	0.5 ~ 1.0	110 ~ 149
Kentucky	PG 64-22	0.75 ±0.25	至少120
Maine	PG 64-28 或 PG-58-28	0.4 ~ 0.8	93 ~ 149

五、石屑的撒布

石屑的撒布应在沥青—橡胶的洒布后立即进行,并应在整个撒布宽度上均能按要求的撒布率均匀地覆盖在已喷洒好结合料的路面上。石屑撒布车应紧跟着沥青—橡胶洒布车工作,与后者的距离不应超过20 ~ 30m,并在沥青—橡胶处于流动状态下撒布石屑,以保证石屑颗粒在结合料中有50% ~70%的埋入量。埋入量的检查应在石屑封层开始阶段调节好撒布率后立即进行。图4-3-3是石屑撒布机在进行撒布作业。

a)

b)

图4-3-3　石屑撒布机在进行撒布作业

橡胶沥青表面处治与封层用的石屑宜采用在沥青搅拌设备中进行预裹覆处理的石屑,预裹覆石屑的温度应能保证石屑在撒布至路面时保持150 ~ 160℃的温度,运输预裹覆石屑的自卸载货汽车应用篷布覆盖保温,以尽可能减少热量损失。

石屑撒布机与结合料洒布车的距离应保持在30m之内。石屑撒布机的速度不宜过快，以避免覆盖的集料颗粒在车轮的碾压下翻滚出来或被推移拱起。

自卸载货汽车的载质量应选择恰当，使新铺的封层能承受住车轮的碾压，双轴驱动桥的载货汽车载质量应在9～12t，单轴驱动桥的载货汽车载质量应在4.5～6t。自卸载货汽车的轮胎应清洗干净，必要时可在其上撒一些防黏砂，以防止黏上结合料。

自卸载货汽车在进入新铺封层时，驾驶员的操作应平稳，尽量避免不必要的走动，车速应限制在10km/h内，严禁紧急制动、急转弯和高速行驶。车轮的轮迹应错开，不要在同一轮迹带上来回走动，以便均匀地将集料颗粒埋入结合料中。

自卸载货汽车与石屑撒布车协同作业时应平稳、缓慢地接近和脱离撒布机，避免冲击、碰撞和车轮打滑。在向撒布机卸料和离开时不得将石屑遗落和倒翻在铺层上。

石屑的撒布率宜控制在使石屑覆盖结合料的面积达到85%左右(图4-3-4)。过多的石屑将干扰石屑的埋入和与结合料的黏附。图4-3-5展示了由于石屑用量过大而产生的石屑重叠和杠杆与楔入效应，这些都将导致集料压碎和损害石屑与封层的正常结合。

图4-3-4　石屑覆盖结合料的面积达到85%左右

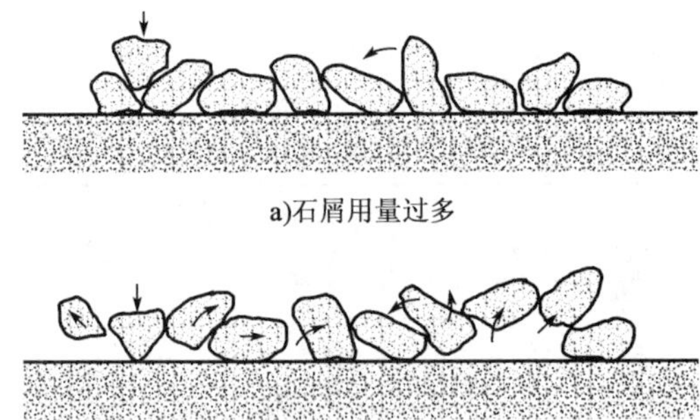

a)石屑用量过多

b)杠杆与楔入效应

图4-3-5　石屑的重叠和杠杆与楔入效应

实际的石屑撒布率与设计撒布率的偏差不宜超过±5%。对于覆盖石屑过少的区域，应采取人工补撒，对于石屑覆盖过多的区域应将多余的石屑扫除，以免干扰集料颗粒的正确埋入和黏结。

六、封层的碾压

碾压工序应紧跟着石屑撒布后进行，并保证石屑覆盖结合料后90s之内得到碾压。压路机应紧跟着石屑撒布机碾压，在碾压过程中压路机与撒布机的距离始终不应超过60m。

应配备足够数量的轮胎压路机，以保证压路机在进行第一遍碾压时，即能同时覆盖整个结合料的洒布宽度。通常对一个行车道宽度的洒布带应配备3～4台轮胎压路机。碾压的模式应是数台压路机作阶梯状的排列，来回碾压3～4遍(1个半～2个来回)(图4-3-6)。

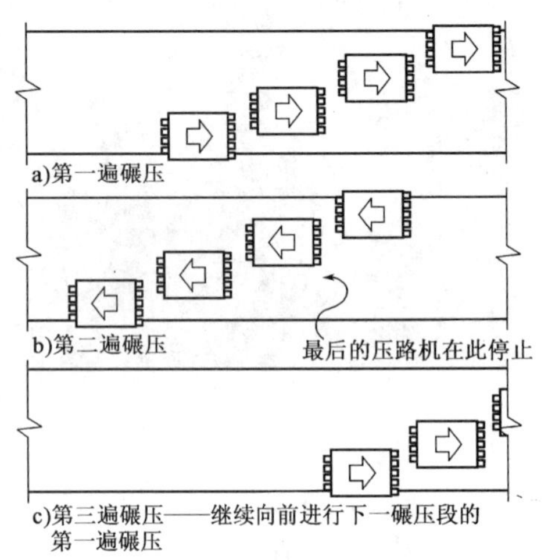

a)第一遍碾压

b)第二遍碾压

c)第三遍碾压——继续向前进行下一碾压段的第一遍碾压

图4-3-6　石屑封层的碾压模式

压路机的碾压速度不应太快，宜控制在 6 ~ 10km/h 的范围内，过快的碾压速度容易使石屑发生推移和滚翻等缺陷。压路机与石屑撒布机之间的距离宜保持在 60m 之内，如两者之间的距离超过这一范围应降低结合料洒布车的速度。

轮胎压路机在碾压橡胶沥青石屑封层时，通常是不洒水的，压路机的轮胎上开始碾压时会黏附少数石屑，待轮胎温度升高后就不会再继续黏附石屑了，图 4-3-7a）是轮胎压路机在碾压橡胶沥青石屑封层的情况。为保持轮胎接触高温石屑后提升的温度，以便减少轮胎黏附的石屑和促进更好的压实，可以将轮胎压路机轮胎部分的四周用帆布围起，以减少热量的耗散［图 4-3-7b）］。

a)轮胎压路机在进行碾压

b)用帆布将轮胎围起

图 4-3-7　石屑封层的碾压工序

七、中间复拌

橡胶沥青结合料的黏度很高，在封层施工时由于石屑容易粘在轮胎上，石屑的用量往往会偏多。当采用的石屑撒布率偏高或撒布不够均匀时，可考虑采用滚刷进行中间复拌，以帮助获得均匀的覆盖率，但应注意避免将已埋入结合料中的集料颗粒翻出。图 4-3-8a）是橡胶沥青表面处治施工时，滚刷在进行中间复拌的情况。另一种改善石屑撒布均匀性的方法是，在进行初始碾压的压路机上安装一刮路刷，它可有效地改正石屑撒布中产生的波纹、不均匀、漏撒等较轻的缺陷［图 4-3-8b）］。

a)滚刷在进行中间复拌

b)安装在轮胎压路机上的扫刷

图 4-3-8　石屑封层的中间复拌工序

八、最终清扫

清扫作业应分两个阶段进行:初始清扫应采用滚刷清扫机,并在开放有控制的交通之前完成,通常在封层碾压完成后 30 ~ 60min 即可进行。最终清扫应在完全开放交通之前进行,可采用滚刷先进行清扫,然后用真空吸扫式清扫车将松散的石屑吸去(图 4-3-9)。采用真空吸扫式清扫车进行最终清扫,对于车速较高的道路尤其是十分必要的,它可以大大减少石屑颗粒打击汽车风窗玻璃的风险。

图 4-3-9　真空吸扫式清扫车在进行最终清扫

九、铺设雾封保护层

在橡胶沥青表面处治铺筑完成后,加铺一层由乳化沥青与粗砂组成的雾封保护层是加强石屑颗粒在封层上稳定性的有效措施。雾封保护层的作用是更好地稳固石屑颗粒之间的嵌挤作用,从而有助于减少表面处治路面早期的石屑飞散与失落。

雾封保护层应在表面处治的初始清扫工序除去多余的石屑后立即实施。雾封层的乳化沥青可用慢裂式或中裂式的阳离子乳化沥青(沥青含量 60%)加兑 50% 的水稀释后使用,其洒布率为 0.14 ~ 0.27L/m^2。

粗砂的覆盖层应在乳化沥青喷洒后立即撒布。其级配可按表 4-3-2 选用,撒布率为 1 ~ 2kg/m^2。

吸油细集料的级配范围　　表 4-3-2

筛孔尺寸(mm)	9.5	4.75	1.18	0.075
质量通过率(%)	100	80 ~ 100	45 ~ 80	0 ~ 5

十、开放交通

新铺的橡胶沥青表面处治路面,由于结合料尚未完全凝固,容易在车轮碾压时被翻滚出来。交通管制对表面处治的早期养护是十分必要的,尤其在开放交通后的 1 ~ 2d。

新铺的橡胶沥青石屑封层应至少在完工 5h 后方可开放交通,在此期间不允许车辆通行,当施工车辆必须在新铺封层上行驶时,其速度不得超过 10km/h。

新铺设好的石屑封层在开放交通的初期仍需实施适当的交通管制,主要是限制车速和不允许车辆紧急制动或在新铺封层上掉头。开放交通最初的几小时内,应将车速限制在 10km/h 内,开放交通后 1 ~ 2d 车速可增加至 25km/h 之内。交通管制时间的长短应视气温、晴雨、湿度等天气条件和沥青—橡胶初凝的实际情况而定。

第三节　施工过程中的质量控制

一、施工设备的检查与监测

施工设备尤其是结合料洒布车和石屑撒布机工作参数的准确性对表面处治与封层的施工质量有着十分重要的影响。因此,在施工开始时对施工设备的调试、校正、试铺,在施工进行中对设备工作参数的监测是施工质量控制中的重要环节。

1. 结合料洒布车的检查与调试

结合料洒布车的检查与调试通常应包括以下项目:

(1)喷嘴的检查与调试。检查各喷嘴是否堵塞,关闭是否严密,调节各喷嘴的槽口夹角,确保它们在 15°～30°范围内,最外喷嘴的喷角宜转向里方,以形成一清晰的喷洒边缘。

(2)喷杆高度的检查与调试。检查喷杆的高度是否正确,这一高度应保证形成 3 层重叠的喷洒(图 4-3-10)。

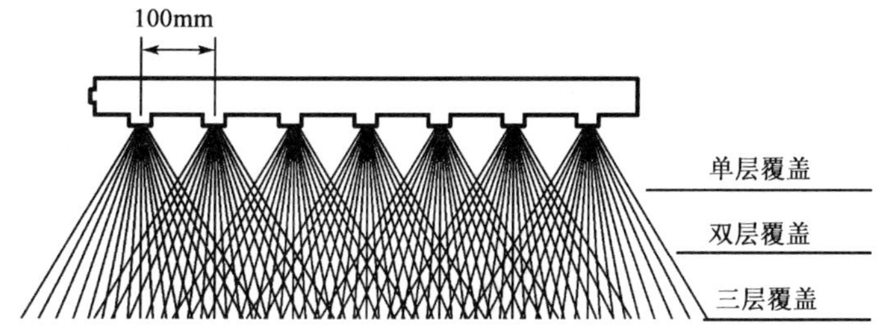

图 4-3-10　喷杆高度的调整

(3)单个喷嘴喷洒精度的检查与调试。检查各单个喷嘴的喷洒是否保持一致,检查可在洒布车原地停驶的状态下进行。检查时将沥青泵的压力和转速调整至它施工时要求的工作压力和速度下,用各个单独的容器采集每个喷嘴在规定时间内喷洒的所有结合料(结合料数量约在 1.25L),并计算各喷嘴喷洒量之间的偏差(图 4-3-11),这一偏差不宜超过洒布量设定值的 ±2%。

(4)洒布率与横向洒布精度的检查与调试。结合料洒布车的试洒布宜在长 30m 的场地上进行,试洒布应在规定的车速和沥青泵转速下,检查和标定结合料洒布车的实际单位面积洒布量和横向洒布精度,并将其调节至规定的要求。洒布车的纵向洒布率和横向洒布精度的测定方法可参看附录 7。

(5)沥青罐容量的检查与标定。沥青罐容量的变化是进行结合料用量总量控制的重要参数,不少现代沥青洒布车上都安装有沥青罐容量变化的指示器,在洒布车调试时应检查和校正容量指示器的刻度是否正确,如洒布车未安装沥青罐容量的指示装置,则应用深度探尺对沥青罐的实际容量进行标定。

2. 石屑撒布机的检查与调试

石屑撒布机的检查与调试通常应包括以下项目:

(1)料门的检查与调试。检查料门的关闭是否严密,开启是否灵活,各料门开度是否一致,并进行适当的调节。

(2)撒布率与横向撒布精度的检查与调试。石屑撒布机的试撒布宜在长 30m 的场地上进行,试撒布应在规定的撒布速度下检查和标定石屑单位面积的实际撒布量和横向撒布精度,并将其调节至规定的要求。撒布机的纵向撒布率和横向撒布精度的测定方法可参看附录 7。在试撒布中还应目测检查石屑的撒布是否达到一层均匀、单颗粒厚度的撒布层,如有过多的堆叠,应适当调低撒布率,如横向的撒布率有较大偏差,应对个别的料门开度进行适当调节(图 4-3-12)。

图 4-3-11　喷嘴喷洒精度的检查

图 4-3-12　石屑撒布机料门开度的调节

3. 轮胎压路机的检查

(1)检查压路机的轮胎,每个轮胎的压力应在 700kPa ± 35kPa 的范围内。

(2)各轮胎压力之间的最大偏差不应超过平均值的 5%。

4. 清扫设备的检查

(1)检查清扫机的滚刷和盘刷的刷丝是否完好、长度是否一致,刷丝应分布均匀、清洁而无污染物。

(2)检查真空吸扫车的真空抽吸系统是否畅通,抽吸力是否足够。

二、施工现场的缺陷检查

在施工过程中应随时用目测的方法监视现场出现的施工质量缺陷,及时发现,及时采取补救措施。现场施工质量最常见的缺陷有以下几种:

(1)结合料漏洒。这通常是由于某一喷嘴堵塞造成,此时应立即停止施工,疏通或更换喷嘴,并用手工补喷漏洒的部位。

(2)结合料洒布率太低或太高。结合料洒布率是否合适,可由石屑埋入结合料中的程度来判断(图 4-3-15),此时应及时调整洒布率。

(3)结合料洒布不匀,形成条状分布(图 4-3-13)。这大多是喷杆高度调整不正确造成的,应重新调节喷杆高度,使之形成 3 层重叠的喷洒模式。

(4)石屑撒布率过低或过高(图 4-3-14)。过低的撒布率将导致过多的石屑黏着在轮胎上,过高的撒布率则会干扰石屑的正确埋入,此时应及时调整石屑的撒布率。

图 4-3-13　结合料洒布不匀形成的条状分布

a)

b)

图 4-3-14　石屑撒布率过低和过高的情况

三、现场性能的监测

橡胶沥青表面处治与封层现场性能的监测主要包括以下工作：

(1)检查石屑的埋入量是否满足 50% ~70% 的要求。这一工作宜在碾压作业完成后立即进行，用手指将石屑颗粒从结合料中取出，目测或用卡尺量取粘有沥青的部分占石屑高度的比例(图 4-3-15)。

图 4-3-15　检查石屑的埋入量

(2)评估结合料与石屑的黏结强度。这一工作应在封层完全冷却，沥青—橡胶结合料初凝后进行，用手指或钳子夹住石屑颗粒上部，用力向上拔出，黏弹性良好的沥青—橡胶结合料在石屑颗粒被拉出 2cm 左右后，仍保持良好的弹性，结合料呈现较粗的截面，放松后石屑仍能恢复回到原有的位置[图 4-3-16b)]。

(3)进行结合料用量的总量控制。宜按每天的工程量或每一工程段的工程量计算单位面积的结合料平均洒布量，用以对结合料的用量进行总量控制，结合料平均洒布率与规定洒布率的偏差不宜大于5%。

a)改性沥青石屑封层

b)沥青—橡胶石屑封层

图4-3-16　检查结合料与石屑的黏结强度

(4)用铺砂法测定表面处治路面的构造深度(图4-3-17)。适度的构造深度是平衡石屑封层的泛油风险与集料失落风险的重要指标。

图4-3-17　用铺砂法测定表面处治路面的构造深度

第四章　橡胶沥青表面处治与封层的施工质量检验及管理

表面处治与封层施工质量的检验及管理通常包括以下的主要环节：

(1)施工前各项准备工作的检查；

(2)原材料的质量检验与管理；

(3)试验路段的铺筑；

(4)施工过程中的质量检验；

(5)竣工后的工程质量验收。

第一节　施工前准备工作的检查

施工前各项准备工作的检查通常包括有以下内容：

(1)原路面的调查。

原路面的调查主要包括以下工作：

①施工前应对原路面的主要病害进行调查，确定哪些病害必须修复，例如严重的裂缝、龟裂、坑槽、拥包、车辙等损坏，并提出相应的修复方案。

②对路表面的状况进行评估，包括泛油、孔隙、氧化、色泽、麻面等影响结合料用量的状况。

③对原路面的硬度进行评估，宜采用球形贯入器进行路面硬度的检测，以确定原路面硬度的等级。

(2)表面处治与封层设计报告与施工方案的检查。

施工前各种原材料的试验结果、表面处治与封层的设计报告、主要施工机械的配备与生产能力的匹配、封层施工的实施方案应向业主和监理提出报告。

(3)施工机械的检查、调试与校正。

施工前应对各种施工机械做好开工前的保养、调试和试机，确保它们处于良好的技术状态。施工设备的检验项目、内容、检验方法、目的与要求如表4-4-1所示。

(4)施工质量检测仪器的检验与标定。

施工中使用的检测仪器、设备宜在开工前由专门的质检机构进行检验与标定，以确保其计量精度符合标准要求。

施工设备调试和标定的质量标准 表 4-4-1

检验项目		检查或试验内容	目的与要求	检验方法	频度
结合料洒布车	洒布罐	结合料温度	195~200℃	温度表目测	随时
		喷杆压力	检查喷射压力或流量控制是否在规定范围内	压力表或流量计目测	
	喷嘴	每个喷嘴的喷洒图形	喷嘴无堵塞、滴漏，喷洒角度符合规定	目测	施工前试洒布
	喷杆高度	相邻喷嘴喷洒重叠度	重叠度达到3层重叠要求	目测	
	洒布性能	洒布率和洒布精度	检查洒布率和洒布精度是否符合规定要求	附录7	施工前试洒布
		喷洒均匀性	喷洒均匀	目测	
石屑撒布机	撒布性能	撒布率和撒布精度	检查撒布率和撒布精度是否符合规定要求	附录7	施工前试撒布
		撒布均匀性	无带状条痕和波浪	目测	
压路机	轮胎气压	每个轮胎气压	620~690kPa	压力表目测	施工前
		各轮胎气压变化	5%	压力表目测	
	配重设置	前后轴荷载符合规定要求		核对	
清扫机	滚刷与盘刷	刷丝完好性	刷丝无断裂、损坏、分布均匀，清洁、未粘附污物	目测	施工前
	抽吸系统	抽吸完好性	检查抽吸系统是否畅通	目测	

注：结合料和石屑的洒布率与洒布精度的试验方法可参看附录7。

第二节 原材料的质量检验与管理

原材料的质量检验是施工质量管理的基础性环节。用于制备橡胶沥青表面处治与封层的石屑和结合料的各种原材料（包括集料、橡胶屑、基质沥青等）的堆放、输送、储存与管理在第三篇第八章第一节中已有相应的说明。本手册推荐的有关石屑与橡胶沥青结合料的质量检验项目与标准如表 4-4-2 所示。

石屑与橡胶沥青结合料的质量检验项目与标准 表 4-4-2

检验项目		试验方法	质量要求	频度
石屑	洛杉矶磨耗率（%）	JTG E42 T0317	≤28	选择或更改料源时
	压碎值（%）	JTG E42 T0316	≤26	
	磨光值（PSV）	JTG E42 T0321	≥50	
	与沥青的黏附性（级）	JTG E20 T0616，T0663	5	

续上表

检验项目		试验方法	质量要求	频度
石屑	级配	JTG E42 T0302	符合设计(单粒径)要求	每批或有怀疑时
	针片状颗粒含量(%)	JTG E42 T0312	≤10	
	<0.075mm粉料含量	JTG E42 T0310(水洗法)	≤1	
	毛体积相对密度	JTG E42 T0304	符合设计要求	
	吸水率(%)	JTG E42 T0304	2	
结合料	Haake黏度@190℃(mPa·s)	附录2	2000~3000	每批或每小时
	锥入度@25℃(0.1mm)	附录2	40~55	试生产、验收或有怀疑时
	回弹性@25℃(%)	附录2	≥25	
	软化点,环球法1(℃)	JTG E20 T0606	≥60	
	机械黏附性(%)	附录6	≥90	
	保持性(%)	附录6	≥90	

注:1. 沥青—橡胶结合料性能指标的试验方法可参看附录2。

2. JTG E42是指《公路工程集料试验规程》(JTG E42—2005)。

3. JTG E20是指《公路工程沥青及沥青混合料试验规程》(JTG E20—2011)。

第三节　试验路段的铺筑

试验路段铺筑的目的是为验证表面处治与封层的设计、施工方案以及相应的工艺和技术措施是否能达到预期要求,并通过试验路段的实践进一步修改,使之更加完善。试验路段的长度宜不少于200m,宽度为一个行车道宽度。

试验路段的工作任务和内容通常包括以下几项:

(1)检验各种施工机械的类型、数量、组合方式是否匹配;

(2)检验设计的结合料洒布率和石屑撒布率是否确当;

(3)检验石屑封层的施工工艺是否切实可行;

(4)检验石屑封层的质量是否达到预期要求;

(5)验证所拟定的施工方案、施工组织、质量管理体系是否可行,并确定正式施工时的施工方案、施工组织和质量管理体系。

试验路段铺筑完工后应用目测的方法检查其外观质量是否有泛油、雕花、局部露白、带状条痕等缺陷,并用铺砂法检查封层的宏观构造。对于13.2mm的石屑封层,构造深度不宜小于2mm;对于9.5mm的石屑封层,构造深度不宜小于1.5mm。

试验路段施工结束后应撰写施工总结报告,总结报告通常应包括以下内容:

(1)试验路段概况说明,包括试验路段所在的位置与桩号、试验段总长、石屑和结合料的类型、施工日期、施工时的天气(晴雨、气温、风力等)、施工单位、监理单位和业主等。

(2)石屑封层的设计,包括原材料特性的检验结果、设计的结合料洒布率和石屑撒布率、对所设计的石屑封层在实验室进行性能评估和检验的结果。

(3)试验路段确定的施工工艺和方案执行的情况及需要修正的环节。

(4)试验路段性能评估和质量检验的结果。

(5)结论意见,包括以下几点:

①建议正式施工用的结合料洒布率和石屑撒布率;

②对施工方案做出的修正和补充,并建议正式采用的施工方案;

③对试验段施工过程中技术措施、组织管理、质量保证等方面的改进意见,并确定正式施工中的施工组织管理和质量管理体系。

第四节　施工过程中的质量管理

本手册推荐的施工过程中的质量检验项目和标准如表4-4-3所示。

橡胶沥青表面处治与封层施工过程中的质量检验项目与标准　　表4-4-3

<table>
<tr><th colspan="2">检验项目</th><th>检查或试验内容</th><th>质量要求</th><th>检验方法</th><th>频度</th></tr>
<tr><td colspan="2">待铺路面</td><td>路面清洁性</td><td>待铺路面处于适合封层施工的状态</td><td>目测</td><td>随时</td></tr>
<tr><td rowspan="3">石屑</td><td>料堆</td><td>清洁性</td><td>清洁、无污染物</td><td>目测</td><td rowspan="3">随时</td></tr>
<tr><td rowspan="2">预裹覆石屑</td><td>温度</td><td></td><td>温度计检测</td></tr>
<tr><td>清洁性</td><td></td><td>目测</td></tr>
<tr><td rowspan="2">结合料</td><td rowspan="2">喷洒罐</td><td>喷洒温度</td><td>符合规定要求</td><td>温度表目测</td><td rowspan="2">随时</td></tr>
<tr><td>喷洒压力或流量</td><td>符合规定要求</td><td>压力表或流量计目测</td></tr>
<tr><td colspan="2" rowspan="2">结合料洒布</td><td>洒布图形、重叠度</td><td>喷洒均匀、3层重叠,无条痕</td><td>目测</td><td>随时</td></tr>
<tr><td>洒布率、洒布精度</td><td>符合规定要求</td><td>附录7</td><td>每25 000m² 和更改结合料或料源时</td></tr>
<tr><td colspan="2" rowspan="2">石屑撒布</td><td>撒布均匀性</td><td>撒布均匀,无条痕、波浪</td><td>目测</td><td>随时</td></tr>
<tr><td>撒布率、撒布精度</td><td>符合规定要求</td><td>附录7</td><td>每25 000m² 和更改石屑尺寸或料源时</td></tr>
<tr><td colspan="2">石屑埋入</td><td>埋入深度</td><td>50% ~70%</td><td>目测</td><td>随时</td></tr>
<tr><td colspan="2">石屑覆盖</td><td>覆盖率</td><td>85% ~90%</td><td>目测</td><td>随时</td></tr>
</table>

注:结合料和石屑的洒布率与洒布精度的试验方法可参看附录7。

第五节　工程质量的检验与验收标准

表面处治竣工验收的检验通常都要求在封层完工后通车一年左右的时间进行。这是因为石屑封层经过一年交通荷载的碾压,石屑的埋入量会相对稳定下来,并在颗粒之间形成一种镶嵌的稳定结构,而表面处治的大部分缺陷也会在一年左右的行车期间显现并稳定下来。

本手册推荐的橡胶沥青表面处治路面的工程质量检验项目和标准如表4-4-4所示,其中表观评价的方法可参看附录7。

橡胶沥青表面处治工程质量的检验项目与标准 表4-4-4

检验项目		单位	检测方法	质量标准
表观评价	埋没、轮迹、泛油	%	石屑封层的表观评价方法	≤0.5
	局部露白、石屑局部集中脱落	%		≤0.2
	雕花(个别石屑脱落)	%		≤3
	带状条痕	m		≤10
表面宏观构造		mm	JTJ 059 T0961	≥1.5
表面摩擦系数		BPN	JTJ 059 T0964	≥50

注:1. 石屑封层的表观评价方法可参看附录7。
2. JTJ 059是指《公路路基路面现场测试规程》(JTJ 059—1995)。

封层表观缺陷的评估和宏观构造的测定将指示出一个表面处治路面的预期寿命。宏观构造深度不仅反映了封层的抗滑性能,而且也显示了石屑颗粒埋入下层路面的程度。因此,表面处治通车一年后的构造深度在很大程度上可以反映出封层继续使用的耐久性。新西兰在大量观察数据的基础上归纳了根据石屑封层通车一年后的构造深度来预测封层寿命的经验公式[28]。

$$T_{d1} = 0.07 \times ALD \times \log Y_d + 0.9$$

式中:T_{d1}——通车一年后测得的构造深度,mm;

Y_d——封层的设计寿命,年;

ALD——集料的平均最小尺寸,mm。

参考文献

[1] Hinkle A H, Maintenance of gravel and stone roads, especially surface treatment[R]. Washington D. C.: 1928 Highway Research Board Proceedings, 1928.

[2] David Whitedak. Shell bitumen handbook[R]. Chester United Kingdom: Shell Bitumen UK, 1990.

[3] Jackson D C, et al. 1989 westside chip seal study[R]. Washington D. C.: Washington Department of Transportation, 1994.

[4] Ju Sang Lee. Performance based evaluation of asphalt surface treatment using third scale model mobile loading simulator[R]. Raleigh North Carolina: North Carolina State University, 2007.

[5] Roberts C, et al. Design guide for road surface dressing-Road Note 39, 6th edition [R]. Berkshire United Kingdom: Transportation and Road Research Laboratory, 2008.

[6] Gransberg D, Chip seal best practices[R]. Washington D. C.: Transportation Research Board, 2005.

[7] Joe Brandenburg. The myths & benefits of high float emulsions[R]. Indianapolis Indiana: Heritage Research Group, 2011.

[8] Hanson F M. Bituminous surface treatments of rural highways[R]. Wellington New Zealand:

New Zealand Society of Civil Engineers, 1934.

[9] McLeod N W. A general method of design for seal coats and surface treatments[R]. Lino Lakes Minnesota: 1969 Proceeding of Association of Asphalt Paving Technologists, 1969.

[10] Texas Department of Transportation. Seal coat and surface treatment manual[R]. Austin Texas: Texas Department of Transportation, 2010.

[11] Jackson G P. Surface dressing[R]. Chester United Kingdom: Shell Bitumen UK, 1963.

[12] British Standards. BS 598-112 method for the use of road surface hardness probe[S]. London United Kingdom: British Standards Institute, 2004.

[13] California Department of Transportation. Maintenance technical advisory guide[R]. Sacramento California: California Department of Transportation, 2008.

[14] Kim Y R. Development for a new seal mix design method[R]. Raleigh North Carolina: North Carolina State University, 2010.

[15] New South Wales Standard. RTA T-238 Initial adhesion of cover aggregates and binders[S]. New South Wales Australia: Road and Traffic Authority, 2012.

[16] American Society for Testing and Materials Standard. ASTM D4541 standard test method for pull-off strength of coatings using portable adhesion tester[S]. West Conshohocken Pennsylvania: American Society for Testing and Materials, 2009.

[17] Association of Australia and New Zealand Road Transport and Traffic Authority Standard. AG: PT/T251 ball penetration test[S]. New South Wales Australia: Association of Australia and New Zealand Road Transport and Traffic Authority, 2010.

[18] European Standard. EN 12271-3 surface dressing—test methods——Part 3: Determination of binder aggregate adhesiveness by the vialit plate shock test method[S]. Brussels Belgium: European committee for standardization, 2003.

[19] European Standard. EN 13588 Determination of cohesion of bituminous binders with pendulum test[S]. Brussels Belgium: European Committee for Standardization, 2008.

[20] Smith J R. The development of a design procedure and usage criteria for hot applied chip seal applications[R]. Nanjing China: Proceedings of Asphalt-Rubber 2009 Conference, 2009.

[21] Kandhal P S, et al. Criteria for accepting precoated aggregates for seal coats and surface treatments[R]. Auburn Alabama: National Center for Asphalt Technology, 1991.

[22] American Society for Testing and Materials Standard. ASTM D7000, Standard test method for sweep test of bituminous emulsion surface treatment samples[S]. West Conshohocken Pennsylvania: American Society for Testing and Materials, 2008.

[23] Kucharek T. Measuring the caring characteristics of chip sealing emulsions[R]. Annapolis Maryland: Asphalt Emulsion Manufacturer Association, 2007.

[24] European Standard. EN 12271 surface dressing-requirements [S]. Brussels Belgium: European Committee for Standardization, 2006.

[25] European Standard. EN 12271-1 surface dressing—test methods——Part 1: Rate of spread and accuracy of spread of binder and chippings[S]. Brussels Belgium: European Committee

for Standardization, 2002.

[26] European Standard. EN 12271-2 surface dressing—test methods——Part 2: visual assessment of defects[S]. Brussels Belgium: European Committee for Standardization, 2003.

[27] Texas Department of Transportation. User manual for TexDOT's new overlay tester[R]. Austin Texas: Texas Department of Transportation, 2004.

[28] Transit New Zealand Standard. TNZ P17 notes for the specification for bituminous reseals [S]. Wellington New Zealand: Transit New Zealand, 2002.

第五篇　橡胶沥青新技术

第一章　橡胶屑干法处理新技术

如前所述,由于缺少橡胶屑与热沥青的融胀过程,橡胶屑的干法处理技术对基质沥青性能的改善是十分有限的。但是直投法的干法处理方式不需专门的橡胶沥青制备设备,具有使用简单、方便的优点,一直吸引着人们去研究如何在干法处理过程中引入橡胶屑与沥青相互作用的融胀环节。如何将湿法处理的融胀过程移植到干法处理中来,原则上可以有两种思路来实现:一种是将融胀过程放到拌和好的混合料之后来进行;另一种是将橡胶屑与一部分沥青的融胀过程预先在专门的设备上进行,然后将融胀好的橡胶屑用直投法加入到沥青搅拌设备的拌缸中,与集料和其余部分的沥青一起拌和成橡胶沥青混合料。前者可称为后融胀干法处理工艺,后者则可称为预融胀干法处理工艺。

第一节　后融胀干法处理新技术

简单地将加有橡胶屑干法处理的沥青混合料在高温下存放一定的时间,虽然会促使橡胶屑与沥青之间产生一定的相互作用,但其效果还是有限的。为了使橡胶屑与沥青在拌制好的混合料状态下加强它们之间的融胀作用,通常需要借助于某些反应剂。德国 Degussa 公司开发的商标名为"VESTENAMER"的反应剂是21世纪以来在实际工程中应用效果良好的例子。"VESTENAMER"是一种具有双键结构的辛烯聚合物橡胶(Trans-Polyoctenamer Rubber, TOR)。Degussa 公司开发 TOR 橡胶已有些年头了,它原来作为一种高端的处理剂和塑化剂应用于对硫化橡胶的成型制作中。它与常规的增塑剂最大的不同是,TOR 在高温状态下是一种塑化剂,可以使硫化橡胶变软而便于模制成型,而当温度降低后,它则转化成为一种橡胶,因而不会使橡胶制品变软和影响它的弹性。在20世纪末21世纪初,Degussa 公司开始想到能否利用 TOR 橡胶这种高温下使硫化橡胶塑化的性能来增强橡胶屑与沥青的反应作用。通过大量实验室的验证和实际工程中的应用证明了 TOR 完全可以作为一种反应剂来促进橡胶屑与沥青之间的相容性和分散性。

图 5-1-1 是橡胶屑在不加和加有 VESTENAMER 的沥青中反应后的显微图,它显示了 VESTENAMER 促进橡胶屑在高温沥青中分散和融合的作用。TOR 连接剂的另一个可以利用的性能是它的交联作用,辛烯聚合物橡胶是一种具有双键结构的聚合物,它可以将沥青中的硫与橡胶屑表面的硫交联起来形成一大环状和无分支的链状分子组成的网状结构。这样的网状结构可以分隔开纠缠在一起的橡胶屑,降低了聚合物的分子量,再加上 TOR 本身的低融点(54℃左右)和低黏度(100℃时的穆尼黏度小于10),这些都将降低 TOR 橡胶沥青的高温黏度和改善它的储存稳定性。图 5-1-2 是这种大环状交联作用分隔和使橡胶屑分布均匀化的示意图。

从上述 VESTENAMER 在橡胶沥青中的作用机理来看,VESTENAMER 是一种改善橡胶屑在热沥青中反应过程的活性剂,它的功能主要是增强沥青与橡胶之间的相容性和弥散性,从而促进橡胶屑与沥青之间的融合作用,以及改善其在施工温度下的高温性能,即降低高温黏度和改善高温下的储存稳定性,但不会影响橡胶沥青在使用温度下的路用性能。我们所做的试验和国外的许多试验都表明,加有和未加 TOR 的橡胶沥青的各项性能指标都处在同一水平上。图 5-1-3 是橡胶屑用量同样为 20%(与基质沥青的质量比)的加有和未加 TOR 的沥青—橡胶结合料的锥入度、软化点、回弹性、旋转黏度与基质沥青的比较,从图中可以看到,加有和未加 TOR 的结合料的锥入度、软化点、回弹性指标都远高于基质沥青的相应指标,但两种沥青—橡胶结合料的各项指标则基本上处在同一水平上。

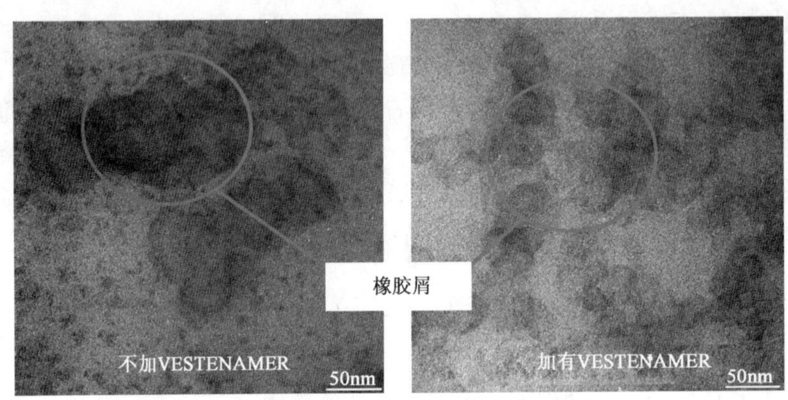

注:本图由Degussa公司提供。

图 5-1-1 VESTENAMER 促进橡胶屑在高温沥青中分散和融合

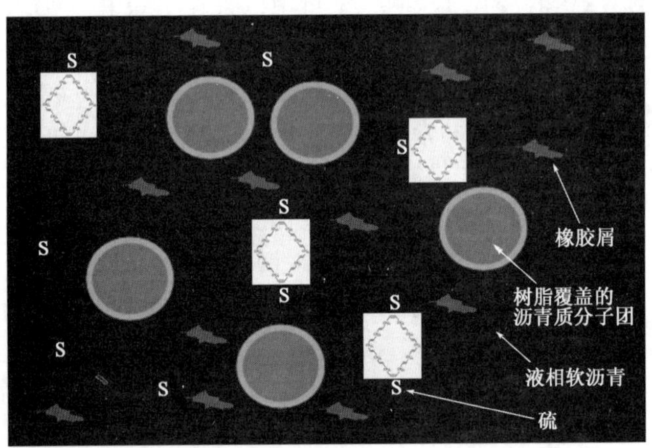

注:本图由Degussa公司提供。

图 5-1-2 大环状交联作用分隔和使橡胶屑分布均匀化的示意图

但是在比较上述 3 种材料在 175℃时的旋转黏度时,从图 5-1-3 中可以看到,基质沥青在 175℃时的黏度是很低的,加有 TOR 和未加 TOR 的沥青—橡胶结合料的旋转黏度虽然都比基质沥青高得多,但两者之间同样存在着明显的差别,前者为 750mPa·s 而后者则为 1200mPa·s,在橡胶屑用量同样为 20%(与基质沥青的质量比)的条件下,TOR 沥青—橡胶在 175℃下的黏度要比常规的沥青—橡胶结合料低40%左右。为进一步揭示TOR反应剂在降低高温黏度方面的机制,对常规沥青—橡胶和TOR沥青—橡胶的黏度随温度而变化的特性进行了试验测定。试验用的基质沥青为70号石油沥青,橡胶屑的比例为基质沥青的20%,TOR的用量为橡胶屑的4.5%,试验是在具有恒温控制的实验室用沥青—橡胶制备设备上进行的。图5-1-4是两种结合料的黏度随温度而变化的曲线,从图5-1-4中可以看到,当常规的沥青—橡胶在某一温度时,与此温度下黏度相应的TOR沥青—橡胶的温度要比前者低,而两者的差值与温度的高低有关。当前者的温度为190℃时,在同样的黏度(735mPa·s)下后者较前者的温度低20℃,而这一温度差随着前者测量温度的下降(黏度之上升)而逐渐减小,当前者的测量温度下降至140℃(黏度上升至3587mPa·s)时,两者的温度差下降至10℃,而当前者温度下降至90℃左右时,两者的温度差已接近于零。这一试验结果揭示了TOR反应剂降低高温黏度的机制,即在沥青混合料施工温度范围内,通过提高结合料的温度敏感性来降低沥青—橡胶结合料的高温黏度,而随着温度的降低,它的降黏作用也在降低,而当温度降低至沥青路面的使用温度范围时,这一降黏作用就完全消失了,因而不会影响结合料在路面使用温度下的路用性能。

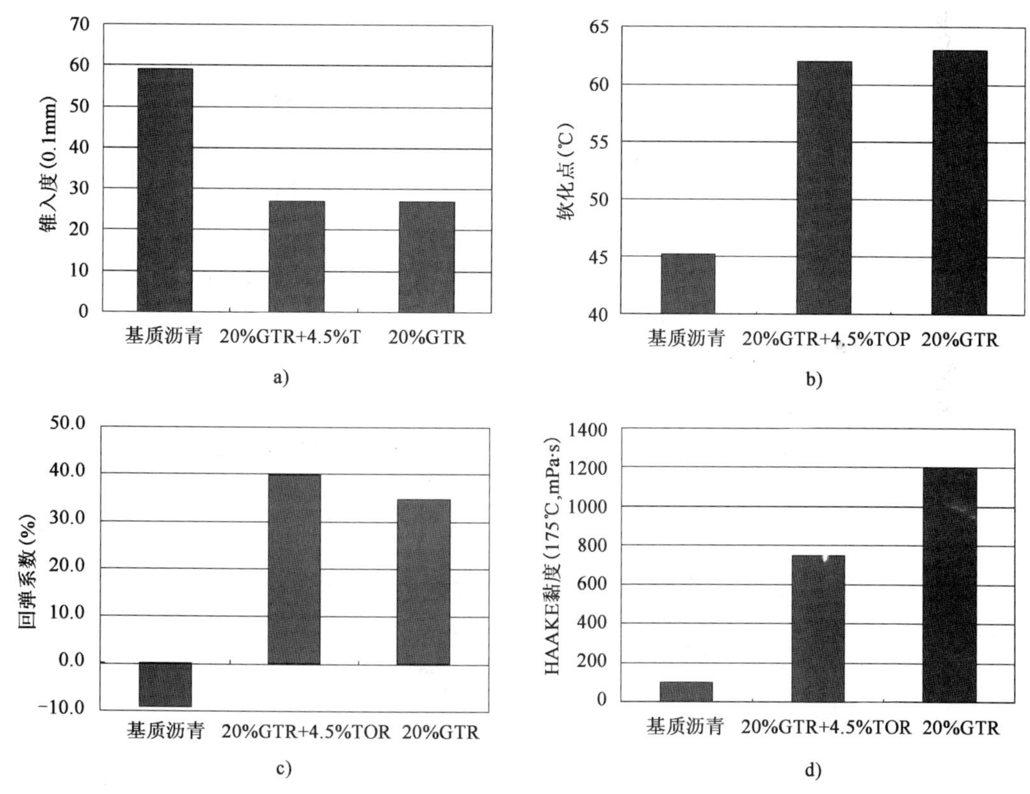

图5-1-3　基质沥青、TOR沥青—橡胶与常规沥青—橡胶性能指标的比较

以上这些试验的结果表明,TOR反应剂在促进橡胶屑在热沥青中的融合作用方面有着良好的效果,在改善沥青—橡胶结合料的施工和易性和储存稳定方面也有较好的表现,而在沥青路面使用温度下的路用性能方面则与常规的橡胶沥青处于同一水平上。国外的许多文献试验结果所得到的结论也是类似的[1-3]。表5-1-1是德国HEIDEN试验室的试验结果,试验所采用

的基质沥青其针入度标号为35/45，橡胶屑与4.5% VESTENAMER组成的橡胶屑改性剂的用量为1∶4（橡胶屑+TOR与沥青之质量比）[4]。

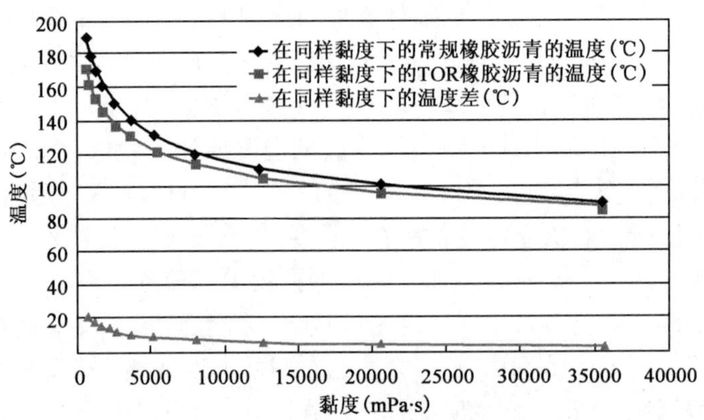

图5-1-4　常规沥青—橡胶和TOR沥青—橡胶的黏度随温度而变化的曲线

从表5-1-1中可以看到，加有TOR和未加TOR的沥青—橡胶结合料的高温性能，包括软化点、DSR试验的动态剪切劲度复模量G^*、反映弹性的相位角δ，以及指标$G^*/\sin\delta$都比改性沥青要好。但是BBR试验所得的反映结合料低温性能的指标-16℃下蠕变劲度模量却与PmB 45改性沥青基本持平。这是因为所加的GTR较多（结合料总量的20%）而所采用的基质沥青又较硬，因而在低温性能方面并没有太大的优势，这样等级的结合料适用于气候炎热的地区。此外还需指出的是有3项指标，包括黏结剂的延度、脆点和弹性恢复系数，沥青—橡胶均明显地不如改性沥青。从表5-1-1中还可以看到，沥青—橡胶25℃的延度指标远远低于改性沥青，脆点也明显不如后者，25℃时的弹性恢复能力也比后者差。如前所述，这3项指标并不能反映沥青—橡胶的真实性能。虽然沥青—橡胶的延度指标远不如PmB 45A，但它的测力延度指标却明显好于PmB 45A。

VESTENAMER沥青—橡胶与弹性聚合物改性沥青黏结剂的对比试验　　表5-1-1

指　　标	SBS改性沥青PmB 45A		橡胶沥青（20%橡胶屑）GmB 30/45		橡胶沥青（20%橡胶屑）（4.5% TOR）GVmB 30/45	
	RTFO	PAV	RTFO	PAV	RTFO	PAV
针入度（0.1mm）	40	15.6	24	14	27	17
软化点（环球法）（℃）	61.6	72	78	84.2	81.0	85
脆点（℃）	-14	-15	-9		-13	-38
25℃延度（cm）	51	14	8	5.7	6	5.5
密度（g/cm³）	1.027		1.053		1.044	
25℃弹性恢复（%）	82	63	70	67	79	57
-16℃弯曲梁流变试验（BBR）（弯曲蠕变劲度模量S）（MPa）	150	197	153	197	154	187
-16℃弯曲梁流变试验（BBR）（蠕变曲线斜率m）	0.382	0.327	0.297	0.265	0.280	0.257

续上表

指　　标	SBS 改性沥青 PmB 45A		橡胶沥青(20%橡胶屑) GmB 30/45		橡胶沥青(20%橡胶屑)(4.5%TOR)GVmB 30/45	
25℃力延度试验(Force Ductitity Test)(Joule)	0.855	1.380	1.181	1.513	1.022	1.417
60℃动态剪切流变试验(DSR)(动态剪切复模量 G^*)(Pa)	9902	22500	41277	68000	46750	71000
60℃动态剪切流变试验(DSR)(动态剪切相位角 δ)(°)	66.2	61.1	53.7	54.0	54.2	53.6

从表 5-1-1 中还可以看到,TOR 沥青—橡胶与不加 TOR 的常规沥青—橡胶结合料的各项物理、力学指标与 PmB 45A 相比的优劣程度,都处在同一水平上。这一事实表明,TOR 沥青—橡胶与常规的沥青—橡胶一样保持着液固两相的基本结构,因此用于沥青—橡胶的各种技术规范和标准绝大部分同样适用于 TOR—橡胶沥青。

除此之外,TOR 的这种双键结构还可使沥青—橡胶与集料发生化学结合,从而带来一些附加的好处,包括改善结合料与集料之间的黏附性和减少沥青路面受雨水冲刷而带出有机化合物导致的地下水污染。

表 5-1-2 和表 5-1-3 是我们对 TOR 改善结合料与酸性集料黏附性所做试验研究的结果。采用了静态浸水试验、热稳定性试验以及浸水马歇尔试验 3 种方法。

各种材料组合的静态浸水试验结果　　表 5-1-2

试验材料组合	裹覆率(%)	
	静态浸水试验	热稳定性试验
花岗岩集料 +3.5%70 号沥青	45	—
花岗岩集料 +3.5% AR 结合料(20% GTR,不加 TOR)	70	85
花岗岩集料 +3.5% AR 结合料(20% GTR +4.5% TOR)	100	95
花岗岩集料 +2% 水泥 +3.5% AR 结合料(20% GTR +4.5% TOR)	100	85
花岗岩集料 +3% 水泥 +3.5% AR 结合料(20% GTR +4.5% TOR)	100	90

各种材料组合的浸水马歇尔试验结果　　表 5-1-3

试验材料组合	马歇尔稳定度(kN)	浸水马歇尔稳定度(kN)	残留稳定度(%)
花岗岩集料 +7.5% AR 结合料(20% GTR,不加 TOR)	13.35	12.40	92.9
花岗岩集料 +7.5% AR 结合料(20% GTR +4.5% TOR)	11.56	11.06	95.6
花岗岩集料 +3% 水泥 +7.5% AR 结合料(20% GTR +4.5% TOR)	12.28	11.66	95.0

在静态浸水试验时称取 230g 烘干的 9.5 ~ 13.2mm 粒径的集料,称取 8g 结合料(与集料之油石比为 3.5%)。将集料和结合料加热至拌和温度(保持 2 ~ 3h)。在拌和温度下将集料与结合料放入经加热的拌和容器内。以 3r/s 的速度搅拌 1min。将拌和后的集料立即分装入两个带塞的玻璃瓶内(双重试验),放置 15h(过夜)使试样冷却至室温。第二天在盛有试样的

瓶内加入60℃的蒸馏水，将它们放入60℃的恒温水浴中，保温24h。在浸水24h后将集料取出，观察并评估结合料在集料上的裹覆率。

在热稳定性试验时，将上述拌和后裹覆好结合料的集料在烘箱内在190℃的温度下放置3d，然后在60℃恒温条件下进行24h的浸水试验，并评估结合料的裹覆率。

在浸水马歇尔试验时，以同一批拌和的混合料分别制作6个马歇尔试件，并以3个试件为一组，分成两组。一组试件按常规的马歇尔试验方法测定试件的稳定度；另一组马歇尔试件则在60℃的恒温水浴中浸水48h后，再进行马歇尔试验，取每组的马歇尔稳定度的平均值作为试验结果，并计算浸水马歇尔试件的残留稳定度。

从表5-1-2和表5-1-3中可以看到，不加TOR的常规沥青—橡胶结合料的黏附性明显优于不加任何抗剥落剂的普通沥青与集料的黏附性，而加有TOR的沥青—橡胶结合料的黏附性则明显优于常规沥青—橡胶结合料。除此之外，从表5-1-2和表5-1-3中还可以看到，对于TOR沥青橡胶来说，加入常规的水泥类抗剥落剂并没有起到更多的正面作用。上述的试验结果表明，TOR作为一种化学的黏合促进剂有着很高的耐热性和热稳定性，具有良好的抗剥落性能。

关于TOR在减少沥青路面受雨水冲刷而带出有机化合物污染方面的作用，Degussa公司曾对各种沥青路面进行过对比试验，表5-1-4是Degussa公司采用冷水和热水冲刷沥青路面进行污染试验的结果。

沥青路面有机化合物污染试验的结果 表5-1-4

沥青路面类型	路面冲刷水中总有机化合物含量(mg/dm^2)							
	冷水冲刷路面(23℃)				热水冲刷路面(60℃)			
	第一次	第二次	第三次	合计	第一次	第二次	第三次	合计
普通沥青路面	0.89	0.67	0.34	1.90	4.10	0.80	0.63	5.53
20目GTR橡胶沥青路面	0.45	0.34	0.11	0.90	4.58	0.68	0.28	5.56
20目GTR+TOR橡胶沥青路面	1.34	0.68	0.46	2.28	5.49	0.69	0.35	6.53

综上所述，TOR橡胶沥青的优点如下：

(1)可以采用直投式的干法处理方法来生产沥青—橡胶混合料，因而完全不必对搅拌设备做任何改动，而要求的搅拌、摊铺、碾压温度基本上与常规的改性沥青混合料相当，一般的施工队伍比较容易掌握。

(2)由于降低了高温黏度，施工和易性得到了很大的改善，可以容许在更低的气温下(大于10℃)进行施工作业，也可以较容易地进行手工作业。

(3)结合料制作温度的降低、生产工艺的简化，节省了设备购置、安装、拆迁和运输的费用，以及生产过程中的燃油费用，有助于降低单位产品的生产成本。

(4)可以大大改善集料与沥青黏附性，对于酸性石料是一种具有良好热稳定性的优质抗剥落剂。

(5)由于提高了沥青混凝土的黏结力，减少了被雨水冲刷带走的有机污染物，制作温度的降低则减少了高温沥青橡胶散发出的烟雾和难闻气味的污染。

TOR橡胶沥青的缺点是作为一种优质的化学添加剂，本身的价位较高，因而混合料的生产成本会高于常规的橡胶沥青混合料。

第二节 预融胀干法处理新技术

如前所述，在干法处理技术的发展过程中，曾采用过将橡胶屑降解活化的预处理方法来改善其与沥青的相容性和分散性。预融胀干法处理技术与之不同的是，并不要求对橡胶屑进行反硫化和解聚合的降解处理，而只是将湿法处理的橡胶屑与热沥青的融胀过程移至干法处理之前进行，因此它不需要在橡胶屑的预处理中消耗很多的能量。德国 CTS 公司近年来开发的商标名为 TecRoad 的干法处理技术就是按照这一思路进行的，图 5-1-5 是 TecRoad 干法处理工艺的示意图。这一工艺首先是在工厂中将高温的基质沥青与高浓度的橡胶屑进行融胀反应，为了增强橡胶屑与沥青之间的反应，初步融胀的橡胶沥青进一步在反应釜中加入某些化学反应剂后继续完成融胀处理。经过预融胀的橡胶屑与沥青的混合物通过制粒机制成颗粒状的成品料（图 5-1-6）。

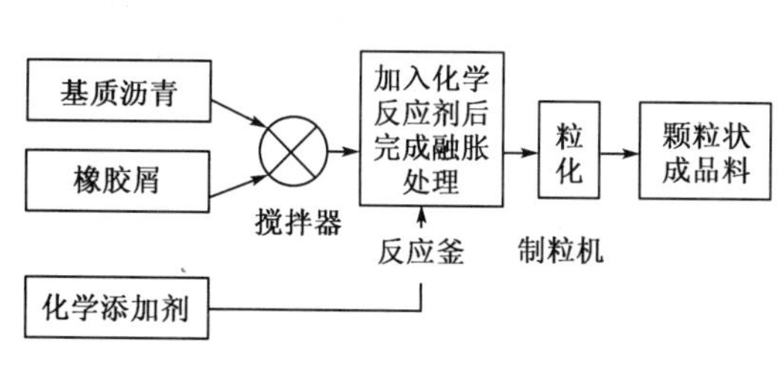

图 5-1-5 TecRoad 干法处理工艺示意图

图5-1-6 预融胀橡胶屑与沥青混合物的颗粒状成品料

表 5-1-5 是奥地利 NIEVELT 试验室对 TecRoad 橡胶沥青进行的特性试验结果[4]。

TecRoad 橡胶沥青的技术特性 表 5-1-5

特性指标		单位	12% TecRoad 橡胶沥青	20% TecRoad 橡胶沥青	德国标准 PmB 65A 改性沥青技术要求
针入度（25℃）		0.1mm	45	44	
软化点（环球法）		℃	54.8	57.8	
弗拉斯脆点		℃	-14	-16	
弹性恢复系数		%	52	60	
RTFOT 后质量损失		%	0.02	0.05	≤0.5
测力延度（13℃）		J	1.72	1.87	≥1.0
动态剪切流变试验（DSR，60℃）	剪切复模量 G^*	Pa	4670	6939	≥4000
	相位差 δ	0	81.6	76.6	≤80
弯曲梁流变试验（BBR，℃）	劲度模量 S	MPa	182	147	≤250

注：基质沥青针入度标号为 70/100，TecRoad 的含量为占橡胶沥青总量的百分比。

图 5-1-7 是我们对 TecRoad 橡胶沥青与基质沥青、常规沥青—橡胶结合料性能指标进行的对比试验结果。试验采用 70 号基质沥青，在加热至 190℃ 的状态下，分别加入 20% 和 40% 的 TecRoad（与结合料总质量之百分比）在 1000r/min 的转速下搅拌 20min，然后取样进行各项试验。

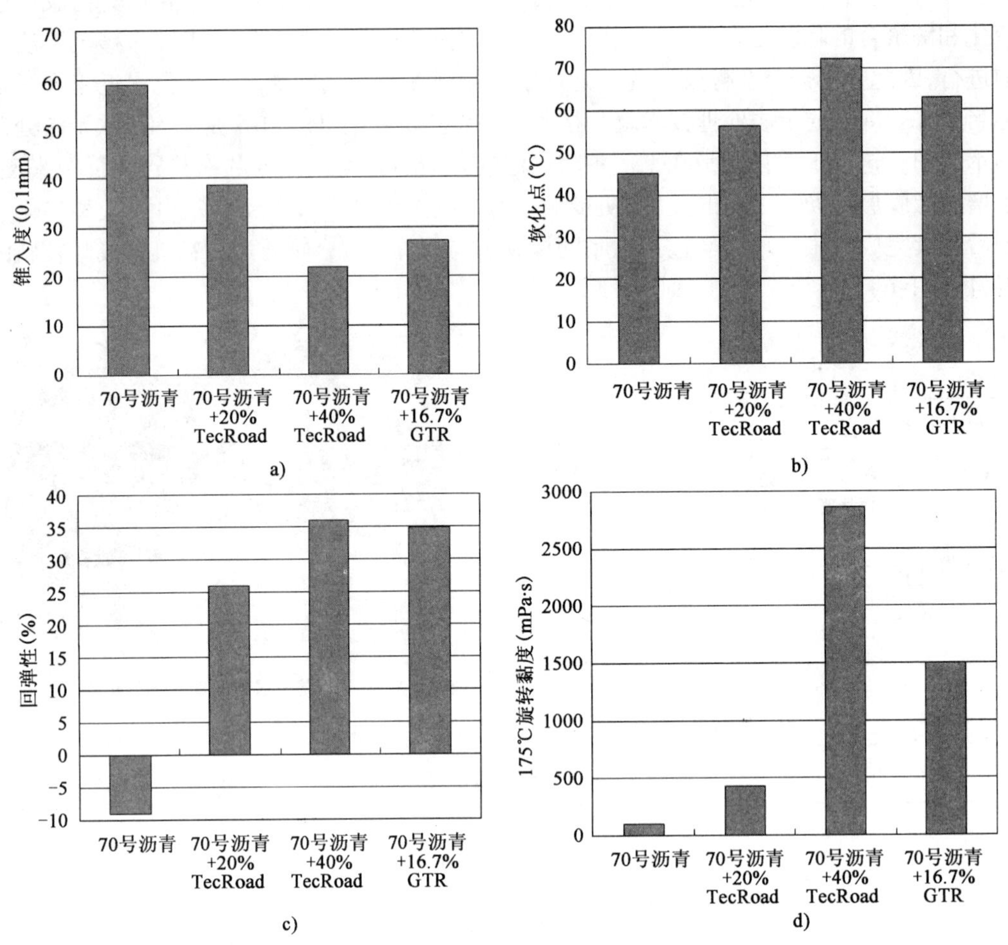

图 5-1-7　TecRoad 橡胶沥青与基质沥青、常规沥青—橡胶结合料性能指标的比较

从图 5-1-7 中可以看到，加入 20% TecRoad 的橡胶沥青的各项指标均不如加有 16.7% GTR 的常规沥青—橡胶，而加入 40% TecRoad 的橡胶沥青的各项指标均优于常规的沥青—橡胶。由此可以推断，加入 30% 左右 TecRoad 橡胶沥青的性能大体上相当于加 16.7% GTR 的常规沥青—橡胶结合料。TecRoad 材料加入量之所以较多，显然是因为 TecRoad 中有很大的比例是沥青的缘故。

表 5-1-6 和表 5-1-7 是德国 Gauer 工程咨询研究所对 TecRoad 橡胶沥青混合料按 EN 12697-12 进行的抗水损害性能试验和按 EN 12697-22 进行的 Hamburg 车辙试验的结果[5]（图 5-1-8）。试验所用基质沥青的针入度标号为 50/70，TecRoad 用量为 12%（与结合料总量之比）。

TecRoad 橡胶沥青混合料水稳定性试验结果　　表 5-1-6

混合料类型	试件编号	干试件 ITS (kPa)	湿试件 ITS (kPa)	干、湿试件强度比平均 ITSR(%)
AC 60/70 密级配混合料	1	2570	2494	98
	2	2500	2453	
TecRoad 橡胶沥青密级配混合料	1	2445	2358	100
	2	2221	2217	
	3	2508	2560	

TecRoad 橡胶沥青混合料 Hamburg 车辙试验结果　　表 5-1-7

混合料类型	碾压 10000 次后车辙深度(mm)	碾压 20000 次后车辙深度(mm)
AC 60/70 密级配混合料	3.0	3.5
TecRoad 橡胶沥青密级配混合料	2.4	2.8

注:1. 试验温度为 60℃,试验介质为空气,试验轮为橡胶轮。
2. 碾压两次为一个循环。

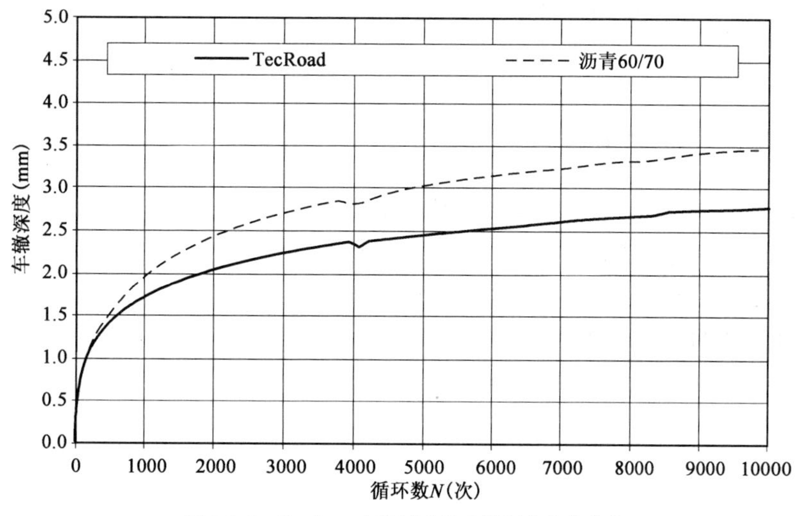

图 5-1-8　Hamburg 车辙试验的车辙深度变化曲线

表 5-1-8 是我们按《公路工程沥青及沥青混合料试验规程》(JTG E20—2011) T0729 对 TecRoad 橡胶沥青混合物合料进行冻融融劈裂试验的结果,表 5-1-9 则是在 APA 沥青路面分析仪上进行的车辙试验结果。

TecRoad 橡胶沥青混合料冻融劈裂试验结果　　表 5-1-8

混合料类型	试件编号	试验条件	毛体积相对密度	ITS (kPa)	空隙率 (%)	平均 ITS (kPa)	平均 TSR (%)
AC 60/70 密级配混合料(沥青在混合料中用量为5%)	2	干	2.287	808	6.23	908	87.72
	4	干	2.272	945	6.85		
	6	干	2.284	971	5.95		
	1	冻融	2.273	712	6.81	796	
	3	冻融	2.262	735	7.26		
	5	冻融	2.298	942	5.78		

续上表

混合料类型	试件编号	试验条件	毛体积相对密度	ITS (kPa)	空隙率 (%)	平均 ITS (kPa)	平均 TSR (%)
TecRoad 橡胶沥青密级配混合料(结合料为88% 70 号沥青 + 12% TecRoad 组成,结合料在混合料中用量为5%)	2	干	2.307	1268	7.83	1179	93.13
	4	干	2.331	1092	6.87		
	6	干	2.311	1179	7.67		
	1	冻融	2.339	1094	6.55	1098	
	3	冻融	2.303	988	7.99		
	5	冻融	2.297	1213	8.23		

TecRoad 橡胶沥青混合料 APA 车辙试验结果 表 5-1-9

混合料类型	试件编号	空隙率(%)	碾压 10000 次后车辙深度(mm)
TecRoad 橡胶沥青密级配混合料(结合料为88% 70 号沥青 + 12% TecRoad 组成,结合料在混合料中用量为5.2%)	1	2.6	2.80
	2	1.9	1.85
	3	2.5	0.92
	平均值	2.3	1.86
70 号沥青密级配混合料(结合料在混合料中用量为5.2%)	4	2.3	2.40
	5	3.6	4.13
	平均值	2.95	3.27

虽然由于试验方法的不同,在表 5-1-6 与表 5-1-8 之间,以及在表 5-1-7 与表 5-1-9 之间没有直接的可比性,但从 TecRoad 改善沥青混合料性能的效果来看,Gauer 的试验结果与我们的试验结果基本上是在同一水平上。

第二章　橡胶屑湿法处理新技术

第一节　非搅动型橡胶沥青湿法处理新技术

如前所述，非搅动拌型橡胶沥青的橡胶粉用量通常不会超过10%，从而制约着结合料性能的进一步提高。有两方面的原因制约着橡胶粉用量的增加：一是增大胶粉用量将导致橡胶沥青储存稳定性的下降；二是受到结合料高温黏度的限制，过高的黏度导致施工和易性的下降。

当胶粉的用量低于5%时，橡胶改性沥青的储存稳定性通常能达到48h软化点差不超过2.5℃的要求，随着胶粉用量的增大，悬浮在沥青中没有完全融解的微小颗粒就容易沉淀至下方而发生离析，所以胶粉用量增加至10%左右时通常需要通过让结合料不断地循环流动来维持胶粉微粒的悬浮状态。此外，胶粉用量的增加，尤其在天然橡胶含量较高的情况下，结合料的黏度会急剧上升，从而造成施工上的困难。因此，如何增加橡胶屑的含量和解决储存稳定性下降、黏度上升的问题，成为非搅动型橡胶改性沥青进一步发展的研究热点。

许多专利提出了各种方案来解决上述问题，大体上可归纳为以下一些方法。

(1)对橡胶屑进行降价活化的预处理。

橡胶屑的降解活化处理方法主要来源于再生橡胶技术，包括机械降解、物理降解、化学降解等手段。经反硫化降解处理的橡胶屑能更容易地弥散和消融于热沥青中，因而可以提高结合料的热储存稳定性。

在本书第一篇第二章第三节中曾提到，早在非搅动型湿法处理技术发展的早期就提出过对橡胶屑进行反硫化预处理的技术。在20世纪70年代中期，美国Arizona州的ARCo公司曾采用商品名为Ramflex的脱硫处理的橡胶取代部分硫化橡胶屑加入到橡胶沥青中来改善橡胶沥青的性能。美国Mississippi州公路局曾直接用Rubber Reclaiming Co公司的Ramflex脱硫橡胶作为改性剂加入沥青混合料中来改善沥青混合料的性能[6]。这一技术由于反硫化橡胶屑改性沥青的性能并不比常规橡胶沥青的性能更好，而费用上又不敌后者，因而在美国没有更多的推广应用。然而在随后的发展中，国内外有关对橡胶屑进行反硫化处理的研究、专利仍在不断地陆续出现，这些方案包括采用高强度机械手段(例如双螺杆挤出机)来破坏硫化橡胶中的网状联结，采用微波、超声波等物理方法来切断橡胶的硫—硫键，用硫磺、硫化物、磺酸等活化剂对橡胶屑进行反硫化处理等[7-10]。

但是，对于再生橡胶来说，橡胶屑进行降解活化处理的目的是使硫化橡胶脱硫后还原成塑性状态的再生胶，它与把橡胶屑作为改性剂来改善基质沥青性能的目的是不一样的。如前所述，橡胶屑完全消融于沥青中必然会影响它对改善沥青路用性能的作用。因此，通常随着橡胶屑降解程度的增强，橡胶改性沥青的性能将随之下降。表5-2-1是文献[7]对用经降解活化预处理的橡胶屑和用未经预处理的橡胶屑制备的橡胶沥青结合料技术特性进行对比试验的结果[7]。

用降价活化预处理橡胶屑制备的橡胶改性沥青特性 表 5-2-1

技术指标	70 号沥青 +16% GTR GTR 未经处理	70 号沥青 +20% GTR GTR 经双螺杆挤出机处理	70 号沥青 +20% GTR GTR 经双螺杆挤出机和活性剂处理
针入度,25℃(0.1mm)	47	71	79
软化点,环球法(℃)	60	50.2	47.9
RTFOT 后延度(cm)	9.2	7.4	7.1
黏度,135℃(mPa·s)	6687	1770	1296
弹性恢复,25℃(%)	68	55	43

注:橡胶沥青制备工艺为 180℃温度下,4000r/min 高速剪切 30min;橡胶屑为 40 目轿车轮胎 GTR,用量为结合料总质量的百分比;基质沥青为针入度 7.1mm、软化点 45.6℃、60℃动力黏度 201Pa·s 的 70 号沥青。

(2)对橡胶屑进行表面活化处理。

对橡胶屑的表面进行活化处理的目的是使橡胶屑的表层变得与沥青更加容易融合。由于只是涉及橡胶颗粒的表层,而没有进入其内核,因而提高橡胶屑与沥青的相容性对橡胶改性沥青性能的影响会小于橡胶屑降解活化处理的方法。

属于此类方法的也有不少研究方案。例如文献[11]、[12]采用 FCC 油浆(炼油厂催化裂化过程的生成物)对橡胶屑进行预处理。FCC 油浆的组成结构与沥青相近,含有较多的芳香烃和饱和烃,用 FCC 油浆来浸泡橡胶屑可以使橡胶屑的表面膨润疏松,部分恢复生胶的性质。因此经 FCC 油浆预处理的橡胶屑更容易在沥青中分散、融溶,从而提高橡胶改性沥青的储存稳定性。

表 5-2-2 是文献[12]对用经不同比例 FEO 油浆(FCC 油浆中的糠醛抽出油)预处理的橡胶屑制备的橡胶沥青结合料特性试验的结果。从表 5-2-2 中可以看到,油浆过多,将使结合料中的轻质油分大量增加,从而导致结合料变软(针入度大幅上升,软化点低于基质沥青)。当橡胶屑对油浆的比例较高时,结合料的性能不会像表 5-2-1 所示那样严重影响结合料的路用性能,但结合料的性能虽然高于基质沥青,却仍会低于由未经处理原样橡胶屑制备的橡胶沥青结合料。

用 FEO 油浆预处理橡胶屑制备的橡胶改性沥青特性 表 5-2-2

技术指标	SK 70 号基质沥青	SK 70 号沥青 +20% 经 FEO 油浆预处理的 GTR					
橡胶屑与油浆比例	—	3:1	4:1	5:1	6:1	7:1	8:1
延度,5℃(cm)	7.5	25.1	20.5	17.0	17.0	14.9	12.6
软化点,环球法(℃)	50.3	48.0	55.8	52.7	53.3	58.3	55.0
针入度,25℃(0.1mm)	64.1	136.2	74.6	68.9	67.4	67.9	78.9
针入度指数	-0.8	-0.9	0.1	0.5	1.0	1.1	0.0
弹性恢复,25℃(%)	—	54	53	64	58	54	53
离析软化点差(℃)	—	3.2	0.5	3.3	1.3	1.7	2.1

续上表

技术指标	SK 70 号基质沥青	SK 70 号沥青 +20% 经 FEO 油浆预处理的 GTR					
TFTO 后残留物							
质量损失(%)	0.04	0.25	0.03	-0.03	-0.40	-0.06	0.05
针入度比,25℃(%)	73	79	94	104	102	97	71
延度,5℃(cm)	0	17.5	16.1	14.0	12.5	12.4	10.0
延度比	—	69.7	78.5	82.4	73.5	82.2	79.4

注:1. 橡胶沥青制备工艺为 180℃ 温度下,7000r/min 高速剪切 1h,温度降至 160℃,转速降至 5000r/min,高速剪切 30min。

2. 橡胶屑为 40 ~ 80 目 GTR,用量为基质沥青质量的百分比。

(3)在橡胶屑与沥青的高温融胀过程中强化橡胶屑的反硫化和解聚合作用。

在橡胶屑与沥青的融胀过程中强化对橡胶屑的反硫化和解聚合作用是最常用的一种方法,除强化机械破坏作用外,还可通过加入各类添加剂来加强对橡胶屑的反硫化降解过程。美国专利 US 521041000(McFarlane R A)采用氢化催化剂使橡胶屑在融胀过程中通过加氢裂变来强化其反硫化的过程[13]。印度专利 IN 2010/000808(Biswanath)采用 FCC 过程废弃的裂化催化剂来强化对橡胶屑的反硫化降解作用,首先将废 FCC 裂化催化剂加入热沥青中,搅拌均匀,然后再加入橡胶屑使其充分融胀,为进一步提高橡胶沥青的性能,建议加入低价位的聚合物,例如废弃的塑料等[14]。

上述三类方法的出发点都是希望强化橡胶屑与热沥青相互作用过程中的反硫化和解聚合作用,以便尽可能地使橡胶屑降解而消融在沥青中,从而来提高橡胶沥青的储存稳定性。但是正如我们在第二篇第一章橡胶沥青作用机理中所指出的那样,过度的降解将导致橡胶沥青结合料性能的急剧下降。因此,上述这些方法,大都在提高橡胶沥青储存稳定性的同时,必然要牺牲结合料的某些路用性能。

由此可见,在提高非搅动型橡胶改性沥青的性能和储存稳定性的发展中,比较合理的选择应是采用细粒径的橡胶屑、适度降解的方法,所采取的手段不应导致橡胶烃的成分过度反硫化而消融在沥青中。以下介绍的一些实例可能是在非搅动型橡胶改性沥青的发展中最值得关注的发展方向。

美国专利 US 20110160356(Martin J V)提出在橡胶屑与热沥青的融胀过程中加入有机酸和采用使橡胶屑脱氢的方法来提高橡胶沥青的储存稳定性[15]。Martin 的方法包括以下的步骤:

(1)将基质沥青加热到 325 ~550 ℉;

(2)将橡胶屑和聚合磷酸(PPA)加入热沥青中并不断地搅动拌和;

(3)用空气吹制沥青、橡胶屑和有机酸的混合物进行氧化处理,使橡胶屑脱氢而均匀化。

表 5-2-3 是文献[15]对按这一专利工艺制备的橡胶沥青特性的测定结果。

Memon G M 的美国专利 US 5851276 采用过氧化氢(双氧水)来处理橡胶屑,它首先使橡胶屑表面的碳黑被氧化而生成碳离子,然后让其转化为羟基。由于被羟基化的橡胶屑表面呈酸性而更容易溶融在沥青中,从而使橡胶颗粒更均匀和更多地悬浮在沥青中[16]。Memon 专利对橡胶屑进行的预处理涉及的是橡胶屑表面的碳黑部分,并未涉及橡胶屑的橡胶烃部分,因而不会影响橡胶屑对改善沥青路面路用性能的作用。文献[16]对用过氧化氢预处理橡胶屑制备的橡胶改性沥青结合料与常规橡胶沥青结合料以及基质沥青特性所做的对比试验表明,PG 等级为 PG 63-31 的基质沥青,经采用预处理的橡胶屑改性后可达到的 PG 等级为 PG 81-33,未经处理的橡胶屑制备的橡胶沥青的 PG 等级为 PG 80-28。预处理橡胶屑的结合料的高温区比基质沥青提高了 18℃,与未处理橡胶屑的结合料大体持平,而其低温区则比基质沥青向下增加了 2℃,并优于未处理橡胶屑的结合料 5℃。文献[16]没有给出改善储存稳定性的具体试验数据。

用有机酸和吹气方法处理的橡胶改性沥青特性　　表 5-2-3

技术指标	基质沥青 + GTR	基质沥青 + GTR + 1% PPA
软化点,环球法(℃)	56.2	61.85
针入度,25℃(0.1mm)	55	55
布氏黏度,135℃(cP)	776	1180
储存稳定性,163℃(%)	0.7	0.1
实际 PG 等级	PG74.5 - 18.71	PG81.2 - 14.43

注:橡胶沥青制备工艺条件:沥青为 Lion Flux;GTR 为 40 目;聚合磷酸为 Innovalt,等级 PPA 115%;处理时间为 6h;处理温度为 440 ℉;吹制空气为 1.1cfm。

随后 Memon G M 在其专利的基础上与美国 Hudson 公司合作,采用交联剂 PT-423 来进一步提高橡胶改性沥青的储存稳定性[17]。Memon G M 将经过过氧化氢预处理的 80 目橡胶屑加入到 163℃的基质沥青中,采用高速剪切搅拌机,在 3000r/min 的转速下搅拌一定时间,然后加入交联剂 PT-423 在连续地搅动下发育 1.5h,以便将预处理的橡胶屑与沥青中的功能团连接起来获得一更加稳定的橡胶改性沥青。图 5-2-1 ~ 图 5-2-4 是此种橡胶改性沥青特性试验的结果。

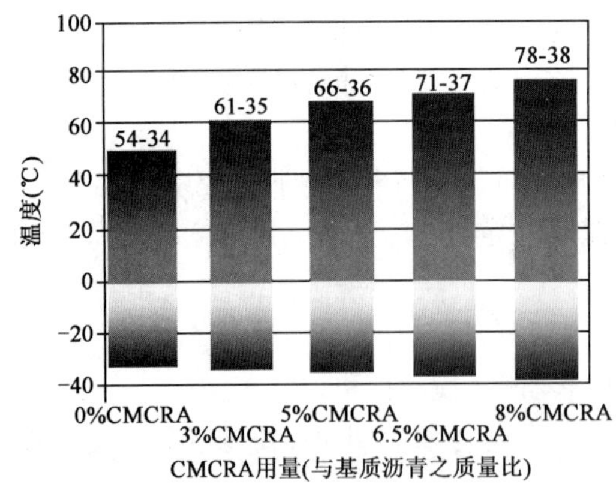

图 5-2-1　不同 CMCRA 用量下结合料的 PG 等级

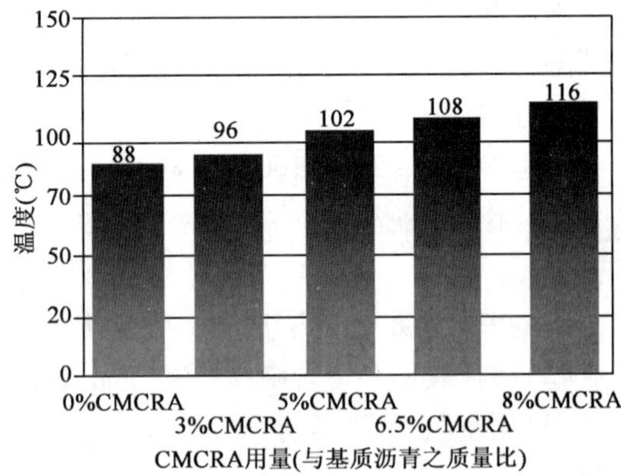

图 5-2-2　不同 CMCRA 用量下结合料的 PG 温度范围

上述两个实例均没有对橡胶屑进行高强度的降价处理,而只是低水平的适度降解,而采用的是不涉及橡胶屑反硫化的化学改性方法,美国称为化学改性橡胶沥青(Chemically Modified

Crumb Rubber Asphalt,CMCRA),因而不仅提高了结合料的储存稳定性,而且其路用性能在常规 GTR 改性沥青的基础上还有所改善,应该说是代表了非搅动型橡胶改性沥青的发展方向。除此之外,采用胶粉与 SBS 的复合改性沥青应该也是有前景的发展方向,微小的胶粉颗粒镶嵌在 SBS 的网络结构中有助于改善橡胶沥青的储存稳定性,而 SBS 的改性作用则有助于提高结合料的路用性能[7]。

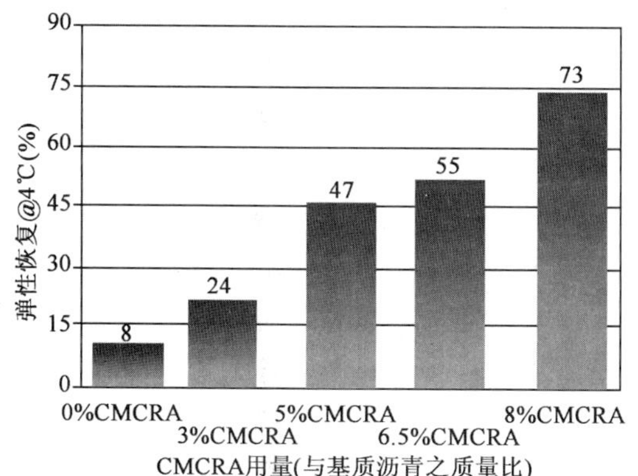

图 5-2-3　不同 CMCRA 用量下结合料的弹性恢复指标

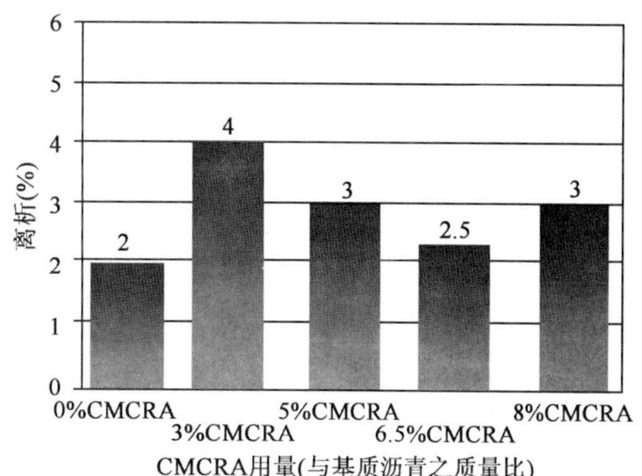

图 5-2-4　不同 CMCRA 用量下结合料的离析试验结果(AASHTO PP5)

近些年来的资料表明在采用某些物理或物理—化学方法的场合,已可将胶粉的用量提高到 15% ~18% 以上[29,30],虽然在多数场合仍需在使用胶粉改性沥青之前进行适当的搅拌,使顶部与底部的结合料重新混合。这些新技术已经在 California、Nevada、Colorado 州有了成功应用的实例。Paramount Asphalt、Valero Oil 等公司已生产有胶粉含量为 10%、15%、18% 的厂拌胶粉改性沥青的系列产品:PG 64-28TR、PG 70-22TR、PG 76-22TR。

第二节　搅动型橡胶沥青湿法处理新技术

对于搅动型橡胶沥青湿法处理来说,如何改善沥青—橡胶结合料的施工和易性和储存稳定性一直是搅动型橡胶沥青湿法处理技术发展中关注的热点问题。由于固体的橡胶颗粒存在于液相的沥青中是沥青—橡胶的本质特征,因此任何改善沥青—橡胶的施工和易性和储存稳定性的方法只能是在保持沥青—橡胶结合料两相特征的前提下才是可行的。关于改善沥青—橡胶施工和易性的问题,采用温拌技术是当今的一项行之有效的方案,它将在第五篇第三章中专门进行讨论。

关于改善沥青—橡胶稳定性的问题,本章第一节中许多通过强化橡胶屑反硫化、解聚合的处理方案显然不符合沥青—橡胶结合料发展的前提条件,因而是不可行的。在提高非搅动型橡胶改性沥青储存稳定性的一些行之有效的方法,例如采用交联剂形成网络结构来支撑微小的橡胶颗粒,由于粗粒径的橡胶颗粒质量过大也很难大幅度地改善结合料的储存稳定性。文献[18]提出了另一种思路来解决沥青—橡胶结合料的储存稳定性问题,即所谓的"等密度"理论,其原理是将密度大于沥青的橡胶与密度小于沥青的 PE 材料,按与沥青等密度的原则结合在一起,使复合粒子的密度接近于沥青的密度,使改性剂悬浮于液态沥青中而不容易产生离析。文献采用某些化学添加剂的化学作用和双螺杆挤压机的机械挤压作用将橡胶和塑料结合在一起，制备出两种材料的复合颗粒（橡胶屑与 PE 按质量之比例为 2∶1）。然后将复合材料与一定比例的 26 目橡胶屑一起投入到 165℃ 的热沥青中，在 155℃ 和 185℃ 两种加工温度下，在高速乳化机中按 4000r/min 的转速剪切 30min 制成试验用的橡胶沥青结合料。表 5-2-4 是文献[18]对橡胶屑与 PE 复合改性的橡胶沥青所测定的特性指标。

橡胶屑与 PE 复合改性的橡胶沥青特征 表 5-2-4

技术指标		13% GTR +7% 复合改性剂（处理温度 155℃）	17% GTR（处理温度 155℃）	13% GTR +7% 复合改性剂（处理温度 185℃）	17% GTR（处理温度 185℃）
针入度，25℃（0.1mm）		52.8	49.3	53.5	58.7
软化点，环球法（℃）		68.9	61.2	68.1	61.7
延度，5℃（cm）		6.5	17.6	10.0	18.3
弹性恢复，25℃（%）		51	52	66	68
黏度	135℃（Pa·s）	11.300	12.580	8.951	9.025
	177℃（Pa·s）	3.675	3.750	2.650	2.775
储存稳定性，48h 软化点差（℃）		4.7	13.2	2.3	7.5

类似的解决方案可以从文献[19]中看到，该文作者采用有机酸酐的化学反应剂将 GTR 与 PE 高聚物结合在一起，通过高温剪切挤压成熔融状的物料，再用造粒机制成“塑胶颗粒”作为制备橡胶沥青的原材料，在提高橡胶沥青的储存稳定性方面也取得了较好的效果。

第三章　橡胶沥青温拌技术

对于沥青—橡胶结合料来说，最大的缺点是在施工温度范围内的黏度太大，这导致施工上的一系列困难，压实不足是沥青—橡胶路面施工质量方面常见的问题。改善沥青—橡胶混合料的施工和易性一直是沥青—橡胶湿法处理技术中希望解决的问题。将温拌技术引入沥青—橡胶的处理工艺中是近年来发展起来的新技术。

第一节　温拌技术的类型及其对橡胶沥青的适应性

沥青混合料的温拌技术起源于20世纪90年代中叶的欧洲，其目的是要降低混合料的内部摩擦阻力，使其能在较低的温度下与矿料搅拌成沥青混合料，并在随后的摊铺、碾压施工中有足够的和易性。随着对温室气体排放日益严格的限制和国际油价的暴涨，温拌技术正越来越受到世界各国沥青工业界的重视。

温拌技术是从两个方向发展而来的(图5-3-1)：

(1)在热拌技术的基础上降低拌和温度；

(2)在冷拌技术的基础上提高拌和温度。

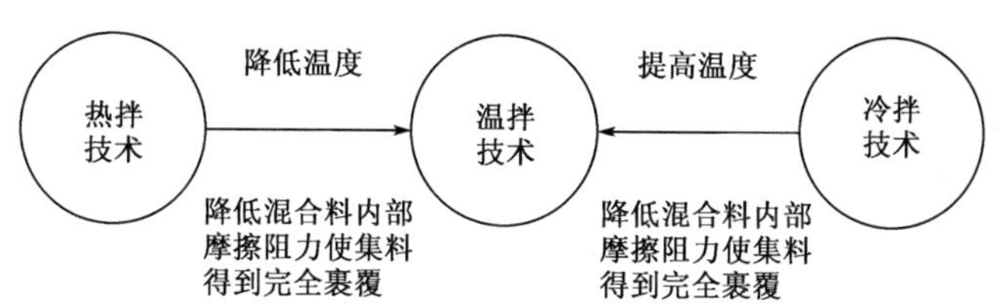

图5-3-1　温拌技术发展的两个出发点

目前在市场上存在着各种各样品牌的温拌技术，但从工作原理上，它们可分为4大类[20,21]：

(1)矿物泡沫技术(人造沸石)；

(2)有机化合物降黏剂；

(3)化学活性剂；

(4)泡沫沥青技术。

①矿物泡沫技术。

沸石(Zeolite)是一种硅酸铝钠、硅酸铝钾、硅酸铝钙和硅酸铝钡等铝硅酸盐的集合物，它含有结合非常松散的水，在加热时会被排出，而在潮湿的环境中则可吸收水分(图5-3-2)。天然沸石存在于火成岩的晶洞中，人工沸石是通过水热晶化作用而合成的。目前常用的品牌有

Asphalt-Min 和 Advera，是一种由硅酸铝和碱性金属组成的人造沸石（Synthetic Zeolite），它通过水热作用结晶化，内部含有 21% 的水分。当它放入沥青混合料中时，在 85～182℃的温度范围内会析出很少的水分，这些水与沥青将形成一受控的泡沫效应，从而在沥青混合料中起到某种润滑作用。

Zeolite 是一种白色的粉末（50～200 目），加入量通常为混合料质量的 0.3%，它的应用对间歇式搅拌设备没有特殊的改装要求，可以采用将预称好的小包装直接投入拌缸，也可利用第二粉料罐自动称重后加入拌缸。

Zeolite 可以在常规热拌混合料拌和温度的基础上下降 32℃（54 ℉），它在高温下释放水分的特点是逐渐进行的过程，可持续 6～7h，直至温度低于 100℃，因而能较长时间地保持泡沫。加有 Zeolite 的温拌沥青混合料有着良好的压实效果，不会影响混合料的抗车辙能力，但在较低的拌和温度下碾压时存在降低抗水损害性能的倾向。

②有机化合物降黏剂。

有机化合物降黏剂常用的主要有石蜡类（Sasobit、AsphaltanB）和树脂类（SAK）等两种。

Sasobit 是一种在对煤或天然气精炼过程中生产出的人造硬石蜡（Paraffin Wax），呈白色颗粒状（图 5-3-3），它的特点是在 98℃融点以下的温度时具有很高的黏度特性，而在融点以上则比沥青的黏度更低，并在高于 115℃时完全融化在沥青中。Sasobit 在 65～115℃的温度范围内在沥青中硬化并分布为微观的条状物。因此，它与一般石油中所含的软蜡不同，它在路面的工作温度下不会影响混合料的高温性能，而在混合料的施工温度下，它的功能是一种降黏剂，可比常规热拌沥青混合料降低拌和温度 10～30℃。

图 5-3-2　Zeolite 的工作原理

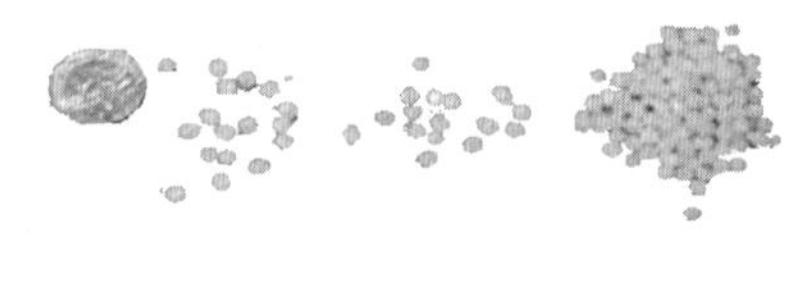

图 5-3-3　Sasobit 温拌剂

Sasol Wax 建议 Sasobit 的加入量为结合料质量的 1.3%～1.7%（平均 1.5%），为了提高降黏效果也可增加至黏结剂质量的 3%，但 Sasobit 的加入量不应超过黏结剂质量的 4%，否则将影响它的低温性能。

Sasobit 可以采用多种方式加入：

a. 直接加入沥青，只需低速搅拌，而不需采用胶体磨等高速剪切设备；

b. 可以用小包装直接投入间歇式搅拌设备的拌缸；

c. 也可采用计量后由压缩空气送入间歇式搅拌设备拌缸或连续式搅拌设备添加剂加入口的自动输送方式。

Sasobit 温拌混合料的一个重要特点是，它的降黏作用只受拌和温度的影响，而不受其他外界因素的影响，因而在规定的温度范围内可以获得良好的压实性能。Sasobit 在固化后会增加沥青的稠度,因而有助于改善混合料的抗车辙能力。Sasobit 的加入量过大会减小沥青低温时的延伸性,从而降低它的低温性能。

③化学活性剂。

目前市场上供应多种品牌的化学活性温拌剂,例如 Evotherm、Rediset、REVLX 等,其中应用最多的是美国 Mead Westvaco 公司的 Evotherm。

Evotherm 是一种基于沥青分散技术由多种化学添加剂组成的化学包(Chemistry Package),它被设计成具有增强沥青对集料的裹覆、黏附和降低黏度、改善混合料和易性的功能。

第一代的 Evotherm ET(Emulsion Technology)是一种高浓度的乳化沥青(残留物占 70% 左右),它含有多种化学添加剂,包括黏附促进剂、和易性改善剂和独特分子结构的乳化剂等。2005 年美国 Mead Westvaco 公司开发了新一代的 Evotherm DAT(Dispersed Asphalt Technology),它可直接注入沥青搅拌设备的沥青供给管道或拌缸中,因而使用更为方便,Evotherm(ET)目前已大多为 Evotherm (DAT)所替代。

Evotherm 的最大特点是温拌温度很低(85 ~ 115℃),较常规的热拌混合料的拌和温度可低 55℃左右,因而其燃油的消耗可降低 50%,温室气体的排放量可减少 46%。Evotherm 是一种从冷拌技术发展而来的温拌技术,它与其他化学添加剂的温拌技术相似,本身就带有增强黏附性的功能,所以在解决抗水损害性能方面不需另加添加剂。

④泡沫沥青温拌技术。

泡沫沥青温拌技术可分为 3 种:

a. WAM Foam(Shell & Kolo Veidekke);

b. Foamed Asphalt(ASTEC);

c. Low Energy Asphalt(Mconnaughay Technologies)。

WAM Foam 是一种利用泡沫沥青来降低沥青混合料颗粒间摩擦力的新搅拌工艺。与常规热拌混合料的搅拌工艺不同,它将结合料分为软沥青与硬沥青两部分(两者合成的沥青等级与所选择的沥青标号相符),然后先将软沥青与集料相拌和,然后在喷入硬沥青的同时喷入少量的水,使它与硬沥青形成体积增大 15 倍左右的泡沫沥青作为润滑剂来降低集料颗粒间的摩擦阻力(图 5-3-4)。

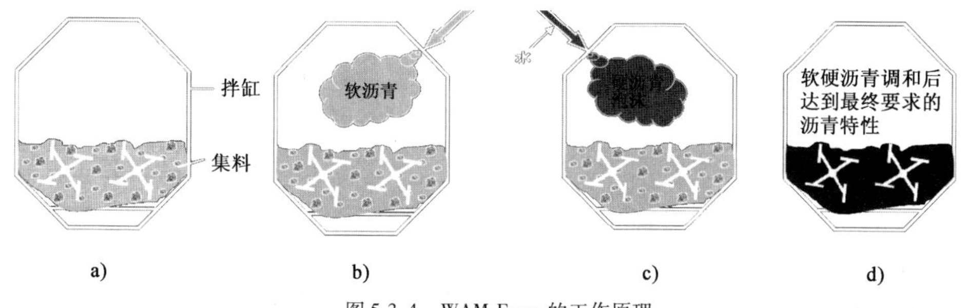

图 5-3-4　WAM Foam 的工作原理

软沥青在结合料中的比例通常是 20% ~ 30%,软沥青的黏度应为 0.0015m^2/s 左右(60℃),硬沥青通常用针入度 70/100 或 PG 级的 58/64-22,占结合料的 80%。集料应加热至 130℃,然后与软沥青拌和,集料中的粉料应尽可能除去。硬沥青应加温至 175 ~ 180℃,与常温下的水进行泡沫化,水量为硬沥青质量的 2% ~ 5%。混合料的搅拌温度为 100 ~ 120℃,合成结合料的等级相当于 PG 58/64-22 或针入度为 80 ~ 100 的沥青。

WAM Foam 工艺需要对搅拌设备作相当的改动,首先需要设置两种沥青的储存、输送和计量、供给系统,此外控制系统也应作相应的改动,需有两套独立控制软、硬沥青的硬件和软件系统。

WAM Foam 是一项专利技术,矿料先与软沥青拌和的好处是可以使集料裹覆一层均匀的沥青膜,硬沥青逐渐溶解入软沥青的过程一直延续至整个铺筑过程,因而能获得一分布良好的沥青膜和在摊铺和碾压过程中保持较低的黏度。

WAM Foam 温拌技术可以降低沥青混合料的施工温度高达 40 ~ 50℃,沥青混合料的拌和温度为 100 ~ 120℃,碾压温度为 80 ~ 110℃。它的优点是可以节约燃料 30%,减少 CO_2 30% 的排放。

ASTEC 推出了一种用于生产泡沫沥青混合料的新的双滚筒搅拌设备,被称为"绿色双滚筒"(Double Barrel Green),它采用了常规的连续式搅拌工艺,只是喷入滚筒的沥青被泡沫沥青所替代。在双滚筒的外壳上安装有一个泡沫沥青发生器,它有 10 个喷嘴在向滚筒喷洒沥青的同时注入少量水,在喷嘴的发泡室内生成沥青的微泡沫,它们裹覆在集料表面上形成一层20 ~ 25μm 厚的微泡沫沥青层,从而在混合料内部起到某种润滑作用,使混合料在铺筑时有较好的和易性(图 5-3-5)。

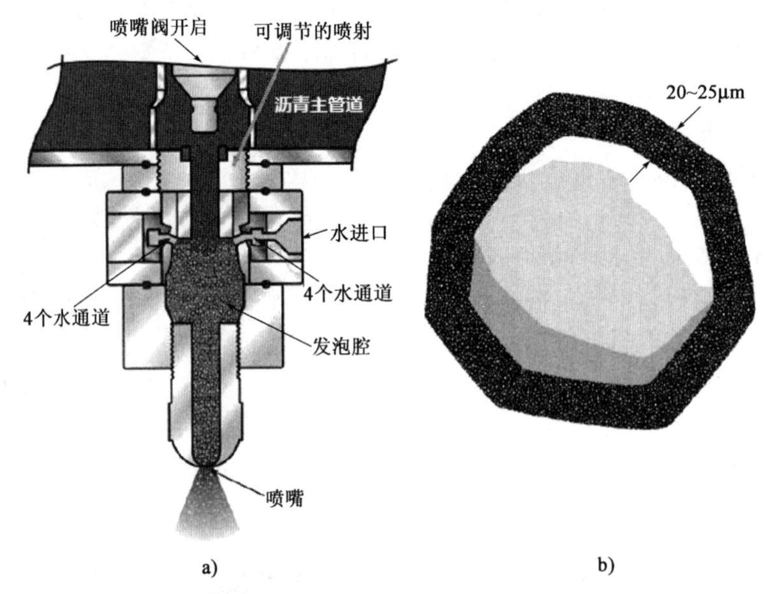

图 5-3-5 ASTEC 的泡沫沥青发生器和裹覆在集料表面上的微泡沫沥青层

Low Energy Asphalt 是一种利用细集料中的水分在搅拌缸与高温沥青拌和的过程中直接产生泡沫沥青的方法。它的特点是粗集料和细集料要分开投入搅拌缸,并分开与沥青拌和。粗集料经烘干筒加热烘干后与沥青先行拌和,细集料则适当洒水拌和后直接投入拌缸。含水的细集料遇到高温沥青而生成泡沫沥青,连同细集料一起裹覆在粗集料的表面上(图 5-3-6)。图 5-3-7 是在集料皮带出口处对细集料进行洒水拌和的情况。

泡沫沥青温拌技术的最大特点是除水以外不须添加任何添加剂,因而是各种方法中成本最低的。泡沫沥青温拌技术的关键是如何保持泡沫在较长的时间内不消失,由于温拌泡沫沥青混合料的压实性能相对较差,因此使泡沫化的沥青混合料能在给定温度下获得充分的压实是泡沫沥青温拌技术成败的关键。

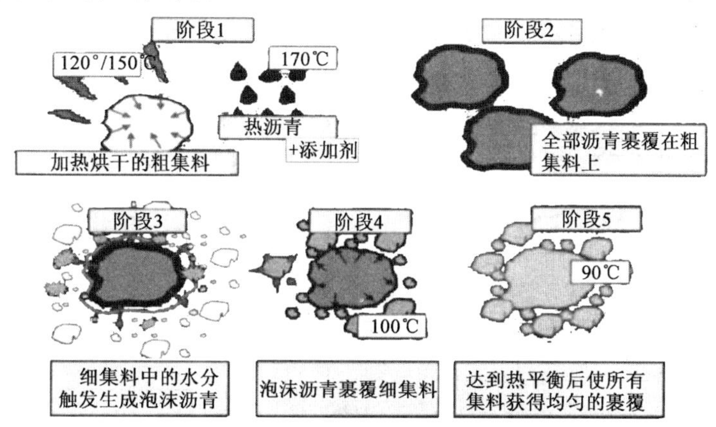

图 5-3-6　Low Energy Asphalt 的工作原理

沥青—橡胶是一种高温黏度极高的结合料,它的施工和易性差,不仅表现在混合料的搅拌过程,而主要反映在碾压的困难上,是一种很难压实的混合料。对于沥青—橡胶混合料来说,温拌技术的应用不可能像常规沥青混合料那样要求将拌和温度降低到120℃左右这样低的温度,而只能是适度地降低拌和温度,更重要的是,保证混合料在拌和过程中有良好的裹覆性能和在碾压过程中有足够的和易性。因此,在选择适用的温拌技术时,显然要考虑到它们对沥青—橡胶结合料上述这些特点的适应性。虽然各种类型的温拌技术都有应用于沥青—橡胶的尝试,但使用最为简单,效果最容易控制的应该是各种有机物降黏剂。这是因为它们的作用机理是直接降低结合料在施工温度下的黏度,而不需要通过其他措施来减小混合料在碾压时的内部摩擦阻力。虽然直接泡沫沥青温拌技术的应用成本最低,但对于沥青—橡胶结合料来说,可能是最难控制和掌握的。这是因为泡沫沥青较难使混合料在碾压过程中仍然保持良好的润滑作用。矿物泡沫类和化学活性剂类型的温拌技术,应用于沥青—橡胶结合料时,它们的控制与掌握要比直接泡沫沥青技术更加容易一些。在本章的第二节中将介绍各种类型温拌技术应用于沥青—橡胶混合料的一些实例,可供选择橡胶沥青温拌技术时参考。

图 5-3-7　对细集料进行适当的洒水拌和

第二节　温拌技术在橡胶沥青中的应用实例

温拌橡胶沥青(Warm Mix Asphalt Rubber)是近些年来搅动型湿法处理技术发展中的一个研究热点,在国内外有许多有关这方面的报道和应用实例,目前 4 种类型的温拌技术都已有了应用的实体工程[22-29]。

文献[22]对 Sasobit、TOR 和 Evotherm 等 3 种温拌技术降低沥青—橡胶混合料击实温度的效果进行了实验室的对比试验,认为在获得同样的空隙率(4.5%)条件下,Sasobit 能降低击实温度 20 ~ 25℃，TOR 能降低 15 ~ 20℃，Evotherm（DAT）能降低 30 ~ 35℃。图 5-3-8a）和图 5-3-8b）分别是加有 Sasobit 和 Evotherm 的沥青—橡胶混合料马歇尔试件空隙率随击实温度而变化的曲线[22]。

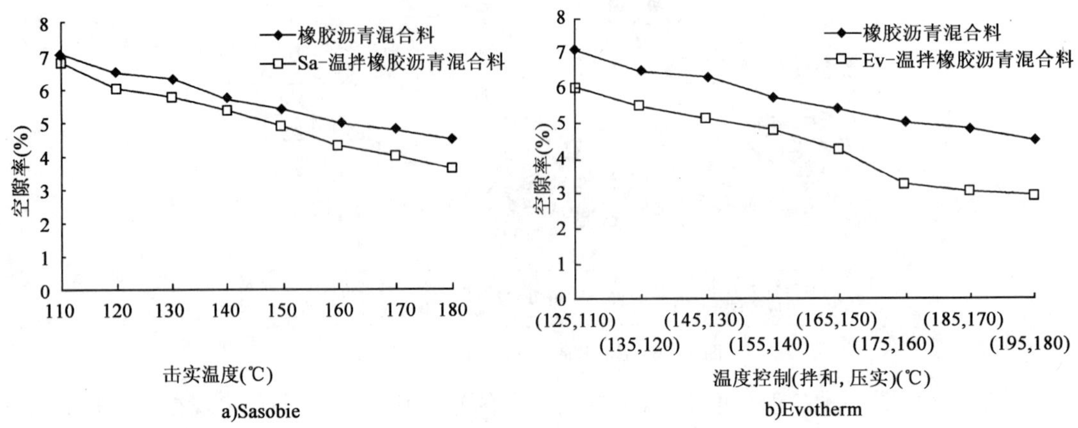

图 5-3-8 加有 Sasobit 和 Evotherm 的 AR 混合料试件空隙率随击实温度而变化的曲线

在现场试验方面，文献[26]报道了 2006 年在澳大利亚 Newcastle 市铺筑加有 Sasobit 降黏剂的沥青—橡胶混合料试验路的情况。试验路段为 35mm 厚的表面磨耗层，分为两段：一段为常规的沥青—橡胶混合料；另一段为加有 1% Sasobit 添加剂（与结合料的质量比）的沥青—橡胶混合料。不加 Sasobit 沥青—橡胶混合料的拌和温度为 170℃，加有 Sasobit 沥青—橡胶混合料的拌和温度为 150℃[26]。表 5-3-1 展示了两种混合料在载货汽车中温度的典型测试数据[26]。

Sasobit 的降低拌和温度的效果 表 5-3-1

不加 Sasobit 的沥青橡胶混合料				加有 1% Sasobit 的沥青—橡胶混合料			
测试时间	载货汽车中混合料温度（℃）			测试时间	载货汽车中混合料温度（℃）		
	最大值	最小值	平均值		最大值	最小值	平均值
20:36:07	184.90	96.50	156.60	21:39:27	166.90	83.20	148.80
20:36:14	184.30	96.00	158.50	21:39:34	166.90	90.90	151.20
20:36:26	180.70	91.20	153.10	21:40:07	160.30	56.70	123.50
20:36:35	185.60	88.60	161.10	21:44:32	161.10	65.70	116.60

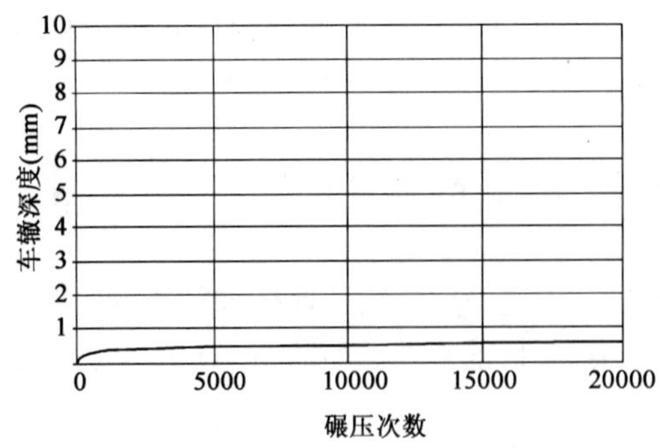

图 5-3-9 加有 3% Sasobit 的 SMA 橡胶沥青混合料在 Hamburg 车辙试验机上的试验结果

两个试验段铺层的现场空隙率大体相同，均符合要求，但加有 Sasobit 混合料在拌厂和施工现场的烟雾明显减小了。

在沥青—橡胶混合料中加入 Sasobit 的另一好处是可以进一步提高 AR 混合料的抗车辙能力，图 5-3-9 是德国 HEIDEN 实验室对加有 3% Sasobit 的 SMA 橡胶沥青混合料在 Hamburg 车辙试验机上的试验结果，从图中可以看到，在 60℃ 的空气介质下用橡胶轮碾压 20000 次的车辙深度只有 0.6mm[29]。

文献[27]报道了美国罗得岛州采用 Zeolite(Advera 人造沸石)作为温拌剂铺筑的沥青—橡胶试验路的情况。表 5-3-2 为 Zeolite 温拌沥青—橡胶混合料的设计参数。

Zeolite 温拌沥青—橡胶混合料的设计参数　　表 5-3-2

技术指标	设计要求	技术指标	设计要求
沥青—橡胶结合料	PG 58 -28 +20% CRM	矿料间隙率 VMA(%)	18 ~25
结合料用量(%)	≥6.5	SGC 旋转压实机压实次数	100
空隙率(%)	3 ~6		

表 5-3-3 则是加有 Zeolite 温拌剂的沥青—橡胶混合料与常规沥青—橡胶混合料拌和温度和摊铺温度的比较。

Zeolite 温拌沥青—橡胶混合料的拌和温度与摊铺温度　　表 5-3-3

混合料类型	拌和温度(℃)	摊铺温度(℃)
常规沥青—橡胶混合料	177	154 ~166
Zeolite 温拌沥青—橡胶混合料	143 ~149	135 ~143

文献[28]介绍了美国 California 州在 Santa Nella 附近的 5 号州际公路上铺筑的两段试验路段的情况。两段试验路段分别采用了两种温拌技术:一种是 Astec 的绿色双滚筒泡沫沥青系统;另一种是 Astec 的泡沫沥青系统 + Evotherm(DAT)添加剂。两种温拌沥青—橡胶结合料用量分别为 7.7% 和 7.0%,作为比较用的控制试验路段则采用常规的沥青—橡胶混合料。

表 5-3-4 是两种温拌沥青—橡胶混合料的拌和、摊铺和碾压温度与常规沥青—橡胶混合料相应施工温度的比较[28]。

两种温拌 AR 混合料与常规 AR 混合料施工温度的比较　　表 5-3-4

混合料类型	拌和温度(℃)	摊铺机后方铺层温度(℃)	碾压温度(℃)
常规沥青—橡胶混合料	163	143 ~154	135 ~149
Astec 泡沫沥青温拌 AR 混合料	132 ~143	121 ~143	110 ~132
Astec 泡沫沥青 + Evotherm 温拌 AR 混合料	132	116 ~121	104 ~127

表 5-3-5 则是两种温拌沥青—橡胶混合料与常规沥青—橡胶混合料试验路段现场芯样的压实密度与空隙的比较[28]。

两种温拌 AR 混合料与常规 AR 混合料现场芯样的空隙率和压实度　　表 5-3-5

试验路段	混合料类型	现场空隙率(芯样平均值)(%)	现场压实度(%)
Ⅰ	常规 AR 混合料	12.7	83.6 ~88.6
	Astec 泡沫沥青温拌 AR 混合料	14.0	83.8 ~88.0
Ⅱ	常规 AR 混合料	14.3	85.0 ~86.9
	Astec 泡沫沥青 + Evotherm 温拌 AR 混合料	14.6	83.1 ~86.6

从表 5-3-5 中可以看到,整个试验段不论是常规 AR 混合料还是温拌 AR 混合料的现场压实质量都不够理想,空隙率高达 12% ~14%。这显然是由于 3 种 AR 混合料的拌和、摊铺和碾压温度掌握得都偏低造成的。除此之外,还可以看到,泡沫沥青温拌技术对于高黏度的沥青—橡胶混合料来说,使用相对比较复杂,对降低施工温度的控制要求不宜过高。

参 考 文 献

[1] HEIDEN Laboratory. Binder tests of bitumen modified with RoadPlus[R]. Roggentin Germany: HEIDEN Laboratory, 2005

[2] MANSOUR SOLAIMANIAN, et al. Evaluation of vestemmer reactive modifier in crumb rubber asphalt[R]. University Park Pennsylvania: Northeast Center of Excellence for Pavement Technology, 2003.

[3] BAUMGARDNER G L, et al. Trans-Polyoctenamer reactive polymer / recycled tire rubber modified asphalt[R]. Wuppertal Delaware: Proceeding of 5th International Transport Conference, 2008.

[4] HEIDEN Laboratory. Test report No 13 / 2005[R]. Roggentin Germany: HEIDEN Laboratory, 2005.

[5] INSTITUTE GAUER. Laboratory investigations on TecRoad-modified asphalt from the trial in Libya[R]. Postfach Germany: Institute Gauer , 2008.

[6] JAMES C. A study of flexible pavement with ramflex rubber additives[R]. Jackson Mississippi: Mississippi Department of Transportation, 1970.

[7] 张宏雷,吕智超,时敬涛,等. 活化废轿车胎胶粉及其改性沥青的基本性能[J]. 合成橡胶工业,2012(2).

[8] COOMARASAMY A, et al. Performance of scrap tire rubber modified asphalt paving mixes [R]. Toronto Canada: Ministry of Transportation Ontario, 1997.

[9] RUIKUN DONG, SHIFENG WANG, et al. Laboratory evaluation of pre-devulcanized crumb rubber modified asphalt as a binder in hot-mix asphalt[J], Journal of Material in Civil Engineering, 2011(8): 1138-1144.

[10] SYLVESTOR L M. Rubber modified asphalt compositions and method[P]. America: US Patent 7074846, 2006.

[11] 程国香,陆小军,沈本贤等. FCC 油浆提高废胶粉改性沥青热储存稳定性试验[J]. 炼油技术与工程,2006(6).

[12] 向丽,徐幸,程建,等. FCC 油浆糠醛抽出油改善胶粉改性沥青性能的研究[J]. 炼油技术与工程,2009(9).

[13] MCFARLANCE R A. Catalytic devulcanization of rubber [P]. America: US Patent 521041000, 2006.

[14] SAHA BISWANATH. Crumb rubber modified bitumen (CRMB) compositions and process thereof[P]. India: India Patent IN2010 /000808 ,2010.

[15] MARTIN J V. Crumb rubber modified asphalt with improved stability[R]. America: US Patent 20110160356, 2011.

[16] MEMON G A. Crumb rubber modified settled asphalt with improved settling properties[R]. America: US Patent 5851276, 1998.

[17] MEMON G M, et al. Chemically modified crumb rubber asphalt (CMCRA)[R]. Providence Rhode Island: Hudson asphalt co. , 2006.

[18] 李金亮,王仕峰,张勇,张隐西. 力化学等密度法制备高温贮存稳定的胶粉改性沥青[J]. 中外公路,2011(6).

[19] PROWELL B D, et al. Warm-mix asphalt : best practices[R]. Lanham Maryland: National Asphalt Pavement Association Education Foundation, 2007.

[20] Southern African Bitumen Association. Best practice guideline & specification for warm mix asphalt[R]. Pinelands South Africa: Southern African Bitumen Association, 2011.

[21] 吴奇峰. 橡胶沥青混合料温拌技术的研究[D]. 西安: 长安大学硕士学位论文, 2011.

[22] 李庆广,陈鹏,孟文芳. 掺加 Sasobit 的橡胶沥青与温拌橡胶沥青混合料路用性能研究[J]. 科技向导, 2011(3).

[23] 宋效江. Evortherm 温拌橡胶沥青技术研究与应用[J]. 交通世界, 2011(1).

[24] 高军. 温拌橡胶沥青混合料技术开发与应用研究[J]. 公路交通科技(应用技术版), 2012(1).

[25] SASOL WAX. Crumbed rubber trial with sasobit in newcastle[R]. Hamburg Germany: Sasol Wax GmbH, 2006.

[26] SMITH A. Warm mix asphalt rubber concrete[R]Tempe Arizona: Proceeding of 2009 Arizona Pavement / Materials Conference, 2009.

[27] VAN KIRK J. RHMA warm mix asphalt project[R]. Sacramento California: Proceeding of 2009 California Warm Mix Asphalt Conference, 2009.

[28] HEIDEN Laboratory. Test report No 10/06[R]. Roggentin Germany: HEIDEN Laboratory, 2006.

[29] KHATTAK S, et al. Testing terminal blend tire rubber asphalt performance for safety, ride quality and cost in Colorado Springs[R]. Colorado Springs Colorad: Colorado Springs Street Division Office, 2008.

[30] HICKS R G, et al. Evaluation of terminal blend rubberized asphalt in paving applications[R]. Chico California: California Pavement Preservation Center, 2010.

附 录

附录1　术语与符号

1)术语

橡胶屑改性剂　Crumb Rubber Modifier, CRM

橡胶屑改性剂是用于改善沥青材料性能的碎化废旧轮胎橡胶屑的统称,虽然其来源也可包括网球等其他废旧的高性能橡胶制品。

磨碎的橡胶屑　Ground Crumb Rubber, GCR, *或称磨碎的轮胎橡胶*　Ground Tire Rubber,GTR

磨碎的橡胶屑是指不规则的撕裂的废旧轮胎橡胶颗粒,具有较大的表面积,通常用破碎机磨(Cracker Mill)来加工。

高天然橡胶含量橡胶屑　High Natural Crumb Rubber,Hi Nat CRM

含有40% ~48%天然橡胶或异戊二烯橡胶(Isoprene)和至少含有50%以上橡胶碳氢化合物的废旧轮胎橡胶屑。天然橡胶含量较高的橡胶屑可来源于某些重型卡车的轮胎、废旧网球、高性能的橡胶垫等。

打磨废料　Buffing Waste

在轮胎胎体进行预处理时磨削下的副产品,打磨废料是一种高质量的废旧轮胎橡胶屑,它基本不含金属和纤维。

再生用废轮胎橡胶　Recycled Tire Rubber

再生用轮胎橡胶是指利用轿车、载货汽车或公共汽车(特别是公路运输或长途运输车辆)的轮胎加工处理获得的橡胶,它是生产橡胶沥青用橡胶屑的主要原料。用于橡胶沥青的废旧轮胎橡胶应排除不合适的来源,如实心轮胎、叉车轮胎、飞机轮胎、铲土运输机械轮胎以及其他非汽车的轮胎等,它们不能提供为橡胶沥青融合作用所需的成分。

干法处理　Dry Process

任何一种将干的橡胶屑和集料一起拌和然后再加入结合料搅拌成橡胶沥青混合料的生产方法。橡胶屑是作为不同粒径的橡胶集料存在于摊铺混合料中。干法处理所用的橡胶屑粒径可以在很大范围内变化,从粒径达12.5mm超粗的橡胶屑到180μm(80目)的超细橡胶屑,这一方法仅用于热拌橡胶改性沥青混凝土的生产中。干法处理虽然在混合料的拌和、储存、运输、摊铺及碾压过程中,在橡胶屑与沥青之间也会存在某些有限的融合作用,但通常并不认为沥青已经获得了改性的处理。

湿法处理　Wet Process

任何一种在结合料加入烘干集料之前,先将橡胶屑与基质沥青掺和在一起的橡胶沥青结合料生产方法,均属于湿法处理的范畴。湿法处理可以在很大范围内生产出各种不同性能的橡胶沥青结合料,在这些性能中最重要的两个特征:一是是否为一种非均质的沥青与橡胶屑颗粒组成的两相材料,橡胶颗粒虽然在沥青中发生融胀但仍然保持着固体颗粒的核心,还是绝大部分橡胶颗粒都已消融在热沥青中而成为一种均质的结合材料;二是是否需要不断地搅动以保持橡胶颗粒的均匀分布。根据这两个特征,湿法处理可以分为需要不断搅动的湿法处理过程和不需搅动的湿法处理过程两大类,前者对应于以物理的融胀过程为主,生产高温黏度超过1500mPa·s 的沥青—橡胶结合料(见“湿法处理—高黏度搅动工艺”),后者对应于以反硫化、解聚合过程为主,生产高温黏度小于1500mPa·s 的橡胶改性沥青(见“湿法处理—非搅动工艺”)。

湿法处理—高黏度搅动工艺　Wet Process—High Viscosity Agitation

此种处理工艺要求采用粗颗粒的橡胶屑(粒径 2 ~ 0.6mm 的橡胶颗粒占主要部分)在高温的沥青中进行融胀反应,其成品料具有很高的高温黏度,并需要在应用之前,不断地进行搅动,以保持橡胶颗粒均匀地分布在沥青中,因而只能在现场制作,现制现用。之前,这一湿法工艺被称为 Mcdonald 湿法处理工艺。

湿法处理—非搅动工艺　Wet Process—No Agitation

此种处理工艺要求采用很细的橡胶屑,粒径通常在 0.3mm(50 目)以下,在高强度(高温、长时间、高速剪切研磨)的处理下进行,以便橡胶屑尽可能地融溶并均匀地分布在沥青中。在这一过程中橡胶屑会发生部分的脱硫和解聚作用,使橡胶还原至塑性的胶质状态。非搅动的湿法工艺通常是在炼制厂或沥青库的分装站进行,因而常称为厂拌掺和(Terminal Blend)湿法处理工艺(虽然它也可在现场制作)。非搅动湿法处理工艺虽然也可使基质沥青的性能获得相当程度的改善,但通常很难使其高温黏度达到 1500mPa·s,因而结合料的用量会由于在高温下发生析漏而受到限制,橡胶屑用量通常在 5% ~ 15% 的范围内。

厂拌掺和法　Terminal Blend

厂拌掺和法是“湿法处理”的一种方式,在此种处理工艺中,橡胶屑(CRM)与热沥青的掺和通常是在炼制厂或沥青储存库和分装站中进行的,然后由运输车辆将结合料运送到沥青搅拌站或现场以供使用(见“湿法处理—非搅动工艺”)。

橡胶沥青　Rubberized Asphalt

用废轮胎橡胶屑进行改性的沥青结合料的统称,它的橡胶屑用量可以高于 15%,也可以不符合 ASTM D8 有关沥青—橡胶定义的规定而低于 15%。通常,厂拌掺和(Terminal Blend)的橡胶改性沥青结合料(Rubber Modified Binder, RMB)也归纳在这一类中。

沥青—橡胶结合料　Asphalt-Rubber Binder

沥青—橡胶结合料是由基质沥青、回收的废旧轮胎橡胶和某些添加剂掺和成的混合物,其中至少有混合物总质量 15% 的橡胶成分,并在热的基质沥青中充分反应而使橡胶颗粒融胀。沥青—橡胶的特征是一种两相材料,它与橡胶改性沥青不同的是橡胶屑在高温沥青中融胀时,仍保留着固体橡胶颗粒的核心。

橡胶改性沥青结合料　Rubber Modified Binder, RMB, 或称厂拌掺和橡胶改性沥青 Terminal Blend Rubber Modified Asphalt

一种用厂拌湿法处理工艺制备的橡胶屑改性沥青(见“湿法处理”、“湿法处理—非搅动工艺”和“厂拌掺和法”)。

融合作用　Interaction 或称反应　Reaction

在沥青—橡胶的范畴内,“融合作用”是指沥青和橡胶屑在高温下掺和在一起时发生的物理交换，它包含了橡胶屑颗粒在沥青中融胀和使结合料发育而达到要求物理特性的过程。虽然“融合作用”也常称为“反应”，但它并不是一种化学反应，而只是一种物理的相互作用，在这一过程中橡胶屑从沥青中吸收芳香油和轻质馏分（低挥发或低活性分子），并释放出某些在生产橡胶时使用的类似油类的物质。

融胀　Swelling

在沥青—橡胶的范畴内，融胀是指橡胶屑在高温的沥青中发生的一种物理性质的相互作用过程。在这一过程中橡胶屑的表面部分被沥青的轻质馏分所吸收融解，并释放出某些油分，形成一种凝胶（Gel）状的物质，但其核心仍保持着固体的颗粒。

调和油　Extender Oil

调和油是一种芳香油，用于促进沥青结合料与橡胶屑之间的反应过程。

橡胶屑的反硫化和解聚合　Devulcanization and Depolymerization of Crumb Rubber

橡胶屑在高强度的处理过程中（高温、长时间），橡胶发生部分的脱硫从弹性转变为塑性，从交联状态的大分子聚合物降价、断裂，重新还原成再生状态橡胶的过程。

橡胶沥青混凝土　Rubberized Asphalt Concrete，RAC，或称橡胶沥青混合料　Rubberized Asphalt Mixture

用热拌方式将任何一种用湿法处理的橡胶沥青结合料与级配集料拌和而成的材料称为橡胶沥青混合料，当它凝固后即称为橡胶沥青混凝土。RAC 可以是密级配的、断级配的或开级配的混凝土。

橡胶屑干法改性沥青混凝土　Rubber Modified Asphalt Concrete，RUMAC，或称橡胶改性混合料　Rubber Modified Mix

任何一种以干法处理方式拌制的橡胶屑改性沥青混合料或混凝土，包括各种类集料型的干法处理的橡胶屑改性沥青混合料，用以取代一些以专利商标命名的干法处理过程（例如 Plus Ride Process 等）的名称。

表面处理　Surface Treatment

任何一种在沥青路表面上实施的旨在恢复或防护路表面特性的处理作业。表面处理是各种表面处理方法的总称，它可以是一种热沥青、轻制沥青或乳化沥青的喷洒作业（可以包括或不包括覆盖有集料），也可以是一种混合料的铺设作业（覆盖层的厚度通常小于 25mm），表面处理包括了石屑封层、雾封层等各种喷洒型的表面封层和涂层以及稀浆封层、超薄结构磨耗黏结层、薄层罩面等拌和型的表面加铺处理。由于石屑封层是最早出现的表面处理，所以也常将石屑封层称为表面处治（Surface Treatment）。

表面处治　Surface Dressing

石屑封层的同义词，通用于英国和其他一些欧洲国家。

封层　Seal Coat

封层是各种表面封层和下封层（应力吸收层、防水黏结层等）的总称，但美国在许多场合下也常作为单层石屑封层的同义词使用。

表面封层　Surface Seals

表面封层是一层用连续的方式敷设在整个路表面上的养护层，封存材料可以是单独的沥青或其他封层剂,也可以是沥青与集料所组成的混合料。主要的表面封层有表面处治(石屑封层)、雾层封层、砂封层、稀浆封层与微表封层、覆盖封层、三明治封层等。

石屑封层　Chip Seal

石屑封层是一种沥青路面的表面处理方法,通常是先喷洒一层沥青结合料,随后立即撒布石屑并紧跟进行碾压。石屑封层主要用来防治路面抗滑性能衰减、沥青老化、细料失落、崩解等表面病害,在低交通流量的道路上也常用作磨耗层。采用橡胶沥青、改性沥青等高黏度的结合料可以有效地提高石屑封层延缓裂缝发生的作用。

应力吸收(膜夹)层　Stress-Absorbing Membrane Interlayer, SAMI

应力吸收(膜夹)层是指在现有路面上敷设一层应力吸收膜后再在其上加铺一层沥青混凝土使应力吸收膜成为路面结构中的中间夹层。这一夹层可以是沥青—橡胶石屑封层(SAMI-R)、纤维应力吸收膜夹层(SAMI-F)或非黏结的细集料应力吸收膜夹层。

沥青—橡胶应力吸收(膜夹)层　Stress-Absorbing Membrane Interlayer-Rubber, SAMI-R

沥青—橡胶应力吸收(膜夹)层是以沥青—橡胶作为结合料的应力吸收膜夹层。夹层上方可以铺设沥青—橡胶混凝土罩面,也可铺设普通沥青混凝土罩面。SAMI-R 有着极强的应力吸收能力,可以大大延缓反射裂缝在新路面上的传播。

稀释剂　Diluent

稀释剂是一种轻质的石油馏分(典型的是具有良好溶解特性的煤油或类似的产品),它在石屑封层的应用中用来在沥青—橡胶结合料喷洒至路面前加入到结合料中使其稀释。

雾封保护层　Flush Coat

雾封保护层是一种用稀释的乳化沥青喷涂路表面以延长路面寿命的防护层,它也常用来防止石屑封层的石屑失落和沥青混凝土路面的松散。

黏附性　Adhesiveness

黏附性是指集料与沥青在黏结界面上的强度,它在很大程度上受集料与沥青之间相容性的影响。

主动黏附性　Active Adhesiveness

主动黏附性是指液体喷洒在湿的表面上取代水分而与之黏结的能力,由于矿料的亲水性,对于无极性的沥青来说要取代水分是很困难的,因而良好的主动黏附过程通常需要主动黏附剂的参与和作用才能完成。

被动黏附性　Passive Adhesiveness

被动黏附性是指沥青与矿料之间的黏结抵抗被水分取代的能力。大部分抗剥落剂都是被动黏附型的,用来增强沥青与矿料之间的被动黏附性。

机械黏附性　Mechanical Adhesiveness

在石屑封层中,机械黏附性是指当石屑表面存在粉尘的机械隔离作用的条件下,结合料与石屑之间的黏结能力。

黏聚性　Cohesiveness

黏聚性是指沥青层内部的剪切强度,主要取决于沥青膜的强度,集料由于黏聚力不足而发生脱落主要发生在石屑封层的早期阶段。

埋入 Embedment

在表面处治与封层中,埋入是指撒布在结合料上的石屑被压入结合料中,以及进一步在交通荷载作用下嵌入下层路面的过程。

2)缩略语

AADTT(Annual Average Daily Truck Traffic)——年平均日载重车交通量

ABR (Asphalt Binder Rate)——沥青结合料百分率

AC (Asphalt Concrete)——沥青混凝土

ACFC (Asphalt Concrete Friction Course)——沥青混凝土抗滑层(美国亚利桑那州对 OGFC 的称呼)

ADT(Average Daily Traffic)——平均日交通量

ALD (Average Least Dimension)——平均最小尺寸

ALF (Accelerated Loading Facility)——加速试验加载设施(澳大利亚 RTA 开发)

APA (Asphalt Pavement Analyzer)——沥青路面试验机

APT (Accelerated Pavement Test)——路面加速试验

ARFC(Asphalt Rubber Friction Course)——沥青—橡胶抗滑层(美国亚利桑那州对沥青—橡胶 OGFC 的称呼)

A-R 或 AR (Asphalt-Rubber)——沥青—橡胶

ARC (Asphalt Rubber Concrete)——沥青—橡胶混凝土

ARHM (Asphalt Rubber Hot Mix)——沥青—橡胶热拌混合料

ARHM-D (Asphalt Rubber Hot Mix, Dense-Graded)——密级配沥青—橡胶热拌混合料

ARHM-G (Asphalt Rubber Hot Mix, Gap-Graded)——断级配(悬浮密实型)沥青—橡胶热拌混合料

ARHM-S (Asphalt Rubber Hot Mix, Skeleton-Dense Type)——骨架密实型沥青—橡胶热拌混合料

ARHM-O (Asphalt Rubber Hot Mix, Open-Graded)——开级配(骨架空隙型)沥青—橡胶热拌混合料

ARHM-O-HB (Asphalt Rubber Hot Mix, Open-Graded, High Binder)——开级配高含量沥青—橡胶热拌混合料

ARST (Asphalt-Rubber Surface Treatment)——沥青—橡胶表面处治

AST (Asphalt Surface Treatment)——沥青表面处治

ATB (Asphalt Treated Base)——密级配沥青稳定碎石基层

BBR (Bending Beam Reheometer)——弯曲梁流变试验仪

BPN (British Pendulum Number)——英国摆式摩擦仪摆值

BS (British Standard)——英国标准

CBA (Compacted Aggregate Base)——压实的粒料基层

CCS (Cement Stabilized Crushed Stone)——水泥稳定碎石

CGA (Cement Stabilized Graded Aggregate)——水泥稳定级配碎石

Cl. O. C (Cleveland Open-Cup)——克利夫兰开口杯(闪点)

CMCRA(Chemically Modified Crumb Rubber Asphalt)——化学改性橡胶沥青

CPX (Close-Proximity Methodology)——紧贴法(噪声测试)

CRM (Crumb Rubber Modifier)——橡胶屑改性剂

CS (Cement Stabilized Sand)——水泥稳定石屑

CTB(Cement Treated Base)——水泥稳定基层

DS (Dynamic Stability)——动稳定度(车辙试验)

DSR (Dynamic Shear Reheometer)——动态剪切流变试验仪

DGAC (Dense-Graded Asphalt Concrete)——密级配沥青混凝土

ESALs (Equivalent Single Axle Loads)——等效单轴载荷数

18-kip ESALs (18-kip Equivalent Single Axle Loads)——18000 磅等效单轴载荷数

EN (European Normal)——欧洲标准

EVA (Ethylene Vinyl Acetate)——乙烯—醋酸乙烯共聚物

EWTD (Esso Wheel Tracking Device)——Esso 型车辙试验机

FCC (Fluid Catalytic Cracking)——液体催化裂化

FEO (Furfural Extract Oil)——糠醛抽出油

FI (Flakiness Index)——针片状系数

FL(Flow)——流值(马歇尔试验)

FPC(France Plate Compactor)——法国车辙试件压实机

FRT(France Rutting Tester)——法国车辙试验机

GA(Graded Aggregate)——级配碎石

GCR(Ground Crumb Rubber)——磨碎的橡胶屑

GE(Gravel Equivalent)——砾石当量

GF(Gravel Factor)——砾石系数

GLWT(Georgia Loaded Wheel Tester)——佐治亚州车辙试验机

GTM(Gyratory Testing Machine)——美国工程兵旋转压实试验机

GTR(Ground Tire Rubber)——磨碎的轮胎橡胶

HB(High Binder)——高用量结合料

HCV(Heavy Commercial Vehicles)——重型商用车辆

HFS(High-Friction System)——高抗滑性表面处治系统

Hi Nat(High Natural Rubber)——高天然橡胶

HMA(Hot Mix Asphalt)——热拌沥青混合料

HVS(Heavy Vehicle Simulator)——重载车辆模拟加载设备(南非 CSIR 开发)

HWTD(Hamburg Wheel Tracking Device)——汉堡车辙试验机

IE(Interaction Effect)——融合效应

ISTEA(Intermodal Surface Transportation Efficiency Act)——陆上综合运输经济法案,也称冰茶法(美国)

LCB(Lean Concrete Base) ——贫水泥混凝土基层

LCC(Lean Cement Concrete) ——贫水泥混凝土

LCV(Light Commercial Vehicles)——轻型商用车辆

LEAP(Layered Elastic Analysis Program)——层状弹性分析程序

LTOA(Long Term Oven Aging)——长期烘箱老化

MB(Modified Binder)——改性结合料

MDL(Maximum Density Line)——最大密度线

M-E(Mechanistic-Enpirical)——力学—经验法

MS(Marshall Stability)——马歇尔稳定度

NMAS(Nominal Maximum Aggregate Size)——公称最大集料粒径

OAC(Optimum Asphalt Content)——最佳沥青用量

OGAC(Open-Graded Asphalt Concrete)——开级配沥青混凝土

OGFC(Open-Graded Friction Course)——开级配抗滑磨耗层

PAV(Pressure Aging Vessel)——压力老化箱

PCC(Portland Cement Concrete)——水泥混凝土

PE(Particle Effect)——粒子效应

PEM(Permeable European Mixes)——欧洲型透水性混合料

PFC(Porous Friction Course)——多孔性抗滑磨耗层

PMB(Polymer Modified Binder)——聚合物改性结合料

PPA(Poly-Phosphoric Acid)——聚合磷酸

PRD(Percent Reduction in Deflection at the Surface)——路表面弯沉下降差值(路面结构设计)

PRD(Proportional Rutting Depth)——相对车辙深度(车辙试验)

PSV (Polished Stone Value)——磨光值(石料)

QA (Quality Assurance)——质量保证

QC (Quality Control)——质量控制

RAC (Rubberized Asphalt Concrete)——橡胶沥青混凝土

RAC-D (Rubberized Asphalt Concrete Dense-Graded)——密级配橡胶沥青混凝土

RAC-G (Rubberized Asphalt Concrete Gap-Graded)——断级配橡胶沥青混凝土

RAC-O (Rubberized Asphalt Concrete Open-Graded)——开级配橡胶沥青混凝土

RD (Rutting Depth)——车辙深度

RHMA (Rubberized Hot Mix Asphalt)——橡胶沥青热拌混合料

RMB (Rubber Modified Binder)——橡胶改性沥青结合料

RTFOT (Rolling Thin Film Oven Test)——旋转薄膜烘箱试验

RUMAC (Rubber Modified Asphalt Concrete)——橡胶屑改性沥青混合料

SAM (Stress Absorbing Membrane)——应力吸收层

SAMI (Stress Absorbing Membrane Interlayer)——应力吸收夹层

SBR (Styrene-Butadiene-Rubber)——苯乙烯—丁二烯橡胶

SBS (Styrene-Butadiene-Styrene Block Copolymer)——苯乙烯—丁二烯—苯乙烯嵌段共

聚物

SGC（Superpave Gyratory Compactor）——Superpave 旋转压实仪

SMA（Stone Matrix Asphalt）——沥青玛碲脂碎石

SMAR（Rubber Modified Stone Matrix Asphalt）——橡胶改性沥青玛碲脂碎石

SHRP（Strategic Highway Research Program）——美国公路战略研究计划

SPB（Statistical Pass-By Methodology）——路旁统计法(噪声测试)

STOA（Short Term Oven Aging）——短期烘箱老化

SuperPave（Superior Performing Asphalt Pavements）——美国 SHRP 计划提出的沥青混合料设计体系

TD（Texture Depth）——构造深度

TDS（Tolerance Deflection at the Surface）——容许的路表面弯沉值

TFOT（Thin Film Oven Test）——薄膜烘箱试验

TI（Traffic Index）——交通指数

TOR（Trans-Polyoctenamer Rubber）——辛烯聚合物橡胶

TQM（Total Quality Management）——全面质量管理

TRH（Technical Recommendations for Highway）——公路工程技术建议书(南非)

TRMA（Terminal Blend Rubber Modified Asphalt）——厂拌掺和橡胶改性沥青

TRHMA（Terminal Blend Rubberized Hot Mix Asphalt）——厂拌掺和橡胶改性沥青混合料

TRSMA（Terminal Blend Rubber Modified Stone Matrix Asphalt）——厂拌掺和橡胶改性沥青玛蹄脂碎石

TSS（Total Suspended Solids）——总固体悬浮物

V_a(Volume of Air Voids)——混合料空隙率

VCA（Voids in Coarse Aggregate）——粗集料骨架间隙率

VCA_{DRC}(Voids in Coarse Aggregate Dry Compacted by Rod)——捣实状态下的粗集料骨架松装间隙率

VCA_{mix}(Voids in Coarse Aggregate for Mix)——压实混合料的粗集料骨架间隙率

VFA(Voids Filled With Asphalt)——有效沥青填隙率(有效沥青饱和度)

VMA(Voids In The Mineral Aggregate)——矿料间空隙率(矿料间隙率)

VV（Volume of Air Voids）——混合料空隙率(有效空隙率)

ZSV（Zero Shear Viscosity）——零剪切黏度

WTS（Wheel Tracking Slope）——车辙曲线斜率(车辙试验)

ZTV Asphalt-STB(German Additional Technical Conditions of Contract and Directives for the Construction of Road Asphalt Pavements)——德国沥青路面施工合同的附属技术条件和规范(德国道路与运输协会)

3)机构代号

AASHTO（American Association of State Highway and Transportation Officials）——美国各州公路和运输工作者协会

AAPT (Association of Asphalt Paving Technologists)——沥青摊铺技术工作者协会(美国)

ADOT (Arizona Department of Transportation)——亚利桑那州运输管理局(美国)

AKDOT & PF (Alaska Department of Transportation and Public Facility)——美国阿拉斯加运输和市政设施管理局

APPA (Australian Asphalt Pavement Association)——澳大利亚沥青路面协会

ARPG (Asphalt Rubber Producers Group)——沥青—橡胶生产商联合会(美国)

ASTM (American Society For Testing And Materials)——美国试验与材料学会

AT (Asphalt Institute)——沥青研究所(美国)

BPR(Bureau Public Road)——美国公路局(美国 FHWA 的前身)

Caltrans (California Department of Transportation)——加利福尼亚州运输管理局(美国)

CEN(European Comitte Standardization)——欧洲标准化委员会

CRREL (Cold Regions Research and Engineering Laboratory)——陆军寒冷地区工程研究试验所(美国)

CSIR (the Council of Scientific and Industrial Research)——科学与工程研究院(南非)

DOT (Department of Transportation)——美国州运输管理局略语,前冠以州名缩略语

FDOT (Florida Department of Transportation)——佛罗里达州运输管理局(美国)

FHWA(Federal Highway Administration)——美国联邦公路管理局

ISO (International Standard Organization)——国际标准化协会

ISSA (International Slurry Surfacing Association)——国际稀浆封层协会

LPRF (Louisiana Pavement Research Facility)——路易斯安那州路面研究所(美国 LoDOT 在其 Allen 港的路面研究基地)

NAPA (National Asphalt Pavement Association)——美国沥青路面协会

NCAT (National Center For Asphalt Technology)——美国沥青技术中心

NSW RTA 或简称 RTA (New South Wales Roads and Traffic Authority)——新南威尔士州道路与交通管理局(澳大利亚)

PTI (Pennsylvania Transportation Institute)——宾夕法尼亚州运输研究所(美国)

RMRC (Recycled Materials Resource Center)——再生材料资源中心(美国)

RPA (Rubber Pavements Association)——橡胶(沥青)路面协会

Sabita (South African Bitumen Association)——南非沥青协会

SANRAL 或简称 NRA (South African National Roads Agency Limited)——南非国家道路管理有限公司(南非运输部下属的国家道路网管理公司)

TNZ (Transit New Zealand)——新西兰运输(新西兰运输部下属的道路网管理部门)

TexDOT (Texas Department of Transportation)——得克萨斯州运输管理局(美国)

TRL/TRRL(Transport And Road Research Laboratory)——英国运输与道路研究所

UC PPRC (University of California Partnered Pavement Research Center)——加州大学伯克莱分校合作路面研究中心

WES (U. S. Army Corps of Engineers Waterways Experiment Station)——美国陆军工程师水道实验站

附录2　沥青—橡胶结合料性能检验的试验方法

1)沥青—橡胶结合料的实验室配制方法

(1)适用范围

本方法适用于在实验室制备沥青—橡胶结合料,以供在实验室内对沥青—橡胶结合料进行物理、力学性能试验使用。

附图2-1　在实验室制备AR结合料的搅拌器

(2)仪具与材料

①实验室用沥青—橡胶拌和机:拌和机应具有自动加热和控温装置,最高加热温度不低于230℃。拌和机搅拌转子的转速应能自动无级调节和控制拌和时间,最高转速不低于2000r/min。拌和器容量不小于3L(附图2-1)。

②温度计:0~250℃,分度为1℃。

(3)制作步骤

①常规沥青—橡胶结合料的实验室配制方法。

在实验室配制沥青—橡胶结合料时应按下列步骤进行:

a.将基质沥青在烘箱中加热至175℃左右。

b.将存放沥青—橡胶结合料的容器放在电子秤上,用减量法将加热好的基质沥青按规定质量徐徐加入搅拌容器中。

c.开启搅拌器的可控制热源将结合料继续加热至200~210℃,加热的温度应根据所加橡胶屑的比例而定,所加入的冷橡胶屑数量多,则基质沥青的加热温度应高一些,反之则可低一些。在加热过程中,搅拌器应不断地搅动基质沥青以防止罐底的沥青结焦。

d.当基质沥青的温度达到规定要求时,将称好质量的橡胶屑徐徐倒入搅拌器,边投边搅。当橡胶屑全部投入后,将温度控制设定在190℃上。

e.在温度保持190℃的状态下,让基质沥青与橡胶屑反应45~60min,在整个反应时间内,应不停地对掺和的结合料进行搅动。

f.配制好的沥青—橡胶结合料应即时使用,如在短时间内不能马上使用,结合料仍应保持在190℃的温度上,并不时地进行搅动。制备好的沥青—橡胶结合料保存的时间不得超过4h,超过时间的结合料应予废弃,不能再用。

②加有添加剂的沥青—橡胶结合料的配制方法。

加入化学反应剂、降黏剂等添加剂可以降低反应的温度,减少反应的时间,只是拌制和反应的温度与时间应根据添加剂的品种和用量确定。

2)Haake 旋转黏度试验方法

本方法参考美国加利福尼亚州运输管理局材料工程与试验部(Caltrans Materials Engineering and Testing Services)实验程序(Laboratory Procedures)LP-11:2008《Rotational Viscosity Measurement of Asphalt Rubber Binder》编制。

(1)适用范围

本方法适用于在实验室或现场用手持式模拟或数字旋转黏度计测定沥青—橡胶结合料的Haake 黏度。

(2)仪具

①旋转黏度计:宽量程的手持式旋转黏度计,可为模拟或数字式。模拟式黏度计应带有指针和刻度盘显示,分度为 1dPa·s,数字式黏度计应带有读数显示屏,分辨率为 0.1dPa·s。

②转子:直径 24mm ±0.1mm,高 53mm ±0.1mm,带有通气孔和一长 87mm ±2mm 的主轴。

注:模拟式 Haake 黏度计可选用 Rion VT-04E 型,转子为 No.1;数字式可选用 Haake VT-02 型,转子为 No.1(附图 2-2)。Haake 黏度计(或 Rion 黏度计)是一种手持式的旋转黏度计,它在现场测定旋转黏度时使用非常方便。

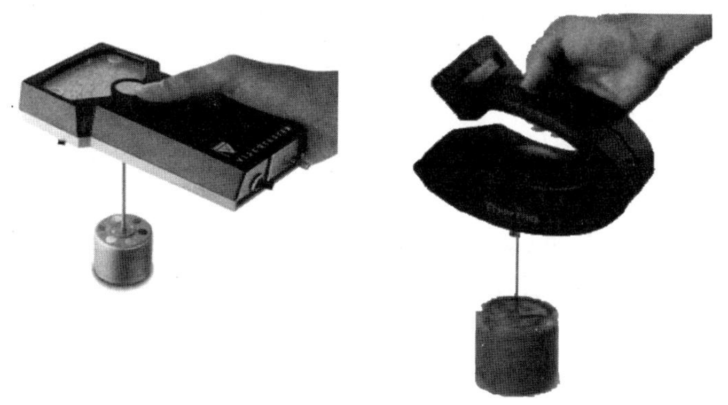

a)Rion黏度计　　b)Haake黏度计

附图 2-2　Rion 黏度计和 Haake 黏度计

③温度计:数字式,精度 0.1℃。

④盛样器:带盖和金属丝提手,容量为 3L。

⑤标准黏度液:在 1000 ~5000mPa·s 范围内的 3 种黏度的标准液。

⑥具有温控功能的加热热源,可以使结合料保持在 190℃ ±1℃的温度上。

⑦水平支架:可以调节放置盛样器的水平面,并容许热源加热盛样器内的结合料。

⑧搅拌棒:玻璃或金属制成的圆棒。

(3)标定校准方法

在测定前 Haake 黏度计应在 3 种已知其黏度的标准液体中(黏度范围为 1000 ~5000mPa·s)进行标定。当标定值与标准黏度之差在 300mPa·s 的范围内,则认为黏度计的准确度是可以接受的,但应根据标定结果对测量值进行修正。标定试验应该在标准黏度液制造商规定的标准温度下进行，或者按制造商提供的黏度修正表根据测量温度对标准黏度进行修正。

(4)试验方法

在测量沥青—橡胶黏度时应按以下步骤进行：

①将盛有已调制好的沥青—橡胶结合料的罐放在热源上方适当的高度处，并不断地搅动结合料以防止结合料结焦或着火。

②将黏度计的 No.1 号转子从罐边上徐徐放入热的结合料试样内，注意不要塞住它的通气孔。

③在边上停留 1min 左右的时间，使转子有一适应的过程，以便使转子的温度上升至 150℃左右。

④在适应的过程中试样应充分地被搅动，并测量试样的温度。

⑤然后，转子应移至罐的中央，准备进行黏度的测量。

⑥测量时黏度计应取正确的手持位置，使转子的轴线垂直于结合料液面和黏度计的水平面，此时当转子旋转时会形成一水平的漩涡，同时转子应浸没至试样内，其深度应在转子轴上标志的刻度范围内。

⑦一旦准备好了正确的定位，开动转子旋转，并在黏度计刻度盘上与 No.1 号转子相应的刻度上读取峰值黏度。

注：峰值读数代表沥青—橡胶系统的黏度，因为当转子旋转时，它会“钻入”试样中，即它会将结合料中的橡胶颗粒甩出测量的区域之外，此时黏度计测出的读数将只是沥青—橡胶系统液相的黏度，并伴随着读数的下降。

⑧测量应进行 3 次，每次测量后应将转子移至罐的边上(不必将它从试样中取出)，并重新充分搅动试样，使橡胶颗粒较均匀地分布在结合料中。

⑨取 3 次测量的平均值作为沥青—橡胶结合料的黏度，并记入试验报告中。

⑩试验结束后，将转子悬挂在适宜的溶剂中，洗去沥青橡胶，擦干后以便下次再用。

(5)试验报告

试验报告应至少包括以下内容：

①结合料的类型和料源；

②黏度计和转子的型号；

③试验的温度和相应的黏度；

④采样和试验的时间；

⑤试验责任人。

3)锥入度试验

本方法参考 ASTM D217:2010《Standard Test Method for Cone Penetration of Lubrecating Grease》和 ASTM D5329:2009《Standard Test Method for Sealants and Fillers, Hot Applied, for Joints and Cracks in Asphaltic and Portland Cement Concrete Pavements》编制。

(1)适用范围

本方法适用于测定沥青—橡胶结合料在常温下的稠度，也可用于测定其他沥青材料在常温下的稠度。

注：稠度是表征沥青材料在应力作用下抵抗流动的一种特性（流动性）。锥入度试验类似于针入度试验，通常是用来测定常温下（25℃）沥青材料稠度的一种方法，它对于沥青—橡胶这样的两相材料能更好地表征它在常温下的流动性。

（2）仪具

①锥入度仪：锥入度仪如附图 2-3 所示，它应能测定圆锥体贯入试样的深度，精确至 0.1mm，其圆锥贯入器应能上、下移动使圆锥体的尖端精确地安放在试样表面上，当释放圆锥贯入器时，圆锥体能在没有明显摩擦的情况下，自由贯入试样。

②圆锥贯入器：圆锥贯入器的尺寸和技术要求应符合附图 2-4 的规定，整个运动体（包括圆锥体和锥入度仪的主轴与附件）的总质量应为 150g ±0.1g。

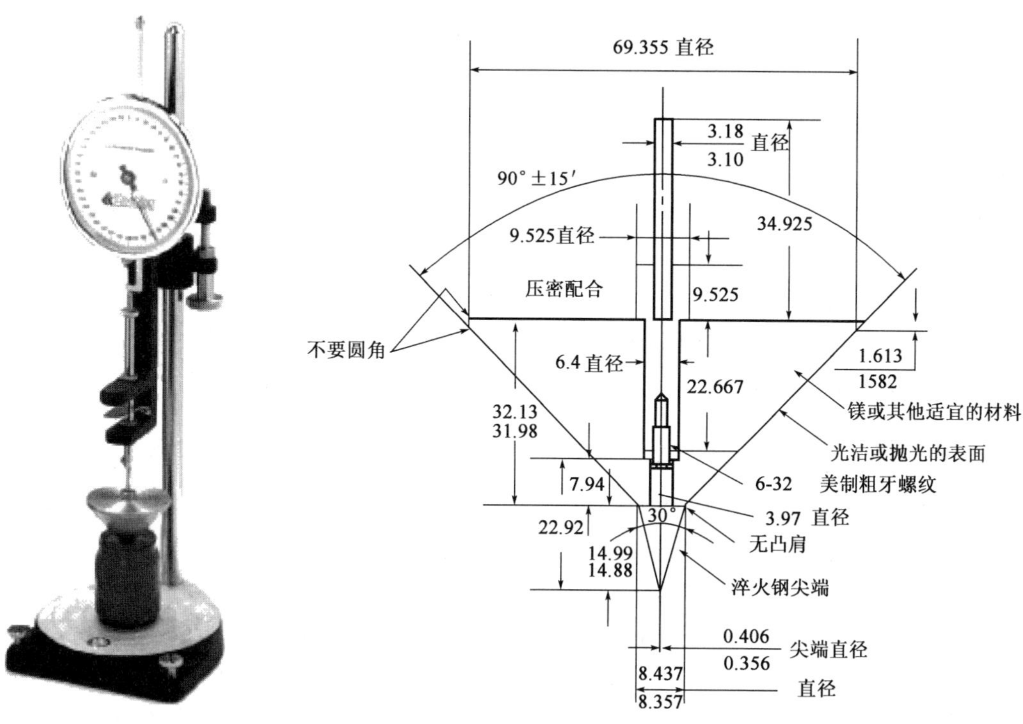

注：1. 所有未注明公差的尺寸，其尺寸公差为 ±1.6mm。

2. 锥体的总质量应为 102.5g ±0.05g，其可拆卸附件的总质量应为 47.5g ±0.05g。

3. 锥体表面应光洁和抛光，其粗糙度的均方根值应在 0.10 ~ 1.12μm 的范围内。

附图 2-3　锥入度仪

附图 2-4　标准圆锥贯入器（尺寸单位：mm）

③盛样皿：容积为 177mL 的金属制圆形平底容器，内径为 70mm，深 45mm。

（3）试样准备

将配制好的沥青—橡胶结合料倒入盛样皿内，结合料一直装填至盛样皿的边缘，让试样在标准的室温（23℃ ±2℃）下养生冷却 2h。

（4）试验方法

锥入度试验应按以下步骤进行：

①将盛样皿放入 25℃ ±0.1℃的恒温水浴中养生 2h，并及时取出进行试验，吸干试样表面

水分，在试样表面径向相隔120℃的线上进行3次试验，每个试验点应落在试样中心至边缘的一半处。试样的表面应干燥，没有灰尘、气泡等杂质。

②小心地将圆锥头移向试验点，在适当的灯光下观察圆锥顶尖，使之正好与试样的表面接触。

③释放圆锥贯入杆，让圆锥贯入试样，同时计时5s后，停止贯入，并测量贯入的深度。

④同样的试验应进行3次，每次试验后应将圆锥顶尖清洁和擦干。

⑤将3次试验结果的平均值作为锥入度值，记入试验报告，单位为0.1mm。

在整个试验进行时应保持实验室的环境温度在标准室温下(23℃ ±2℃)，试样的温度应始终控制在25℃ ±0.5℃的范围内。

(5)试验报告

试验报告应至少包括以下内容：

①结合料的类型和料源；

②锥入度仪的型号；

③试验的温度和相应的锥入度；

⑤采样和试验的时间；

⑤试验责任人。

(6)精密度或允许差

当试验结果在40(0.1mm)~80(0.1mm)时，在同一试验员、同一试验条件下，重复性试验的允许差为3(0.1mm)，在多个实验室条件下，复现性试验的允许差为9(0.1mm)。

4)回弹恢复试验

本方法参考ASTM D5329:2009《Standard Test Method for Sealants and Fillers, Hot Applied, for Joints and Cracks in Asphaltic and Portland Cement Concrete Pavements》编制。

(1)适用范围

本方法适用于测定沥青—橡胶结合料以及其他沥青材料的弹性恢复能力。

回弹恢复试验是用来评价沥青—橡胶结合料的弹性恢复能力的。常规沥青材料的弹性恢复试验是在延度试验装置上进行的，将试样拉伸到10cm，剪断后测量它的残余长度，并计算它的弹性恢复系数。对于沥青—橡胶结合料来说，由于是一种非均质的两相材料，它的延伸能力远较单相的沥青材料差，更不可能像弹性类的改性沥青那样被拉伸得很长而仍不断裂，但是它在毫米级的变形范围内却有着很大的弹性。因此，常规的弹性恢复试验并不能从本质上反映出沥青—橡胶的弹性恢复能力。回弹恢复试验是用来测量结合料在受到挤压后回弹能力的试验。

(2)仪具

①球形贯入仪：回弹恢复试验可采用锥入度仪(附图2-3)来进行，只需用一球形贯入器来取代标准的圆锥体。

②球形贯入器：球形贯入器的尺寸应符合附图2-5的规定，贯入器运动部分的总质量(包括球形贯入器和贯入仪主轴与附件)应为75g ±0.01g。

③盛样皿：容积为177mL的金属制圆形平底容器，内径为70mm，深45mm。

(3)试样准备

将配制好的沥青—橡胶结合料注入一盛样皿。结合料装填到盛样皿边缘,让试样在标准的室温(23℃ ±2℃)下养生冷却2h。

(4)试验方法

回弹恢复试验应按以下步骤进行:

①将盛样皿放入25℃ ±0.1℃的恒温水槽中养生2h,并及时取出进行试验。吸干试样表面的水分,在试样表面上均匀地洒上一些滑石粉,使表面材料轻微地为滑石粉裹覆,用吹风机吹去多余的滑石粉(试样不能在水中进行)。

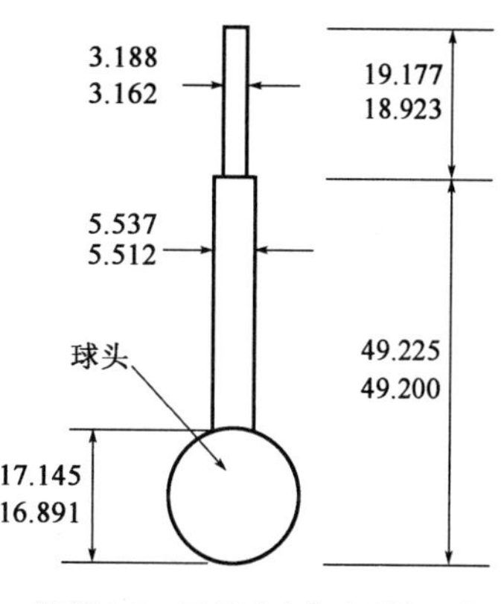

附图2-5　回弹试验的球形贯入器
(尺寸单位:mm)

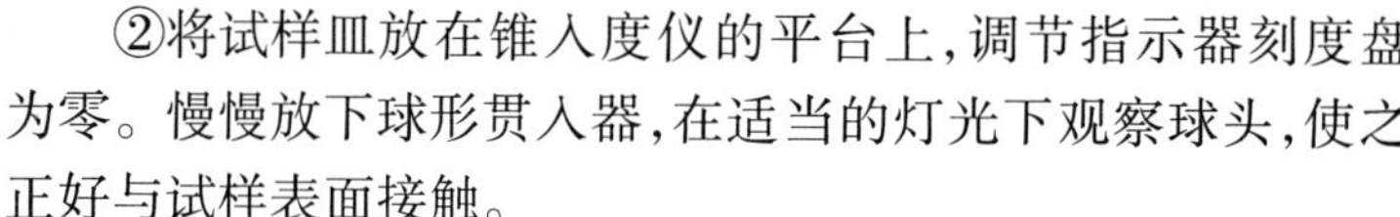

②将试样皿放在锥入度仪的平台上,调节指示器刻度盘为零。慢慢放下球形贯入器,在适当的灯光下观察球头,使之正好与试样表面接触。

③释放锥入度仪主轴,使球形贯入器贯入试样5s的时间,将此时指示器的读数记为球入度P(0.1mm)。

④继续加压球形贯入器(不必将刻度盘调至零位)以均匀的速度在10s内贯入试样至附加的100单位(1单位=0.1mm)。

重新啮合止动器使球形贯入器保持在这一位置上附加5s时间,并在这一时间内调整指示器刻度盘至零。

⑤释放止动器,让球形贯入器自由回弹20s时间,并将指示器的最终读数记为F(0.1mm)。

⑥升起球形贯入器,此时球头应自由地离开试样表面(不应黏上和拉起试样材料),否则此试验结果应作废,并重新洒布滑石粉和重做试验。

⑦在整个试验进行时应保持实验室的环境温度在标准室温下(23℃ ±2℃),试样的温度应始终控制在25℃ ±0.5℃的范围内。

⑧同样的试验进行3次,每次试验的3个试验点应落在试样表面相隔120°的径向线上,并距离试样表面边缘至少13mm处。

(5)试验结果表达

计算回弹值或回弹恢复系数:

$$X = P + 100 - F \qquad \text{(附录 2-1)}$$

式中:X——回弹值(0.1mm)或回弹恢复系数,%;

P——球入度(0.1mm);

F——残余变形(0.1mm)。

将3次试验结果的平均值作为回弹试验值,记入试验报告。

(6)试验报告

试验报告应至少包括以下内容:

①结合料的类型和料源;

②锥入度仪的型号;

③试验的温度和相应的回弹值或回弹恢复系数；

④采样和试验的时间；

⑤试验责任人。

(7)精密度或允许差

在同一试验员、同一试验条件下，重复性试验的允许差为4个回弹单位。

5)软化点试验

软化点试验采用环球法，并按常规环球法试验方法(JTG E20 T0606)进行。

6)橡胶屑物理特性的测定

本方法参考美国加利福尼亚州运输管理局材料工程与试验部(Caltrans Materials Engineering and Testing Services)实验程序(Laboratory Procedures)LP-10：2008《Sampling and Testing Crumb Rubber Modifier》编制。

(1)适用范围

本方法适用于测定废轮胎橡胶屑的各项物理特性，包括金属丝的含量、含水率、纤维的含量、橡胶屑的级配和密度。

(2)仪具

①天平或台秤，感量≤0.1g。

②实验室套筛：方孔筛No.8(2.36mm)、No.10(2.00mm)、No.16(1.18mm)、No.30(0.6mm)、No.50(0.3mm)、No.100(0.15mm)、No.200(0.075mm)。

③烘箱：能保持温度60℃ ±2℃。

④吸铁石。

⑤橡胶球：直径24.5mm ±0.5mm，重9.3g ±0.5g，每个筛网配一个。

⑥铝盘：底面积不小于800cm^2，若干个。

⑦滑石粉：少量。

⑧比重瓶：标准李氏比重瓶(附图2-6)。

⑨配重环：包有塑料袋或橡胶的金属环，内径64mm左右，有足够的质量可将比重瓶直立在恒温水浴中。

⑩恒温水浴：能控温在20℃ ±0.5℃。

⑪温度计：量程50℃，分辨率0.1℃。

⑫小刷子：能伸入比重瓶瓶颈。

⑬煤油：适量。

(3)试验方法

①钢丝含量测定。

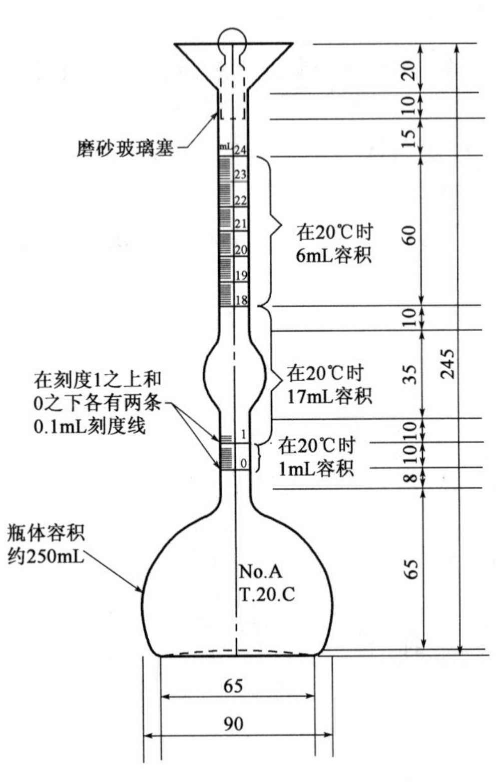

附图2-6 标准李氏比重瓶(尺寸单位：mm)

钢丝含量的测定应按以下步骤进行：

a.用切分或四分法从橡胶屑的料样中缩分出300g±5g的试样，并进行称重，记为质量m_R，精确至0.1g。

b.将橡胶屑试样平摊在一面积不小于$800cm^2$的铝盘内，用吸铁石在试样上方缓慢移动，扫过全部橡胶屑平摊面积。这一操作约需60s时间。在完成这一过程后，将吸附在磁铁上的金属丝取下。

c.将分离出的钢丝进行称重，记为质量m_S，精确至0.1g。

d.计算橡胶屑中钢丝的含量：

$$C_M = (m_S/m_R) \times 100 \tag{附录2-2}$$

式中：C_M——钢丝含量，%；

m_S——钢丝质量；

m_R——橡胶屑质量。

②含水率的测定。

含水率的测定应按以下步骤进行：

a.将按“(3)试验方法”中“①”除去钢丝后的橡胶屑作为含水率测定用的试样，称取试样质量，记为质量m_R，精确至0.1g。

b.将橡胶屑试样平摊在一面积不小于$800cm^2$的铝盘内，放入烘箱，在60℃±3℃的恒温下烘干至恒重(约4h)。

c.称取烘干后的试样质量，记为质量m_D，精确至0.1g。计算橡胶屑含水率：

$$C_W = [(m_R - m_D)/m_R] \times 100 \tag{附录2-3}$$

式中：C_W——橡胶屑含水率，%；

m_R——橡胶屑质量；

m_D——烘干后的试样质量。

③橡胶屑级配与纤维含量的测定。

a.测定方法。

橡胶屑级配与纤维含量的测定应按以下步骤进行：

第一步：将按“(3)试验方法”中“②”烘干的橡胶屑，称取100g±5g作为筛分用的试样，并记为质量m_{CRM}。

第二步：称取5g±5g滑石粉，并记为质量m_T。

注：橡胶屑的筛分试验所以要加入滑石粉是为防止橡胶屑颗粒之间发生黏连，如橡胶屑很干燥也无黏连情况，也可不用滑石粉。滑石粉最好能在0.075mm筛网上过筛一遍后再加入至橡胶屑中。

第三步：将称好的橡胶屑与滑石粉一起放入一罐内，加盖密封后，用手摇振至少1min使试样与滑石粉均匀混合，直至结团的橡胶屑团块被打碎并均匀地裹覆有滑石粉。

第四步：在每个筛网上放置一橡胶球，将带有滑石粉的橡胶屑倒入套筛顶部筛格，用刷子将罐内所有的橡胶屑与滑石粉扫刷至顶部筛格内，盖上盖子。经10min±1min的摇筛后，对套筛进行解体，将每层筛网反面底部所黏连的橡胶屑用刷子刷入下一层的筛格中。

注：放入橡胶球的目的是为使纤维黏聚在橡胶球上，并防止纤维堵塞筛孔。如目测橡胶屑

内的纤维量很少，可不用放入橡胶球。

第五步：对2.36mm筛网上的材料进行称重，精确至0.1g，并记录其质量。然后将橡胶屑中的纤维线团捡出，放在秤盘的边上，以免在下一筛网材料进行称重时被覆盖或干扰。

第六步：将秤盘中2.36mm以上的橡胶屑在秤盘上拨至一边另行放置（不要扔掉）。然后将2.00mm筛网上的橡胶屑倒入秤盘进行称重，精确至0.1g，这一质量将作为2.00mm筛网上的累计筛余质量。

第七步：按上述方法继续称重，直到确定出筛底上的累计质量为止。

第八步：在废弃橡胶屑之前应将秤盘上合在一起的纤维线团进行单独称量，如采用橡胶球，则应将黏聚在球上的纤维用镊子取下与秤盘上的纤维合在一起称重，记为m_{FAB}。

b. 级配计算。

级配计算应按以下步骤进行：

第一步：将从上述橡胶屑级配与纤维含量的测定方法中称取的橡胶屑原始质量m_{CRM}和滑石粉质量m_T记入附表2-1表头的相应栏目内。

第二步：将从上述橡胶屑级配与纤维含量的测定方法中获得的各筛网上的累计筛余量、筛底的累计筛余量和橡胶屑加滑石粉的总量m_{TOTAL}记入附表2-1的A列内。

各筛网上质量之和$\sum m_i$不应小于橡胶屑原始质量与75%的滑石粉质量之和，也不应大于橡胶屑原始质量与100%滑石粉之和，即：

$$m_{CRM} + 0.75 \times m_T \leqslant \sum m_i \leqslant m_{CRM} + m_T$$

如不符合这一条件，则筛分试验应重做。

第三步：根据A列的累计筛余量计算各筛网上的分计筛余量，并记入附表2-1的B列。

第四步：将A列中的总质量m_{TOTAL}扣去橡胶屑原始质量m_{CRM}后应为筛底质量中含有的滑石粉质量m_{PT}，即：

$$m_{PT} = m_{TOTAL} - m_{CRM} \tag{附录2-4}$$

式中：m_{PT}——筛底中的滑石粉质量；

m_{TOTAL}——筛底的累计总质量；

m_{CRM}——橡胶屑的原始质量。

第五步：如m_{PT}大于筛底的质量，则表明有部分滑石粉留在0.075mm筛网以上的橡胶屑中，留下的滑石粉质量应为：

$$m_{RT} = m_{PT} - m_{PAN} \tag{附录2-5}$$

式中：m_{RT}——留在0.075mm粒径以上的滑石粉质量；

m_{PT}——筛底中的滑石粉质量；

m_{PAN}——筛底质量（筛底分计筛余量）。

假设留下的滑石粉质量平均分配在1.18mm、0.6mm、0.3mm 3个筛网上的橡胶屑中，则上述3个筛网上分计筛余量应各减去$m_{RT}/3$作为修正分计筛余量，修正的筛底分计筛余量应为零。

第六步：如m_{PT}小于或等于筛底质量，则将筛底质量m_{PAN}扣去滑石粉质量m_T后作为修正的筛底质量，即：

$$m_{(PAN)ADJ} = m_{PAN} - m_T \tag{附录2-6}$$

式中：$m_{(PAN)ADJ}$——修正的筛底质量；

m_{PAN}——筛底质量；

m_T——滑石粉质量。

第七步：将修正后的分计筛余量记入附表 2-1 的 C 列，并计算修正后的累计筛余量，记入 D 列。

第八步：计算各筛网上的累计筛余百分率，记入附表 2-1 的 E 列。

第九步：计算各筛网的质量通过率，记入附表 2-1 的 F 列。

橡胶屑级配计算表　　附表 2-1

橡胶屑原始质量 m_{CRM}：101.5g　　滑石粉原始质量 m_T：5.1g

	A	B	C	D	E	F
筛网尺寸（mm）	累计筛余量（g）	分计筛余量（g）	修正的分计筛余量（g）	修正的累计筛余量（g）	累计筛余百分率（%）	CRM 质量通过率（%）
2.36	0.0	0.0	0.0	0.0	0.0	100.0
2.00	2.2	2.2	2.2	2.2	2.2	97.8
1.18	54.8	52.6	51.8	54.0	53.1	46.9
0.6	90.9	36.1	35.3	89.3	87.9	12.1
0.3	98.1	7.2	6.4	95.7	94.2	5.8
0.15	103.4	5.3	5.3	101.0	99.4	0.6
0.075	104.0	0.6	0.6	101.6	100.0	0
筛底	105.9	1.9	0	101.6		
总质量	106.6	105.9	105.9	101.6		

c. 纤维含量计算。

将称得的纤维总量 m_{FAB} 除以橡胶屑的原始质量 m_{CRM}，即可得橡胶屑的纤维含量：

$$C_{FAB}=\frac{m_{FAB}}{m_{CRM}}\times 100(\%) \tag{附录 2-7}$$

式中：C_{FAB}——纤维含量，%；

m_{FAB}——纤维总量，g；

m_{CRM}——橡胶屑的原始质量，g。

④橡胶屑密度测定。

a. 测定方法。

橡胶屑密度的测定应按以下步骤进行：

第一步：将按"（3）试验方法"中"②"烘干的橡胶屑，称取 100g ± 5g。

第二步：将煤油徐徐注入李氏比重瓶至稍稍高于零刻度线，将比重瓶刻度线 24mL 刻度以上的瓶颈内壁擦干。

第三步：盖上瓶盖，将配重环套在比重瓶球体处，将它浸入 20℃ 的恒温水浴中，使其直立，瓶颈露出水面，水浴的水平面应在瓶颈的 24mL 刻度处附近。

第四步：比重瓶应在水浴中静置至少2h，直到瓶中煤油的温度与水浴相等为止。

第五步：取出比重瓶，除去配重环，擦干比重瓶外壁。

第六步：读取水浴之温度，精确至0.1℃，记为 T_1，读取煤油在比重瓶中的体积，精确至0.1mL，记为原始体积 V_1。

第七步：称取比重瓶的质量，精确到0.1g，并记为质量 m_1。

第八步：将橡胶屑的一部分徐徐地倒入比重瓶，尽可能不让橡胶屑粘在瓶颈壁上而使它们完全落入球体，直至比重瓶中的液面达到19~23mL。将沾在瓶颈内壁瓶塞以下部分的细粉用小刷子刷入掉落煤油中。

第九步：倾斜瓶体，沿着水平面轻轻滚动比重瓶，使其做缓慢的陀螺运动，以使吸附的空气充分逸出后，盖上瓶塞。

第十步：称取比重瓶、橡胶屑与煤油的总重，精确到0.1g，并计为质量 m_2。

第十一步：套上配重环，将比重瓶再次放入20℃恒温水浴中至少4h。

第十二步：在浸放4h后，取出比重瓶，除去配重环，再次轻轻滚动比重瓶使煤油中的空气逸出。

第十三步：读取水浴之温度，精确至0.1，记为温度 T_2，读取煤油在比重瓶中的刻度，精确至0.1mL，记为最终体积 V_2。

b. 橡胶屑密度计算。

按以下步骤计算橡胶屑密度：

第一步：计算最终体积与原始体积之差：

$$\Delta V = V_2 - V_1 \tag{附录2-8}$$

式中：ΔV——体积变化值；

V_2——最终体积；

V_1——原始体积。

第二步：按测定最终体积和原始体积时的温度差（$\Delta T = T_2 - T_1$）修正体积变化值 ΔV：

ΔT 每增加0.6℃，在 ΔV 中减去0.1mL；

ΔT 每减少0.6℃，在 ΔV 中增加0.1mL。

第三步：记录修正后的体积变化值为 ΔV_C。

第四步：计算橡胶屑密度：

$$\rho_{CRM} = \frac{m_1 - m_2}{\Delta V_C} \tag{附录2-9}$$

式中：ρ_{CRM}——橡胶屑在 T_1 温度下的密度，g/mL；

m_2——（比重瓶＋橡胶屑＋煤油）质量，g；

m_1——（比重瓶＋煤油）质量，g；

ΔV_C——温度修正后的体积变化，mL。

附录3　橡胶沥青混合料设计方法

1)悬浮密实型橡胶沥青混合料设计方法

本方法适用于密级配橡胶改性沥青混合料(TRHMA-D型)和悬浮密实型沥青—橡胶混合料(ARHM-G型)。

本方法采用马歇尔试验配合比设计法。

(1)矿料级配

①密级配橡胶改性沥青混合料(TRHMA-D型)。

TRHMA-D型混合料是一种由连续级配的矿料和橡胶改性沥青组成的悬浮密实型混合料。矿料级配的选择可以第三篇第三章表3-3-1所列的矿料级配范围之中值作为级配控制目标。对于下面层,宜以TRHMA-D-25的中值线作为目标配合比的初选级配曲线;对于中面层,可根据集料密度的高低,在TRHMA-D-20与TRHMA-D-20C的中值线之间选其一作为目标配合比的初选级配曲线,密度较高的集料选偏粗的,密度较低的集料选偏细的;对于上面层,可根据集料密度的高低,在TRHMA-D-13与TRHMA-D-13C的中值线之间选其一作为目标配合比的初选级配曲线,或在TRHMA-D-16与TRHMA-D-16C的中值线之间选其一作为目标配合比的初选级配曲线。

②悬浮密实型沥青—橡胶混合料(ARHM-G型)。

ARHM-G型混合料是一种由断级配的矿料和富量的沥青—橡胶结合料组成的悬浮密实型混合料。

注:悬浮密实结构的沥青—橡胶混合料虽然从矿料的级配结构来看是一种断级配的混合料,但它是在密级配的矿料中减去了一部分2.36mm以下的细集料以便容纳固体的橡胶屑颗粒而形成的。因此,如果将橡胶颗粒的级配考虑在内,它在实质上是一种悬浮密实型的混合料。

ARHM-G型混合料的矿料级配应满足以下基本要求:

a.集料之间应留有较大的矿料间隙,用来容纳带有固体橡胶颗粒的富量沥青—橡胶结合料,结合料的用量通常为7%~9%。

b.矿料之间的空隙在充填富量的沥青—橡胶结合料后应形成密实的结构,而只留有很小的空隙率。

c.ARHM-G型混合料的设计级配应符合第三篇第五章表3-5-1规定的级配范围。初选的矿料级配可按级配范围的中值来确定,然后根据马歇尔试件的空隙率进行调整。

(2)混合料马歇尔设计法

悬浮密实型橡胶、沥青混合料的马歇尔设计方法应按以下步骤进行:

①在初选矿料设计级配的基础上,采用4~5种规格的集料,用试凑法在计算机上合成矿

料级配曲线，并确定各档规格集料的比例。

②按 JTG F40 附录 B 的规定计算矿料的合成表观相对密度 γ_{sa}、合成毛体积相对密度 γ_{sb}、合成有效毛体积相对密度 γ_{se}。

$$\gamma_{sa} = \frac{100}{\frac{P_1}{\gamma_{1a}} + \frac{P_2}{\gamma_{2a}} + \cdots + \frac{P_n}{\gamma_{na}}} \qquad (附录 3-1)$$

式中： γ_{sa}——矿料合成表观相对密度；

P_1、P_2、…、P_n——分别为各种矿料成分的配合比，其和为 100；

γ_{1a}、γ_{2a}、…、γ_{na}——分别为各种矿料成分的表观相对密度。

$$\gamma_{sb} = \frac{100}{\frac{P_1}{\gamma_{1b}} + \frac{P_2}{\gamma_{2b}} + \cdots + \frac{P_n}{\gamma_{nb}}} \qquad (附录 3-2)$$

式中： γ_{sb}——矿料合成毛体积相对密度；

P_1、P_2、…P_n——分别为各种矿料成分的配合比，其和为 100；

γ_{1b}、γ_{2b}、…γ_{nb}——分别为各种矿料成分的毛体积相对密度。

$$\gamma_{se} = C \times \gamma_{sa} + (1 - C) \times \gamma_{sb} \qquad (附录 3-3)$$

$$C = 0.033w_x^2 - 0.2936w_x + 0.9339 \qquad (附录 3-4)$$

$$w_x = \left(\frac{1}{\gamma_{sb}} - \frac{1}{\gamma_{sa}}\right) \times 100 \qquad (附录 3-5)$$

式中：γ_{se}——矿料的合成有效毛体积相对密度；

γ_{sa}——矿料的合成表观相对密度；

γ_{sb}——矿料的合成毛体积相对密度；

C——合成矿料的沥青吸收系数；

w_x——合成矿料的吸水率，%。

③按已建工程的经验来确定预估的结合料用量：对橡胶改性沥青混合料应按不同的结构层来选择；对沥青—橡胶混合料可按期望达到的耐久性水平，在 7.0% ~8.0% 的结合料用量中选择。

如果按类似工程的结合料用量来预估新建工程的结合料用量，则需注意由于集料相对密度不同，在两个不同工程中的结合料用量存在着以下的当量关系。

$$\frac{p_{a2}}{p_{a1}} = \frac{\gamma_{Sb1}}{\gamma_{Sb2}} \qquad (附录 3-6)$$

式中：p_{a1}——某一已建工程采用的油石比；

p_{a2}——预估工程的当量油石比；

γ_{Sb1}——已建工程的矿料合成毛体积相对密度；

γ_{Sb2}——预估工程用的矿料合成毛体积相对密度。

④以预估的最佳结合料用量为中值，按 0.5% 的间隔，取 5 个不同的结合料用量制作 5 组马歇尔试件，每组试件的数量宜不少于 5 个。

⑤制作马歇尔试件的工艺参数可参考附表 3-1 提供的范围,根据以往的经验确定。

马歇尔试件制作的工艺参数　　附表 3-1

工 艺 参 数	橡胶改性沥青混合料	沥青—橡胶混合料
矿料加热温度(℃)	180 ~ 190	190 ~ 195
结合料加热温度(℃)	170 ~ 180	190 ~ 195
拌锅加热温度(℃)	180 ~ 190	180 ~ 190
试模加热温度(℃)	150 ~ 160	170 ~ 180
拌和温度(℃)	165 ~ 175	175 ~ 185
击实温度(℃)	160 ~ 170	165 ~ 175
拌和时间(min)	3	3

⑥按《公路工程沥青及沥青混合料试验规程》(JTG E20—2011)T0705 表干法测定马歇尔试件的毛体积相对密度 γ_f 和吸水率 S_a,并计算它们的平均值。

⑦按《公路沥青路面施工技术规范》(JTG F40—2004)附录 B 的规定计算各组马歇尔试件的最大理论相对密度 γ_t,计算各试件的空隙率 VV、矿料间隙率 VMA、有效沥青饱和度 VFA 和它们的平均值。

$$\gamma_t = \frac{100}{\dfrac{P_s}{\gamma_{se}} + \dfrac{P_b}{\gamma_b}} \tag{附录 3-7}$$

$$\gamma_t = \frac{100 + p_a}{\dfrac{100}{\gamma_{se}} + \dfrac{p_a}{\gamma_b}} \tag{附录 3-8}$$

式中:γ_t——混合料最大理论相对密度;

P_s——所计算的沥青混合料的矿料含量,%;

P_b——所计算的沥青混合料的结合料含量,%;

p_a——所计算的沥青混合料中的油石比,%;

γ_{se}——矿料合成有效毛体积相对密度;

γ_b——结合料的相对密度。

$$VV = \left(1 - \frac{\gamma_f}{\gamma_t}\right) \times 100 \tag{附录 3-9}$$

式中:VV——沥青混合料试件空隙率,%;

γ_f——混合料试件的毛体积相对密度;

γ_t——混合料的最大理论相对密度。

$$VMA = \left(100 - \frac{\gamma_f}{\gamma_{sb}} \times P_s\right) \tag{附录 3-10}$$

式中:VMA——混合料试件的矿料间隙率,%;

γ_f——混合料试件的毛体积相对密度;

γ_{sb}——矿料合成毛体积相对密度;

P_s——沥青混合料的矿料含量,%。

$$VFA = \left(1 - \frac{VV}{VMA}\right) \times 100 \qquad (附录3\text{-}11)$$

式中：VFA——有效沥青饱和度，%；

VV——沥青混合料试件空隙率，%；

VMA——混合料试件的矿料间隙率，%；

⑧按《公路工程沥青及沥青混合料试验规程》(JTG E20—2011)T0709马歇尔稳定度试验方法，测定各马歇尔试件稳定度MS和流值FL，并计算它们的平均值。

⑨对橡胶改性沥青混合料，按《公路沥青路面施工技术规范》(JTG F40—2004)附录B的规定确定最佳结合料用量OAC。

⑩对沥青—橡胶混合料，以结合料用量为横坐标，绘制空隙率VV随结合料用量而变化的曲线，以目标空隙率4%～4.5%在空隙率的图表上寻找与目标空隙率相应的结合料用量作为最佳结合料用量OAC。

⑪检查与OAC相应的各项马歇尔指标：对TRHMA-D型混合料，应符合《公路沥青路面施工技术规范》(JTG F40—2004)对密级配沥青混合料规定的技术标准；对ARHM-G型混合料，应符合第三篇第五章表3-5-2所列的技术标准。

2)骨架密实型橡胶沥青混合料设计方法

本方法适用于SMA橡胶改性沥青混合料(TRSMA型)和骨架密实型沥青—橡胶混合料(ARHM-S型)。

本方法采用马歇尔试件的体积设计法。马歇尔击实试件主要用来测定混合料的各项体积指标，马歇尔稳定度和流值不再作为考核的主要指标。

(1)矿料级配

①SMA橡胶改性沥青混合料(TRSMA型)。

TRSMA型混合料是一种由粗集料的骨架和富量的橡胶改性沥青砂浆组成的骨架嵌挤密实型混合料。

TRSMA型混合料的矿料级配应满足以下3项基本要求：

a.作为骨架的粗集料应形成集料之间石碰石的嵌挤结构。

b.矿料中应有足够数量的粉料，足以与相对较高的结合料用量形成富量的沥青砂浆来充填粗集料之间的空隙而形成密实的结构。

c.集料之间应有足够的空间来容纳富量的沥青砂浆，因而要求具有相对较高的矿料间隙率，并在充填富量的沥青砂浆后只留有很小的空隙率。

②骨架密实型沥青—橡胶混合料(ARHM-S型)。

ARHM-S型混合料是一种由粗集料骨架、高黏度的沥青—橡胶结合料和少量细集料组成的骨架嵌挤密实型混合料。

ARHM-S型混合料的矿料级配应满足以下要求：

a.作为骨架的粗集料应形成集料之间石碰石的嵌挤结构。

b.矿料中的细集料和粉料较少，以便让出空间来容纳固体的橡胶颗粒和较高用量的结合料，结合料的用量宜在6%～8%。

c.矿料之间的空隙在充填沥青—橡胶结合料后应形成密实结构,而只留有很小的空隙率。

③在骨架密实型橡胶沥青混合料的矿料级配中,对于公称粒径等于或小于9.5mm的集料,以2.36mm作为粗集料的骨架分界筛孔,对于公称粒径等于或大于13.2mm的集料,以4.75mm作为粗集料的骨架分界筛孔。

(2)混合料体积设计法

骨架密实型混合料的马歇尔试件体积设计法应按以下步骤进行:

①在骨架分界筛孔通过率的中值和中值±3%附近,在第三篇第四章表3-4-5(对于TRSMA型)或第三篇第六章表3-6-9(对于ARHM-S型)所列的矿料级配范围内选择粗、中、细3种不同的矿料级配作为初选级配。

②在3种初选矿料级配的基础上,采用3~5种规格的集料用试凑法在计算机上合成3种矿料的级配曲线,并确定各档规格集料的比例,并按《公路沥青路面施工技术规范》(JTG F40—2004)附录B的规定分别计算3种初选矿料级配的合成表观相对密度γ_{sa}、合成毛体积相对密度γ_{sb}、合成有效毛体积相对密度γ_{se}。

③按3种初选的矿料级配制备3组矿料混合料,并按《公路工程集料试验规程》(JTG E42—2005)T0309的试验规程测定它们的骨架粗集料在捣实状态下的毛体积相对密度γ_s。

④计算粗集料骨架部分的各档集料在全部矿料混合料中的质量百分率P_i。

$$P_i = (100 - P_{BPi}) \times P_{Pi}/100 \quad \text{(附录3-12)}$$

式中:P_i——粗集料骨架部分的各档集料在全部矿料混合料中的质量百分率,%;

P_{BPi}——各档集料骨架分界筛孔的质量通过率,%;

P_{Pi}——各档集料的配合比,%。

⑤计算骨架粗集料的合成毛体积相对密度γ_{CA}。

$$\gamma_{CA} = \frac{P_1 + P_2 + \cdots + P_n}{\dfrac{P_1}{\gamma_1} + \dfrac{P_2}{\gamma_2} + \cdots + \dfrac{P_n}{\gamma_n}} \quad \text{(附录3-13)}$$

式中: γ_{CA}——骨架粗集料的合成毛体积相对密度;

P_1、P_2、…、P_n——分别为粗集料骨架部分的各种集料在全部矿料混合料中的质量百分比,%;

γ_1、γ_2、…、γ_n——分别为粗集料骨架部分的各种集料相应的毛体积相对密度。

⑥计算各组初选矿料级配的骨架粗集料在捣实状态下的骨架间隙率VCA_{DRC}。

$$VCA_{DRC} = \left(1 - \frac{\gamma_S}{\gamma_{CA}}\right) \times 100(\%) \quad \text{(附录3-14)}$$

式中:VCA_{DRC}——各组初选矿料级配的骨架粗集料在捣实状态下的骨架间隙率;

γ_S——骨架粗集料在捣实状态下的毛体积相对密度;

γ_{CA}——骨架粗集料的合成毛体积相对密度。

⑦根据已建工程的经验预估适宜的结合料用量,对TRSMA混合料通常可以选在6.0%左右,也可参考附表3-2,按矿料的合成毛体积相对密度取相应的最小结合料用量,作为初选的结合料用量。对ARHM-S型混合料通常可以选在6.5%左右,作为初选的沥青—橡胶结合料用量。

沥青用量与集料合成毛体积相对密度之间的关系　　附表 3-2

集料合成毛体积相对密度	2.40	2.45	2.50	2.55	2.60	2.65	2.70	2.75	2.80	2.85	2.90	2.95	3.00
最小沥青用量(%)	6.8	6.7	6.6	6.5	6.3	6.2	6.1	6.0	5.9	5.8	5.7	5.6	5.5

⑧如果按类似工程的结合料用量来预估新建工程的结合料用量,则需注意由于集料的比重不同,在两个不同工程中的结合料用量存在着附录中的公式(3-6)所示的当量关系。

⑨按 3 种初选的矿料级配和一种初选的结合料用量制作 3 组马歇尔试件,每组 5 个试件。马歇尔试件的标准击实次数为 75 次。制作马歇尔试件的工艺参数,对 TRSMA 混合料可参考附表 3-1 为橡胶改性沥青混合料提供的范围,对 ARHM-S 型混合料可参考附表 3-1 为沥青—橡胶混合料提供的范围,根据以往的经验确定。

⑩计算混合料的最大理论相对密度 γ_t。

$$\gamma_t = \frac{100}{\frac{P_s(1-P_x/100)}{\gamma_{se}} + \frac{P_b(1-P_x/100)}{\gamma_b} + \frac{P_x}{\gamma_x}} \qquad (附录 3\text{-}15)$$

式中:γ_t——混合料的最大理论相对密度,%;

P_s——矿料用量(在矿料与结合料总量中占的百分率),%;

P_b——结合料用量(在矿料与结合料总量中占的百分率),%;

P_x——纤维稳定剂用量(在混合料总量中占的百分率),%;

γ_{se}——矿料的合成有效毛体积相对密度;

γ_b——沥青的相对密度;

γ_x——纤维稳定剂的相对密度。

注:对 ARHM-S 型混合料,P_x 设为零。

⑪对每个马歇尔试件按《公路工程沥青及沥青混合料试验规程》(JTG E20—2011)T0705 表干法测定试件的毛体积相对密度 γ_f,并按《公路沥青路面施工技术规范》(JTG F40—2004)附录 B 的规定计算它们的 VV、VMA、VFA 等体积指标。按每组试件计算各体积指标的平均值。

计算马歇尔试件中骨架粗集料占试件混合料总重的百分比 P_{CA}。

$$P_{CA} = \frac{(100-P_{BP})\times(100-P_b)}{100} \qquad (附录 3\text{-}16)$$

式中:P_{CA}——马歇尔试件中骨架粗集料占试件混合料总重的百分比,%;

P_{BP}——矿料级配曲线中骨架分界筛孔的质量通过率,%;

P_b——结合料的含量,%。

⑫计算马歇尔试件中粗集料的骨架间隙率 VCA_{mix}。

$$VCA_{mix} = \left(100 - \frac{\gamma_f}{\gamma_{CA}} \times P_{CA}\right) \qquad (附录 3\text{-}17)$$

式中:VCA_{mix}——马歇尔试件中粗集料的骨架间隙率,%;

γ_f——马歇尔试件的毛体积相对密度;

P_{CA}——马歇尔试件中骨架粗集料占试件混合料总量的百分比,%;

γ_{CA}——骨架粗集料的合成毛体积相对密度。

⑬对 3 组初选级配的马歇尔试件的各项体积指标进行评估,按同时满足下式所列的两个条件,在 3 组级配中选择一组作为矿料的设计级配。如有两组以上的级配均能满足式所列的条件,则选择其空隙率接近目标空隙率且 VMA 较大者为设计级配。如 3 组级配均不满足式所列的条件,则应重新进行混合料设计。

$$\begin{cases} VCA_{DRC} - VCA_{mix} = 1\% \sim 1.5\% \\ VMA \geq VMA_{crit} \end{cases} \qquad \text{(附录 3-18)}$$

式中:VCA_{DRC}——骨架粗集料在捣实状态下的骨架间隙率,%;

VCA_{mix}——马歇尔试件中粗集料的骨架间隙率,%;

VMA——马歇尔试件的矿料间隙率,%;

VMA_{crit}——对 SMA 混合料取 17%,对沥青—橡胶混合料取 18%。

⑭以所选择的设计级配为基础,根据初选结合料用量下的马歇尔试件空隙率的大小,按 0.3% ~0.4% 的间隔,重新调整 3 个不同的结合料用量再制作 3 组马歇尔试件,每组 5 个试件。

⑮对各组试件进行马歇尔试验,测定和计算 γ_f、VV、VMA、VFA、马歇尔稳定度 MS、流值 FL,以及 VCA_{mix},并计算它们的平均值。

⑯绘制 VV、VMA、VCA_{mix}、VCA_{DRC} 随结合料用量而变化的曲线,如附图 3-1 所示。以 VV =4% ~4.5% 作为目标空隙率,在空隙率图表上找出相应的结合料用量作为最佳结合料用量 OAC,并验证与 OAC 相应的 VMA 和 VCA_{mix} 之值是否符合附录中的公式(3-18)所列条件。

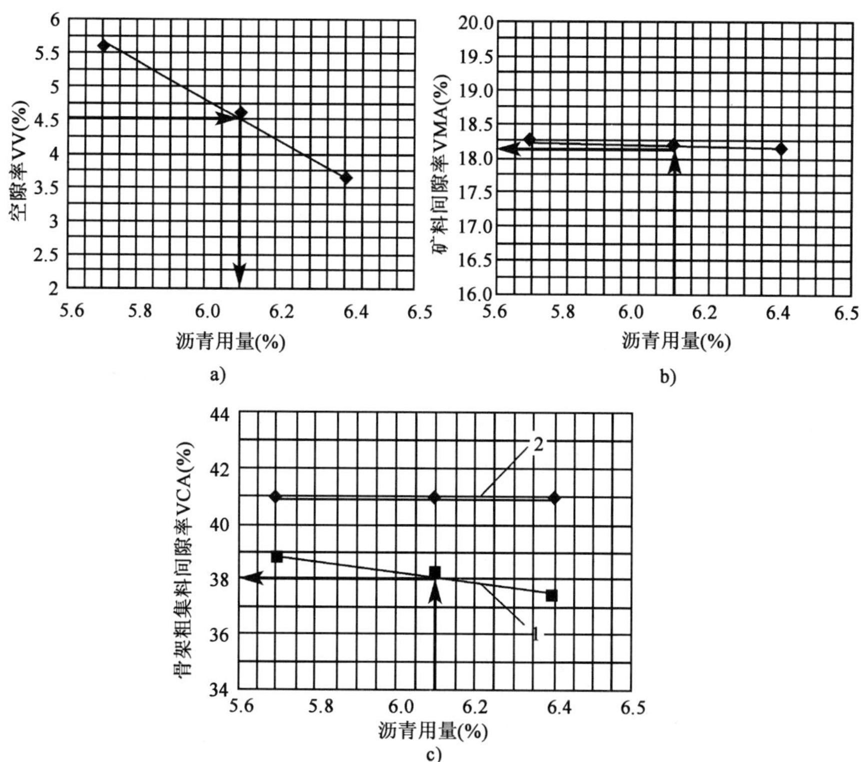

附图 3-1　VV、VMA、VCA_{mix}、VCA_{DRC} 随结合料用量而变化的曲线

1-VCA_{mix};2-VCA_{DRC}

⑰以最佳结合料用量与矿料设计级配制作橡胶改性沥青混合料，测定 SMA 混合料的析漏值，并验证与 OAC 相应各项马歇尔指标：对 TRSMA 型混合料应符合第三篇第四章表 3-4-10 所列的技术标准；对 ARHM-S 型应符合第三篇第六章表 3-6-10 所列的技术标准。

3）骨架空隙型橡胶沥青混合料设计方法

本方法适用于骨架空隙型橡胶沥青混合料（ARHM-O 型）。

本方法采用马歇尔试件的体积设计法。马歇尔击实试件主要用来测定混合料的各项体积指标，马歇尔稳定度和流值不再作为考核的主要指标。

（1）矿料级配

ARHM-O 型混合料是一种由开级配的矿料和高黏度的沥青—橡胶结合料组成的骨架空隙结构的混合料。ARHM-O 型混合料的矿料级配应满足以下要求：

①矿料中作为骨架的粗集料应形成石碰石的嵌挤结构。

②矿料中应以粗集料为主，而 2.36mm 筛孔以下细集料很少而形成全开的级配，以便使混合料具有很大的空隙率和连通孔，从而提供雨水顺利排泄的通道。

③矿料级配的粗集料部分应由石碰石的嵌挤结构的条件来决定。其细料部分则应由所要求的空隙率来决定。

在骨架空隙型橡胶沥青混合料的矿料级配中，对于公称粒径等于 9.5mm 的集料，以 2.36mm作为粗集料的骨架分界筛孔，对于公称粒径等于或大于 13.2mm 的集料，以 4.75mm 作为粗集料的骨架分界筛孔。

（2）混合料体积设计法

ARHM-O 型混合料的马歇尔试件体积设计方法应按以下步骤进行：

①在骨架分界筛孔通过率的中值和中值 ±3% 附近，在第三篇第七章表 3-7-10 所列的矿料级配范围内选择粗、中、细 3 种不同的矿料级配作为初选的级配。

②在 3 种初选矿料级配的基础上，采用 3 ~ 5 种规格的集料用试凑法在计算机上合成 3 种矿料的级配曲线，并确定各档规格集料的比例。

③按 3 种初选的矿料级配制备 3 组矿料混合料，并按《公路工程集料试验规程》（JTG E42—2005）T0309 的试验规程测定它们的骨架粗集料在捣实状态下的毛体积相对密度 γ_s。

④根据已建工程的经验预估适宜的结合料用量，通常可以在 6.5% ~7.5% 范围内选择一初选的沥青—橡胶结合料用量。也可估算初选的结合料用量 P_{AR}：

$$P_{AR} = (0.38 \times W + 8.6) \times \frac{2.260}{C} \quad \text{（附录 3-19）}$$

式中：P_{AR}——初选的结合料用量，%；

W——集料的吸水率，%，集料的吸水率不应大于 2.5%；

C——烘干集料的合成毛体积相对密度。

⑤按附录《骨架密实型橡胶沥青混合料设计方法》中的步骤计算粗集料骨架部分的各档集料在全部矿料混合料中的质量百分率 P_i、骨架粗集料的合成毛体积相对密度 γ_{CA}、各组初选级配的矿料混合料的骨架粗集料在捣实状态下的骨架间隙率 VCA_{DRC}。

⑥按3种初选的矿料级配和一种初选的结合料用量制作3组马歇尔试件，每组5个试件，马歇尔试件的标准击实次数为50次，马歇尔试件的制作温度可参考本附录附表3-1为沥青—橡胶混合料提供的温度范围，根据以往的经验确定。

⑦对每个马歇尔试件用《公路工程沥青及沥青混合料试验规程》(JTG E20—2011)T0705表干法测定试件的毛体积相对密度 γ_f 和吸水率 S_a，并计算它们的平均值。

⑧按附录中的公式(3-15)计算ARHM-O混合料的最大理论相对密度 γ_t，并计算它们的VV、VMA、VFA等体积指标。按每组试件计算各体积指标的平均值。

注：如不采用纤维稳定剂，则在计算 γ_t 时可将 P_x 用量设为零。

⑨按附录《骨架密实型橡胶沥青混合料设计方法》的步骤计算马歇尔试件中骨架粗集料占试件混合料总重的百分比 P_{CA}、马歇尔试件中粗集料的骨架间隙率 VCA_{mix}。

⑩对3组初选级配的马歇尔试件的各项体积指标进行评估，按满足下式所列的两条件，在3种级配中选择一种作为矿料的设计级配。如有两组以上的级配均能满足式所列的条件，则选择其空隙率最接近目标空隙率者。如3组级配均不满足附录中的公式(3-12)所列的条件，则应重新进行混合料设计。

$$\begin{cases} VCA_{DRC} - VCA_{mix} = 1\% \sim 1.5\% \\ VV \approx VV_{TARGET} \end{cases} \tag{附录3-20}$$

式中：VCA_{DRC}——骨架粗集料在捣实状态下的骨架间隙率，%；

VCA_{mix}——马歇尔试件中粗集料的骨架间隙率，%；

VV——马歇尔试件的空隙率，%；

VV_{TARGET}——混合料设计的目标空隙率，%。

⑪以所选择的设计级配为基础，根据初选结合料用量下马歇尔试件空隙率的大小，按0.5%的间隔，调整3个不同的结合料用量再制作3组马歇尔试件，每组5个试件。

⑫对各组试件测定和计算 γ_f、VV、VMA以及 VCA_{mix}，并计算它们的平均值。

⑬绘制VV、VMA、VCA_{mix}、VCA_{DRC}随结合料用量而变化的曲线，如附图3-1所示。在空隙率图表上找出与目标空隙率相应的结合料用量作为最佳结合料用量OAC。

⑭以所选择的设计级配和结合料用量制作马歇尔试件，按《公路工程沥青及沥青混合料试验规程》(JTG E20—2011)T0733进行非老化和老化肯塔堡(Cantabro)试验(未压实混合料135℃下老化44h)，用拌制的松散混合料按附录《确定未压实沥青混合料析漏特性的试验方法》进行析漏试验，并验证与OAC相应的各项技术指标是否符合第三篇第七章表3-7-21所列技术标准。

4)平均有效沥青膜厚度和有效粉胶比的计算方法

本方法采用美国NCAT对平均有效沥青膜厚度的计算方法，其特点是采用单位体积混合料中有效沥青的体积来计算平均沥青膜(有效)厚度[77]。

(1)不同粒径矿料的表面积系数SAF的确定

不同粒径矿料的表面积系数SAF列于附表3-3。

不同粒径矿料的表面积系数 SAF　　附表 3-3

表面积系数SAF	通过下列筛孔(mm)的质量百分率 P_i(%)							
	通过率为100%的筛孔	4.75	2.36	1.18	0.6	0.3	0.15	0.075
	P_{max}	$P_{4.75}$	$P_{2.36}$	$P_{1.18}$	$P_{0.6}$	$P_{0.3}$	$P_{0.15}$	$P_{0.075}$
$(SAF)_i$ (m^2/kg)	0.41	0.41	0.82	1.64	2.87	6.14	12.29	32.77

(2)矿料比表面积 SA 的计算

$$SA = \sum (SAF)_i \times \frac{P_i}{100} = \frac{(41 + 0.41 \times P_{4.75} + 0.82 \times P_{2.36} + 1.64 \times P_{1.18} + 2.87 \times P_{0.6})}{100} + \frac{(6.14 \times P_{0.3} + 12.29 \times P_{0.15} + 32.77 \times P_{0.075})}{100} \quad (附录3\text{-}21)$$

式中:SA——矿料的比表面积,m^2/kg;

$(SAF)_i$——不同粒径矿料的表面积系数,m^2/kg;

P_i——不同粒径矿料的通过质量百分率,%。

(3)平均(有效)沥青膜厚度 T_F 的计算

$$T_F = \frac{V_{be}}{SA \times W} \times 10^6 \quad (附录3\text{-}22)$$

式中:T_F——平均(有效)沥青膜厚度,μm;

V_{be}——每立方米混合料中结合料有效体积,m^3;

SA——矿料的比表面积,m^2/kg;

W——每立方米混合料中矿料质量,kg。

(4)混合料中有效结合料含量 P_{be}的计算

$$P_{be} = P_b - \frac{P_{ba}}{100}(100 - P_b) \quad (附录3\text{-}23)$$

式中:P_{be}——混合料中有效结合料含量,%;

P_b——结合料用量,%;

P_{ba}——混合料中被矿料吸收的结合料比例,%。

(5)混合料中有效粉胶比 R_{FB}的计算

$$R_{FB} = \frac{P_{0.075}}{P_{be}} \quad (附录3\text{-}24)$$

式中:R_{FB}——混合料中有效粉胶比,%;

$P_{0.075}$——混合料中 0.075mm 筛孔通过率,%;

P_{be}——混合料中有效结合料含量,%。

附录4　橡胶沥青混合料性能检验的实验室试验方法

1)确定未压实沥青混合料析漏特性的试验方法

本方法参考美国 ASTM D6390:2005《Standard Test Method for Determination of Draindown Characteristics in Unompacted Asphalt Mixtures》编制。

(1)适用范围

本方法包含了一个使试样保持在一较混合料生产、储存、运输、摊铺温度更高的温度工况下,来确定未压实沥青混合料试样析漏数量的方法。这一试验尤其适用于多孔性沥青混合料(OGFC)和沥青玛蹄脂碎石(SMA)。

(2)规范性引用文件

《公路工程沥青及沥青混合料试验规程》(JTG E20—2011)T0702 沥青混合料试件制作方法(击实法)。

(3)术语

析漏　Draindown

析漏是指在试验时,部分材料从试样总体中分离出来并沉积在网篮之外。所流淌的材料可能只是沥青结合料,也可能是沥青、添加剂或细集料组成的砂浆。

(4)概述

试验用的沥青混合料的试样可在试验室制备,也可取自生产现场。试样放置在一网篮内,网篮则置于称重过的托盘或其他容器上。试样、网篮、托盘或其他容器放入保持一定温度的有强制通风的烘箱内。恒温加热 1h 后从烘箱中连盘取出网篮,称取带有析漏材料的托盘的质量,即可计算出沥青的析漏量。

(5)意义与用途

这一试验方法能用来判定一给定的沥青混合料的析漏量是否处于规定的可接受的范围内。在混合料的设计和/或现场施工时,本试验提供对沥青混合料发生析漏的潜在风险的某种评估。这一试验主要用于具有粗集料含量高的沥青混合料,诸如多孔性沥青混合料(OGFC)和沥青玛蹄脂碎石(SMA)。

(6)仪具

①在 120 ~ 200℃范围内可恒温控制的、带强制通风的烘箱。其恒温控制的精度应为设定值 ±2℃。

②能耐高温的、尺寸合适的托盘或其他容器,如烘蛋糕或做馅饼的平底盘。

③标准网篮,尺寸如附图 4-1 所示。网篮周边和底部应采用 6.3mm 标准筛的筛网制作。

④铲刀、镘刀、搅拌器、碗等。

⑤感量为0.1g的电子秤。

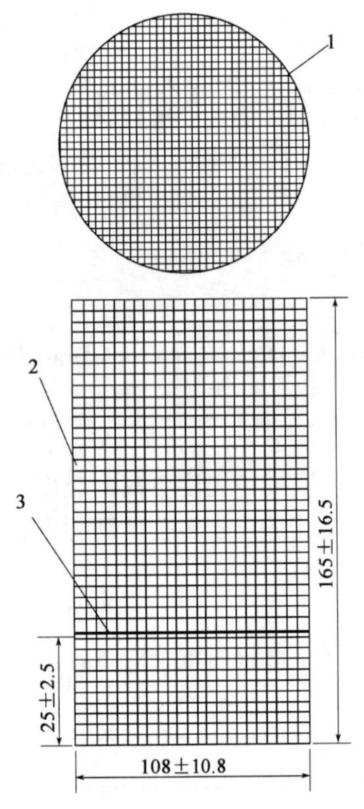

附图4-1 标准网篮的尺寸(尺寸单位:mm)
1-顶视图;2-侧视图;3-网篮底

(7)试样准备

①试验室准备试样。

a.试样数量:对每种要试验的混合料,析漏特性应根据两个不同的温度来测定。一个温度是指搅拌站的混合料生产温度,另一个则为高出前者10℃的温度。对于每个温度,都应该做重复的试样。因而对每一混合料至少应制备4份试样。

注:当试验作为混合料设计过程的一部分时,试验应在两个温度下进行。这是为了确定析漏的潜在风险,因为在生产混合料时拌和站的温度有可能发生变化。当试验是在生产现场进行时,试验只需在生产温度下进行。

b.干燥集料至恒重,按规定的规格进行筛分和配料。

c.按照规范、混合料设计或结合料供应商的建议确定拌和站预期的生产温度。

d.对每一份混合料试样称取一份集料试样,放置于各自的托盘中。集料试样的质量应满足获得1200g±200g混合料试样的需要,其集料的级配应按生产配合比的要求配置。将集料试样置于按"a."要求设置温度的烘箱中加热。

e.按"a."设置的温度加热沥青结合料。

f.将加热好的集料倒入搅拌缸内,加入需要的添加剂后(见注),将干料进行充分的搅拌。在拌好的集料中挖一凹坑,倒入沥青结合料。沥青的量应为生产配合比中所需的沥青含量。此时,集料和结合料的温度应符合"a."所确定的温度。快速拌和集料、沥青结合料以及稳定剂(如果有的话)直到集料获得充分的裹覆。

注:某些类型的稳定剂(例如纤维)或某些聚合物必须在与结合料拌和之前,直接加入到集料中先行搅拌。另外一些类型的稳定剂则必须先行加入到沥青结合料中,然后再与集料相拌和。

②拌和站生产的试样。

a.试样数量:对于拌和站生产的试样,应在拌和站取3份试样,并在拌和站生产温度的条件下进行试验。

b.拌和站生产的试样可在任何合适的场合进行取样,例如在料车离场前在载货汽车上取样。在实际生产中所取的料样,应用四分法将其缩减至所要求的数量。

(8)试验方法

①称取"(6)仪具"下"③"所描述的网篮的皮重(质量A),将试验室制备或拌和站生产的未经压实的混合料试样尽可能快地放进网篮内,不要做任何压实或扰动。称取网篮和试样的总重精确至0.1g(质量B)。注意温度的下降不应低于试验温度以下25℃。

②在室温下称取并记录托盘或其他容器的质量,精确至0.1g(质量C)。将网篮置于托盘

或其他容器内一起放入烘箱内，在“(7)试样准备”“①试验室准备试样”下“a.”或“②拌和站生产的试样下”“a.”所确定的温度下恒温 60min ±5min。

③当试样在烘箱内恒温 60min ±5min 结束后，从烘箱内取出网篮和托盘。将托盘连同析漏在上面的材料一起称重，精确至 0.1g(质量 D)。

(9)计算

计算析漏材料占混合料总重的百分率，精确至 0.1%：

$$\text{dra} = [(D - C)/(B - A)] \times 100 \tag{附录 4-1}$$

式中：dra——析漏率，%；

D——托盘与析漏材料的质量，g；

C——托盘或其他容器的质量，g；

B——网篮和试样的总质量，g；

A——网篮的质量，g。

(10)试验报告

报告在每一试验温度下的平均析漏率，精确至 0.1%。

2)Hamburg 车辙试验方法

本方法参考 EN 12967-22:2007《Bituminous Mixtures—Test Methods for Hot Mix Asphalt——Part 22: Wheel Tracking》中的小型试验机在空气中 B 方法进行的车辙试验编制。

(1)范围

本方法描述了测定沥青混合料在荷载作用下，变形敏感性的试验方法。沥青混合料对变形的敏感性是通过一加载轮在恒定的温度下，反复碾压而形成的车辙来评价的。

本方法适用于上限粒径小于或等于 32mm 的沥青混合料。

本方法适用于在实验室拌制或拌和站生产的混合料制作的试件和从路面切割成型的试件。

(2)规范性引用文件

①《公路工程沥青及沥青混合料试验规程》(JTG E20—2011)T0705 压实沥青混合料的密度试验(表干法)；

②《公路工程沥青及沥青混合料试验规程》(JTG E20—2011)T0701 沥青混合料取样法；

③EN 12697-33, Bituminous Mixtures—Test Method for Hot Mix Asphalt——Part33: Laboratory Compaction of Bituminous Mixture by Roller Compactor;

④ISO 48, Rubber, Vulcanized or Thermoplastic —Determination of Hardness (Hardness Between 10IRHD and 100IRHD);

⑤ISO 7619, Rubber—Determination of Indentation Hardness by Means of Pocket Hardness Meters。

(3)术语与定义

下列术语和定义适用于本方法。

公称厚度　Nominal Thickness

在实验室制备试件时试件的目标厚度，以毫米表示。

车辙深度　Rut Depth

试件在加载轮反复碾压下导致的试件厚度的减少量。

试验表面　Test Surface

加载轮碾压的试件表面。

单次试验结果　Single Test Result

按类似试验规程对一个试验份进行一次试验获得的试验数值。

试验份　Test Portion

在本试验规范中一个试验份包含同一种材料制作的至少 2 个试件。

车迹　Tire Track

在垂直荷载作用下试验轮在一平表面上的印迹。

荷载循环　Load Cycle

荷载轮碾压两遍(1 个来回)。

(4)原理

利用在一定的温度下荷载轮反复碾压形成的车辙深度来评估沥青混合料对变形的敏感性。

(5)仪具

①车辙试验机。

a. 概要。车辙试验机具有一对固定在台面上的试件施加压力的荷载轮。台面在荷载轮下或荷载轮在台面上来回运动,并监测试件表面车辙发展的速率。荷载轮机构中垂直方向的游隙应小于 0.25mm。试验设备应符合以下要求。

b. 橡胶轮胎的外径应在 200 ~ 205mm,固定在试验轮上。轮胎应为无花纹的,并具有一宽度为(W ±1)mm 的矩形断面(W = 50mm ± 5mm)。橡胶胎的厚度应为 20mm ± 2mm,由实心橡胶制成,其硬度应为(80 ±5)国际橡胶标准值。硬度的测定应按照 ISO 7819 和 ISO 48 进行,其硬度值应与 ISO 48 相应。

c. 试验轮的平均作用荷载:试验轮在静态试验条件下的荷载应为[(700 × W/50) ± 10]N,在试件顶面,与试验台面垂直的方向测定。

注:这一荷载通常可用一带有配重的悬臂支架获得。

d. 试验台面的结构应能牢固地夹住由实验室制备的矩形试件,并使它的上表面保持水平,而在其所要求的轮迹平面内,使试件对中固定,以获得一形成轮辙的简谐运动。

e. 车辙试验机的结构应能使试件在其溜板槽内,在荷载轮的作用下,在一固定的水平面内实现往复运动;或者使荷载轮能作用在固定的试件上实现往复运动。轮胎轨迹的中心线与试件理论中心线的偏移不应超过 5mm。轮胎接触面积的中心应做相对于试件顶面中心的简谐运动,其行程的总长应为 230mm ± 10mm,而加载的频率为每 60s(21 ± 1.0)个循环。

注:这一形式的运动最为容易地通过一飞轮驱动的曲柄连杆机构来获得,但其他驱动机构也是可以的,只要其运动能符合上述要求。

f. 钢制的滑动小车和机架的内部尺寸不应小于 260mm × 300mm。当小车作用有工作荷载时,在小车 4 个角测定小车垂直方向的游隙应小于 0.25mm。

g. 测量荷载轮垂直位移装置的量程不应小于 20.0mm,并能精确至 0.2mm。

注:汉堡车辙试验机(Hamburg wheel tracking device)能满足车辙试验机的各项要求。

②温度控制设备。温控设备应能在试验时使试件的温度均匀不变地保持在设定温度

±1℃的范围内。

③直尺。直尺长度至少应为300mm。

④卡尺。能测量试件的厚度精确至±1mm。

⑤滑石粉或滑石。

⑥清洁剂。由容积为90%的酒精与10%煤油配制的清洁剂用于在使用后清洁橡胶胎用。

(6)采样和试件的准备

①采样和制备。

a.实验室制备的试件。

试件组成的材料应为以下两种之一:实验室拌制的沥青混合料;拌和站生产的混合料。

试件应按滚轮在垂直滑动钢板上碾压的方法(EN 12697-33)压实成型。

试件应按《公路工程沥青及沥青混合料试验规程》(JTG E20—2011)T0705测定其毛体积密度。一组试件的毛体积密度的偏离不得超过平均密度的±1%,每组试件不少于2个。

试件的公称厚度应为沥青混合料铺设至道路上的设计厚度。

对于设计厚度,可以在某一范围内变化的场合,按以下厚度选一最接近其设计厚度范围者作为试件厚度:混合料上限筛孔尺寸小于8mm,25mm;上限筛孔尺寸8～小于16mm,40mm或50mm;上限筛孔尺寸16～22mm,60mm;上限筛孔尺寸大于22～32mm,80mm。

b.切割自路面的试件。

切自路面的试件应有足够大的尺寸,以便进一步切割成至少为260mm×300mm的试件。

至少应切割2个试件。

②试件的厚度测定与均匀性。

a.试件的厚度应在每一边的中点测量,4个测量厚度与标准厚度的差别对于标准厚度≤50mm的试件不应大于2.5mm;对于标准厚度>50mm的试件不应大于标准厚度的5%。

b.用直尺在试件进行车辙碾压的表面上,按45°的间隔的四条对径线测量变形,对于变形超过2mm的试件应废弃。

③未安装试件的运输与储存。

a.从路面切割下的试件应在试验表面处于水平和环境温度保持不超过30℃的状态下运送到实验室,并储存在不超过25℃的温度下。

b.在切割的试件运抵实验室,或在实验室制备的试件脱模后,未安装到车辙试验机试模中的试件应在试验表面处于水平状态且室温不超过25℃的条件下储存。

c.在试验前,试件在压实完毕后应经过至少2d时间的养生,属于同一试验系列的所有试件应经历相同的养生处理,即它们之间的差别不超过±10%。每一试件的实际养生时间应在试验报告中注明。

④试件的安装。

a.实验室准备的试件。试件应安放在一试模中,试件的长和宽应比试模的内边小10～20mm,然后用熟石膏浇灌在其周围,将它固定在试模中。

b.路面切割的试件。用熟石膏浇注在试模的底部和试件的周围使试件嵌入试模,确信试件与试模的底部与侧壁之间接触良好。

(7)实施一次试验测量的程序

①温度适应。将试件在要求的试验温度 ±1℃的条件下，放置一定时期进行温度适应，适应的时间应符合下列规定：

a. 标准厚度小于 60mm 的试件至少 4h；

b. 标准厚度大于 60mm 的试件至少 6h；

c. 适应期的最长时间为 24h。

②试件的固定。将试件牢固地固定在车辙试验机的台面上，将温度计插入试件表面预先钻好的小孔约 20mm 深，保持试件的温度在要求的温度 ±1℃下。如试件表面较黏，可用些滑石粉洒在轮迹带上，或用滑石轻擦轮迹带。

③试运转。在试验开始前，允许进行 5 个循环的试车。

④开动车辙试验机，开始垂直位移的原点读数，并在第一小时内至少要有 6 或 7 次的读数，然后至少每间隔 500 个循环要有一次读数。试验轮垂直位移的定义为试件加载区域内自其横断面的中心点 ±50mm 的范围内，纵断面轮廓的至少 25 个等间隔测点的平均值。试验垂直位移的测量应在不停止试验的情况下连续测量，直到达到 N 个循环或在少于 10000 个循环时车辙深度已达 20mm 为止。

试验总循环次数应为 10000 个（20000 次加载）。对于某些混合料，如经试验证明在 2500～10000 个循环内，车辙曲线呈现为线性增长规律，则试验总循环次数可减少为 5000 个（10000 次加载）。

（8）计算和试验结果的表达（空气中试验，B 方法）

①空气中试验的车辙曲线斜率和动稳定度。

每 10^3 循环的车辙曲线斜率计算式为：

$$WTS_{AIR} = \frac{d_N - d_{N/2}}{N} \times 2000 \tag{附录 4-2}$$

式中：WTS_{AIR}——每 10^3 循环的车辙曲线斜率，mm/1000cycle；

d_N、$d_{N/2}$——分别为经 N 和 $N/2$ 次碾压后的车辙深度，mm；

N——试验总循环次数。

动稳定度计算式为：

$$DS_{AIR} = \frac{N}{d_N - d_{N/2}} \tag{附录 4-3}$$

式中：DS_{AIR}——动稳定度，次/mm；

d_N、$d_{N/2}$——分别为经 N 和 $N/2$ 次碾压后的车辙深度，mm；

N——试验总循环次数。

注：如试验不到 10000 个循环即已终止，则 WTS_{AIR}和 DS_{AIR}应按车辙曲线的线性段来计算，这一线性段至少应包含 2000 个循环。

②空气中试验的平均车辙曲线斜率。

作为试验结果的平均车辙曲线斜率为两个同时进行试验试件的 WTS_{AIR}的平均值。

③相对车辙深度。

试件的相对车辙深度计算式为：

$$PRD_{AIR} = \left(100 \times \sum_{j=1}^{q} \frac{m_{ij} - m_{0j}}{q}\right)/h = \frac{RD_N}{h} \tag{附录 4-4}$$

式中：PRD_{AIR}——i 次测量的相对车辙深度，%；

j——位于轮迹带的第 j 个测点；

q——位于轮迹带的测点数；

m_{ij}——i 次测量时第 j 个测点的位移计读数，mm；

m_{0j}——在第 j 个测点位移计的原点读数，mm；

h——试件厚度，mm；

RD_N——N 个循环后的车辙深度，mm。

④平均相对车辙深度。

碾压 N 个循环后的平均相对车辙深度为两个试件相对车辙深度之平均值，精确至 0.1%。

⑤车辙深度。

试件车辙深度计算式为：

$$RD_N = \gamma_N - \gamma_0 \qquad (附录 4\text{-}5)$$

式中：RD_N——N 个循环后的车辙深度，mm；

γ_N——N 个循环后的试验轮垂直位移，mm；

γ_0——试验轮原点垂直位移，mm。

⑥平均车辙深度

作为试验结果的碾压 N 个循环后的平均车辙深度 RD_{AIR} 为两个试件车辙深度的平均值，精确至 0.1mm。

(9)试验报告

①必须提供的信息。

a. 每个试件的信息。

在试验报告中应包括以下每个试件信息：试样的标识；试验前测定的试件毛体积密度以及所用的测定方法；试验时的试件温度；试件的平均厚度，包括试件内可识别的不同铺层的厚度；所使用的相关标准号和日期；注明所用方法为空气中试验 B 方法；任何本方法未提供的试验条件和操作细节，以及任何可能影响试验结果的反常情况。

b. 在实验室准备试件的信息。

对于在实验室准备的试件，在试验报告中还应提供以下信息：在试件混合料中各成分材料的标识，以及它们在混合料中的比例；制备混合料的方法和所用搅拌机的类型；试件压实的方法和压实密度(空隙率)；试件制作的时间；试件养生的条件和时间；进行试验的同一混合料试件的数量。

c. 在车辙试验机上进行试验的信息。

对于在小型装置上采用空气中 B 方法进行的试验还应包括以下信息：单个试件的车辙曲线斜率 WTS_{AIR} 和动稳定度 DS_{AIR}；每组两个同时进行试验的试件的平均车辙曲线斜率和动稳定度，平均 WTS_{AIR} 和 DS_{AIR}；单个试件 10000 或 5000 个循环时的相对车辙深度，PRD_{AIR}；每组两个试件的平均相对车辙深度，平均 PRD_{AIR}；单个试件 10000 或 5000 个循环时的车辙深度，RD_N；一组两个试件的平均车辙深度，RD_{AIR}。

②补充提供的信息。

车辙变化图表的副本。

附录 5　橡胶沥青表面处治与封层设计方法

本方法适用于单层橡胶沥青表面处治和石屑封层的设计。

(1)确定石屑的用量

①集料平均最小尺寸的确定。

集料平均最小尺寸采用计算法和实际测定两种方法进行,并互相校核:

a. 计算法。

$$\mathrm{ALD} = M/[1.139285 + (0.011506) \times \mathrm{FI}] \qquad \text{(附录 5-1)}$$

式中:ALD——集料平均最小尺寸,mm;

M——通过率为 50% 的集料中间粒径,mm;

FI——针片状颗粒质量占集料总质量的百分率,%。

b. 测定法。

取 200 颗集料颗粒,用游标卡尺测量其最小尺寸 LD,计算其平均值:

$$\mathrm{ALD} = \frac{\sum_{1}^{200} \mathrm{LD}}{200} \qquad \text{(附录 5-2)}$$

式中:ALD——集料平均最小尺寸,mm;

LD——集料颗粒最小尺寸,mm。

②集料在松散堆积状态下的空隙率 V_{LAG} 的确定。

$$V_{\mathrm{LAG}} = \left(1 - \frac{W}{\rho_{\mathrm{b}}}\right) \times 100 \qquad \text{(附录 5-3)}$$

式中:V_{LAG}——集料在松散堆积状态下的空隙率,%;

W——集料的松散堆积密度[按《公路工程集料试验规程》(JTG E42—2005)T0309 测定],kg/L;

ρ_{b}——集料的毛体积密度,kg/L。

③石屑用量的确定。

a. 计算石屑用量。

$$C = (1 - 0.4 \times V_{\mathrm{LAG}}) \times \mathrm{ALD} \times \gamma_{\mathrm{b}} \times E \qquad \text{(附录 5-4)}$$

式中:C——石屑的用量,kg/m²;

V_{LAG}——以小数表示的集料在松散状态下的空隙率;

ALD——平均最小尺寸,mm;

γ_b——集料的毛体积密度，g/cm^3；

E——石屑颗粒失落因子；

$$E = 1 + L/100 \quad \text{（附录 5-5）}$$

式中：L——石屑颗粒容许失落率，%，$L=5\% \sim 10\%$（对于低交通量的道路 L 取 5%，对于较高交通量的道路 L 取 10%）。

b. 用平板试验对所计算的石屑用量进行验证。

计算覆盖一块面积为 0.4m^2 的平板所需的石屑质量：

$$W = C \times 0.4 \quad \text{（附录 5-6）}$$

式中：W——0.4m^2 的平板所需的石屑质量，kg；

C——按附录中的公式(5-4)计算所得的石屑用量，kg/m^2。

将烘干至恒重，质量为 W 的石屑覆盖在一个 80cm×50cm 的盘内，仔细地将石屑颗粒紧密地排列在平板上，保持石屑层的厚度为一颗石屑的厚度。如石屑能全部覆盖整个平板面积，则所计算的石屑用量为适宜的，如不能覆盖平板面积而有较多空隙，或有较多的石屑颗粒重叠在一起，则应适当调整石屑的用量。

(2)确定结合料用量

最佳结合料用量应按以下步骤确定：

①沥青—橡胶结合料的用量应在 2.0～3.5L/m^2 的范围内选择高、中、低 3 个不同的结合料用量进行 Vialit 冲击板试验和构造深度试验。

②按附录《Vialit 平板冲击试验方法》对每个结合料用量准备 3 组不同温度（－5℃、－15℃、－22℃）的 Vialit 试样，每组 3 个，共 9 个带试样的平板试件。

③按附录《Vialit 平板冲击试验方法》的方法对 3 种结合料用量的平板试件分别进行 Vialit 冲击板试验，获得 3 个相应结合料用量的石屑颗粒的平均保持率 R_{AVG}（%）。

④按附录《扫刷试验方法》对 3 种结合料用量准备 3 组测定构造深度的试件，每组 3 个，共 9 个试件。

⑤按《公路工程沥青及沥青混合料试验规程》(JTG E20—2011)T0731 的方法分别测定 3 种结合料试件的构造深度，获得 3 个相应的平均构造深度 TD_{AVG}(mm)。

⑥以 AR 结合料用量为横坐标，石屑颗粒保持率 R_{AVG} 与构造深度 TD_{AVG} 为纵坐标绘制 R_{AVG} 与 TD_{AVG} 随结合料而变化的曲线（附图 5-1）。

⑦以 90% 保持率和 2mm 的构造深度画两条水平线，分别与 R_{AVG} 和 TD_{AVG} 交于 A 点和 B 点，在 A、B 两点间的结合料用量即为最佳结合料用量的范围。最佳结合料用量可根据原路面硬度、纹理、吸油性等现场条件在此基础上适当增减确定。

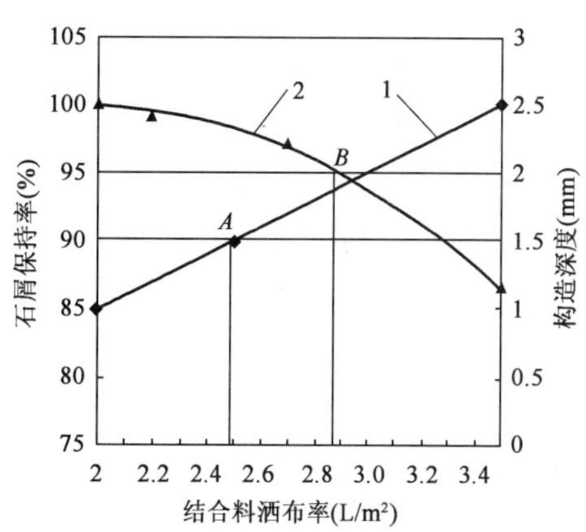

附图 5-1　最佳结合料用量的确定

1-石屑保持率；2-构造深度

附录6　橡胶沥青表面处治与封层性能检验的实验室试验方法

1)Vialit 平板冲击试验方法

本方法参考 EN 12272-3：2003《Surface Dressing—Test Methods——Part 3：Determination of Binder Aggregate Adhesiveness by the Vialit Plate Shock Test Method》编制。

(1)适用范围

本方法适用于各种橡胶沥青石屑封层,用于检验以下几项：

①结合料与石屑之间的主动黏附性。

②结合料与集料表面之间的机械黏附性。

③石屑颗粒在结合料上的保持性。

(2)术语与定义

下列术语和定义适用于本方法。

主动黏附性　Active Adhesiveness

沥青喷洒在潮湿集料表面取代水分而与集料黏结的能力,它是结合料黏附于自然状态下的潮湿石屑上所必需的性能。

机械黏附性　Mechanical Adhesion

结合料黏结于干燥而带有粉尘和细屑的集料表面上的能力,它是结合料黏附于自然带有粉尘和细屑而形成屏蔽的石屑表面所必需的性能。

试验温度　Test Temperature

在冲击试验前带有结合料和石屑的平板进行恒温适应处理的温度。

石屑埋入温度　Chippings Embedment Temperature

石屑安放在结合料上后,放入烘箱使石屑埋入结合料的温度。

石屑保持率　Chippings Retention

在平板冲击试验中,经过冲击试验后保持黏结在结合料上的颗粒数量占石屑颗粒总数的百分率。

(3)主动黏附性和机械黏附性试验

①概述。将加热至喷洒温度的结合料按要求的数量均匀地喷洒在平板上。试验在5℃ ±1℃的试验温度下进行。

50 或 100 颗石屑放置在结合料上,并进行碾压。将平板翻转向下放置在三点支架上,在10s 时间内用一钢球在500mm 处落下冲击平板三次。根据留在平板上石屑数量与虽然掉落但在颗粒上仍黏附沥青的石屑数量之和来确定黏附性的指标。

②仪具。

a. 平板(附图 6-1)。平钢板带有 2 ~ 3mm 的侧边,其尺寸为边长(200mm ± 1mm) × (200mm ± 1mm);厚 2.0mm ± 0.2mm。

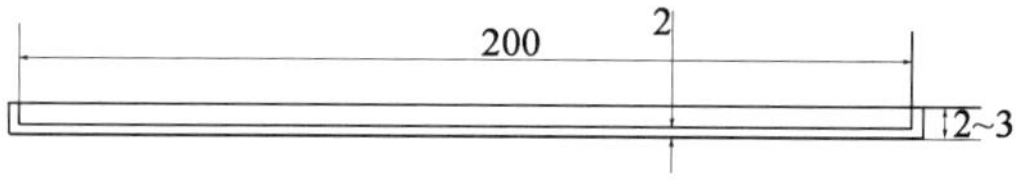

附图 6-1 冲击平板(尺寸单位:mm)

钢板的平面应经机械加工,在任何一方向上的整个长度的断面上的容许偏差为 0.2mm,在使用之后这一偏差最大不超过 0.5mm。

b. 三点支架。三点支架由一带有 3 个支点的刚性支座和一垂直的立柱组成,立柱的顶端有一轻微倾斜的 V 形溜槽,用来投掷钢球(附图 6-2)。

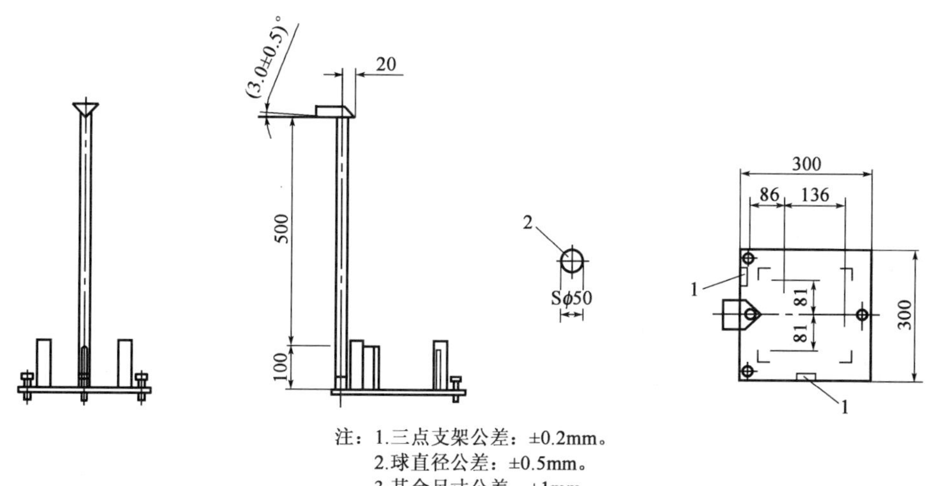

注:1.三点支架公差:±0.2mm。
2.球直径公差:±0.5mm。
3.其余尺寸公差:±1mm。

附图 6-2 三点支架(尺寸单位:mm)
1-水准仪;2-球

c. 钢球。钢球质量 510g ± 10g,直径 50.0mm ± 0.5mm。

d. 橡胶滚轮(附图 6-3)。钢轮轮缘包有 15mm ± 2mm 硬橡胶,质量 25kg ± 1kg。有效宽度为 260mm ± 10mm,直径为 250mm。橡胶硬度应为肖氏硬度 40/150。

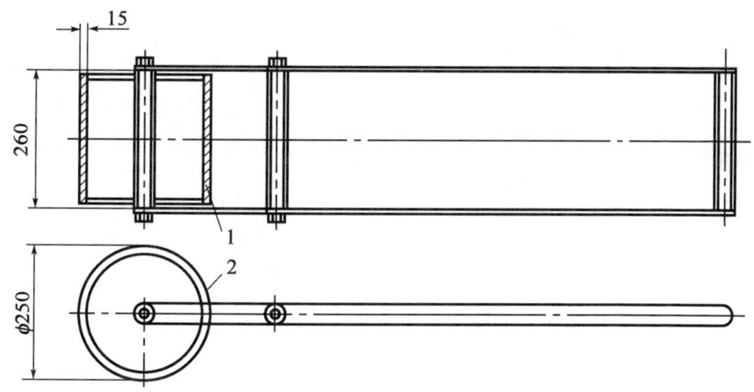

注:1.橡胶厚度为(15±2)mm。
2.滚轮质量为(25±1)kg。

附图 6-3 橡胶滚轮(尺寸单位:mm)

e. 湿度计。在湿度为90%时精确至5%。

f. 电子秤。测量范围至少1000g,精确至0.1g。

g. 气候箱。恒温调节的范围由30℃±1℃至-25℃±1℃,湿度保持在90%以上。

h. 烘箱。能加热结合料和石屑从50℃±1℃至200℃±1℃。

i. 辅助工具。刮刀;密封的金属或塑料盒;金属丝网篮;定时器,精确到±1s。

③试验方法。

a. 结合料的准备。

第一步:按配方要求在实验室制备好橡胶沥青结合料。

第二步:按要求的洒布率和平板的面积计算所需的结合料用量。

b. 石屑的准备。

第一步:按单粒径的要求准备好100颗6.35~9.5mm的石屑或50颗9.5~13.2mm的石屑,在石屑中超过和小于粒径范围的颗粒、针片状的颗粒应剔除。

第二步:机械黏附试验用石屑的养生处理。将自然带有粉尘和细屑的石屑放在硬板纸上,然后放入通风的烘箱中在50℃±1℃的温度下保温24h±1h。将放有石屑的硬板纸放入一盒中,将其密封后,放入温度保持在5℃±1℃范围内的气候箱中24h±1h。

第三步:主动黏附性试验用石屑的养生处理。将自然带有粉尘和细屑的石屑颗粒放入一金属丝网篮中,并放置在温度保持5℃±1℃,相对湿度保持大于90%的气候箱中24h±1h。

c. 平板的准备。

第一步:在每次试验前清洗和干燥平板。

第二步:将准备好的结合料加热至165~190℃,将准备好的平板放在电子秤上称取毛重或去皮。将热的结合料徐徐倒在平板上,称取规定用量的结合料(附图6-4)。

第三步:将平板放入烘箱内的水平支架上,在165℃±1℃的温度下放置至结合料均匀地分布在平板平面上(附图6-5)。

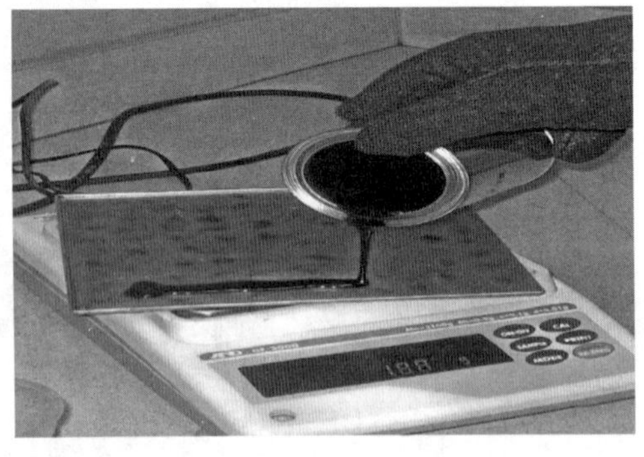

附图6-4　平板放在电子秤上称取毛重

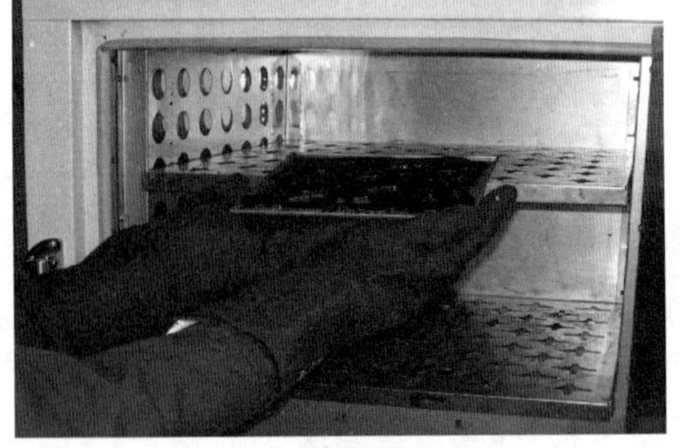

附图6-5　将平板放入烘箱内使结合料均匀地分布在平板上

d. 安放石屑和碾压。

第一步:自烘箱取出平板,将准备好的100颗或50颗石屑按10×10或7×7+1的排列方式安放在平板的结合料上(附图6-6)。

第二步:用橡胶滚轮在平板的纵向和横向各碾压3遍。

e. 温度调定。

将冷却至室温的带石屑的平板放入气候箱中在5℃ ±1℃温度(试样附近)下放置20min ±2min 进行温度调定处理。

f. 试验的实施。

第一步:每一次试验必须在同一条件下在 1min 内完成。应依次准备好 3 块平板,以获得 3 个测量值。

第二步:试验装置应安放在稳固的基础上,用气泡水准仪校正三点支架处于水平状态,需要时可用 3 个水平调平螺丝进行调整。

第三步:将平板从气候箱中取出,面向下放置在三点支架上(附图 6-7)。

附图 6-6　将准备好的石屑颗粒安放在平板的结合料上

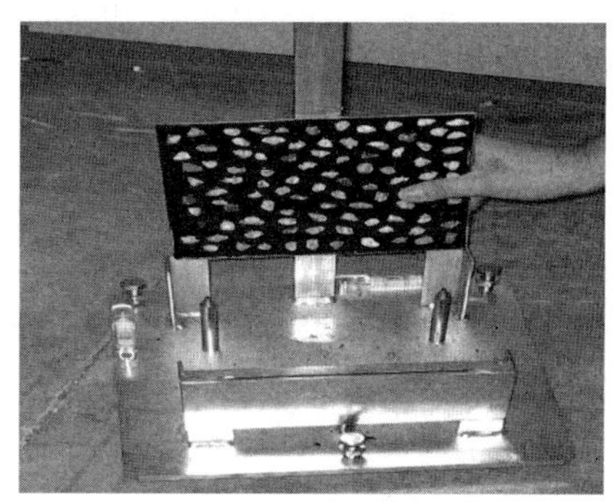

附图 6-7　将平板面向下放置在三点支架上

第四步:将钢球放置在试验装置的溜槽内,让其自由落下冲击平板。在 10s 时间内连续冲击平板 3 次。

第五步:在完成 3 次冲击后,检查保留在板上和掉落在台面上的石屑颗粒的情况:掉落的石屑上没有黏附结合料的颗粒数 a';掉落的石屑上仍黏附结合料的颗粒数 b';黏结在平板上的石屑颗粒数 c'。

检查石屑颗粒的总数 $a' + b' + c' = 100$ 或 50(依试验石屑的数量而定)。

第六步:求取 3 次试验获得的 a'、b'、c'的平均值 a、b、c。

④试验结果的表达。结合料与石屑之间的黏附性是以在石屑上是否黏附结合料为评价标准的,因而黏附性将以石屑颗粒上黏附结合料的总数(不论是掉落的还是黏附在平板上的)来评价。

黏附性指标:$b + c$(%),如采用的是 100 颗石屑;$2 \times (b + c)$(%),如采用的是 50 颗石屑。

⑤试验报告。试验报告应包括以下内容:

a. 试验类型,机械黏附性、主动黏附性、石屑保持性;

b. 结合料的类型和性质(定义性的);

c. 结合料用量(kg/m^2);

d. 石屑埋入结合料的温度;

e. 石屑的性质、粒径和数量;

f. 石屑的处理,自然状态、烘干或湿润、清洗或不清洗;

g. 平板的试验温度；

h. 按“④”表达的试验结果；

i. 试验日期；

j. 备注；

k. 试验责任人的姓名和签字。

(4)保持性试验

①概述。将规定规格的石屑用水洗法除去黏附其上的粉尘后，在50℃ ±1℃的温度下进行干燥处理备用。

将规定用量的结合料加热至喷洒温度，均匀地分布在平板上。

将100或50颗石屑均匀地安放在平板的结合料上。将平板连同石屑放入烘箱，在165℃ ±1℃的温度条件下，放置15min，使石屑颗粒埋入结合料。将带有石屑的平板在室温下放置4h养生。

在规定的试验温度下对试件进行温度适应处理，并在此温度下进行冲击试验。翻转平板，使石屑面向下方安放在三点支架上，钢球自500mm高度处自由落下，在10s内冲击平板3次。

石屑在平板上的保持率按黏结在平板上石屑颗粒数占石屑颗粒总数的百分率来确定。

②仪具。同主动黏附性和机械黏附性试验中所用仪具。

③试验方法。

a. 结合料的准备。

第一步：按配方要求在实验室制备好橡胶沥青结合料。

第二步：按要求的洒布率和平板的面积计算所需的结合料用量。

b. 石屑的准备。

将规定规格的石屑用水洗法除去黏附其上的粉尘后，在50℃ ±1℃的温度下保温24h ±1h进行干燥处理。

c. 平板的准备。

第一步：在每次试验前清洗和干燥平板。

第二步：将准备好的结合料加热至165 ~ 190℃，将准备好的平板放在电子秤上称取毛重或去皮。将热的结合料徐徐倒在平板上，称取规定用量的结合料(附图6-4)。

附图6-8　将带有结合料和石屑的平板放置在烘箱内，使石屑颗粒埋入结合料

第三步：将平板放入烘箱内的水平支架上，在温度165℃ ±1℃下放置至结合料均匀地分布在平板平面上(附图6-5)。

第四步：将准备好的100或50颗石屑按10×10或7×7+1的排列方式安放在自烘箱取出的平板上。

d. 石屑的埋入。

将带有结合料和石屑的平板放置在烘箱内水平支架上，在165℃ ±1℃温度下保持15min ±1min，使石屑颗粒埋入结合料(附图6-8)。

e. 温度调定。

将试件平板自烘箱中取出，冷却至室温后，至少放置4h进行养生。养生结束后将试件平板放入气候箱中，分别在5℃±1℃、-5℃±1℃、-15℃±1℃、-22℃±1℃的温度（试样附近）下放置30min±2min进行温度调定处理。

f. 试验的实施。

同主动黏附性和机械黏附性试验的实施。

④试验结果的表达。

在不同温度下的保持率按黏结在平板上石屑颗粒数占石屑颗粒总数的百分比来表达：c(%)，如采用的是100颗石屑；或2×c(%)，如采用的是50颗石屑。

⑤试验报告。

除试验结果应按本试验结果进行表达外，其余同主动黏附性和机械黏附性试验的试验报告内容。

2）扫刷试验方法

本方法参考ASTM D7000：2011《Standard Test Method for Wweep Test of Bituminous Emulsion Surface Treatment Samples》编制。

（1）范围

本方法适用于各种橡胶沥青的石屑封层，用于检验石屑颗粒在结合料上的保持性。

（2）概述

一个尼龙刷施加一作用力于表面处治试件的石屑上，用来模拟使新成型的石屑封层上的集料脱落的过程。

结合料敷设在一块油毛毡的盘上，石屑撒布并埋入结合料。在试验前试件在规定的温度和时间条件下进行养生，然后安装到一台搅拌机上。

搅拌机用一尼龙刷来磨耗试件的表面，经1min的磨耗后停止试验。除去所有松散的石屑，并计算失落质量的百分率。

（3）仪具

①采用供稀浆封层湿轮磨耗仪用的搅拌器（例如Hobart A-120或C-100）。

②快速夹头及安装底板。安装底板应有适当的高度和等高度的支撑夹头，用来夹紧试件，使之在磨耗过程中不能移动。

③盘。一个平底的金属盘安装在搅拌器上，用来收容掉落的集料。

④烘箱。烘箱应有强制通风、保持恒温的功能，搁板应打有通风的孔，至少有65%的空隙率，搁板之间至少要有120mm的间隔，离开顶部和底部的距离至少为100mm。

烘箱型式	强制通风式
最小内部尺寸 $D \times W \times H$	460mm×460mm×460mm
温度控制精度	±1.0℃

⑤秤。秤最大称量值应在1000g以上，感量0.1g，秤台尺寸至少为240mm×240mm。

⑥可卸的刷夹。刷夹应可连接安装在搅拌器上，并能在垂直方向自由浮动，上下移动19mm±1mm。刷夹的尺寸和图形如附表6-1和附图6-9所示，刷头和附加物的总质量为1500g±15g，（尼龙丝刷子和连接套的质量未包括在内）。刷子的夹紧系统应能将尼龙刷丝夹

住定位,使之在试验过程中不能移动或掉落。

刷 夹 尺 寸 附表 6-1

符号	名　称	尺寸(mm)	符号	名　称	尺寸(mm)
A	连接套直径	36	E	凹槽高度	17
B	连接套高度	76	F	凹槽宽度	18
C	刷头长度	128	H	滑槽高度	19
D	刷头总高	19	W	滑槽宽度	7

注:刷夹上部的结构可参考 ISSA TB-100 稀浆封层湿轮磨耗试验方法附图。

⑦尼龙丝刷子(附图 6-10)。

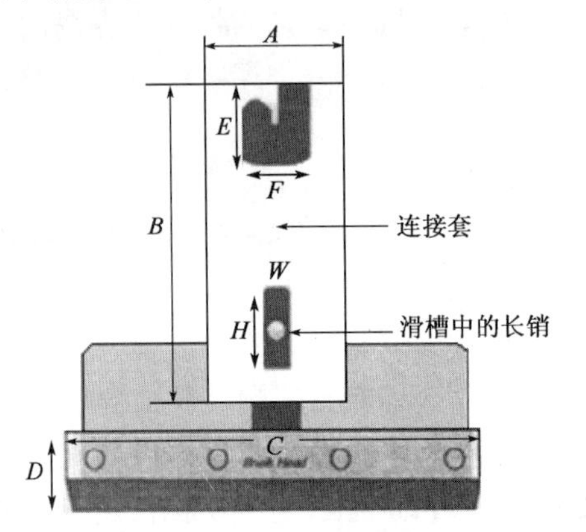

附图 6-9　可卸的刷夹

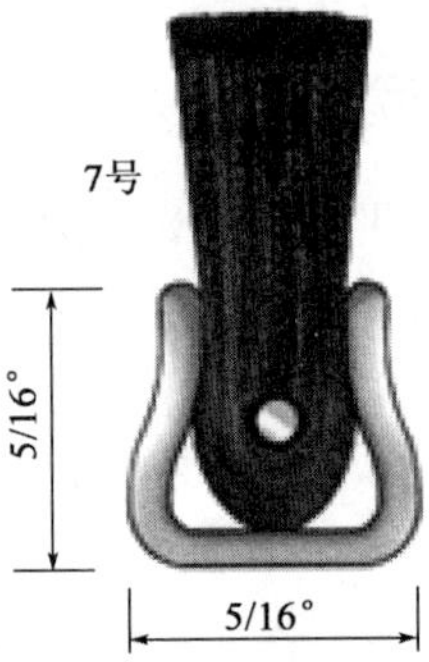

7号
5/16°
5/16°

附图 6-10　尼龙丝刷子

尼龙丝刷子应符合以下规格:

尼龙丝总长	25.4mm
刷子总长	127mm ±1mm
刷托型号	7 号
充填材料	弯折的黑尼龙丝
尼龙型号	6.0
丝直径	0.254mm
质量	35g ±2g

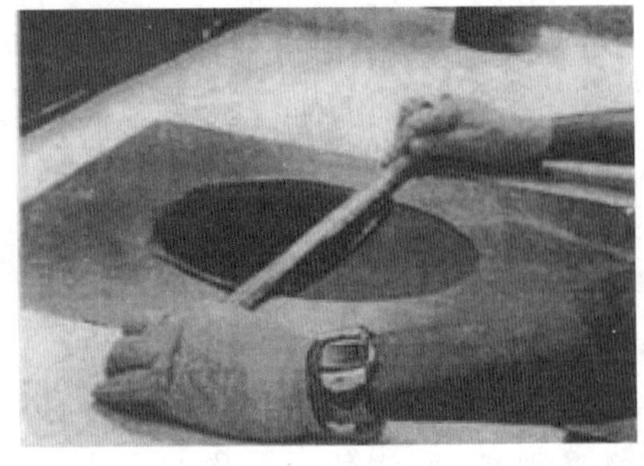

附图 6-11　刮平模板

⑧刮平模板。刮平模板应为一平的不锈钢金属板,有一直径为 280mm ±0.5mm 带有平面凸缘的经切削加工的孔(附图 6-11)。模板厚度可根据结合料的用量来确定。

⑨刮平棒。刮平棒由 8mm 直径电气导线管或玻璃棒制成,长 750mm ±100mm,用来从模板表面刮去多余的结合料。

⑩压实器。压实器具有一直径 550mm ±30mm 的弧面(附图 6-12),重 7500g ±500g。

(4)材料准备

①结合料。

a. 橡胶沥青结合料应按规定要求和方法制备。

b. 按要求的结合料洒布率和模板孔的体积计算试验用结合料用量。

②集料(石屑)。

将现场使用的石屑在烘箱内烘干至恒重,并用筛网将大于9.5mm的和小于4.75mm的颗粒筛除,作为试验用集料。

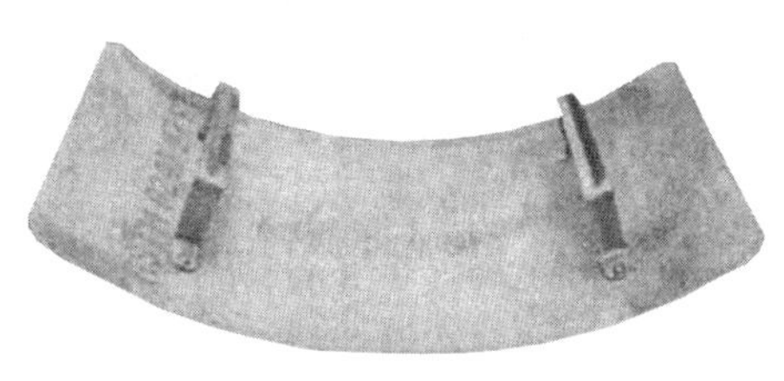

附图6-12　压实器具

每一次试验用的集料量计算式如下:

$$Y = \frac{A(202.1X - 15.8)}{100} + \frac{B(146.4X - 4.7)}{100} \qquad (附录6\text{-}1)$$

式中:Y——试验所需集料数量,g;

A——9.5~6.3mm集料所占百分比,%;

B——6.3~4.75mm集料所占百分比,%;

X——集料毛体积相对密度。

附表6-2为计算集料用量的示例。

③油毛毡垫盘。

试样的垫盘由30号的油毛毡纸制成,切割成直径300mm±10mm的圆盘。油毛毡盘不得存在破损、裂缝、拉伤、隆起、凹痕或拼接等缺陷,并应放入温度控制在50℃的烘箱内,进行24~72h的压平处理直至完全压平。垫盘在使用前至少在室温下放置3d。

石屑用量计算示例　　附表6-2

集料毛体积相对密度	100% A(g)	50% A + 50% B(g)	100% B(g)
2.00	388	338	288
2.25	439	382	325
2.50	489	425	361
2.75	540	469	398
3.00	591	513	435

(5)试件准备

①称取油毛毡盘的质量精确至0.1g,并记为盘重(D)。

将油毛毡盘放平在桌面上,如垫盘有翘曲、卷边或有气泡、异物,则应废弃不用。将刮平模板放置在油毛毡盘上使其孔的中心对中在垫盘的圆心上。

称取比要求用量稍多一点结合料,并将其加热至洒布温度。

将加热至洒布温度的结合料沿着模板前方的圆弧部分倾注在垫盘上,然后迅速地用刮平棒轻轻地从前向后将其刮平,除去多余的结合料(附图6-11)。这一过程应在3s±1s内完成。

②将模板迅速移去，立即将预先称好的石屑试样，以前、后均匀移动的模式将石屑撒布在结合料上，立即用压实器在两个十字交叉的方向上各碾压3个半来回，使石屑埋入结合料中。

将试件进行称重，并记为试件质量(C)。

注：碾压的遍数和向下施加的压力可根据结合料的特性进行调整，以使石屑埋入量达到70%为准。

(6)养生

将压实好的试样放置在室温下养生48h。

(7)试验方法

①养生时间结束后，将试件垂直立起，用手刷轻轻地来回扫刷试件的整个表面，除去试件表面上未黏附结合料的松散颗粒。

②称取手工扫刷后试件质量精确至0.1g，记为试件的初始质量(A)。

③将试件放入搅拌器的安装盘中，从试件养生结束至试件安装到试验装置中的时间不应超过2min。

④将试件夹紧，慢速升起试验平台直至尼龙刷自由地接触到试件表面，上下移动刷头，确信刷子是浮动地压在试件上。

⑤启动试验装置，让刷子以每秒0.83转的速度扫刷试件表面60s。

⑥在刷头完全停止后，降下试验平台，取出试件，将试件垂直立起，用手刷轻轻地来回在试件整个表面上扫刷，除去松散脱落的颗粒。

⑦称取清除松散脱落颗粒后的试件的质量，精确至0.1g，记为试件最终质量(B)。

⑧试验过程中尼龙刷扫刷试件表面的情况如附图6-13所示。

附图6-13　尼龙刷扫刷试件表面

(8)试验结果计算

试验结果计算式为：

$$R_{\mathrm{INIT}} = \frac{C - A}{C - D} \times 100 \times 1.33 \qquad (附录6\text{-}2)$$

式中：R_{INIT}——初始失落率，%；

C——试件质量，g；

A——试件初始质量，g；

D——试件垫盘质量，g。

$$R_{\mathrm{SW}} = \frac{A - B}{A - D} \times 100 \times 1.33 \qquad (附录6\text{-}3)$$

式中：R_{SW}——扫刷失落率，%；

A——试件初始质量，g；

B——试件最终质量，g；

D——试件垫盘质量，g。

$$R_{\mathrm{TOT}} = \frac{C - B}{C - D} \times 100 \times 1.33 \qquad (附录6\text{-}4)$$

式中：R_{TOT}——总失落率，%；

C——试件质量，g；

B——试件最终质量，g；

D——试件垫盘质量，g。

附录7 橡胶沥青表面处治与封层的现场检测及质量评价方法

1)结合料和石屑洒布率与洒布精度试验方法

本方法参考EN 12272-1:2002《Surface Dressing—Test Method——Part 1:Rate of Spread and Accuracy of Spread of Binder and Chippings》编制。

(1)范围

本试验方法规定了在某一给定时间,在某一道路段上,确定表面处治的结合料与石屑的洒布率和精确度的试验方法。

本试验方法适用于在施工现场检验结合料洒布车和石屑撒布机满足预期的洒布速率和允许偏差以及变异系数的能力。

(2)术语与定义

下列术语和定义适用于本方法。

表面处治 Surface Dressing

一种连续敷设至少一层结合料和至少一层石屑的表面处理方法。

石屑 Chipping

一种级配范围很窄,几乎没有粉料的粗集料。

结合料洒布率 Rate of Spread of Binder

按本方法测定的洒布到道路表面上的每平方米的结合料质量(kg/m^2)。

石屑撒布率 Rate of Spread of Chipppings

按本方法测定的撒布到道路表面上的每平方米的石屑体积(L/m^2)或每平方米的石屑质量(kg/m^2)。

相对极差(比例极差) Proportional Range

按本方法测定的各盛样容器中结合料和石屑的洒布率中最大值与最小值之差除以平均洒布率。

结合料洒布精度 Accuracy of Spread of Binder

按本方法测定的洒布到路表面上的结合料质量的变化,这一数值及其图表展示了结合料洒布车横向均匀洒布结合料的能力。

石屑撒布精度 Accuracy of Spread of Chippings

按本方法测定的撒布到路表面上的石屑质量的变化,这一数值及其图表展示了石屑撒布机横向均匀撒布石屑的能力。

(3)结合料洒布率的确定

①概述。

结合料洒布率由采集结合料洒布车洒布的若干料样来确定。采集料样的盘、板等容器不少于5个,每个容器的采集面积不少于0.1m^2,总的采集面积不少于0.5m^2。采集容器均匀地放置在整个路面的横断面上。也可以用一由彼此毗连的横向排列在整个路面宽度上的板或地毯组成的连续带来替代单个的容器。

②仪具。

a.浅盘。金属或其他材料制成的长方形浅盘,具有足够的坚固性,可抵抗使用中的变形(用2mm厚度的钢板可满足要求)。

注:浅盘能容纳一块吸收性材料,以阻滞结合料的流动,盘的内尺寸:侧边长度为250mm±2mm至500mm±2mm;边高为5mm±2mm至10mm±2mm。一组试验用盘中,各盘侧边尺寸之间的差别不应超过10mm。

b.地毯或吸收性的纤维板。矩形的地毯或吸收性的纤维板应能吸收和保留至少1.5倍规定洒布率的结合料而不发生结合料的损失,即在喷洒时不会流掉、黏到袋子上或透过吸收材料流出来。

注:地毯或纤维板尺寸(采集结合料的暴露区域):侧边长度为250mm±2mm至500mm±2mm;厚度最大为25mm;地毯或纤维板的尺寸可大于最大尺寸,但应用胶带将其遮掉至最大尺寸;一组试验用的地毯或纤维板中,各个毯(板)侧边尺寸之间的差别不应超过10mm。

c.直尺。直尺的长度至少为500mm,用以测量接盘、毯、板等容器的尺寸,精确至1mm。

d.便携式秤。便携式的秤,感量0.1g,量程能满足测量一个盘中1.5倍最大洒布率的结合料质量。

e.塑料袋。塑料袋应是质量很轻的,能装盘、毯、板等吸收有结合料的容器,进行称重,并不会因渗漏或蒸发而损失结合料。

f.胶带。胶带用来将盘、板、毯等固定在道路上,并用来遮住多余的部分,使它们达到规定的尺寸要求。胶带在黏贴和除去时不应损坏遮盖部分的材料,因而可以确认被遮盖的材料没有质量损失。

③试验方法。

a.准备工作。将盘、毯、板等容器分别编号和标志。采用金属接盘应在盘中放入吸收材料作为衬里。将每个加有标志的容器分别放入一个塑料袋中一起称重,记为每个盛样容器洒布前的质量(M_{1i})。

b.安放和固定各个容器(盘、地毯或纤维板)。试验场地从开始洒布作业处起算至少应有30m长。

将盘、地毯或纤维板横向安置在道路拟洒布结合料的宽度上,最边缘的容器应至少离洒布边缘200mm(附图7-1)。如用胶带将地毯或纤维板固定在道路上,则应测量接收结合料的暴露区域的长度和宽度,精确到5mm,以供计算暴露区面积之用。

注:当洒布率在横向故意设定得不一样,则应将接受容器放置在洒布率规定为相同的区域内。当采用喷洒挡板时,应注意确信挡板不会碰到容器。

c.移去和称重容器(盘、毯或板)。在结合料洒布至路上后3min之内,但需在撒布任何石屑之前,将吸收有结合料的盘或地毯或吸收性纤维板从路表面移走,注意不要损失或添加任何结合料。将每个盛样容器放入各自的塑料袋内一起进行称重,精确至1g,并记为每个盛样容器洒布后的质量(M_{2i})。

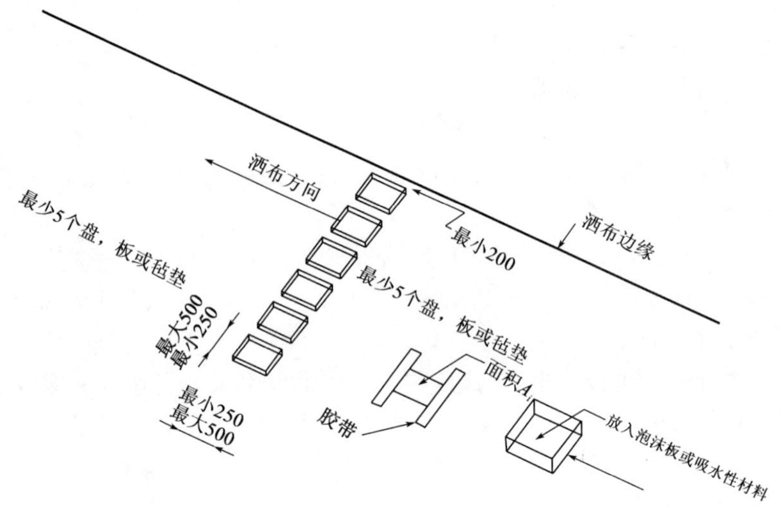

附图 7-1　浅盘或地毡或吸收性纤维板在路表面安放的图解(尺寸单位:mm)

④试验结果的表达。

计算结合料质量:

$$M_i = M_{2i} - M_{1i} \tag{附录 7-1}$$

式中:M_i——各盛样容器中采集的结合料质量,kg;

M_{2i}——各盛样容器洒布后的质量,kg;

M_{1i}——各盛样容器洒布前的质量,kg。

计算洒布率:

$$d_i = M_i / A \tag{附录 7-2}$$

式中:d_i——各盛样容器的洒布率,kg/m^2;

M_i——各盛样容器中吸收的结合料质量,kg;

A——各盛样容器吸收结合料的暴露面积,m^2。

计算结合料的平均洒布率:

$$D = \frac{d_1 + d_2 + \cdots + d_n}{N} \tag{附录 7-3}$$

式中:　D——结合料的平均洒布率,kg/m^2,精确至 0.05kg/m^2;

d_1、d_2、…、d_n——分别为各盛样容器的洒布率,kg/m^2;

N——试验中使用的盛样容器数量。

计算相对极差:

$$P_R = \frac{d_{max} - d_{min}}{D} \tag{附录 7-4}$$

式中：P_R——结合料洒布率的相对极差；

d_{max}——在各盛样容器洒布率中，洒布率最大者，kg/m^2；

d_{min}——在各盛样容器洒布率中，洒布率最小者，kg/m^2；

D——结合料平均洒布率，kg/m^2。

如相对极差大于0.20，则试验应重做。

注：如再次出现上述情况，则指示结合料洒布率横向分布的测定可能是必要的（见结合料洒布精度的确定部分内容）。

⑤试验报告。试验报告应包含以下内容：

a. 说明试验所遵循的试验方法和标准；

b. 所用结合料洒布车和洒布杆的标识性说明（例如类型、型号、生产厂等）；

c. 洒布杆高度；

d. 所用洒布杆宽度；

e. 试验现场的地点和位置；

f. 试验日期；

g. 容易影响试验结果的气候条件（例如风速、风向等）；

h. 洒布罐测量的结合料温度；

i. 结合料类型；

j. 规定的洒布率和容许偏差；

k. 按“④试验结果的表达”中表达的试验结果；

l. 备注；

m. 试验责任人的姓名和签字。

（4）石屑洒布率的确定

①概述。

石屑收集在放置于石屑撒布机前方道路上的3个供确定撒布率用的标定箱内。当每个箱子除去盖子，平放在道路上时，它起着从一已知面积采集石屑的作用。将盖子放回原处，将每个箱子在它的端面上直立起来，并用来直接测定所采集石屑的毛体积。另一可选择的方法是，每个箱子用来采集石屑，随后进行称重。

②仪具。

a. 测量石屑撒布率用标定箱。测量石屑撒布率用标定箱应为一矩形的箱子，带有一刚性的、带刻度的、透明的滑动式箱盖。如附图7-2所示。

箱盖应带有或者是5mm的刻度线，或者直接刻上每平方米多少升的刻度（5mm相当于$0.25L/m^2$）。为便于读数，应在箱盖顶面的两条边上都刻有刻度线。

注：在需要将箱子放置在结合料薄膜上的场合，箱子有时可配备有支承钉。

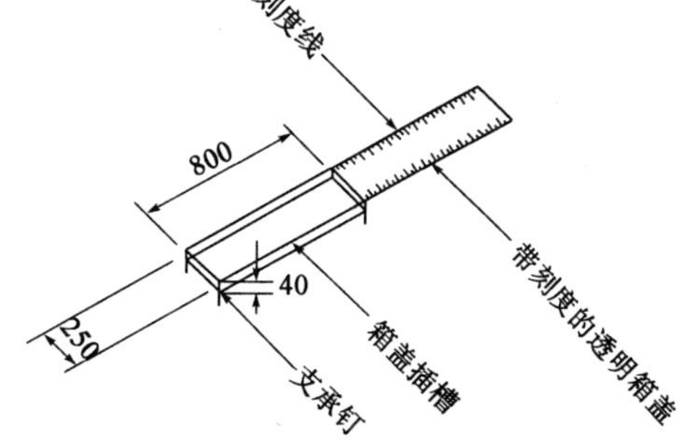

附图7-2　测量石屑撒布率用的标定箱（尺寸单位：mm）

b. 便携式秤。便携式的秤，感量10g，量程能满足测量最大撒布率的石屑和标定箱两者合在一起的质量。

③试验方法。

将每个开启的箱子平放在道路上避开石屑撒布机轮迹的地方。箱子的主轴线（长度方向）应与撒布机的行驶方向并行。3个箱子放在长30m之内的道路试验段上的3个不同的横向位置。

每个箱子将采集撒布在其上的石屑。

④确定石屑的容积撒布率。

a. 概述。当石屑撒布机走过这3个标定箱之后，将箱盖放回原处。将每个箱子在端面上直立起来，放在硬表面上轻轻拍打3次，以便确信包含在箱内石屑的顶表面呈平面和水平状态。

b. 试验结果的表达。测定每个标定箱内石屑顶表面的高度，精确至5mm，或直接从刻在盖上的撒布量刻度线上读取每平方米的石屑量（L/m²），精确至0.25L/m²，即石屑的毛体积。

如标定箱盖上的刻度是按毫米（mm）分度的，石屑撒布率计算式为：

$$R_V = \frac{1}{3}(H_1 + H_2 + H_3)/20 = \frac{H_1 + H_2 + H_3}{60} \qquad \text{（附录 7-5）}$$

式中： R_V——以每平方米的升数表示的石屑撒布率，L/m²；

H_1、H_2、H_3——分别为在3个标定箱内石屑顶表面以毫米表示的高度，mm。

如标定箱盖上的刻度是按每平方米升数（L/m²）分度的，石屑撒布率计算式为：

$$R_V = \frac{V_1 + V_2 + V_3}{3} \qquad \text{（附录 7-6）}$$

式中： R_V——以每平方米的升数表示的石屑撒布率，L/m²；

V_1、V_2、V_3——分别为以每平方米升数表示的3个标定箱内石屑的容积。

如相对极差超过0.20，则试验应重做。

注：如此种情况再次发生，这提示测定撒布的精确度可能是必须的［见“（6）石屑撒布精度的确定”部分内容］。

⑤确定石屑的质量撒布率。

a. 概述。在每个标定箱的石屑质量由包含石屑的标定箱质量与空箱质量之差来确定。试验的结果是3个标定箱确定的石屑质量的平均值。

b. 试验结果的表达。

石屑撒布率计算式为：

$$R_M = \frac{M_1 + M_2 + M_3}{3} \qquad \text{（附录 7-7）}$$

式中： R_M——以每平方米的千克数表示的石屑撒布率，kg/m²；

M_1、M_2、M_3——分别为以每平方米千克数表示的3个标定箱内的石屑质量。

如相对极差超过0.20，则试验应重做。

注：如此种情况再次发生，这提示测定撒布的精确度可能是必要的。为从以每平方米的升数（L/m²）表示的撒布率 R_V 中获得以每平方米的千克数（kg/m²）表示的撒布率 R_M，当石屑的

密度为 2500 ~ 3000kg/m³ 时，可利用附表 7-1 进行近似的换算。

换　算　表　　　　附表 7-1

石屑规格(mm)			R_M(kg/m²)
10/14		11/16	$R_V \times 1.45$
6/8	6/10	8/11	$R_V \times 1.50$
4/6			$R_V \times 1.55$
2/4		2/6	$R_V \times 1.60$

c. 试验结果的进一步表述。

计算相对极差：

$$P_R = \frac{3(H_{max} - H_{min})}{(H_1 + H_2 + H_3)}$$

或

$$\frac{3(M_{max} - M_{min})}{(M_1 + M_2 + M_3)}$$

或

$$\frac{3(V_{max} - V_{min})}{(V_1 + V_2 + V_3)} \quad (附录 7-8)$$

式中：P_R——石屑撒布率的相对极差；

H_{max} 和 H_{min}、M_{max} 和 M_{min}、V_{max} 和 V_{min}——分别为试验记录的 3 个标定箱测量参数的最大值和最小值；

H_1、H_2 和 H_3，M_1、M_2 和 M_3，V_1、V_2 和 V_3——分别为 3 个标定箱确定的测量值。

⑥试验报告。

试验报告应包含以下内容：

a. 说明试验所遵循的试验方法和标准；

b. 所用石屑撒布机的标识性说明(例如类型、型号、生产厂等)；

c. 试验时的撒布宽度；

d. 试验现场的地点和位置；

e. 试验日期；

f. 所用石屑的类型和料源；

g. 所用石屑的规格(尺寸)；

h. 规定的撒布率和容许偏差；

i. 按石屑的容积撒布率和石屑的质量撒布率表达的试验结果；

j. 备注；

k. 试验责任人的姓名和签字。

(5)结合料洒布精度的确定

①概述。

结合料被收集到试验前预先一个紧挨一个地安放在整个洒布宽度的路面横断面上的盛样容器中。每个盛样容器中结合料的质量用洒布前后盛样容器称量值之差来确定。由此可以计算出洒布率的平均值、均方差和变异系数。这一试验也称为“确定结合料的横向分布”。

②仪具。

a. 盛样容器。盛样容器可以是矩形的浅盘和矩形的泡沫塑料、地毡、纤维板或其他吸收性的材料。每个盛样容器能收集 $3kg/m^2$ 或至少 1.5 倍规定洒布率的结合料。

盛样容器应有坚固的结构和稳定的尺寸,甚至在被洒布车轮压过之后也不变形,仍能吸收足够的结合料数量。盛样容器在采集洒布的结合料时,料样不应有流失、溢出或转移到邻近盘中的情况发生。

为洒布率的精确测定,每个盛样容器的宽度应为 100mm 或 50mm 而长度至少为 50mm。盛样容器的最小尺寸为 100mm × 50mm。这些尺寸需测定精确至 0.2mm。

b. 便携式秤。便携式秤,感量 0.1g(对于 100mm × 50mm 的容器)。

③试验方法。

a. 盛样容器的准备。对每个盛样容器进行编号和标识,并分别进行称量,精确到 0.1g,并记为每个盛样容器的洒布前质量(M_{1i})。

b. 安放和固定盛样容器。试验场地从开始洒布作业处起算至少应有 30m 长。将盛样容器安放在如附图 7-3 所示的采样框架内。将采样框架横向放置于路表面上,使它们至少能在全部洒布宽度上采集结合料的试样。

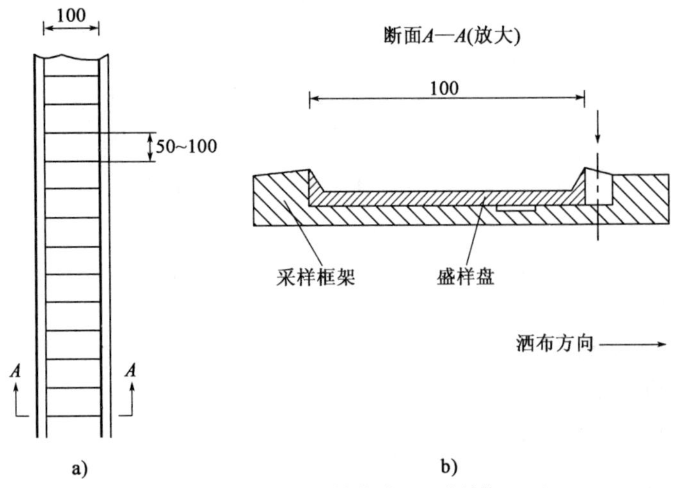

附图 7-3　盛样容器和采样框架(尺寸单位:mm)

为获得最佳的结果,试验应在结合料洒布车工作于规定的洒布率下,采用至少 15 个盛样容器的条件下进行。

c. 移去和称量盛样容器质量。结合料洒布后,应尽可能快地将盛样容器从路表面上移去,以便尽可能减少挥发性物质的损失。在 30min 内完成对每个盛样容器的称重,精确至 0.1g,并记为每个盛样容器的洒布后质量(M_{2i})。

注:当采用喷洒挡板时,应注意确信挡板不会碰到容器。

④试验结果的表达。

在洒布宽度每一端没有采集到或只采集到部分结合料的容器应略去不计,从而只留下如附图 7-4 所示的 N 个盛样容器。

计算每一盛样容器采集的结合料质量：

$$M_i = M_{2i} - M_{1i} \qquad (附录7\text{-}9)$$

式中：M_i——各盛样容器采集的结合料质量，kg；

M_{2i}——各盛样容器洒布后的质量，kg；

M_{1i}——各盛样容器洒布前的质量，kg。

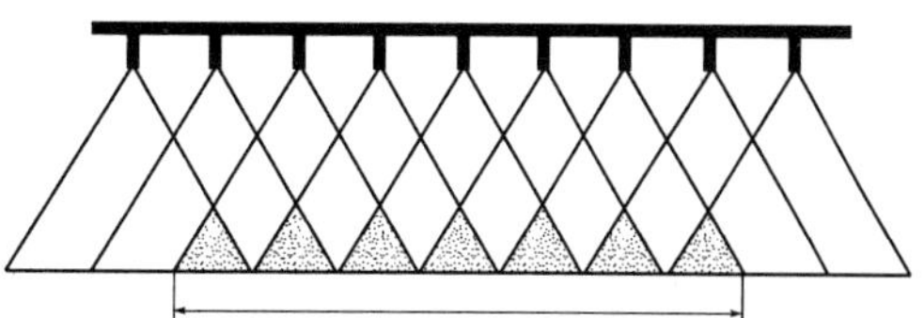

附图 7-4　具有三重洒布重叠度的取样实例

计算所有盛样容器结合料质量的算术平均值：

$$X = \frac{M_1 + M_2 + \cdots + M_N}{N} \qquad (附录7\text{-}10)$$

式中：X——所有容器结合料质量的算术平均值，kg；

M_1、M_2、…、M_N——分别为第1、2、…、N个盛样容器中采集的结合料质量，kg；

N——盛样容器数量。

计算方差：

$$S^2 = \frac{(M_1 - X)^2 + (M_2 - X)^2 + \cdots + (M_N - X)^2}{N - 1} \qquad (附录7\text{-}11)$$

式中：S^2——各容器结合料质量变化的方差；

M_1、M_2、…、M_N——分别为第1、2、…、N个盛样容器中采集的结合料质量，kg；

X——所有容器结合料质量的算术平均值，kg；

N——盛样容器的数量。

标准差S为方差之平方根，即$\sqrt{S^2}$。

计算变异系数：

$$C_V = \frac{S}{X} \times 100 \qquad (附录7\text{-}12)$$

式中：C_V——变异系数，%；

S——标准差，kg；

X——所有容器结合料质量的算术平均值，kg。

将横向质量的分布绘制成图表。

⑤试验报告。

试验报告应包含以下内容：

a. 说明试验所遵循的试验方法和标准；

b. 所用结合料洒布车和洒布杆的标识性说明（类型、型号、生产厂等）；

c. 洒布杆高度；

d. 所用洒布杆宽度；

e. 试验场地的地点和位置；

f. 试验日期；

g. 容易影响试验结果的气候条件（例如风速、风向等）；

h. 洒布罐测量的结合料温度；

i. 结合料类型；

j. 盛样容器在路表面上的排列图形；

k. 盛样容器的尺寸；

l. 规定的洒布率和变异系数；

m. 按结合料洒布精度的确定中表达的试验结果；

n. 备注；

o. 试验责任人的姓名和签字。

(6)石屑撒布精度的确定

①概述。

在实施石屑撒布后的道路上，放置一特制的采样框架，框架中由金属片隔成若干取样槽。从每一槽中采集石屑，并称取和记录它们的质量。这一试验被称为“石屑横向分布的确定”。

②仪具。

a. 采样框架。能覆盖整个撒布宽度的采样框架。框架内隔开有长 500mm ± 1mm、宽 200mm ± 1mm 的采样槽，各槽之间的断开或重叠长度不超过 2mm(附图 7-5)。

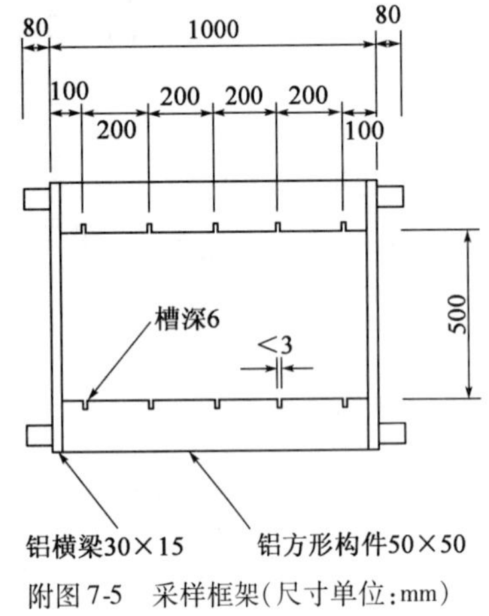

附图 7-5　采样框架(尺寸单位：mm)

b. 便携式秤。便携式秤，感量 5g。

c. 盛样袋。盛样袋应有足够大小和强度来储存一个采样槽内的石屑。盛样袋应能扎紧、封口，以防随后发生石屑的失落。对每一个盛样袋均应按采样槽的号码进行标记，标记应持久，不会褪色或被擦掉。

③试验方法。

将石屑直接撒布至路面上，而不要洒布结合料。为获得精确的试验结果，石屑撒布机应在其最大撒布宽度上工作，试验应在整个石屑撒布宽度上进行。

在试验区域内禁止人或车辆在其上行走。

将采样框架直接安放在石屑上，其宽度方向应与撒布方向成直角。框架安放的位置应至少离开石屑撒布的起始点 1m 的距离。

按以下程序，依次从每个采样槽内收集石屑料样：

a. 将一片合适的金属片插入框架一端的第一个槽口内，如附图 7-6 所示。

b. 将不完全的 0 号采样槽中的石屑除去。

c. 将第二片金属片插入框架的第二个槽口内，以形成 1 号采样槽，如附图 7-7 所示。采集 1 号采样槽内所有的石屑，并将它们收集在标志有 1 号槽标记的盛样袋内。

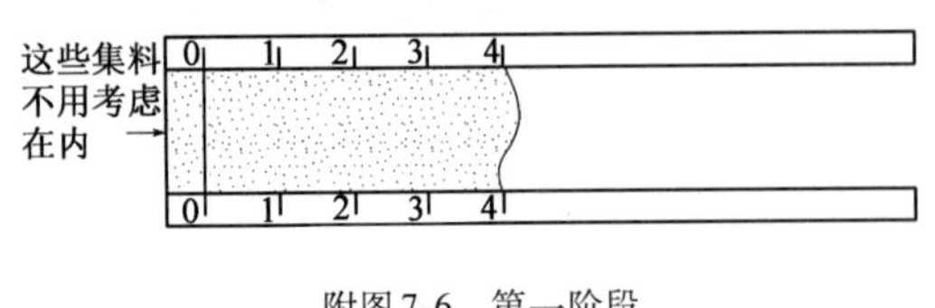

附图 7-6　第一阶段

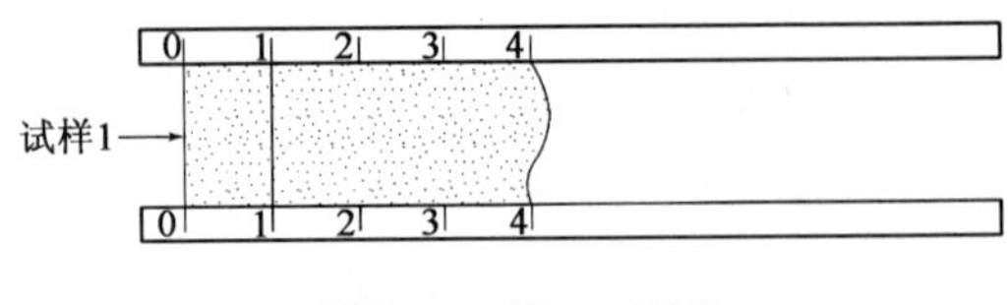

附图 7-7　第二、三阶段

d. 将第一片金属片从 0 号槽的槽口中取出,安放在第三个槽口内形成 2 号采样槽,如附图 7-8所示。仔细将这一槽内的全部石屑收集到标志有 2 号槽标记的盛样袋内,并确信没有石屑失落。

e. 继续这样的操作,依次将每一个采样槽内的石屑仔细地采集到相应的盛样袋内。将最后一个不完全的采样槽内的石屑废弃不用。

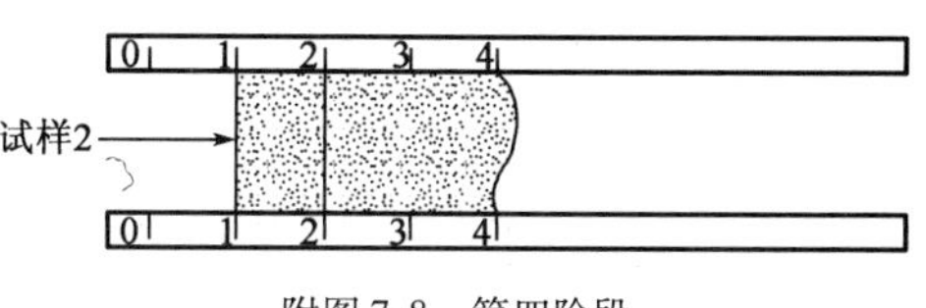

附图 7-8　第四阶段

将每一个采样槽内收集的石屑逐一进行称重并记录它们的质量,精确至 5g。

④试验结果表达。

计算每个采样槽采集的石屑质量的算术平均值:

$$X = \frac{M_1 + M_2 + \cdots + M_N}{N} \tag{附录7-13}$$

式中:X——所有采样槽石屑质量的算术平均值,kg;

M_1、M_2、…、M_N——分别为第 1 号、2 号、…、N 号采样槽中采集的石屑质量,kg;

N——采样槽数量。

计算方差:

$$S^2 = \frac{(M_1 - X)^2 + (M_2 - X)^2 + \cdots + (M_N - X)^2}{N - 1} \tag{附录7-14}$$

式中:S^2——各采样槽石屑质量变化的方差;

M_1、M_2、…、M_N——分别为第 1 号、2 号、…、N 号采样槽中采集的石屑质量,kg;

X——所有采样槽石屑质量的算术平均值,kg;

N——采样槽数量。

标准差 S 为方差之平方根,即 $\sqrt{S^2}$。

计算变异系数:

$$C_V = \frac{S}{X} \times 100 \tag{附录7-15}$$

式中:C_V——变异系数,%;

S——标准差,kg;

X——每个采样槽石屑质量的算术平均值,kg。

将横向质量的分布绘制成图表。

⑤试验报告。

试验报告应包含以下内容:

a. 说明试验所遵循的试验方法和标准;

b. 所用石屑撒布机的标识性说明(类型、型号、生产厂等);

c. 试验撒布的宽度;

d. 试验的地点;

e. 试验日期;

f. 所用石屑的料源；

g. 所用石屑的规格尺寸；

h. 规定的撒布率和容许偏差范围；

i. 按石屑撒布精度的确定中表达的试验结果；

j. 试验责任人的姓名和签字。

2)表面处治和石屑封层缺陷的表观评价方法

本方法参考 EN 12272-2:2003《Surface Dressing—Test Method——Part 2:Visual Assessment of Defects》编制。

(1)范围

本方法可适用于各种石屑封层(道路、机场和其他通行车辆的区域),并规定了缺陷表观评价的定性和定量分析方法。

当规定用表观评价方法实施定性测评时,其结果应汇总在附表 7-3 内。定性的评价方法是一种快速的测评方法,适用于作为对石屑封层性能和质量的初步评价,如评价结果是明显的或没有任何疑问,则可以免去耗费更多时间的定量测评方法。当规定应实施定量试验方法时,其结果应汇总在附表 7-4 内。

两种评价方法具有等同的明证记录,因而两者均可用来检验石屑封层是否满足缺陷表观评价的技术规范。快速的定性测评方法需要依靠技巧和经验,因而它的重复性可能不是很精密,但它的方便性和不需中断交通赋予了它的使用价值。

对定性和定量测评可以规定是否使用两者之一,或者两者均要,或者两者顺序实施,也可根据现场类型来定(例如对低交通量的道路,可不要求定量测评)。

这一方法还可用来评价一已完成的石屑封层的耐久性或性能。例如,雕花意味着结合料与石屑间不良的黏附性。

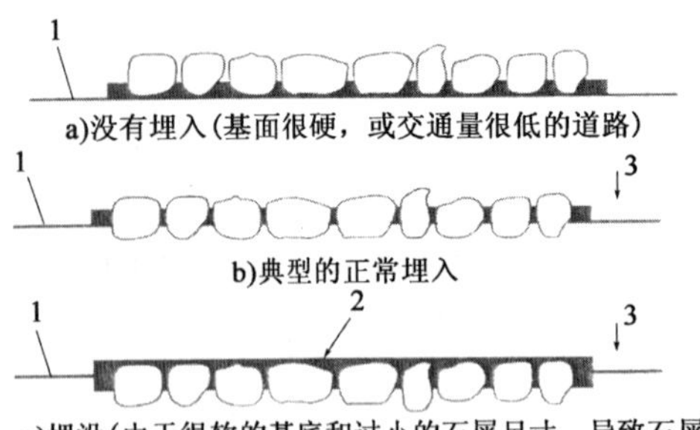

附图 7-9 埋入

1-处理前的路表面水平;2-变黑的路表面(尤其是在轮迹处)和失去构造深度;3-石屑在交通作用下埋入原路面

(2)术语与定义

下列术语和定义适用于本方法。

镶嵌 Mosaic

石屑颗粒呈肩并肩的排列,从而形成横向的支撑。

埋入 Embedment

埋入是指石屑颗粒在交通荷载的作用下,被强制压入原路面,从而导致宏观构造深度减小的过程(附图 7-9)。对于设计良好的表面处治,在经历第一个夏天时,埋入会快速地增长,而此后将稳定下来。

注:影响埋入的因素有以下几点:

①增大的交通量,尤其是载货汽车的数量,将增大埋入的速率;

②道路的硬度(例如水泥混凝土路不会产生埋入);

③夏季道路的平均温度较高时,使较软的道路抵抗埋入的阻力减弱;

④石屑的尺寸，较大石屑颗粒将降低埋入的速率；

⑤交通速度，对于坡道和交通枢纽经受的慢速交通，由于延长了加载时间将导致埋入的增大，快速交通，例如在双车道的超车道上，将导致埋入的减少；

⑥阴影区域，由于道路平均温度的降低将导致埋入的减少。

缺陷　Defect

缺陷是石屑封层的某种状态，诸如石屑被结合料覆盖状态中的埋没、泛油和轮迹，破损性状态中的露白、拉伤、集料脱落或条痕。

注：缺陷也可由于不良的施工而起，例如缺乏必要的交通控制。石屑封层在它的早期，在结合料获得很好黏聚或乳化沥青完全破乳之前，是很容易受交通应力的作用而损伤的。被带有温度的轮胎从结合料上翻出的石屑会导致露白和拉伤，它们在外表上常常类似于轮迹状的缺陷。漏洒、由于重叠而引起的隆起以及其他敷设时的缺点（例如不良的交通管制）等均应在承包商的质量控制文件中注明。

埋没　Fatting up

石屑几乎完全埋入基底和淹没在结合料中（附图7-9）。

注：埋没的结果是导致一不希望有的光滑表面（失去构造深度），表面过量的结合料会使得抗滑性能十分低下。在车轮轨迹带上发生的埋没，常常出现车轮的印痕，被称为轮迹。

轮迹　Tracking

由渠道交通引起的在车轮轨迹带上发生的埋没，往往起源于泛油或不良的施工技术。

泛油　Bleading

沥青结合料从路表面渗出（附图7-10）。

注：结合料通过石屑的镶嵌中上升至表面。这种情况尤其容易在使用低黏度的软制沥青结合料时看到。

泛油更容易发生在基底富油的场合下。

造成泛油常见的原因：高的道路温度；低黏度的结合料；结合料过量；水压力导致下层材料的结合料剥落。

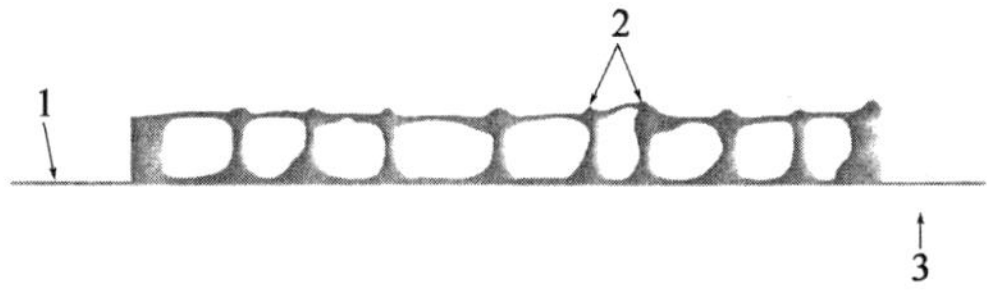

附图7-10　泛油

1-处理前的路表面水平；2-在表面上典型的沥青球滴；3-结合料向上溢出

泛油的结果导致一不希望有的光滑表面（失去构造深度），表面过量的结合料使得抗滑性能十分低下。泛油的效应与埋没是类似的，虽然它不限制于轮迹带，但两者的原因并不相同。

露白　Scabbing

结合料与石屑两者一起从它们敷设的原路面上脱离。

注：露白常常发生在原路面被泥浆、油污、尘土、动物粪便污染的场合。

露白也常发生在原路面因过湿使结合料不能很好地黏附的场合。

露白也可发生在封层与原路面的黏附性弱于石屑镶嵌结构中结合料的黏聚性的场合。这种情况容易在已存在泛油，而在高强度的交通应力作用下，结合料与石屑已一起被刮走的场合中看到。

拉伤　Tearing

石屑从已完成的封层上局部集中脱落，或大量的个别石屑颗粒的脱落连成一超过0.01m^2

的区域。

注:在原路面坑洞修补不良的地方或在树荫下的区域发生大量个别石屑颗粒的脱落是常见的问题,它们可通过仔细的设计来防止。

拉伤可发生在高强度的交通应力作用的地方。

拉伤也可以是除雪、除冰造成的。

雕花(个别石屑颗粒的脱落) Fretting

个别石屑颗粒从已完工的封层的石屑镶嵌结构中(随机性)的脱落。石屑在一大于 $0.01m^2$ 的连续区域集中性的失落,不应看作个别石屑的脱落,而应归之为拉伤性的缺陷。

注:个别石屑脱落主要发生在没有足够结合料来固定石屑颗粒的场合。这种缺陷容易在原路面的构造深度、疏松度或道路的硬度多变的场合看到。

当石屑封层没有稳定化而形成石屑镶嵌结构时,个别石屑脱落通常会发生在第一个严寒到来时。结合料本身丧失足够的黏聚力来防止石屑被交通作用带走。这种类型的脆性破坏被高速交通的短时间加载和低的环境温度所加重。

个别石屑脱落也可发生在结合料丧失对石屑的黏附性的场合。当水将结合料从集料上剥离或当存在有细料、粉料、潮气和湿的集料等导致的质量问题时,则结合料的黏附性原来就已经被削弱了。损坏有时是局部区域的,则变成了拉伤。

少量的不影响石屑镶嵌均质性的随机性失落,不应看作个别石屑的脱落。这种情况是在施工中应用了过量石屑导致的初始性失落,它们没有嵌入到石屑的镶嵌结构中去。

带状条痕 Streaking

石屑从已完工的封层上,呈现出多条平行于施工方向的条状脱落。

注:缺少结合料是导致带状条痕的主要原因。这种情况可能是结合料沿着喷洒杆横向分布不均匀造成的。

不良的施工技术,例如在纵向接缝处结合料的洒布没有足够的重叠度,可能由于缺乏结合料而导致石屑的带状脱落。它在外表上类似于带状条痕,虽然只有在接缝处的一条。

车道宽度 Width of Lane

当没有标志线时,车道宽度即为整个道路的宽度;当存在标志线时,车道宽度为标志线中心至路缘石或路边的距离;当多于两个车道时,车道宽度分别为标志线中心至道路外边的距离或两条标志线中心之间的距离以及硬路肩(安全区)的宽度。

(3)缺陷的表观评价

①一般规定。

在道路的每个车道上选择一 100m ± 1m 的石屑封层区段供表观评价之用(参看车道宽度定义)。

试验区的位置应记录在相应的附表内。

试验区段可以位于道路的任何位置,除了没有实施石屑封层的部位。

余下的部位是没有选为供试验用的路段或是在被选择的区段之间看来没有任何缺陷的。

注:试验区段的选择应使每个区段内存在最大数量的缺陷。

如果在道路上的缺陷是局部性的,则对于整个道路的处理长度来说,只要选择一个车道内的一个区段即可。

当整个现场都有缺陷需要评价时，可以将道路按车道以 100m ± 1m 作为一个区段进行划分，它们是毗邻的（例如：1km 长的道路，如没有标志线，将有 10 个区段；如有一条中心标志线，则有 20 个区段）。

②定性评价。

定性表观评价采用附表 7-3 作为测评报告。

a. 测评方法。

确定供测评用的试验区段（按一般规定）。

对于上述各项被考察的病害，如经定性表观评价不存在病害，则应在附表 7-3 内记录为“没有”。

注：假如没有埋没而存在着其他病害，例如拉伤，则在这一例子中，在附表 7-3 中的 P_1 栏目应为“没有”，而 P_2 栏目应记下测算的拉伤面积。

b. 埋没、轮迹、泛油。

估算 100m 试验区段的面积 S。

估算并记录试验区内埋没、轮迹、泛油部位的面积。

P_1 为这些缺陷面积之总和除以 S，以百分率表示，P_1 应记录在附表 7-3 内的相应测评项目内。

c. 露白、拉伤。

估算 100m 试验区段的面积 S。

估算并记录试验区内露白和拉伤部位的面积。

P_2 为这些缺陷面积之总和除以 S，以百分率表示，P_2 应记录在附表 7-3 的相应测评项目内。

d. 雕花（个别石屑脱落）。

个别石屑的脱落以目测的方法估算一百分率 P_3，并记录在附表 7-3 的相应项目内。

注：已有的定量评价的现场照相记录可有助于对病害程度的表观测评。

e. 带状条痕。

带状条痕以目测的方法估算一百分率 P_4，并记录在附表 7-3 的相应的项目内。

③定量评价。

定量表观评价采用附表 7-4 作为测评报告。

确定供测评用的试验区段（按一般规定）。

a. 埋没、轮迹、泛油、露白、拉伤。

测评方法如下：沿着试验区段的长度，以 20m 为间隔，确定 6 个测点，在这些测点上测定试验区段的宽度，精确至 0.1m，求取 6 个测点车道宽度的平均值 W(m)，并确定试验区段的面积 S(m^2)。

当缺陷的面积大于 0.5m^2 时，即应按以下方法测定缺陷的面积：面积呈矩形状缺陷的测评，测定矩形的长和宽，以两者的乘积计算缺陷的面积(m^2)。面积呈非矩形状缺陷的测评，测定缺陷区域的最大长度和最大宽度，按两者的乘积再乘以 0.8 的系数计算缺陷的面积。重复性缺陷的测评（不包括带状条痕），假如一个重复性缺陷的长度大于 0.2m，而缺陷之间的间隔小于0.5m,其中某一个缺陷宽度大于0.1m,则以多个缺陷两端间的总长度和它们最宽处的宽度作为重复性缺陷的计算长度和计算宽度。

b.雕花(个别石屑颗粒脱落)。

对于双层或多层的石屑封层,当石屑的镶嵌结构遭破坏时,仅以最大石屑规格的铺层作为缺陷测评的对象。

雕花缺陷以从石屑封层镶嵌结构中失落的石屑颗粒所占的百分率来表达。

这一百分率以评估在一特定面积内石屑镶嵌结构总的石屑颗粒的数量和失落的石屑颗粒的数量来确定。

这一操作可以通过在石屑封层上放置一带一个栅栏的框架,用目测计数的方法来测定。找一有代表性的雕花缺陷以上述目测计数的方法来测定雕花缺陷,作为用其他测定方法的参照试验。

作为一代替性的方法可以用由照相机摄取的图形,通过数字化的方法来进行雕花缺陷的测评。这一方法可以通过对图形的目测或通过计算机以及其他手段来进行,但必须用上述参照试验来进行校正。

测评的工具为一带栅栏的100mm×100mm正方形框架,或一带栅栏的200mm×200mm的框架,它们的尺寸应精确至±2mm。

注:带一个栅栏的200mm×200mm的框架也可以用直径1.5mm±0.2mm的十字交叉的钢丝将它分隔为4个100mm×100mm的区域,或者用宽度不超过10mm的十字交叉的薄片分隔成4个100mm×100mm的栅栏,后者更容易制造、更牢固,费用也更低廉。对于利用照相机来记录的方法,用栅栏来辅助对石屑颗粒的计数,常常是很有用的。

测评方法如下:

在石屑封层试验区段内选择一目测雕花缺陷最为严重的区域,作为测评的对象。

对于公称最大粒径小于或等于8mm的石屑封层采用100mm×100mm的框架。

对于公称最大粒径大于8mm的石屑封层采用200mm×200mm的框架(或者用4个100mm×100mm的框架,将其结果加在一起)。

将框架放在所选的区域,测定从石屑镶嵌结构中失落的石屑颗粒数n。将n和框架尺寸记录在附表7-4内。

用在框架内测定的一个轴线上所包含的石屑数与另一垂直轴线上所包含的石屑数的乘积N来计算规定框架面积内石屑颗粒总数(在每一轴线上计数时都应包括那些失落而留下凹坑的石屑颗粒)。将N记录在附表7-4内。

注:当石屑颗粒不像常规那样排列成一直线时,作出某些估算可能是必要的。

作为一种替代,N值可以用附表7-2所列的数值来代替,此时应把相关的情况记录在附表7-4的备注栏内。

注:采用实际测定的石屑数N通常要比采用附表7-2的评估值更为正确。

用同样的方法在石屑封层表面,相隔1m±0.02m的距离进行3次n和N值的测定(如不用附表7-2中的N值),每一次测量的间隔距离为沿着交通方向,从中心至中心之间的距离。计算它们的平均值,并按附录中的公式(7-8)确定P_3。

框架内石屑颗粒的总数 N　　附表 7-2

石 屑 规 格		框架尺寸 (mm)	框架内石屑颗粒总数 N
组合一	组合二		
4/8	4/6	100×100	220
8/11	6/10	200×200	440
11/16	10/14	200×200	220

将 P_3 记录在附表 7-4 内。

c. 带状条痕。

带状条痕的测评以测定一条或多条条痕的长度来评价，而条痕的宽度是不考虑的。将这一长度作为 P_4 记录在附表 7-4 内。

定性表观测评报告　　附表 7-3

业主：　　承包商：
工地位置：　　工地总的面积：
实施表面处治（石屑封层）部分的面积和铺装日期：
表面处治的类型和石屑的公称规格：

项目	单位			
试验段的位置				
车道的位置				
具体检查的确切区域				
车道平均宽度	(m)			
试验区域面积的测定 $S=100\times W$	(m^2)			
缺陷—— 测量面积：				
埋没	(m^2)			
轮迹	(m^2)			
泛油	(m^2)			
总面积 A_1	(m^2)			
$P_1=100\times A_1/S$	(%)			
露白	(m^2)			
拉伤				
总面积 A_2	(m^2)			
$P_2=100\times A_2/S$	(%)			
P_3 雕花（个别集料脱落）	(%)			
P_4 带状条纹	(m)			

备注：　　试验日期：
试验责任人姓名：
签字：

注：假如有6条平行的15m长的条痕；则P_4应记为90m，假如只有一条长90m的条痕（这种情况有可能发生在纵向接缝的重叠部分结合料洒布量过低的场合），则P_4仍应为90m。

定量表观测评报告　　附表7-4

业主：　　承包商： 工地位置：　　工地总的面积： 实施表面处治（石屑封层）部分的面积和铺装日期： 表面处治的类型和石屑的公称规格：			
试验段的位置			
车道的位置			
具体检查的确切区域			
车道平均宽度的测定　(m)			
试验区域面积的测定 $S=100\times W$　(m^2)			
缺陷—— 测量面积：			
埋没　(m^2)			
轮迹　(m^2)			
泛油　(m^2)			
总面积　(m^2)			
$P_1=100\times A_1/S$　(%)			
露白　(m^2)			
拉伤　(m^2)			
总面积　(m^2)			
$P_2=100\times A_2/S$　(%)			
雕花（个别石屑颗粒脱落）　(%)			
栅栏框架尺寸　(mm)			
n（失落石屑数）			
N（框架内石屑原始数）			
N（如采用附表7-2时）			
$P_3=100\times$平均(n/N)值　(%)			
P_4 带状条纹　(m)			
备注：　　试验日期： 试验责任人姓名： 签字：			

（4）测定结果的表达

①一般规定。

石屑封层缺陷的表观测评表现为 4 个数值：

a. P_1，埋没、轮迹、泛油类缺陷的表观测评值，表达为试验区段内这些缺陷的总面积占试验区段面积 S 的百分率；

b. P_2，露白、拉伤类缺陷的表观测评值，表达为试验区段内这些缺陷的总面积占试验区段面积 S 的百分率；

c. P_3，雕花（个别石屑颗粒的失落）缺陷的表观测评值，表达为石屑镶嵌结构中个别石屑颗粒的脱落率；

d. P_4，带状条痕的表观测评值，表达为带状条痕总的线性长度。

②定性测评。

对石屑封层的定性测评结果以 P_1、P_2、P_3、P_4 的形式记录在附表 7-3 内。

③定量测评。

a. 埋没、轮迹、泛油。

计算试验区段内埋没、轮迹、泛油类缺陷的总面积，表达此类缺陷占试验区段面积 S 的百分率的计算式为：

$$P_1 = 100 \times \frac{A_1}{S} \tag{附录 7-16}$$

式中：P_1——埋没、轮迹、泛油类缺陷的表观测评值，%；

A_1——试验区段内埋没、轮迹、泛油类缺陷总面积，m^2；

S——试验区段面积 S，m^2。

b. 露白、拉伤。

计算试验区段内露白、拉伤类缺陷的总面积，表达此类缺陷占试验区段面积 S 的百分率的计算式为：

$$P_2 = 100 \times \frac{A_2}{S} \tag{附录 7-17}$$

式中：P_2——露白、拉伤类缺陷的表观测评值，%；

A_2——试验区段内露白、拉伤类缺陷总面积，m^2；

S——试验区段面积 S，m^2。

c. 雕花（个别石屑颗粒脱落）。

计算雕花类缺陷的表观测评值：

$$P_3 = 100 \times \frac{n}{N} \tag{附录 7-18}$$

式中：P_3——雕花类缺陷的表观测评值，以石屑颗粒失落的百分率表示，%；

n——在试验框架内，石屑颗粒失落的数量；

N——在试验框架内，镶嵌结构的石屑颗粒的原始数量。

d. 带状条痕。

以条痕的总长作为报告带状条痕缺陷的表观测评值 P_4，P_4 以线性长度的测量值表示。

(5)试验报告

试验报告应包括定性表观测评报告表(附表 7-3)和定量表观测评报告表(附表 7-4)(对于进行定量测评的场合)。

①定性表观测评报告。

附表 7-3 的报告格式是一个适用的实例,也可包括其他的数据。在本附表中要求的信息是必须提供的最低限度的信息。

②定量表观测评报告。

附表 7-4 的报告格式是一个适用的实例,也可包括其他的数据。在本附表中要求的信息是必须提供的最低限度的信息。